国家出版基金项目
NATIONAL PUBLICATION FOUNDATION

单中惠 总主编
杜威教育研究大系

杜威与实用主义教育思想

单中惠 著

山东教育出版社
·济南·

图书在版编目（CIP）数据

杜威与实用主义教育思想 / 单中惠著 . — 济南：山东教育出版
社，2024.6
（杜威教育研究大系 / 单中惠总主编）
ISBN 978-7-5701-2703-0

Ⅰ.①杜…　Ⅱ.①单…　Ⅲ.①杜威（Dewey, John 1859—1952）-
教育思想 - 研究　Ⅳ.①G40-097.12

中国国家版本馆CIP数据核字（2023）第197771号

丛书策划：蒋　伟　　孙文飞
责任编辑：孙文飞　　尹俊霖
责任校对：任军芳
装帧设计：王玉婷

DUWEI YU SHIYONG ZHUYI JIAOYU SIXIANG

杜威与实用主义教育思想

单中惠　著

主　　管：山东出版传媒股份有限公司
出版发行：山东教育出版社
地　　址：济南市市中区二环南路 2066 号 4 区 1 号　　邮　编：250003
电　　话：（0531）82092660　　　　　　　　　　　网　址：www.sjs.com.cn
印　　刷：山东临沂新华印刷物流集团有限责任公司
版　　次：2024 年 6 月第 1 版　　　　　　　　　　印　次：2024 年 6 月第 1 次印刷
规　　格：710 毫米 × 1000 毫米　1/16　　　　　印　张：39.75
字　　数：580 千　　　　　　　　　　　　　　　定　价：149.00 元

总　序

单中惠

美国哲学家和教育家约翰·杜威（John Dewey，1859—1952）走过了93年的人生道路。在整个学术生涯中，杜威从哲学转向教育，既注重教育理论，又注重教育实验，始终不渝地进行现代教育的探索，创立了一种产生世界性影响的教育思想体系，成为现代享有盛誉的西方教育思想大师。凡是了解杜威学术人生或读过杜威著作的人，都会惊叹其知识的渊博、思维的敏锐、观点的新颖、批判的睿智、志向的坚毅、撰著的不辍。综观杜威的学术人生，其学术生涯之漫长、学术基础之厚实、学术成果之丰硕、学术思想之创新、学术影响之广泛，确实是其他任何西方教育家都无法相比的。

杜威的著述中蕴藏着现代教育智慧，他的教育思想具有恒久价值。这种恒久价值主要体现在五个方面：阐释了学校变革与社会变革的关系；强调了教育目标应该是学生发展；倡导了课程教材的心理化趋向；探究了行动和思维与教学的关系；阐明了教育过程是师生合作的过程。特别值得指出的是，杜威的那些睿智的教育话语充分凸显了创新性。例如，关于社会和学校，杜威提出："社会改革是一种有教育意义的改革"，"社会重构和教育重构是相互关联的"，"学校是一个社会共同体"，"教会儿童如何生活"，等等。关于儿童和发展，杜威提出："身体和心灵两方面的发展相辅而行"，"身体健康乃各种事业的根本"，"心智不是一个储藏室"，"解放了的好奇心就是系统的发现"，"教育的首要浪费是浪费生命"，等等。关于课程和教材，杜威提出："课程教材心理化"，"在课堂上拥有新生命"，"批量生产造就了埋没个人才能和技艺的批量教育"，"教师个人必须尽其所能地去挖掘和利用教材"，等等。关于思维和学习，杜威提出："教育的原理就是学行合一"，"做中学并不意味着用工艺训练课或手工课取代教科书的学习"，"学习就是要学会思维"，"讲课是刺激和指导反思性思维的时间和场所"，等等。关于创造与批判，杜威提出："创造与批判是一对伙伴"，"发展就等于积极地创造"，"批判和自我批判是通往创造性的道路"，等等。关于道德教育和职业教育，杜威提出："道德教育的重要就因为它无往不在"，"道德为教育的最高最后的目的"，"品格发展是学校一切工作的最终目的"，"职业教育的首要价值是教育性的"，"普通教育与职业教育同时并行"，等等。关于教师职业和教师精神，杜威提出："教师职业是全人类最高贵的职业"，"教师是学校教育改革的直接执行者"，"教师必须是充满睿智的心灵医师"，"教师是艺术家"，"确保那些热爱儿童的教师拥有个性和创造性"，"教育科学的最终实现是在教育者的头脑里"，等等。

杜威的教育名著及其学术思想，受到众多哲学家、教育学家的推崇。例如，美国哲学家和教育家胡克（Sidney Hook）特别强调了杜威的《民主主义与教育》一书的经典价值："在任何领域中，在原来作为教科书出版的著作中，《民主主义与教育》是唯一的不仅达到了经典著作的地位，而且成为今天所有关心教育的学者不可不读的一本书。"①英国教育史学家拉斯克（Robert R. Rusk）和斯科特兰（James Scotland）在他们合著的《伟大教育家的学说》（1979）一书中则指出："在过去的一百年里，提供指导最多的人就是约翰·杜威。……在教育上，我们不得不感谢杜威，因为他在对传

———————————

① ［美］约翰·杜威.杜威全集·中期著作第9卷［M］.俞吾金，孔慧，译.上海：华东师范大学出版社，2012：导言.

统的、'静止的、无趣的、贮藏的知识理想'的挑战中做出了自己最大的贡献，使教育与当前的生活现实一致起来。……在20世纪70年代后期，在杜威去世后的四分之一世纪里，有一些迹象表明教育潮流再一次趋向杜威的方向。" ①

尽管杜威也去过日本（1919）、土耳其（1924）、墨西哥（1926）、苏联（1928）访问或讲演，但他印象最深刻的是在中国的访问和讲演。从1919年4月30日至1921年8月2日，杜威在中国各地访问讲学总计两年零三个月又三天。其间，他的不少哲学和教育著作也在中国翻译出版，对近现代中国教育的发展以及近现代中国教育家陶行知、陈鹤琴、黄炎培等产生了不可忽视的影响。因此，西方教育学者中对近代中国最为熟悉，对近代中国教育影响领域最广、程度最深和时间最长的，当属杜威。

杜威在华期间，蔡元培在他的60岁生日晚餐会演说中曾这样说：杜威"博士不绝的创造，对于社会上必更有多大的贡献" ②。我国近现代学者胡适在《杜威先生与中国》（1921）一文中也写道："自从中国与西洋文化接触以来，没有一个外国学者在中国思想界的影响有杜威先生这样大。" ③因此，杜威女儿简·杜威（Jane Dewey）在她的《约翰·杜威传》（1939）一书中这样提及杜威和中国的交往："不管杜威对中国的影响如何，杜威在中国的访问对他自己也具有深刻的和持久的影响。杜威不仅对同他密切交往的那些学者，而且对中国人民表示了深切的同情和由衷的敬佩。中国仍是杜威所深切关心的国

---

① ［英］罗伯特·R.拉斯克，詹姆斯·斯科特兰.伟大教育家的学说［M］.朱镜人，单中惠，译.济南：山东教育出版社，2013：266-288.

② 蔡元培.在杜威博士之60生日晚餐会上之演说.//沈益洪.杜威谈中国［M］.杭州：浙江文艺出版社，2001：330.

③《晨报》，1921年7月11日。

家，仅次于他自己的国家。"①

教育历史表明，如果我们要研究美国教育的发展，要研究世界教育的发展，要研究中国教育的发展，那我们就必须研究杜威教育思想。正如美国学者罗思（R. J. Roth）在他的《约翰·杜威与自我实现》（1961）一书的"序言"中所指出的："未来的思想必定会超过杜威……可是很难想象，它在前进中怎么能够不通过杜威。"这段话是那么睿智深刻，又是那么富有哲理。

在中华人民共和国成立后，杜威教育研究在相当长的一个时期里成为学术禁区。1980年，我国著名教育史学家、华东师范大学教育系赵祥麟教授在《华东师范大学学报（哲社版）》当年第2期上发表了《重新评价杜威实用主义教育思想》一文，首先提出对杜威教育思想进行重新评价，在我国教育界特别在教育史学界产生了很大的影响。应该说，这是自我国改革开放后对杜威教育思想重新评价的"第一枪"，引领了对杜威教育思想的再研究。赵祥麟教授这篇文章中最为经典的一段话——"只要旧学校里空洞的形式主义存在下去，杜威的教育理论将依旧保持生命力，并继续起作用"，它不仅被我国很多教育学者在杜威教育研究中所引用，而且被刊印在人民教育出版社2008年出版的五卷本《杜威教育文集》的扉页上。

自改革开放以来，在实事求是精神的引领下，我国教育学界对杜威教育思想进行了重新评价，并使杜威教育思想研究得到了深化。其具体表现在：杜威教育研究的成果更加多样，多家出版社组织翻译出版杜威教育著作，研究生开始关注杜威教育研究，中小学教师对阅读杜威教育著作颇有兴趣，等等。

特别有意义的是，华东师范大学出版社出版了由刘放桐教授主编、复旦大学杜威与美国哲学研究中心组译的中文版《杜威全集》38卷，其中包括《杜威全集·早期著作（1882—1898）》5卷、《杜威全集·中期著作（1899—

---

① Jane M. Dewey. *Biography of John Dewey.* // Paul Arthur Schilpp. *The Philosophy of John Dewey.* Evanston and Chicago: North-western University, 1939：42.

1924）》15卷、《杜威全集·晚期著作（1925—1953）》17卷以及《杜威全集·补遗卷》。刘放桐教授在《杜威全集》"中文版序"（2010）中强调指出，杜威"被认为是美国思想史上最具影响的学者，甚至被认为是美国的精神象征；在整个西方世界，他也被公认是20世纪少数几个最伟大的思想家之一"。应该说，《杜威全集》中文版提供了珍贵的一手资料，不仅有助于杜威哲学思想的研究，而且也有助于杜威教育思想的研究。

2016年是杜威的最重要的标志性著作《民主主义与教育》出版100周年。作为对这位西方教育先辈的一个纪念，美国杜威协会（John Dewey Society）于2016年4月、欧洲教育研究学会（European Education Research Association）于同年9月28日至10月1日分别在美国华盛顿和英国剑桥大学召开了《民主主义与教育》一书出版100周年纪念会。2019年是杜威诞辰160周年，也是他来华访问讲演100周年。美国芝加哥大学、哥伦比亚大学师范学院等高等学府的学者，分别举行了纪念杜威访华100周年的学术研讨会。

与此同时，在我国，不仅众多教育学者发表了与杜威教育相关的文章，而且一些教育学术期刊也开设了相关的纪念专栏或专题，还有一些全国或地方教育学术团体举行了各种形式的纪念性学术研讨活动。中华教育改进社、北京师范大学教育历史与文化研究院等还共同发起了纪念杜威来华100周年系列活动。其中，2019年4月28日举行了"杜威与中国教育高端学术会议"，人民网、新华网、光明网、中国社会科学网等对此进行了报道。事实表明，如果没有改革开放，我国教育学界就不会有对杜威教育思想的重新评价，也就不会有杜威教育研究的深化。

杜威是20世纪美国乃至世界上最有影响的教育家之一，他给教育带来了一场深刻的革命。杜威教育研究是西方尤其是美国教育研究中的一个重要领域，也是一个既有恒久价值又有现实意义的重要课题。对于当今我国学校的教育教学和课程改革，杜威教育思想也具有重要的现实意义。"杜威教育研究大系"的出版，既可以展示我国改革开放以来杜威教育研究的成果，又可以推动杜威教育研究在我国的进一步深化，还有助于教育学者和学校教师更深入更理性地认识与理解杜威教育思想。这是"杜威教育研究大系"出版的目的之所在。

"杜威教育研究大系"由我国杜威教育研究知名学者、华东师范大学教育学系单中惠教授任总主编，由合肥师范学院教师教育研究中心朱镜人教授、沈阳师范大学教育学院关松林教授和河南大学教育学部杨捷教授任副总主编。"杜威教育研究大系"共11分册，具体包括：

《杜威与实用主义教育思想》（单中惠/著）

《杜威教育经典文选》（朱镜人/编译）

《杜威在华教育讲演集》（王凤玉、单中惠/编）

《杜威教育书信选》（徐来群/编译）

《杜威教育名著导读》（单中惠/著）

《杜威心理学思想研究》（杨捷/主编）

《杜威教育信条》（单中惠/选编）

《杜威教育在日本和中国》（关松林/主编）

《杜威教育在俄罗斯》（王森/著）

《杜威评传》（单中惠/编译）

《学校的公共性与民主主义——走向杜威的审美经验论》（［日］上野正道/著，赵卫国/主译）

在确定"杜威教育研究大系"的总体框架时，我们主要考虑了四个原则：一是综合性。不仅体现杜威在理论与实践结合的基础上对教育各个方面进行的综合性论述，而且阐述他把哲学、心理学和教育学结合起来，以及对世界各国教育产生的广泛影响。二是创新性。凸显杜威教育著述中的创新精神和教育智慧，以及杜威教育研究的新视角、新发现、新观点和新方法。三是多样性。既有西方学者的研究，也有我国学者的研究；既有总体的研究，又有专题的研究，还有比较的研究；既有理论研究，又有著作研究，还有资料研究。四是基础性。对于杜威教育研究这个主题来讲，整个研究无疑具有重要的学术价值，但有些研究在某种意义上还是基础性研究，冀望在研究视野及研究深度和广度上推进我国杜威教育研究。当然，这四个方面也是"杜威教育研究大系"力图呈现的四个特点。

杜威教育研究是一项具有重要意义的工作，又是一项十分艰辛的工作。就拿一手资料《杜威全集》（*Collected Works of John Dewey*）来说，南伊利诺伊大学卡邦代尔分校杜威研究中心前主任博伊兹顿（Jo Ann Boydston）主编英文版《杜威全集》，从1969年出版早期著作第一卷到2012年出版补遗卷，这项38卷本的汇编工作前后共花费了43年时间；由复旦大学刘放桐教授主持翻译的中文版《杜威全集》启动于2004年，从2010年翻译出版早期著作起，至2017年最后翻译出版补遗卷，也历时13年。因此，就杜威教育研究而言，如果再算上难以计数的二手资料和三手资料以及大量的相关资料，那要在相关研究中取得丰硕的创新成果并非一件易事，这需要我国教育学者坚持不懈地潜心研究。在这个意义上，"杜威教育研究大系"的出版虽然是我国改革开放以来杜威教育研究的一个具有标志性的系列成果，但也只能说是初步的研究成果。

对当今我国教育改革和发展来说，杜威教育思想仍然具有重要的现实价值。那是因为，尽管杜威与我们生活在不同时代，但杜威所探讨的那些问题在现实的教育中并没有消失，后人完全可以在杜威教育思想探讨的基础上对那些教育问题进行更深入的思考和分析，并从杜威教育思想中汲取智慧。在杜威教育研究不断深化和提升的过程中，首先要有更理性的研究意识，其次要有更广阔的研究视野，还要有更科学的研究方法。当然，展望杜威教育研究的未来，我国教育学者应该努力把新视角、新发现、新观点、新方法作为关注的重点。

"杜威教育研究大系"是山东教育出版社承担的"十三五"国家重点图书出版规划项目，也是2022年度国家出版基金资助项目。"杜威教育研究大系"的出版，得到了山东教育出版社领导的高度重视和大力支持，在此谨致以最诚挚的敬意。"杜威教育研究大系"项目从启动到完成历时五年多，在此应该感谢整个团队各位同人的愉悦合作。

在西方教育史上，约翰·杜威无疑是一位具有新颖的教育理念和产生巨大影响力的伟大教育家，但他自己还是最喜爱"教师"这一称呼，并为自己做了一辈子教师而感到无比的自豪。在此，谨以"杜威教育研究大系"献给为教师职业奉献一生的约翰·杜威教授。

2023 年 8 月

目　录

前　言

在所有美国教育家中，约翰·杜威（John Dewey，1859—1952）无疑是享誉盛名的人物。自大学教授生涯起，他就始终不渝地对现代教育进行探索，并在理论和实践紧密结合的基础上构建了实用主义教育思想体系。杜威的哲学和教育思想不仅在美国，而且在世界上许多国家，都产生了广泛而深刻的影响。美国杜威研究知名学者、南伊利诺伊大学卡邦代尔分校杜威研究中心主任希克曼（Larry A. Hickman）教授在他的《阅读杜威：为后现代做的阐释》（*Reading Dewey: Interpretation for a Postmodern Generation*，1998）一书的"导言"中这样指出："约翰·杜威在他活着时被称为'美国的哲学家'，他现在被普遍地认为是 20 世纪有影响的思想家之一。比起与他同时代的伟大思想家马丁·海德格尔和路德维希·维特根斯坦，他的重要成果所涉及的范围更为宽广，并且他还提前几十年预见了他们的一些最敏锐的洞见。杜威对于哲学、心理学和教育学的突破性贡献仍在继续激励着这些领域的前沿研究。"①

---

① ［美］拉里·希克曼.阅读杜威：为后现代做的阐释［M］.徐陶，等译.北京：北京大学出版社，"导言"，2010：Ⅸ.

一

　　杜威的人生道路是漫长的，从 1859 年在佛蒙特州伯灵顿出生到 1952 年在纽约去世，93 年生涯中，他从未写过自己的学术传记。如果要从杜威的众多论著中寻觅他对自己的哲学和教育思想发展的过程以及学术思想特点进行阐述的文章，那就是他 1930 年发表的《从绝对主义到实验主义》(*From Abssolutism to Experimentalism*)。杜威的女儿简·杜威(Jane Dewey)称之为杜威本人的"自传性提纲"。美国南伊利诺伊大学卡邦代尔分校杜威研究中心前主任博伊兹顿(Jo Ann Boydston)博士在 1983 年 10 月 26 日给笔者的信中曾明确指出，"杜威的《从绝对主义到实验主义》一文，是他曾经写过的唯一的自传性文章"；但由于杜威本人在简·杜威撰写《杜威传》(*Biography of John Dewey*，1939)时提供了写作的素材，"因此，《杜威传》可以被认为是一本广义的杜威'自传'"[①]。

　　综观杜威的一生，特别是他的大学教授生涯，不难看出他对现代教育的探索是如此执着。在佛蒙特大学和约翰斯·霍普金斯大学求学时，杜威走上了学术研究的道路。从 1884 年任教于密歇根大学起，杜威开始了他的大学教授生涯。正是在密歇根大学期间，他对教育产生了兴趣，并试图把哲学、心理学和教育学结合起来研究，这是杜威教育研究的肇端。1894 年到芝加哥大学后，杜威创办了芝加哥大学初等学校，开展教育实验活动长达 8 年(1896—1903)之久，使他在理论和实践结合的基础上所开展的教育研究更加深入，并结出一批硕果。美国哲学家和教育家蔡尔兹(J. L. Childs)指出："在教育领域中，杜威既是一位实践者，又是一位理论家……他把自己的哲学和心理学

　　[①]［美］简·杜威.杜威传［M］.单中惠，编译.合肥：安徽教育出版社，1987：6.

思想付诸这所实验学校的实践。"①1904 年任教于哥伦比亚大学后，杜威完成了实用主义教育思想体系的构建，其标志是 1916 年出版的《民主主义与教育》（*Democracy and Education*）一书。尽管杜威已取得世界性的声誉，但他并没有停止对现代教育的研究，又撰写了许多教育论著，其中最重要的是 1938 年发表的《经验与教育》（*Experience and Education*）一书。甚至直到去世，杜威也没有停止对教育的思考。1952 年，他撰写的最后一篇教育文章《〈教育资源的使用〉一书的引言》（*Introduction to The Use of Resources in Education*）便清楚地表明了这一点。

杜威形成实用主义教育思想的过程，就是对以德国教育家赫尔巴特（J. F. Herbart）为代表的传统教育理论进行尖锐批判和理性思考的过程。对传统教育的批判和思考，正是杜威构建实用主义教育思想体系的出发点。从杜威的教育论著中，不难看出他在分析和思考传统教育时所表现出的强烈的批判精神。杜威在教育理论方面所做的批判工作，既是历史的，又是现实的；既是理论的，又是实践的。正是在批判和思考传统教育的过程中，杜威构建了他的实用主义教育思想体系。

当杜威致力于现代教育的探索时，一场教育革新运动正在欧洲和美国兴起。作为一位美国教育家，杜威对美国的进步教育运动十分关注。由于进步教育运动的矛头也是指向传统教育的，因此，杜威对它表现出热情支持和充分肯定的态度，同时他从进步教育运动中吸收了不少养料。但是，对于进步教育家的一些极端的观点和做法，杜威不仅不同意，而且提出了明确的批评。

对现代教育进行探索的杜威正处在美国历史上的大转折年代。面对美国社会生活的全面而深刻的变化，他表现出敏锐的意识和积极的态度。正是基于对大转折年代美国社会的思索，杜威清楚地认识到必须对学校教育进行完全的

---

① J. L. Childs. *John Dewey and Education*. // Sidney Hook（ed.）, *John Dewey*. New York: New York University Press，1950：153.

变革，这不仅是他探索现代教育的目的所在，而且充分表明他认真思考了大转折年代美国社会对学校教育的新的挑战和要求。正如杜威自己在《从绝对主义到实验主义》一文中所指出的："我为吸收来自每一种影响的思想而斗争，但也努力采用了一种方式使它向前发展。"①

杜威的学术生涯清楚地表明，如果没有对大转折年代美国社会生活变化的思索，没有哲学、心理学、民主主义的基础，没有对传统教育的批判，没有美国进步教育运动的开展，没有教育实验活动，没有家庭和孩子教育的影响，那杜威也不可能构建实用主义教育思想体系。

二

作为实用主义哲学的重要代表、芝加哥机能主义心理学派创始人和民主主义者，杜威在实用主义哲学、机能主义心理学和民主主义信念的理论基础上构建了实用主义教育思想体系。这既反映了杜威把哲学、心理学和教育学结合起来进行理论和实践研究的想法，又反映了他作为教育改革家具有更为重要的目标。实用主义哲学、机能主义心理学、民主主义信念正是杜威实用主义教育思想体系的三大支柱。了解杜威的哲学、心理学和社会政治观点，将有助于理解其实用主义教育思想体系。

综观实用主义教育思想体系，杜威系统阐述了教育与生活、生命发展与教育目的、学校与社会、经验与课程、知与行、思维与教学、创造与批判、行业培训与职业教育、道德品格与道德教育、儿童与教师十个方面，构建了一个综合性的教育思想体系。其中，"教育即生活""教育即生长""学校即社会"是杜威实用主义教育思想体系中最基本的观点。

----

① [美]杜威.从绝对主义到实验主义.//[美]简·杜威.杜威传（修订版）[M].单中惠，编译.合肥：安徽教育出版社，2009：52.

在教育与生活方面，杜威从教育学角度出发，提出了"教育即生活"，强调教育就是生活的过程；从心理学角度出发，提出"教育即生长"，强调教育就是生长的过程。由此，他提出使教育成为一个真正的整体。虽然"教育即生活"和"教育即生长"的提法不同，但它们实际上异曲同工，只是论述的角度有所不同。

在生命发展与教育目的方面，杜威从生命哲学出发，把生命作为核心的理念，强调教育的目的是儿童生命的发展，即儿童德、智、体的全面协调发展；明确指出教育的首要浪费是浪费生命，并对当时教育领域的自然发展论、社会效率论和文化修养论这三种教育目的论进行了分析。

在学校与社会方面，杜威提出"学校即社会"，强调理想的学校应该是一个雏形的社会共同体，其本身就是合作化的社会生活，但这并不意味着社会生活在学校中的简单重现。从本质上讲，"学校即社会"和"教育即生活"是紧密相连的。

在经验与课程方面，杜威从"教育即经验的改造"的观点出发，分析了两种不同的课程论，注重经验的心理方面，提出了"在课堂上拥有新生命""课程教材心理化"，强调课程应该以儿童现在生活的经验为根基，并在课程教材和儿童心理之间建立联系。

在知与行方面，杜威提出"从做中学"，强调做中学比听中学好，要使知与行相联系，体现理论和实践的结合；还提出了"从经验中学""从活动中学"，其意与"从做中学"相同，只是提法不同。但"从做中学"并不能取代教科书学习，"记忆"并不是教育的代名词。这里，杜威提出了"如何做"这一重要命题。

在思维与教学方面，杜威从"思维五步"出发，提出了"教学五步"，强调教学活动应该唤起儿童的思维，培养他们的反思性思维能力；同时阐释了思维训练和教学活动的关系，思维既是教学的基础，又是教学的目的。这里，杜威又提出了"如何思维"这一重要命题。

在创造与批判方面，杜威强调教育是一个养成创造力的过程，可以帮助个人开创未来和超越别人，成为具有创造性智慧的新型个人；指出创造与批判两者并行不悖，但创造与批判需要勇气；强调理智自由和自动教育能够促使创造力的发展。

在行业培训与职业教育方面，杜威从反对狭义的职业教育观出发，指出职业教育并不是行业培训，强调把职业教育和普通教育结合起来，并把职业教育作为整个教育计划的一部分，使儿童养成一种对他的工作或职业的明智态度，具有一种综合的理解力，而不是接受一种狭隘的行业培训。

在道德品格与道德教育方面，杜威从反对狭隘的和说教式的传统道德观出发，认真探讨了新时代的道德教育，指出道德品格是教育的最高目的；强调道德教育的社会方面和心理方面，提出"道德共同体"与"学校道德三位一体"，主张通过学校生活、教材和教学方法三个方面进行道德教育。

在儿童与教师方面，杜威阐述了注重自然发展的儿童教育观，赞同和提倡"儿童中心论"，强调学校的一切应该是为了儿童的生活，但儿童的"兴趣"和"自由"是其中两个重要问题；同时还阐述了体现职业精神的教师教育观，强调教师的职业角色和责任，使教育过程成为教师和儿童共同参与和相互合作的过程。

如果把杜威实用主义教育思想与传统教育理论作一比较，那么人们可以清楚地看到它的时代性和新颖性。从时代性讲，杜威实用主义教育思想反映了新的时代对学校教育提出的挑战和要求，表现了杜威对新的时代的思索和认识；从新颖性讲，杜威实用主义教育思想提出了许多给人以启迪的新见解，同时体现了诸多新的视角和特色。杜威实用主义教育思想之所以在美国和世界上许多国家产生如此广泛的影响，正是基于它的时代性和新颖性。

诚然，杜威实用主义教育思想体系也存在着不足之处。部分由于他的实用主义哲学和机能主义心理学本身的缺陷，部分由于他个人思维方式的局限性。同时，由于他的某些教育著作的晦涩使得人们误解了他的部分思想，或者，人们把杜威学生的不同观点看作他的思想。正如杜威的学生、美国哲学家和教育家胡克（S. Hook）所说的："对杜威教育哲学的误解是很多的，如果杜威的文章行文比较精确，有一些误解也许是可以避免的。"①

三

作为美国实用主义哲学最有影响的代表人物和实用主义教育思想的创始人，杜威受到美国和世界上许多国家的学者的关注，人们对杜威及其学术成就给予了充分的肯定和高度的评价。

美国学者霍尔姆斯（H. W. Holmes）在《约翰·杜威其人及他的哲学》（*John Dewey: The Man and His Philosophy*，1930）一书中写道，杜威"这位伟大的哲学家属于整个世界"②。英国哲学家、教育家怀特海（A. N. Whitehead）在《约翰·杜威与他的影响》（*John Dewey and His Influence*，1939）一文中写道："约翰·杜威是典型的最有影响力的美国思想家……我们所生活的时代深受杜威的影响。"③

杜威的学生、美国教育家、"设计教学法"创始人克伯屈（W. H. Kilpatrick）在《杜威对教育的影响》（*Dewey's Influence on Education*，1939）一文中写道："在教育领域中，没有人会怀疑约翰·杜威对美国教育理论和实践的重要影响。"④后来，他在《回忆杜威与他的影响》（*Reminiscences of*

---

① Jo Ann Boydston. *The Collected Works of John Dewey*，*The Middle Works*，Vol.9，"Preface"（by Sidney Hook），Carbondale：Southern Illinois University Press，1980. // ［美］约翰·杜威. 民主主义与教育［M］. 王承绪，译. 北京：人民教育出版社，1990：389.

② H. W. Holmes. *John Dewey: The Man and His Philosophy*. Cambridge：Harvard University Press，"Preface"，1930.

③ A. N. Whitehead. *John Dewey and His Influence*（1939）. // Paul A. Schilpp. *The Philosophy of John Dewey*. Wisconsin，Menasha：George Banta Publishing Company，1951：477.

④ W. H. Kilpatrick. *Dewey's Influence on Education*（1939）. // Paul A. Schilpp. *The Philosophy of John Dewey*. 1951：447.

Dewey and His Influence，1961）一文中再次指出：杜威"在教育哲学史上的地位，依我看来，他是世界上还未曾有过的最伟大的人物"[①]。

英国哲学家、教育家罗素（B. A. W. Russell）在《西方哲学史》（*A History of Western Philosophy*，1955）一书下卷中指出："一般公认，杜威是美国……首屈一指的哲学家。这个评价我完全同意。他不仅在哲学家中间，而且对研究教育学的人……都有了深远的影响……杜威从来不是那种可称为'纯粹'哲学家的人。特别是教育学，一向是他的一个中心兴趣，而他对美国教育的影响是非常大的……他一生始终不断在教育学方面有所著述，著述量几乎不下于哲学方面的。"[②]

美国教育学者德沃金（M. S. Dworkin）在《杜威论教育》（*Dewey on Education*，1959）一书的"前言"中写道："作为一位著名教育家，杜威的著作不仅在美国，而且在其他国家中也产生了最广泛和最深刻的影响。"[③]

美国杜威研究著名学者培里（Thomas Berry）在《杜威对中国的影响》（*Dewey's Influence in China*，1960）一文中强调指出："杜威在中国的最大影响正像他在美国一样，是在教育方面。……他在政治上和哲学思想上的影响是一个更大趋向的一个部分，而在教育上的影响是独创的、决定性的和持久的。不仅在中国，而且在世界范围内，如果任何一个人在 20 世纪内对全世界的教育计划像杜威有那么广泛的影响，那是难以置信的。"[④]

美国教育家伯杰（M. I. Berger）在他的《杜威和今日的进步教育》（*John Dewey and Progressive Education Today*）一文中指出："杜威是现代教育思想

---

① W. H. Kilpatrick. *Reminiscences of Dewey and His Influence*. // William W. Brickman and Stanley Lehre. *John Dewey: Master Educator*. New York：Atherton，1961：16.

②［英］罗素.西方哲学史（下卷）［M］.马元德，译.北京：商务印书馆，1976：378-379.

③ M. S. Dworkin. *Dewey on Education*. New York：Teachers College，Columbia University，"Preface"，1959.

④［美］培里.杜威对中国的影响. // 简·杜威.杜威传（修订版）［M］.单中惠，编译.合肥：安徽教育出版社，2009：389-390.

上的一个重要人物。他提出了用新的方法来解决旧的问题。他比任何其他的教育家更多地使民主和教育趋于有机的统一。杜威是一位伟大的思想家，人们应该去阅读他的著作，去理解和修改他的思想。"①

美国教育家博德（B. H. Bode）也指出："大家都承认约翰·杜威是我们的卓越的教育哲学家，他对美国教育的影响是巨大的。"②

美国教育史学家布里克曼（W. W. Brickman）在《约翰·杜威：杰出的教育家》（*John Dewey: Master Educator*，1966）一书的"序言"中指出："也许杜威并不是世界上最伟大的教育家，但他是一位激励人们广泛地去重新思考教育目标、原理和方法的教育家。"③

英国教育家斯基尔贝克（Malcolm Skilbeck）在他的《杜威》（*Dewey*，1970）一书中指出："谈到所有伟大的教育理论家，杜威是至今在教育思想史上被最多的人阅读的教育家。"④

美国教育家、结构主义教育思想的主要代表人物布鲁纳（J. S. Bruner）在《杜威教育哲学之我见》（1971）中这样写道，为激励人们起来批判和改变传统学校教育的状况，"杜威作出了极大的贡献"⑤。

美国教育家鲍尔斯（S. Bowles）和金蒂斯（H. Gintis）在合著的《美国：经济生活与教育改革》（*Schooling in Capitalist America: Educational Reform and the Contradiction of Economic Life*，1976）一书中指出："约翰·杜威无疑是美国眼光最为敏锐的教育哲学家。"⑥

---

① M. I. Berger. *John Dewey and Progressive Education Today*. // *John Dewey: Master Educator*. 1961：131.

② 中国科学院哲学研究所.现代美国哲学［M］.北京：商务印书馆，1963：355.

③ W. W. Brickman. *John Dewey: Master Educator*. "Preface". 1961：10.

④ Malcolm Skilbeck. *Dewey*. London：Mcmillan Co. 1970：33.

⑤［美］布鲁纳.杜威教育哲学之我见［J］.伟俊，钟会，译.外国教育研究，1985（4）.

⑥［美］鲍尔斯，金蒂斯.美国：经济生活与教育改革［M］.王佩雄，等译.上海：上海教育出版社，1990：152.

　　英国教育史学家拉斯克（Robert R. Rusk）、斯科特兰（James Scotland）在其合著的《伟大教育家的学说》（*Doctrines of the Great Educators*，1979）一书中指出："那些尝试去教育他们年轻一代的人已发现，他们的任务因为如此的变化而变得非常复杂，因此他们迫切需要得到指导。在过去的一百年里，提供指导最多的人就是约翰·杜威。"①

　　美国哲学促进会主席、艾默里大学教授古因洛克（James Gouinlock）在《杜威全集》晚期著作第2卷的"导言"（1984）中指出："约翰·杜威不是那种把自己囿于专业和深奥主题的哲学家。比起绝大多数哲学家，杜威对广泛得多的论题著书立说。他的写作在根本上是为了教育——不是通过说教，而是尽可能地让生活经验的意义得以阐明。……他既满腹经纶，又富有见识和想象力，洋溢真人性的光辉。"②

　　美国教育史学家、哥伦比亚大学师范学院前院长克雷明（L. A. Cremin）教授1987年在他的《美国教育史：城市化时期的历程1876—1980》（*Ameican Education: The Metropolitian Experience*，1876—1980）一书中这样写道："正是在哥伦比亚大学期间，杜威作为美国最杰出的、最有影响力的哲学家，赢得了世纪声誉。……同样，也正是在哥伦比亚大学期间，杜威成为美国知名的、杰出的教育哲学家。……杜威的教育著作以各种形式的文体……受到越来越多的公众的广泛阅读。"③

　　美国南康涅狄克州大学彼得森（F. H. Peterson）教授在《约翰·杜威的哲学改造》（*John Dewey's Reconstruction in Philosophy*，1987）一书中指出："在

①［英］罗伯特·R.拉斯克，詹姆斯·斯科特兰.伟大教育家的学说［M］.朱镜人，单中惠，译.济南：山东教育出版社，2013：266.

②［美］博伊兹顿.杜威全集·晚期著作第2卷［M］.张奇峰，等译.上海：华东师范大学出版社，2015：1.

③［美］克雷明.美国教育史：城市化时期的历程1876—1980［M］.朱旭东，等译.北京：北京师范大学出版社，2002：190-193.

20世纪美国，在公共教育方面没有一个名字能比约翰·杜威更神圣的了。"①

美国哲学家塔利斯（Robert B. Talisse）在《杜威》（*On Dewey*，2000）一书中强调指出："尽管有争议，约翰·杜威仍然可以被认为是最伟大的美国哲学家。……杜威的一生不是在书斋中独思的一生，而是不断探索、不断行动的一生。"②

俄罗斯杜威教育研究学者罗卡切娃（Е. Ю. Рогачева）2006年在《约翰·杜威教育学对20世纪教育理论和实践的影响》（*Влияние педагогики Джон Дьюи на теорию и практику образования в XX веке*）中强调："杜威的教育学不仅对美国教育理论和实践的发展给了重要影响，而且在世界许多国家和地区将有重要影响……他是20世纪杰出的思想家、教师的教师，他的实用主义（工具主义）教育哲学和教育实验产生了巨大的国际影响。"③

日本教育史学者梶井一晓2016年在《日本关于杜威研究的特征和课题：如何批判地吸收杜威的思想》一文中指出："教育史上最重要的人是谁？……当然，选出最重要的唯一人选是比较困难的，但是杜威一定是绽放最耀眼光芒的那一位。杜威在教育史中绝对是最重要的人物之一，这是毋庸置疑的。"④

在美国教育史乃至现代西方教育史上，一位教育家能受到不同年代不同国家诸多学者的关注和评论，并不多见。这也清楚地表明杜威作为一位哲学家和教育家在美国乃至世界学术界的地位。甚至在教育理论上与杜威的观点相左的那些教育家，也不得不对杜威刮目相看。

---

① Forrest H. Peterson. *John Dewey's Reconstruction in Philosophy*. New York：Philosophical Library，"Preface"，1987.

②［美］塔利斯. 杜威［M］. 彭国华，译. 北京：中华书局，2014：9，20.

③ 李申申，贾英伦. 21世纪俄罗斯学者对杜威民主主义教育思想的评析. // 涂诗万.《民主主义与教育》：百年传播与当代审视［M］. 北京：教育科学出版社，2017：89.

④［日］梶井一晓. 日本关于杜威研究的特征和课题：如何批判地吸收杜威的思想. // 涂诗万.《民主主义与教育》：百年传播与当代审视［M］. 北京：教育科学出版社，2017：92.

美国教育家、要素主义教育思想的主要代表人物巴格莱（W. C. Bagler）不仅把杜威称为"当代杰出的领袖"，而且指出要素主义者过去和现在都承认杜威的理论"对教育实践真正有价值的贡献"①。他甚至这样写道："我恐怕是过于鲁莽和疯狂了，竟然向一位我经常公开地认为是当代最伟大的教育家宣战。"② 对此，美国教育学者埃德尔·哈恩（Edell M. Hearn）和查伯特（E. N. Chapter）在《威廉·查德勒·巴格莱——教师之师》一文中曾指出："尽管巴格莱并不是在每个阶段都完全同意杜威的想法，他还是发现了杜威理论的某些合理方面……巴格莱在很多方面同意杜威的教育思想，特别在晚年，对杜威的很多建议明确地表示了赞赏。"③

美国芝加哥大学前校长、永恒主义教育思想的主要代表人物赫钦斯（R. M. Nutchins）在《民主社会中的教育冲突》（*The Conflict in Education in a Democratic Society*，1953）一书中批判了杜威，但他同时承认："约翰·杜威是最有影响的美国教育家和最有影响的哲学家。40 年来，他改造了美国教育制度。"④

人们普遍承认，杜威是 20 世纪以来美国乃至世界上很有影响力的一位教育家，他给教育带来了一场深刻的革命，在教育领域中引起了重要而深刻的变化。不管怎样，连那些反对和攻击他的人也不能否认这一点。1949 年，美国《新共和》（The New Republic）杂志在杜威九十岁生日前夕刊文写道："现代美国教育家中还没有一个人能逃脱约翰·杜威的影响。"⑤ 时隔 45 年之后，1990 年，美国《生活》（Life）杂志又把杜威称为"20 世纪 100 个最重要的

①［美］哈恩·查伯特.威廉·查德勒·巴格莱——教师之师.//［美］巴格莱.教育与新人［M］.袁桂林，译.北京：人民教育出版社，1996：214.

②［美］巴格莱.教育与新人［M］.袁桂林，译.北京：人民教育出版社，1996：215.

③［美］巴格莱.教育与新人［M］.袁桂林，译.北京：人民教育出版社，1996：214-215.

④ Robert M. Nutchins. *The Conflict in Education in a Democratic Society*. New York：Harper & Brothers，1953：49.

⑤ 滕大春，主编.外国教育通史（第5卷）［M］.济南：山东教育出版社，2005：241.

美国人之一"①。这充分说明了美国人对杜威以及他的杰出学术成就的肯定和
尊重。

四

杜威是生前和身后都经常被误解的一位学者，在受到诸多赞扬的同时又
受到了许多攻击。这种情况的出现，确实令人感到惊讶。

当人们对杜威及其实用主义教育思想进行理性的思考时，他们发现原来
的想法既是愚蠢的又是可笑的。1966 年，美国教育学者沃思（A. G. Wirth）
就在《作为教育家的约翰·杜威：他的教育工作的设计》（*John Dewey as
Educator, His Design for Work in Education*）一书中指出："在 20 世纪五六十年
代那种不平常的喧闹之后，我们可能会准备在约翰·杜威对美国教育的贡献方
面去寻求更为理性的评论。"② 历史表明，杜威并没有被人们忘记，实用主义教
育思想仍然广被研究。杜威去世 8 年后，1960 年秋天，美国南伊利诺伊大学
卡邦代尔分校建立了"杜威研究中心"（the Center for Dewey Studies）。博伊
兹顿博士和波洛斯（K. Poulos）在 1978 年合编的《有关论述杜威的文章一览》
（*Checklist of Writings about John Dewey*）一书中指出："自从第一篇评论有关
杜威和他的工作的文章发表以来的 86 年中，共有 2200 多篇文章问世，平均每
年 25 篇。但是，从 1973 年 1 月至 1977 年 1 月这四年中平均每年 60 多篇有关
杜威的文章见刊。仅仅数字还不足以反映出对杜威关注度增长的全部情况，有
关杜威的研究文章的质量和范围也在不断地提高和扩大。"③ 从 20 世纪 60 年代

---

① Babara Levine（ed.）. *Works about John Dewey，1886—1995*. Carbondale：Southern Illinois
University Press，"Preface"，1996.

② Arthur G. Wirth. *John Dewey as Educator, His Design for Work in Education*. New York：John
Wiley & Sons，Inc.，"Preface"，1966.

③ ［美］伯内特. 如何评价杜威？// 陈友松，主编. 当代西方教育哲学［M］. 北京：教育科学
出版社，1982：195-196.

以来，人们重新表现出对杜威研究的热情，更深入、更理性地反思杜威对现代教育的探索。1991 年，美国学者洛克菲勒（S. C. Rockefeller）在《约翰·杜威的宗教信念与民主的人文主义》（*John Dewey Religions Faith and Democratic Humanism*）一书中写道："在 20 世纪前几十年里，杜威正处于他的生涯的顶峰……然而到 50 年代，对他的著作早期的广泛的兴趣却在衰退。但是，一种对杜威更广泛的学术理解开始于 20 世纪 60 年代……在 80 年代，人们重新意识到经典的美国哲学传统的价值，包括对杜威学术成就的肯定。"[1] 这在一定程度上反映了对杜威思想的评判和研究在 20 世纪中起伏不定的情况。

在杜威文献的整理和出版工作上，美国南伊利诺伊大学卡邦代尔分校杜威研究中心的工作成绩卓著。1970 年，时任杜威研究中心主任的博伊兹顿博士主编出版了《约翰·杜威著作指南》（*Guide to the Works of John Dewey*）一书。1991—2012 年，博伊兹顿博士又主编了《杜威著作全集》（*The Collected Works of John Dewey*，1882—1953），共 38 卷。其中包括：早期著作（*The Early Works of John Dewey*，1882—1898）5 卷，中期著作（*The Middle Works of John Dewey*，1899—1924）15 卷，晚期著作（*The Latter Works of John Dewey*，1925—1953）17 卷，以及补遗卷。杜威研究中心的工作极大地推动了杜威研究的深入。1996 年，在杜威研究中心主任希克曼（Larry A. Hickman）的指导下，莱文（B. Levine）又出版了《有关论述杜威的著作目录（1886—1995）》（*Works about John Dewey*，1886—1995）一书。编者指出，在从 1886 至 1994 年的 108 年里，有关论述杜威的论著共计 4759 篇，其中 1977 年以来发表或出版的约 2000 篇；有关杜威著作的书评共计 91 篇。编者还指出："杜威的思想和观念已经影响现代思想整整一个世纪，它将会继续引起人们的注意。"[2] 杜威

---

[1] Steven C. Rockefeller. *John Dewey Religions Faith and Democratic Humanism*. New York：Columbia University Press，"Preface"，1991.

[2] Babara Levine（ed.）. *Works about John Dewey*，1886—1995. "Preface"，1996.

的哲学和教育著作已成为经典著作，并引起一代代学者阅读和研究的兴趣。胡克教授甚至认为，《民主主义与教育》已成为今天所有关注教育哲学的学者不可不读的一本书。①

<h1 style="text-align:center">五</h1>

杜威实用主义教育思想在近代中国曾广泛传播。就杜威对近代中国的影响来说，他在教育方面的影响显然要比在哲学方面的影响大。近代中国学者、《民本主义与教育》一书的译者邹恩润先生指出："现代教育家的思想最有影响于中国的，当推杜威博士。"②杜威访华（1919—1921）前后，对杜威哲学和教育思想的研究在中国学术界掀起了浪潮。

经过自 1949 年后的近三十年的沉寂，我国对杜威哲学和教育思想的研究在改革开放后进入了一个新的阶段。无论哲学界还是教育界，都开始以实事求是的态度重新评价杜威，并取得了丰硕的研究成果。从整体上说，在杜威研究上取得了突破性的进展。

哲学界改变了对杜威哲学思想的否定态度，拓展了杜威哲学思想的研究广度。1987 年，复旦大学刘放桐教授发表《重新评价实用主义》一文，明确提出："实用主义无论在理论上还是在社会基础和作用上，都是很复杂的，其中不仅有合理的、积极的因素，甚至也有包含可资我们借鉴的因素，因而将它们全盘简单否定显然是不妥当的。"③1988 年，我国哲学界学者在成都召开了"实用主义哲学讨论会"，对杜威哲学进行热烈而充分的讨论。此后，我国的

---

① Jo Ann Boydston（ed.）. *The Collecte Works of John Dewey, The Middle Works*，Vol.9. Carbondale：Southern Illinois University Press，"Introduction"（by Sidney Hook），1980：Ⅸ.

② ［美］杜威.民本主义与教育［M］.邹恩润，译.上海：商务印书馆，1929："译者序言".

③ 刘放桐.重新评价实用主义.// 现代外国哲学编辑组.现代外国哲学（第10辑）［C］.北京：人民出版社，1987：1.

杜威哲学研究更趋深入，并出版了不少相关论著。例如，邹铁军的《实用主义哲学大师》（吉林教育出版社 1990 年版）、陈亚军的《哲学的改造——从实用主义到新实用主义》（中国社会科学出版社 1998 年版）、顾红亮的《实用主义的误读——杜威哲学对中国现代哲学之影响》（华东师范大学出版社 2000 年版）、王成兵的《当代美国学者看杜威》（中国社会科学出版社 2015 年版）等。

我国教育界对杜威思想的重新评价在时间上比哲学界早。1980 年，华东师范大学赵祥麟教授就发表了《重新评价实用主义教育思想》一文，第一次提出对杜威教育思想进行认识和重新评价。1982 年，全国教育史研究会在西安召开了第二届年会，会上对杜威实用主义教育思想开展了专门的讨论。此后，我国的教育学者从更为广泛的角度深入研究杜威实用主义教育思想。一些有关杜威与实用主义教育思想的译著先后出版，其中有赵祥麟、王承绪编译的《杜威教育论著选》（华东师范大学出版社 1981 年版）、单中惠编译的《杜威传》（安徽教育出版社 1987 年版）、王承绪、赵祥麟等翻译的《杜威学校》（华东师范大学出版社 1991 年版）。杜威的一些主要教育著作由人民教育出版社翻译出版，如《民主主义与教育》（王承绪译，1990 年版）、《我们怎样思维·经验与教育》（姜文闵译，1991 年版）、《学校与社会·明日之学校》（赵祥麟等译，1994 年版）等，进一步推动了对杜威实用主义教育思想研究的深入。据中国知网 2020 年 12 月的统计，从 1979 年至 2019 年的 40 年间，有关杜威教育研究的期刊文章共 294 篇、学位论文共 33 篇。其中，从 1979 年至 1989 年，期刊文章 15 篇；从 1989 年至 1999 年，期刊文章 17 篇、学位论文 1 篇；从 1999 年至 2009 年，期刊文章 74 篇、学位论文 13 篇；从 2009 年至 2019 年，期刊文章 188 篇、学位论文 19 篇。从中可以看出，相比 1979 年至 1999 年的 20 年，在 21 世纪的第一个 20 年中，我国教育学者对杜威教育有了更多的研究。其论述的范围涉及杜威的教育哲学、教育本质观、学校观、课程观、教学观、职业教育观、道德教育观、儿童观、教师观以及杜威与其他教育家思想的比较研究、杜威与中国等方面。人们开始以一种真正的科学态度来研究杜威实用主义教育思想。从对杜威实用主义教育思想的重新评价到更为广泛的研究，我国教育学者对杜威实用主义教育思想有了更加正确的认识和更加理性的思考。

在西方哲学史上，特别是在现代西方教育史上，杜威占有重要的地位。杜威顺应时代和社会发展的趋势，批判传统的教育理论和方法，批判性地论述教育史上各种理论，注意教育理论和实践的结合。杜威在构建实用主义教育思想体系的过程中，不仅表现出一种批判性精神和创造性智慧，而且对现代教育理论的发展提供了颇多创新性启示。

作为一种教育思想流派，杜威实用主义教育思想曾对美国和世界上许多其他国家产生过很大的影响。了解杜威实用主义教育思想，必将有助于对美国教育乃至世界教育的研究。尽管人们对杜威实用主义教育思想持有不同的态度，或赞扬或攻击，或肯定或否定，但有一点是不容置疑的，那就是——研究现代美国和当代西方教育思想，离不开对杜威实用主义教育思想的研究。因此，在现代西方教育理论研究中，杜威实用主义教育思想研究既是一个基本的课题，也是一个难度较大的课题。

《杜威与实用主义教育思想》一书以历史唯物主义为指导，力图以丰富的文献资料为基础，基于广阔的学术视野，对杜威与实用主义教育思想进行尽可能全面而综合的探究。除"前言"和"结语"外，包括"杜威的大学生时代和教授生涯及教育著作""杜威实用主义教育思想的形成""杜威与传统教育""杜威与进步教育""杜威实用主义教育思想体系""杜威实用主义教育思想与世界教育"共六章。

本书现列入山东教育出版社的"杜威教育研究大系"。在其即将付梓之际，衷心感谢山东教育出版社领导对学术研究成果的大力支持，并对教育理论室前主任蒋伟的策划表示衷心感谢。本书的顺利出版还要感谢教育理论编辑室周红心主任以及责任编辑孙文飞所付出的辛勤劳动。

本书难免有论述不妥之处，恳望读者批评指正。

杜威的大学时代和教授生涯及教育著作

第一章

CHAPTER 1

从 1859 年 10 月 20 日在佛蒙特州的伯灵顿出生，到 1952 年 6 月 1 日在纽约去世，杜威走过了漫长的 93 年的人生道路。

童年时代和少年时代的杜威是在自己的家乡伯灵顿接受中小学教育的。伯灵顿是新英格兰地区一个环境优美的市镇。杜威喜爱读书，几乎对阅读任何书籍都感兴趣，但对采取死记硬背方法的传统学校教育感到厌烦。在杜威所接受的教育中，最重要的部分是在课堂外面获得的。杜威的女儿简·杜威（Jane Dewey）在《约翰·杜威传》（*Biography of John Dewey*）一书中指出："在形成约翰·杜威的教育理论的各种因素中，他童年时代的环境显然起了很大的作用。"[1]

当解读杜威的漫长人生和他的学术道路时，不难看出，在杜威探索现代教育的整个过程中，在他学术上走向成熟并完成实用主义教育思想体系构建的整个过程中，大学时代和教授生涯起着重要的甚至可以说是决定性的作用。

从佛蒙特大学起，杜威就对哲学产生了兴趣，并确立了研究哲学的志向。这是杜威的大学时代的第一阶段。这是他走上学术研究道路的起点，是一个非常重要的起点。当然，这要归功于以哲学为传统的佛蒙特大学学术环境，更要归功于他的老师特别是托里（Henry A. P. Torrey）教授的指导和鼓励。

进入约翰斯·霍普金斯大学攻读博士学位，是杜威的大学时代的第二阶段，这是一个更为重要的阶段。在美国第一所研究性大学中，杜威受到了浓厚的学术气氛熏陶，接触了更多具有激励导向的人，参加了更广泛的学术活动和研究实践，从而更加坚定了研究哲学的志向。特别是莫里斯（G. S. Morris）教授，对杜威的成长影响和帮助最大。

大学时代结束后，杜威开始了大学教授生涯。他先后在密歇根大学、芝加哥大学和哥伦比亚大学任教。正是在这个过程中，杜威在学术上逐步走向成熟，不仅表现在哲学上，而且表现在教育学上。也正是在这个过程中，杜威由美国

---

[1]［美］简·杜威.杜威传（修订版）［M］.单中惠，编译.合肥：安徽教育出版社，2009：9.

走向世界，不仅成为美国著名的教育家，而且奠定了世界著名教育家的地位。

在密歇根大学，杜威在承担教学工作的同时继续哲学的研究，也对教育产生了浓厚的兴趣。杜威萌发了把哲学、心理学和教育学结合起来进行研究的想法，从而开创了一个新的研究领域。

到芝加哥大学后，杜威在哲学上提出了工具主义理论，在心理学上创立了机能主义心理学派。与此同时，他创办了芝加哥大学初等学校，进行了长达8年的教育实验活动，在国内外产生了很大的影响，对其实用主义教育思想的构建起了十分重要的作用。

哥伦比亚大学是杜威的大学教授生涯中任教时间最长的一所大学。在哥伦比亚大学任教时期，杜威在哲学和教育领域都出版了一些重要的著作。特别是1916年《民主主义与教育》一书的出版，确立了杜威在美国教育界的地位，他本人被誉为美国最有创见和学识最渊博的教育家之一。更重要的是，杜威在这一时期开始由美国走向世界，成为一位具有广泛和深刻影响的世界教育家。

正如美国塞顿·霍尔大学教授培里（Thomas Berry）所说，在杜威漫长的一生中，"从19世纪80年代的初期起，可以分为三个时期：10年的门徒身份，10年的摆脱影响和渐露头角，其后50年杜威成了杜威"[1]。

第一节　杜威的大学时代

杜威的大学时代是在佛蒙特大学和约翰斯·霍普金斯大学度过的。在佛蒙特大学，杜威开始决定把哲学研究作为一种志向；而在约翰斯·霍普金斯大

---

[1] 中国科学院哲学研究所，编.现代美国哲学［M］.北京：商务印书馆，1963：362.

学，他开始表现出作为一位学者和教师的潜力。

对于杜威来说，无论是佛蒙特大学，还是约翰斯·霍普金斯大学，都提供了很好的学术环境。尤其是约翰斯·霍普金斯大学，作为美国第一所研究性大学，是一个进行创造性研究和获得真才实学的高等学府。杜威的成长显然受益于这样的大学。

更为重要的是，无论在佛蒙特大学，还是在约翰斯·霍普金斯大学，杜威都遇到了良师。特别是佛蒙特大学的托里教授、约翰斯·霍普金斯大学的莫里斯教授，对杜威的成长产生了很大的影响。杜威后来如此说道："总的说来，影响我思想的一些力量来自于人和环境超过了来自于书本。"[①]

在整个大学生时代，杜威开始确立并坚定自己的学术信念。虽然他性格比较内向，但是，他利用一切机会来充实和发展自己。在杜威的学术人生中，从伯灵顿走向巴尔的摩是重要的一步。

（一）杜威与佛蒙特大学

佛蒙特大学 1791 年创建于佛蒙特州的商业和文化中心伯灵顿。它是美国新英格兰地区第五所最古老的学院之一，排在哈佛大学、耶鲁大学、布朗大学和达特茅斯学院之后。这所大学以它在哲学方面的研究传统而骄傲。

当时美国大学的规模尚小，佛蒙特大学也不例外。19 世纪 70 年代后期，这所大学每年入学的学生人数 90 多人，教师仅有 8 人，且都是旧式学院的教授。

在佛蒙特大学里，所有的课程都是必修的。前两个学年，开设希腊文、拉丁文、古代史、解析几何、微积分等课程；第三学年的课程以自然科学为

---

① ［美］杜威.从绝对主义到实验主义.//［美］简·杜威.杜威传（修订版）［M］.单中惠，编译.合肥：安徽教育出版社，2009：52.

主，其中包括动物学、生物学、生理学；最后一学年的课程包括政治经济学、国际法、文化史、心理学、伦理学、宗教哲学、逻辑学，旨在给学生介绍一个更为广阔的学术世界，使他们在大学前三年里已经建立的学术知识结构更加完善。在与建立于 1865 年的州农工学院合并后，佛蒙特大学增加了农业和工艺课程。

在马什（J. March）教授担任佛蒙特大学校长期间（1826—1833），他努力使佛蒙特大学成为一个重要的高等教育机构。马什作为哲学教授，又是最早研究和讲授德国哲学思想的美国人，这体现出一种冒险精神。更值得注意的是，佛蒙特大学的教师都坚信自由思考是人的神圣权利，鼓励学生思考并形成他们自己的思想；同时认为，学生的个性在大学里也应该得到很好的发展。一位学生这样回忆古德里奇（J. E. Goodrich）教授，尽管他讲授的课程是在古典文学，但"他的讲授充满了敏锐的'探究'、问题和建议，激励个人去思考"①。

在课堂中，一般是每位教师教授 15 名学生，教师与学生之间的接触促使他们的思想交流，从而给学生更大的影响。直到多年以后的 1939 年，杜威在佛蒙特大学作讲演时仍提到，这些教师都是他们各自专业领域里具有献身精神的学者，与这些教师的接触能对学生起激励作用。

在母亲卢西娜严格要求下，1875 年中学毕业后，还不到 16 岁的杜威与哥哥戴维斯·杜威（Davis R. Dewey）成为杜威家族的第一代大学生。这时，佛蒙特大学校长已由巴克汉姆（M. H. Buckham）教授担任。

大学的课程，仅仅部分地满足了杜威的兴趣和爱好。对于他来说，自然科学课程是更为新鲜和有趣的。尤其是生理学课程使用的英国生物学家赫胥黎（T. H. Huxley）的教材给杜威"留下了深刻的印象，激起了杜威对事物

---

① George Dykhuizen. *The Life and Mind of John Dewey*. Carbondale：Southern Illinois University Press，1973：10.

的一种广泛的学术好奇心，并使得他这个年轻人对哲学产生了兴趣"①。对此，杜威这样写道："要精确地讲出这么多年前我在学业上所发生的事情，是困难的，但我有一种印象，即从这门课程中学习到一种相互依赖和相互联系的统一体观念……总之，从这种学习中，我得到了很大的刺激，比我从以前的任何学习中得到的刺激都多。虽然没有什么原因促使我继续学习那门特别的学科，但从这个时候起，我被唤起了对哲学的特有兴趣。"②

在佛蒙特大学最后一年的学习是杜威一生的一个重要转折点，他决定把哲学研究作为一种职业。对杜威作出这样的决定起重要作用的是在大学最后一年讲课的教授们。例如，校长巴克汉姆教授开设政治经济学、国际法、文化史等课程，他"是一位优秀的教师。他既具有有条理、有逻辑性的思维能力，也具有清楚的表达能力。他是一个具有说服力的人，但反对试图把自己的观点强加给学生。他的教学方法是苏格拉底式的，而不是教条主义的"③。在课堂上，巴克汉姆教授特别鼓励学生提出问题和发表自己的观点，他经常抛开规定的课程而讨论当前的社会和政治问题。

开设心理学和哲学课程的托里教授对杜威产生了更大的影响，把他引向了研究哲学的道路。巴克汉姆校长这样评论托里："我不能不说，他曾是一个笛卡儿主义者，或是一个康德主义者，或是一个黑格尔主义者，或是一个洛采主义者；但他是一个哲学家，而且是一个成熟的哲学家。"④托里教授认为，学生在教学中应该受到鼓励，提出问题并克服困难；教学的目的并不是给学生传递一个体系，而是激励和引导他们进行探究。为了表达对当年托里教授的感恩之情，杜威在《从绝对主义到实验主义》一文中这样写道："佛蒙特大学教授

① ［美］简·杜威.杜威传（修订版）［M］.单中惠，编译.合肥：安徽教育出版社，2009：10.
② ［美］杜威.从绝对主义到实验主义.//［美］简·杜威.杜威传（修订版）［M］.单中惠，编译.合肥：安徽教育出版社，2009：45-46.
③ ［美］简·杜威.杜威传（修订版）［M］.单中惠，编译.合肥：安徽教育出版社，2009：11.
④ George Dykhuizen. *The Life and Mind of John Dewey*. 1973：16.

托里先生是一个真正有见识和有教养的人，对美学具有明显的兴趣和爱好……他对哲学的兴趣是真诚的，而不是草率的。托里是一位优秀的教师，我的成长应该归功于他对我的双份恩惠：一是他使我的思想明确地转向了把哲学研究作为终生的职业；二是在那一年里他用了大量时间对我进行指导，我开始专心于哲学史方面经典著作的阅读，并学习富有哲理性的德国哲学著作。"①

当时的哲学课程包括政治和社会哲学以及智力和道德哲学两个方面，杜威的兴趣更多的在政治和社会哲学，但智力和道德哲学、形而上学的问题对他也颇有吸引力。杜威从佛蒙特大学毕业后不久发表的两篇文章就是有关形而上学以及智力和道德哲学的。

对杜威的思想产生深刻影响的是他阅读了当时广泛流传的书籍和期刊。杜威回忆，这个时候他是一个什么书都读的人。在大学图书馆和城市图书馆里，无论何种类型的书籍和期刊，凡是感到有兴趣的和有用的读物他都阅读，因而杜威的学习成绩有一段时间也受到了影响。当时，佛蒙特大学图书馆订阅的英国期刊主要论述以进化论为中心的新思想，其中有《双周评论》（Fortnightly Review）、《十九世纪》（Nineteenth Century）、《当代评论》（Contemporary Review）等。这些期刊定期发行，刊载了大量关于经济、政治、社会、道德、宗教和哲学问题的文章。例如，通过阅读《双周评论》上刊载的英国法学家哈里逊（F. Harrison）的文章，杜威扩大了哲学读物的范围，并把注意力引向法国实证主义哲学家孔德（A. Comte）。毫无疑问，"反映了新酵素的英国期刊，是约翰·杜威这一时期在学术上的主要刺激物。这些英国期刊对于他的影响，比他所学的系统的哲学课程更为深刻"②。

在确定学术兴趣方向之后，杜威更多地阅读一些哲学家的著作，更深地

---

①［美］杜威. 从绝对主义到实验主义.//［美］简·杜威.杜威传（修订版）［M］.单中惠，编译.合肥：安徽教育出版社，2009：46-47.

②［美］简·杜威.杜威传（修订版）［M］.单中惠，编译.合肥：安徽教育出版社，2009：10.

研究其理论。阅读孔德、哈里逊等人的著作，使得杜威对社会环境与科学、哲学思想发展的相互作用产生了独特的兴趣，以致他曾把公共演讲的题目确定为"政治经济学的范畴"，准备讲述孔德对政治经济学从属于社会学理论的影响。同时，由于受托里教授的影响，杜威激起了对康德（I. Kant）和德国哲学思想的兴趣。1883 年 11 月 17 日，杜威在给托里教授的信中写道："我要感谢你的帮助，因为在我开始学习时你给我介绍了康德。我想，我对哲学已有了更好的了解，超过我用其他任何方法所了解的……它必定会给我的全部思想引入一个彻底的变革，同时为我的其他阅读和思考提供了一个基础。"[1]

在大学前三个学年里，杜威的各门课程的平均成绩为 83.5 分。但由于对第四学年的课程特别有兴趣，他的平均成绩提高为 92.35 分，在同一班毕业的18 位学生中名列第二。在佛蒙特大学的 4 年学习中，杜威从听课和阅读中获得了很多知识，提高了有逻辑地、精确地表达思想的能力。在大学二年级时，杜威参加了一个地区性的大学生联谊会（Delta Psi）；到毕业时，他成为美国大学优秀生联谊会（Phi Beta Kappa）的会员。

1879 年夏天从佛蒙特大学毕业后，杜威先后在宾夕法尼亚州石油城的一所中学和佛蒙特州夏洛特的一所乡村学校担任教师。杜威继续保持着对哲学的兴趣，业余时间大多用来阅读哲学书籍。特别是在佛蒙特州夏洛特的乡村学校任教期间，杜威有了更多的机会在阅读哲学名著上接受托里教授的指导，聆听托里教授在课堂上没有讲过的观点和见解。正是在托里教授的指导和鼓励下，杜威在美国教育家和哲学家哈里斯（W. T. Harris）主办的《思辨哲学杂志》（Journal of Speculative Philosophy）1882 年 4 月号上发表了他的第一篇哲学文章《唯物论的形而上学假设》（The Metaphysical Assumption of Materialism）。在这份当时美国唯一的且极具特色的哲学刊物上，杜威阐述了他的哲学见解。

佛蒙特大学是杜威走上学术研究道路并把哲学研究作为一种职业的起点。

---

[1] George Dykhuizen. The Life and Mind of John Dewey. 1973：15-16.

在 1846 年 10 月 15 日给他的学生、美国哲学家拉特纳（Joseph Ratner）的信中，年已 87 岁的杜威深有感触地回忆道："我对哲学比其他任何学科都感兴趣。事实上，在佛蒙特大学二年级的时候，有一些哲学的必修课程。在整个大学本科的课程中，我对哲学比任何课程都感兴趣，我在那个时期运用宗教般的语言发现了自己的兴趣。"[1] 在杜威的一生中，他深深地怀念故乡伯灵顿和促使他在学术上起步的佛蒙特大学。1939 年 5 月 1 日，杜威应邀回到佛蒙特大学作年度演讲。10 年之后，1949 年 10 月 26 日，杜威夫妇又一起回到伯灵顿，参加佛蒙特大学校友会举行的庆贺会。这一切都勾起了杜威对佛蒙特大学学习生活的回忆。第二天，杜威在给佛蒙特大学代理校长莱曼（E. Lyman）教授的信中深情地写道："这次返校是那样的温暖和真诚，确实超出我事前的想象。在我的记忆中，没有任何的场合能比得上你们昨天的晚宴。我真希望，我能知道如何向你表达我深深的感激之情。"[2] 这是杜威一生中最后一次回到故乡伯灵顿，回到母校佛蒙特大学。

（二）杜威与约翰斯·霍普金斯大学

1882 年秋天，在托里教授和哈里斯博士的鼓励下，杜威进入约翰斯·霍普金斯大学攻读博士学位。这是杜威在学术研究道路上的重要一步，他开始追求新的目标。

1. 美国第一所研究性大学

约翰斯·霍普金斯大学创建于美国独立一百周年的 1876 年。它位于马里兰州巴尔的摩市中心，与商业区仅几条街之隔。根据美国商人、银行家、慈善家霍普金斯（J. Hopkins）的遗嘱，捐赠遗产 700 万美元的一半用于建立一所

---

[1] John Dewey to Joseph Ratner, 15 October, 1946. Butler Library.

[2] George Dykhuizen. *The Life and Mind of John Dewey*. 1973：318.

大学，即后来的约翰斯·霍普金斯大学。这所大学遵循德国柏林大学的新精神，模仿德国大学的办学模式，学校重点始终是研究生教育，最终发展成为美国第一所真正的大学。

为了创建约翰斯·霍普斯金大学，校董事会邀请哈佛大学校长埃利奥特（C. W. Eliot）、康乃尔大学校长怀特（A. D. White）和密歇根大学校长安吉尔（J. B. Angell）一起商议。在物色这所大学的校长时，他们一致推荐吉尔曼（Daniel Coit Gilman）。吉尔曼 1853 年从耶鲁大学获得硕士学位后，曾赴欧洲考察教育，其间有一段时间在德国柏林大学学习。1855 年回国后，他任教耶鲁大学，曾参与创办谢菲尔德理学院；1872 年至 1875 年，担任加利福尼亚大学校长。在正式接任约翰斯·霍普金斯大学校长后，吉尔曼又专门赴德国大学进行考察。

从办成一所研究性大学的目标出发，吉尔曼在办学指导原则上吸收了德国大学尤其是柏林大学的精神，使得这所新的大学环境具有极大的激励精神。首先，大学是一个自由的科学研究场所，教授必须在自己的专业领域把教学与创造性研究结合起来。吉尔曼强调说："学术研究是每个教授的职责，而且教授应该是学生的指导者或激励者。"[1] 其次，大学成为一所优秀的高等学府的关键是拥有一批具有真知灼见的高水平的一流学者。吉尔曼为约翰斯·霍普金斯大学确立了这样一个原则："一所大学的声誉应当体现在它的教师和学者的水平上，而不是体现在教师的数量和所使用的建筑物上。"[2] 再次，大学应该经常鼓励学生了解创造性研究的可行性和重要性。吉尔曼明确说："对大多数年轻学生来说，只有具有一种创新的和令人振奋的思想，才有可能进行新的和有创造性的研究。学生们必须认识到，世界上的人们正在做前人从来没有做过的事

---

① John S. Brubacher，W. Rudy. *Highe Eeducation in Transition: A History of American Collegeand Universities*，*1636—1976*. New York：Harper & Row Publishers，1976：179.

②［英］赫胥黎. 关于大学教育的演讲（1876）. // 赫胥黎. 科学与教育［C］. 单中惠，平波，译. 北京：人民教育出版社，1990：169.

情，但是，他们从前所受过的教育从来没有使他们想到，他们自己可以成为这种幸福的人。"①最后，大学必须改变原来旧的教学方法，采用德国大学研讨班（seminar）方法，注重实验室和图书馆，培养学生的研究能力；每年督促研究生报告研究成果，并给予发表或出版的机会。在美国大学中前所未有的研究班，成为约翰斯·霍普金斯大学学术生活的中心。

约翰斯·霍普金斯大学于 1876 年 9 月 12 日举行了开办典礼。吉尔曼校长作了充满智慧和坦率的就职演说，承认约翰斯·霍普金斯大学从其他大学的失败中吸取了教训，并强调了学校对学术研究工作的激励。英国生物学家赫胥黎也应邀在开办典礼上作了题为"关于大学教育"的讲演。在讲演中，赫胥黎强调指出："世界的未来掌握在那些对于自然的解释能够比他们的前辈更进一步的人手里。大学最重要的职责，就在于发现这些人，爱护这些人，并培养他们最大限度地服务于自己事业的能力。"②他充分肯定了约翰斯·霍普金斯大学激励学术研究的重要性和所采取的措施的价值，认为在这里将让学生最大限度地获得校方提供给他们的教学，而且教学将人类所有的智力活动包含在内。最后，赫胥黎祝愿约翰斯·霍普金斯大学的"声誉与日俱增，成为一个能获得真才实学的学府，一个自由研究的中心，一个智慧之光的聚合点"③。

在约翰斯·霍普金斯大学，校方不惜花费财力从国内外聘请著名学者来校任教，形成了以一流学者为主的师资队伍。其中，数学方面有西尔维斯特（J. J. Sylvester）教授，物理学方面有罗兰（H. A. Rowland）教授，化学方面有雷姆森（I. Remsen）教授，生物学方面有马丁（N. Martin）教授，希腊文方面有吉尔德斯利夫（B. L. Gildersleeve）教授，历史学方面有亚当斯（H. B.

---

①［美］简·杜威.杜威传（修订版）［M］.单中惠，编译.合肥：安徽教育出版社，2009：15.

②［英］赫胥黎.关于大学教育的演讲（1876）.//赫胥黎.科学与教育［M］.单中惠，平波，译.北京：人民教育出版社，1990：167.

③［英］赫胥黎.关于大学教育的演讲（1876）.//赫胥黎.科学与教育［M］.单中惠，平波，译.北京：人民教育出版社，1990：171.

Adams）教授，心理学方面有霍尔（G. S. Hall）教授，哲学方面有皮尔斯（C. S. Peirce）教授以及从密歇根大学来任教的莫里斯教授，等等。这些教授不仅具有很高的教学水平，而且都有丰硕的研究成果。在教学中，除了讲课和实验的方法，教授主要采用研讨班方式，共同讨论，相互启迪，锻炼学生分析问题和解决问题的能力。

开办之初，约翰斯·霍普金斯大学规模很小，挑选学生入学。美国教育学者瑞安（W. C. Ryan）指出："看一看约翰斯·霍普金斯大学的第一批学生名单，就能预言，这些人在随后的三四十年里将成为美国大学的著名教授。"[1]

在吉尔曼校长的支持下，约翰斯·霍普金斯大学建立了学术团体，例如，哲学学会、政治学学会、科学学会等。同时，又创办了数学（1876）、化学（1877）、语言学（1880）、生物学（1881）等多种学术刊物，约翰斯·霍普金斯大学还成立了一个出版机构，以便在学生中和向大学之外传播知识。

在学校管理上，吉尔曼校长排除教会主义和党派的偏见，对于教授的学术研究工作，不惜财力给以充分保障。此外，吉尔曼校长还经常会见学生，友好地对他们进行鼓励和提出建议。

在吉尔曼校长的领导下，约翰斯·霍普金斯大学得到了很好的发展，特别是在研究生教育上。从 1876 年创建到 19 世纪 80 年代末，仅仅十多年时间，这所大学培养的博士总数已超过哈佛大学和耶鲁大学两校之和。[2] 许多学生感到，他们能在约翰斯·霍普金斯大学这样的环境里学习和生活是极大的幸福。

约翰斯·霍普金斯大学培养了美国诸多著名学者和重要人物：美国第 28 届总统威尔逊（W. Wilson），哲学家罗伊斯（J. Royce）、历史学家特纳（F. J. Turner）、作家佩奇（W. H. Page）、社会学家斯莫尔（A. W. Small）、经济学

---

① W. C. Ryan. *Studies in Early Graduated Education*. New York：Carnegie Foundation for the Advancement of Teaching，1939：32.

② John S. Brubacher，W. Rudy. *Highe Eeducation in Transition: A History of American Collegeand Universities*，*1636—1976*. 1976：181.

家康芒斯（J. R. Commons）、心理学家卡特尔（J. M. Cattell）等。在 1902 年吉尔曼因退休而辞去校长职务的典礼上，曾是这所大学第一届毕业生的威尔逊说："你是第一个美国大学的创始者，你发现真理，提倡研究，不但学校成绩卓越，对世界大学也有所影响。"哈佛大学校长埃利奥特也盛赞道："你创立了研究院式的大学，并且实质性地提高了全国各大学的学术研究，甚至连我们的哈佛研究院也受到了你的影响……我要强调指出，大学在你领导之下是成功的，是提倡科学研究的开始……"①

2. 杜威在约翰斯·霍普金斯大学的学习生活

杜威听从托里教授的建议决定到约翰斯·霍普金斯大学攻读博士学位之后，托里教授于 1882 年 2 月 11 日写推荐信给该校哲学系的莫里斯教授，希望能给杜威提供研究员基金。同年 8 月 11 日，杜威本人给吉尔曼校长写信，表达了想进入约翰斯·霍普金斯大学学习的迫切愿望："我非常渴望继续我在哲学和心理学方面的学习，尽管很可能得不到研究员基金，但仍十分希望你能给我一个奖学金名额，因为那将使我在下一学年里继续我的学习。"②

尽管托里教授的推荐和杜威本人的努力没有成功，但是，杜威进入约翰斯·霍普金斯大学学习的决心并没有动摇。1882 年 9 月，他向一位伯母借了 500 美元动身去巴尔的摩，进入了约翰斯·霍普金斯大学。杜威选择这所大学，正是因为它的重点在研究生教育上，并已获得了良好的声誉。

杜威进入约翰斯·霍普金斯大学那一年，毕业生人数是 125 人；第二年增加为 150 人。虽然这所大学开办已有 6 年时间，但学校规模仍很小。而且，班级规模也很小，尤其是在哲学系，班级学生人数最多时只有 11 人。这使得教授和学生之间有了更加紧密的接触，便于相互交流思想和见解。

---

① 姜义华，主编. 胡适学术文集·教育［M］. 北京：中华书局，1998：264.

② John Dewey. *Johns Hopkings University*. Michigan Argonaut，3（1885）：292. // George Dykhuizen. *The Life and Mind of John Dewey*. 1973：27.

　　进入约翰斯·霍普金斯大学后，杜威发现这所大学的学术气氛令人鼓舞，从而更加坚定献身于学术研究的信念。后来，杜威在谈到约翰斯·霍普金斯大学时这样说："无论什么事情都比不上在巴尔的摩对学生的冲击，因为那里的活动和奋斗的环境是充满智慧的碰撞的。那里没有智力的懒散，也没有死气沉沉。学生既没有被当作为了接受讲课内容的水桶，也没有被当作为了把教科书内容作为每天的谷物磨碎的碾磨机，而是通过他自己的发现去探求真理，教师所采取的手段和方法就是适当的鼓励和建议。"①

　　杜威主修哲学，同时把历史和政治科学作为副修专业，其中有"公共机构史""英国史""比较宪法史""美国公共机构""美国家政""国际法"等课程。尽管校长吉尔曼曾建议杜威转到其他学术领域，但这个建议并没有被杜威采纳。

　　在哲学系，杜威听了皮尔斯的逻辑学课程、霍尔教授的心理学课程（生理心理学、实验心理学、理论心理学）、莫里斯教授的哲学课程等。正如简·杜威所回忆的，与霍尔教授和莫里斯教授的交往，特别是与莫里斯教授的交往给杜威留下了深刻的印象。②

　　霍尔教授的心理学课程使杜威了解了心理学的新趋势。作为美国心理学最有影响的先驱者之一，霍尔 1881 年在约翰斯·霍普金斯大学建立了美国第一个心理实验室。他不仅开设了生理心理学和实验心理学两门课程，而且还为那些从事教学工作的学生开设了"科学教育学"研讨班。杜威听了霍尔开设的所有课程，并在心理实验室里进行了一些独立的实验。

　　作为密歇根大学的教授，莫里斯从 1878 年起每学年有部分时间到约翰斯·霍普金斯大学任教。杜威参加了莫里斯开设的研究班，第一学年是有关

---

① George Dykhuizen. *The Life and Mind of John Dewey*. 1973：29.

② 参见［美］简·杜威. 杜威传（修订版）［M］. 单中惠，编译. 合肥：安徽教育出版社，2009：16-17.

"知识科学""不列颠哲学史""黑格尔的历史哲学"，第二学年是有关"斯宾诺莎的伦理学""德国哲学史"。莫里斯教授的讲课颇有个性，有力量并能真诚地表达他的思想，给杜威留下了深刻的印象。他在 1882 年 10 月 5 日给托里教授的信中写道："莫里斯教授关于不列颠哲学史的讲课具有批判的特点，而不是描述的……"[①] 直到 1915 年，杜威在《对乔治·西尔维斯特·莫里斯的评价》(*George Sylvester Morris: An Estimate*) 一文中写道："我对莫里斯教授的主要印象是：作为一位教师，他是一个献身于学术研究的人，在表达思想时充满着激情。这一印象在许多年以后仍旧是十分清晰的。"[②]

在莫里斯的影响下，杜威对黑格尔哲学产生了兴趣。简·杜威曾指出黑格尔哲学之所以对杜威具有吸引力的一个原因："毫无疑问，他的老师莫里斯那异常的、容易感受的纯洁以及满腔热情和专心致志的个性对此起了作用……"[③] 尽管杜威后来渐渐地离开黑格尔主义，但他在《从绝对主义到实验主义》一文中明确指出："我从来没有想忽视，更不要说去否定，与黑格尔的结识在自己的思想中留下了一种不可磨灭的痕迹……在他的思想内容中，常常有一种使人惊奇的深度；在他的许多分析中，除去机械的和辨证的装饰之外，还有一种非凡的敏锐性。如果我可能成为任何一种思想体系的信徒的话，我将仍然相信，在黑格尔那里比在其他任何一个有体系的哲学家那里，有着更多的财富和更加多样化的见识。"[④]

在约翰斯·霍普金斯大学学习期间，莫里斯教授无疑是对杜威影响最大的一位教师，也是对杜威帮助最大的一位教师。杜威从莫里斯教授的教学精神

---

① George Dykhuizen. *The Life and Mind of John Dewey*. 1973：32.

② *The Collected Works of John Dewey, The Middle Works*，Vol. 10，Carbondale：Southern Illinois University Press，1980：110.

③ ［美］简·杜威.杜威传（修订版）［M］.单中惠，编译.合肥：安徽教育出版社，2009：17.

④ ［美］杜威.从绝对主义到实验主义. //［美］简·杜威.杜威传（修订版）［M］.单中惠，编译.合肥：安徽教育出版社，2009：51–52.

中吸取了养料，受到了很深的感染。"我十分乐意地承认，他的教学精神对我有着持久的影响。对一位易受影响的和不了解适合于他心灵的某个思想体系的年轻学生来说，他不可能不深深地受到莫里斯先生那热情和博学的献身精神的影响，或者说至少使他自己在观点上发生一种暂时的变化。"[①] 莫里斯在一些方面给了杜威具体的帮助。例如，杜威在约翰斯·霍普金斯大学学习的第一学期结束后，莫里斯推荐他去教大学本科生第二学期的哲学史课程。尽管每周两节课，学生仅仅有 7 人，但是，承担本科生教学工作使得原来仅仅在写作方面有自信心的杜威在教学方面增强了自信心。这是杜威在长期的学术生涯中在哲学方面所教的第一门课程。又如，为了使杜威能在第二学年获得研究员基金，莫里斯教授给予了极大的帮助。虽然吉尔曼校长是在向佛蒙特大学校长巴克汉姆和托里教授进一步了解杜威个人情况后，同意给杜威提供研究员基金，但莫里斯教授的推荐是起作用的。这样，杜威就能够在承担本科生教学的同时继续博士生的学习，不会增加自己的债务问题。由于杜威在经济上有了一定的收入，他便更加集中精力于学术研究。总之，"从各方面来看，与莫里斯的交往对杜威的成长是有极大好处的"[②]。

杜威性格沉默寡言，但他参加了约翰斯·霍普金斯大学形而上学俱乐部（The Metaphysical Club）的活动。形而上学俱乐部是这所大学的系俱乐部之一，成立于 1879 年，由皮尔斯、莫里斯和霍尔等教授轮流担任主席。参加形而上学俱乐部活动的，既有教师，也有学生。形而上学俱乐部每月一次会议，讨论由俱乐部成员提供的关于哲学以及有关问题的文章。杜威在约翰斯·霍普金斯大学学习期间所写的一些文章，曾在形而上学俱乐部会议上宣读。例如，1882 年 12 月 12 日，他向形而上学俱乐部提交了题为《认知和感觉的相对性》（*Knowledge and Relativity of Feeling*）的文章。1883 年 4 月 1 日，他在

---

① [美] 杜威. 从绝对主义到实验主义. // [美] 简·杜威. 杜威传（修订版）[M]. 单中惠, 编译. 合肥：安徽教育出版社, 2009：62.

② [美] 简·杜威. 杜威传（修订版）[M]. 单中惠, 编译. 合肥：安徽教育出版社, 2009：19.

形而上学俱乐部会议上宣读了题为《黑格尔与范畴理论》（*Hegel and Theory of Categories*）的文章。形而上学俱乐部的活动一直继续到 1884 年，恰是杜威在约翰斯·霍普金斯大学获得博士学位的那一年。

与当时美国的其他大学不同，约翰斯·霍普金斯大学的学生没有诸如联谊会、周末舞会一类的活动。但是，它提供房间用作社会中心，课余时间可以在那里相互交流、讨论和娱乐。杜威回忆，在约翰斯·霍普金斯大学，"不知道美国学院的那些有特色的传统和习惯。如果要问哪里是学院的中心，人们就会指向一个小的俱乐部房间，教师和学生在那里会面，喝着德国啤酒，唱着德国歌曲。学院的中心就在那里，既在那里开始，也在那里结束"[1]。在他看来，这种方式促进了师生之间的接触和交流，对学生的发展大有裨益。

杜威在约翰斯·霍普金斯大学时的亲密朋友，有来自康涅狄格州后来担任波多黎各总督的耶格（A. Yager）、美国物理学家基姆鲍尔（A. L. Kimball）、美国大学生物学教授奥斯本（H. Osborn）、美国生理学家弗雷德里克·李（Frederick S. Lee）、美国心理学家贾斯特罗（J. Jastrow）以及美国心理学家卡特尔等。"这样的交往，对杜威在教室里和图书馆中所得到的教育来说，是一种非常宝贵的补充。"[2]

在约翰斯·霍普金斯大学充满学术气氛的校园环境里，加之哲学系教授特别是莫里斯教授的指导，作为一名研究生的杜威在学习期间（1883—1884）在杂志上发表了三篇文章：《认知和感觉的相对性》（*Knowledge and the Relativity of Feeling*）、《康德和哲学方法》（*Kant and Philosophic Method*）、《新的心理学》（*The New Psychology*）。正是在约翰斯·霍普金斯大学，杜威开始思考一种新的心理学。

作为研究生的最后任务之一，杜威参加了博士学位综合考试（其中包括

---

① George Dykhuizen. *The Life and Mind of John Dewey*. 1973：49.

②［美］简·杜威.杜威传（修订版）［M］.单中惠，编译.合肥：安徽教育出版社，2009：16.

口试），成绩优异。在《康德和哲学方法》这篇论文的基础上，他完成了博士学位论文，题为《康德的心理学》(*Kant's Psychology*)，顺利地通过了论文答辩并获得博士学位。

通过研讨班以及发表的文章和在形而上学俱乐部的活动，莫里斯教授确信，杜威具有作为一位学者和教师的潜力。在杜威获得博士学位后，莫里斯教授极力推荐他到密歇根大学哲学系担任讲师，年薪 900 美元。

约翰斯·霍普金斯大学不仅从各个方面刺激了美国学院和大学，而且也滋养了杜威。杜威后来在《从绝对主义到实验主义》一文中明确指出："约翰斯·霍普金斯大学的建立，标志着美国高等教育发展的新纪元。在美国教育史上，这是一件为人们所公认的事情。"①

从约翰斯·霍普金斯大学毕业，既是杜威大学生时代的结束，又是杜威教授生涯的开始。此后，杜威在学术道路上从未停步，从约翰斯·霍普金斯大学走向整个美国，走向世界。

第二节　杜威的教授生涯

获得博士学位后，杜威开始了大学教授生涯。具体来讲，他的教授生涯包括在密歇根大学、芝加哥大学、哥伦比亚大学和明尼苏达大学的任教工作，但主要是在前三所大学的任教工作。

从在密歇根大学担任教授起，杜威开始积累教学经验，拓宽研究的领域，

---

① ［美］杜威.从绝对主义到实验主义. // ［美］简·杜威.杜威传（修订版）［M］.单中惠，编译.合肥：安徽教育出版社，2009：49.

逐步走向学术成熟。此后，在芝加哥大学和哥伦比亚大学，他把哲学、心理学和教育学结合起来，进行了教育实验和理论探索，最终完成了实用主义教育思想体系的构建，确立了作为哲学家和教育家的学术地位。

三所大学各有特色，它们的学术环境和教育理念对杜威的发展起到了重要的激励作用。在担任大学教授后，杜威扩大了学术交往的范围，并从与他交往的人身上得到了鼓舞。

（一）杜威在密歇根大学

通过莫里斯教授的推荐，1884 年秋天，杜威担任了密歇根大学的哲学讲师。由此，杜威开始了大学教授生涯。

1. 美国一所著名的州立大学

密歇根大学 1817 年创建于密歇根州的底特律市郊，1837 年迁至安阿伯。它的校园很大，离安阿伯的商业区仅几条街。这所大学是密歇根州公立学校制度的一个组成部分。

在创建初期，密歇根大学受到法国教育思想的影响。在塔潘（H. P. Tappan）担任校长之后，这所大学开始按照德国大学精神进行改革。塔潘曾在德国大学学习，对德国大学重视研究生教育的做法感触颇深。回国后，他于 1851 年出版《大学教育》（*University Education*）一书，阐述了对大学教育的看法。他指出："在世界上任何地方都不存在像德国那样广泛的、自由的和全面的大学教育。"[1] 德国大学的"教授如此之多，因而可以进行适当的分科，并在教每门科时都进行讨论。在大学里，每个学生都可以选择他自己要学习的课程，并应该具有责任心和勤奋地学习"[2]。塔潘认为，美国学院和大学的有些课

---

[1] John A. Walz. *German Infkuence in American Education and Culture*. New York：Carl Schurtz Memorial Foundation，Inc.，1936：40.

[2] James Bowen. *A History of Western Education*. London：Methuen & Co. Ltd.，Vol. 3，1981：355.

程实际上属于中等教育阶段，致使其教育水准降低。在他看来，"一个大学校长应该有雄心去形成一所著名的美国大学"①。

1852 年，塔潘担任密歇根大学校长。在校长就职演说中，他明确提出要对密歇根大学进行改革，并按照德国大学模式成立研究生院并开设研究班。塔潘试图使密歇根大学成为州的生活中心。尽管州立法机构和新闻界对他的改革持反对态度，但塔潘争取到了足够的支持，于 1855 年通过了密歇根大学改革的方案并开始实施。1857 年，他实施了以硕士学位为目标的新课程计划。

然而，由于密歇根大学董事会的更换以及反对大学改革势力的强大，塔潘于 1863 年被校董事会解除职务，这也就使密歇根大学改革被迫中止。但是，塔潘校长要求大学改革的精神在密歇根大学产生了深远的影响，为其继任者的改革奠定了思想基础。

1871 年，原佛蒙特大学校长安吉尔（J. B. Angell）担任密歇根大学校长。安吉尔是一位具有新教育理念的学者。在就职演说中，他强调指出："今天的活动是学院生活中空前未有的。如果密歇根大学不能稳步前进，那么它肯定就会落后。"② 在安吉尔看来，密歇根大学必须创造一个良好的学术环境，吸引更多优秀学者任教。在 1879 年一次演说中，安吉尔又强调说："我们需要我们能得到的所有学者、所有受过训练的有才智的人。"③ 担任密歇根大学校长后，很有责任心的安吉尔"尽力建设一所著名州立大学，以便能够在州立大学中确立领导地位，并取得有创造性的学术成就"④。在他的领导下，安吉尔大学的规模发展很快。1885—1886 学年，学生总人数 1401 人；到 1893—1894 学年时，已增加为 2660 人。而且，专职教师人数到 1890 年时已有 86 人。因此，密歇

---

① Frederick Rudolph. *The American College and university*: *A History*. New York：Vintage Books，1962：329.

② Frederick Rudolph. *The American College and University: A History*. 1962：329.

③ Frederick Rudolph. *The American College and University: A History*. 1962：279.

④ ［美］简·杜威.杜威传（修订版）［M］.单中惠，编译.合肥：安徽教育出版社，2009：19.

根大学很快成为美国一所著名的州立大学，被誉为"州立大学之母"。

2. 杜威教授生涯的开始

当密歇根大学这样一所著名的州立大学同意接纳杜威时，杜威十分高兴。他在 1884 年 7 月 19 日给安吉尔校长的信中写道："我高兴地收到了密歇根大学的来信。我希望，我的工作将不会使你因为这一任命而感到懊悔……我向你保证，我完全意识到你的美好祝愿，并把这一任命看作是我的一种荣誉。"[1]

从 1884 年 9 月起，杜威开始在密歇根大学哲学系担任讲师。他对密歇根大学的新环境很满意，与此同时，新的教学环境也为他的成长和发展提供了有利的条件。"安吉尔校长仍是位典型的大学校长，但又是一个努力提高学术水平的人。他给师生提供了一种真正民主的环境，并提倡创造性教育所必需的自由权利和个人责任感。他个人的魅力与和蔼形成了一种对新教师和学生普遍友好的气氛。一些教授甚至坚持拜访年轻的讲师。讲师参加每周一次的教师会议，这对他们来说是一种很有教育意义的过程。这所大学也自然地成为实行男女同教育的州立教育系统的楷模。这些实际情况给杜威留下了深刻的印象，并开始形成了以后构成他教育理论的思想链条。"[2] 使杜威感到亲切的是，安吉尔校长早在佛蒙特大学担任校长时，就已认识杜威的父母并记得童年时代的杜威。

除了密歇根大学的整体校园环境，更使杜威高兴的是哲学系的环境。与莫里斯教授始于约翰斯·霍普金斯大学期间亲密无间的师生关系，在密歇根大学时又得到了发展。在杜威到密歇根大学任教一年后，即 1885 年，莫里斯教授担任哲学系主任。随后，杜威被莫里斯聘为助手，两人处在最亲密和最真诚的合作之中。这种合作使莫里斯教授 1885 年拒绝了康奈尔大学的聘请，同时也是杜威 1888 年起初不愿到明尼苏达大学去任教的一个主要因素。1889 年莫

---

[1] George Dykhuizen. *The Life and Mind of John Dewey*. 1973：42.

[2] [美] 简·杜威.杜威传（修订版）［M］.单中惠，编译.合肥：安徽教育出版社，2009：19.

里斯去世，杜威深感意外和难过。因此，"在杜威的一生中，无论在个人生活方面，还是在专业方面，莫里斯的去世都是一个巨大的损失"①。后来，杜威把他的第三个孩子取名为莫里斯，以怀念莫里斯教授。

莫里斯担任哲学系主任后，修改了系里的课程计划。虽然重点仍是德国哲学，但已开始涉及经验的和生理的心理学以及英国哲学特别是斯宾塞（H. Spencer）的思想。在课程计划中，补充了一些新的课程，如"欧洲哲学史""德国哲学史""英国哲学史""伦理学、历史和神学""国家哲学和历史哲学"等。杜威承担心理学方面的课程，其中有"经验心理学""心理学与哲学""心理学史""心理学专题"；同时承担哲学方面的课程，其中有"形式逻辑""希腊科学和哲学""斯宾塞的哲学"，以及开设关于柏拉图《理想国》和康德《伦理学》的研究班。在密歇根大学执教时，杜威继续保持起始于约翰斯·霍普金斯大学的对心理学的兴趣。他对当时流行的心理学教科书表示不满，并准备撰写一本心理学书籍。承担心理学相关的课程，也使得杜威能够继续心理学的研究，并开始构建他的心理学体系。

1886年，杜威在《心理》杂志上发表了两篇文章：一篇是《心理学立场》（The Psychology Standpoint），一篇是《作为哲学方法的心理学》（Psychology as Philosophic Method）；1887年，他又出版了《心理学》（Psychology）一书。这些文章和著作中，包含了杜威工具实用主义思想的萌芽，并指明了心理学和哲学之间的密切的关系。莫里斯教授评论说："《心理学》一书比他所读过的同类书籍中任何一本都好，它是对自知（self-knowledge）的一种真正的贡献。"②在《心理学》出版后的十年里，密歇根大学一直将其作为教材使用。美国佛蒙特大学教授、杜威研究知名学者戴克威曾（G. Dykhuizen）教授指出，这"使得杜威引起了哲学界的注意，表明他已是美国最有独到见解和最有主

---

① ［美］简·杜威. 杜威传（修订版）［M］. 单中惠，编译. 合肥：安徽教育出版社，2009：23.
② George Dykhuizen. *The Life and Mind of John Dewey*. 1973：54–55.

见的思想家之一"①。

除教学、研究和写作外，杜威还参加了密歇根大学的一些校园团体，如"哲学学会"（Philosophical Society）。这是 1884 年春天由莫里斯教授在哲学系发起成立的一个俱乐部，类似于约翰斯·霍普金斯大学的形而上学俱乐部，其目的是为教师和学生提供讨论哲学问题以及哲学与历史、文学、政治、科学、宗教的关系问题。在每月一次的会议上，由师生宣读他们所写的文章并进行讨论。杜威到达密歇根大学后不久，就参加了哲学学会的会议，并作了主题演讲。他后来在哲学学会上所作的题为《智力发展以及它与心理学的关系》（*Mental Evolution and Its Relation to Psychology*）的演讲，被报道为"无疑是一些时候以来在安阿伯所进行的最有才智的讨论"②。杜威也参加了"基督教学生会"（The Students' Christian Association）的活动。这个协会是当时密歇根大学校园内最活跃的学生团体之一，其成员曾达到 294 人，占全部学生人数的22%。

在密歇根大学期间，杜威继续保持对社会事务的兴趣，但他并没有具体参加任何社会改革运动或事件。他尽力阐述加强社会与指导社会改革的道德和社会原理，这反映在他 1888 年发表的《民主伦理学》（*The Ethics of Democracy*）一文中。此外，杜威与政治经济学教授亨利·亚当斯（Henry C. Adams）保持了亲密的友好关系。他常作为社会哲学家而非专业的政治经济学家来讨论社会问题。杜威和亨利·亚当斯两人成为自由主义思想的核心，密歇根大学的其他自由主义者都聚集在他们周围。

在密歇根大学任教初期，杜威萌生了对中小学教育的兴趣。为了解决中学与大学的衔接关系问题，由密歇根大学的行政管理人员和教师组成的调查委员会成员被派到一些中学组织调查。调查委员会有权决定特许学校的教学质量

---

① George Dykhuizen. *The Life and Mind of John Dewey*. 1973：49.

② George Dykhuizen. *The Life and Mind of John Dewey*. 1973：50.

以及它的学生成绩是否允许其学生不需参加考试就可以进入大学。作为调查委员会的一员，杜威访问了州里的一些中学。应该说，"杜威对普通教育的兴趣，就是通过他对中学的访问而激发起来的"①。

密歇根大学与州公立学校系统保持了紧密的联系。为保持这种联系，密歇根大学在 19 世纪 70 年代后期由教育学教授佩恩（W. H. Payne）开设了教育学讲座。这是美国大学所开设的第一个教育学讲座。与此同时，1886 年在密歇根大学成立了由来自密歇根大学的教师以及安阿伯、伊普西兰蒂中学的教师组成的"密歇根州教师俱乐部"（The Michigan Schoolmasters Club），关注和讨论中学教育与大学教育的关系问题。杜威是这个俱乐部的成员并担任 1887—1888 学年的副主席，经常在俱乐部会议上发表讲话；后来又是这个俱乐部的终身成员。在密歇根州教师俱乐部的第一次会议上，杜威是五位演讲者之一，他演讲的题目是《从大学立场看中学的心理学》（*Psychology in High-Schools from the Standpoint of the College*）。直到晚年，杜威还记得密歇根州教师俱乐部对他的影响。在 1947 年 3 月 21 日给友人亚当斯（Randolph G. Adans）教授的信中，他这样写道："对我来说，我在安阿伯的那些时间意味着很多。密歇根州教师俱乐部对我的教育思想形成有很大影响。这个俱乐部与大学和中学都有着密切的联系，是密歇根州立教育系统统一的标志。事实上，我在如密歇根这样的州立大学教学，对我坚信教育与一个民主社会以及整个教育系统的每一个部分应该紧密联系起来是非常重要的。"②

因为中学教育和小学教育之间的紧密关系，杜威自然地被引向研究小学教育。他认为，现在的教育方法，特别是在小学里所运用的那些教育方法与心理学所阐述的儿童正常发展的原理是不协调的。这促使杜威将教育学与心理学、哲学结合起来进行研究。在杜威长期的教授生涯中，这种研究后来占据了

① ［美］简·杜威.杜威传（修订版）［M］.单中惠，编译.合肥：安徽教育出版社，2009：26.
② John Dewey to Randolph G. Adams，21 March，1947. Butler Library.

他的大部分注意力。

之后，由于明尼苏达大学聘请杜威担任教授，杜威从 1888 年秋天起赴明尼苏达大学任教，中断了在密歇根大学的教学工作。但 1889 年 3 月莫里斯教授的突然去世，使得密歇根大学校方不得不考虑他的继任者问题。为了保证密歇根大学哲学系的稳定发展，密歇根大学董事会经讨论决定聘请杜威接替因莫里斯教授去世而空缺的职位。对此，明尼苏达大学《精灵》（Ariel）月刊的编辑于 1889 年 5 月 21 日发表文章对杜威离开那里表示惋惜，并高度赞扬了杜威。这篇文章写道："作为一个渊博的思想家和学者，杜威教授已是最重要的人物；作为一位教师，他也获得了极大的成功。"[1] 密歇根大学对杜威重新回到安阿伯工作表示热烈欢迎，并相信他将是莫里斯教授的成功继任者。

这样，在密歇根大学的教学工作仅仅中断一年后，年仅 29 岁的杜威在 1889 年夏天又回到了安阿伯。作为哲学系主任，杜威聘请塔夫茨（J. H. Tufts）为他的助手。两人后来在学术和生活上都建立了亲密的友谊。在塔夫茨于 1891 年 6 月辞去弗赖堡大学工作后，杜威又聘请米德（G. H. Mead）为他的助手。为照顾日益增多的学生，杜威还聘请劳埃德（A. H. Lloyd）为哲学讲师。杜威对米德和劳埃德两人的评价很高。自然地，杜威也受到了两人尤其是米德的影响。"与这两个人以及他们家庭在生活上和学术上的交往，对杜威一家的帮助极大。"[2]

与米德和劳埃德一起，杜威对"哲学学会"的事务给予了热情指导，并于 1889 年至 1893 年担任该学会主席。与此同时，杜威积极支持"基督教学生会"的活动。他还担任过学生文学杂志《内陆人》（Inlander）月刊的顾问，一直到他去芝加哥大学为止。杜威很高兴与他的学生进行非正式的友好交往，杜威夫妇经常在家里接待他们。反过来，学生们对杜威也非常崇敬。

---

① George Dykhuizen. *The Life and Mind of John Dewey*. 1973：62.

② ［美］简·杜威.杜威传（修订版）［M］.单中惠，编译.合肥：安徽教育出版社，2009：24.

在重新回到安阿伯后，杜威仍旧是密歇根州教师俱乐部的成员，很快又恢复了对中小学教育的兴趣。在俱乐部会议和教师讲座上，他经常演讲诸如"注意""记忆""想象""思维"等题目，对教学和学习问题进行了阐述。

在杜威的教授生涯中，密歇根大学是一个早期奠基阶段。在一个真正民主的大学环境中，在与恩师莫里斯教授共事合作的过程中，杜威积累了丰富的教学经验，发表了不少研究成果。在密歇根大学期间，杜威被视为一名具有新思想的人。他的思想渐渐脱离黑格尔主义，而趋于众所周知的工具主义。作为一位教师和学者，杜威的兴趣更为广泛了，尤其是对中小学教育的兴趣使他的注意力有了新的方向，并在以后的教授生涯中成为他的重要的研究领域。

1894年初，新建的芝加哥大学董事会决定聘请杜威担任该大学哲学系主任，杜威本人在经过慎重考虑后接受了聘请。密歇根大学的师生在表示遗憾的同时，也对杜威表达了美好的祝愿。从杜威的一生来看，从密歇根大学到芝加哥大学，正是对他在美国哲学界中已经确立的地位的承认。

（二）杜威在芝加哥大学

从1894年秋天起，在美国哲学界已有一定声望的杜威应聘到芝加哥大学任教，并担任哲学系主任。在芝加哥大学工作的十年是杜威的大学教授生涯的重要时期，更是他一生的重要时期。

1. 美国一所新的研究性大学

芝加哥大学是1891年创建的，处于一个新兴城市芝加哥东南区。由于石油大王洛克菲勒捐款200万美元，芝加哥大学具有充裕的资金。

当选为芝加哥大学第一任校长的是哈珀（W. R. Harper）教授。他19岁在耶鲁大学获得博士学位，长期从事希伯来文的教学和研究工作，具有极大的活力和热情。对于如何把芝加哥大学办成一所真正的研究型大学，哈珀有着自己的见解和理念。他在行政管理上也表现出杰出的才能，有人称他是"教育界真正的拿破仑"①。

作为第一任校长，哈珀上任后设法用优厚待遇聘请一大批著名的教授任教，甚至用成倍提高薪水的办法从克拉克大学等大学招揽人才。新建的芝加哥大学汇集了当时美国许多一流学者，其中包括：天文学方面的钱柏林（T. C. Chamberlin），地质学方面的索尔兹伯里（R. d. Salisbury），物理学方面的米切尔森（A. Michelson），生物学方面的洛布（J. Loeb），植物学方面的库尔特（J. M. Coulter），政治经济学方面的维布伦（T. Veblen）和拉弗林（J. L. Laughlin），社会学方面的斯莫尔（A. Small），英文方面的莫尔顿（R. G. Moulton），希腊文方面的肖里（P. Shorey），埃及文方面的布雷斯特德（J. H. Breasted），等等。

哈珀强调，对于一所大学首要的是研究工作，其次才是教学工作。像约翰斯·霍普金斯大学一样，芝加哥大学也重视研究生院，要求教师致力于研究生教育和学术研究。1892年，在该校注册的594个学生中，半数是接受研究生教育的。在芝加哥大学，教职人员"必须是一个教师，但首先必须是一个学者，热爱学问，具有研究的热情，是一个能获得成果并希望发表有价值成果的探究者"②。但是，哈珀也没有忽视本科生教育。1897年，他提及了寻求研究生课程和本科生课程之间的平衡。

尽管是一位大学校长，但哈珀本人热爱教学，更像一位教师而不是一位教育行政人员。他总是深入教室中去，并一直坚持到他1906年初去世为止。作为一名年轻的大学校长，哈珀从担任校长时起，就尽力通过一切机会为芝加哥大学提出新的计划、新的结构，从不满足现状。1892年10月，他提出了

---

① George Dykhuizen. *The Life and Mind of John Dewey*. 1973：76.

② Thomas W. Goodspeed. *A History of the Univristy of Chicago: The First Quarter-Century*. Chicago：University of Chicago Press，1916：201.

"初级学院"的设想：把传统的大学四个学年分成两个阶段：第一阶段（前两年）为"阿加德米学院"（后改称"初级学院"），第二阶段（后两年）为"大学学院"（后改称"高级学院"）。这是美国教育史上第一次出现"初级学院"的名称。

在哈珀的领导下，芝加哥大学发展十分迅速，创办四年后学生总人数超过了哈佛大学。更重要的是，它体现了一个时代的精神。在专业水平上，这所大学充满活力，取得了当时最有创造性的学术成就。此外，学术专著的出版和科学杂志的发行也使这所大学获得了声誉。在进步主义时代中的一段时间，芝加哥大学甚至成为学术自由的一个坚固堡垒。据统计，1903—1904 学年，芝加哥大学学生总人数已达到 3548 人，其中研究生 1068 人。①"没有人会忘记，新建的芝加哥大学不是一个学院，而是一所示范性的美国大学。"②

因此，美国教育史学者德韦恩（W. C. De Vane）指出："在美国大学思想的发展中，芝加哥大学接过了约翰斯·霍普金斯大学的接力棒。如果说约翰斯·霍普金斯大学是大学运动的先驱，那么芝加哥大学则是大学思想成熟的体现，以及 20 世纪美国大学的榜样和典范。"③

2. 杜威教授生涯的重要时期

在芝加哥大学创建初期，哈珀校长就想聘请哲学界的一位著名学者担任哲学系主任。他曾考虑过帕尔默（G. H. Palmar）、舒尔曼（J. G. Schurman）、安德鲁斯（E. B. Andrews）以及皮尔斯等人。由于哲学系教授塔夫茨的极力推荐，哈珀校长最后决定聘请年仅 35 岁的杜威担任芝加哥大学哲学系主任。而杜威之所以接受聘请的主要原因之一，"是在芝加哥大学的那个系里包括了教

---

① George Dykhuizen. *The Life and Mind of John Dewey*. 1973：80.

② W. C. Ryan. *Studies in Early Graduated Education*. 1939：126.

③ William Clyde DeVane. *Higher Education in Twentirth Century America*. Cambrige：Harvard University Press，1965：42.

育学、哲学和心理学"①。

从1890年起，芝加哥大学哲学系仅有两名教授，一位是哲学教授塔夫茨，另一位是心理学教授斯特朗（C. A. Strong）。在1894年担任哲学系主任之后，杜威首先又聘请了米德和安吉尔（J. R. Angell）两人为教授。1894—1895学年，他又聘请了刚获得博士学位的穆尔（A. W. Moore）和埃姆斯（E. S. Ames）任教。随着教学人员的增加，哲学系的课程计划更加完整，既有研究生课程，也有本科生课程。哲学方面的课程，1893—1894学年只有14门，到1889—1900学年时已增加为32门；心理学方面的课程，也从2门增加为12门。塔夫茨教授伦理学、社会哲学和美学，米德教授智力哲学和社会心理学，穆尔教授逻辑学和认知理论，埃姆斯教授心理学和宗教哲学，安吉尔教授机能心理学和实验心理学。1904年2月12日，哲学系举行了德国哲学家康德去世100周年纪念会。通过课程的增加、教学质量的提高以及学术成果的发展，哲学系获得了很高的声誉。

对于杜威本人来说，到芝加哥大学任教使他以前的教学工作模式发生了巨大的变化。因为在密歇根大学时，他所教的主要是本科生课程，而到芝加哥大学后则承担研究生的教学工作。杜威不仅摆脱了班级的大量日常工作，而且能与研究生一起实现自己的学术计划。相比密歇根大学，芝加哥大学"全校范围内对研究生教学工作的更大重视，导致了对全体教师进行创造性工作的一种刺激。杜威发现他自己处在一种富有创造性的环境中，被由著名人士组成的教授会包围着"②。显然，哈珀领导下的芝加哥大学的学术环境对杜威的发展产生了重要的影响。

像在密歇根大学一样，杜威担任系主任的哲学系也成立了"哲学俱乐部"（Philosophical Club），这是一个与哲学学习研究相关的研究生俱乐部，两周一

① [美] 简·杜威.杜威传（修订版）[M].单中惠，编译.合肥：安徽教育出版社，2009：27.
② [美] 简·杜威.杜威传（修订版）[M].单中惠，编译.合肥：安徽教育出版社，2009：32.

次会议，讨论教师和学生提交的文章以及杂志上发表的文章等。1895—1896学年，杜威担任哲学俱乐部的主席。

在哲学系里，杜威与同事一起工作，既研究哲学和心理学，又研究教育学；同时，每个人也有自己感兴趣的问题进行研究。在与学生的交往中，杜威的友好态度和学术成就使他受到学生们的欢迎和尊敬。1903年，杜威在给友人的信中这样写道："一些年来，我发现，我的学术观点更多地来自其他人——学生和同事——的思想，而超出我所能知道的……"[①]

由于杜威早在密歇根大学时已激起对中小学教育的兴趣，因此，到芝加哥大学任教后他希望提高教育学在芝加哥大学中的地位，使教育学与哲学、心理学更有效地结合起来。杜威的这一想法与哈珀校长的想法不谋而合。哈珀校长对教育颇有兴趣，还在芝加哥教育委员会（Chicago Board of Education）任职。他尝试把芝加哥大学与中小学教育更加紧密而富有成效地联系起来，积极支持教师和教育家团体在大学校园里举行专业会议。除外，他也在努力改善教育学在大学中的地位，早在1892年大学创建时他就任命巴尔克利（J. E. Bulkley）担任教育学助理教授。

在哈珀校长的支持下，杜威构想了提高教育学在芝加哥大学中的地位的计划。他设想，首先成立一个独立的教育学系，把学生培养成教育方面的专业人才；其次成立一所实验学校，作为一个实验室，使新的教育理论和实践得到有效检验。这一计划得到了哈珀校长的赞同和芝加哥大学董事会的批准。在哈珀校长的建议下，校董事会任命杜威为新的教育学系主任，同时保留哲学系主任的职务。

1895年秋天，教育学系作为芝加哥大学的一个独立单位而成立。刚从欧洲休假回来的杜威和从瑞士苏黎世大学留学回来的巴尔克利是教育学系成立初期的主要教学人员。杜威在以后的几年中，又聘请了巴特勒（N. Butler）、斯

---

① George Dykhuizen. *The Life and Mind of John Dewey*. 1973：82.

梅德利（F. W. Smedley）、埃拉·杨（Ella F. Young）等人任教。在这些人中，埃拉·杨最受杜威的器重。杨曾是芝加哥市一个学区的督学，在学校管理工作上颇有见识。她不仅与杜威建立了亲密的友谊，而且对杜威的教育思想发展产生了重要的影响。正如杜威女儿简·杜威在《杜威传》中指出的："杜威把那些年在教育工作中的最大影响归功于杨和他自己的妻子。他把杨女士看作是在学校管理工作上最有见识的人，并利用一些方式与她交往……与杨的交往，补充了杜威教育思想中所缺乏的实际管理方面的经验，并使杜威的民主思想在学校工作和社会生活中进一步具体化。"①

在杜威领导下，至 1900 年，教育学系开设的课程已有 23 门。其中包括"普通教育学""裴斯泰洛齐与赫尔巴特""英国教育学的发展""教育学一般原理""教育心理学""教育哲学""教育方法学""教育理论的发展""初等教育""与教育有关的逻辑方法""15—17 世纪课程发展"等。此外，教育学系还组织芝加哥地区教师的教育讨论会，邀请教育学家开设教育讲座等。1896年 1 月，教育学系举行了瑞士教育家裴斯泰洛齐诞辰 150 周年纪念会；同年 5月，又举办了美国教育家贺拉斯·曼（Horace Mann）诞辰 100 周年纪念会。

在杜威的倡议下，教育学系成立了"教育学俱乐部"（Pedagogical Club）。在俱乐部的会议上，教师和学生可以宣读自己的文章初稿、书评以及关于教育思潮的报告，并进行讨论。杜威经常参加教育学俱乐部的会议，并在会议上宣读一些文章，例如，《大学学校》（*The University School*）、《教育与监督权力》（*Education and Power of Control*）、《心理学与教育》（*Psychology and Education*）等。

更值得注意的是，在教育学系成立的同时，作为教育学系实验学校的"大学初等学校"（The University Elementary School）也成立了，并于 1896 年1 月正式开学。这所学校后来被命名为"实验学校"（The Laboratory School），

①［美］简·杜威.杜威传（修订版）［M］.单中惠，编译.合肥：安徽教育出版社，2009：28.

一般以"杜威学校"（Dewey School）而著称。无论在精神上，还是在财力上，家长对这所实验学校的活动都给予了最大的支持。杜威还以教育学系主任的身份承诺，尽最大努力通过培训来加强实验学校与芝加哥任何一所公立学校的合作。

在杜威实用主义教育思想的形成中，芝加哥大学初等学校的实验活动起了不可忽视的作用。正是在这所实验学校的基础上，杜威在教育领域发表一系列重要的著作和文章：1897 年的《我的教育信条》（My Pedagogic Creed）、1899 年的《学校与社会》（The School and Society）、1902 年的《儿童与课程》（The Child and the Curriculum）等。其中《学校与社会》一书受到了教育领导人、学校教师和对教育有兴趣的公众的欢迎。在出版后的 10 年中，重印了 7 次，流传最广。杜威后来在哥伦比亚大学写成的一些著作，例如 1910 年的《我们如何思维》（How We Think）、1916 年的《民主主义与教育》（Democracy and Education）等，也是他在芝加哥大学初等学校实验的直接成果。

在芝加哥大学期间，杜威仍然保持着从约翰斯·霍普金斯大学攻读博士学位时就开始的对心理学的兴趣。在开设"心理伦理学"等课程的同时，他还发表了不少关于心理学的文章。其中，杜威在 1896 年发表的《心理学中的反射弧概念》（The Reflex Arc Concept in Psychology）一文，被认为是"机能主义心理学派"（即"芝加哥学派"）诞生的标志。

由于在哲学界、心理学界和教育界日趋增加的声望，杜威经常被邀请到其他学院和大学讲课，或在一些专业会议上作讲演。他还积极参加一些学术团体，例如，美国心理学会（American Psychological Association）、美国哲学学会（American Philosophical Association）和伊利诺伊儿童研究学会（Illinois Society for Child Study）的活动。1899—1900 年，杜威担任了美国心理学会主席。

因为居住在芝加哥，杜威和他的夫人经常到由简·亚当斯（Jane Addams）1889 年创办的"赫尔会所"（Hull House）访问。作为社会服务社的赫尔会所是一个新的社会住宅区，在那里居住着各种各样的人。杜威感到，与这些人的交往有趣且富有激励作用，因此他成为赫尔会所的一个理事。通过赫尔会所，杜威与简·亚当斯建立了密切的关系和亲密的友谊。"由于赫尔会所和简·亚当斯的缘故，杜威那作为教育指导力量的民主信念具有更加激烈和更加深刻的含意。"①

由于每年暑期杜威家庭都去赫雷凯恩山区避暑，因此杜威在那里与一些具有进取精神的学者建立了亲密的关系。其中有耶鲁大学的贝克韦尔（C. M. Backwell）、哈佛大学的詹姆士（W. James）、史密斯学院的加德纳（H. N. Gardiner），以及哥伦比亚大学的希斯勒普（J. H. Hyslop）和阿德勒（F. Adler）。詹姆士1900年出版的《心理学》（*Psychology*）一书对杜威改变哲学思想的方向具有特殊的影响，但杜威正是在赫雷凯恩认识詹姆士的。

到芝加哥大学任教后，无论在工作上还是在学术上都得到了更好的发展，杜威本人非常高兴。但是，在1901年美国教育家帕克（F. Parker）领导的芝加哥学院（The Chicago Institute）并入芝加哥大学以后，杜威在有关实验学校的行政管理问题上与哈珀校长产生了意见分歧，而且这种矛盾日益增加。1901年7月22日给哈珀校长的信充分表达了他自己的遗憾和不满情绪。1904年4月6日，杜威经过深思熟虑决定辞职，尽管这时他还没有找到新的职业。杜威辞职的消息，在芝加哥大学及其他大学引起了震惊。对于杜威学校来说，"这是杜威学校的终结，也是杜威一生中一个十分快乐的和极为丰富的重要时期的终结"②。

辞职后，杜威曾写信告诉哈佛大学的詹姆士教授和哥伦比亚大学的卡特尔教授。经过卡特尔这位约翰斯·霍普金斯大学老同学的努力，哥伦比亚大学校长尼古拉斯·巴特勒（Nicholas M. Butler）决定聘请杜威到哥伦比亚大学哲学和心理学系任教。

① ［美］简·杜威.杜威传（修订版）［M］.单中惠，编译.合肥：安徽教育出版社，2009：29.

② Max Eastman. *John Dewey*. The Atlantic Monthly. 1941：680.

杜威虽然是带着不愉快甚至略为气愤的心情离开芝加哥大学而到哥伦比亚大学去的，但是他与芝加哥大学的联系是很难割断的。正是在芝加哥大学的十年，杜威与自己早期的黑格尔主义进行最后的和彻底的决裂，并提出了他的反射弧思想的工具主义理论。正是在芝加哥大学的十年，杜威把哲学、心理学和教育学结合起来，进行了闻名国内外的教育实验活动，开始构建其实用主义教育思想体系，并在教育界脱颖而出。对于杜威来说，在芝加哥大学的十年是他一生中十分重要的时期，他完成了从哲学家到教育家的转变。

（三）杜威在哥伦比亚大学

从 1905 年 2 月起，杜威开始在哥伦比亚大学任教，一直工作到 1930 年 6 月 30 日退休。自退休后至 1939 年，他被校方任命为"驻校荣誉退休哲学教授"。1939 年之后，杜威是"荣誉退休哲学教授"。在哥伦比亚大学时期，是杜威学术事业的全盛时期，也是他由美国走向世界的时期。

1. 美国的一所"常青藤联盟大学"

哥伦比亚大学的前身是 1754 年创建的国王学院。它是美国独立前"九大学院"之一，即"常青藤联盟"成员之一。1784 年改名为"哥伦比亚学院"（Columbia College）。具有开拓意识的美国教育家巴纳德（F. A. P. Barnard）从 1864 年起担任哥伦比亚学院院长达 25 年，并使它变成了一所真正的大学。19 世纪后期，校园迁至纽约市中心曼哈顿，这所大学得到了迅速的发展，研究生院成为它的一个重要部门。

美国教育家尼古拉斯·巴特勒自 1902 年起担任哥伦比亚学院院长一直到 1945 年，长达 43 年。其间，哥伦比亚学院于 1912 年正式定名为"哥伦比亚大学"。在巴纳德的领导下，哥伦比亚大学由一所地方学院发展成世界著名的大学。他还积极支持纽约教师培训学院（New York College for the Training of Teachers）的建立。该学院后来成为享誉世界的哥伦比亚大学师范学院

（Teachers College，Columbia University）。

在担任哥伦比亚大学校长后，巴特勒始终追求办一所高水平的世界性大学的理想，其办学宗旨是不断提高各种学科的研究水平，创造卓越的学术成就。早在 1902 年，巴特勒就在他主编的《教育评论》（*Educational Review*）上发表文章写道："如果一个人在世界科学和世界哲学方面没有受过多少教育，又要用力反对人类已说过的、已想过的和已做过的一切，那么他就不配成为一个大学教师。适合这样的人的地方，不是大学，而是疯人院。"[1] 在他看来，大学教授应该给学生提供明智的和良好的教育，因为当他们冷静地和全面地看问题时，他们实际上代表了真理。

在巴特勒领导下的哥伦比亚大学聚集着美国一大批著名学者。政治学方面的伯吉斯（J. W. Burgess）、比尔德（C. Beard），经济学方面的西格（H. R. Seager）、塞利格曼（E. R. A. Seligman）、西姆克霍维奇（V. Simkhovitch）、米切尔（W. Mitchell），社会学方面的麦基弗（R. M. MacIver），历史学方面的鲁滨逊（J. H. Robison）、邓宁（W. A. Dunning）、肖特韦尔（J. T. Shotwell），人类学方面的博厄斯（F. Boas），哲学方面的伍德布里奇（F. J. E. Woodbridge）、阿德勒、蒙塔古（W. P. Montague）、富勒顿（G. S. Fullerton）、布什（W. T. Bush），心理学方面的卡特尔（J. M. Cattell）、斯特朗、伍德沃思（R. S. Woodworth），等等。

特别是哲学和心理学系，其学术水平和研究成果在当时已超过美国和世界上其他大学的同类系科。巴特勒校长自己就是这个系的毕业生，曾担任过系主任。

巴特勒担任哥伦比亚大学校长时，年仅 40 岁，精力充沛。他对整个大学的管理有条不紊，加强师资建设，扩大课程范围，与各系主任也进行了友好的

---

[1] Lawrence R. Veysey. *The Emergence of the American University*. Chicago：The Univerisry of Chicago Press，1965：364.

合作。巴特勒校长不时对教师的工作给以赞扬。他喜欢把学生叫到他的办公室里进行随意的谈话。芝加哥大学哈珀认为，巴特勒具有"作为一个帝国缔造者的才能"①。

在巴特勒担任校长后，哥伦比亚大学发展迅速。据统计，1905 年，学生人数为 4981 人，学生主要来自纽约市和附近地区；到 1930 年时，学生人数已增加为 38230 人，学生来自世界各地。教师人数由 1905 年的 523 人增加到 1794 人。②但是巴特勒始终强调，人数并不能说明一切，关键是教师和学生不要因维持低的学术标准而沾沾自喜。总之，巴特勒校长使得哥伦比亚大学这所古老大学充满活力，从而能站在世界著名大学的行列。

2.杜威教授生涯的全盛时期

当杜威从巴特勒校长那里得知哥伦比亚大学校方决定聘请他的消息后，他十分高兴。在给友人的信中，杜威写道："我正怀着一种兴奋的心情盼望着在哥伦比亚大学即将开始的工作。"③杜威在哥伦比亚大学任教的时期，正是巴特勒担任哥伦比亚大学校长的时期。

到哥伦比亚大学任教后，杜威离开了教育行政职位，主要从事教学、研究和著述工作，但他在哲学和心理学系仍起着重要作用。与芝加哥学派占主导地位的芝加哥大学哲学系不一样，在哥伦比亚大学哲学和心理学系里，教师不仅是一群具有不同哲学观点的人，而且是一群具有激励作用的人。因此，哥伦比亚大学使杜威处在一种气氛欢快而富有批判性的新的哲学环境之中。"杜威发现，自己在哥伦比亚大学处于一种与他在芝加哥大学所喜爱的那种哲学氛围完全不同的境地……在哥伦比亚大学，他的同事们代表了不同的哲学视野……哥伦比亚大学的新处境则鼓励他作出特别的努力，以相对浅显的非技术性的语

---

① Lawrence R. Veysey. *The Emergence of the American University*. 1965：367.

② George Dykhuizen. *The Life and Mind of John Dewey*. 1973：118.

③ John Dewey to David Eugene Smith, 7 May, 1904. Butler Library.

言来表达他的观点。"① 对杜威来说，这是一种新的刺激和新的挑战。在这个活跃的哲学争论时期，他开始了在哥伦比亚大学的教学和研究工作。作为关键人物之一，杜威被深深地卷入了这场争论之中。他的观点后来反映在 1925 年出版的《经验与自然》(*Experience and Nature*) 一书之中。1915 年 9 月注册进入哥伦比亚大学哲学系学习的胡适先生在自传中回忆道："这几年正是哥伦比亚大学在学术界，尤其是哲学方面，声望最高的时候。杜威那时也是他一生中最多产的时期。"② 因此，人们不会怀疑杜威对哲学系的影响以及哲学系把杜威看作其学术领袖。

由于在哲学上的挑战超过了在教育上的挑战，到哥伦比亚大学任教后的最初十年中，杜威把注意力放在哲学上，在哲学和心理学系开设研究生课程，例如，"经验逻辑""高级逻辑学""逻辑理论的类型"等。由于杜威不是师范学院的教师，他与师范学院的关系并不密切。从 1906 年起，他被要求每学年在师范学院开设 1—2 门课程，偶尔参加一下教师会议。但是，师范学院的附属幼儿园和学校，例如，贺拉斯·曼男子学校（Horace Mann School for Boys）、贺拉斯·曼女子学校（Horace Mann School for Girls）、林肯学校（the Lincoln School）等，却引起杜威的兴趣和关注。

杜威与师范学院的联系越加紧密。当师范学院的教育研究系成立时，杜威是第一批被聘用的 7 位教授之一。③ 这一时期，哥伦比亚大学师范学院也汇集着许多著名学者。其中有拉塞尔（J. E. Russell）、孟禄（P. Monroe）、桑代克（E. L. Thorndike）、F. 麦克墨里（F. McMurry）、理查兹（C. R. Richards）、希尔（P. S. Hill）、克伯屈、拉格（H. Rugg）、康茨（G. S. Counts）、蔡尔兹，

---

① ［美］杜威全集·中期著作第4卷［M］.陈亚军，等译.上海：华东师范大学出版社，2012："导言" 2-3.

② 胡适口述.胡适的自传.唐德刚，编译. // 葛懋春，李兴芝.胡适哲学思想资料选（下）［M］.上海：华东师范大学出版社，1981：97.

③ Lawrence A. Cremin, David A. Shannon and Mary E. Townsend. *A History of Teachers College, Columbia Univerity*, New York: Columbian University Press, 1954: 46.

等等。在拉塞尔院长的领导下，哥伦比亚大学师范学院的名声越来越大。1897年时，学生人数450人，到1917年时已增加到2500人。[1]

杜威在师范学院开设的课程有"逻辑学与教育问题""伦理学与教育问题""社会生活和学校课程""哲学与教育的历史关系"等。有时，他还参与由克伯屈教授开设的关于"教育哲学"的研讨班。很多学生注册听杜威开设的课程。在学生看来，他的授课成为一种发挥激励作用的学习经验。在20世纪30年代前，哥伦比亚大学师范学院是进步教育思想的大本营，教师和学生都被新的教育思想包围着。对哥伦比亚大学师范学院的教师和学生来说，"他们都感到了杜威对师范学院一种持久的和无法估计的影响"[2]。

在从事研究生教学工作的同时，杜威继续进行哲学和教育方面的研究，他出版了一些重要的教育著作，例如，《教育中的道德原理》(*Moral Principles in Education*，1809)、《我们如何思维》(*How We Think*，1910)、《教育中的兴趣与努力》(*Interest and Effort in Education*，1913)、《明日之学校》(*Schools of Tomorrow*，1915)、《民主主义与教育》(*Democracy and Education*，1916)、《经验与教育》(*Experience and Education*，1938)等。其中，《民主主义与教育》一书是杜威教育思想之集大成者，也是实用主义教育思想体系形式的标志。杜威这一时期在哲学上出版的著作有《哲学的重建》(*Reconstruction in Philosophy*，1920)、《经验与自然》(*Experience and Nature*，1925)、《旧个人主义与新个人主义》(*Individualism，Old and New*，1930)、《哲学与文明》(*Philosophy and Civilization*，1931)、《人的问题》(*Problems of Men*，1946)等。此外，他还经常在《新共和》(*The New Republic*)、《社会前沿》(*Social Frontier*)等杂志上发表文章。

在哥伦比亚大学期间，杜威的个人交往很多，既有校内的同事和学生，又有校外的朋友。其中，杜威的两位曾经的学生胡克和拉特纳与他保持了密切

---

[1] George Dykhuizen. *The Life and Mind of John Dewey*. 1973：138.

[2] Lawrence A. Cremin. *A History of Teachers College, Columbia Univerity*，1954：46.

的关系。杜威在晚年时经常与他们一起讨论哲学和教育问题。拉特纳在杜威生前编辑出版了三本杜威的哲学和教育文集:《人物和事件》(*Characters and Events*,1929)、《现代世界中的智慧:约翰·杜威哲学》(*Intelligence in the Modern World: John Dewey's Philosophy*,1939)、《今日的教育》(*Education Today*,1940)。胡克在杜威去世后撰写发表了许多纪念性和评论性的文章。此外,杜威还参加了纽约的一个哲学俱乐部的活动。来自纽约一些大学以及耶鲁大学和宾夕法尼亚大学的学者每月聚会一次,探讨问题和交流思想。杜威把这种活动称为"与一些具有激励作用的人进行了交往"①。

在参加社会团体和教师团体活动的同时,杜威还参加了学术团体的活动,例如,美国哲学学会、美国心理学会、美国科学发展协会(American Association for the Advancement of Science)、进步教育协会(Progressive Education Association)、全国教育协会(National Education Association)等。杜威1905年担任美国哲学学会主席;1909年担任美国科学发展协会副主席;1932年被选为全国教育协会两位名誉主席之一;1938年被选为美国哲学学会名誉主席。作为一位享有盛誉的哲学家和教育家,杜威经常被邀请到一些大学和学术团体作讲演。他也被国内外一些大学授予名誉博士学位:芝加哥大学(1904)、威斯康星大学(1904)、佛蒙特大学(1910)、密歇根大学(1913)、伊利诺伊大学(1917)、哥伦比亚大学(1929)、哈佛大学(1932)、宾夕法尼亚大学(1946)以及中国北京大学(1920)、法国巴黎大学(1930)和挪威奥斯陆大学(1946)等。这表明杜威在哲学和教育上的学术地位在美国乃至世界上得到了公认。

在这一时期,杜威通过他的国外学生特别是通过到国外访问讲演,使得实用主义教育思想在世界上得到了广泛的传播。杜威访问过的国家有日本(1919)、中国(1919—1921)、土耳其(1924)、墨西哥(1926)、苏联(1928)

---

① [美]简·杜威.杜威传(修订版)[M].单中惠,编译.合肥:安徽教育出版社,2009:37.

等。通过访问讲演，杜威在了解所访问国家的同时，也使那些国家的学者和教师了解杜威及实用主义教育思想，这对杜威的思想发展产生了深刻的和持久的影响。更为重要的是，这标志着杜威开始由美国走向世界。

对杜威来说，最珍贵的荣誉是，一些来自纽约地区的专业教育家于1935年成立了一个旨在研究教育和文化的团体"约翰·杜威学会"（The John Dewey Society）。学会的第一批成员有阿克斯特尔（G. Axtelle）、博德（B. H. Bode）、蔡尔兹、康茨、胡克、赫尔菲什（H. G. Hullfish）、约翰逊（A. Johnson）、克伯屈、纽朗（J. H. Newlon）、拉格、塞耶（V. T. Thayer）等。该学会后来得到了发展，会员人数增加到364人，其中有来自其他国家的学者。

最使杜威难以忘怀的是，1929年、1939年和1949年，杜威的同事、朋友和学生为他举行了七十岁、八十岁和九十岁生日庆贺会。在庆贺杜威生日的同时，人们还发表有关杜威生平及哲学和教育思想的文章或举行报告会。例如，在庆祝杜威七十岁生日的报告会上，加利福尼亚大学洛杉矶分校的穆尔（E. C. Moore）教授报告《约翰·杜威对教育理论的贡献》，纽约林肯学校校长纽朗报告《约翰·杜威对学校的影响》，哥伦比亚大学师范学院坎德尔教授报告《约翰·杜威对国外教育的影响》。在庆祝杜威九十岁生日时，《纽约时报杂志》（*The New York Times Magazine*）、《纽约先驱论坛报》（*The New York Herald Magazine*）、《时代》（*Time*）杂志、《生活》（*Life*）杂志、《新共和》杂志等都发表了纪念性和评论性文章。美国各地1000多所学院和大学也分别举行了庆祝会或报告会，充分表明了人们对杜威的关注。

杜威在哥伦比亚大学的时间，比在密歇根大学和芝加哥大学都要长。在这一时期，他的哲学思想已完全成熟，实用主义教育思想也得到了进一步的发展和完善，并构建成一个完整的体系。因此，杜威作为著名哲学家和教育家的学术地位真正确立并被学界公认。杜威通过他的国外学生、亲自到国外访问讲演以及著作的翻译出版由美国走向世界，成为一位具有最广泛和最深刻影响的世界教育家。

第三节　杜威的教育著作

在杜威的整个学术人生中，他在哲学、伦理学、逻辑学、教育学、心理学、美学等领域撰写了很多论著，从 1899 年到 1929 年间差不多两年就出版一本在学界具有影响力的著作。从对《杜威全集》37 卷和补遗卷的统计来看，其中包括了 40 本著作、538 篇论文、112 篇书评、147 篇杂记等，以及在他的同事、美国著名教育家孟禄（Paul Monroe）主编的五卷本《教育百科全书》（*A Cyclopedia of Education*，1911—1913）中撰写了 96 条辞目。美国哲学家、萨拉·劳伦斯学院前院长哈罗德·泰勒（Harold Tayler）在美国知名杜威研究学者乔治·戴克威曾的《约翰·杜威的生平与精神》一书的"序言"中，也这样写道："正因为如此勤奋地写作，杜威才能有 40 本著作、700 多篇文章，其不仅涉及的主题那样的广泛，而且具有那样的洞察力，因而获得了整个知识界甚至包括那些批评者的尊重和钦佩。"[1] 此外，杜威还有数以千计的书信，也阐述了他的教育活动和教育思想。

就教育领域来说，在形成具有特色的实用主义教育思想的过程中，即在一个既注重教育实践又注重教育理论的过程中，杜威撰写出版了很多教育论著。根据杜威著作目录的统计，其中有教育（包括心理学）著作 28 本，论文 363 篇。[2] 具体来讲，既有他的早期教育著作，如《我的教育信条》（1897）、

---

① Harold Tayler "preface". // George Dykhuizen. *The Life and Mind of John Dewey*. 1973：XVI.

② Writings of John Dewey. // Paul Arthur Schilpp. *The Philosophy of John Dewey*. Evanston and Chicago：Northwestern University Press，1939：611–686. / Jo Ann Boydston. *The Collected Works of John Dewey*，1882—1953，Carbondale：Southern Illinois University Press，"Index"，1991：1–32.

《学校与社会》（1899）、《教育学讲座》（1901—1902）、《儿童与课程》（1902）等，也有他的中期教育著作，如《教育中的道德原理》（1909）、《教育中的兴趣与努力》（1913）、《明日之学校》（1915）、《民主主义与教育》（1916）、《教育哲学》（1920）等，还有他的晚期教育著作，如《教育科学的资源》（1920）、《创造与批判》（1930）、《我们如何思维——再论反思性思维与教育过程的关系》（1933）、《经验与教育》（1938）等。

尽管杜威教育著作因出版时间、出版背景、篇幅长短、学术声誉、评价文章各不相同而表现出差异性，但它们却在学术价值、观点新颖、世界影响上表现出共同性。

（一）以实验学校为基础的早期教育著作

在杜威的早期教育著作中，第一篇教育论文是发表在《大学》杂志第208 期（1885 年 9 月 19 日）上的《妇女健康与高等教育》（*The Health of Women and High Education*）。但是，使杜威教育著作引起教育学界极大关注的是 1897 年发表的《我的教育信条》（*My Pedagogic Creed*）。这篇论文是他在创办芝加哥大学初等学校后的第二年发表的。尽管它的字数只有 6100 多字，但它是杜威实用主义教育思想的一个纲领性阐述，不仅清晰而简要地阐释了他对教育的信仰，而且是他后来教育实践和理论研究的引领。可以说，杜威此后发表和出版的教育论著，实际上就是对他自己教育信仰的不断拓展和深入阐释。

对于杜威来说，1895—1898 年是他的学术成就和认可度迅速攀升的一个时期。杜威的其他早期教育著作，如《学校与社会》《教育学讲座》《儿童与课程》等，甚至他的中期教育著作《民主主义与教育》，都是直接以杜威 1896 年创办芝加哥大学初等学校（1902 年后通称"杜威学校"）为基础而撰写的。当然，在杜威早期教育著作中，1899 年出版的《学校与社会》是最重要的一本著作。

1.《学校与社会》

《学校与社会》是杜威 1899 年 4 月在芝加哥大学初等学校举办的三次系列讲座的讲演集，以回应人们（包括学生家长）对他夫妇三年前创办的那所实验学校的批评。就其内容来讲，主要论述了"学校与社会和儿童""基于心理学的初等学校""对福禄培尔教育原理的论述""初等学校的历史教学""芝加哥大学初等学校的早期发展"等五个方面。杜威本人认为，这本教育著作作为芝加哥大学初等学校的教育实验的一个成果，在当时美国教育变革中是有影响力的。在某种意义上，该书是杜威后来的《民主主义与教育》等大部头教育著作的先声。早在杜威 1928 年访问苏联期间，时任苏联国家学术委员会教科部主任、科学教育学科研所副所长的卡拉什尼科夫（А. Г. Калашников）曾给杜威寄送了他主编的三卷本《苏联教育百科全书》中已出版的前两卷，并在上面题词："您的著作，尤其是《学校与社会》和《学校与儿童》[①] 对俄罗斯教育学的发展产生了巨大的影响。"[②] 美国杜威研究知名学者戴克威曾教授对杜威的《学校与社会》一书作了这样的评论："这本书采用一种简单和易理解的语调，几乎立即就成了一本畅销书。……除了把杜威的教育思想传播给更多的公众，《学校与社会》一书也使芝加哥大学初等学校得到了全国教育者的关注。"[③] 美国记者珍妮·梅里尔（Jenny B. Merrill）在《初级幼儿园杂志》第 26 期（1914 年）上发表了一篇题为《在儿童研究联合会上的演讲》的报道，其中这样写道，杜威博士"所著的《学校与社会》是我们伟大的教育经

---

① 杜威的《学校与儿童》，被收入英国教育家芬德兰（Joseph John Findlay）所编的《约翰·杜威教育论文集》（*Educational Essays of John Dewey*）中，1907年由伦敦布莱基兄弟出版公司出版。

② 王森，单中惠.杜威的"苏联之行"及对苏联教育的印象［J］.教育史研究，2020（1）：114.

③ George Dykhuizen. *The Life and Mind of John Dewey*. 1973：98.

典，是每个教师书架上的必备书籍"①。

2.《教育学讲座》

《教育学讲座》(*Educational Lectures*)是杜威于 1901 年 6 月 17—21 日在美国的杨伯翰学院暑期学校所作的系列讲演，1914 年由杨伯翰学院结集出版。在这本教育著作中，他对心理学在教育上的应用作了具体的论述，揭示了心理学和教育之间的关系。就其内容来讲，主要论述了"教育的社会性与课程的社会价值""心理学原理与儿童的学习""幼儿期的发展与童年期的发展""形成性格的三个因素"等四个方面。在 1901 年刊载杜威第一次讲演的《白与蓝》杂志第 5 卷第 2 期上，就有一个题为"杜威博士：当今的心理学家"(Dr. Dewey，the Psychologist of Today)的声明，其中写道："对于现代教育者，杜威博士的思想中有一页比以往思想家们的典籍更有价值……这些演讲从这一期开始出版。我们从中感到，我们正在订阅者面前摆出一些书本上找不到的东西——一些新鲜的东西，出自我们当中一位最伟大者的心灵。"②

3.《儿童与课程》

《儿童与课程》也是直接以芝加哥大学实验学校为基础而撰写的另一本重要的教育著作。面对课程教材领域的传统教育学派（旧教育）强调课程教材的学科一端和现代教育学派（新教育）强调课程教材的儿童一端，杜威在这本教育著作中对他的课程教材思想进行了专门的论述。他认为，上述两个学派都存在着一种共同的偏见，即把课程教材的逻辑程序和课程教材的心理程序完全对立起来，也就是说把课程教材与儿童完全对立起来。就其内容来讲，主要论述了"儿童的生活和儿童的世界""儿童与课程上的两派教育理论""必须摆脱旧教育的一些偏见""课程教材上的弊病和课程教材心理化的障碍"等四

---

① ［美］珍妮·梅里尔. 在儿童研究联合会上的演讲. // 杜威全集·中期著作第 7 卷［M］. 刘娟，译. 上海：华东师范大学出版社，2012：282.

② ［美］杜威. 在杨伯翰学院作的教育学讲座. // 杜威全集·晚期著作第 17 卷［M］. 李宏昀，等译. 上海：华东师范大学出版社，2015：506.

个方面。特别值得注意的是，杜威所强调的"课程教材心理化"，实际上吹响了当代课程改革的号角。美国哲学家和教育家胡克（Sideny Hook）在《杜威全集》中期著作第2卷的"导言"中，肯定了《儿童与课程》一书具有当代性影响："虽然他在《儿童与课程》（*The Child and the Curriculum*）一书中的语言反映的是［19和20］世纪之交的学术用语和日常用语，但其所表达的观念尤其是关于课程中组织化教材（Subject–matter）的必要性或不可或缺性，对于当前的讨论仍然有很大的意义。"①

（二）逐步走向理论体系的中期教育著作

在杜威的中期教育著作中，比较重要的是《教育中的道德原理》《教育中的兴趣与努力》《明日之学校》《民主主义与教育》《教育哲学》等。其中，1916年出版的《民主主义与教育》具有最重要的学术地位，因为它是一本最系统的综合性阐述杜威实用主义教育思想的著作。以下简要论述上述该书。

1.《教育中的道德原理》

《教育中的道德原理》是杜威所有教育著作中专门论述道德和道德教育的一本重要著作。1897年他在《全国赫尔巴特学会第三年鉴》上发表了《构成教育基础的伦理原理》（*Ethical Principles Underlying Education*）这篇论文，而《教育中的道德原理》一书就是在它的基础上对道德和道德教育的一个更为详细的阐述。杜威认为，《教育中的道德原理》是根据他先前发表的《构成教育基础的伦理原理》而自由提取出来的。但是，他修改和重新增补了一部分，删除了一部分，重新撰写了一部分。就其内容来说，主要论述了"学校的道德目的""学校中的道德训练""学科的社会性质""道德教育的心理学方面"等四个方面。由于杜威的这本著作在道德和道德教育方面阐述了许多具有首创

---

① ［美］杜威.杜威全集·中期著作第2卷［M］.张留华，译.上海：华东师范大学出版社，2012："导言"7.

性的观点，并显示出它的现代意义，因此，1909 年出版后它就受到众多教育学者的关注，不仅受到评论者们的一致赞扬，而且立即被公认为一个清楚的重要宣言。例如，美国教育学者卡尔·西肖尔（Carl Seashore）在《教育心理学杂志》1910 年第 1 期上作了这样一个简要的分析："这本有说服力而又合理的小册子中的论证……是对与学校中的道德相关的心理学、伦理学和社会学的一个阐明。"①

2.《教育中的兴趣与努力》

《教育中的兴趣与努力》是杜威所有教育著作中专门论述兴趣和努力之间关系的一本重要著作。从主题和内容来看，它可以看作是 1896 年的《与意志训练有关的兴趣》（*Interest as Related to Training of the Will*）和 1897 年的《努力的心理学》（*The Psychology of Effort*）的合并修订版。就其内容来说，主要论述了"兴趣对努力的教育诉讼""兴趣心理学与教育性兴趣的类型""努力、思维和动机""兴趣观念对教育理论的贡献"等四个方面。对于《教育中的兴趣与努力》一书，美国克莱蒙特学院研究生院哲学教授拉尔夫·罗斯（Ralph Ross）指出，"这本书是对杜威信念的直陈和阐明，其论述没有偏移、离题或犹豫。它就像由绳子所绕成的一个绳球，只有当这个绳球被解开之后，我们才会看到一条完整的直线。读者在完全理解这篇经过详细论证的文章之后，一定会感到特别的满足。因为这篇文章的论点非常有力，其中没有任何试探性的东西。行文充满了自信的措辞"②。

3.《明日之学校》

《明日之学校》是杜威与他的女儿伊夫琳·杜威（Evelyn Dewey）合著的一本对当时美国一些进步学校情况进行详实描述的教育著作，在某种意义上可

①［美］博伊兹顿.杜威全集·中期著作第4卷［M］.陈亚军，等译.上海：华东师范大学出版社，2012：281.

②［美］杜威.杜威全集·中期著作第7卷［M］.刘娟，译.上海：华东师范大学出版社，2012："导言"11-12.

以说是一本有关进步教育运动初期的进步学校实验的案例集。应该说，没有其他书籍比《明日之学校》一书更雄辩地证明了进步教育运动初期的丰富性和多样性。这是杜威应纽约达顿出版公司"Schools of Tomorrow"（明日之学校）这一主题的约请而撰写的。但在有的学者看来，这本书的书名可以换成《今日之学校》。在《明日之学校》的最后一章，杜威这样指出，在这本书中"选择这些已被描述的学校，并不是因为我们坚信它们代表了目前这个国家正在进行的所有最出色的改革，而只是因为它们说明了当前教育的一般趋势，并且因为它们几乎完全是几种不同类型的学校的代表。……我们关心的是教育中更为根本的改革，和唤醒学校认识它们的工作应该是为儿童将要在世界上过的生活作准备这样一个事实"①。就其内容来说，主要论述了"教育与自然生长""课程""自由与个性""学校与社会""工业教育""民主主义与教育"等六个方面。《明日之学校》一书 1915 年出版后，持续畅销。美国教育学者拜尔（T. P. Beyer）在《日晷》杂志第 59 期（1915 年）上这样写道："作者用明白易懂、一以贯之的理论来表现并汇集具体事情，学问成熟，逻辑严密，颇为合理，技艺高超，使《明日之学校》成为一个极其重要的贡献。"② 还值得注意的是，《明日之学校》一书的最后一章有一个重要的标题："民主主义与教育"（Democracy and Education），也许这并不是偶然的。美国哲学家和教育家胡克指出，对于民主与教育问题的观点，"《明日之学校》只是简单地勾勒出一个纲要。杜威用更加系统的方式提出了教育理论，不过，这些理论的哲学基础在他后来出版的《民主主义与教育》一书时才得以亮相"③。

---

① ［美］杜威. 明日之学校. // 学校与社会·明日之学校［M］. 赵祥麟，等译. 北京：人民教育出版社，1994：378.

② ［美］杜威. 杜威全集·中期著作第8卷［M］. 何克勇，译. 上海：华东师范大学出版社，2012：386-387.

③ ［美］杜威. 杜威全集·中期著作第8卷［M］. 何克勇，译. 上海：华东师范大学出版社，2012："导言" 21.

4.《民主主义与教育》

《民主主义与教育》标志着杜威的实用主义教育思想体系的确立,其副题为"教育哲学导论"(An Introduction to the Philosophy of Education)。这是杜威整个学术人生中最重要的一本教育著作,既是对他的实用主义教育思想进行最系统的综合性阐述,也是他的教育著作中篇幅最长、学术地位最重要、学术影响最广泛的。从 1911 年 7 月与美国麦克米兰出版公司签署合同到 1916 年正式问世,杜威撰写该书前后经历了四五年时间。早在密歇根大学期间,杜威就承担了走访全州中学调查其教育质量的任务,这件事情使他第一次决定要研究"民主与教育"这个具有普遍意义的问题。后来,在 1899 年时他也萌发了撰写教育哲学方面著作的想法,在给纽约麦克米兰公司编辑的信中曾提及他自己真心希望有关教育哲学的讲课手稿能作为著作出版。[①] 在 1905 年到哥伦比亚大学任教后的那一段时期,杜威就在为"民主主义与教育"这一主题呈现出最完备的论述做准备,这种准备无疑包括了他在该书之前出版的《学校与社会》《儿童与课程》《实用主义对教育的影响》《教育中的道德原理》《教育中的兴趣与努力》等著作,也包括了他为孟禄主编的《教育百科全书》撰写"教育哲学"等辞目。实际上,杜威从 1911 年就开始写作《民主主义与教育》。在该书十分简短的"序言"中,杜威这样写道:"本书所阐明的哲学,把民主主义的发展和科学上的实验方法、生物学上的进化论思想以及工业的改造联系起来,旨在指出这些发展所表明的教材和教育方法变革。"[②] 就其内容来说,主要论述了"教育性质""教育目的""教育过程""教育价值""教育哲学"等五个方面。作为现代教育理论方面的一本经典著作,《民主主义与教育》出版后在国内外教育界产生了广泛而深远的学术影响。澳大利亚新英格兰大学教授鲍温(James Bowen)在三卷本《西方教育史》(*A History of*

---

① John Dewey to Macmillan Co., 5 January, 1899. Butler Library.

② [美] 约翰·杜威. 民主主义与教育 [M]. 王承绪,译. 北京:人民教育出版社,1990:"序" 1.

Western Education）的第三卷中强调指出："《民主主义与教育》是一本篇幅很长的、综合的、内容丰富、庞大的著作，是提供给教师的，一直继续到第一次世界大战中期才完成。没有其他的著作，像它那样对美国教育产生那么广泛的影响。……尽管《民主主义与教育》一书的枯燥的文体和分析的方法，但它是新的时代的一个振奋人心的宣言。……《民主主义与教育》试图对那个似乎有点难以回答的问题，即年轻人在那种环境下如何成为民主社会的一个参与的、创造的成员问题提供一个答案。"[①]概括起来，《民主主义与教育》在学术影响上不仅达到了教育经典著作的地位，而且确立了新式教育哲学的基础，还成了产生世界性影响的著作。

5.《教育哲学》

《教育哲学》（*The Philosophy of Education*）的内容是杜威1919年访问中国后在北平教育部所作的以"教育哲学"为主题的系列讲演。1920年6月，其被收入作为"北京晨报社丛书"的《杜威五大讲演》出版。这是一本在教育哲学上具有重要学术价值且在近代中国教育界产生很大影响的著作。就其内容来说，主要论述了"教育及教育哲学的重要""教育的三个要点""科学发展进步在教育上的影响""学制的组织""职业教育""道德教育"六个方面。《教育哲学》出版后直至现在还不时地被重印，众多的教育学者和学校教师可以从中寻觅杜威的教育智慧。1973年，《教育哲学》被收入由美国夏威夷大学教授克洛普顿（R. W. Clopton）和我国香港新亚学院教授吴俊升（Tsuin-chen Ou）共同编译的《约翰·杜威在中国的讲演，1919—1920》（*John Dewey Lectures in China, 1919—1920*）一书中，作为该书的第二部分[②]，由中文重新翻译成英文。应该说，这不仅使得美国及其他西方国家教育学者有机会了解杜威

---

① James Bowen. *A History of Western Education*. Vol. 3. London：Methuen & Co. Ltd，1981：422-423.

② Robert W. Clopton and Tsuin-chen Ou. *John Dewey Lectures in China, 1919—1920*. Hawai：The University Press of Hawaii，1973：181-302.

所作的题为"教育哲学"的讲演,而且在某种意义上表明了杜威的《教育哲学》在学术上的重要价值。

(三)不断反思趋于成熟的晚期教育著作

在杜威的晚期教育著作中,比较重要的是《教育科学的资源》《创造与批判》《我们如何思维——再论反思性思维与教学的关系》《经验与教育》等。当然,在杜威晚期教育著作中,最重要的是《我们如何思维——再论反思性思维与教育过程的关系》和《经验与教育》。

1.《教育科学的资源》

《教育科学的资源》(*Sources of A Science of Education*)是杜威对教育科学主题以及教育科学的本质进行专门论述的一本教育著作。就其内容来说,主要论述了"教育是什么""教育科学是什么""教育科学的资源是什么""教育是一种包括科学本身的活动"等四个方面。因此,针对"教育是一门科学吗?"以及"它如何进行?""它的功能是什么?"这些问题,杜威进行了很好的阐述。美国纽约州立大学哲学教授库尔茨(Paul Kurtz)在《杜威全集》晚期著作第5卷的"导言"中指出:"杜威认为,教育科学的作用在于为教育者提供'思想工具'……教育科学是教育的中介工具,而非相反……当然,教育实践者与教育科学研究者之间存在着必不可少的交流。"① 对于《教育科学的资源》一书在教育科学上的重要价值,美国罗特格斯大学荣誉教授丹尼尔·坦纳(Daniel Tanner)这样指出:"就教育研究的指导和方向而言,《教育科学的资源》一书被证明是非常有预见性的,是教育研究和教育实践之间的必要的联结。"② 俄罗斯教育学者科尔涅托夫(Г. Б. Корнетов)对杜威的《教育

---

① [美]杜威. 杜威全集·晚期著作第5卷 [M]."导言". 孙有中,等译. 上海:华东师范大学出版社,2015:2-3.

② John Dewey. *The Sources of Science of Education*. "Introduction". // 约翰·杜威. 教育科学的资源 [M]. 北京:中国传媒大学出版社,2018:1.

科学的资源》一书的核心思想进行了评论，在他的《约翰·杜威的进步教育学》（2007）一书中指出："杜威在《教育科学的资源》中强调教育学的跨学科性质，认为应该依靠所有学科知识来解决教育问题。"[①]

2.《创造与批判》

《创造与批判》（*Construction and Criticism*）是杜威于 1930 年 2 月在哥伦比亚大学艺术和科学学院所作的一次讲演。此时，杜威应聘到哥伦比亚大学哲学系和师范学院任教工作已有 25 年。在这四分之一的世纪中，在充满激励氛围以及批判和创造精神的哥伦比亚大学校园中，杜威本人在理论水平上显然得到了极大的发展和提升。无论在哲学方面，还是在教育方面，他正处于创造力和影响力的巅峰。就其内容来说，主要论述了"创造是新的独特的发现""批判是对价值的辨别判断""创造和批判两者是一对伙伴"三个方面。在某种意义上，《创造与批判》正是杜威本人此时心声的真实反映。他的整个学术人生充分表明，他是一位具有创造与批判精神的哲学家和教育家，在形成很多具有首创性的教育观点的过程中，还注意对教育史上不同时期的许多教育家理论进行了批判性分析。

3.《我们如何思维——再论反思性思维与教育过程的关系》

《我们如何思维——再论反思性思维与教育过程的关系》（*How We Think, A Restatement of Relation of Reflective Thinking to the Educative Process*）是杜威 1910 年出版的《我们如何思维》的修订版，"再论反思性思维与教育过程的关系"这一副题是新加的。在杜威的所有教育著作中，这是一本专门论述思维及思维训练问题的著作。相比 1910 年版，1933 年修订版在内容上进行了大幅度修改或重写。在《我们如何思维》1933 年修订版第一部分第一章的一开始，杜威就明确指出："那些懂得什么是较好的思维方式，并且知道为什么这些思维方式比较好的人，只要他愿意的话，他就可改变个人的思维方式，从而

---

① 李申申，贾英伦. 21 世纪俄罗斯对杜威民主主义教育思想的评析. // 涂诗万.《民主主义与教育》：百年传播与当代审视 [M]. 北京：教育科学出版社，2016：87.

使思维变得更有成效。"① 就其内容来说，主要论述了"思维训练的问题""逻辑的探讨""思维的训练"三个方面。确实，在《我们如何思维》的1933年修订版中，杜威对"什么是思维""反思性思维的过程""学校情境与思维训练"诸多问题进行了清晰而深刻的阐述。美国杜威研究知名学者戴克威曾教授对该书作了这样评论："其最初的设想是给教师提供一种帮助，因而采用一种简单的和非技术的风格来写，全部使用来自教室里的和日常经验的例证。这本书的根本信念就是：如果儿童去学习的话，那就要教他去思考，因为学习过程就是思维过程。《我们如何思维》几乎直接就成为教育文献中的经典，对教育实践产生了巨大的影响……"② 此外，《星期六文学评论》第9卷（1933年7月1日）的评论更为直白：《我们如何思维》1933年修订版"这本书本身为改革运动作出了贡献"③。

4.《经验与教育》

《经验与教育》是杜威对当时教育领域存在的"传统教育"和"进步教育"之间的论争进行简要而深刻阐述的一本教育著作。面对来自"传统"和"进步"两方面的批评和误解，他进一步思考一个根本问题："究竟什么东西才有资格配得上'教育'这一名称"。杜威是应国际教育荣誉学会执行委员会的要求，在他的讲演中谈论了教育理论上一些有争议的问题。其结果是，在《民主主义与教育》出版22年后，杜威于1938年又出版了《经验与教育》一书。这是杜威学术人生中最后一本较大篇幅的教育著作。显然，这是他根据进步学校实践的经验以及他的教育理论所受到的批评和误解，对他自己的教育思想进行的一次重新阐述。在《经验与教育》一书"前言"的末尾，杜威这样写道："本书试图引起人们对教育问题更广泛更深刻的关注，从而提出更恰

---

① ［美］杜威. 我们怎样思维. // 我们怎样思维·经验与教育［M］. 姜文闵，译. 北京：人民教育出版社，1991：1.

② George Dykhuizen. *The Life and Mind of John Dewey*. 1973：139.

③ ［美］杜威. 杜威全集·晚期著作第8卷［M］. 马明辉，等译. 上海：华东师范大学出版社，2015：303.

当的解决这些问题的参照标准，这就是本文的价值之所在。"① 当代美国教育史学家克雷明（L. A. Cremin）在他的《学校的变革》（*The Transformation of the School*）中强调指出："这本书实际上是杜威各方面教育观点的重申，而这些教育观点是他 20 多年来在被批评、歪曲和误解的过程中形成的。"② 就其内容来说，主要论述了"传统教育与进步教育的对立""经验的理论""社会控制与个人自由""目的的意义和进步学校的教材组织""经验——教育的方法和目标"等五个方面。尽管与杜威的其他教育著作相比，《经验与教育》是简要的，但这本著作无疑是对教育哲学的一个重要的贡献，也是对分成两个理论学派的美国教育趋于统一提供了一种清楚而确定的指导。在某种意义上，《经验与教育》一书是 20 世纪所公认的最重要的教育理论家对教育问题的最简要的阐述，是对"教育"这一主题的最简明的和最易读的扩展性论述。它不仅对"传统教育"和"进步教育"两者进行了很好的分析，而且对每一种教育的基本弱点或缺陷都进行了论述。因此，国际教育荣誉学会出版物编辑霍尔－奎斯特（Alfred L. Hall-Quest）在《经验与教育》1938 年版的"编者前言"中指出："杜威博士坚持认为，无论旧教育还是新教育，都不能满足需要。二者都有对教育的错误理解，因为它们都没有运用被谨慎提出的经验哲学的原则。"③ 美国杜威研究知名学者戴克威曾教授对《经验与教育》一书也如此评价道："《经验与教育》是杜威在 20 世纪 30 年代一本最重要的教育著作，提出了教育研究必须采取的方向……从而引导教育者建构一种建立在经验哲学基础上的教育哲学。……《经验与教育》一书出版时，并没有受到广泛的评论。但随着这本书不断地被引用，在它出版后的十年里被证明了其重要性。"④ 值得

---

① ［美］杜威. 经验与教育. // 杜威全集·晚期著作第13卷［M］. 冯平，等译. 上海：华东师范大学出版社，2015："前言" 4.

② ［美］克雷明. 学校的变革［M］. 单中惠，马晓斌，译. 济南：山东教育出版社，2013：213.

③ ［美］霍尔－奎斯特.《经验与教育》编者前言. // 杜威全集·晚期著作第13卷［M］. 冯平，等译. 上海：华东师范大学出版社，2015：318.

④ George Dykhuizen. *The Life and Mind of John Dewey*. 1973：278-279.

注意的是，杜威在《经验与教育》这本书中的语调是十分尖锐的，这种尖锐的语调也贯穿在他生前最后发表的那篇教育论文，即他为自己曾经的研究生助教克拉普（Elsie R. Clapp）1952 年所著的《教育资源的使用》（*The Use of Resources in Education*）一书的"引言"中。

（四）杜威教育著作中的差异性和共同性

综观杜威的教育著作，其中确实有一以贯之的主线。简单地说，这条主线就是从哲学出发，贯穿心理学和社会学，最后通向教育学。在最广泛的意义上，杜威所寻求的统一就是知和行的统一。因此，对知和行统一的寻求，自然也体现在了杜威的教育著作中。但是，也应该看到，杜威教育著作表现出差异性和共同性两个特点。

1. 教育著作中的差异性

第一，就出版时间而言，在杜威教育著作中，可以分成早期著作、中期著作和晚期著作。从 1897 年《我的教育信条》的出版到 1938 年最后一本较大篇幅的教育著作《经验与教育》的出版，其时间跨度长达 40 年。在出版《学校与社会》一书时，杜威刚满 40 岁；而在出版《经验与教育》一书时，他已近 80 岁。在这 40 年间，杜威从创立芝加哥大学初等学校进行教育实验而开始在教育上崭露头角，后来在充满激励氛围以及创造与批判精神的哥伦比亚大学中实现教育理论的升华，并不断反思而趋于成熟，最终成为美国教育界乃至世界教育界的领军人物，赢得了知名教育哲学家的声誉。

第二，就出版背景而言，在杜威教育著作中，有直接以他的芝加哥大学初等学校教育实验为基础而写成的著作，例如，《学校与社会》《儿童与课程》；有以他的系列讲座或讲演为基础而出版的著作，例如，《教育学讲座》《教育哲学》《教育科学的资源》《创造与批判》《经验与教育》，其中《教育科学的资源》和《经验与教育》分别是国际教育荣誉学会（**The Kappa Delta**

Pi）的年度系列讲座的第一个讲演（1929年）和第十个讲演（1938年）；有在他的前期教育论文的基础上经过修改和补充而写成的著作，如《教育中的道德原理》《教育中的兴趣与努力》《我们如何思维——再论反思性思维与教育过程的关系》；有经过他本人多年深刻思考和认真撰写而出版的著作，如《民主主义与教育》；还有作为出版社的"命题作文"而写成的著作，如《明日之学校》。

第三，就篇幅长短而言，在杜威教育著作中，有些著作的篇幅较短，例如，《儿童与课程》《教育中的道德原理》《教育中的兴趣与努力》《教育哲学》《教育科学的资源》《创造与批判》，其中《儿童与课程》的篇幅最少，英文本仅仅40页；有些著作的篇幅较长，例如，《学校与社会》《教育学讲座》《明日之学校》《民主主义与教育》《我们如何思维——再论反思性思维与教育过程的关系》《经验与教育》，其中《民主主义与教育》的篇幅最长，英文本长达434页。在《民主主义与教育》一书1916年由美国麦克米兰出版公司出版时，刚于1915年出版了《明日之学校》的达顿出版公司就十分希望杜威再撰写一本篇幅如同《民主主义与教育》一样多的教育著作，但因他没有接受而无法实现。这也清楚地表明，从1916年到1952年去世的36年间，杜威在教育领域再也没有撰写过篇幅很长的鸿篇巨著。

第四，就学术声誉而言，在杜威教育著作中，有已享誉世界的鸿篇巨制《民主主义与教育》；也有为教育学者和学校教师耳濡目染的《学校与社会》《儿童与课程》《明日之学校》《我们如何思维——再论反思性思维与教育过程的关系》《经验与教育》；还有人们阅读并不广泛的《教育中的道德原理》《教育中的兴趣与努力》《教育哲学》《教育科学的资源》；更有鲜为人知但又十分重要的《教育学讲座》《创造与批判》。应该说，在世界上被翻译成其他国家文字最多的杜威教育著作是《学校与社会》《民主主义与教育》。

第五，就评价文章而言，在杜威教育著作中，有些著作一出版后就有很多评论文章并持续到后来，例如，《民主主义与教育》《学校与社会》《教育

中的道德原理 》《明日之学校 》《我们如何思维——再论反思性思维与教育过程的关系 》《经验与教育 》等；有些著作刚出版时评论文章并不多，但后来却增多，例如，《儿童与课程 》《教育中的兴趣与努力 》《教育科学的资源 》等；还有些著作因某些原因最初没有被关注而评论文章较少，例如，《教育学讲座 》《教育哲学 》《创造与批判 》等。

2. 教育著作中的共同性

第一，就学术价值而言，在杜威教育著作中，杜威把哲学、心理学和教育学结合起来。概括起来，其学术价值主要体现在以下五个方面：一是阐释了学校变革与社会变革的关系。其中，《学校与社会 》《民主主义与教育 》《明日之学校 》《创造与批判 》等进行过较多的论述。二是强调了教育目标应该是学生发展。其中，《教育学讲座 》《学校与社会 》《民主主义与教育 》《教育哲学 》等进行过较多的论述。三是倡导了课程教材的心理化趋向。其中，《儿童与课程 》《明日之学校 》《教育学讲座 》《教育中的兴趣与努力 》《民主主义与教育 》等进行过较多的论述。四是探究了行动和思维与教学的关系。其中，《我们如何思维 》《民主主义与教育 》《教育科学的资源 》等进行过较多的论述。五是指明了教育过程是师生共同参与合作的过程。其中，《经验与教育 》《儿童与课程 》《民主主义与教育 》等进行过较多的论述。

第二，就观点新颖而言，杜威力图在这些教育著作中阐述其具有首创性的并对美国教育乃至世界教育产生持久影响的实用主义教育思想，提出了很多独创的、新颖的教育观点。例如，在《我的教育信条 》中提出"教育必须从心理学上探索儿童的能量、兴趣和习惯开始"[①]；在《学校与社会 》中提出教育的"首要浪费是浪费生命"[②]；在《教育学讲座 》中提出"在课堂中拥有新生

---

① ［美］杜威.我的教育信条.// 杜威教育论著选［M］.赵祥麟，王承绪，编译.上海：华东师范大学出版社，1981：3.

② ［美］杜威.学校与社会.// 杜威全集·中期著作第1卷［M］.刘时工，等译.上海：华东师范大学出版社，2012：29.

命"①；在《儿童与课程》中提出"课程教材心理化"②；在《教育中的道德原理》中提出"学校道德三位一体"③；在《教育中的兴趣与努力》中提出"有教育意义的努力"④；在《明日之学校》中提出"自由是儿童智力和道德发展的一种积极因素"⑤；在《民主主义与教育》中提出"教育即生活""教育即生长""学校即社会"⑥；在《教育哲学》中提出"教育哲学就是要使人知道所以然的缘故"⑦；在《教育科学的资源》中提出的教育科学的最终实现"是在教育者的头脑里"⑧；在《创造与批判》中提出"批判、自我批判是通往创造性的道路"⑨；在《我们如何思维——再论反思性思维与教育过程的关系》中提出"学习就是要学会思维"⑩；在《经验与教育》中提出"新教育的道路比传统教育的道路更为困难"⑪；等等。

---

① ［美］杜威.在杨伯翰学院作的教育学讲座.// 杜威全集·晚期著作第17卷［M］.李宏昀，等译.2015：240.

② 参见［美］杜威.儿童与课程.// 学校与社会·明日之学校［M］.赵祥麟，等译.北京：人民教育出版社，1994：127-128.

③ ［美］杜威.教育中的道德原理.// 学校与社会·明日之学校［M］.赵祥麟，等译.北京：人民教育出版社，1994：158.

④ ［美］杜威.教育中的兴趣与努力.// 学校与社会·明日之学校［M］.赵祥麟，等译.北京：人民教育出版社，1994：196.

⑤ ［美］杜威.明日之学校.// 学校与社会·明日之学校［M］.赵祥麟，等译.北京：人民教育出版社，1994：383.

⑥ ［美］约翰·杜威.民主主义与教育［M］.王承绪，译.北京：人民教育出版社，1990：10.

⑦ ［美］杜威.关于教育哲学的讲演.// 单中惠，王凤玉.杜威在华教育讲演［M］.上海：华东师范大学出版社，2016：5.

⑧ ［美］杜威.教育科学的资源.// 杜威全集·晚期著作第5卷［M］.孙有中，等译.2013：12.

⑨ ［美］杜威.创造与批判.// 杜威.杜威教育经典文选［M］.朱镜人，编译.济南：山东教育出版社，2024：329.

⑩ ［美］杜威.我们如何思维——再论反思性思维与教育过程的关系.// 杜威全集·晚期著作第8卷［M］.马明辉，等译.2015：133.

⑪ ［美］杜威.经验与教育.// 我们怎样思维·经验与教育［M］.姜文闵，译.北京：人民教育出版社，1991：256.

第三，就世界影响而言，在杜威教育著作中，有很多著作出版后被翻译成世界上许多国家的文字。据美国教育家布里克曼（William W. Brickman）在他的《世界教育家杜威》（*John Dewey: Educator of Nations*）一文中的说法，杜威教育著作的第一个外国版本是 1899 年《学校与社会》在出版一年多后就在英国伦敦出版了；杜威教育著作的第一个译本是 1900 年出版的《与意志训练有关的兴趣》的瑞典文译本。[①] 据美国教育学者帕苏（A. Harry Passow）在他的《杜威对世界教育的影响》（*Dewey's Influence on the World Education*）一文中的统计，截至到 1982 年，在知名度前六位的杜威教育名著中，《学校与社会》有 41 个译本，《儿童与课程》有 23 个译本，《我们如何思维》（1910）有 15 个译本，《明日之学校》有 18 个译本，《民主主义与教育》有 25 个译本，《经验与教育》有 14 个译本，其中《学校与社会》的译本最多。[②]

实用主义教育思想在杜威的教育著作中得到了充分的体现。从杜威教育著作的出版中，既可以看到杜威实用主义教育思想的主题范围，又可以看到杜威实用主义教育思想的发展轨迹。毫无疑问，要感悟杜威的学术人生，就要阅读杜威教育著作；要理解实用主义教育思想，那更要阅读杜威教育著作。正如美国学者伊西多尔·斯塔尔（Isidore Statr）所言："自从 1933 年修订以来，它就一直是社会研究教育家的热点问题……越来越多的教师为这本薄薄的册子所吸引和影响，与此同时，近几年更多发人深思的社会研究方法的书籍围绕杜威这个主题展开了讨论……对我们来说，沿着老路走而由此变得陈腐和教条是极度容易的。对这种挥之不去的危险，最好的解毒剂是定期向杜威的经典著作进行朝圣之旅。"[③]

---

① William W. Brickman. *John Dewey: Educator of Nations*. // William W. Brickman and Stanley Lehrer. John Dewey: Master Educator. New York: Atherton, 1981: 132.

② A. Harry Passow. *Dewey's Influence on the World Education*. Teachers College Record, Spring, 1982.

③［美］杜威. 杜威全集·晚期著作第8卷［M］. 马明辉，等译. 上海：华东师范大学出版社，2015：304.

杜威实用主义教育思想的形成

第二章

CHAPTER 2

在杜威的一生中，教育一直是他的主要兴趣。他构建了实用主义教育思想，在任何领域所做出的努力都不如作为教育改革家的事业中那样突出。

对于任何一种理论来说，它的形成都会受到一些方面因素的影响。实用主义教育思想的形成也不例外。从一种广阔的视野来看，杜威实用主义教育思想的形成主要与以下三方面因素有关：一是时代背景，二是理论基础，三是实践基础。

时代背景是 19 世纪后期至 20 世纪初期美国社会生活的变迁。马克思在《第 179 号〈科伦日报〉社论》中强调指出："任何真正的哲学都是自己时代精神的精华。"[①] 德国哲学家黑格尔也指出："哲学与它的时代是不可分的。所以，哲学并不站在它的时代之外，它就是对它的时代的实质的知识。"[②] 依据这样的观点来看杜威和他的实用主义教育思想，可以清楚地看到，杜威并没有站在他的时代之外，实用主义教育思想也正是对其时代精神的思考。作为时代的产儿，杜威敏锐地意识到了他所处的时代，深入思索并充分认识到美国历史上的大转折年代对教育提出的新的挑战和要求。他所创立的实用主义教育思想反映了新的时代对教育的新刺激，从而用一种新的见识去唤醒沉睡中的美国学校。从某种意义上讲，如果没有杜威对这一社会生活变迁时代的思索和认识，也就不可能有实用主义教育思想的形成。正如布鲁纳所明确指出的："一个人写作总离不开其时代背景。杜威就是针对 19 世纪 90 年代学校教学的僵硬和无效，尤其是对儿童本性的忽视这一点来著书撰说的。"[③]

理论基础是实用主义哲学、机能主义心理学以及民主主义信念。首先，在哲学上，杜威不仅继承发展了实用主义，而且把它具体应用到社会事务和学校教育领域中。从这一点看，实用主义哲学的发展无疑是实用主义教育思想形

① 马克思恩格斯全集第一卷［M］.北京：人民出版社，1956：121.
② ［德］黑格尔.哲学史讲演录第一卷［M］.王太庆，译.北京：商务印书馆，1959：56.
③ ［美］布鲁纳.杜威教育哲学之我见［J］.伟俊，钟会，译.外国教育研究，1985（4）.

成的重要的前提条件。杜威本人十分强调哲学与教育的关系，并由此出发对教育进行思考和探索。美国哲学家拉尔夫·罗斯指出："杜威的哲学与他的教育理论之间有着千丝万缕的联系，正如他的教育理论与他的政治理论之间有着千丝万缕的联系一样。"① 其次，在心理学上，作为芝加哥机能主义心理学学派创始人的杜威，不仅强调心理学对教育工作的重要价值，而且把它应用到学校教育实践。早在《我的教育信条》一文中，杜威就明确道："心理学方面是基础的……教育必须从心理学上探索儿童的能量、兴趣和习惯开始。它的每个方面，都必须参照这些考虑加以掌握。"② 最后，在社会政治观上，杜威不仅强调民主与教育的关系，而且把民主主义作为教育的一个原则和参照点。他把教育看作民主主义的首要工具，可以更好地去迎接民主主义的挑战。美国学者威斯布鲁克（R. B. Westbrook）指出："杜威作为教育改革家的更为雄心勃勃的目标：将美国学校改造成为有助于美国社会彻底实现民主化的工具。"③

实践基础是芝加哥大学初等学校的实验活动，以及家庭和孩子教育的影响。为了使教育理论研究与实际需要结合起来，杜威建立了自己的实验学校，进行了历时 8 年的教育实验活动。早在 1896 年芝加哥大学初等学校开办之际，杜威就明确指出："如果哲学要成为一个实验性科学，建立学校就是它的开端。"④ 正是通过这所实验学校的活动，杜威所提出的教育理论假设得到了检验。芝加哥大学初等学校的实验活动是实用主义教育思想形成的实践基础。与此同时，杜威实用主义教育思想的形成也受到他的家庭和孩子教育的影响。

---

① ［美］杜威. 杜威全集·中期著作第7卷［M］. 刘娟，译. 上海：华东师范大学出版社，2012："导言"11.

② ［美］杜威. 我的教育信条. // 杜威教育论著选［M］. 赵祥麟，王承绪，编译. 上海：华东师范大学出版社，1981：2–3.

③ ［美］威斯布鲁克. 约翰·杜威. // 扎古尔·摩尔. 世界著名教育思想家（1）［M］. 梅祖培，等译. 北京：中国对外翻译出版社公司，1994：228.

④ ［美］威斯布鲁克. 约翰·杜威. // 世界著名教育思想家（1）［M］. 1994：228.

　　杜威在《民主主义与教育》一书"序言"中这样写道："本书体现我探索和阐明民主社会所包含的思想，和把这些思想应用于教育事业的许多问题所作的努力……本书所阐明的哲学，把民主主义的发展和科学上的实验方法、生物学上的进化论思想以及工业的改造联系起来，旨在指出这些发展所表明的教材和教育方法方面的变革。"[①] 这段话一定程度上揭示了杜威实用主义教育思想的形成。

第一节　19世纪后期至20世纪初期美国社会生活的变迁

　　在美国历史上，19 世纪后期至 20 世纪初期是一个重要的历史时期。19世纪 90 年代是一个重要的分水岭，在这十年中"一个新的美国已经勃然兴起"[②]。这一历史时期美国社会生活发生了深刻的变化。随着工业化和城市化的进程，美国已由一个以农村生活为主的农业国家变成了以城市生活为主的工业国家，在经济上成为世界上最强大的国家之一。"新发明、新机器、新的运输和交往方式，每年都在改变着整个景象。"[③] 杜威还进行了这样的描述："到美国访问的人，无不被它的火车站、铁路、火车、汽车的数量之巨，蒸汽机的尺寸，城市中的摩天大楼，冒着烟的巨大烟囱，电话的普及应用，用机械来做以前由手工完成的事情的不断加强的趋势，以及许多类似的现象所震惊。"[④] 在他

① [美]约翰·杜威.民主主义与教育 [M].王承绪，译.北京：人民教育出版社，1990：1.
② [美]克雷明.学校的变革 [M].单中惠，马晓斌，译.济南：山东教育出版社，2013：80.
③ [美]杜威.教育中的道德原理. // 学校与社会·明日之学校 [M].赵祥麟，等译.北京：人民教育出版社，1994：145-146.
④ [美]杜威.国家之间相互理解中的一些因素. // 杜威全集·中期著作第13卷 [M].赵协真，译.上海：华东师范大学出版社，2012：234.

看来，科学的每一个巨大的进步，每一个新的发现，都为人类提供了一个新的机会。

与此同时，美国社会面临着许多问题，例如移民、城市贫民区、贫富差距、经济危机、社会矛盾问题，等等，它们随时都会对美国社会的稳定构成不可忽视的威胁。于是，在美国社会出现了一个社会改革潮流，史称"进步主义运动"。作为一位教育改革家，杜威敏锐地看到了社会的巨大变迁，"认识到一个新的社会正在形成，并设想了一种新教育"①。英国哲学家罗素（B. Russell）说："杜威博士的见解在表现特色的地方，同工业主义与集体企业的时代是谐调的。"②

（一）大转折年代与社会生活的变化

19 世纪后期至 20 世纪初期是美国历史上的一个大转折的年代，美国社会生活发生了极大的变化。19 世纪 80 年代和 90 年代，标志着拓荒者时代的最后结束，也标志着从南北战争时期进入到新的工业化和商业时期的转折。杜威在《美国教育的过去和未来》（*American Education Past and Future*）一文中指出："自 19 世纪 90 年代起，我们的社会明显变成了城市、工业化的社会。它不是以牛车或奔马的速度，而是以电力、汽车和飞机的速度在向前迈进。生活本身要适应这种机器发明的节奏；这种机器的发明使我们得以对自然过程进行控制，而不是听由周而复始的自然主宰一切。"③ 具体表现在以下六个方面。

1. 加速发展的工业化进程

那时的美国是一个年轻的资本主义国家。从 19 世纪后半期起，工业化进

①［美］克雷明.学校的变革［M］.单中惠，马晓斌，译.济南：山东教育出版社，2013：107.
②［英］罗素.西方哲学史（下卷）［M］.马元德，译.北京：商务印书馆，1983：386.
③［美］杜威.美国的教育：过去和未来.//杜威全集·晚期著作第6卷［M］.马迅，等译.上海：华东师范大学出版社，2014：80.

程加快。1870 年，美国工业总产值占世界工业总产值 25%，而英国工业总产值占世界工业总产值 30%。到 1900 年时，美国工业总产值已占世界工业总产值的 30%，超过英国（20%）、德国（17%）、法国（7%），一跃成为世界第一经济大国。从 1865 年到 1914 年，美国的国民生产总值上升近 6 倍。单从制造业的发展看，可以更清楚地看出这一时期美国工业化的速度。统计数字表明，从 1860 年起，美国制造业的生产指数直线上升。[1]

在工业化进程加速发展的同时，美国农业机械化也得到了迅速的发展。在 1860—1890 年农业机械和设备总值增加 2 倍以上；然后又从 1890 年的 4.9 亿美元迅速地上升到 1914 年的 17 亿美元。[2] 在农业迅速机械化的同时，美国的农场数目、农业耕地面积、农业劳动力以及农业总产值都得到了迅速的发展。

随着工业化进程的加快，企业的合并也成为一种必然的趋势，美国进入了一个垄断资本主义时代。从 1873 年经济危机后到 19 世纪末，美国出现第一次企业合并高潮。1870—1905 年间，钢铁工业部门产量增加了 9 倍，但企业数目从 1808 家缩减到 608 家。1880—1905 年，造船的吨位翻了一倍，但造船厂却减少了一半。工厂的合并致使资本迅速集中。据 1890 年统计资料，美国全国财富的 7/8 为 1/8 人口所拥有。[3] 资本迅速集中，垄断应运而生。在 19 世纪的最后 25 年中，美国的企业实际上被三个人所统治：卡内基（A. Carnegie）统治着钢铁；洛克菲勒（J. D. Rockefeller）统治着石油；摩根（J. P. Morgan）统治着华尔街（金融）。而垄断的结果之一便是贫富差异的进一步扩大，社会

---

① [美] 沙伊贝，等. 近百年美国经济史 [M]. 彭松建，等译. 北京：中国社会科学出版社，1983：32.

② [美] 沙伊贝，等. 近百年美国经济史 [M]. 彭松建，等译. 北京：中国社会科学出版社，1983：67.

③ 黄安年. 美国的崛起 [M]. 北京：中国社会科学出版社，1992：382.

矛盾的进一步尖锐，垄断资本把美国变成了富人的天堂和穷人的地狱。[①]

加速发展的工业化进程以及经济实力的迅猛增长，无疑为 19 世纪末 20 世纪初美国教育的发展提供了充裕的物质基础，但同时也对教育的改革提供了更为紧迫的要求。如何使学校教育适应工业化的进程，成为当时美国社会人士特别是教育界人士必须面对和思考的一个重要问题。

2. 新涌现的移民浪潮

美国作为移民国家，外国移民进入美国的高潮开始于 19 世纪后半期。从 19 世纪 60 年代起，在美国涌现了一次新的移民浪潮。1861—1910 年，约有 2300 万移民进入美国。其中，19 世纪 90 年代新移民约占总人数的 50%；到 1910 年时，新移民比例已增加至 72%。[②] 美国人口在此期间得到了迅速增长。1860—1890 年，每 10 年人口增长 25%；1890—1910 年，每 10 年人口增长 20%；到 1910 年时，美国人口已达到 9200 万。[③]

美国的移民来自不同的国家。有人将美国比喻成"世界民族大熔炉"并非夸张之词。早在殖民地时期，就有 20 多个血统的外国移民，如英格兰人、苏格兰人、爱尔兰人、瑞士人、德国人、荷兰人等。移民进入美国的原因和目的多种多样，但是"贫穷、军阀主义、宗教迫害和政治上的专制"基本上是移民到美国来的主要原因。[④]

美国的活力很大一部分是由于移民所带来的精神状态，他们为美国经济的发展做出了巨大贡献。美国经济史学家对此作这样的评价：移民使"美国人口不断地迅速增加，既供应了充足的劳动力，又提供了广大的市场，从而大

---

① 黄安年.美国的崛起［M］.北京：中国社会科学出版社，1992：394.
②［美］菲特，里斯.美国经济史［M］.司徒淳，等译.沈阳：辽宁人民出版社，1981：364.
③［美］菲特，里斯.美国经济史［M］.司徒淳，等译.沈阳：辽宁人民出版社，1981：363.
④［美］阿瑟·林克，威廉·卡顿.一九〇〇年以来的美国史（上册）［M］.刘绪贻，等译.北京：中国社会科学出版社，1983：14.

大地促进了国民经济的飞速发展"①。但是，大多数移民在美国经济中扮演的是农业或工矿企业廉价的非熟练工的角色。他们遭到农场主和工矿主剥削，生活极为艰难。美国工业关系委员会 1915 年在考察移民状况后指出："三分之二的家庭生活在贫困中，或者在贫困线以下。"② 更有甚者，有些地区和国家的移民还受到歧视，例如，南欧人、华人、日本人等。

客观地说，受教育程度不高或未能接受教育是相当一部分移民只能从事非熟练工作的主要原因。因此，渴求接受教育以及通过合适的教育来改变生活状况的愿望，在年轻的移民和移民后裔的心里日益强烈。与此同时，学校也面临着一个重要的任务，即如何使移民及其子女接受到他们所需要的教育，按照美国的生活和思维方式来培育他们，使之"美国化"并增强本土文化意识。

3. 令人惊讶的城市化进展

工业化促进了城市化，美国城市化进程速度令人惊讶，城市化的现象与年俱增，给美国社会生活带来的变化也是美国建国以来前所未有的，但同时也带来许多棘手的问题。

（1）城市化带来的巨大变化

其一，美国城市的数量迅速增加，规模不断扩大。在城市的数量方面，8000 人以上人口的城市在 1790 年只有 6 个，1840 年增加到 44 个，1860 年为 141 个，1880 年为 286 个，到 1990 年时已达到了 547 个。在城市的规模方面，百万人口以上的大城市在 1860—1880 年只有纽约。到 1900 年时已增加 3 个；50—100 万人口的中城市在 1860 年时有 2 个，到 1910 年时已有 5 个。③

其二，美国城市人口数量锐增，城乡人口比例发生了根本变化。南北战争之后，美国农村和城市人口的绝对数字都在增长，但后者增长要比前者快得

① [美]菲特，里斯.美国经济史 [M].司徒淳，等译.沈阳：辽宁人民出版社，1981：363.
② [美]阿瑟·林克，威廉·卡顿.一九〇〇年以来的美国史（上册）[M].刘绪贻，等译.北京：中国社会科学出版社，1983：16.
③ 黄安年.美国的崛起 [M].北京：中国社会科学出版社，1992：373.

多。美国迅速从以农村为主的国家向以城市为主的国家转变，城市人口在总人口中的比例也在迅速增长。

外来的移民大多居住在城市里，这和他们所从事的工作有关，也和城市发展对劳动力需求有关。美国经济史学家曾对此情况作出如下分析："1900以后，南欧人和东欧人如潮水一般涌入美国口岸……这些新移民虽然来自东欧和南欧各国的农场和农村地区，其中大多数人却定居在美国日益发展的城市中。……大多数人也不愿意搞农业，他们来到美国，就是要分享美国工业财富和工业发展的成果。因此，这批新移民多半定居在城市。"[1] 与此同时，美国农村人口流向城市的原因虽然是多方面的，但许多农民及其子女都憧憬着城市，向往在城镇中找到工作机会和经济刺激。因此，"不管城市贫民区的丑陋和腐败情况是多么令人难以忍受，19世纪90年代的城市仍在继续召唤，年轻人成群结队地离开苦难、闭塞和越来越贫穷的农村"[2]。

（2）城市化引发的一些问题

其一，生活环境恶化问题。由于污染问题严重，生活环境恶劣。城市迅速发展所产生的大量垃圾、污水、工业废料和废气未能得到及时有效的处理，再加上住宅、交通、消防、保健等配套建设严重不足等，人们的生活环境日趋恶劣。

其二，贫富差异加剧问题。随着垄断资本的出现，美国社会两极分化严重，贫富差异现象日益突出。一方面，资本家拥有大量财富，生活穷奢极欲，挥霍无度；另一方面，美国千百万工人与农民每年收入只有几百美元，生活水平极为低劣。

其三，城市犯罪增多问题。伴随着美国社会生活急剧变化，美国社会犯罪现象日渐增多，尤其在城市里。城市人口的流动性和复杂性、社会财富分配

---

① [美]菲特，里斯.美国经济史[M].司徒淳，等译.沈阳：辽宁人民出版社，1981：366.
② [美]克雷明.学校的变革[M].单中惠，马晓斌，译.济南：山东教育出版社，2013：66.

不均、贫穷、酗酒吸毒、赌博、娼妓、管理混乱等一系列问题，致使城市犯罪现象更加突出。

其四，公立学校教育水平低劣问题。由于城市化的迅速发展，学校无法应付日趋增长的学生人数，再加上教室设施陈旧和教师水平低下，致使公立学校教育陷入困难和受到指责的境地。"在一个又一个的城市中，公众的冷漠，党派的干涉、腐败和无能，实质上正导致着学校的毁灭。"[1]

美国教育史学家克雷明指出："城市贫民区的贫穷、肮脏、疾病和绝望是客观存在的、令人十分沮丧的事实。19世纪90年代，在那些城市里，新一代美国人感受到了工业文明的灾祸。他们一窝蜂地涌进纽约、芝加哥、费城、底特律等城市，寻找工作、财富和刺激，寻找一种更好的生活，但找到的常常只是在廉租公寓中忍受难熬的苦难。他们希望破灭，美梦迅速成了恶梦。"[2] 但是，城市进展和新移民大量涌入所带来的那些问题，在19世纪后半期开始引起美国许多社会人士的广泛关注。例如，美国社会活动家简·亚当斯1889年在芝加哥贫民区首次创办了以"赫尔会所"闻名的社会服务社，开设幼儿园、少年之家和成人俱乐部，举办各种各样的活动，提供了一种"社会化教育"。

4. 频繁发生的经济危机

19世纪末20世纪初，美国经济迅速发展，但已经历了数次经济危机。在1929年经济大萧条前，美国共爆发过4次经济危机，分别发生在1873年、1893年、1907年和1920—1921年间。每一次经济危机都对美国社会产生较大的影响，引起了恐慌。

具体来讲，其一，1873年的经济危机是由于银行业滥发贷款而引发的。1873年前，有人利用银行巨额信贷投资铁路和西部土地开拓。但由于贷款无度，引起储户对银行的信任度下降，储户纷纷提款，导致一场金融危机。其

---

① [美] 克雷明. 学校的变革 [M]. 单中惠，马晓斌，译. 济南：山东教育出版社，2013：3.
② [美] 克雷明. 学校的变革 [M]. 单中惠，马晓斌，译. 济南：山东教育出版社，2013：51.

二，1893年经济危机是由于外国抛售美国证券、抢购黄金而引发的。那年夏季，一股抛售股票、债券和其他证券的狂飙在美国刮起，储户纷纷提款购买黄金。一时间，兴起一股贮藏黄金和硬币之风。结果使美国国库库存黄金降到最低储备额，即1亿美元以下，并导致银行关闭、工商企业破产。其三，1907年经济危机发生在几个大城市的金融企业间，影响较小，时间也较短。1907年10月22日，一家信托公司为了防止挤兑而关闭，引发了这场危机，政府和一些大资本家迅速采取措施，防止了危机的蔓延。其四，1920—1921年经济危机是由于欧洲市场不再大量购买美国商品，美国商品出口总值大幅度下降，以及政府支出减少和农民收入锐减而引发的。这场危机导致美国工农业严重滑坡。

此后，美国经济从1922年开始复苏，又进入了一段繁荣时期。然而，更大的经济危机在"繁荣"的掩护下悄悄地逼近，并终于在1929年全面爆发，这就是1929—1933年的经济大萧条，美国经济遭受了史无前例的重创。总之，经济危机自19世纪70年代开始在美国社会的频繁发生，不仅引起了政府人士的严重关注，更加激起了包括思想家、教育家在内的社会人士对社会问题以及与之紧密相连的教育问题的深刻思考，企图从教育上寻求出路和对策。

5. 蓬勃开展的农民和工人运动

随着社会生活的变迁，这一时期美国社会的矛盾进一步加剧，农民运动和工人运动蓬勃开展，以期维护农民工人自身的利益和实现改善生活的愿望。

（1）农民运动的开展

美国南北战争后，农业迅速地发展。尽管这一时期美国耕地面积迅速扩大，农产品数量和农业产值空前提高，但农民从农业的发展中获得的利益并未增多。相反，不少农民饱受剥削，甚至面临破产，农村问题十分严重。正是在这样的背景下，19世纪后半期美国农民运动此起彼伏。其中有19世纪60年代格兰其运动（农民协进会运动），这是19世纪后半期美国最早的农民运动；70年代绿背纸币运动，这是19世纪后半期美国农民运动的一个高潮；80年代农民联盟运动，其目的是维护农民自身的经济利益；90年代人民党（又称平民党）运动，其标志着19世纪后半期美国农民运动进入新的阶段，1892年成立的人民党在其政治纲领中反映了以往农民联盟的各项要求。

（2）工人运动的开展

早在19世纪60年代，美国就出现了工人运动组织。影响较大的是全国劳工同盟和劳动骑士团。全国劳工同盟1866年在巴尔的摩成立，其目标是争取8小时工作制和男女同工同酬。劳动骑士团1869年在费城成立。1886年美国劳工联合会正式成立。这是19世纪后半期美国影响最大的工人运动组织，要求把所有工人组织起来，强调通过经济和政治斗争，以缩短工作时间、提高工资待遇、改善劳动条件等。在工人组织的带领下，美国工人在19世纪末掀起了三次大的斗争高潮。第一次高潮是1877年巴尔的摩——俄亥俄铁路工人大罢工。这是美国历史上的第一次全国性罢工，斗争之猛烈前所未有。第二次高潮是1886年5月1日芝加哥工人大罢工。为了纪念芝加哥工人大罢工运动，第二国际于1889年召开第一次代表大会，会议规定国际劳动者此后每年5月1日游行示威。第三次高潮是19世纪90年代的罢工运动，其激烈程度和规模声势远远超过以往的罢工运动。

总之，自19世纪后半期起在美国蓬勃开展的农民和工人运动，对美国教育界产生了不可忽视的影响。它使许多教育人士在企求学校教育改革和发展的时候，不得不考虑农民和工人的呼声与要求。

6. 规模广泛的进步主义运动

19世纪末20世纪初，美国社会面临着很多问题，例如，贫富差距扩大、经济秩序混乱、政治丑闻不断、道德水准下降、生活环境恶化等，这些问题都对美国社会秩序的稳定构成了直接的威胁。正是在这种背景下，美国社会出现了一股社会改革潮流，包括争取社会正义运动、市政改革运动、争取女权运动等，涉及美国社会生活许多方面的改革。在美国历史上，这场社会改革运动被称为"进步主义运动"。有美国历史学家指出："进步主义乃是绝大多数美国人对新近工业化和城市化引起的问题的反应。这些问题中，最令人不安的是市、州及国家各级责任制政府的崩溃；大城市中贫民窟、犯罪和贫困的蔓延；对劳动人民尤其是妇女儿童的剥削；工业和金融的日益集中；特别是涌现出深刻影响人民命运而又超脱人民控制的铁路、大公司和金融帝国等巨大经济集合体。"[1] 就进步主义运动的实质而言，其旨在维护美国资本主义制度。

具体来讲，其一，争取社会正义运动在 19 世纪末兴起。运动的先驱是在贫民窟工作的神父和牧师。他们对生活在贫民窟人们的劳动和生活条件、贫困的原因以及解决问题的方法进行了详细的社会调查，并呼吁社会给予关注。1900 年后，参与社会正义运动的人数增多，影响不断增大。后来由于参与者关注的问题不同，如移民问题、劳工问题、少年犯罪问题等，导致整个运动的力量分散。其二，市政改革运动的兴起与 19 世纪末 20 世纪初美国社会触目惊心的腐败现象有关。底特律市市长率先在 19 世纪 90 年代倡导市政改革，获得广泛的响应。其改革的目标试图用一个超越党派的管理机构代替原先的市长——市政会议制。其三，争取女权运动也是在 19 世纪末 20 世纪初兴起的。随着社会的发展，美国中产阶级妇女逐渐从家务劳动中摆脱出来，进入大学或学院学习。这一代妇女必然要求获得选举权以及政治上的自由和平等。争取女权运动组织者到处演讲宣传，组织游行活动，使得运动一时呈现不可阻挡之势，许多州先后同意给予妇女选举权。1918 年，美国国会批准一项宪法修正案，禁止各州以性别为由拒绝给予妇女选举权。

进步主义运动是一场社会改革运动，也是一场思想变革运动。进步主义运动试图"在资本主义已取得的巨大物质进步的基础上，推动社会的全面改善，创造出与物质繁荣相应的精神文化条件，重建遭到工业文明摧毁和破坏的社会价值体系，从而推动资本主义的顺利发展……进步主义运动实质上是一场

---

① [美] 阿瑟·林克，威廉·卡顿. 一九〇〇年以来的美国史（上册）[M]. 刘绪贻，等译. 北京：中国社会科学出版社，1983：52.

资本主义条件下的文化重建运动"①。其内容主要表现在以下两个方面。

一是从"机械的社会达尔文主义"转变为"改革的社会达尔文主义"。1859 年，英国生物学家达尔文（C. R. Darwin）出版了《物种起源》（*Origin of Species*），创立了进化论，对西方思想界产生了极大的影响。"事实上，每一个知识领域一般都在科学，尤其是达尔文主义的影响下活跃起来。心理学、社会学和哲学同物理学、化学和生物学一样，深受达尔文主义的影响。"②19 世纪后半期，达尔文的进化论被引入社会研究领域，用来阐释社会现象，因而形成了"社会达尔文主义"，并分为"机械的社会达尔文主义"和"改革的社会达尔文主义"两种相互对立的思潮。机械的社会达尔文主义认为，人类社会与生物有机体一样受到"适者生存"这一自然法则的支配，否则就会阻碍社会发展和进步。这一思潮支持自由放任主义，造成了许多社会问题。而作为进步主义运动指导思想的改革的社会达尔文主义则认为，"适者生存"这一自然法则只适用于动物界，而不适用于人类社会。这一思潮在理论上为社会改革运动提供了重要的依据。

二是从"旧个人主义"转变为"新个人主义"。在美国早期开拓时，个人主义曾得到充分的发展并起过重要的作用。但到 19 世纪后半期，这种早期的个人主义的全部意义已降低到成为衡量金钱的尺度，而被称为"旧个人主义""放荡不羁的个人主义"或"僵硬的个人主义"。在进步主义运动中，进步主义者则提倡"新个人主义"或称"进步的个人主义"，强调个人与社会的联系以及个人之间的合作，主张个人应关注国家和他人的利益，从而给个人主义赋予新的时代特色。

无论是作为社会改革运动，还是作为思想变革运动，进步主义运动对 19 世纪末至 20 世纪初美国的文化和教育都产生了极其重要的影响。进步主义运

---

① 李剑鸣.大转折的年代——美国进步主义运动研究［M］.天津：天津教育出版社，1992：3.
② ［美］克雷明.学校的变革［M］.单中惠，马晓斌，译.济南：山东教育出版社，2013：80.

动的重大贡献"在于推翻一直牢牢支撑现状的保守思想，在于为社会福利国家提出一种哲学体系"①。作为进步主义运动一个有机组成部分的进步教育，实际上就是教育中的进步主义，并试图通过学校改善个人的生活。

（二）杜威对大转折年代美国社会的思索

作为一位具有强烈时代感的哲学家和教育家，杜威对大转折年代美国社会生活的巨大变迁进行了认真而深入的思索，从而确立一种新的时代观。

1.社会生活正在经历着变化

杜威认为，美国社会生活从19世纪后半期已开始发生很大的变化。他指出："实际上，革命性的变革正发生在生活的方方面面。家庭的变革，教会的变革，学校的变革，科学和艺术的变革，经济关系和政治关系的变革，这些变革如此迅猛地发生着，以至于超出了我们的想象。"②

第一，由于工业化和经济的迅速发展，美国社会从19世纪八九十年代开始由农业社会向工业社会转变，从而促使社会生活的各个方面发生了根本的变化。在《学校与社会》一书的开篇，杜威就明确指出："首先引人注意的那个笼罩一切甚至支配一切的变化是工业上的变化……人们难以相信，在整个历史上有过这样迅速、这样广泛和这样彻底的革命。经历了这个革命，世界的面貌，甚至它的自然形状都在改变着；政治疆界被抹掉或移动了，似乎它们只是绘在地图上的线条一样；人口从世界的各个角落急匆匆地集中到大城市；各种生活习惯也正发生着惊人的突然而彻底的变化；自然真相的研究无限地被刺激着、鼓励着，它们在生活上的应用不仅是切实可行的，而且也为商业上所必

---

① ［美］阿瑟·林克，威廉·卡顿.一九○○年以来的美国史（上册）［M］.刘绪贻，等译.北京：中国社会科学出版社，1983：84.

② ［美］杜威.自由主义与社会行动.// 杜威全集·晚期著作第11卷［M］.朱志方，等译.上海：华东师范大学出版社，2015：30.

需。即使那深入人心的最保守的道德和宗教观念以及各种爱好，也深刻地受到影响。"① 在他看来，工业的进步以及科学的应用必然会引起美国社会生活的巨大变化。这意味着社会生活条件的变化，即开拓时代的消逝和以工业与城市化生活为中心的时代的到来。因此，"美国更完整地经历了这种转变的结果，它是世界上最出类拔萃的工业化国家……这种变革加速进行，使我们从一个农耕国家成长为以制造和分配为主、由开放的乡村转变为拥挤的城市的国家"②。

第二，自然科学的进步，特别是达尔文的进化论，对人们的思维方法产生了极为重要而深刻的影响。它体现了一场理智的革命，改变了人们认识事物的方式，并带来了新的理智倾向。"科学每一巨大的进步……每一新的发现，总是为人类提供了一个新的机会。"③1909 年，杜威发表了《达尔文对哲学的影响》(*Darwin's Influence upon Philosophy*) 一文。他开宗明义地写道："《物种起源》的出版，标志着自然科学发展的一个新纪元……当《物种起源》对于绝对永恒的神圣方舟进行抨击，把曾经认为是固定的和绝对的各种形式看作发生着和消逝着的东西时，就带来了一种思维形式，这种思维形式最后必然改造了认识的逻辑，也就因而改造了对于道德、政治和宗教的探讨。"④ 这种思维形式改造了对于教育的探讨，对教育理论的发展产生了不可忽视的影响。杜威正好出生于《物种起源》出版那一年，这是一种时间的巧合。但在某种意义上，正是由于达尔文进化论的出现，才会形成杜威实用主义教育思想的独特体系。

---

① [美] 杜威. 学校与社会. // 学校与社会·明日之学校 [M]. 赵祥麟，等译. 北京：人民教育出版社，1994：28-29.

② [美] 杜威. 社会经济形势与教育. // 杜威全集·晚期著作第8卷 [M]. 马明辉，等译. 上海：华东师范大学出版社，2015：39.

③ [美] 杜威. 确定性的寻求：关于知行关系的研究. // 杜威全集·晚期著作第4卷 [M]. 傅统先，译. 上海：华东师范大学出版社，2015：199-200.

④ [美] 杜威. 达尔文对哲学的影响. // 杜威教育论著选 [M]. 赵祥麟，王承绪，编译. 上海：华东师范大学出版社，1981：109.

在杜威看来，这种新的思维方法可以应用于任何一种学科知识领域，因而具有更大的影响。

第三，随着美国社会生活的变迁以及人们活动的变化，民主主义观念也开始发生了转变。杜威指出："大家相信工业革命引起的伟大的、差不多无法估计的生产力的增进必定会把生活标准提高到在实际上消灭极端贫穷的地步。大家相信，对于每一个身体上和道德上正常的人，都保证有机会去过一个适当的、自足的和自尊的经济生活"；而且，"科学和技术有种种交互作用，在这些作用中，人类和自然共同工作，而人的因素又直接受到改变和指导"。① 在杜威看来，科学和生产技术的进步有助于民主制度的建立和维持，从而促进民主主义观念的转变。在社会生活变迁的时代，科学、民主和教育必将进一步联系起来，乃至合而为一。既然民主主义观念的问题就是个人尊严与价值的道德问题，那么每一个人在互相尊重的共同生活中就能确立一种新的民主观念。因此，在一个物质富裕的时代，文化的机会平等，每人有充分发展其能力的平等机会，民主观念自然会有很大的转变。

第四，生产技术变革、机器的广泛使用以及生产力的提高，使人们有了更充裕的休闲时间。杜威认为："在公元 100 年到公元 1400 年之间，没有发生任何大的技术变革。随着蒸汽机的发明，1780 年到 1830 年之 50 年间所发生的变化，比以往的数千年都要巨大，而最近 40 年由于运用了化学技术、电和无线电能，更使上述变化相形见绌。"② 正因为社会生产技术有了如此大的变化，人们能更多地支配自己的休闲时间，追求一种更好和更全面的发展。由此出发，杜威希望能有一种适合于新时代的新教育，使人们更好地利用日渐增多的休闲时间，这是 19 世纪后期至 20 世纪初期美国社会生活变迁所提出

①［美］杜威.民主信仰与教育.// 杜威.人的问题［M］.傅统先，邱椿，译.上海：上海人民出版社，1965：17-18.

②［美］杜威.新旧个人主义.// 杜威文选［M］.孙有中，译.上海：上海社会科学院出版社，1997：164.

的一种要求。

　　总之，杜威清醒地意识到美国"社会生活正在经历着一个彻底的和根本的变化"①，而且必然会对教育提出新的挑战和要求。

2. 教育必须进行完全的变革

　　对照正在经历着变化的美国社会生活，当时在传统教育理论和方法主宰下的美国学校教育状况令人十分不满意。教育观念和教育实践中的冲突清楚表明："现代科学、现代工业和政治已经给予我们大量的材料，而这些材料是与西方世界所最珍贵的理智遗产和道德遗产不相合的，时常是不相容的。这就是我们现代思想上发生窘困和混乱的原因。"②因此，杜威认为，跟随社会生活的变化，教育必须进行一个相应的、完全的变革。只有这样，教育才会对社会生活具有意义，才能体现时代的精神。在《学校与社会》中他强调："根本的情况已经改变了，在教育方面也只有相应的改变才行。"③

　　在杜威看来，社会生活的巨大变化必然对学校教育产生重要的影响，并提出新的要求。民主思想的发展以及科学的进步反映了人类生活和思维习惯的两大变化，它们不仅要求教育上的变革，同时要求在课堂中得到反映。特别是科学对教育所要求的变革是一种更为根本的变革，既要学校讲授能引起社会生活变化的各种科学知识，又要用实际工作来代替各类知识的学习。杜威强调："社会生活的变化对于教育只有形式上和表面上的影响，那是难以想象的。"④而且，这种变化"不会不向从不同社会状况下继承下来的教育提出挑战，不

---

　　①［美］杜威.学校与社会.//学校与社会·明日之学校［M］.赵祥麟，等译.北京：人民教育出版社，1994：40.

　　②［美］杜威.经验与自然［M］.傅统先，译.北京：商务印书馆，1960：2.

　　③［美］杜威.学校与社会.//学校与社会·明日之学校［M］.赵祥麟，等译.北京：人民教育出版社，1994：30.

　　④［美］杜威.学校与社会.//学校与社会·明日之学校［M］.赵祥麟，等译.北京：人民教育出版社，1994：29.

会不对教育提出很多新的问题"①。无论是新的挑战，还是新的问题，学校教育必须反映美国社会生活当时正在经历着的各种变化。

杜威认为，从工业化的角度看，变革教育以适应现代社会生活，无疑是一个最重要的问题。理由如下：一是，一个人自尊、自立、明智地工作，是比之过去更为重要的事；二是，一个人的工作对别人利益的影响产生了比过去更广泛的影响；三是，工作过程和方法比过去更依赖于科学事实和原理性知识。杜威指出："教育方法和课程正在发生的变化如同工商业方式的变化一样，乃是社会情况改变的产物，是适应在形成中的新的社会的需要的一种努力。"② 在他看来，由于社会生活的变化，学校的态度也必然变化，变革从旧时代承袭下来的课程和方法。只有充分考虑社会生活的巨大变化，教育才能与现代社会生活保持紧密生动的联系，以便给学生提供他们所需要的训练，使他们成为有用的和有自尊的社会成员。因此，"如果现在特别需要教育的改造，如果这一需要迫切要求重新考虑传统的哲学体系的基本思想，这是因为随着科学的进步、工业革命和民主主义的发展，社会生活发生了彻底的变革"③。美国教育学者夏皮罗（M. S. Shapiro）也指出，面对变化的社会生活，"杜威的答案是清晰的，教育理论将依赖于对社会生活环境的适应或调整"④。

在美国历史上的大转折年代，变革是它的永恒主题。为了实现这种变革，人们不仅寄希望于教育，而且要求教育变革的呼声很高。正是在这样的背景下，"一场知识的革命已经发生。学术已进入流通状态……知识不再是凝固不变的东西，它已经成为变动不定的东西。它是在社会自身的一切潮流之中积

---

① ［美］约翰·杜威.民主主义与教育［M］.王承绪，译.北京：人民教育出版社，1990：330.

② ［美］杜威.学校与社会.// 学校与社会·明日之学校［M］.赵祥麟，等译.北京：人民教育出版社，1994：28.

③ ［美］杜威.民主主义与教育［M］.王承绪，译.北京：人民教育出版社，1990：347.

④ Michael S. Shapiro. *Child's Garden, The Kindergarton Movement from to Dewey*. Pennsylvania：Pennsylvania State University Press，1983：157.

极地活动着"①。这充分表明，美国的学校教育在大转折年代已经开始变革。其中，进步教育运动就是一个全国性的教育革新潮流。因为在当时还没有一个问题能像学校和社会生活相结合的问题一样，在教育讨论中引起如此多的注意，人们要求学校必须尽最大努力反映已经发生变化的社会生活。在杜威看来，教育上的变革主要表现在：学校课程的扩充和学生人数的增加；学校取消旧式的训练方法；校内为学生活动提供了大量的设施；大量采用新科目和新课程；学校科目中的思想灌输变得更有技巧和更有吸引力；教师和学生的关系变得很有人情味；等等。

杜威还认为，教育的变革也会对社会生活的变化产生重要的影响，因为教育中的一切变革并不是偶然发生的，而是出于更大的社会发展的需要。他明确指出："我们要改造教育，不仅由于文化或者自由的心灵和社会服务的概念的变动。教育改造之所以必要，是因为要给社会生活的变革以充分的和明显的影响。"②虽然学校只是许多教育机构之一，它不过是一个影响社会生活的比较次要的教育力量，但杜威并没有忽视学校教育的变革对社会生活的变化的作用。在《教育与社会变化》（*Education and Social Change*）一文中，他强调指出："问题不在于学校应不应该影响未来社会生活的进程。而在于它们应该朝什么方向去影响和怎样影响法，不管怎样，学校将以某种方式影响社会生活。"③

3. 教育工作者的历史使命

杜威认为，美国社会生活从 19 世纪后半期起变化如此之大，使得人们缺乏思想准备。在《哲学与文明》中，他指出："我们无法理解和评价这些变

---

① ［美］杜威.学校与社会.// 学校与社会·明日之学校［M］.赵祥麟，等译.北京：人民教育出版社，1994：38-39.

② ［美］杜威.民主主义与教育［M］.王承绪，译.北京：人民教育出版社，1990：272.

③ ［美］杜威.教育与社会变化.// 杜威教育论著选［M］.赵祥麟，王承绪，编译.上海：华东师范大学出版社，1981：337.

化，它们太瞬息万变了，我们简直无暇思考它们。我们尚未来得及理解一种变化的意义时，另一种变化已经发生并取而代之。我们在这些突如其来连续不断的变化面前目瞪口呆。"① 对于当时的情况，美国历史学家康默杰（H. S. Commager）也作过这样的描述："以前没有任何一代人像这一代人遇到的问题这么多，以前的任何问题（除奴隶问题外）也没有像今天这样难办……所遇到的问题已不再是那些老问题，也不能用那些老办法去解决。"②

面对变化巨大的社会生活，杜威明确指出，教育工作者应该清醒地意识到自己的历史使命，充分认识到教育变革将跟随社会生活的变化而到来。1934年，在全国教育协会的一次会议上，他作了题为《适应变化着的社会制度的教育》（*Education for a Changing Social Order*）的讲演，指出"教育工作者开始充分认识社会变化以及社会变化对学校影响的事实，这就是变革"③。

在那场剧烈的教育变革到来之时，在那个全国性的批判传统教育以及进行教育革新的洪流中，杜威更是呼吁，教育工作者要以积极的态度参与其中。他指出："那些相信学校教育在实现社会改革方面有些作用的人，当然比任何别的人有更大的责任来考虑实现改革的方法以及教育方法在全部方法中的特殊地位。"④ 由于学校与社会之间存在着紧密的联系，学校又是理解和认识要维持一种真正变化了的社会秩序的必要条件，学校的变革必然会跟随着社会生活的变化而变化，并反映社会生活的变化。杜威强调指出："问题不是学校是否应该参与产生未来的社会……而是它们是否应该盲目地、不负责任地去做，还是

---

① ［美］杜威.新旧个人主义：杜威文选［M］.孙有中，译.上海：上海社会科学院出版社，1997：165.

② ［美］康马杰.美国精神［M］.南木，等译.北京：光明日报出版社，1988：73-74.

③ ［美］克雷明.学校的变革［M］.单中惠，马晓斌，译.济南：山东教育出版社，2013：212.

④ ［美］杜威.阶级斗争和民主道路. //.杜威教育论著选［M］.赵祥麟，王承绪，编译.上海：华东师范大学出版社，1981：316.

应该以高度的胆识和责任感去做。"① 在他看来，教育工作者应该有意识地去创立适应社会生活变化的教育，以培养出既能够理智地对待，又能够真正地投入到社会生活中的个人。这种教育并不是个性与社会控制之间的对立，而是使个性在变化着的社会生活中得到更好的发展。

与当时多数的进步教育家相比，杜威不仅认识到教育实验的重要性，而且认识到教育理论研究的重要性。"他试图变更教育以适应工业时代的现实，并给一个多元社会提供一种思想方法，这种思想方法不管人们的基本信念如何，都能运用。"② 在杜威看来，他所要提供的一种思想方法就是实用主义教育思想。作为一种教育哲学，它也许不能全部解决学校教育与社会生活的联系问题，"但是它能促使我们认识这些问题的性质并能在满意地解决这些问题的唯一方法方面提供有价值的建议。受到这些观念所感染的行政人员和教师们就能在他们的实际工作中检验和发展这些观念，因而通过理论联系实践，使得教育哲学将会成为一个有生气的、不断成长的东西"③。在 1932 年 7 月 10 日《纽约时报杂志》上，记者沃尔夫（S. J. Woolf）在他的题为《约翰·杜威察看国家的病状》（*John Dewey Surveys the Nation's Ills*）访问记中写道："这位芝加哥大学的教育学教授目睹了美国各地学生埋首陈旧老套的读物之中，以死记硬背来记住固定的教条。他们的教室被窗帘遮挡起来，房门紧闭，使之与外面的景色和声音相隔绝。无论他们的教师还是他们的书本，都没有使学生打开双眼和心灵去瞧瞧他们周边发生了什么。在杜威看来，所有这一切都显得荒唐可笑。为何不把学习和生活联系起来，使教育成为解决生活问题的一个帮手？他宣布

---

① [美]杜威. 教育与社会变化. // 杜威教育论著选 [M]. 赵祥麟，王承绪，编译. 上海：华东师范大学出版社，1981：335.

② [美]弗雷德里克·李尔奇. 杜威的教育思想和思想回顾. // [美]简·杜威. 杜威传（修订版）[M]. 单中惠，编译. 合肥：安徽教育出版社，2009：178.

③ [美]杜威. 科学与哲学之关系是教育的基础. // 杜威. 人的问题 [M]. 傅统先，邱椿，译. 上海：上海人民出版社，1985：134.

了教义，促成了教学科学的一场革命。他在自己的生涯中推进了他的理论，与他周围的世界保持着生气勃勃的接触。"①

第二节　实用主义哲学的发展

实用主义是美国土生土长的哲学，它随着科学和科学的方法发展而来，特别受到进化论的影响。对于杜威实用主义教育思想的形成，实用主义哲学的发展是一个重要的因素，实用主义教育思想实质上是实用主义哲学在教育上的应用。尽管实用主义作为一种主观唯心主义哲学，在理论渊源上可以追溯到近代英国哲学家贝克莱（G. Berkerley）和休谟（D. Hume），但人们一般认为它产生于19世纪70年代的美国。皮尔斯（C. S. Peirce）是实用主义的创始人；詹姆士（W. James）是实用主义的奠基人，把实用主义通俗化并使它成为一场哲学运动。在继承与发展的基础上，杜威把实用主义具体应用到社会事务和教育领域中。在许多方面，杜威都显得是一位比皮尔斯和詹姆士更严厉而有魅力的人物②，他强调教育哲学的重要意义。美国教育家克伯屈指出："要考察杜威的教育理论，我们就必须考察他的哲学思想。因为对杜威而言，这二者是密不可分的。尽管对杜威来说教育是'一个形成基本素质的过程，具有智力和情感特征'，但是，哲学的任务是在选择什么样的基本素质需要培养的过程中进行评价，继而提供充分的指导。从这个意义上讲，'哲学是作为有目的付诸实

---

① ［美］沃尔夫.约翰·杜威察看国家的病状. // 杜威全集·晚期著作第6卷［M］.马迅，等译.上海：华东师范大学出版社，2014：349.

② ［美］M.怀特.分析的时代［M］.杜任之，等译.北京：商务印书馆，1964：181.

践的教育理论'。"①

（一）实用主义的理论渊源

实用主义是现代西方一种主要的哲学流派。"实用主义"的英文原名为
"pragmatism"，源于希腊文"pragma"（其含义是行为或行动）。因此，实用
主义哲学往往被看作是"行动的哲学"。实用主义源于贝克莱和休谟的主观唯
心主义经验论。

贝克莱在西方哲学史上被认为是近代主观唯心主义的创始人。虽然贝克
莱认为认识起源于感觉经验，但他又认为感觉经验就是认识的对象，就是唯一
真实的存在。观念就是现实的事物本身。由此，他提出了一条著名的原理"存
在就是被感知"。在贝克莱看来，一切物质的客观存在，即人所认识的东西，
都是人的感觉经验。我们所认识的仅仅是感觉经验。如果离开了感觉经验，一
切的客观事物都是不存在的。贝克莱指出："我看见这个樱桃，我触到它，我
尝到它……它是实在的……我肯定说，樱桃不外是感性的印象成为各种感官所
感受的表象的结合。"他还指出："天上的雷霆风雨，地下的花木鸟兽，总而
言之，构成宇宙的万物离开精神就不能存在……万物的存在就是被感知或被认
识，可见，如果它们确实没有被我所感知，或者不存在于我的心中或其他被创
造出来的精灵的心中，那么，或者它们根本不存在，或者存在于某种永恒精灵
的心中……"② 因此，贝克莱实际上把人的感觉经验与人的感觉经验的对象混
为一谈，其整个哲学的核心就是肯定感觉经验的实在性和否定客观物质的
存在。

---

① [美] Harry W. Laidler（ed.）*John Dewey at Ninety*. New York：League for Industrial
Democracy，1950：21.

② [苏] 米·亚·敦尼克，等. 哲学史 [M]. 北京：生活·读书·新知三联书店，1972：
295-296.

休谟继承了贝克莱的主观唯心主义哲学思想，并给它涂上了一种"新"的色彩。像贝克莱一样，休谟也认为认识来源于感觉经验，但除感觉经验以外没有任何事物的存在。同时，他认为贝克莱的思想是不彻底的，因为它不能解决感觉经验以外的事物是否存在的问题。休谟提出，客观存在的只有心理层面的感受，人只能知道自己心理上的感受；至于是否存在一切的客观事物，那是人不可能知道的。他指出："确信人类的盲目和无能为力是全部哲学的结果。"① 因此，休谟最终走向了不可知论和怀疑论。

对于贝克莱和休谟的哲学，英国哲学家罗素（B. Russell）在《西方哲学史》（*A History of Western Philosophy*）一书中作过这样的评论：贝克莱"因为否定物质存在而在哲学上占重要地位，在这个否定里，他有许多巧妙的议论作为根据。他主张物质对象无非由于被感知才存在。那样说来，例如一棵树，假如没人瞧着它岂不就不再存在了……"② 休谟"把洛克和贝克莱的经验主义哲学发展到了它的逻辑终局，由于把这种哲学作得自相一致，使它成了难以相信的东西。从某种意义上讲，他代表着一条死胡同：沿他的方向，不可能再往前进"③。罗素的评论明确地指出了贝克莱和休谟哲学思想所存在的问题。

应该看到，贝克莱强调"自我"这个感知主体的作用，认为没有感知的主体就没有被感知的对象。虽然这是片面的，但对人类认识发展史具有一定的积极意义。后来的实用主义哲学在这一点上也受其影响。晚年时贝克莱注意到自己狭隘经验论的局限性，强调只有通过理性才能获得真正的知识，以及理智和理性乃是达到真理的唯一保证。

列宁在《唯物主义和经验批判主义》一书中对贝克莱和休谟的唯心主义经验论进行了分析批判。他强调指出："唯心主义哲学的诡辩就在于：它把感

---

① ［苏］米·亚·敦尼克，等.哲学史［M］.北京：生活·读书·新知三联书店，1972：302.

② ［英］罗素.西方哲学史（下卷）［M］.马元德，译.北京：商务印书馆，1983：181.

③ ［英］罗素.西方哲学史（下卷）［M］.马元德，译.北京：商务印书馆，1983：196.

觉不是看做意识和外部世界的联系，而是看做隔离意识和外部世界的屏障、墙壁；不是看做同感觉相符合的外部现象的映象，而是看做'唯一的存在'。"① 尽管贝克莱和休谟与经验主义的始祖、英国哲学家洛克（J. Locke）同样从感觉经验出发，但是后来他们在认识论上走的却是两条不同的道路。正如列宁明确指出的："在'经验'这个字眼下，毫无疑问，既可以隐藏哲学上的唯物主义路线，也可以隐藏唯心主义路线。"② 很清楚，贝克莱和休谟所走的就是唯心主义路线。

后来在美国创立的实用主义，正是继承贝克莱和休谟这条唯心主义路线的一种哲学流派。美国哲学家詹姆士这样认为："虽然贝克莱没有把他们的观点表现得完全清楚，但我觉得我现在所维护的概念只不过是贯彻推行了他们首先采用的'实用主义的'方法而已。"③

（二）实用主义的创立

一般认为，皮尔斯是实用主义的创始人，詹姆士是实用主义的奠基者。实用主义自 19 世纪 70 年代创始后，到 19 世纪末已扩展成一个哲学运动，成为当时美国一种占主导地位的哲学流派。因此，列宁指出："在最新的美国哲学中，'最时髦的东西'可以说是'实用主义'了……在哲学杂志上谈论得最多的恐怕也要算是实用主义了。"④

---

① [苏]列宁.唯物主义和经验批判主义.// 列宁选集（第二卷）[M].北京：人民出版社，2012：47.

② [苏]列宁.唯物主义和经验批判主义.// 列宁选集（第二卷）[M].北京：人民出版社，2012：114.

③ [美]詹姆士.彻底的经验主义[M]，庞景仁，译.上海：上海人民出版社，2006：10.

④ [苏]列宁.唯物主义和经验批判主义.// 列宁选集（第二卷）[M].北京：人民出版社，2012：234（注1）.

1. 皮尔斯与实用主义的创始

由于皮尔斯最早提出实用主义的基本原则，因此他被看作实用主义的创始人。美国哲学家怀特指出："既然实用主义是一种使他成名而且也应当使他成名的学说，那么……最好把他看成是实用主义的创始人。"①

1871—1874 年，由皮尔斯发起，在哈佛大学成立了一个名为形而上学俱乐部的学术团体，成员主要有哲学家和心理学家赖特（C. Wright）、律师霍尔姆斯（O. W. Holmes）、法官沃纳（J. B. Warner）、法学家格林（N. S. J. Green）、神学家阿博特（F. E. Abbot）、历史学家菲斯克（J. Fiske）以及詹姆士等。在形而上学俱乐部中，他们对实用主义的思想进行了探讨，并做出了各自的表述。

皮尔斯 1872 年在俱乐部里作了一次哲学演讲。1877 年，他把这次演讲整理成《信仰的确定》（*The Fixation of Belief*）和《怎样使我们的观念清晰》（*How to Make our Ideas Clear*）两篇论文，分别发表在《通俗科学月刊》（*Popular Science Monthly*）1877 年 11 月号和 1878 年 1 月号上。这两篇论文是皮尔斯的实用主义代表作，被看作实用主义创始的标志。尽管皮尔斯始终拒绝用"实用主义"称呼自己的哲学，而称之为"实用化主义"或"实效主义"。

第一，皮尔斯认为，"现实"就是人们所信仰的东西。他强调："现实像其他一切性质一样，就在于有现实性的东西所产生的一些特殊的可感觉的效果。实在的东西所有的唯一效果就是引起信仰，因为由实在的东西激起的一切感觉，都是以信仰的形式出现于意识中。"②在皮尔斯看来，现实和信仰是同样的东西。因为我们信仰某个东西，所以这个东西就是实在的。不管皮尔斯如何辩解，他坚信事情的客观存在是由人的主观信仰所决定的，即"存在即被信

---

① ［美］M. 怀特. 分析的时代［M］. 杜任之，等译. 北京：商务印书馆，1964：141.
② ［美］威尔斯. 实用主义［M］. 葛力，等译. 北京：生活·读书·新知三联书店，1955：39.

仰"①，那是十分清楚的。这一点与贝克莱的"存在就是被感知"没有区别。美国学者威尔斯（H. K. Wells）指出："皮尔斯心目中的现实只能是任何为人所信仰的东西。于是为人所信仰的，或确定为信仰的任何东西，乃是现实。实在的东西就是我们所信仰的东西，我们所信仰的东西就是实在的东西。因此，现实显然依靠着人类，依靠着他们的信仰。"②

第二，皮尔斯认为，思维或探究的唯一功能就是产生信仰。他强调："探究的唯一目的就是要决定意见。我们无妨设想这在我们看来还是不够，我们不仅要寻求一种意见，并且要寻求一种真的意见。但是，对这个设想加以考验，它证明是没有根据的，因为一旦达到一种坚定的信仰，我们就十分满足了，不管这信仰是真是假。"③在皮尔斯看来，通过思维或探求去决定意见，即确定信仰。至于如何确定信仰，他概括了以下四种方法：一是"固执的方法"。这是根据个人的主观意志确定信仰的方法。二是"权威的方法"。这是通过国家的组织力量和暴力从政治上确定信仰的方法。三是"先验的方法"。这是按照理性原则来确定信仰的方法。四是"科学的方法"。这是凭借不受我们的思维影响，但可以同样作用于所有人的外界的"永恒性"以确定信仰的方法。皮尔斯称赞"科学的方法"是与"现实"相符合的唯一方法，他并没有提供"科学的方法"赖以生存的基础，却把他提出的实用主义原则作为"科学的方法"的核心，这无疑是实用主义的一个特点。

第三，皮尔斯认为，"观念"或"概念"的意义是由其实际效果确定的。他曾有以下一段经典的论述："考虑一下我们认为我们的概念的客体具有一些什么样的效果——这些效果是可以设想为具有实际意义的，这样，我们关于这

---

① [美] 威尔斯.实用主义 [M].葛力，等译.北京：生活·读书·新知三联书店，1955：126.

② [美] 威尔斯.实用主义 [M].葛力，等译.北京：生活·读书·新知三联书店，1955：39.

③ [美] 威尔斯.实用主义 [M].葛力，等译.北京：生活·读书·新知三联书店，1955：26-27.

些效果的概念，就是我们关于这些客体的概念的全部。"① 这就是著名的"皮尔斯原理"。在皮尔斯看来，只有给我们带来实际效果的或效用的东西，才是存在的。任何一个"观念"或"概念"是否清晰和有意义，就要看它能否有实际效果，即可感觉的效果。因此，他又说："我们对于任何东西的观念就是我们对于它的可感觉的效果的观念。"② 显然，贝克莱提出的"存在就是被感知"在这里变成了皮尔斯所主张的"存在就是有用"③。

皮尔斯提出的实用主义原则在当时并没有传播开来，直到 20 年后，即 1898 年，经过詹姆士的重申和推崇才激起人们的兴趣和重视，并迅速传播。皮尔斯生前没有出版过哲学著作，在 1914 年去世后，他的全部论著被整理成六卷本《皮尔斯著作全集》（*The Collected Works of Charles S. Peirce*）出版。

2. 詹姆士与实用主义的奠基

詹姆士参加过皮尔斯发起的形而上学俱乐部，在实用主义哲学上受到了启发。然而，他几乎独立地提出了完整的实用主义观点，并使实用主义成为较系统的理论体系，从而被看作是实用主义的奠基人。美国哲学家怀特指出，詹姆士"是哲学界的一颗大行星。他在自己的轴心上旋转，并且把实用主义的所有发光体（领导人）都吸引到他的有力的活动领域中来。他的实用主义，有皮尔斯倡导于前，又有约翰·杜威修正于后，但是在实用主义运动中，他却毫无疑问是中心的学术人物"④。杜威也说："威廉·詹姆士构成了美国哲学思想史中可纪念的一个转折点。"⑤

詹姆士把实用主义比作在漆黑之夜放出来的闪光。1897 年，他出版了

① ［美］M. 怀特. 分析的时代［M］. 杜任之，等译. 北京：商务印书馆，1964：147.

② ［美］威尔斯. 实用主义［M］. 葛力，等译. 北京：生活·读书·新知三联书店，1955：36.

③ 刘放桐. 现代西方哲学［M］. 北京：人民出版社，1981：263.

④ ［美］M. 怀特. 分析的时代［M］. 杜任之，等译. 北京：商务印书馆，1964：157.

⑤ ［美］杜威. 威廉·詹姆士的哲学. // 杜威. 人的问题［M］. 傅统先，邱椿，译. 上海：上海人民出版社，1985：323.

《信仰的意志》(*The Will to Believe*)一书，阐述了实用主义的基本原理。1898年，他在加利福尼亚大学发表题为《哲学概念与实际效果》(*Philosophical Conception and practical Effects*)的讲演，正式提出了"实用主义"这一概念。[①] 此后，原先没有引起足够重视的实用主义在美国广泛流行起来，并成为实用主义哲学运动。

根据在波士顿罗威尔研究所和哥伦比亚大学的讲演，詹姆士于1907年出版了《实用主义》(*Pragmatism*)一书。这本书成为美国实用主义哲学运动的经典著作。两年后，为答复一些人对《实用主义》一书的批评，詹姆士出版了《真理的意义——〈实用主义〉的续篇》(*The Meaning of Truth，A Sequel to Pragmatism*)一书。1910年詹姆士去世后，他生前在报纸杂志上发表的12篇论文被编成《激进的经验主义论文集》(*Essays on Radical Empiricism*)一书于1912年出版。

第一，詹姆士提出了"彻底的经验主义"。他认为，实用主义代表经验主义的态度，如果经验主义要彻底，就必须把世界上的一切事都看成感觉经验。詹姆士指出："我的经验主义本质上是一种镶嵌哲学，一种多元事实的哲学，同休谟和他的后继者们的哲学一样……既不把事实拉到实体上去，为它所固有，也不把它们拉到一个绝对精神上去，以为它所创造，作为它的物体。"[②] 他还指出："任何实在的东西必须能够在某一个地方被经验，而每一种类的被经验了的事物必须在某一个地方是实在的。"[③] 在詹姆士看来，世界应该统一于"纯粹经验"。经验和实在是等同的。在经验之外就没有实在，没有被经验到的就是非实在的。此外，思维和事物在质料上是完全相同的，其对立仅仅表现在关系和动能上。

---

① 陈亚军.哲学的改造[M].北京：中国社会科学出版社，1998：16.
② [美]詹姆士.彻底的经验主义[M].庞景仁，译.上海：上海人民出版社，2006：22.
③ [美]詹姆士.彻底的经验主义[M].庞景仁，译.上海：上海人民出版社，2006：85.

詹姆士与贝克莱、休谟在谈到"经验"时稍有不同。贝克莱和休谟所说的"经验"一般指人的感官所接受的感觉经验，而詹姆士所说的"经验"既包含感觉又包含人的其他心理和本能活动。詹姆士说："我把我的经验主义加上'彻底的'这个形容词，以表示它的特点。"[①] 在他看来，"彻底的"这个词可以把他的经验主义与贝克莱和休谟的经验主义区别开来。然而，他们在主观唯心主义这一点上是根本没有区别的。

第二，詹姆士把实用主义看作一种方法。他强调说："实用主义的方法，不是什么特别的结果，只不过是一种确定方向的态度。这个态度不是看最先的事物、原则、'范畴'和假定是必需的东西，而是去看最后的事物、收获、效果和事实。"[②] 在詹姆士看来，实用主义应该注重效用性，用实际的效果解释每一个概念。实用主义的方法也就是寻求怎样行动或行为的方法。一切离开实际效果的争议和讨论都是没有意义的和形而上的。实用主义的方法主要是解决形而上学争议的方法。

詹姆士特别强调要把实用主义看作一种手段。他曾说过这样一段著名的话："实用主义至少并不代表什么特别的结果。它除了方法之外，没有什么武断的主张和理论。意大利青年实用主义者巴比尼说得好，实用主义在我们的各种理论中就像旅馆里的一条走廊，许多房间的门都和它通着。在一间房里，你会看见一个人在写本无神论著作；在隔壁的一间房里，另外一个人在跪着祈求信仰与力量；在第三间房里，一个化学家在考查物体的特性；在第四间房里，有人在思索唯心主义形而上学的体系；在第五间房里，有人在证明形而上学的不可能。但是那条走廊却是属于他们大家的，如果他们要找一个进出各人房间的可行的通道的话，那就非经过那条走廊不可。"[③] 于是，有人把詹姆士的实用

①［美］詹姆士.彻底的经验主义［M］，庞景仁，译.上海：上海人民出版社，2006：22.

②［美］詹姆士.实用主义［M］，陈羽纶，孙瑞禾，译.北京：商务印书馆，1981：31.

③［美］詹姆士.实用主义［M］，陈羽纶，孙瑞禾，译.北京：商务印书馆，1981：30-31.

主义称为"走廊哲学"。这一名称形象地揭示了詹姆士的实用主义作为一种方法或手段的内涵。

第三,詹姆士提出"有用就是真理"。他强调说:"真理必须具有实际的效果。"① 在詹姆士看来,真理是能予以证实并可明确提出一定理由的。因为真理对人有好处,人才会追求真理;反之,人就会回避真理。至于真理的意义,就是真理的实际效果,其价值取决于它对我们的实际重要性。因此,他指出:"真理的意义不过是这样的:只要观念(它本身只是我们经验的一部分)有助于使它们与我们经验的其他部分处于圆满的关系中,有助于我们通过概念的捷径,而不用特殊现象的无限相继续,去概括它、运用它,这样,观念就成为真实的了。"② 詹姆士所说"真理"仅仅是指各种在经验中确定的和有效验价值的东西,而不是指客体;他所说的"有用"仅仅考虑是否对个人有好处,而不考虑其是否合乎实际。真理之所以成为真的,是由活动造成的;它的真实性实际上是某个活动、某个过程,即证实自己的过程、检验的过程。因此,英国哲学家艾耶尔(A. J. Ayer)在《二十世纪哲学》(*Philosophy in Twentieth Century*)一书中说道:"对詹姆士来说,他是把实用主义的真理论当作实用主义的核心内容的。"③ 美国哲学家培里把詹姆士的观点称为"美国个人主义最完美的哲学表述"④。

(三)实用主义的应用

在继承皮尔斯和詹姆士实用主义理论的基础上,杜威试图探索一条新的哲学思路,把实用主义应用于社会和教育领域。在哥伦比亚大学任教期间,杜

① [美]詹姆士.实用主义[M],陈羽纶,孙瑞禾,译.北京:商务印书馆,1981:188.
② [美]詹姆士.实用主义[M],陈羽纶,孙瑞禾,译.北京:商务印书馆,1981:32-33.
③ [美]艾耶尔.二十世纪哲学[M].李步楼,等译.上海:上海译文出版社,1987:92.
④ [美]克雷明.学校的变革[M].单中惠,马晓斌,译.济南:山东教育出版社,2013:97.

威对自己的全部哲学观点重新进行了思考。他指出："哲学则致力于收集各种材料，提炼出最主要的发展趋势，以便引导出我们在新的行为领域中对知识的发展趋势所持的基本立场和总体态度。"[①] 他的实用主义哲学主要在《实验逻辑论文集》（*Essays in Experimental Logic*，1916）、《哲学的改造》（1920）、《经验与自然》（1925）、《确定性的寻求》（*The Quest for Certainty*，1929）、《认知与所知》（*Knowing and Known*，1949）等著作中得到了具体的阐述。英国哲学家罗素指出，一般公认杜威"是美国……首屈一指的哲学家。这个评价我完全同意"；"杜威从来不是那种可称为'纯粹'哲学家的人。特别是教育学，一向是他的一个中心兴趣，而他对美国教育的影响是非常大的"。[②] 也有美国学者指出，杜威的"兴趣主要集中于哲学的许多实际方面：教育、道德、社会问题"[③]。

1. 自然主义的经验论

在《经验与自然》一书中，杜威把他的实用主义哲学称为"自然主义的经验论""经验的自然主义"以及"自然主义的人文主义"。无论杜威使用什么名称，人们总是可以清楚地看到："在杜威的教育哲学、乃至一般哲学中，'经验'是个最重要的名词。"[④]

杜威认为，"经验"是人的有机体与环境相互作用的结果，或称为"统一体"，是人的主动尝试行为与环境的反作用而形成的一种特殊的结合。这样，行为和结果之间的连续不断的联系和结合就形成了经验。他说："经验既在自然之内，也是关于自然的。被经验到的并不是经验，而是自然——石头，植

---

① ［美］杜威. 新旧个人主义. // 杜威文选［M］. 孙有中，译. 上海：上海社会科学院出版社，1997：15.

② ［英］罗素. 西方哲学史（下卷）［M］. 马元德，译. 北京：商务印书馆，1983：378.

③ 中国科学院哲学研究所，编. 现代美国哲学［M］. 北京：商务印书馆，1963：341.

④ 曹孚. 杜威批判引论. // 瞿葆奎，等编. 曹孚教育论稿［M］. 上海：华东师范大学出版社，1989：56.

物，动物，疾病，温度，电力等等。以某些方式起着相互作用的事物，乃是经验；它们是被经验到的东西。当它们以另一些方式与另一种自然对象——人的机体——发生联系的时候，它们也是事物怎样被经验到的情况。"① 经验 "既包括人们所做的、所遭遇的事情，人们所追求的、所爱的、所相信的、所忍受的事情，也包括人们怎样活动和接受活动，人们的行动和遭受、意欲和享受、观察、信仰、想象的方式——总之，包括各种经验的过程"②。于是，杜威把经验的主体、经验的过程和经验的对象共同包括到 "经验" 之中。"'经验' 指开垦过的土地，种下的种子，收获的成果以及日夜、春秋、干湿、冷热等变化，这些为人们所观察、畏惧、渴望的东西；它也指这种种植和收割、工作和欣快、希望、畏惧、计划、求助于魔术或化学、垂头丧气或欢欣鼓舞的人。它之所以是 '具有两套意义' 的，这是由于它在其基本的统一之中不承认在动作与材料、主观与客观之间有何区别，但认为在一个不可分拆的整体中包括着它的两个方面。"③

　　杜威所说的 "经验" 具有无所不包的性质，把人（经验的主体）和环境（经验的客体）都包括在内，并把它们看成统一的整体。同一个过程的两个侧面相互联系，以至于合而为一。在他看来，人的主观经验是客观世界存在的基本前提。没有人的主体的存在，也就没有环境的客体的存在。没有人的兴趣和愿望构成的主观经验，也就没有世界中一切事物的存在。所以，杜威强调指出："精神和物质两者属于同一个东西，这就是那些构成自然的事件的复合。"④ 这样，杜威否定了客观的物质世界不依赖于人而独立存在，而把自然界

---

① ［美］杜威.经验与自然.// 杜威教育论著选［M］.赵祥麟，王承绪，编译.上海：华东师范大学出版社，1981：267.

② ［美］杜威.经验与自然.// 杜威教育论著选［M］.赵祥麟，王承绪，编译.上海：华东师范大学出版社，1981：272.

③ ［美］杜威.经验与自然［M］.傅统先，译.北京：商务印书馆，1960：10.

④ 洪谦.西方现代资产阶级哲学论著选辑［M］.北京：商务印书馆，1964：200.

的一切都说成是被人所经验到的东西。贝克莱的"存在就是被感知"和皮尔斯的"存在就是被信仰"在这里变成了杜威的"存在就是被经验"。

杜威 1916 年在《实验逻辑论文集》一书中说："在实际研究过程中，我们从来都不怀疑世界的存在，为了不自相矛盾，我们也不能怀疑。"1949 年，他又在《认知与所知》一书中说："并不否认人类在世界中进化以前的地质的和宇宙的世界。"[①] 但是，杜威的这些话仅仅是一种表示而已，并没有改变他的"存在就是被经验"的自然主义的经验论。他甚至把唯物主义者所说的物质看成"一种神秘的东西""一种鬼影般的东西"[②]。

从"存在就是被经验"的观点出发，杜威还说："经验包含一个主动的因素和一个被动的因素，这两个因素以特有的形式结合着。只有注意到这一点，才能了解经验的性质。在主动的方面，经验就是尝试……在被动的方面，经验就是经受结果。"[③] 为了说明这一观点，杜威在他的著作中多处列举了"火"的例子。早在 1916 年的《民主主义与教育》一书中，杜威就写道："一个儿童伸手去碰火光，烫痛了，从此以后，他知道某个接触活动和某个视觉活动联系起来……就意味着烫和痛；或者，知道光就是热的来源。"[④] 一个儿童"仅仅把手指伸进火焰，这还不是经验；当这个行动和他遭受的疼痛联系起来的时候，才是经验。从此以后，他知道手指伸进火焰意味着灼伤。一个人被灼伤，如果没有觉察到另一行动的结果，就只是物质的变化，像一根木头燃烧一样"[⑤]。在 1920 年的《哲学的改造》一书中，杜威又写道："假如一个顽皮小孩把手指头放进火里去，这个动作是乱来的，既没有目的，也没有决意或考虑，但结果是遇着些事。这个小孩遭到火烧，感到痛苦。这个动作和感受，伸手和火烧，

① 汝信，等.外国著名哲学家评传（第8卷）[M].济南：山东人民出版社，1985：400.
② [美]杜威.经验与自然[M].傅统先，译.北京：商务印书馆，1960：61.
③ [美]杜威.民主主义与教育[M].王承绪，译.北京：人民教育出版社，1990：148.
④ [美]杜威.民主主义与教育[M].王承绪，译.北京：人民教育出版社，1990：82.
⑤ [美]杜威.民主主义与教育[M].王承绪，译.北京：人民教育出版社，1990：148.

连接起来……于是就得了一个非常重大的经验。"① 在 1938 年的《经验与教育》
一书中，他还写道：一个小孩"可能看到火焰的亮光，于是便想伸手去摸它。
当碰到火焰时便产生了后果，那时，便理解到火焰的意义并不在它的亮光，而
是它的燃烧力"②。杜威之所以不厌其烦地列举"火"的例子，无非要说明经验
就是一种主动而又被动的事情，如果把经验的主动行动的一面和被动的经受结
果的一面割裂开来，就会破坏经验的极其重要的意义。在他看来，"在一定方
式之下相互作用的许多事物就是经验；它们就是被经验的东西"③；而且，"主
体是经验的中心"④。

与皮尔斯和詹姆士有所不同，杜威试图使他的自然主义经验论具有客观
的、科学的外观，但是，其实质仍然是主观唯心主义哲学。杜威把整个客观的
自然（环境）消融在人的主观经验之中，那就必须把客观的自然（环境）变
成主观经验的东西，甚至是虚幻的东西。实际上，他提出的自然主义经验
论，也就把主观的经验看成第一性的，而把客观的自然（环境）看成第二性
的。杜威主张把主观的经验与客观的自然联系起来，并融合成一个兼收并蓄
的统一体。在他看来，应该把这个统一的整体当作是自然主义经验论的真正
出发点。

主观的经验是客观的自然（环境）在人的头脑中的反映，两者是不可分
割和相互联系的。但与此同时，必须首先承认客观的自然（环境）是不依赖
于人的主观经验而独立存在的、是第一性的，而主观的经验是第二性的。列
宁强调指出："把认识论建立在客体和人的感觉有不可分割的联系这一前提

① ［美］杜威.哲学的改造（修订版）［M］.许崇清，译.北京：商务印书馆，1958：46.
② ［美］杜威.经验与教育.// 我们怎样思维·经验与教育［M］.姜文闵，译.北京：人民教育出版社，1991：286.
③ ［美］杜威.经验与自然［M］.傅统先，译.北京：商务印书馆，1960：4.
④ ［美］杜威.经验与自然［M］.傅统先，译.北京：商务印书馆，1960：14.

上……就必须会陷入唯心主义。这是一个简单而必然的真理。"① 然而，杜威与皮尔斯和贝克莱一样，他们的实用主义是"宣扬经验，而且仅仅是宣传经验"② 而已。

2. 工具主义实用主义

杜威赋予他所探索的实用主义一种工具主义的形式。在他看来，思维就是用来控制环境的工具，而这种控制则是通过行动来完成的。因此，杜威的哲学也称为"工具主义实用主义"③。

在《哲学的改造》一书中，杜威对他的工具主义实用主义作了这样的论述："所有概念、学说、系统，不管它们怎样精致，怎样坚实，必须视为假设，就已够了。它们应该被看作证验行动的根据，而非行动的结局……它们是工具，和一切工具同样，它们的价值不在于它们本身，而在于它们所能造就的结果中显现出来的功效。"④ 他还指出："如果观念、意义、概念、学说和体系，对于一定环境的主动的改造，或对于某种特殊的困苦和纷扰的排除确是一种工具般的东西，它们的效能和价值就全系于这个工作的成功与否。如果它们成功了，它们就是可靠、健全、有效、好的、真的。如果它们不能排除纷乱、免脱谬误，而它们作用所及反致增加混乱、疑惑和祸患，那么它们便是虚忘。"⑤ 在杜威看来，起作用的、有功效的假设就是真的假设；反之，就是假的假设。这要在它们的效果和后果中得到证实。

从工具主义实用主义出发，杜威在认识论上强调一种应对环境的方法。

① ［苏］列宁. 唯物主义和经验批判主义. // 列宁选集（第二卷）［M］. 北京：人民出版社，2012：70.

② ［苏］列宁. 唯物主义和经验批判主义. // 列宁选集（第二卷）［M］. 北京：人民出版社，2012：234（注1）.

③ 汝信，等. 外国著名哲学家评传（第8卷）［M］. 济南：山东人民出版社，1985：406.

④ ［美］杜威. 哲学的改造（修订版）［M］. 许崇清，译. 北京：商务印书馆，1958：78.

⑤ ［美］杜威. 哲学的改造（修订版）［M］. 许崇清，译. 北京：商务印书馆，1958：84.

在他看来，科学也是方法。在《教育科学的资源》一书中，杜威强调指出：
"我认为，科学就是指系统的研究方法，这种方法使得我们在把它们运用到各
种事实时，都能够更深地了解这些事实，而且更合理地支配这些事实，而不是
偶然的和呆板的。"① 从认识论看，杜威的方法论有其合理之处，特别是它注重
生活和注重效果。但是，杜威把实用主义看作达到个人主观需要的方法，这实
质上与詹姆士的"走廊哲学"别无二致。

从工具主义实用主义出发，杜威在真理论上强调对个人有价值的或有好
处的就是真理。英国哲学家罗素指出："从严格的哲学的观点来看，杜威的工
作的重要性主要在于对传统的'真理'概念的批评，这种批评表现在他称之
为'工具主义'的理论中。"② 杜威在工具主义的意义上阐述了自己的真理论：
"真理是一个抽象名词，应用在一批现实的、预见的和期望的情况上面，这些
情况是在它们的效果和后果中得到证实的。"③ 在他看来，真理是主观的产物。
他强调"有效即真理"，认为判断一个真理的标准是它的兑现价值，甚至把真
理看作一种应对环境的方法和工具。面对人们对实用主义真理论的批评，杜威
竟把这种批评说成是一种误解。他辩解说："当真理被看作一种满足时，常被
误会为只是情绪的满足、私人的安适、纯个人需的供应……又当真理被理解
为效用的时候，它常被认为对于纯个人的目的的一种效用，或特殊的个人所着
意的一种利益……其实，所谓真理即效用，就是把思想或学说认为可行的拿
来贡献于经验改造的那种效用。道路的用处……决定于它是否实际尽了道路
的功能，是否做了公众运输和交通的便利而有效的手段。"④ 尽管杜威作了以
上的辩解，但是他的真理论的工具主义形式是十分清楚的。对此，列宁尖锐

① John Dewey. *The Sources of a Science of Education.* // *The Collected Works of John Dewey, The LaterWorks*，Vol. 5，Carbondale：Southern Illinois University Press，1984：3-4.

② [英] 罗素.西方哲学史（下卷）[M].马元德，译.北京：商务印书馆，1983：379.

③ 洪谦.西方现代资产阶级哲学论著选辑[M].北京：商务印书馆，1964：182.

④ [美] 杜威.哲学的改造（修订版）[M].许崇清，译.北京：商务印书馆，1958：85.

地指出："把真理看作认识的工具，这就是实际上转到不可知论，也就是离开唯物主义。"①

3. 哲学与教育

对于哲学与教育的关系问题，杜威是十分重视的。他在《哲学与教育》（*Philosophy and Education*）一文中就指出："哲学与教育原本就存在着有机的联系。"②如果说教育是促进美好生活的手段，那么哲学就是研究美好生活的性质、内容及其实现所需要的条件。杜威在为他的同事、美国教育家孟禄（P. Menroe）主编的《教育百科全书》撰写"教育哲学"这一辞目中也写道："教育与哲学的联系，甚至比……教育原理和教育科学所显示的联系更加紧密和重要。"③

（1）哲学是教育最一般方面的理论

杜威认为，哲学与教育两方面是紧密联系的，一种哲学理论肯定会对教育上的努力产生影响。他强调说："我们能给哲学下的最深刻的定义就是，哲学就是教育的最一般方面的理论。"④"凭借教育的艺术，哲学可以创造按照严肃的和考虑周到的生活概念利用人力的方法。教育乃是使哲学上的分歧具体化并受到检验的实验室。"⑤在杜威看来，如果一种哲学理论对教育活动毫无影响的话，那么，这种哲学理论必然是矫揉造作的和没有意义的。如果对教育在社会生活中的地位，不能进行像哲学工作所提供的那种广泛的观察，使教育的目的和方法富有生气，那么，学校教育工作就往往成为机械的和经验主义的事情。

---

① ［苏］列宁.列宁全集［M］.第34卷，北京：人民出版社，1972：431.
② ［美］杜威.哲学与教育.// 杜威全集·晚期著作第5卷［M］.孙有中，等译.2013：226.
③ ［美］杜威.教育百科全书·教育哲学.// 杜威全集·中期著作第7卷［M］.刘娟，译.上海：华东师范大学出版社，2012：225.
④ ［美］杜威.民主主义与教育［M］.王承绪，译.北京：人民教育出版社，1990：347.
⑤ ［美］杜威.民主主义与教育［M］.王承绪，译.北京：人民教育出版社，1990：346.

哲学是审慎地付诸实践的教育理论，教育也肯定会受哲学的指导和支配。杜威认为，这是由哲学的性质和教育的性质所决定的。真正的哲学总是要形成影响人生行为的智慧，而教育正是一种智慧训练的过程。而且，哲学上的主要问题一般也是教育上的主要问题。

由于科学的进步、工业革命和民主主义的发展，人们的社会生活已发生了彻底的变革，它必然要求实行教育的改造，而教育的改造必然要求对传统哲学体系的基本观念进行重新的考虑。杜威强调说："哲学、教育和社会理想与方法的改造，是携手并进的。"[①] 在他看来，必须建立一种经验的理论，即自然主义的经验论，以便使教育能够在经验的基础上合理地进行。

（2）新教育实践需要一种新的教育哲学

杜威认为，在新教育实践中，需要一种新的教育哲学。因为"新教育的一些普遍原则，就其本身而言，并不能解决进步学校的任何实际的指导和管理问题。倒是它们提出了一些新的问题，需要依据新的经验哲学来加以解决"[②]。

教育史证明，只有教育改革家和革新者才能感到需要教育哲学。新的教育哲学寄希望于某种经验和实验的哲学，强调教育和个人经验之间的有机联系。杜威强调说："为了实现教育的目的，不论对学习者个人来说，还是对社会来说，教育都必须以经验为基础——这种经验往往是一些个人的实际的生活经验。"[③] 在他看来，新的教育哲学的任务就是要引导出一套新的观念，对新教育的实际进行指导。教育哲学有重要影响，就在于能够使教育者扩大他的判断范围，以及解放教育思想。

针对有些哲学家认为"教育哲学是一般哲学的一个穷亲戚"的看法，杜

---

① ［美］杜威.民主主义与教育［M］.王承绪，译.北京：人民教育出版社，1990：347.

② ［美］杜威.经验与教育.// 我们怎样思维·经验与教育［M］.姜文闵，译.北京：人民教育出版社，1991：251.

③ ［美］杜威.经验与教育.// 我们怎样思维·经验与教育［M］.姜文闵，译.北京：人民教育出版社，1991：304.

威进行了批驳。他明确指出："教育哲学并不是一般哲学的一个穷亲戚……最后讲来，它是哲学最有重要意义的一个方面。我们经过教育的过程而获得知识，而这些教育过程又不止于单纯地获取知识和有关的技巧形式。它们还企图把所获得的知识统一起来，形成持久的性向和态度……在受深思熟虑的哲学所影响的教育实践和不受这种哲学影响的教育实践之间的差别就是这样两种教育之间的差别：一种教育是在控制所要产生的欲望和目的的态度和方式中受着某些清晰观念所指导的；而另一种教育是在未经检验的习俗传统的控制之下或在直接的社会压力之下盲目地进行的。这种差别之所以产生并不是因为在所谓哲学之中有何内在的神圣之处，而是因为澄清所要追求的目的的努力本身就是属于哲学范围之内的事情。"① 正因为如此，杜威提出，教育哲学应该成为一个有生气的和不断成长的东西，并在克服旧教育的各种分裂的过程中与科学互相协作。美国教育学者卡恩（S. M. Cahn）指出："杜威的所有社会哲学从根本上或明或暗地是一种教育哲学。"②

（3）教育是经验的改造或改组

"经验"既是杜威哲学中最重要的一个词，又是杜威教育思想体系的核心。在《我的教育信条》一文中，杜威就指出，"教育应该被认为是经验的继续改造"③。在《民主主义与教育》一书中，他给"教育"下了一个专门的定义："教育就是经验的改造或改组。这种改造或改组，既能增加经验的意义，又能提高指导后来经验进程的能力。"④ 后来在《经验与教育》一书中，他又指出："教育是以经验为内容，通过经验，为了经验的目的（one of education of,

---

① ［美］杜威. 科学与哲学之关系是教育的基础. // 杜威. 人的问题［M］. 傅统先，邱椿，译. 上海：上海人民出版社，1985：133.

② 褚宏启. 杜威教育思想引论［M］. 长沙：湖南教育出版社，1998：97.

③ ［美］杜威. 我的教育信条. // 杜威教育论著选［M］. 赵祥麟，王承绪，编译. 上海：华东师范大学出版社，1981：8.

④ ［美］杜威. 民主主义与教育［M］. 王承绪，译. 北京：人民教育出版社，1990：82.

by, and for experience）。"①

　　杜威认为，在教育上，经验的改造既包括儿童生活经验的改造（个人的改造），又包括对社会生活环境的改造（社会的改造）。"经验的改造可能是个人的，也可能是社会的。"②在给孟禄（P. Monroe）主编的五卷本《教育百科全书》撰写的"教育"这一辞目中，他这样写道："教育的定义可以说是不断改造经验的过程，其目的在于扩大和加深经验的社会内容，同时使个人获得对有关方法的控制能力。"③在杜威看来，从本质上看，教育既是个人的过程，又是社会的过程；从个人的改造来讲，经验的改造表现为儿童的生长，儿童生长的过程也就是经验的改造过程；从社会的改造来讲，经验的改造表现为环境的改造。利用教育消除社会弊病和实现更好希望的过程也就是经验的改造过程。正是通过经验的改造或改组，儿童获得一种真正有教育作用的经验、一种有教育意义和能提高能力的经验。

　　由于教育的过程是经验的改造或改组的过程，因此杜威认为，必须注意经验的连续性和交互作用这两条原则。"连续性和交互作用彼此积极主动的结合是衡量经验的教育意义和教育价值的标准。"④在杜威看来，构成经验的两条原则，即连续性和交互作用两者是紧密联系而不可分开的。它们是经验的经和纬两个方面。

　　一是经验的连续性原则。杜威强调说："经验的连续性原则意味着，每种经验既从过去经验中采纳了某些东西，同时又以某种方式改变未来经验的性

　　① John Dewey. *Experiences and Education*. New York：A Division of Macmillan Publishig Co., Inc. 1963：29.

　　②［美］杜威. 民主主义与教育［M］. 王承绪，译. 北京：人民教育出版社，1990：84.

　　③ Paul Monroe. *An Encyclopaedia of Education*. Vol. 2. New York：Mackmillan，1912：400.

　　④［美］杜威. 经验与教育. // 我们怎样思维·经验与教育［M］. 姜文闵，译. 北京：人民教育出版社，1991：268.

质。"① 在很多情况下，每种经验都有连续性，并对未来经验的客观条件产生一定程度的影响。所有的持续不断的经验或活动是有教育作用的，使人获得有教育意义的经验。但是，有两种活动，即任性的活动和机械的活动，不具有连续性。

杜威还认为，并不是具有连续性的经验就一定具有教育作用。经验的连续性有好坏之分，会产生较好的或较坏的影响，有时甚至可能使一个人局限于低级的发展水平并限制其以后的生长能力。因此，"教育者的任务就在于看到一种经验所指引的方向……如果不考虑经验的推动力，并且不按照它所推动的方向去评断和指导经验，便是不忠实于经验的原则"②。

二是经验的交互作用原则。杜威强调，经验的交互作用原则"赋予经验的客观条件和内部条件这两种因素以同样的权利。任何正常的经验都是这两种条件的相互作用"③。在他看来，每个人总是生活在一定的情境之中，个人和各种事物以及个人与其他人之间会相互发生作用，即交互作用。

杜威还认为，如果不使受教育者的能力和环境的需要发生交互作用，就不能创造有价值的经验。因为"经验的发展是由交互作用引起的，这个原则的含义是：从本质上讲，教育是一种社会的过程"④，所以，对于教育者来说，他们应该密切关心产生交互作用的各种情境，尤其重要的是要认识到"经验本身首先包括存在于人和他的自然和社会环境之间的主动的关系"⑤。

---

① ［美］杜威. 经验与教育. // 我们怎样思维·经验与教育［M］. 姜文闵，译. 北京：人民教育出版社，1991：261.

② ［美］杜威. 经验与教育. // 我们怎样思维·经验与教育［M］. 姜文闵，译. 北京：人民教育出版社，1991：263.

③ ［美］杜威. 经验与教育. // 我们怎样思维·经验与教育［M］. 姜文闵，译. 北京：人民教育出版社，1991：266.

④ ［美］杜威. 经验与教育. // 我们怎样思维·经验与教育［M］. 姜文闵，译. 北京：人民教育出版社，1991：279.

⑤ ［美］杜威. 民主主义与教育［M］. 王承绪，译. 北京：人民教育出版社，1990：337.

在美国实用主义的创立和发展过程中，作为实用主义"神圣家族"的皮尔斯、詹姆士和杜威分别起到了不同的作用。正如美国学者奈夫（F. C. Neff）所指出的："为实用主义作准备工作的是皮尔斯，推广实用主义的是詹姆士，但是，杜威最先见到实用主义的社会的使命，即教育的使命。"①

毋庸置疑，实用主义是一种主观唯心主义哲学，其中有合理的和积极的因素。例如，对主体和客体关系的论述，特别是对人的主体能动作用的强调。相对传统的哲学，实用主义表现出注重实际、崇尚行动和鼓励开拓的特点，而受到美国人的欢迎和应用。②美国历史学家康马杰在《美国精神》一书中指出："实用主义的新颖和胆识充分体现了……美国人性格。"③美国哲学家拉尔夫·罗斯也指出："对于杜威来说，经验是与感觉完全不同的另一回事；它发生于有机体与环境之间的交互作用之中。在这种交互作用中，一个有机体的适应或者另一个有机体的调节（当然也可能两者都有）都要与环境发生关系。从根本上来说，经验是行动以及对行动的意识，是一个动作、一个动物对其周围环境的行动。"④显然，杜威的哲学和教育思想反映了这些特点。

实用主义哲学是杜威实用主义教育思想体系的一个理论基础，只有了解实用主义哲学的发展，才能更好地理解杜威实用主义教育思想。杜威在1911年5月2日给法国教授罗贝特（F. Robert）的信中就这样写道："我毫不怀疑，我的哲学理论对我教育实践的很大影响力。"⑤

①［美］奈夫.实用主义与教育.// 白恩斯，白劳纳.当代资产阶级教育哲学［M］.瞿菊农，译.北京：人民教育出版社，1964：140.

② 刘放桐.重新评价实用主义.// 现代外国哲学编辑组.现代外国哲学（第10辑）［M］.北京：人民出版社，1987：1-23.

③［美］康马杰.美国精神［M］.南木，等译.北京：光明日报出版社，1988：137.

④［美］杜威全集·中期著作第12卷［M］.刘华初，等译.上海：华东师范大学出版社，2012："导言" 6.

⑤ John Dewey to H. Robet, 2 May, 1911. Butler Library.

第三节　机能主义心理学的兴起

杜威是芝加哥机能主义心理学派的创始人。他把机能主义心理学作为实用主义教育思想的一个重要的理论基础。美国教育学者夏皮罗指出："对于杜威来说，机能心理学提供了一系列新的教育假设。"① 作为同构造主义心理学相对立的心理学，机能主义心理学于19世纪末在欧洲的德国、英国和法国发端。19世纪末20年代初，由于美国社会的发展和达尔文进化论的影响，机能主义心理学成为在美国产生的第一个心理学派，并表现出与欧洲机能主义心理学不同的新取向。美国哲学家和心理学家詹姆士以及心理学家霍尔和莱德是美国机能主义心理学的先驱，对其早期发展起了重要的作用。在美国机能主义心理学的发展中，形成了以杜威为创始人的芝加哥学派和以卡特尔为创始人的哥伦比亚学派。"美国心理学的总倾向是机能主义，但是，机能主义在美国作为一个自觉的学派，则起于19世纪90年代的芝加哥大学。"② 一般认为，杜威的《心理学中的反射弧概念》一文是芝加哥机能主义心理学派诞生的标志，是美国机能主义心理学的独立宣言。

（一）机能主义心理学在欧洲的发端

在19世纪的最后20余年里，心理学从一门哲学学科变成科学学科。19世纪末产生的构造主义心理学就是心理学成为独立的实验科学后的第一个心理

---

① Michael S. Shapiro. *Child's Garden: The Kindergarton Movement from to Dewey*. 1983：158.
② 唐钺. 西方心理学史大纲［M］. 北京：北京大学出版社，1982：217.

学派。它强调心理学主要研究意识经验的内容和结构。

与构造主义心理学相对立，机能主义心理学强调研究意识的机能和功用。其基本观点是：主张心理学应该研究心理活动，采用内省法和观察法，强调意识的适应功能和协调作用，重视心理学在实际生活中的应用等。

从机能主义心理学的发展来看，19世纪末它发轫于欧洲的德国、英国和法国。在早期的机能主义心理学家中，最早的是德国哲学家和心理学家布伦塔诺（F. Brentno），其余人都直接或间接地受到了他的影响。

1. 德国的机能主义心理学

德国早期的机能主义心理学以维也纳大学教授布伦塔诺和柏林大学教授斯图姆夫（C. Stumpf）为代表。布伦塔诺1874年出版了《从经验的观点看心理学》（*Psychology from the Empirical Standpoint*）一书，"它既是反冯特内容心理学的意动心理学的创立，又是欧洲现代机能主义兴起的开端"[①]。作为早期机能主义心理学的主要代表人物，布伦塔诺首先在心理学研究的对象上提出，心理学研究的对象是感觉、判断等活动，而不是这些活动的内容。他把感觉、判断等活动称为"意动"（心理活动），这就是所谓"意动心理学"的由来。在他看来，尽管意动的存在离不开内容，但是内容并不是心理现象，只有意动才是心理现象，因而是心理学研究的对象。其次，布伦塔诺在心理活动的分类上提出，意动（心理活动）分为三类：一是表象的意动，包括感觉、想象等；二是判断的意识，包括知觉、认识、回忆等；三是爱憎的意动，包括感情、意向、欲望等。其中，表象的意动是最根本的意动。第三，布伦塔诺在心理学研究的方法上提出，研究心理活动可以使用范围较广的观察法。他说："在心理学上我的立场是经验的；只有经验才是我的教师。"[②] 从这一点来讲，布伦塔诺的心理学是经验心理学。但是，他并不反对使用实验法，同时设立了心理学实

---

① 车文博.西方心理学史［M］.杭州：浙江教育出版社，1998：270.

② 高觉敷.西方近代心理学史［M］.北京：人民教育出版社，1982：161.

验室。虽然布伦塔诺没有建立一个心理学体系，但他在西方心理学史上开辟了欧洲机能主义心理学研究的新取向，并对美国机能主义心理学的兴起产生了影响。

斯图姆夫曾是布伦塔诺在符茨堡大学任教时的学生。他坚持布伦塔诺的机能主义心理学的取向，强调心理学研究的对象是心理机能。"所谓心理机能是指包括作用、状态、体验的一种名称。"① 他又提出，心理学研究的对象还应该包括心理内容。这样，他把心理内容（现象）和心理机能（意动）都作为心理学研究的对象，其观点成为后来机能二重心理学的先导。

2. 英国的机能主义心理学

英国早期的机能主义心理学以剑桥大学教授沃德（J. Wand）和圣安德留大学教授司托特（G. F. Stout）为代表。沃德在德国格廷根大学学习时，在心理学上受到布伦塔诺的影响而成为欧洲机能主义心理学在英国的早期代表人物。他认为，心理学研究的对象就是主体的经验。虽然经验的材料来自外界，但是，把经验的材料组织起来的是主体的活动，而且主体组织经验材料的能力是在生活中发展起来的。他还认为，作为主体和客体间的活动的主体经验包括认知、感情和意动三个方面，意动和认知一样是在经验之内的。

司托特曾是沃德在剑桥大学任教时的学生。他认为，心理学研究的对象是心理的过程。心理的过程可以分为认知和兴趣两个方面，而兴趣又可以分为意动和感情。其中，意动是最重要的，因为认知和感情都是由意动派生的。

3. 法国的机能主义心理学

法国早期的机能主义心理学是以巴黎大学索邦学院教授里博（T. Ribot）和比纳（A. Binet）为代表。但是，他们并没有受到德国机能主义心理学家的影响，而是由于对病理心理学的兴趣而表现出其机能主义取向的。里博认为，意识只是一种伴随生理过程而产生的附带现象；情绪是对居于进化低级阶段的

---

① 高觉敷.西方近代心理学史［M］.北京：人民教育出版社，1982：153.

基本冲动的模糊意识，理智是属于进化较高阶段的具有理解力的明白意识；心理是对于身体的生理变化的感知。

比纳曾在巴黎大学创建法国第一个心理学实验室，早先受联想主义心理学的影响，后来接受机能主义心理学的观点。他认为，心理学不应该只研究那些细小的简单的心理元素，而应该研究重大的复杂的心理现象。

（二）美国机能主义心理学的产生

虽然机能主义心理学在欧洲发端，但"机能主义心理学的正式开始和兴盛却在美国"①。这种新的心理学被看作心理学史上一个革命。

19世纪末20世纪初，在德国实验心理学的传播和影响下，心理学在美国不仅得到了迅速的发展，而且已取得独立的学科地位。由于当时美国的国情，以实用主义为哲学基础和以达尔文进化论为自然科学基础的机能主义心理学受到了美国人的欢迎。美国心理学史学家、哈佛大学教授波林（E. G. Boring）指出："美国心理学是机能的，因为机能主义和进化论都天然投合美国人的气质，这两个概念是互相促成的，因为它们是人性的同一基本态度的不同方面。"②"它已从德国的实验主义那里继承了它的躯体，从达尔文那里得到了它的精神。美国心理学要研究的是心理的用处。"③ 美国心理学史学家舒尔茨（D. Schultz）也指出："美国的倾向是讲究实际、效用和功能。美国心理学在其开拓阶段十分自然地反映了这些品质。因此，美国心理学比德国甚至比英国更容易接受进化论。因为进化论及其派生的机能精神都同美国的基本气质协调一致，所以美国心理学成了一种机能心理学。"④

① ［美］舒尔茨.现代心理学史［M］.杨立能，等译.北京：人民出版社，1981：115.
② ［美］波林.实验心理学史［M］.高觉敷，译.北京：商务印书馆，1981：578-579.
③ ［美］舒尔茨.现代心理学史［M］.杨立能，等译.北京：人民出版社，1981：136.
④ ［美］舒尔茨.现代心理学史［M］.杨立能，等译.北京：人民出版社，1981：137.

从美国机能主义心理学的早期发展来看，詹姆士、霍尔和莱德是美国机能主义心理学的先驱。

1. 詹姆士

美国哲学家和心理学家詹姆士 1872 年在哈佛大学任教，讲授生理学和解剖学。1875 年，他转向心理学研究，并在美国第一个开设名为"生理学与心理学的关系"的心理学课程。

1890 年，詹姆士出版了两卷本《心理学原理》（*Principles of Psychology*），篇幅长达 1000 多页。在这本书中，他"把机能适应环境的心理功用规定为心理学的研究对象。这一观点成为后来美国机能心理学的基本信条"[①]。两年后，他把该书改写成《心理学简编》（*Psychology, Briefer Course*）。1899 年，詹姆士又出版了《与教师谈心理学》（*Talks to Teachers on Psychology*）一书。詹姆士曾与霍尔一起创建了美国心理学会（*American Psychology Association*），并于 1894 年和 1904 年两次担任该学会主席。

虽然詹姆士在《心理学原理》一书出版后就转向了哲学，但作为美国机能主义心理学的先驱，他为机能主义心理学在美国的发展开拓了道路。杜威指出："在历史上和现实中，由詹姆士介绍的那个变革已经具有并仍然具有一种特殊意义……这个变革是重要的，因为就消除对低劣心理学的大量指责来说，它是必不可少的。"[②]

其一，心理是人适应环境的一种机能。詹姆士认为，心理是生物进化赋予人的一种机能，使他能适应环境。他说："心理和世界是一起进化的和多少有点相互协调的。"[③]人的心理与生理也是紧密联系的，因为"一切心理变化都跟随有某种肉体上的活动而发生"，"大脑两半球中的某种活动是意识状态的

① 车文博.西方心理学史［M］.杭州：浙江教育出版社，1998：273.

②［美］杜威.从绝对主义到实验主义.//［美］简·杜威.杜威传（修订版）［M］.单中惠，编译.合肥：安徽教育出版社，2009：55.

③ William James. *Principles of Psychology*. Vol. 1. New York，1892：4.

直接条件"。① 因此，在詹姆士看来，心理学就是关于心理生活及其条件的科学。

其二，"意识流"。詹姆士认为，意识是一个连续不断的涌流。他明确地说："形容意识的最自然的比喻是河或是流。此后，我们说到意识的时候，让我把它叫做思想流，或意识流，或是主观生活之流。"② 詹姆士还认为，一切意识都是冲动的。他说："激发某一种动作，是一切意识的根本性质。"③ 具体来讲，意识具有主观的、不断变化的、连续的、识知的、有选择性的等五个特性。"意识流"是詹姆士最早提出的一种关于意识的理论，旨在反对当时流行的心理元素主义。

其三，本能与习惯。詹姆士认为，本能是一种趋向一定目的的、自动的动作能力或冲动行为。他说："凡是具有天赋倾向的习惯就称之为本能。"④ 本能可以分为三种：一是感觉冲动，二是知觉冲动，三是观念冲动。最完善的先天综合就是一个复杂的本能，可以依次激起这三种冲动。同时，詹姆士还提出"本能受习惯抑制"的原则，认为每一种本能都会引起两种相反的冲动：或产生偏爱，或进行改变。特别是，本能会因重复养成的习惯而发生偏爱。习惯一旦形成，就越来越支配行动，直到最后成为社会和个性的决定性因素。

其四，情绪。詹姆士认为，人的情绪与本能是不能分开的，它是由于人的身体及其器官的变化而引起的。他说："本能反应就是这样渐渐地转到情绪表现，情绪表现也渐渐地转到本能反应，这种转变，是那么渐渐的，至于使人不知不觉。每个能激起本能的对象也激起情绪。可是，情绪有一件比不上本能：情绪反应通常只限本人身体以内，本能反应很容易更进一步，与那刺激

---

① William James. *Principles of Psychology*. Vol. 1. New York，1892：5.

② ［美］詹姆士.心理学原理（选译）［M］.唐钺，译.北京：商务印书馆，1963：87.

③ ［美］詹姆士.心理学原理（选译）［M］.唐钺，译.北京：商务印书馆，1963：370.

④ 杨清.现代西方心理学主要派别［M］.沈阳：辽宁人民出版社，1986：154.

的对象发生实行上的关系。"[1] 此外，身体的变化产生在情绪之前，情绪就是在身体变化发生的感受；但各个人在情绪上的表现是不同的。美国心理学史学家墨菲（G. Murphy）指出，詹姆士关于情绪的观点是"划时代的，不仅因为它把通常所说的情绪和生理变化发生的顺序翻了过来，而且因为它把情绪还原为一个主要是生理的问题……它是差不多所有现代有关情绪的学说的出发点，也是激起大量研究的动力"[2]。

2. 霍尔

美国心理学家和教育家霍尔因为在 1874 年阅读了德国实验心理学创始人冯特（W. Wundt）的《生理心理学原理》（*Principles of Physiological Psychology*）一书后，转而学习、研究心理学。1878 年成为美国第一位心理学博士后，赴德国学习，是冯特的第一位美国学生。1881 年回国后，霍尔在约翰斯·霍普金斯大学任教，杜威和卡特尔等人是他的学生；1883 年，他又在那里创建了美国第一个心理学实验室。1888 年起，霍尔担任刚成立的克拉克大学校长。

1887 年，霍尔创办了美国第一份心理学刊物《美国心理学杂志》。1892 年，与詹姆士一起创建了美国心理学会，并担任第一任主席。他以达尔文进化论为主导思想研究发展心理学的问题。在 19 世纪 90 年代，霍尔"作为美国心理学和教育学最重要的人物之一而崛起。到 19 世纪末 20 世纪初，霍尔在美国心理学界和教育界已是一个举足轻重的人，在追求新颖做法的教师和教育学教授中，早已产生了广泛的影响"[3]。

其一，心理发展和生理发展是平行的。霍尔认为，儿童心理的发展在任何时候都离不开生理的发展。在第一个生理细胞形成时，就有了心理行为的潜

---

① [美]詹姆士.心理学原理（选译）[M].唐钺，译.北京：商务印书馆，1963：259.

② [美]墨菲，等.近代心理学历史导引[M].林方，王景和，译.北京：商务印书馆，1980：273.

③ [美]克雷明.学校的变革[M].单中惠，马晓斌，译.济南：山东教育出版社，2013：91.

在可能；随着生活的高级形式出现，神经系统及时地发展了，心理生活也发展到了一个新的高度。在霍尔看来，进化不仅表现在生理方面，也表现在心理方面。儿童的心理生活随生理的进化而进化。儿童的心理发展包括一系列的进化阶段。在进化的不同阶段，出现了语言、意识、情感和心灵等。尽管霍尔的主要兴趣在儿童心理的进化方面，而不在生理的进化方面，但他并没有把两者对立起来。

其二，儿童个体的发展复演了种族生活的历史。霍尔根据复演说，认为儿童最初的自发活动可以看作种族祖先的生活。个体发生和发展的过程，实际上就是种族发生和发展过程的复演。儿童从出生起就复演着种族的变化和发展。儿童的心理生活和个人行为的一系列发展阶段，或多或少相当于种族从原始状态到文明社会的阶段。霍尔还认为，在儿童个体发展的早期（婴儿期和幼儿期），个体发展的动力主要来自种族祖先的遗传。儿童个体在发展的过程中，接受了种族祖先在特定的生存环境中形成的适应外界环境的某些习惯。

其三，儿童的发展过程。霍尔认为，儿童的发展过程可以分为四个阶段：一是婴儿期（0—4岁）。在这个阶段，儿童的身体和心理迅速发展；与此同时，儿童的感觉器官很活跃。二是幼儿期（4—8岁）。在这个阶段，儿童的理解能力差，但通过感觉器官逐步加深对事物的认识。幻想和想象对儿童心理的发展起着极其重要的作用。此外，儿童的本能冲动需要得到正确活动的保证，并为下一个发展阶段作准备。三是青少年期或称青春前期（8—12岁）。在这个阶段，儿童处于性格形成时期，表现为对外界刺激的敏感、多样化活动受意志和欲望所支配，以及理智、道德、信仰、情感等开始缓慢地发展起来。四是青春期（12—25岁）。在这个阶段，随着社会影响的增加，儿童的思维和情感迅速地发展，复演的本能则大大减弱。在霍尔看来，一切有效的教育都必须以儿童的发展为基础。儿童在发展过程中会表现出各种本能冲动，没有这些本能冲动，儿童未来的高级发展就不可能实现；同时，任何一个阶段的发展都是对下一个阶段的出现所进行的正常刺激。

3. 莱德

美国心理学家莱德也是美国机能主义心理学的先驱。"19 世纪 90 年代，詹姆士、霍尔和莱德是美国所仅有的心理学家。"[1] 在耶鲁大学担任心理学教授期间，莱德于 1986 年出版了一部心理学教科书：《生理心理学原理》(*Elements of Physiological Psychology*)，受到了普遍欢迎。1894 年，他出版的《描述的和解释的心理学》(*Psychology, Descriptive and Explanatory*) 一书，是美国机能主义心理学的代表作。莱德于 1893 年担任美国心理学会的第二任主席。

莱德认为，意识是人的主体或自我的活动。意识的机能就是解决问题去适应环境，其价值在于实现有机体的目的。因为意识是属于一个主动的自我，所以它既有被动的内容又有主动的机能。意识能协调人的主体与环境的客体之间的关系。

莱德还认为，心理学研究的对象是人的主体或自我的活动。它既是研究心理的适应机能的，又是服从于目的论的，更是实际的应用。在他看来，心理学是一门巨大的应用科学，机能心理学应该成为应用心理学。

（三）杜威与芝加哥机能主义心理学派

早在约翰斯·霍普金斯大学攻读博士学位时，由于受到霍尔教授等人影响，杜威认识到心理学和哲学之间的密切关系，因此他的博士学位论文题目就是《康德的心理学》。

从 1884 年毕业到密歇根大学任教后，乃至于整个 19 世纪 90 年代，杜威都对新的心理学很有兴趣，并在各种杂志上发表了许多关于心理学的文章。其中有：《新心理学》(*The New Psychology*，1884)、《作为哲学方法的心理学》(*Psychology as Philosophic Method*，1886)、《社会心理学》(*Social*

---

① [美]波林.实验心理学史[M].高觉敷，译.北京：商务印书馆，1981：595.

Psychology，1894）、《心理学中的反射弧概念》（1896）、《心理学与哲学方法》（*Psychology and Philosophic Method*，1899）、《心理学与社会实践》（*Psychology and Social Practice*，1900）。此外，杜威还出版了一些心理学著作，如《心理学》（*Psychology*，1886）等。在杜威的一生中，这无疑是他相对集中关注和探讨心理学的一个时期。在西方心理学史上，杜威于1886年撰写的教科书《心理学》（1889年第二次修订版；1891年第三次修订版），在美国机能主义心理学的发展中，起到了举足轻重的作用。

正是在这些文章和著作中，杜威阐述了他的机能主义心理学的观点，并为他的实用主义教育思想体系奠定了心理学理论基础。特别是《心理学中的反射弧概念》一文和《心理学》一书，引起了学术界的广泛注意。美国心理学界一般认为，杜威1896年发表的那篇文章标志了美国新心理学的诞生。杜威的老师、美国哲学家和教育家莫里斯指出，杜威的《心理学》一书"超过我所读过的任何其他心理学著作"①。

在杜威关注和探讨心理学的过程中，詹姆士1890年出版的《心理学原理》一书对他产生了重要的影响。克伯屈指出，杜威"自己说得很清楚，他从威廉·詹姆士那里得到了他的心理学"②。在《从绝对主义到实验主义》一文中，杜威自己这样写道：詹姆士的思想"通过它的方法而越来越进入了我的全部思想之中，并成为改变旧的信念的一种酵素"③。

对于杜威的心理学思想的形成，美国学者贝克（M. C. Baker）这样指出："从达尔文、詹姆士和其他人的思想中得到启示，杜威开始形成他自己的实证心理学。到他开办实验学校时，这种心理学已相当完整而又系统地被阐述出

---

① George Dykhuizen. *The Life and Mind of John Dewey*. 1973：54-55.

②［美］克伯屈. 回忆杜威和他的影响. //［美］简·杜威. 杜威传（修订版）［M］. 单中惠，编译. 合肥：安徽教育出版社，2009：145.

③［美］杜威. 从绝对主义到实验主义. //［美］简·杜威. 杜威传（修订版）［M］. 单中惠，编译. 合肥：安徽教育出版社，2009：54.

来。"① 美国学者施耐德（Herbert W. Schneider）也指出："杜威对心理学的兴趣以及他在心理学领域的研究，贯穿了他的一生。……他的心理学观点及其应用慢慢地和他在其他领域的研究融合起来，比如伦理学、教育学、逻辑学、社会学、政治学以及艺术哲学等。"②

1. 新心理学和旧心理学的区别

19世纪末20世纪初，在美国正是新心理学诞生的时代。这种新心理学致力于人类行为尤其是心理现象的研究，这就是美国机能主义心理学。杜威认为，心理学是教育过程的一个基础，学校改革是建立在正确的心理学理论之上的。"心理学的任务就是把意识经验的整体纳入研究领域。在整体之内去定义主体与客体的性质，这是心理学的使命。"③ 在他看来，从心理学角度研究教育的理论和实践是非常重要的。

在对新心理学和旧心理学进行分析和比较的基础上，杜威指出，它们存在以下三个区别。

一是旧心理学把心理看作纯粹与外部世界直接接触的个人事情，把心理看作个人的所有物。新心理学把个人心理看作社会生活的功能，它是在社会的和自然的环境中得到发展的，需要来自社会媒介的不断刺激并从社会生活中获得营养，因此，社会需要和目的在形成心理中是最有力量的。

二是旧心理学是知识的和智力的心理学，它对于感觉谈得很多，但情绪和努力只是附带的派生地位，而且几乎不谈行动，因此，它忽视了来自行动的需要，并把观念对行动的影响看作一种外部的附属品。新心理学把人的心理发展与兴趣联系起来，强调来自行动的需要。

---

① Meivin C. Baker. *Foundation of John Dewey's Educational Theory*. New York：Atherton Press，1966：13.

② ［美］杜威全集·早期著作第2卷［M］. 熊哲宏，等译. 上海：华东师范大学出版社，2010：4.

③ ［美］杜威. 心理学立场. // 杜威全集·早期著作第1卷［M］. 张国清，等译. 上海：华东师范大学出版社，2010：107.

三是旧心理学认为心理是固定不变的东西，把儿童的心理和成人的心理看成一样的，其差别只是数量和形体的大小。新心理学把心理看作一个生长的过程，因而它在本质上是变化着的，在不同时期会呈现能力和兴趣上的不同特点。

2. 心理意味着一种协调机能

从反对构造主义心理学的心理元素论出发，杜威认为，"心理只意味着一种机能。而机能又经常处于一个协调之中，并且只有从维持和再组织这个协调中获得意义"①。在他看来，所谓协调机能就是指有机体对于环境的适应活动。因此，心理学是以在环境中发生作用的整个有机体的协调机能为研究对象的。

杜威认为，心理活动是一个连续的整体。"那是一个以感觉、观念和运动作为主要器官的有机心理整体。从生理学方面来说，这个实在性可能以称之为协调最为适宜。这就是由反射弧概念所集合的和包括的事实的本质。"②在心理活动中，人的动作是由一系列相连的反射所构成的，后一个反射与前一个反射是相连的；而且，在刺激和反应、感觉和运动之间也是相连的，而不能去分开单纯作为刺激的感觉和单纯作为反应的运动。因此，意识到的刺激或感觉和意识到的反应或运动，具有特殊的动机、目的或机能。

杜威对通常的反射弧理论进行了分析和批评。他指出，通常所应用的反射弧概念给我们留下了一种离散心理学。从个体或种族的发展观点来看，它的失败在于"没有看到它所谈到的反射弧事实上是一个回路，是一个连续的组织，它破坏了连续性，其结果只给我们留下了一系列的扭跳，每一次扭跳都在经验本身之外"；从对于成熟的意识进行分析的观点来看，它的失败在于"没有看到行动的统一性，不管它对于统一性作了多少空谈，它仍然给我们留下了

---

① 车文博.西方心理学史 [M].杭州：浙江教育出版社，1998：232.

② [美]杜威.心理学中的反射弧概念.// 张述祖，审校.西方心理学家文选 [M].北京：人民教育出版社，1983：36.

下列三个不相连接的存在：感觉刺激、中枢联接和运动反应"①。在杜威看来，通常的反射弧理论把一个过程的零散部分当作完整的过程，用弧代替了回路。它不仅没有给我们提示弧所属的回路，以便我们去安排弧在整个回路中的确切地位，而且又把弧分成两个相互分割的存在。

　　因此，杜威认为，必须对反射弧概念进行新的解释。反射弧应该看作心理机能的主要器官，或看作心理活动的一个"感觉—运动回路"，其主要作用是协调。他强调说："正如'反应'为组成刺激所必需，它决定其为声音，以及为野兽或强盗的声音所必需。同样，声音经验也必须在逃跑中坚持着一定的意义，以维持它和控制它。再说一次，包括在逃跑中的运动反应，并不是单纯对声音的反应，而是进入到声音之中。它要去变更这个声音，要把它摆脱开。最后所产生的结果不论是什么，它的意义全然被对声音的'听'所决定的。它是被仲裁过的经验。我们有的是一个回路，而不是一个弧或一个圆周的片断，把这个回路称为有机的，较之称为反射的要更真实些，因为运动反应决定刺激正如感觉刺激决定运动一样的真实。确实，运动只是为了决定刺激，为了确定它是哪些刺激，为了解释刺激而产生的。"②在杜威看来，整个反射弧是一个连续的整合的运动。如果把反射弧分析为刺激和反应，其结果就会认为，反射弧不是一个综合的或有机的统一单元，而是一个零散部分的缀合体或不相类同的过程的机械结合；以前的经验和在它后面的经验在性质上是两个不同的状态。因此，在人的心理发展中，感觉刺激、中枢连接和运动反应这三个要素循环地起着作用，以保持、强化和改变动作。我们不能把感觉刺激、中枢连接和运动反应看作相互分离和个别的心理存在。例如，儿童看见蜡烛光亮和灼烧时，并不是从一个感觉刺激开始的，而是从感觉—运动协调（即视觉与眼动

---

　　①［美］杜威.心理学中的反射弧概念.// 张述祖，审校.西方心理学家文选［M］.北京：人民教育出版社，1983：38.
　　②［美］杜威.心理学中的反射弧概念.// 张述祖，审校.西方心理学家文选［M］.北京：人民教育出版社，1983：40-41.

的协调）开始的。真正的开始是看的动作，在一定意义上讲是身体、头部和眼部肌肉的运动决定着所经验到的性质。芝加哥大学实验学校的教师梅休（K. C. Mayew）和爱德华兹（A. S. Edwards）指出："杜威的感觉——运动神经活动的原理，正像通称反射弧的概念一样，是生长的最好的指导原理。"①

总之，杜威认为，对行为的研究只有通过它在有机体适应环境中的意义来进行。"无论单纯的感觉或单纯的运动，都永远也不能够作为刺激或反应，只有动作才能这样；把感觉作为刺激意味着缺少并且寻求这样一个客观的刺激，或者是有次序地安排一个动作，正如只是把运动作为反应就意味着缺少并且寻求一个正确动作来完成某种协调一样。"②

3. 儿童的本能和发展

杜威认为，儿童是具有独特生理和心理结构的人。儿童的能力、兴趣和习惯都建立在他的原始本能之上，儿童的心理活动实质上就是他的本能发展的过程。如果没有促使儿童本身发展的潜在可能性，那么儿童就不可能获得生长和发展。

在杜威看来，人的本能冲动是潜藏在儿童身体内部的一种生来就有的能力。它"最初是自发的，而且是没有一定的形式；它是一种潜能，一种发展的能力……它是一种独创的和创造性的东西；是在创造别种东西的过程中形成起来的东西"③。它"是天然生来，不学而能的种种趋向，种种冲动"④。这些本能冲动就是儿童发展和教育的最根本的基础。

---

① [美]梅休，爱德华兹.杜威学校[M].王承绪，赵祥麟，等译.上海：华东师范大学出版社，1991：390.

② [美]杜威.心理学中的反射弧概念.//张述祖，审校.西方心理学家文选[M].北京：人民教育出版社，1983：44.

③ [美]杜威.旧个人主义与新个人主义.//杜威教育论著选[M].赵祥麟，王承绪，编译.上海：华东师范大学出版社，1981：295.

④ [美]杜威.现代教育的趋势.//姜义华，主编.胡适学术文集·教育[M].北京：中华书局，1998：318.

　　杜威强调儿童身上潜藏着以下四种本能：一是语言和社交的本能。这是一种社交的冲动。它在儿童的交谈和交流中表现出来。儿童能很有兴趣地把自己的经验说给别人听，也能很有兴趣地去听别人的经验。他会利用一切可能表达和传达的方式。语言本能是儿童社交表现的一种最简单的形式。二是制作的本能。这是一种建造性的冲动。儿童开始总是对游戏活动和动作感兴趣，进而有兴趣把各种材料制作成各种具体的形状和实物，并符合他自己明确的设想和希望的目的。此后，儿童的建造活动逐渐成为习惯。三是研究和探索的本能。这是一种探究性的冲动。它常常是建造性冲动和社交性冲动的结合。尽管在儿童时期还谈不上科学研究活动，但儿童总是喜欢观察和探究。四是艺术的本能。这是一种表现性的冲动。儿童会在绘画、造型、音乐等活动中表现出艺术方面的能力。

　　杜威认为，这四种本能会表现出四方面的兴趣，而每一方面的兴趣都产生于每一种本能。他强调说："这四方面的兴趣是天赋的资源，是未投入的资本，儿童的生动活泼的生长是依靠这些天赋资源的运用获得的。"[①] 虽然儿童处于"未成熟的状态"，但是他具有一种积极的、向前发展的能力。它具有两个主要特点：第一是"依赖性"，依赖周围环境而生长和发展；第二是"可塑性"，人所具有的各种能力都不是一成不变的。但是，在儿童的四种本能中，最重要的是制作的本能，即动手做的本能。

　　杜威还认为，儿童发展的过程可以分成三个阶段：第一个阶段是游戏期（4—8岁）。这是儿童通过各种活动而学习的阶段。当儿童的每一种机能在起着充分作用的时候就成为一种习惯，而且逐渐地停止以孤立的方式进行活动。第二个阶段是自发的注意时期（8—12岁）。在这个阶段，儿童的能力逐渐增强，活动的重点转移到更广泛的方面，包括更多的协调。他们可以学习融合在直接知识之中的间接知识，并根据解决问题的需要控制自己的行动。第三阶

---

　　① ［美］杜威.学校与社会.// 杜威教育论著选［M］.赵祥麟，王承绪，编译.上海：华东师范大学出版社，1981：38.

段是反射的注意时期（12岁以后）。儿童在这个阶段开始学习系统性和理论性的知识，养成习惯并掌握科学的思维方法。在杜威看来，这些阶段是相互结合和重叠的，不是截然分开的。如果我们没有看到机能的连续作用，那么也就不会把早期和后期的事实连接成一个活生生的整体。

但是，儿童与成人在心理上存在着很大的差别。成人是在社会生活中已有一定职业和地位的人，负有特定的责任，已养成了某些习惯；而儿童的主要任务是生长和发展，养成各种不定型的习惯，为他以后生活的特定目标提供基础和材料。因此，儿童的心理不是一个固定的实体，而是一个生长和发展的过程。他强调说："一个儿童的个性不是能在某一瞬间他做什么，或者他有意识地喜爱什么就看得出的；它只能在他的行动的相连续的过程中才看得出。"① 在他看来，儿童的成熟需要经过一定的时间，经历一定的阶段。在生长和发展的过程中，天生具有好奇心的儿童能利用环境养成某种习惯，形成某种倾向。

尽管儿童生活在十分狭隘的世界，但是这个世界是一个儿童倾注了个人兴趣的世界，是一个儿童自己的世界，表现了儿童生活的统一性和完整性。为了使儿童更好地生长和发展，杜威认为，关键是提供适当的环境和刺激，使儿童的各种能力不断得到发展。

4. 心理学与社会实践

杜威认为，心理的发展一方面与儿童的本能冲动相联系，另一方面与社会的需要相联系。"一个人的'心理'也就是在他的行为中所表现出的一些信念，应归功于社会环境与他的天赋素质的相互作用。"② 但他又认为，在某种意义上，"心理发展的过程主要地是一个社会的过程，一个参与的过程"③。

---

① ［美］杜威. 进步教育与教育科学. // 杜威教育论著选［M］. 赵祥麟，王承绪，编译. 上海：华东师范大学出版社，1981：259.

② ［美］杜威. 从绝对主义到实验主义. // ［美］简·杜威. 杜威传（修订版）［M］. 单中惠，编译. 合肥：安徽教育出版社，2009：43.

③ ［美］杜威. 芝加哥实验的理论. // 杜威教育论著选［M］. 赵祥麟，王承绪，编译. 上海：华东师范大学出版社，1981：321.

1900 年，杜威发表了《心理学与社会实践》一文，论述了心理学和社会实践之间的关系。在他看来，心理的和社会的两方面是有机联系的，心理学不能脱离社会实践而对人的心理活动进行研究，儿童的心理不能单独地在自然界起作用和发展，需要在同他人交往和与社会接触的过程中得到发展。

杜威认为，心理学要为社会科学指出方向并开辟广阔的道路，成为教育理论和实践的基础。教师面对的是正在生长的儿童，所以他们应该具备心理学的知识。他指出："假如我们的教师像技师一样受过训练，假如我们的学校真正地在心理学基础上进行管理，就如同大工厂以化学和物理学为基础一样；假如我们的心理学组织得更完善更有系统，能够对人性给以合适的解释，就如同物理学解释物质一样，那么我们就永远不会想到要讨论这个问题了。"[1] 就学校生活来讲，杜威认为，其在心理学方面最重要的是注意、观察、记忆等习惯的形成。

但是，要处理好心理学与社会实践之间的关系并不是一件容易的事情。针对进步学校重视个人的本能和能力倾向而忽视和社会目的的协调的情况，他强调："要使人类身体和心理素质方面的因素，与社会环境的要求和机会有效地协调起来，是极其困难的。"[2]

对于心理学与教育的关系，杜威更为重视。这一点从杜威 1886 年 5 月在密歇根教师俱乐部第一次会议上作的题为《从大学立场出发的中学心理学》（*Psychology in High-Schools from the Standpoint of the College*）的讲演中就可以看出。在这次讲演中，他明确指出，心理学将对教育的真正目的作出重要的贡献；教师必须充分了解儿童的心理。美国教育家拉特纳认为，杜威这篇讲演是他在心理学上"对教育的最早的贡献"[3]。后来，在《明日之学校》中，杜

① 李汉松.西方心理学史［M］.北京：北京师范大学出版社，1988：197.

②［美］杜威.芝加哥实验的理论.//杜威教育论著选［M］.赵祥麟，王承绪，编译.上海：华东师范大学出版社，1981：320.

③ Douglas E. Lawson and Arthur E. Lean（ed.）*John Dewey and The World View*. Carbondale：Southern Illinois University Press，1964：37.

威又强调指出，教育"改革是一种更具有基本性质的变革，是建立在正确的心理学理论上的"①。在《民主主义与教育》一书中，他还指出："实现这种社会改革的成败，决定于我们是否采用可以实现这种改革的教育方法，其他事情还在其次。因为这种改革实质上是心理倾向的性质的改革——这是一种有教育意义的改革。"②

美国心理学史学家舒尔茨指出："如果机能主义被看作一个具有明显特点的心理学派……那么杜威通常被认为是首先推动了这个学派发展的人。"③但是，作为芝加哥机能主义心理学派的创始人，杜威一生花在心理学上的时间并不多。1900年以后，他开始把更多的精力放在教育上，探讨如何将心理学应用到教育方面。心理学是杜威的实用主义教育思想体系一个重要的理论基础。总之，美国机能主义心理学对教育心理学以及学习心理学的创立和心理测验的发展产生了重要的影响，杜威则使教育工作者看到了心理学的价值并把它应用于教育实践。

第四节　民主主义信念的确立

作为一位哲学家和教育家，杜威不仅确立了民主主义信念，而且把民主主义信念作为实用主义教育思想形成的一个重要因素。简·杜威在《约翰·杜威》中这样写道："虽然杜威童年时代的环境不是以工业和财政上的真正民主

---

① [美]杜威.明日之学校.// 学校与社会·明日之学校 [M].赵祥麟，等译.北京：人民教育出版社，1994：385.

② [美]杜威.民主主义与教育 [M].王承绪，译.北京：人民教育出版社，1990：332.

③ [美]舒尔茨.现代心理学史 [M].杨立能，等译.北京：人民出版社，1981：167.

为标志的，但是，在他身上不知不觉地形成了一种极其重要的民主信念。这使杜威意识到，要把这种信念作为他的许多哲学著作的基础。"① 正是从民主主义信念出发，杜威探讨了哲学以及教育的问题。通过与美国社会活动家简·亚当斯及其赫尔会所的密切交往，杜威的那种作为教育指导力量的民主主义信念具有了更加强烈和更加深刻的含义。正如有的美国教育学者指出的："在杜威看来，民主主义和教育是两个相互作用的积极因素，民主社会是对公民起教育作用的一种模范，而民主教育是自然地和有机地从民主社会中产生出来。"②

（一）民主社会与民主主义

作为一名民主主义者，杜威认为，一个更有价值的、和谐的民主社会是民主主义的具体体现。它意味着一种新的社会生活方式。他指出："民主社会的各项措施，能增进人类经验的较好的品质，它同非民主的和反民主的社会生活方式比较起来，能够更广泛地被人们接受和喜爱。"③ 杜威 1928 年夏天在苏联访问时，对苏联教育家沙茨基（С. Т. Шацкий）说："美国是个非常民主的国家。只要从大城市跑到住有普通公民的小城市看一看，就立刻可以明确地看到，民主主义已经渗透到普通的美国公民的生活里，而他在任何别的国家里还没有见过与之相同的民主主义。"④

在杜威看来，民主社会具有两个重要的特征：一是存在数量巨大和种类

---

①［美］简·杜威.杜威传（修订版）［M］.单中惠，编译.合肥：安徽教育出版社，2009：19.

②［美］范斯科德，克拉夫特，哈斯.美国教育基础——社会展望［M］.北京师范大学外国教育研究所，译.北京：教育科学出版社，1984：57.

③［美］杜威.经验与教育.//我们怎样思维·经验与教育［M］.姜文闵，译.北京：人民教育出版社，1991：260.

④［苏］沙茨基.美国教育家在我们苏联作客.//［美］简·杜威.杜威传（修订版）［M］.单中惠，编译.合肥：安徽教育出版社，2009：271.

更多的共同利益；共同利益是社会控制的因素。二是消除社会群体各自为政的隔离状态，使他们之间有更加自由的相互影响，通过应付多方面的交往所产生的新情况改变社会习惯，并使社会习惯得以不断地重新调整。在《民主主义与教育》中，杜威明确指出："倘有一个社会，它的全体成员都能以同等条件，共同享受社会的利益，并通过各种形式的联合生活的相互影响，使社会各种制度得到灵活机动的重新调整，在这个范围内，这个社会就是民主主义的社会。"①

杜威始终认为，一个民主社会应该包含"民治、民有、民享"②。为了维系民主社会，就应该使它的政治、工业、教育、文化都成为民主主义信念的仆人，同时应该广泛地运用民主的方法，即协商、说服、交流、理智协作的方法。因此，杜威主张利用一切资源（包括我们的财政资源），在自由和平等的基础上，建成一个真正的、实在的、有效的民主社会。在这个社会中，各种制度都谋求提供各种机会，以便使各个人的特殊的、可塑的和有差别的能力在一些有意义的工作或职业中得到充分的发挥。

对于民主社会来说，自由是它的重要方面。在《自由与文化》（*Freedom and Culture*）一书中，杜威指出：在民主社会中，"政治制度和法律应从根本上考虑人性。它们必须较任何非民主的制度给予人性以更自由的活动余地"③。在他看来，自由是具体的，它表现为探究、表达、交流、信仰上的自由。自由精神的核心就是更多地给予个人以自由，把个人的潜力解放出来。杜威不止一次地指出："自由是一件社会的事情，而不仅是私人的一个要求……它的结果影响着男女老少之间产生一些比较公平的、平等的和人道的关系……理智的公民在参与社会改造中要是真正自由的，而没有这种社会改造，民主就将

---

① ［美］杜威.民主主义与教育［M］.王承绪，译.北京：人民教育出版社，1990：105.

② ［美］杜威.明日之学校.//学校与社会·明日之学校［M］.赵祥麟，等译.北京：人民教育出版社，1994：387.

③ ［美］杜威.自由与文化［M］.傅统先，译.北京：商务印书馆，1964：93.

死亡。"① 但是，自由并不是绝对的，它同时意味着控制。少数人绝不能以"自由"为借口满足自己的私利，而破坏大多数人的利益。

就权威与自由的关系来说，杜威认为，权威与自由并不是对抗的，不能把自由与政府行为相对立起来。人们需要权威，需要权威在社会生活过程中发挥指导作用，因为权威实际上代表社会组织的稳定性，个人借此获得方向和支持。在《权威与对社会改变的抵抗》（*Authority and Resistance to Social Change*）一文中，他明确写道："我们需要一种权威，但这种权威不同于它所活动的旧形式，而是能给以指导和利用变迁的；我们也需要一种个人自由，但这种个人自由不同于那种为个人无限制的经济自由所产生并为它作辩护的个人自由；我们所需要的这种个人自由是具有普遍性的和为大家所分享的，而且它是社会上有组织的明智控制的支持与指导之下的。"②

对于民主社会来说，平等也是它的一个重要方面。杜威在他的《民主与教育行政》（*Democracy and Educational Administration*）一文中强调指出："相信平等，这是民主信条中的一个因素。然而，它并不是相信自然天赋的平等。宣布平等观念的人们并不认为他们是在发布一项心理学上的主张，而是在发布一项法律上和政治上的主张。一切个人都有权利受到法律的平等对待以及在行政管理中有平等的地位。每一个人总是生活于一些制度之下的；而他所受到的这些制度的影响都是平等的；如果在数量上并不如此，在质量上是如此的。每一个人有平等的权利来表达他自己的判断，虽然当他的判断与别人的判断构成一个集合的结果时他的判断的重要性在数量上也许并不是平等的。简言之，每一个人都同样是一个人；每一个人都享有平等的机会来发展他自己的才能，无论这些才能的范围是大是小。再者，每一个人都有他自己的需要，而这些需要

---

① [美]杜威.教师和他的世界.// 杜威.人的问题 [M].傅统先，邱椿，译.上海：上海人民出版社，1965：60.

② [美]杜威.权威与对社会改变的抵抗.// 杜威.人的问题 [M].傅统先，邱椿，译.上海：上海人民出版社，1965：80.

在他自己看来是重要的，正像别人的需要在别人看来是重要的一样。自然的和心理的不平等这一事实本身就更成为理由通过法律来建立机会上的平等，因为否则自然上和心理上的不平等就变成了压迫天赋较差的人的一个手段。"① 杜威认为，在民主社会中，应该保证独特的个性的充分发展，使每个人不仅有机会得到充分的发展，而且有机会贡献他可能贡献的任何东西。美国哲学家和教育家胡克指出："对杜威来说，一个民主的社会，它的各种制度的组织表明对一切平等相待，使他们得到充分的发展，自由选择和周围社会结构中他们同胞的生活方式一致的生活方式。"②

毫无疑问，正是在美国社会的民主传统和文化精神的影响下，杜威确立了他的民主主义信念。其实，"美国这种已有三个世纪历史的民主社会并不是宪法造成的，而是自由土地，是向能适应这个环境的人民开放的、富饶的天然资源造成的"③。如果没有美国民主社会的背景，那杜威的民主主义信念也就不足以建立。

（二）"民主主义"的含义

在杜威的一生中，他对民主主义信念是坚定不移的。在 1929 年经济危机之后，面对到处都是对民主主义的批评和怀疑的情况，杜威在《民主与教育行政》一文中明确指出："民主主义的基本信仰和实践现在已经受到了前所未有的挑战……它们是被粗暴地和系统地破坏着。到处都是批评和怀疑的风浪，人们批评和怀疑民主能否对付秩序与安全这个迫切的问题。"但是，他竭尽全力为民主主义辩护，并认为在美国"最重要的问题就是要重新思考一下关于

① ［美］杜威.民主与教育行政.// 杜威.人的问题［M］.傅统先，邱椿，译.上海：上海人民出版社，1965：45-46.

② ［美］杜威.民主主义与教育［M］.王承绪，译.北京：人民教育出版社，1990：381-382.

③ ［美］康马杰.美国精神［M］.南木，等译.北京：光明日报出版社，1988：433.

民主主义及其含义的整个问题"①。

　　在很多著作中，杜威探讨了"民主主义"的问题。在《民主主义与教育》一书中，他在"民主的理想"标题下这样写道：民主政府"热心教育，这是众所周知的事实。根据表面的解释，一个民主的政府，除非选举人和受统治的人都受过教育，否则这种政府就是不能成功的。民主的社会既然否定外部权威的原则，就必须用自愿的倾向和兴趣来替代它；而自愿的倾向和兴趣只有通过教育才能形成。但是，还有一种更为深刻的解释：民主主义不仅是一种政府的形式，它首先是一种联合生活的方式，是一种共同交流经验的方式。人们参与一种有共同利益的事，每个人必须使自己的行动有意义和有方向，这样的人在空间上大量地扩大范围，就等于打破阶级、种族和国家之间的屏障，这些屏障过去使人们看不到他们活动的全部意义。这些数量更大、种类更多的接触点表明：每个人必须对更加多样的刺激作出反应，从而助长每个人变换他的行动。这些接触点使各人的能力得以自由发展。只要行动的刺激是不完全的，这些能力就依然受到压制，因为这种刺激必须在一个团体里，而这个团体由于它的排外性排除了很多社会利益。"② 杜威的这段话阐述了他的民主主义信念。美国教育史学家克雷明认为，这段话实际上是杜威《民主主义与教育》一书的"主题"③。

　　在杜威看来，民主主义是一种联合生活的方式。民主主义"是一种生活的方式，是一种社会的和个人的生活方式。我们也许还没有体会到这句话所包含的一切意思。作为一种生活方式的关键，在我看来，似乎可以这样表达出来：在形成调节人们共同生活的价值的过程中必须要有每一个成熟的人的参与；从一般的社会福利的观点看来和从个人的充分发展的观点看来，这都是必

_____

　　① [美] 杜威. 民主与教育行政. // 杜威. 人的问题 [M]. 傅统先，邱椿，译. 上海：上海人民出版社，1965：50-51.

　　② [美] 杜威. 民主主义与教育 [M]. 王承绪，译. 北京：人民教育出版社，1990：92-93.

　　③ [美] 克雷明. 学校的变革 [M]. 单中惠，马晓斌，译. 济南：山东教育出版社，2013：109.

要的"①。他还指出，作为一种个人的生活方式，民主主义"为个人的行为提供了道德的标准"②。显然，杜威所说的"民主主义"的含义比一种特殊的政治形式、一种管理政府的方法、一种立法和处理政府的方法要宽泛得多。它不仅仅是一种政治的形式、一种政府的形式。作为一种生活方式的民主主义，还包括社会的生活方式，也包括个人的生活方式。它注重社会利益的共同享受和个人之间或团体之间的自由交流。民主主义的特征是共同参与的事业的范围扩大和个人各种能力的自由发展。具体讲，民主主义包含两个方面：一方面要使每个人的个性有充分发展的机会，另一方面还要考虑社会方面共同意志的需要。杜威认为，衡量"民主主义"的标准就是"一个团体的利益被全体成员共同享受到什么程度；一个团体与其他团体的相互影响，充分和自由到什么程度"③。

杜威认为，民主主义的概念与贵族政治的概念相反。它要求积极地而不是消极地征询每个人的意见，使每个人本身成为权威过程和社会支配过程的一部分；它必须使每个人的需要和欲望有机会被记录下来，使每个人在社会政策决定上起作用。

但是，作为一种生活方式的民主主义和政治民主两者并不是对立的。政治民主的发展是用互相商量和自愿同意的方法，代替以强制力量使多数人屈从于少数人的方法，用人民公共意志的政治代替少数人发号施令的政治。但是，如果不把民主主义作为一种生活方式，那么政治的民主是难以实现的。因为"除非民主的思想与行为的习惯变成了人民素质的一部分，否则，政治上的民主是不可靠的。它不能孤立地存在。它要求必须在一切社会关系中都出现民主

---

① [美]杜威.民主与教育行政.// 杜威.人的问题 [M].傅统先，邱椿，译.上海：上海人民出版社，1965：43-44.

② [美]杜威.自由与文化 [M].傅统先，译.北京：商务印书馆，1964：98.

③ [美]杜威.民主主义与教育.// 杜威教育论著选 [M].赵祥麟，王承绪，编译.上海：华东师范大学出版社，1981：167.

的方法来支持着它"①。

由此出发，杜威明确指出："民主的基础是信仰人性所具有的才能；信仰人类的理智和信仰合伙和合作经验的力量。这并不是相信这些事物本身就已经完备了，而是相信如果给它们一个机会，它们就会成长起来而且就能够继续不断地产生指导集体行动所必需的知识和智慧。"② 杜威反对所需要的理智只限于优越的少数人，反对这些少数人具有控制别人行为的才能和权利。所以，在《哲学的改造》一书中他指出："民主主义有许多意义，但是，如果它有一个道德的意义，那末这个意义在于决意做到：一切政治制度和工业安排的最高的检验标准，应该是它们对社会每个成员的全面发展所作出的贡献。"③ 在杜威看来，只有在人们能按能力参与所属社会团体的目的和政策的决定时，才可能有圆满的教育，这个事实确立了民主主义的意义。

杜威还认为，作为一种生活方式的民主主义并不是固定不变的，而是随社会生活的发展而变化的，是随着社会生活的需要、问题和情况而去重新创造的东西。他强调指出："民主主义的观念本身，民主主义的意义，必须不断地加以重新探究；必须不断地发掘它，重新发掘它，改造它和改组它；同时，体现民主主义的政治的、经济的、社会的制度必须加以改造和改组，以适应由于人们所需要和满足这些需要的新资源的发展所引起的种种变化。没有生活方式站着不动或者能够站着不动；它或者往前走，或者往后退，往后退的结果是死亡。作为生活方式的民主主义不能站着不动。如果它要继续存在，它亦应往前

---

① [美]杜威.民主与教育行政.// 杜威.人的问题 [M].傅统先，邱椿，译.上海：上海人民出版社，1965：51.

② [美]杜威.民主与教育行政.// 杜威.人的问题 [M].傅统先，邱椿，译.上海：上海人民出版社，1965：45.

③ [美]杜威.哲学的改造.// 杜威教育论著选 [M].赵祥麟，王承绪，编译.上海：华东师范大学出版社，1981：250.

走，去适应当前的和即将到来的变化。"① 在杜威看来，在民主主义观念上所犯的最大错误，就是把民主主义看成某种在观念上和在外部表现上都是固定的东西，其结果是民主主义开始走上通向死亡的道路。

应该看到，杜威形成的民主主义信念既与旧时代的专制对立，又与20世纪二三十年代的法西斯主义对立。这种民主主义信念体现了进步主义时代的精神，有别于农业时代的民主，而与工业社会和经济生活更紧密相连。从这个意义上说，杜威形成的民主主义信念就是关于工业时代民主的信念。简·杜威在《杜威传》一书中这样写道："根据现代观点，在杜威的讲课中，最重要的论述是：没有经济和工业的民主，就不可能有政治的民主。"②

对于杜威社会生活理想的民主主义信念，复旦大学哲学系刘放桐教授提出了这样的看法："尽管杜威有关这方面的论述的确未能越出资产阶级民主自由论的界限，但只要对之作出较为具体的分析就可以发觉，杜威所竭力维护的是占社会大多数中下层群众的民主自由。他反对西方社会少数人的特权和垄断地位，对各种剥夺和削弱广大群众民主自由的观点作了许多揭露和批判。为此，他强调要对西方传统的民主自由观念加以改造，使之既不把个人的民主自由绝对化，又符合大多数人的利益的目的。"③ 这种看法是对杜威民主主义信念的重新认识和评价。

（三）民主主义与教育

杜威十分强调民主主义与教育的问题。对此他曾作过长时间的认真思考，

---

① ［美］杜威.民主对教育的挑战. // 杜威.人的问题［M］.傅统先，邱椿，译.上海：上海人民出版社，1965：35.

② ［美］简·杜威.杜威传（修订版）［M］.单中惠，编译.合肥：安徽教育出版社，2009：38.

③ 刘放桐.重新认识和评价杜威. // ［美］杜威.新旧个人主义：杜威文选［M］.孙有中，译.上海：上海社会科学院出版社，1997：6.

并明确提出了"为了民主的教育和教育的民主"①的观点。在杜威看来，民主主义与教育之间的关系是一种极其密切交互的关系，一种内在的、重要的和有机的关系，其中教育在民主的发展中扮演了"助产婆"②的角色。具体来讲，教育和民主目标合而为一，这是一个必须予以充分重视的时代任务。

杜威认为，对于民主主义与教育之间的关系以及在学校应该是民主社会的坚定卫士方面，往往存在着疏忽的情况，因而产生了许多冲突和令人不满的事情。所以，他强调指出："对于民主与教育之间关系的认识的传播，或许是目前教育趋势中最有趣、最重要的一个方面。"③毫无疑问，杜威十分重视这个方面。对此，美国教育家拉特纳认为，杜威"比美国任何其他的思想界领袖更彻底地探寻着民主的问题，并且不倦地、坚持地指出许多应当不断予以克服的困难……教育永远占据着杜威的民主哲学的中心点"④。

1. 民主主义对教育的挑战

杜威认为，在民主社会中，民主主义对教育提出了严峻的挑战。民主运动不仅产生了大众教育的需要，而且要求有新的教育类型，还要求教育观念和实践的改变。对此，杜威撰写了《民主对教育的挑战》(*Challenge of Democracy to Education*)一文。他明确指出，民主主义要继续存在必须改变和前进，并对教育提出挑战。这种挑战就是如何使教育适应民主社会和民主主义的需要。在杜威看来，面对民主社会的发展以及民主主义的挑战，教育确实存在着不少问题，例如，学校与现代生活的隔离、知与行的隔离、课程和教材与社会生活方式的隔离等。因此，"如同民主主义为了继续存在必须行动、往前

①［美］简·杜威.杜威传（修订版）[M].单中惠，编译.合肥：安徽教育出版社，2009：40.

②［美］杜威.工业民主社会中实业教育的需要.// 杜威全集·中期著作第10卷[M].王成兵，等译.上海：华东师范大学出版社，2012：110.

③［美］杜威.明日之学校.// 学校与社会·明日之学校[M].赵祥麟，等译.北京：人民教育出版社，1994：387.

④［美］杜威.今日的教育[M].董时光，译述.上海：商务印书馆，1946：1.

行动一样，在民主社会中的学校亦不能站着不动，不能满足于其已有的成就，而应愿意从事于学科、教学法、行政的改造，包括那有关师生关系和学校与社会生活关系的更大组织之改造。如果不能这样做，学校便不能为民主主义继续存在所需的那些势力获得明智的指导"①。

针对知与行的隔离，杜威指出必须打破这种隔离。在他看来，只有在知识和行动的结合中，教育才能创造民主社会继续存在所必需的条件。也只有当学校使青年了解社会势力的运动与方向，了解社会需要和满足这些需要所能用的资源的时候，学校才能迎接民主资源的挑战。

针对课程和教材与社会生活方式的隔离，杜威指出，社会学科比学校中所教的其他学科与社会生活联系更为密切，所以课程的增设与重视社会学科应是学校系统迎接民主主义的一个挑战。自然学科使学生了解那些正在形成社会的力量，并了解有组织的智慧或科学怎样能被应用于有组织的社会行动上，否则民主主义的前途是不安全的。

面对民主主义的挑战，杜威始终认为，民主社会必须有一种为了民主的教育，这种教育是为维护民主主义服务的。"这种教育把学习和社会应用、观念和实践、工作和对于所做工作的意义的认识，从一开始就始终如一地结合起来。"② 更主要的是，这种教育"使每个人都有对于社会关系和社会控制的个人兴趣，都有能促进社会的变化而不致引起社会混乱的心理习惯"③。

为了迎接民主主义的挑战，教育必须使学生在明智的社会行动中，表现出应有的种种习惯和态度。因此，杜威指出："只是当年轻一代在学校中学习过了解起着作用的种种社会势力、它们运动的方向和交叉的方向、它们产生的

---

① ［美］杜威.民主对教育的挑战.// 杜威.人的问题［M］.傅统先，邱椿，译.上海：上海人民出版社，1965：36.

② ［美］杜威.明日之学校.// 学校与社会·明日之学校［M］.赵祥麟，等译.北京：人民教育出版社，1994：393.

③ ［美］杜威.民主主义与教育［M］.王承绪，译.北京：人民教育出版社，1990：105.

后果、若它们被知道并为智慧所控制它们可能产生的后果的时候——只有当学校提供这种了解的时候，我们才能确信学校已经迎接民主主义对于其所提出的挑战。"① 在他看来，为学校工作制定某种方针，从而使整个民主生活方式的丰富性与完美性得到发展，是民主社会中教育家最要注意的问题之一。

2. 民主主义是教育的参照点

在《教育与社会变化》一文中，杜威明确提出民主主义必须是教育的参照点。他说："一个更为强有力的论据是，除非教育有某个参照点，否则它必然是无目的的，缺乏一个统一的目标。必须承认要有一个参照点。在这个国家，有这样一个统一的参照点，这就叫做民主主义。我一刻也不认为民主作为一种生活方式，它的意义已经解决，不能有什么异议了……然而，肯定的一点是，民主的理想就其对人类的意义说，给我们提供一个参照点。"② 在杜威看来，在民主社会中，必须把民主主义作为教育行动的出发点和教育思想的依据，因为民主主义能够给教育行动以力量，并给教育思想以指导。

从民主主义是教育的参照点这一观点出发，杜威认为："民主主义本身便是一个教育的原则，一个教育的方针和政策。"③ 对于教育来说，民主主义作为一个原则、方针和政策，其意义是深远的。民主社会中的教育问题是更深刻的、更尖锐的、更困难的，只有依据民主主义这个原则、方针和政策，才能更好地解决教育问题。杜威强调指出："教育过程在主导的方面是以民主的或非民主的方式进行的，就成为一个特别重要的问题了；它不仅对于教育本身重要，而且在它对于一个专心致力于民主生活方式的社会的一切兴趣与活动方面

① ［美］杜威.民主对教育的挑战.// 杜威.人的问题［M］.傅统先，邱椿，译.上海：上海人民出版社，1965：35.
② ［美］杜威.教育与社会变化.// 杜威教育论著选［M］.赵祥麟，王承绪，编译.上海：华东师范大学出版社，1981：342-343.
③ ［美］杜威.今日世界中的民主与教育.// 杜威.人的问题［M］.傅统先，邱椿，译.上海：上海人民出版社，1965：25.

的最后影响中也是重要的。"① 所以，在杜威看来，只有坚持民主主义的原则、方针和政策，才能使学校教育更好地迎接民主社会的挑战。

杜威还认为，民主主义意味着与别人的自由联合和交往，在共同生活中由互相协商支配一切。它既是一种共同的生活方式，又是一种社会秩序，使每个人都能按自己的意愿发展。这给民主社会中的教育提供了一个出发点，并要求把灌输民主主义的观念和目的作为参照点。总之，对于教育家来说，应该把民主主义作为教育的一个参照点，勇敢而真诚地努力寻求民主主义的观念和目的所提出的具体问题的答案。

3. 教育是民主主义的首要工具

民主主义的维护和实现是一条极其艰难的道路。面对民主主义的缺乏引起民主社会的矛盾和危机的情况，杜威主张以合作和智慧的方法逐步代替暴力冲突的方法。他强调说："民主的目的要求有民主的方法来实现它们……我们首先要维护的一点就是要明确，只有在我们日常生活的每一方面慢慢地、日复一日地采用和传播那种与我们所要达到的目的相同的方法，才能做到为民主服务。"② 在杜威看来，运用民主的方法既是必要的，又是艰巨的。

在那些为民主主义服务的民主方法中，杜威把教育看成一个重要的方法。在《今日世界中的民主与教育》(*Democracy and Education in the World of Today*) 一文中，他明确指出："如果没有我们通常所想的狭义教育，没有我们所想的家庭教育和学校教育，民主主义便不能维持下去，更谈不到发展。教育不是唯一的工具，但它是第一的工具，首要的工具，最审慎的工具。通过这个工具，任何社会团体所珍视的价值，其所欲实现的目标，都被分配和提供给

---

① [美] 杜威. 民主与教育行政. // 杜威. 人的问题 [M]. 傅统先，邱椿，译. 上海：上海人民出版社，1965：48.

② [美] 杜威. 自由与文化 [M]. 傅统先，译. 北京：商务印书馆，1964：132-133.

个人，让其思考、观察、判断和选择。"① 对于民主社会来说，教育无疑是纠正社会弊病和解决社会问题最有影响力、最基本的方法，其首要责任就是对改善现存的社会秩序作出贡献。1919 年访问中国时，杜威这样说："社会的改良，全赖学校。因为学校是造成新社会的、去掉旧弊向新的方面发展的、且含有不曾发现的能力预备儿童替社会做事的一大工具。许多旁的机关都不及它，例如警察、法律、政治等，也未始不是改良社会的东西，但它们有它们根本的大阻力。这个阻力，唯有学校能征服它。"② 在他看来，民主生活方式的最大力量在于民主教育。"所有的民主都对教育给予足够的尊重，这一点并不意外。并不意外的还有，学校教育一直是它们首先和持续关注的对象。"③

杜威认为，要成功地维护民主主义，必须利用最有效的方法获得与物质生活基本相称的社会知识，同时发明和利用与我们的技能力量基本相称的社会生活形式；必须更清楚地了解民主主义的意义，并使学校成为个人明智地参加民主社会的工具。在民主社会中，如果学校要成为真正的教育机构，那它对于民主观念的贡献就是要使知识（行动的力量）成为个人的内在智慧和性格的一部分。在杜威看来，教育应该提供一种生活，既使个人的兴趣和需要得到满足，又使个人的个性和能力得到充分的发展；教育应该解放个人的理智，使其发挥特长，并且学会与别人共同生活和相互合作。要达到民主主义社会理想目标所需要的习惯和态度，教育具有重要作用。

杜威的民主主义信念以及他对民主主义与教育之间关系的论述，充分反映了他的社会政治观。尽管杜威对传统的民主自由观念进行了改造，他的民

---

① ［美］杜威.今日世界中的民主与教育.// 杜威.人的问题［M］.傅统先，邱椿，译.上海：上海人民出版社，1965：27.

② ［美］杜威.教育哲学.// 杜威五大讲演［M］.胡适，译.合肥：安徽教育出版社，1999：111-112.

③ ［美］杜威.工业民主社会中实业教育的需要.// 杜威全集·中期著作第10卷［M］.王成兵，等译.上海：华东师范大学出版社，2012：110.

主主义信念也是对当时美国社会危机的思考，但是其目的是维系美国的民主社会制度。杜威这样说："社会的动荡不安已经到这般地步，如果不设法加以制止，那就有可能引起革命。"① 美国哲学家和教育家胡克在《教育是什么？》（*What is Education?*）一文也指出："能预见到我们危机的普遍性的是杜威，而不是各式各样批评杜威的人中间的哪一个。"②

在杜威实用主义教育思想体系中，民主主义与教育两者是统一的和不可分割的。直到晚年，杜威仍在强调："现在我们依然有一个问题，也许是比以前更迫切、更困难的问题，就是如何使教育制度适应民主社会和民主生活方式的需要之问题。"③

第五节　芝加哥大学初等学校的实验

对于杜威实用主义教育思想的形成，芝加哥大学初等学校的实验也是一个十分重要的因素。1896 至 1903 年，杜威在芝加哥大学主持并领导了这一教育实验活动。芝加哥大学初等学校成为杜威的哲学和心理学实验室。用杜威自己的话来说，这所实验学校的目的在于检验作为工作假设的某些来自哲学和心理学的思想。④ 在教师的努力和家长的支持下，芝加哥大学初等学校的实验活

---

① ［美］杜威.民主信仰与教育.// 杜威.人的问题［M］.傅统先，邱椿，译.上海：上海人民出版社，1965：17.

② ［美］胡克.教育是什么？.// 现代外国哲学社会科学文摘［J］.1965（8）.

③ ［美］杜威.民主对教育的挑战.// 杜威.人的问题［M］.傅统先，邱椿，译.上海：上海人民出版社，1965：34.

④ ［美］杜威.芝加哥实验的理论.// 杜威教育论著选［M］.赵祥麟，王承绪，编译.上海：华东师范大学出版社，1981：319.

动获得了成功，并成为美国著名的进步学校。在实验学校中，教师与儿童共同努力创造一种更好的教育经验。虽然学校只存在了 8 年，但是它为杜威构建自己的教育思想体系打下了必要的基础，也为杜威撰写许多重要的教育著作提供了大量的素材。从某种意义上讲，正是在芝加哥大学初等学校实验的时期，杜威开始形成了具有特色的教育思想。胡克指出，杜威的芝加哥大学初等学校的实验是"美国整个教育史上最重要的大胆的实验"[①]。詹姆士在给友人的信中也写道："芝加哥大学迎来了杜威领导下的酝酿十年之久的工作成果。结果无比精彩——真正的学校和真正的思想，也是重要的思想！……我们〔哈佛〕有思想，但没有学校；在耶鲁有学校，但没有思想；而在芝加哥既有学校，又有思想。"[②]

（一）实验学校的沿革

1894 年夏杜威担任芝加哥大学哲学系和教育学系主任后，产生了创办实验学校的想法。他"逐渐认识到，现在的教育方法，特别是小学的教育方法，是与儿童正常发展的心理学原理不相协调的。这激起了他创办一所实验学校的愿望。在他看来，实验学校应该把学习心理学的原理与他本人道德研究中的合作交往原理结合起来；同时，也应该使学生从杜威自己的学生时代就感到的乏味无趣的状况中解放出来。在学校的直接教育经验中，哲学应该得到它的社会应用，并受到检验"[③]。

---

①〔美〕梅休，爱德华兹.杜威学校〔M〕.王承绪，赵祥麟，等译.上海：华东师范大学出版社，1991：2.

②〔美〕威廉·詹姆士致亨利·怀特曼女士的信. // 杜威全集·中期著作第1卷〔M〕."导言".2012：1.

③〔美〕简·杜威.杜威传（修订版）〔M〕.单中惠，编译.合肥：安徽教育出版社，2009：26-27.

1895 年秋，芝加哥大学校方拨款 1000 美元建立了由杜威精心设计的教育实验室，即"大学初等学校"。1896 年 1 月，学校在金巴克大街 5714 号正式开办。大约有 12 名 6—9 岁的学生以及 2 位教师。美国教育史学家克雷明指出："正是出于对儿童的研究……杜威夫妇创办了自己的学校。"[①] 同年 10 月，学校迁至金巴克大街 5718 号上课。这时已有 32 名 6—11 岁的学生和 3 位正式教师，其中负责科学和家政、文学和历史、手工训练的老师各有 1 位，还有 3 位研究生在学校协助工作。

由于场所过于狭窄，1897 年 1 月，学校迁至第 57 大街与罗莎莉大院交界处的南方公司俱乐部上课，学生人数达 45 名，教师人数也有所增加。同年 12 月，学生增至 60 名，教师增加为 16 位。

为了给学校提供更大的校舍，1898 年 10 月，学校迁至埃利斯大街 5412 号，一直到 1903 年。学校这时增设了幼儿园，招收 4—5 岁的儿童，实现了杜威原有的设想。学生总数是 95 名，其中 6 岁以下的 20 名；教师人数也有所增加，其中专职教师 12 位，兼职教师 7 位。学校设施也有很大的改善，有体育馆、手工教室以及物理、化学、生物学的实验室和历史、英语的专用教室，还有提供家政用的厨房和餐厅等。

1902 年，杜威接受埃拉·杨（Ella F. Young）教授的建议，学校更名为"芝加哥大学实验学校"（Laboratory School of the University of Chicago），一般称为"杜威学校"（Dewey School）。"这所学校之所以称为'实验学校'，是要强调它的实验性质，尤其是要用它来检验杜威博士的一些理论以及它们的社会含义的。"[②] 学校面临资金缺乏、多次变换校址以及学校设施不足等困难，必然影响实验计划的实施。杜威指出："的确，当学校的人数增长时，当学生的年龄和成熟的程度增长时，没有更多适当的准备，而要继续地把实验进行下去，

---

① [美] 克雷明.学校的变革 [M].单中惠，马晓斌，译.济南：山东教育出版社，2013：121.
② [美] 克雷明.学校的变革 [M].单中惠，马晓斌，译.济南：山东教育出版社，2013：121.

那么，能顺利进行多久，这总是一个严重的问题。"① 在他的领导下，实验学校得到了学生家长和友人的坚定支持，大学各系也给予很大的帮助，学校不断发展。从 1900 年至 1902 年，学校人数连续增加，学生最高达 140 名，教师 23人，研究生 10 人。"随着规模的扩展，教学人员的组织在性质上变得比以前正规化了。杜威连任主任，教育学系的埃拉·弗拉格·扬教授任教学监督，杜威夫人以前与学校没有正式关系，现在正式担任校长。她还兼任英语和文学部主任……学校与大学的关系持续不变，以保障工作的稳定性和连续性，大学并提供专家指导、计划和教学监督等方面的便利。"②

　　创办一所新型学校，尤其是遵循新的理论原则，使实验学校这种无先例可循的学校遇到许多实际困难。但杜威本人始终抱着教育实验方法正确性的信心，并使这所学校成为家长、教师和教育家们的一个合作的创举。

　　正当学校向前发展时，发生了一个意想不到的情况。1901 年 3 月 19 日，前身是芝加哥库克县师范学校的芝加哥学院得到布莱恩（E. Blaine）夫人的大额赠款而并入芝加哥大学。芝加哥学院主要是训练师资的，它还设有一所供师资实习的初等学校。这样，芝加哥大学就有了两所初等学校：一所是杜威领导的实验学校，另一所是帕克领导的实习学校。由于前者缺乏资金而后者具有充分的资金，芝加哥大学校方包括哈珀校长决定把这两所初等学校合并。这个决定遭到实验学校教师和学生家长的强烈反对。杜威对此也表示反对，其原因在于这两所学校在理论、方法、实践方面有着很大的分歧。由于家长委员会向校方当局保证，实验学校将每年自筹资金 5000 美元，实验学校才得以继续了下来。

　　帕克于 1902 年 3 月 2 日去世，两个月后，杜威接受了芝加哥大学教育学

---

　　①［美］梅休，爱德华兹.杜威学校［M］.王承绪，赵祥麟，等译.上海：华东师范大学出版社，1991：214.

　　②［美］梅休，爱德华兹.杜威学校［M］.王承绪，赵祥麟，等译.上海：华东师范大学出版社，1991：6.

院院长职务。但这两所初等学校直到 1903 年 10 月才被合并。"那里存在着派系和对抗。杜威的教师忠于杜威，帕克的教师同样忠于帕克的思想。"① 显然，在这两所初等学校教师之间有着矛盾，也存在着紧张的关系。布莱恩夫人和原帕克学校的教师杰克曼（W. S. Jackman）不时写信给哈珀校长，要求解决一些麻烦的事情，或者抱怨杜威的工作。对原帕克学校的教师而言，杜威的合并的初等学校校长一职还没有被承认。也许杜威本人已意识到实验学校的困境，在合并成教育学院的 4 所学校 ② 的学生家长第一次联席会议上，他在致开幕辞中说，把各个部分凑在一起，对过去的成就将是一场更大的灾难。教育学院"依靠的是学校作为一个整体的社会生活，而不是依靠校内的小集团或小帮派"③。

1904 年初，杜威被告知他夫人奇普曼的校长职务将在这一年年底终止。此后不久，杜威提出了辞职。同事对此始料未及。尽管杜威的辞职到 1905 年 1 月 1 日生效，但他与芝加哥大学的关系在 1904 年春季学期结束后就停止了。杜威采取辞职的行动，离开芝加哥大学，"主要由于他对大学当局处理他夫人的实验学校校长职务一事感到不满所引起"④。但值得指出的是，其"真正原因是哈珀校长对杜威学校的冷漠和敌视"⑤。此外，"大学部允许给这所学校教师的子女免除 100 美元的学费，除此之外并没有提供更多的财政资助。在这所学校所存在的 7 年半时间里，一些朋友和赞助人对它的支持超过了大

---

① Ida B. DePencier. *The History of the Laboratory School*. Chicago：The University of Chicago，Quadrangle Books，1967：47.

② 指芝加哥学院、芝加哥工艺训练学校、南方中学和芝加哥大学实验学校。

③［美］梅休，爱德华兹.杜威学校［M］.王承绪，赵祥麟，等译.上海：华东师范大学出版社，1991：11-12.

④［美］梅休，爱德华兹.杜威学校［M］.王承绪，赵祥麟，等译.上海：华东师范大学出版社，1991：7.

⑤ Ida B. DePencier. *The History of the Laboratory School*. 1967：49.

学部"①。

杜威辞职后，实验学校的教师大多也离开了，芝加哥大学实验学校的实验就此终止。②"实验学校停办，家长们把它视同航船遇难，他们的期望随船一同覆灭，精神顿受挫折。"③但是，杜威与他的教育实验活动早已引起了公众的关注。

（二）实验学校的宗旨

芝加哥大学初等学校从创办起，就是一个真正的实验室，一所实验学校。在那里，杜威的教育理论能够付诸实践、得到检验并得到科学的评价。整个学校被认为是杜威教育理论的一个检验场所。正如杜威本人在教育学俱乐部的一次演讲中所说："构成这所学校基础的观念是实验室的观念……它有两个主要目的：（1）展示、检验、证实和批判理论上的阐述和原理；（2）在它的专门范围内的事实和理论要点中增加新的内容。"④在1895年11月6日给库克县师范学校教师米切尔（C. I. Mitchell）的信中，杜威还写道："芝加哥大学教育学系希望建设一所实验学校。其主要目的是想建立从幼儿园开始的学校，以便通过实验学校建立与教育学之间的学术联系。"⑤实验学校的两位教师梅休和爱德华兹在《杜威学校》一书的"序言"中也明确指出，在杜威的指导下，"这所学校产生了一个真诚的愿望，即与儿童共同创造一个教育经验，这个教育经

---

①［美］简·杜威.杜威传（修订版）［M］.单中惠，编译.合肥：安徽教育出版社，2009：27.

② 杜威辞职离开芝加哥大学后，芝加哥大学实验学校并未停办，而由杰克曼担任校长至1909年，后改由杜威学校的原来教师吉勒特（H. O. Gillet）担任校长，直到1944年他退休为止。

③［美］梅休，爱德华兹.杜威学校［M］.王承绪，赵祥麟，等译.上海：华东师范大学出版社，1991：14.

④ Ida B. DePencier. *The History of the Laboratory School*. 1967：18.

⑤ John Dewey to Clara I. Mitchell，6 November，1895. Butler Library.

验比甚至最好的现行教育制度所能提供的教育具有更大的创造性"①。在芝加哥大学教育学系的指导和管理下，这所学校同教育学系的关系正如一个实验室与生物学、物理学或化学的关系一样。因此，这所初等学校不是一所实习学校（practice school），也不是一所进步学校（progressive school），而是一所实验学校（laboratory school）。

作为一所实验学校，它的目的在于检验用于工作假设的某些来自哲学、心理学和教育学的思想。在《大学初等学校的课程和方法》（*The University Elementary School: Studies and Method*）一文中，杜威指出，芝加哥大学实验学校的"基本原则必然地要求在很大程度上与传统学校所常见的目的、方法和教材相决裂。它包含着与那种认为教育上恰当的教材和基本上为众所周知的教学方法，现在只需加以提高，精炼、扩充的概念断绝关系。它还意味着更多地注意个人、儿童和当代社会的现状，而不去注意主要以过去的成就为基础的学校中的情况。它更包括对工作、游戏和探求持积极的态度，来替代那种在传统学校还占统治地位的硬塞、强吞现成知识和固有技巧的教学方法。它更意味着比传统学校给首创、发现和理智自由的独立的传授以更多的机会"②。

具体来说，有四个问题值得试验：第一，如何使学校教育与儿童的家庭和邻里生活更密切地联系，如何克服学校和儿童日常生活之间的脱节现象。实验使教育者了解能做些什么以及怎样做。例如，使儿童认为去学校和在家里有同样的兴趣，发现在那里有许多事情值得做。无论在学校还是在家里，都应该用同样的动机使儿童工作与成长。第二，如何使学校所教的科目在儿童自己的经验中有积极的价值和真正的意义。实验使教育者了解，在周围环境的经验中有多少是真正值得儿童花时间去取得的，以及努力把那些具有积极内容、本身

---

① [美]梅休，爱德华兹.杜威学校[M].王承绪，赵祥麟，等译.上海：华东师范大学出版社，1991：3.

② [美]梅休，爱德华兹.杜威学校[M].王承绪，赵祥麟，等译.上海：华东师范大学出版社，1991：4.

具有内在价值、又能唤起儿童探究与建造热情的科目作为学校的核心。第三，如何激发儿童学习知识和获得技能的动机。实验使教育者了解，只有当儿童觉得有需要时才能激发其动机，使儿童对这些知识和技能的作用有所了解，并具有学习和获得它们的目的或动机。第四，如何使教材与儿童理智的和身体的活动相互联系起来。针对这样的问题，实验使教育者更加注意每个儿童的健康发展以及心理上的需要和能力，并对儿童的活动加以指导和组织，以便使儿童系统地而不是杂乱无章地了解事物。"其目的是要引起他们的好奇心和研究精神，唤醒他们对所生活的世界的意识，训练观察能力，让他们获得有关研究方法的实际感觉。"[①]

《芝加哥大学实验学校史》(*The History of the Laboratory Schools, The University of Chicago*) 一书的作者德彭西尔 (I. B. Depencier) 把在实验学校中展现的原理概括为五个方面[②]：一是使学校和儿童的家庭生活联系起来；二是儿童应该学习现在的生活，而不仅仅为将来的成人生活作准备；三是学校成为儿童通过问题而激发好奇心的一个场所，面对挑战可以运用自己的方法去发现结论；四是应该使儿童得到训练；五是教师牢记教学的中心是儿童而不是教材。

在杜威看来，只有按照已知的去行动，才能获得更多。在探索学校教育的意义上，这所学校应该是教育学的实验室；在探索儿童心理的意义上，这所学校是应用心理学的实验室。事实上，也因为它可以成为与其他科学实验室相媲美的实验室，才使芝加哥大学有理由维持这样一所初等学校。"它不打算论证一种特别的观念和学理。它的任务是按照现代心理学所阐明的智力活动和生长过程的原理来观察儿童教育的问题。这个问题在性质上是个不可穷尽的问

---

① [美] 梅休，爱德华兹.杜威学校 [M].王承绪，赵祥麟，等译.上海：华东师范大学出版社，1991：24.

② Ida B. DePencier. *The History of the Laboratory Schools, The University of Chicago*. 1967：19–21.

题。"① 具体来讲,一是研究在儿童身上显露出来的和发展了的心理;二是探索最可能实现和推进儿童正常生长的条件的材料和媒介。

因此,这所初等学校常被称为"实验学校"。这个名称不仅恰如其分,而且意义深长。"因为它是通过实验来指出有关教育以及教育的问题是否能解决和怎样解决。实验的一个特征,是改变或修正原来的方法或计划。"② 在实验的过程中,杜威就对原来的两点想法进行了修改:一是在学校刚建立的那些年里,学校规模小,把年龄大的儿童和年龄小的儿童混合编制,以便年龄大的儿童能帮助年龄小的儿童,不仅在于照顾和学习,而且对双方有道德上的好处,就像他们在家庭里一样。但这种做法随着学校规模的扩大被放弃了,按儿童共同的能力或具有的知识分班,但不同班级的儿童仍然是混合的,可以自由走动,接触到不同的教师。二是实验刚开始时,认为多面手的教师是最好的,或者要求一位教师教几门科目,但很快就意识到如果要使教学工作成为有挑战性的、起激励作用的和引人思考的,就应该由专人来承担,因而改成把各项工作交专人负责。

杜威在《杜威学校》一书的"引言"中指出:"这所学校为这样一种愿望所激励,即希望发现一所学校在行政管理、教材选择,以及学习、教学和训练的方法方面,能够在发展每一个人自己的能力和满足他们自己的需要的同时,又成为一个合作的社会。"③ 为了使芝加哥大学初等学校实现自己的宗旨,成为一所名副其实的实验学校,杜威要求在实验的过程中,必须保证各项安排,允许并鼓励自由研究,以确保重要的事实不被忽视,保证以探究为指引的

---

① [美]杜威.学校与社会.//学校与社会·明日之学校[M].赵祥麟,等译.北京:人民教育出版社,1994:74.
② [美]梅休,爱德华兹.杜威学校[M].王承绪,赵祥麟,等译.上海:华东师范大学出版社,1991:26.
③ [美]梅休,爱德华兹.杜威学校[M].王承绪,赵祥麟,等译.上海:华东师范大学出版社,1991:1.

教育实践能够得以进行的各种条件，保证没有来自不正当的或依赖于传统和先入之见的歪曲。

（三）实验学校的组织和管理

1. 实验学校的组织

根据杜威 1898 年撰写的《大学初等学校组织计划》(*Plan of Organization of the Univeristy Primary School*)，芝加哥大学实验学校的组织分成三个阶段[①]。

第一阶段（4—8 岁半）。在这个阶段，以直接的社会兴趣以及个人兴趣、印象、观念和行动之间直接而即时的关系为特征。其目标是在学校中重演儿童校外经验的典型方面，并使它扩大、丰富，逐渐系统化。学校生活和家庭邻里生活的联系特别密切，儿童大体上从事直接的社会外向活动，忙于做事和说话，较少进行理智的阐述、有意识的思考或掌握专门的方法。

第二阶段（8—10 岁）。这个阶段的目标是认识在儿童身上所发生的变化，并作出反应。教育的重点放在获得读写算以及操作等能力上，并把这些能力作为更直接的经验形式的必要帮助和附属品。在各种形式的手工劳动和科学方面，也有意识地注意做事的正确方式以及达到结果的方法。这是获得有关规律和工作方法的特殊时期。这个阶段应该注意两个方面条件：一是儿童在亲历的经验中需要有接触和熟悉社会与自然的实际情况；二是必须使儿童有更多日常的、直接的亲身经验，从经验中提供问题、动机和兴趣，并求助于书本来解决、满足和探求。

[①]［美］梅休，爱德华兹.杜威学校［M］.王承绪，赵祥麟，等译.上海：华东师范大学出版社，1991：42-44.

［美］杜威.学校与社会.// 学校与社会·明日之学校［M］.赵祥麟，等译.北京：人民教育出版社，1994：79-85.

第三阶段（11—13 岁，具体实验中延续到 15 岁）。在这个阶段，儿童把已获得的知识和技能应用于明确的研究和思考上，进而认识到概括的重要性和必要性。这是学习专门学科的中等教育的开始阶段。儿童不仅没有牺牲全面性、精神训练或对专门学习工具的掌握，而且生活得到积极的扩大，生活的视野更加广阔、更加自由、更加开放。

具体来讲，实验学校不分年级，按儿童年龄兴趣和社会适合性进行分组。整个学校分成 11 个组（小班）：第一阶段：一班（4 岁）、二班（5 岁）、三班（6 岁）；过渡阶段：四班（7 岁）、五班（8 岁）；第二阶段：六班（9 岁）、七班（10 岁），过渡阶段：八班（11 岁）、九班（12 岁）；第三阶段：十班（13 岁）、十一班（14—15 岁）。

杜威指出，儿童的发展具有阶段性，但这些阶段绝不是截然划分的，而是各个阶段相互结合和重叠，逐渐过渡。

2. 实验学校的管理

芝加哥大学实验学校"本身的教育工作是一种联合事业。许多人参与这个事业的过程"[1]。实验学校的整个历史表明，1896—1903 年的实验是教师、学生和家长之间的合作的创举，他们彼此协作努力以寻求一个共同的目的。

（1）实验学校的教师是革新者

随着学校规模的扩大以及应付管理不断增长的需要，教师按照每个人的兴趣和才能采取了自然的分工。学校设立了幼儿园、历史、语言、科学和数学、家政和手工、美术、音乐、体育等部，每个部都由最合适的教师担任。尽管每位教师都因为与杜威学校的事业联系在一起而感到幸运，但杜威强调，为了在实验学校里避免极端，"不打算把学校计划的原则作为学校要做些什么的定规……学校的原则的应用在教师的手中，而且这种应用实际上等于教师对于

---

① ［美］杜威. 学校与社会. // 学校与社会·明日之学校［M］. 赵祥麟，等译. 北京：人民教育出版社，1994：23.

原则所作的发展和修改。教师不仅在使原则适应实际的情况方面有大的自由，而且如果可能的话，将赋予他们更多的责任"①。作为教学监督的埃拉·杨教授以及校长艾丽丝·奇普曼（Alice Chipman），她们的个性和方法是采用更多的理智的组织，而没有妨碍教师的自由。

在实验学校中，教师是一名咨询者、一位领导者，当儿童遇到困难时又是一名帮助者。教师意识到，在儿童的活动中，教师的责任是提供儿童所需要的材料和教导，以达到儿童所期望的目的。通过实践，实验学校的教师不仅具有虚心、诚实、热情、合作的态度，而且这样的素质能从儿童个性成长需要出发，锻炼和培养他们的能力。当时的芝加哥公立学校儿童研究部主任在对实验学校学生作一系列测验之后指出，在实验学校这样一个教育实验室里，教师"增进儿童心理学方面有组织的和经过融化的知识并成为一个训练有素的儿童观察者……他们更好地了解儿童们的各种性格，更好地懂得他们的多种需要，并为他们作好准备"②。

为了达到统一并使学校的活动成为一个整体，实验学校的教师在工作上保持联系和合作，通常有两种方式：一是每周的教师会议。在会议上，按照总的计划对上周的工作进行回顾，由教师报告在计划中所遇到的困难，接着对计划进行修改。1899 年，在杜威的领导下所制定的一份教师会议的提纲中列出了这样一些问题："在教学过程中是否有任何共同的标准？""智力方面的目的是单一的还是多重的？""有没有一个正常的心理过程适合于我们所要达到的目的？""为了达到这个目的所采取的各项研究的意义是什么？"等等。通过教师会议，教师知道所有班级已做了什么，以及什么是成功的或失败的。二是教师的日常接触。在午餐或放学后的接触中，教师们一起交谈工作，并交流

① [美]梅休，爱德华兹.杜威学校[M].王承绪，赵祥麟，等译.上海：华东师范大学出版社，1991：320.
② [美]梅休，爱德华兹.杜威学校[M].王承绪，赵祥麟，等译.上海：华东师范大学出版社，1991：343.

各自与小组儿童一起活动的情况。在每周用打字机打印的报告中，同各年龄的儿童接触的所有教师提供了作研究讨论问题和作进一步调查与结论的资料，其价值就如同医学上系统的临床记录一般。"这种非正式的相互交流同每周的聚会起了这种作用，即使那些通常所谓的纪律问题以及发展计划的那些问题得到统一与协调。"①

因此，尽管实验学校的许多教师能在别处得到更高的工资，但他们因为对实验学校感兴趣而选择与杜威一起工作。在《学校与社会》一书第二版的"作者说明"中，杜威明确指出："教师们的智慧、机敏和献身的精神使它的原来的不定型的计划转变成明确的形式、生活的实体和它们本身的活动。"②

（2）实验学校的学生是积极的参与者

在实验学校的教师看来，学生是实验学校中最重要的群体。实验的主要目的是争取他们和指导他们参与。在某种意义上，"实验学校的整个过程……需要有学生和教师在感情上、实际上——或在外现活动中——和理智上共同经营的现在的社会生活"③。

在实验学校中，儿童按照他们的兴趣和社会适合性进行分组，与生理年龄基本一致。在那里，儿童能有自己的兴趣和自由。由于学校的活动是多种多样的，使得所有的儿童都能得到表现的自由。儿童通过积极而主动地参与活动，培养了探索的精神，养成了探索的习惯。实验学校的"教育过程是一个实验的过程，而且是由儿童们自己实际参与的过程"④。

---

① ［美］梅休，爱德华兹.杜威学校［M］.王承绪，赵祥麟，等译.上海：华东师范大学出版社，1991：329.

② ［美］杜威.学校与社会.//学校与社会·明日之学校［M］.赵祥麟，等译.北京：人民教育出版社，1994：23.

③ ［美］杜威.芝加哥实验的理论.//杜威教育论著选［M］.赵祥麟，王承绪，编译.上海：华东师范大学出版社，1981：327.

④ ［美］梅休，爱德华兹.杜威学校［M］.王承绪，赵祥麟，等译.上海：华东师范大学出版社，1991：357.

除幼儿园外，实验学校每周举行一次由全校学生都参加的集会，时间长短不一，在 20 分钟到 30 分钟之间。这种集会具有社交和文化交流的目的。在集会上，不同小组的儿童报告有关科目学习、野外旅行等情况，朗读自己撰写的故事，进行自己创造的游戏，或唱自己创作的歌曲。"这是为学生提供机会，让他们从有兴趣的报告中分享乐趣，并培养对报告和艺术的表达给予社交价值的习惯、感情和态度。这也帮助儿童们学会合作的艺术，发展创造性以及承担责任。这促进了清晰的思维的发展，并培养了对有艺术价值的文娱表演的愿望。"[①] 除外，学生每周出版一份学校报纸。具体由那些年龄大的小组负责，年龄小的小组给这份报纸提供报告、故事、诗歌和歌曲等。这份学校报纸在学生中起到了交流的作用。

实验学校的教师在教育革新上的态度对学生产生了积极的影响。这"似乎使儿童形成一种不平常的反应，就好像植物对空气和阳光的反应一样，这反应是真诚的、自由的"[②]。

（3）实验学校学生的家长是坚定的支持者

实验学校的整个历史表明，学生家长是实验学校不可或缺的一个要素，他们在许多方面的支持，对实验的有效完成非常重要。可以说，如果没有学生家长的支持，实验学校就不可能继续开办下去。一位邻居妇女也这样说："开始时，我对于我所看到的东西显然感到不满。随着时间推移，我开始改变这种看法……最后我认识到，教育不只是关系到当学生的儿童的事，它也关系到家长，最后关系到整个社会的问题。"[③]

---

① [美] 梅休，爱德华兹.杜威学校 [M].王承绪，赵祥麟，等译.上海：华东师范大学出版社，1991：345.

② [美] 梅休，爱德华兹.杜威学校 [M].王承绪，赵祥麟，等译.上海：华东师范大学出版社，1991：355-356.

③ [美] 梅休，爱德华兹.杜威学校 [M].王承绪，赵祥麟，等译.上海：华东师范大学出版社，1991：351.

在实验学校开办后的第一年，杜威邀请学生家长一起讨论由这所学校而引起的问题，向他们报告学校的情况并回答他们的批评。尽管在实验学校附近地区生活的大多是有文化的和受过教育的人，例如，博士、医生、银行家、律师、企业家以及芝加哥大学的教职人员等，但作为学生家长，到第一学期结束时就成为实验学校的坚定支持者。当时实验学校缺少资金，一位资助人捐赠了2500 美元，使它能继续开办下去。

1897 年，即实验学校开办后第二年初，实验学校成立了家长协会（The Parents' Association），它的早期名称是"初等教育俱乐部"（The Elementary Education's Club）。家长协会的细则规定："通过理论的讨论和实际的应用，促进对于初等教育的一般兴趣，特别是旨在推进芝加哥大学实验学校工作的共同商议和合作。"①家长协会有两个目的：一是保证对实验学校的财政支持；二是提供关于实验学校在课程和方法上改革的信息。家长协会由一个执行委员会领导，下设多个委员会，其中的教育委员会主要处理家长协会在教育方面所关心的事情，特别是关于实验学校的教育原则和方法的研究。

对于实验学校在做些什么以及为什么这样做，家长们需要知道。因此，家长们不时对实验学校进行访问。学校也允许家长们在房间之间自由走动，每个房间都为家长们增设椅子。与此同时，家长协会每月举行一次集会，讨论的议题或由校外的专家和教师提出，或由实验学校教师在研究讨论后提出，或由家长提出。其中有"阅读的问题""现代教育的一些问题""儿童的体育生活""野外旅行的目的""如何简化儿童的生活"，等等。这种由家长和教师共同讨论教育问题的方法，受到家长的欢迎。

为了使学生家长能更好地了解实验学校的真正目的，用实验学校的原则教育家长，按照杜威和埃拉·杨教授的意见，实验学校连续三年为家长开办了

---

① ［美］梅休，爱德华兹.杜威学校［M］.王承绪，赵祥麟，等译.上海：华东师范大学出版社，1991：352.

一个班，家长协会的所有成员都能参加。在班上，杜威阐述他的教育理论并进行讨论，讲述实验学校的原则，回答家长提出的有关实验学校的问题。《学校与社会》一书正是他对家长协会所作演讲的汇集。

在 1896—1903 年，家长协会似乎成为实验学校的一个组成部分。正是在实验学校的发展过程中，家长协会和实验学校保持了密切的关系，尤其是有助于家长和教师之间更多的理解。由于家长们"越来越理解正在进行的工作，并改变了他们运用的判断标准，他们的同情和见识，就不只是反映在他们自己的小孩身上，也反映在教师和整个学校的生活上。他们给学校提供了有价值的信息和建议……"因此，"这所学校已经逐步形成具有积极兴趣和同情的家长的坚固的核心，他们热情地忠于学校，并在所有困难的时刻支持学校……没有家长的这种明智的和热情的支持，学校将不可能完成已经开始的工作，甚至学校不可能继续存在下去"①。随着芝加哥大学实验学校的发展和扩大，实验学校成了包括教师、学生以及家长在内的一个共同事业。

（四）实验学校的课程和方法

在杜威的理论引导下，芝加哥大学实验学校在课程和方法上进行了实验。其经历了两个时期：第一个时期（1896—1898）是课程和方法的试验时期。学校根据课程假设的理论前提以及对儿童本能的看法，编制一整套的课程和方法。第二个时期（1898—1903）是在第一个时期证明有效的课程和方法的基础上继续并有所修正的时期。学校"一方面要保证调查研究的自由，另一方面要保证儿童生活的正常发展。这意味着课程的计划，在性质上不是静止的，需要不断地照顾成长中的儿童的经验和他们的变动着的需要及兴趣。这包括学校

---

①［美］梅休，爱德华兹.杜威学校［M］.王承绪，赵祥麟，等译.上海：华东师范大学出版社，1991：351.

仔细安排和有识别地寻找教材，以便实现和促进儿童的全面成长。这意味着研究和观察，以便提出教材的内容和手段，使儿童能够把他过去经验中有价值的东西和他的现在与未来联系起来"①。

1. 实验学校的课程

为了有助于课程的实验，实验学校给儿童提供了一个社会化的、理智的和自然的环境，并使学校生活计划成为家庭生活简化而有秩序的继续。对儿童来说，实验学校是一种既新颖又熟悉的环境，它注意以下两个重要的原则："第一，在所有的教育关系中，出发点是儿童行动的冲动，即他对周围环境刺激作出反应并寻找具体表达方法的愿望；第二，教育的过程在于提供材料以及各种积极的和消极的条件——允许和阻止——以便他的受理智控制的表达得以选择在形式上和感情上都具有社会性的正常方向。这些原则决定了整个学校的工作和组织，无论是具体的或细节的。"② 在杜威看来，这也是课程的实验基础。

在实验学校的课程计划中，整个课程分成三种基本类型：第一种是主动的作业，即既对儿童具有吸引力又适合于达到教育目的的各种形式的活动、游戏和工作；第二种是与社会生活背景相关的课程，例如，历史、地理等；第三种是使儿童掌握与运用理智的交流和探究方法的课程，例如，阅读、书写、数学、自然科学等。杜威 1901 年在《手工训练在初等学校课程中的地位》（*The Place of Manual Training in the Elementary Course of Study*）一文中指出："从这三种课程内容，我们可以看到一种趋向，即离开了个人的和社会的直接兴趣而采取间接的和遥远的形式。第一种课程内容不仅为儿童提供他们在日常生活中所直接从事的同一种活动，而且为儿童提供某些他们在每天的生活环境中早已

---

① ［美］梅休，爱德华兹. 杜威学校［M］. 王承绪，赵祥麟，等译. 上海：华东师范大学出版社，1991：15.

② ［美］梅休，爱德华兹. 杜威学校［M］. 王承绪，赵祥麟，等译. 上海：华东师范大学出版社，1991：17.

熟悉的社会活动方式。第二种课程内容仍是社会性的，但为儿童提供的是共同生活的背景，而不是共同生活的直接现实。第三种课程内容的社会性，与其说是体现在它本身成为任何更直接的联系和交往中，还不如说是体现在它的最终动机和效果，即维系文明社会的学术连续性中。"① 这段话清楚地显示出杜威设计的一种课程的主线。但是在更高的教育阶段，课程计划的专门化以致失去同社会生活的直接联系是合乎需要的。

具体来说，实验学校中不同年龄的班级的课程计划是不同的。

一班（4 岁）和二班（5 岁）的课程计划包括手工劳动、唱歌、讲故事、列队行进、游戏、韵律运动等，其中手工劳动包括建造活动、玩积木、绘画、黏土造塑、沙箱活动以及任何适合的表现手段，完全以重演家庭和邻里的生活为中心。与其他很多幼儿园相比，这个课程计划并不庞大。但是，它不仅和生活需要密切联系，而且它常常是灵活的，适应不同的季节和诸如感恩节、圣诞节等特殊节日。

三班（6 岁）的课程计划包括游戏、音乐和各种艺术活动、智力活动、讲故事、主动的作业、园艺工作、参观旅行等，但大量时间用于主动的作业。其中主动的作业包括观察种子及其生长，观察植物、木材、油、石头和动物的结构以及各部分的功能或行为习惯，观察地形、气候和水陆分布的地理条件。儿童"不断地进行新的观察，修正和扩充这些观察，使他自己的意象不断发展，并且在明确而生动地认识新的和丰富的东西中得到心理上的安宁和满足"②。

四班（7 岁）的课程计划包括游戏、主动的作业、绘画、讲故事等。各种

---

① John Dewey. *The Place of Manual Training in the Elementary Course of Study.* // Jo Ann Boydston. *The Collected Works of John Dewey, The Middle Works* Vol. 5. Carbondale：Southern Illinois University Press，1976：231.

②［美］梅休，爱德华兹.杜威学校［M］.王承绪，赵祥麟，等译.上海：华东师范大学出版社，1991：65.

各样活动的开展，向每个儿童提出了挑战。正是在这些真实的继续不断的活动中，儿童总结了他们的实际经验，了解了很多有关地质、化学、物理学和生物学的科学事实，形成了种种观念。

五班（8岁）的课程计划包括音乐、历史、阅读、书写、算术、戏剧表演、讲故事、绘画、手工训练等，其中手工训练包括木工、烹饪、缝纫。"但是，这个班的其他活动是这样安排的，有充分时间进行既要用脑和手、眼和耳，又要全身参加的种种活动。"①

六班（9岁）的课程计划包括阅读、书写、算术、乡土历史、自然地理、音乐、绘画、雕塑造型、户外游戏或室内锻炼等。与以前的阶段不同，从这一阶段起，开始实行课程的分化，更注意阅读、书写和算术的学习。因为"一个已经达到这个心理发展阶段的儿童，在读、写、算的学习中，将会发现能帮助他更加迅速、更加有效地达到他所期望的目的的手段"②。

七班（10岁）的课程计划为历史、阅读、书写、算术、手工训练（包括纺织和烹饪）、地理（包括野外考察）、实验科学、参观旅行等。在这一阶段，儿童个人的研究不断增多，自我指导的能力相应提高，与以前的阶段已有不少区别。例如，在历史方面，已从传记式的研究方法转到一般社会问题的讨论。又如，在实验方面，已从只是看将会产生什么结果转到发现必须怎样处理材料或力量才能产生某种结果等。

八班（11岁）的课程计划为历史、阅读、书写、算术、科学（包括初等物理和生物学）、纺织、烹饪、体育、音乐、绘画等。根据来校时间的长短，八班分成甲、乙两组。来校时间短的甲组儿童与来校时间长的乙组儿童在课程上是不同的，例如，甲组儿童在历史方面的活动与五班相似。通过课程学习，

---

① ［美］梅休，爱德华兹.杜威学校［M］.王承绪，赵祥麟，等译.上海：华东师范大学出版社，1991：115-116.

② ［美］梅休，爱德华兹.杜威学校［M］.王承绪，赵祥麟，等译.上海：华东师范大学出版社，1991：119.

儿童已能抓住问题，并能在达到一些目的时控制和指导自己的行动和意象。

九班（12岁）的课程计划包括历史、地理、科学、纺织、缝纫、烹饪、阅读、书写、算术、绘画、参观游览、音乐等。由于儿童在这一阶段的活动不断扩大范围和意义，包括扩大并加深很多思维世界的详尽教材，因此，他在运用知识和寻求知识方面有了一个开端，在运用实验研究的方法方面也获得一些技能。

十班（13岁）的课程计划包括阅读、代数和算术、摄影、物理学、生物学、地质学、植物学、设计与建造、野外旅行、编制地图、艺术与装饰、时事研究、音乐等。与以前的阶段相比，这一阶段的课程计划"在性质上是高度专门化的"[①]。但对工具性教材的使用是机智的而非机械的，是更主动的而不是被动地接受的。例如，在阅读方面，班上的每个儿童都按照自己选择的主题进行阅读，在教师指导下做自己的研究。

十一班（14—15岁）的课程计划有历史、自然地理、生物学、物理学、代数、几何、英语、法语、拉丁语、作文、手工训练（包括木工、金工、纺织、烹饪、印刷等）、音乐、艺术、辩论等。这一阶段的课程计划在性质上同样是高度专门化的，开设的各门课程按照一个更加逻辑的计划进行。但是，这一阶段的儿童"都是以一种不平常的广泛的第一手经验的背景作为他们更专门学习的基础"[②]。

总之，在实验学校中，"这些课程是与儿童的能力和经验生长的自然过程协调一致的"[③]。其课程计划旨在保证儿童经验的连续性、创造性习惯的培养和

---

① ［美］梅休，爱德华兹.杜威学校［M］.王承绪，赵祥麟，等译.上海：华东师范大学出版社，1991：187.

② ［美］梅休，爱德华兹.杜威学校［M］.王承绪，赵祥麟，等译.上海：华东师范大学出版社，1991：215.

③ ［美］杜威.学校与社会.//学校与社会·明日之学校［M］.赵祥麟，等译.北京：人民教育出版社，1994：74.

使用实验方法的技能的获得。它不是把课程看作儿童经验之外某些固定的和现成的东西，也不是把儿童经验看作没有生命力的东西。在某种意义上，实验学校就是通过活动组织课程。但是，这些活动"在必要时必须有加以改变、删节或重复的充分自由。结果，学校课程计划总是多少属于暂时性的，经常有所变动"①。

2. 实验学校的方法

在芝加哥大学实验学校中，所采取的最基本的方法就是活动。因此，从儿童熟悉的和自然的活动开始，给予每个儿童从事他真正要做的事情的机会和方法，并且在他做的过程中给以指导，使他学习知识并获得技能，又使他对所做的事情的社会意义的认识不断发展。杜威在《大学初等学校的课程与方法》一文中指出："至于方法，其目的是在活跃与指导儿童的主动的研究，并使事实和原则的收集服从于理智的自我控制，以及使构想和解决问题的能力得到发展。无论何时，以取得的一定分量的知识或以学习一定范围的题作为目的，而牺牲每一个儿童对研究方法和思想方法的掌握，便会造成巨大的损失。"②

从"生长中的儿童"这一概念出发，实验学校在选择能提供生长经验的活动时注意以下三方面：首先，这些活动应当是基本的，即作为社会生活基本需要的那些东西。例如，吃的、穿的或住的。这类没有时间性的活动，能激发儿童的兴趣并赢得他们的努力。其次，这些活动应当是简单的。例如，儿童能够重新发现、重新发明和重新建造的东西，或者现实社会生活中提供的各种活动。这些活动既能引起儿童的兴趣，又在他们的建造能力的范围之内。第三，这些活动不仅是儿童在做的时候感兴趣的东西，而且它们象征社会的情况，包括儿童能感知和理解的种种关系。儿童正是在这些活动中日益成熟起来，并过

---

① [美] 梅休，爱德华兹. 杜威学校 [M]. 王承绪，赵祥麟，等译. 上海：华东师范大学出版社，1991：41.

② [美] 梅休，爱德华兹. 杜威学校 [M]. 王承绪，赵祥麟，等译. 上海：华东师范大学出版社，1991：26.

渡到越来越接近成年人的理智的研究。①

　　实验学校采用的活动方法，不仅符合儿童的兴趣和努力，而且以简化的和能理解的形式代表儿童逐步扩大开来的各种社会活动；不仅适合任何年龄阶段儿童的能力，而且能满足儿童不断增长的兴趣和不断发展的能力的需要；不仅成为儿童搜集和保存广泛范围的理智思考的东西的最大吸引力，而且借助于它们使儿童对自己同自然界和社会的关系更具同情的了解。总之，实验学校正是通过儿童熟悉的活动扩展他们的兴趣，并把这些兴趣同范围更广大的社会生活连接起来。这些活动具有最大的建设性，既能使儿童用自己一切的力量和感情投入，又能使儿童扩大和加深自己的经验以达到整体的发展。各种有意义的活动，不仅使儿童对各种经验的反应更加敏感，而且使别人的间接经验同他们自己的经验更完全地结合起来，从而加深和丰富他们的经验。芝加哥大学实验学校的情况也表明："当各种活动是按照儿童的兴趣，并为达到儿童的目的而进行时，课程的效果是最好的。"②

　　除活动这一最基本的方法外，实验学校还采用谈话、讨论、问答、自由交换意见、讲课等方法。实验学校的一位历史教师曾在他的有关课程和方法的报告中这样写道："上课时所采用的方法一般是谈话和讨论。向儿童提供了种种事实和情况，使所研究的时代的生活尽可能具有真实性。"③但是，杜威认为，方法的选择往往取决于儿童心理和年龄。随着课程的分化以及课程计划的高度专门化，实验学校也采用了讲课的方法。儿童也"学会利用书本作为资料，而不仅仅作为知识的来源，同时也用旁人观察的精确结论。他们为中学阶

---

　　①［美］梅休，爱德华兹.杜威学校［M］.王承绪，赵祥麟，等译.上海：华东师范大学出版社，1991：219-220.

　　②［美］梅休，爱德华兹.杜威学校［M］.王承绪，赵祥麟，等译.上海：华东师范大学出版社，1991：369.

　　③［美］梅休，爱德华兹.杜威学校［M］.王承绪，赵祥麟，等译.上海：华东师范大学出版社，1991：280.

段的更多的专门化作业，在各方面作了准备"①。大学的图书馆和城市的图书馆成为实验学校儿童永不枯竭的书本资源，儿童早就学会了如何利用图书馆的那些参考读物。

（五）实验学校的意义

美国教育学者德彭西尔在他的《实验学校史》中写道："这所学校是世界著名教育家约翰·杜威的构想，从一开始它就是一所真正的实验室，杜威先生的教育思想在这里付诸实践、受到检验和得到科学评价。"②到1904年杜威离开芝加哥大学时，这所实验学校在美国教育界已成为最引人注目的教育实验园地。美国教育史学家克雷明称它是一流教师创办的一流学校。③

从1896年至1899年，芝加哥大学每周五发行的一份活页报纸——《大学纪事》（University Record）刊登了大量有关实验学校的报道，几乎每期都有一篇关于实验学校工作的报告，而且这些报告叙述得非常详细。1900年，《初等学校纪事》（Elementary School Record）专刊又连续9期登载实验学校工作的报告。这使得芝加哥大学实验学校到1900年时已远近闻名。

作为实验学校的创办者，杜威几乎每天都来实验学校工作。他"从来不唯我独尊。他甚至尊重最年轻和最缺乏经验的教师的意见，这使他们在工作中能够发挥创造性"④。在实验学校中，杜威或参加教师会议，或与教师个人接触，或对家长作演讲，对学校的整个实验工作给以指导，并亲自撰写有关实验

---

① ［美］梅休，爱德华兹.杜威学校［M］.王承绪，赵祥麟，等译.上海：华东师范大学出版社，1991：255.

② Ida B. DePencier. *The History of the Laboratory School*. 1967：15.

③ ［美］克雷明.学校的变革［M］.单中惠，马晓斌，译.济南：山东教育出版社，2013：126.

④ ［美］梅休，爱德华兹.杜威学校［M］.王承绪，赵祥麟，等译.上海：华东师范大学出版社，1991：3.

学校工作的一些计划。实验学校"所体现的思想始终是来自杜威的思想"①。教师的"路标就是杜威的理论和原理，他们的成功也正归于对儿童期和愉快学习的献身"②。芝加哥大学一位年轻的教育学讲师也这样回忆道："杜威博士为我们以及一切早期保持这种信念的人所做的伟大的工作，开拓了我们的眼界，发展了我们的理性，使我们所谓的理智有了灵活性。"③在实验学校中几乎所有的教师都认识到，他们工作取得成就多是由于杜威的支持、鼓励和信任的结果。

芝加哥大学初等学校的实验被认为是 19 世纪末 20 世纪初美国一次成功的教育实验活动，对美国教育思想和实践产生重要的影响。无论是实验学校的学生和家长，还是实验学校的教师和校外人士，都曾对实验学校作出评价。

实验学校的一位学生回忆说："在这个学校里，生活各方面有用的知识都得到学习。我们学会了用我们的手、我们的眼睛和我们的头脑，并明确了自身的职责。这是现实的基础。这些是很愉快而有价值的记忆。我是非常感谢约翰·杜威和他的理想的。"④另一位学生在她的回忆中作出了如下评论，在实验学校里，"每个儿童都觉得非常舒畅、愉快，很自然地得到满足并且像在自己的家里一样安乐，或许还更多一些。这是教育取得成功的前提"⑤。还有一位学生在给实验学校教师的信中这样写道："对于不了解我们在做什么的局外人来说，每天的课程好像是盛大的节日……这些想象上的狂人进了学院和大学，并

---

① Kathe Jervis and Carot Montag. *Progressive Education for the 1890s Transforming Practice*. New York：Teachers College Press，1991：62.

② Ida B. DePencier. *The History of the Laboratory School*. 1967：23.

③［美］梅休，爱德华兹.杜威学校［M］.王承绪，赵祥麟，等译.上海：华东师范大学出版社，1991：347.

④［美］梅休，爱德华兹.杜威学校［M］.王承绪，赵祥麟，等译.上海：华东师范大学出版社，1991：360.

⑤［美］梅休，爱德华兹.杜威学校［M］.王承绪，赵祥麟，等译.上海：华东师范大学出版社，1991：361.

且值得赞扬地和按照传统作了准备的学生一同完成了学习任务，使人感到迷惑惊异。"①

实验学校学生的家长在那里看到了他们希望自己孩子能受到的那种教育。人们在把实验学校的学生和其他学校的学生相比后，作出了这样的评语："要么他们是特殊儿童，要么他们受过特殊教育。"② 有一位家长在给实验学校教师的信中写道："我的孩子在学习上，算术、历史和英语的成绩特别使我高兴。因为老师具体地而不是抽象地教他们算术，他们的心算能力，在我看来是非凡的。他们做分数的加、减、乘和我做整数一样容易。他们的历史对他们是活的东西，读给他们听的优秀的文学作品对他们的母亲是有启发性的，对于培养他们对优秀的文学作品的爱好是很有帮助的。"③

实验学校的一位幼儿教师后来评论说，实验学校的"教学生涯是在最快乐和最有兴趣的经验中渡过的……杜威的思想是每个儿童应当通过有比较丰富经验的人的指导，就某些根本的目的自由地发展他自己的能力……我总觉得我自由地用自己的方法工作，并且他在教育上的思想和对我的教育经验的影响在过去的岁月里一直在增加着"④。另一位科学教师回忆说："我想，儿童们在思想上已经学到那种科学的态度，他们给自己提出了一些最简单的问题，这些问题也许涉及最普通的和日常的事实，这在某种程度上是真正的科学研究者所要从事的事情……"⑤

---

①［美］梅休，爱德华兹. 杜威学校［M］. 王承绪，赵祥麟，等译. 上海：华东师范大学出版社，1991：303.

②［美］梅休，爱德华兹. 杜威学校［M］. 王承绪，赵祥麟，等译. 上海：华东师范大学出版社，1991：14.

③［美］梅休，爱德华兹. 杜威学校［M］. 王承绪，赵祥麟，等译. 上海：华东师范大学出版社，1991：62 脚注1.

④［美］梅休，爱德华兹. 杜威学校［M］. 王承绪，赵祥麟，等译. 上海：华东师范大学出版社，1991：347-348.

⑤［美］梅休，爱德华兹. 杜威学校［M］. 王承绪，赵祥麟，等译. 上海：华东师范大学出版社，1991：357.

校外人士也对实验学校作了评论。例如，密歇根大学的欣斯戴尔（B. A. Hinsdale）教授曾在全国教育理事会（National Council of Education）的一次会议上说："现在更多的眼睛注视着芝加哥大学实验学校，超过对全国也许世界上其他任何一所初等学校的注视。"[1] 海恩尼斯州立学校的一位教师在访问实验学校后这样写道："当杜威实验学校存在的期间，我利用了一切的机会去访问它。我总觉得它对我自己的工作充满了启发性……正如杜威博士曾经一再指出的，是如此反对实验学校的思想，以致使保守者要理解进步者所怀想的东西成为不可能。结果，这些实验学校的很多的工作，在他们看来似乎是愚蠢的。"[2]

芝加哥大学初等学校的实验活动在当时是教育上的根本革新。作为一个教育实验活动，实验学校所创造的教育经验具有更大的创造性。杜威本人十分清楚地指出："我们不指望使别的学校刻板地模仿我们的做法。一个工作模型不是要照抄照搬的东西，它只是为原理的可行性和使原理可行的方法所做的一次演示。"[3]

芝加哥大学初等学校的实验活动，对杜威来说是一次令人愉快的合作。但是，由于财政、校舍和设备的实际困难，加上在行政管理上的意见不合，以及杜威本人的突然辞职，这一切使得许多计划和想法都没有付诸实施。对此，杜威不无遗憾地说："管理上的种种困难是由于缺乏经费，缺乏适当的校舍和设备和没有能力支付保证教师在一些重要方面所必需的全部费用。在这种情况下，要充分地实现得到公认的最好的计划，实际上是永远不可能的。"[4] 然而，

---

① University Record 1900（5）：160. // Ida B. DePencier. *The History of the Laboratory School*. 1967：38.

②［美］梅休，爱德华兹.杜威学校［M］.王承绪，赵祥麟，等译.上海：华东师范大学出版社，1991：348-349.

③［美］杜威.学校与社会. // 学校与社会·明日之学校［M］.赵祥麟，等译.北京：人民教育出版社，1994：72.

④［美］梅休，爱德华兹.杜威学校［M］.王承绪，赵祥麟，等译.上海：华东师范大学出版社，1991：214.

对于美国教育的理论和实践，尤其是对于杜威本人的教育思想，这所实验学校的意义是重要而深刻的。

努力使理论和实践紧密结合，是杜威整个教育研究学术生涯的重要特征。这一点在芝加哥大学实验学校上体现得更为明显。在《芝加哥实验的理论》（*The Theory of the Chicago Experiment*）一文中，杜威深刻地指出："教育理论和它在实践中的贯彻，两者的距离总是那么巨大，对于孤立地陈述纯理论原则的价值，自然令人怀疑。"[①] 在他看来，教育实践和教育理论存在着一种有机的和功能的关系。尽管杜威创办芝加哥大学初等学校是为了在实践中检验和应用他的教育理论，但时间短暂却内容丰富的实验活动为杜威实用主义教育思想体系的构建提供了实践基础。在《教育科学的资源》一文中，他把教育实践称为"社会工程学"，并指出"教育的实践供给提出教育科学的问题的资料，而已发展到成熟状态的各种科学，乃是取得理智地处理这些问题的资料的来源"[②]。杜威早期的一些重要的教育和心理学著作，正是在芝加哥大学初等学校的实验活动期间出版的。

第六节　新生家庭和孩子教育的影响

在创设美国第一个教育学讲座的密歇根大学期间，杜威开始对教育问题产生了兴趣。但一般认为，其主要原因是杜威参与了密歇根州中小学教师的培

---

①［美］梅休，爱德华兹.杜威学校［M］.王承绪，赵祥麟，等译.上海：华东师范大学出版社，1991：348-349.

②［美］杜威.芝加哥实验的理论.//杜威教育论著选［M］.赵祥麟，王承绪，编译.上海：华东师范大学出版社，1981：281.

训工作，激起了他对教育的关注。然而，应该看到，首要的且更重要的原因家庭和对孩子教育关注的影响，激发了杜威内心对教育的挚爱和专注，从而影响和推动了他教育思想的形成和发展。可以说，杜威后来在芝加哥大学创办初等学校，家庭和孩子教育的影响也是一个关键因素。杜威的学生、美国作家伊斯特曼（Max Eastman）在他的《约翰·杜威》（John Dewey）一文中指出："如果不是艾丽丝·奇普曼的缘故，那杜威永远也不会创办杜威学校。"[①]因此，在某种意义上，正是来自新生家庭和孩子教育的影响促使了杜威在教育上的起步，从而开始实用主义教育思想形成的道路。

（一）杜威对教育兴趣的肇始

杜威的第一篇教育论文《妇女健康与高等教育》（The Health of Women and High Education）是他 1884 年应聘到密歇根大学任教后第二年撰写的，并发表在《大学》杂志第 208 期（1885 年 9 月 19 日）上。此后，他于同年 11 月 22 日被列为《大学》杂志的撰稿人。接着，杜威又先后在《科学》杂志第 6 期（1885 年 10 月 16 日）和《大众科学月刊》杂志第 28 期（1886 年 3 月）上分别发表了《教育与妇女健康》（Education and the Health of Women）、《高等教育中的健康和性别问题》（Health and Sex in Higher Education）两篇论文。实际上，在杜威到密歇根大学任教之前的十年间，美国教育界都在进行关于妇女身体健康和她们所受的高等教育的关系的激烈争论。因此，在不到半年的时间中，原先对哲学、心理学和伦理学感兴趣的杜威竟然集中就"妇女健康与教育"这一主题发表相关的三篇论文。究其原因，那就是他那时正在与密歇根大学学教育的一个女学生艾丽丝·奇普曼谈恋爱。奇普曼是一个头脑聪明、有主见、富有热情的女孩，对思考生活有着强烈的兴趣。她也是密歇根大

---

① Max Eastman. *John Dewey*. The Atlantic Monthly. December 1941：p. 678.

学哲学系的"哲学学会"会员。因此，他们两人在密切的交往中无疑会谈到这一主题，从而促使了杜威开始对妇女健康与教育问题的思考。毫无疑问，杜威在女性教育上的观点受到了艾丽丝·奇普曼的启发。正如美国杜威研究知名学者、南伊利诺伊大学卡邦代尔分校杜威研究中心前主任博伊兹顿（Jo Ann Boydston）所指出的："杜威研究教育的最初文章充分说明了青年杜威对他所处安阿伯环境的诸多方面都深感兴趣；他之所以在这些文章中研究了女性教育问题，在某种程度上肯定是由于他与住在同一幢楼的一位年轻女士艾丽丝·奇普曼（即后来的约翰·杜威夫人）的交往。"① 所以，这些教育论文的发表标志着杜威对教育兴趣的肇始，其时间早于他自己参与密歇根州中小学教师的培训工作。当然，这也使得杜威成为最早支持大学开展女性教育的女性主义者。

具体来讲，在《妇女健康与高等教育》一文中，杜威强调指出："年轻妇女在高校中所处的社会、道德环境远未达到应有的程度。……现在的问题应该是：如何来改善高校的生活条件——既包括智识层面，也包括物质和社会层面。毫无疑问，对于这一问题的理性讨论和对于结果的用心实施，必将使高校生活及毕业后生活的而健康程度在大范围内得到普遍的改善。"② 在《教育与妇女健康》一文中，通过对大学女校友协会问卷调查（表格）的分析，杜威指出"需要对大学期间学生的生理、社会及道德环境作更深入的调查"③，以便对科学教育家和社会研究者具有更多的价值。在《高等教育中的健康和性别问题》一文中，结合女大学生的女性生理现象、婚姻分娩、卫生条件、健康状况、社会角色等，杜威通过量化研究数据证实了"高校学习无害"的结论，

① ［美］杜威全集·早期著作第1卷［M］. 张国清，等译. 上海：华东师范大学出版社，2010：388.
② ［美］杜威. 妇女健康与高等教育. // 杜威全集·晚期著作第17卷［M］. 李宏昀，等译. 上海：华东师范大学出版社，2015：7.
③ ［美］杜威. 教育与妇女健康. // 杜威全集·早期著作第1卷［M］. 张国清，等译. 上海：华东师范大学出版社，2010：55.

并指出当时美国女子的大学课程既没能解决女子教育问题，也没有接触到女子教育问题的实质；还指出在女子高等教育上，"即使女子大学的数量得到大量扩展，所有重要的男子大学都向女孩敞开大门，这也只是解决问题的必要基础而已"①。正是通过"妇女健康与教育"这一主题的思考，杜威后来强调男女同校教育的大学教育，更加注重针对女性特殊功能的大学生活的社会和道德环境，尽可能具体界定受过大学教育的女性在社会现实和政治现实中已有的与所渴望拥有的地位。

在此之后，杜威还参与了密歇根州中小学教师的培训工作。他是密歇根大学"确定满意学校"调查委员会的一个成员，因而有机会参观该州的许多中学。通过调查，那些被确定为满意学校的中学的毕业生，可以免试进入密歇根大学。同时，他还参加密歇根州教师俱乐部的活动，是俱乐部主席团成员之一。该俱乐部成立的宗旨，正是讨论与中学和大学都相关的问题。杜威后来发表的《从大学立场出发的中学心理学》，就是在 1886 年密歇根州校长俱乐部第一次会议上提交并宣读的论文，会后它还被收入由佩特洛尔出版社出版的《密歇根州教师俱乐部论文集》。在这篇论文中，杜威一开始就写到，他准备这篇论文是由于他的兴趣使然，还明确提出在中学里心理学应当作为一门独立课程与其他课程一起进行教学。其中有两段话，至今仍然是很有现实意义的：一是，"对这个时期儿童的探究进行指导，而不是放任其自生自灭。这对儿童们而言或许是一个直接的智力帮助，同时也可以帮助他们减少智力甚至道德力的浪费。但是，不仅需要通过心理学来满足学生的自我意识萌芽的要求，而且需要在各种学习之间保持平衡的关系"②。二是，"正确的心理学教学将倾向于阻止产生不良后果的习惯，因为正确的心理学将倾向于使学生的感情和理念独

①［美］杜威. 高等教育中的健康和性别问题. // 杜威全集·早期著作第1卷［M］. 张国清，等译. 上海：华东师范大学出版社，2010：55.

②［美］杜威. 从大学立场看中学的心理学. // 杜威全集·早期著作第1卷［M］. 张国清，等译. 上海：华东师范大学出版社，2010：67.

立于学生自身；然而，教师必须是充满睿智的心灵医师，以保证正确结果的出现"①。

1893 年，杜威又在《教育评论》第 6 期（1893 年 11 月）上发表了《中学的伦理学教学》（*Teaching Ethics in the High School*），其中强调："最有效的道德教学来自时刻牢记学校生活过程的个体性；设定道德教诲而不是从学校本身发生的事情中生成道德教诲，抑或不是引发学生对自身作为其中一分子的生活一样的关注，那注定是形式主义的和敷衍了事的，注定导致大量一知半解的格言硬化儿童的心灵，而不是导致有益的发展。"②如果进行对照，那么在杜威 1909 年出版的《教育中的道德原理》一书中，也可以看到他 18 年前发表的《中学的伦理学教学》一文的影子。

因此，与艾丽丝·奇普曼的亲密交往，不仅使杜威在密歇根大学任教期间开始思考女性教育问题，而且推动他更多地思考与其自身教学工作相关的中学教育以及大学课程、道德教育等问题。除上述论文外，他在这一时期还发表了不少教育论文，其中主要有：《伦理学与自然科学》（1987）、《民主的伦理学》（1888）、《大学课程：应该从中期望什么？》（1890）、《道德理论与实践》（1891）、《经院学者与投机商人》（1891）等。难怪杜威全集编辑顾问委员会主席、南伊利诺伊大学哲学研究教授哈恩（Lewis E. Hahn）这样指出：杜威"他终生对所有层次的教育和教学问题的兴趣，在他这一时期的活动和论著中都有所表现。总而言之，这些早期论著表现出杜威的终生兴趣和见解，其中有些被他后来的计划所修正和抛弃"③。

---

①［美］杜威.从大学立场看中学的心理学. // 杜威全集·早期著作第1卷［M］.张国清，等译.上海：华东师范大学出版社，2010：70.

②［美］杜威.中学的伦理学教学. // 杜威全集·早期著作第4卷［M］.王新生，等译.上海：华东师范大学出版社，2010：49.

③［美］哈恩.导读：从直观主义到绝对主义. // 杜威全集·早期著作第1卷［M］.张国清，等译.上海：华东师范大学出版社，2010：14.

（二）杜威教育学术上的夫人激励

1886 年 7 月，杜威与艾丽丝·奇普曼在密歇根州芬顿奇普曼外祖父家里举行婚礼。在婚后生活中，十分相爱的他们之间有着一种道德上和智力上完全契合的赞赏力。就杜威太太而言，她会抓住杜威的思想，即抓住他坚持要做的某些事情。在一些事情上，她的决定是迅速的、直接的和非常现实的。此外，她还是改革的拥护者，不仅要改革思想，而且还要改革人们。当然，她对杜威的创造力也怀有一种敬佩的崇拜心情。杜威夫妇最小的女儿简·杜威在《约翰·杜威传》中这样描述了她母亲对父亲的影响，艾丽丝·奇普曼在学术上的独立性和自力更生的精神、将不屈不挠的勇气和活力结合起来的灵敏性，以及努力促进个人智力完善的精神等。应该说，"对来自保守的伯灵顿的杜威来说，奇普曼的影响是起激励和振奋作用的"[1]。因此，在杜威以后的教授生涯中，奇普曼既是他生活上的伴侣，又是他学术上的同事，对杜威教育学术的发展有很大的影响。在杜威 70 岁生日之际，他在回复密歇根大教育学院的贺信中就写道："我是在安阿伯开始我的教学活动的。正是在那里，我开始逐渐对教育产生了浓厚的兴趣。……除此之外，我在那里找到了我一生中最亲密的挚友。"[2] 美国教育哲学家韦斯特布鲁克（Robert B. Westbrook）也指出，19 世纪 80 年代后期杜威把研究兴趣改变为教育，他夫人奇普曼对这一改变所起的作用比其他任何人都大；杜威赞扬奇普曼给他的工作注入了勇气和内容，对他教育思想的形成产生了重要的影响。[3]

因此，当遇到学术职位上的一些具体问题时，杜威都会与夫人商量，他夫人也会提供建议和给予帮助。1889 年 3 月正担任密歇根大学哲学系主任的

---

① ［美］简·杜威.杜威传（修订版）［M］.单中惠，编译.合肥：安徽教育出版社，2009：21.

② John Dewey to University of Michigan School of Education（1929. 10. 26）. // University of Michigan School of Education Balletion，No. 1, 1929—11, p. 26.

③ ［美］韦斯特布鲁克.约翰·杜威. // 扎古尔·摩西.世界著名教育思想家（1）［M］.梅祖培，等译.北京：中国对外翻译出版公司，1994：225.

杜威的导师莫里斯突然去世，面对密歇根大学校方的邀请，杜威要不要从明尼苏达大学回到密歇根大学，他在与艾丽丝商量后认为可以接受，尽管薪酬少了200美元。其理由在于，一是密歇根大学哲学系主任的社会影响力是在明尼苏达大学无法相比的；二是有利于选择哲学系的扩展方向；三是从事研究生教学而有利于自身的学术研究。

杜威家里充满了他所需要的温馨和爱。然而，将杜威夫妇紧密联系在一起的显然不只是家庭和责任，学术事业上的共同追求也使得他们密不可分。事实上，艾丽丝·奇普曼自身的学识也使她不可能置身于丈夫的学术事业之外。她总是热切地关注着杜威的每次投稿，并同样迫切地期盼着这些成果的发表或出版。1894年11月，杜威在给艾丽丝的信中这样写道："我有时想，应该直接放弃讲授哲学，转而通过讲授教育学达到哲学教学的目的"①，表达了他对教育问题日渐增长的兴趣，艾丽丝自然也对这方面给予了强烈的关注。后来，艾丽丝还帮助杜威创办了芝加哥大学实验学校，并承担了学校的管理工作。

因为家里财务状况的紧张，艾丽丝·奇普曼在承担大多数家务的同时，还要操心孩子们的事情，以及提醒杜威的工作日程安排。后来，当杜威到纽约的哥伦比亚大学任教之后，因为没有了具体的管理工作，所以奇普曼所能够做的就是时刻关注杜威在教育领域的学术研究进展。在某种程度上，她在与杜威之间的相互交谈中，往往会在教育学术上给杜威带来一些激励和帮助。美国杜威研究知名学者戴克威曾教授指出："杜威夫妇的关系无比亲密，杜威承认尤其在教育和社会事务方面他夫人对他的影响。只要杜威参加这种与教育或社会改革方面直接有关的运动，他总是会得到他夫人的理解和强烈的精神支持。"②马克斯·伊斯特曼甚至这样指出："杜威夫人是杜威教育思想能够自然地付诸行动的唯一帮手。"③

---

① John Dewey to Alice Chipman Dewey, 1 November, 1894. Butler Library.

② George Dykhuizen. *The Life and Mind of John Dewey*. 1973: 233.

③ Max Eastman. *John Dewey*. The Atlantic Monthly. December 1941: 680.

当然，对于他夫人的对自己教育学术上的激励性影响，杜威不仅在心里是很清楚的，而且在他出版的著作前言中也进行了明确的表述。例如，在1899 年出版的《学校与社会》一书的"前言"中，他这样写道，尽管大学初等学校本身的教育工作是一个联合事业，但是，"在这所学校里的每一个地方，都会显露出我太太思路清晰和富于经验的智慧"[1]。在 1910 年出版的《我们如何思维》一书的"序言"中，他又写道：在感谢芝加哥大学实验学校教师和管理人员以及他的友人和大学同事埃拉·杨之前，"我最想感谢的人是我的夫人，正是她的灵感给我带来了此书的观念，也正是她 1896—1903 年在芝加哥大学实验学校的工作使我的观念能够如此的具体化，并在她的实践中得到体现和检验"[2]。

总之，在杜威看来，家庭生活应该提供人们所需要的温暖、安定和丰富的人际关系。在 1929 年 10 月在纽约举行的庆贺杜威 70 岁生日会上，他在致答谢辞中就说："人生幸福的另一个条件，即感情最深切的源泉，我认为，它来自于一个人的家庭关系。虽然我也经历过家庭的重大悲痛，但我可以真诚地说，人生恩赐我的最珍贵的环境和财富就是我的人生伴侣，我的子女，以及我的孙子女。"[3]

（三）杜威对孩子教育的关注

杜威对孩子教育的关注，在某种程度上也影响了他在哲学和教育学术上的发展。就杜威教育著作的来源，美国哲学家、萨拉·劳伦斯学院前院长哈罗

---

[1] John Dewey. "Author's Note". // The School and Society. Chicago：University of Chicago Press，1900：16.

[2] John Dewey. *How We Think*. "preface". // *The Collected Works of John Dewey, The Middle Works*，Vol. 4，1978：179.

[3] John Dewey. *In Response*. // *The Collected Works of John Dewey, The Middle Works*，Vol. 5，1984：421.

德·泰勒（Harold Tayler）曾作出了这样的分析：它来源于杜威的实践经验，来源于他与教师、父母和同事们的交谈，来源于他对课程发展和教育政策的思考，此外还来源于他与孩子们的具体接触①。

杜威夫妇都很喜欢孩子，喜欢大家庭。到 1900 年时，杜威夫妇已生育了 7 个孩子。其中，第一个孩子（大儿子）弗雷德里克·阿奇博尔德·杜威（Frederick Archibald Dewey）1987 年 7 月在密歇根州芬顿出生；第二个孩子（大女儿）伊芙琳·里格斯·杜威（Evelyn Riggers Dewey）1889 年 3 月在明尼苏达州明尼阿波利斯出生；第三个孩子（二儿子）阿奇博尔德·斯普拉格·杜威（Archibald Spragg Dewey）和第四个孩子（三儿子）莫里斯·杜威（Morris Dewey）分别于 1891 年 4 月和 1893 年 10 月在密歇根州安阿伯出生；第五个孩子（四儿子）戈登·奇普曼·杜威（Gordon Chipman Dewey）、第六个孩子（二女儿）露西·艾丽丝·杜威（Lucia Alice Dewey）和第七个孩子（三女儿）简·玛丽·杜威（Jean Mary Dewey）分别于 1896 年 5 月、1897 年 12 月和 1900 年 7 月在芝加哥出生。显然，孩子们的出生给杜威夫妇家庭带来了很多的快乐，但不幸的是：第三个孩子阿奇博尔德一出生就夭折了；第四个孩子莫里斯在欧洲旅行期间因患白喉于 1895 年 3 月死于意大利米兰；第五个孩子戈登在去英国的路上因患伤寒于 1904 年 9 月死于爱尔兰。

随着孩子们的出生，杜威夫妇尤其是杜威对孩子们的发展和教育给予了很大的关切。对于杜威与孩子们的关系和交往，杜威的学生伊斯特曼在《约翰·杜威》一文中曾有过以下的有趣描述②：

"教育是在起促进作用的条件下的生长；学校是一个应该得到科学管理的场所。这就是关于教育的全部。家庭也需要沿着这个方向进行一点革新，杜威对父母与孩子之间关系的影响，就像他对学校的影响一样大。从本质上讲，这

---

① Harold Tayler. "Preface" . // George Dykhuizen. *The Life and Mind of John Dewey*. 1973：XX.

② Max Eastman. *John Dewey*. The Atlantic Monthly. December 1941：676.

是一场始于家庭的改革。在杜威位于密歇根州安阿伯的家里，他的书房就在浴室的正下方。有一天，杜威坐在那里全神贯注于一种新的演算理论，突然他感到有一股水流正从他的背上流下来。他从椅子上跳起来，马上冲到楼上，发现浴缸的水被一连串帆船溢出来，此时他孩子弗雷德正在用双手不让水溢出来。当杜威打开浴室的门时，弗雷德转身过来严肃地说：'不要争论，约翰——拿拖把！'你可能会认为，一个有五个孩子的家庭沿着这些方向成长的话，会使一些事情变得一团糟，但他们确实安度了一段难得的美好时光。就孩子们而言，他们是一群非常有礼貌的扰乱者。"

"杜威的另外三个孩子露茜、戈登和简，都出生在芝加哥。因此，在这位哲学家一生中最好的时光里，有五个孩子在家里玩耍，他们丝毫没有打扰他的沉思。作为一位逻辑学家，杜威的最佳状态是：一个孩子爬上他的裤腿，另一个孩子在他的墨水瓶里钓鱼。他不仅精力集中，而且能够同时做两件事情，这有时几乎使人感到震惊。"

确实，杜威花费了很多时间来观察自己孩子的成长，尤其是还处于婴儿时期的莫里斯。通过对孩子们的观察，杜威本人进一步认识了天赋倾向的重要性，更为重视儿童的早期发展。在他看来，儿童在从事其感兴趣的活动过程中，他们面对困难的情况会进行主动积极的学习；在这个过程中，他们通过思维来解决所经历的问题并获得知识，即在解决问题的过程中所积累的智慧。例如，孩子的兴趣和活动应该成为教育的起点；应该设计一些场景让孩子们参与他们感兴趣的、有意义的、现实的解决问题的活动；鼓励孩子们创造性地思考和独立地解决一些问题，等等。在《民主主义与教育》一书第4章中，杜威就充满敬意地引用了美国散文作家和思想家爱默生（Ralph W. Emerson）的一句格言："尊重孩子，始终如一地尊重他，但也尊重你自己（Respect the child, respect him to the end, but also respect yourself）。"[1] 对于杜威夫人奇普曼来说，

---

[1] John Dewey. *Democracy and Education*. New York: Free Press, 1944: 52.

她在不断学习儿童教育经验的同时，也很高兴地把杜威的教育理论和方法用于孩子们身上。于是，在杜威家庭里，在孩子教育上许多看起来有点离经叛道的做法虽然使邻居们感到吃惊，但孩子们觉得很高兴和快乐。

对于很喜欢孩子的杜威夫妇来说，在第五个孩子戈登在意大利米兰去世后不久，他们就在意大利威尼斯收养了跛脚男孩萨拜诺（Sabino）。回到美国后，当萨拜诺住院治疗时，杜威几乎每天都去看望；之后，他还经常在哥伦比亚大学附近的河边公园推着萨拜诺的轮椅散步。因此，萨拜诺成为杜威家庭中的一个惹人喜爱的成员。萨拜诺在回忆父亲关爱时深情地说："可以把他给我的无微不至的关怀写成一本书——我说，这确实是个人的关怀。"① 晚年时，杜威在1946年12月与格兰特（Robert M. Grant）夫人结婚后，又于1948年领养了两个比利时的战后孤儿（姐弟俩）：男孩小约翰·杜威（John Dewey, Jr.）和女孩阿德里安娜·杜威（Adrienne Dewey），在家里其乐融融。尽管在他将近90岁时，杜威又一次处于那些好奇好动的孩子包围之中，但他始终认为，这样的环境有利于理解最丰富的人类经验的可能性。

显然，在杜威看来，孩子们在他的哲学和教育学术上是一种帮助。孩子们不仅以一种有益的方式帮助杜威在哲学上进行攀登，而且还使杜威把哲学问题和教育问题完全结合在一起了。这清楚地表明，对孩子教育的关注在某种程度上影响了杜威教育活动的开展和实用主义教育思想的形成。据说，在这一方面，杜威的态度与美国哲学家詹姆士有很大的区别。在詹姆士当了爸爸之后，他被孩子们在家里的嬉闹搞得心神不宁，竟抱怨说他自己与静心的思考永别了；但杜威却完全不同，面对孩子们的嬉闹，则显得淡定自若。②

1894年1月，杜威在《心理学评论》创刊号（第1期）上发表了《幼儿

---

① ［美］克利巴德.杜威与一个意大利男孩的逸事. // ［美］简·杜威.杜威传（修订版）［M］.单中惠，编译.合肥：安徽教育出版社，2009：278.

② George Dykhuizen. *The Life and Mind of John Dewey*. 1973：106.

语言心理学》（*The Psychology of Infant Language*）一文，就呈现了他从 1887 年至 1893 年对自己的三个孩子（大儿子弗雷德里克、大女儿伊芙琳、三儿子莫里斯）的观察结果。在这篇论文中。杜威对观测和纪律提出了这样的要求。"仔细地注意孩子的词汇对于他来说的原初意思，以及最初的……原形质的动词性的－名称性的－感叹性的形式的逐渐分化，直到那些词呈现出它们现在的固定的词性。"① 在他看来，"观察与这些语言差异有关的头脑特性，不仅会为个体心理学这个未明领域添砖加瓦，而且会对探明语言心理学大有裨益"②。

杜威于 1894 年 3 月 19 日去往芝加哥大学，担任哲学、心理学和教育学系的系主任，教授研究生课程。值得注意的是，这是杜威的学术成就和认可度迅速提升的一个时期。因此，从杜威教育著作发表的时间来看，同年 8 月杜威在《大众科学月刊》第 45 期上发表的《德育中的混乱》（*The Chaos in Moral Training*）一文，不仅反映出他对教育问题不断增长的兴趣，而且是他到芝加哥大学后所发表的第一篇教育论文。特别是，在这篇论文的最后他明确指出："这是每个教师和家长所面临的一个关键性和实践性的问题：我将为我的孩子提供去做这个正确行动的什么理由？为了使他可能自己认识到那是对的，我将诉诸他的什么动机？为了在这个正确方向是哪个创造出一种习惯倾向，我应当努力唤起他的什么兴趣？……我们最大的需要是把我们的理论交给实践检验，交给实验证实，而且同时使我们的实践变得具有科学性——使它成为我们所能达到的最合理的那些观念的体现。"③ 其中，杜威所提及的"理论交给实践检

———————————

① ［美］杜威.幼儿语言心理学.//杜威全集·早期著作第4卷［M］.王新生，等译.上海：华东师范大学出版社，2010：62.

② ［美］杜威.幼儿语言心理学.//杜威全集·早期著作第4卷［M］.王新生，等译.上海：华东师范大学出版社，2010：63.

③ ［美］杜威.德育中的混乱.//杜威全集·早期著作第4卷［M］.王新生，等译.上海：华东师范大学出版社，2010：104-105.

验，交给实验证实"，也许正预示了对教育实验感兴趣的他在两年后创办实验学校的主旨。

杜威创办芝加哥大学初等学校也受到了孩子们的某种启发。当他在艾丽丝1894年6月29日的来信中知道大儿子埃尔弗雷德有"要在木工房里为莫里斯办一所法语学校"的想法之后，杜威就一直在思考这个问题。在1894年11月1日给艾丽丝及孩子的回信中，他就谈及了自己一年多后创办的实验学校的初步设想。他在信中这样写道："在我的脑海中一直以来有一所学校的印象越来越清晰了。在这所学校中，一些实际的、普通的建造性活动将是整个工作的中心和来源，学校……一方面是社会训练的中心，另一方面又是科学训练的中心……这所学校将是一种简要的、有序的社会生活……"①

杜威在童年时代就对当时美国的学校教育表示不满，把学校看作是一个惹人厌倦的地方。在他的孩子们出生后，美国学校的教师仍然盲目地让那些天真无邪的孩子死记硬背和复述一些毫无意义的冗词赘语。尽管伯灵顿的公共教育体系得到了很大的改善，但在课堂上的教学方式依然是传统的照本宣科，就像鹦鹉学舌一样。因此，儿童教育一直是杜威所思索的一个问题。这也应该是他创办芝加哥大学初等学校的原因之一。在杜威看来，这是一所与儿童一起进行实验的学校。正因为如此，在这所初等学校最初招收的12个学生中，大多是杜威和他同事的孩子。除课程学习外，健康与体育活动方面的内容一直是这所学校日程安排中的一个重要部分。

因此，杜威的学生伊斯特曼在《约翰·杜威》一文中强调指出："让我记住约翰·杜威的是，他是一个把我们儿童从学校里一直处于的令人十分厌烦的状态中解放出来的人。"②在杜威的整个人生中，他不仅关爱自己的孩子，而且也关爱整个美国的孩子，充分体现了由对自己孩子教育的关注扩展到对整个

---

① John Dewey to Alice Chipman Dewey & Children，1 November，1894. Butler Library.
② Max Eastman. John Dewey. The Atlantic Monthly. December 1941：p. 671.

美国孩子教育的关注。所以，在 1949 年 10 月 20 日的纽约庆贺杜威 90 岁生日宴会上，作为美国学生代表的纽约林肯中学一位女孩艾丽斯·霍夫曼（Alice Hoffman）在她的贺词中说："对于教育家和哲学家约翰·杜威，美国的学生深表感激。因为学习不再是一个枯燥乏味的过程，知识的获取不再是一项令人厌烦的任务。因为引入我们今日学校的是由约翰·杜威培植的新的令人振奋的教育方法，这些方法已经深入人心并且在实践中证明对我们学生的个性发展和学业成就有很大的帮助。"① 在 1952 年 6 月 1 日杜威去世后，美国哲学家和教育家胡克在回忆他的老师时也写道，虽然杜威走了，"他身后没有留下纪念碑，没有留下帝国，没有留下钱财，也没有留下基金。然而，杜威的遗产是极其丰富的和无法估量的。因为他的存在，使得美国数百万儿童的生活经验更加丰富和更加快乐"②。

①［美］胡适. 来自东方的敬意. //［美］简·杜威. 杜威传（修订版）［M］. 单中惠，编译. 合肥：安徽教育出版社，2009：423.

② Sidney Hook. *Some Memories of John Dewey（1859—1952）*. // *Pragmatism and the Tragicsense of Life*，New York：Basic Books，Inc.，Publishers，1981：pp. 101.

杜威与"传统教育"

第三章

CHAPTER 3

19 世纪初期，在瑞士教育家裴斯泰洛齐教育心理学化观点的影响下，德国教育家赫尔巴特通过自己的教育实践和理论探索，构建了一个由管理论、教学论、训育论三部分组成的主知主义教育思想体系。他分别于 1806 年和 1835 年出版的《普通教育学》（*Allgemeine Pädagogik*）、《教育学讲授纲要》（*Umri B padagogischer Vorlesungen*），就是主知主义教育思想的两本标志性著作。

作为一位教育家，赫尔巴特对他同时代的教育理论和实践影响很小。他的教育思想在他生前并没有引起人们的广泛关注和充分重视。对于这一点，赫尔巴特自己在世时也是意识到的。正如德国教育学者、科隆大学教育学教授希根海格（N. Hilgenheger）所指出的："赫尔巴特生前作为一位教育家似乎并不成功，他的教育学也没有赢得众多的追随者。他当然有不少热心的门徒。但是，他没有能够对教育制度的改革发挥决定性的影响。他没有能够为他的教育性教学理论赢得公众的普遍承认，按照他的教育性教学原理改革一类具体学校教学计划的尝试没有实行，改革全国学校制度就更谈不到了。"①

但是，赫尔巴特的教育思想在他去世 20 年后却在德国乃至世界各国得到了广泛的传播，成为在教育界以及学校教育领域占主导地位的教育理论。这无疑要归功于赫尔巴特学派的宣传、介绍和实践。在德国，以齐勒尔（T. Ziller）、斯托伊（K. V. Stoy）、莱因（W. Rein）为代表，史称"德国赫尔巴特学派"；在美国，以德加谟（C. De Garmo）、麦克墨里兄弟（McMurry Brothers）为代表，史称"美国赫尔巴特学派"。19 世纪 70 年代赫尔巴特学派运动始于德国，到 19 世纪末 20 世纪初已由德国转向美国。由于主知主义教育思想的广泛影响，教育上的形式主义盛行，致使学校生活、课程内容和教学模式极不适应当时社会生活的变化。应该说，这种学校教育"是非常专门的、

①［德］希根海格.约翰·弗·赫尔巴特. // 扎古尔·摩西.世界著名教育思想家（2）［M］.梅祖培，等译.北京：中国对外翻译公司，1995：193.

片面的和狭隘的。这是一种完全被中世纪的学术观念所支配的教育"①。

面对主知主义教育思想在教育界以及学校教育领域占据统治地位的情况，欧美国家的许多教育革新家从 19 世纪 90 年代起兴起了一场规模很大的教育革新运动，向赫尔巴特以及赫尔巴特学派发起了猛烈的冲击。在这场教育革新运动中，作为一位具有时代精神的教育家，杜威不仅积极地参与，而且创立了实用主义教育思想体系。他把赫尔巴特主知主义教育思想称为"传统教育"。此后，在西方教育理论中，开始出现传统教育、现代教育两个概念。在杜威看来，无论是欧洲的新教育运动，还是美国的进步教育运动，它的兴起就是对传统教育的一种批判。

杜威曾是美国赫尔巴特教育科学研究会执行委员会的成员，但他后来在这场教育革新运动中，对以赫尔巴特及赫尔巴特学派为代表的传统教育理论和方法进行了深刻批判。实际上，杜威对传统教育批判的过程是构建自己教育思想体系的过程。1938 年，杜威在《经验与教育》一书中明确指出："简单地说，我的出发点是反对传统教育的哲学和实践。"②从学校生活、课程内容、教学模式以及教师和学生等方面，杜威对传统教育进行了深入的批判。这充分表明，"约翰·杜威的教育学与赫尔巴特的教育理论之间在某些方面确实有天壤之别"③。

通过杜威对传统教育的批判，可以更清楚地了解杜威实用主义教育思想的出发点及其新颖性。美国一位教育学者指出，如果我们不把杜威教育思想与过去一度对教育事业产生联系的某些旧传统和旧思想作对比，就不能理解它的

---

①［美］杜威.学校与社会.//杜威教育论著选［M］.赵祥麟，王承绪，编译.上海：华东师范大学出版社，1981：26.

②［美］杜威.我们怎样思维·经验与教育［M］.姜文闵，译.北京：人民教育出版社，1991：253.

③［德］希根海格.约翰·弗·赫尔巴特.//扎古尔·摩西.世界著名教育思想家（2）［M］.梅祖培，等译.北京：中国对外翻译公司，1995：194.

新颖。^①美国哲学家、教育家博德也指出："要指出杜威的教育哲学的重要意义，最简单的方法就是拿他的观点和传统的学说相对照。"^②

第一节　赫尔巴特与赫尔巴特学派

赫尔巴特以实践哲学和心理学为基础，在 19 世纪初期创立了主知主义教育思想，强调"智育是全部教育的中心"^③。这种以管理论、教学论、训育论为框架，以系统传授书本知识为核心的教育思想体系，后来受到人们的重视。通过赫尔巴特学派的大力宣传和介绍，赫尔巴特的主知主义教育思想在世界各国得到了广泛的传播，并成为一种占主导地位的教育思想。在西方教育史上，主知主义教育思想是传统教育派理论的主要标志，在其影响下，学校教育中形式主义的表现愈加严重。当代瑞士心理学家皮亚杰（J. Piaget）就指出："赫尔巴特企图以一种极其明确而又易于理解的方式使教育方法适应于心理学的法则，这无疑在教育思想史上还是第一次"；但由于他把整个心理活动看成一个再现机制，并认为教育的本质问题就是运用教材使学生易于吸收并保留在记忆之中，因此，"他提供了一个由一种非发生心理学所启示的教育学的坏模型"^④。

---

①［美］李尔奇.杜威的教育思想和社会思想回顾.//［美］简·杜威.杜威传（修订版）[M].单中惠，编译.合肥：安徽教育出版社，2009：180.

②［美］博德.教育中的实用主义.//中国科学院哲学研究所.现代美国哲学[M].北京：商务印书馆，1963：355.

③［德］赫尔巴特.普通教育学.//普通教育学·教育学讲授纲要[M].李其龙，译.北京：人民教育出版社，1989：174.

④［瑞士］皮亚杰.教育科学与儿童心理学[M].傅统先，译.北京：文化教育出版社，1981：145.

（一）赫尔巴特与主知主义教育思想

赫尔巴特是"教育理论史上被称为科学教育学的奠基人"[①]。他 1776 年 5 月 4 日出生于德国奥尔登堡的一个律师家庭，童年时期，就表现出多方面兴趣。进入中学后，通过勤奋好学使自己的天赋得到了发展。后来，在耶拿大学读书期间，由于德国哲学家费希特（J. G. Fichte）的影响，他对哲学产生了浓厚的兴趣，放弃法律学习而专攻哲学。

1797 年后，赫尔巴特选择了教育工作。经友人介绍，他应聘到瑞士伯尔尼地方行政官施泰格尔（N. F. von Steiger）家里担任家庭教师，历时三年。在这三年的家庭教师实践中，赫尔巴特积累了丰富的教育经验，为他后来的教育思想体系的形成奠定了一定的实践基础。在瑞士期间，赫尔巴特有机会与教育家裴斯泰洛齐相识，受到了他的教育思想尤其是"教育心理学化"观点的很大影响。因此，"青年赫尔巴特在瑞士当家庭教师所取得的经验，还不是他的教育理论的唯一源泉。费希特和裴斯泰洛齐二人的教育思想也启发了他，并很快形成了赫尔巴特这位才华出众的思想家独特的个人特色"[②]。

赫尔巴特 1800 年回到德国，并于 1802 年获得格廷根大学博士学位。之后获得教授备选资格，开始了大学教授生涯。在格廷根大学工作期间，赫尔巴特于 1806 年出版了《普通教育学》一书，开始构建他的主知主义教育思想体系。赫尔巴特说："这本书的产生，是出自我的哲学思想，同时也是根据我的哲学思想，利用各种机会，收集并整理了我精心安排的观察和实验的材料。"[③]

[①]［德］希根海格.约翰·弗·赫尔巴特.// 扎古尔·摩西.世界著名教育思想家（2）［M］.梅祖培，等译.北京：中国对外翻译公司，1995：183.

[②]［德］希根海格.约翰·弗·赫尔巴特.// 扎古尔·摩西.世界著名教育思想家（2）［M］.梅祖培，等译.北京：中国对外翻译公司，1995：185.

[③]［英］博伊德，埃特蒙·金.西方教育史［M］.任宝祥，吴元训，主译.北京：人民教育出版社，1985：332.

1809 年，赫尔巴特赴哥尼斯堡大学接替康德的哲学教席。他希望在那里讲授哲学和教育学课程，并使教育理论与教育实际联系起来。经过当时教育厅的批准，赫尔巴特在哥尼斯堡大学中建立了教育研究所和附属实验学校。他自己说："在我担任的工作中，教授教育学理论是我最喜欢的工作。不过这项教学工作不仅仅是一项学术性很强的工作，还必须有演示和实习。我还想扩充这一领域的经验。"[①] 在哥尼斯堡大学期间，赫尔巴特的学术生涯达到了高峰，并形成了他的教育理论和方法。

赫尔巴特 1833 年回到格廷根大学任教，并于 1835 年出版了《教育学讲授纲要》一书。这是对《普通教育学》一书的补充和进一步阐述。在赫尔巴特去世的那一年，即 1841 年，《教育学讲授纲要》推出第二版，扩大了原来的篇幅。尽管赫尔巴特没有实现自己认定的最重要的目标，但他已经成功地在理论和实践两方面阐述了他的教育方法。

1. 主知主义教育思想的理论基础

赫尔巴特作为"自柏拉图以来最有训练的哲学家而认真注意教育的人物之一"[②]，其主知主义教育思想的理论基础是实践哲学和观念心理学。在《教育学讲授纲要》一书的"绪论"中，他明确指出："教育学作为一种科学，是以实践哲学和心理学为基础的。前者说明教育目的，后者说明教育的途径、手段与障碍。"[③] 总之，要使教育学成为一门真正的科学，就要以实践哲学和心理学作为理论基础。

（1）实践哲学

赫尔巴特同意康德提出的主张，把哲学分为理论哲学和实践哲学。其中，

① [德] 希根海格. 约翰·弗·赫尔巴特. // 扎古尔·摩西. 世界著名教育思想家（2）[M]. 梅祖培，等译. 北京：中国对外翻译公司，1995：191.

② [美] 白恩斯，白劳纳. 当代资产阶级教育哲学 [M]. 瞿菊农，译. 北京：人民教育出版社，1964：13.

③ [德] 赫尔巴特. 教育学讲授纲要. // 普通教育学·教育学讲授纲要 [M]. 李其龙，译. 北京：人民教育出版社，1989：190.

理论哲学指本体论和认识论，实践哲学指伦理学或道德哲学。但是，在道德规范的最高原则上，他用"道德观念"取代了康德所说的"绝对命令"。

在赫尔巴特看来，实践哲学原则也就是学生本身获得道德判断力的内容。他提出的"道德观念"有五种：第一，"内心自由的观念"。这种道德观念是指明智与意志两者之间的一种关系，它要求个人的意见和行为服从理智对意志作出的审美判断。第二，"完善的观念"。这种道德观念指个人能调节自己的各种意志并作出正确判断的一种尺度。它要求个人追求身心健康和自我完善。第三，"仁慈的观念"。这种道德观念是指人与人的意志之间的一种协调。它要求个人避免与他人的恶意冲突，唤起对他人的同情。第四，"正义的观念"。这种道德观念是指对遵守法律的一种要求。它要求个人放弃争吵和对正义的尊重。第五，"公平的观念"。这种道德观念是指对美的或恶的行为的一种报应。它要求对善的行为给予报偿，而对恶的行为给予惩罚。

由于以上五种道德观念是永恒不变的，是巩固世界秩序的永恒真理，赫尔巴特认为，应该把这些道德观念作为他教育思想的伦理学基础。

（2）观念心理学

在近代西方教育史上，赫尔巴特从裴斯泰洛齐提出的教育心理学化命题出发，第一个把心理学作为一门独立的学科进行研究。在心理学方面，他出版了《心理学教科书》（*Lehrbuch zur Psychologie*，1816）、《科学心理学》（*Psychologie als Wissenschaft*，1824—1825）等。赫尔巴特认为，教育领域的大部分缺陷乃是由于缺乏心理学理论，所以，教育学必须把心理学作为理论基础。在观察和实验的基础上，赫尔巴特提出了观念心理学，即"统觉论"。美国心理学家波林指出："赫尔巴特的著名尤以他的'统觉论'为主因……这个统觉论之所以重要，乃因为它为教育历程的一种心理的描写。"[①]

首先，"观念"是人的心理活动中最简要和最基本的要素，是人全部心理

---

① ［美］波林. 实验心理学史［M］. 高觉敷，译. 北京：商务印书馆，1981：289.

活动的基础。赫尔巴特认为，人的心理活动就是观念的聚集或分散的活动，因此，心理学就是研究观念的形成及其运动的科学。在观念的活动中，一个观念由意识状态转为下意识状态，或者由下意识状态转为意识状态，都必须跨过一道界限，那就是"意识阈"。在存在强弱差别的观念中，一些观念由于力量和强度较小而受到抑制，因而沉降于意识阈之下；另一些观念由于力量和强度较大而未被抑制，因而呈现于意识阈之上。那些处在意识阈之下的观念，称为"下意识"；那些处在意识阈之上的观念，称为"意识"。其关键就在于观念的强弱。例如，在人的心理活动中，"遗忘"就是原来呈现于意识阈之上的那些观念受到抑制而沉降于意识阈之下，而"回忆"则是曾经受到抑制而处在意识阈之下的那些观念重新呈现在意识阈之上。

其次，在人的心理活动中的各种观念，一般不是单个存在的，而是以"集团"的形式出现的，从而形成一串一串的经验。这种由许多观念组合成的集团，称为"观念团"。观念团好比一个有弹性的物体，当一种新观念出现时，与之相关的观念团就会从原来抑制状态中兴奋起来，而与之无关的观念团就从原来兴奋状态中被抑制下来。在赫尔巴特看来，一个人的观念团愈丰富和愈多样，他的知识就愈广博。随着观念团的不断扩大，"观念体系"（或称"思想之环"）最终得以形成。

最后，在观念的形成及其运动中，存在着"同化"的现象。这就是新观念被旧观念所吸收的过程。如果新观念能与旧观念结合，那么，就能在过去的经验基础上得到补充，促使原有的观念兴奋起来。同类的观念可以互相促进和加强，而异类的观念则互相阻碍和削弱。观念同化的过程，就是新观念为已经存在于意识中的观念团所同化，也就是在原有的一串一串经验基础上掌握新观念。在赫尔巴特看来，这个观念同化的过程也可称为"统觉"。因此，教学过程就是一个统觉的过程，即新观念被旧观念所吸收的过程。新观念和旧观念结合得越多越紧密，学生的知识就越广越牢固。

"统觉"一词最初是由德国哲学家莱布尼兹（G. W. Leibniz）提出来的，

但赫尔巴特赋予它特定的含义并使它成为其教育思想体系的心理学基础。赫尔巴特的一生致力于对观念心理学及其教学中的应用给以理论上的说明。早在1806年《普通教育学》一书的"绪论"中，他写道："教育者的第一门科学，虽然远非其科学的全部，也许就是心理学。应当说是心理学首先记述了人类活动的全部可能性。"①

2. 主知主义教育思想的体系

主知主义教育思想整个体系分成三个部分：管理论、教学论、训育论。在赫尔巴特看来，这三个部分是相互联系和不可分割的。就它们的重要性而言，训育是最重要的，其次是教学，最后是管理。但是，就次序而言，"首先从必须谈的管理方面谈起，因为管理是教育的首要条件。然后接着探讨教学学说，即所谓的教学论，而有关训育的问题则放在教育学的最后部分阐述"②。

（1）管理论

管理论是赫尔巴特主知主义教育思想体系的一个组成部分。赫尔巴特认为，对儿童的管理是十分重要的。但是，"由于人们要求成年教育者迁就儿童，为其创造一个儿童世界，这就是说人们提出了不允许提出的要求，因此不可避免地要遭到自然的惩罚"③。特别是随着儿童数量的迅速增加，在那些较大的教育机构中，儿童的管理问题就更为突出。

在赫尔巴特看来，在教学和教育之前，首先必须对儿童进行管理，为教学和教育创造必要的条件。对于教学和教育来说，管理只是建立外部条件和维持外在秩序。因此，"管理并非要在儿童心灵中达到任何目的，而仅仅是要创

①［德］赫尔巴特.普通教育学.// 普通教育学·教育学讲授纲要［M］.李其龙，译.北京：人民教育出版社，1989：11.
②［德］赫尔巴特.教育学讲授纲要.// 普通教育学·教育学讲授纲要［M］.李其龙，译.北京：人民教育出版社，1989：207.
③［德］赫尔巴特.普通教育学.// 普通教育学·教育学讲授纲要［M］.李其龙，译.北京：人民教育出版社，1989：15.

造一种秩序"①。管理本身不是教育，也不要在儿童内心产生什么影响，而只是调节他们的外部行为，使他们有纪律，因为纪律是造就人的原则。但是，管理对于教学和教育来说是非常必要和十分重要的。"如果不坚强而温和地抓住管理的缰绳，任何功课的教学都是不可能的。"②

儿童生来就没有形成一种能下决断的真正意志，反而具有一种处处驱使他不驯服的"烈性"。这正是儿童不守秩序和扰乱成人安排的来源。而且，儿童身上存在着盲目冲动的种子，会随时向外表现出来，既影响其学业，又使其人格置于危险之中，更有可能在将来发展成一种反社会的倾向。因此，赫尔巴特认为，这种"烈性"是必须克服的，而管理正是要克服儿童的"烈性"，抑制他的盲目冲动，从而维持学校教育和教学的秩序乃至社会的秩序。

为了抓好对儿童的管理，使儿童毫不迟疑地服从并完全乐意地服从，赫尔巴特提出了一套管理的方法。

第一，对儿童进行严厉的约束和压制。在赫尔巴特看来，真正的教育应该对儿童采取强制和严格的方法。具体来讲，首先是威吓，不许儿童随心所欲和乱说乱动。但由于有的儿童个性倔强，有的个性脆弱，这一手段并不能经常取得预期的效果，威吓还需要其他手段的配合。其次是监督，对儿童进行严密的监视和监督。与其他任何手段相比，它是不可缺少的。但这一手段对监督者来说往往会成为一种沉重的负担，而且一旦间断又会充满着更大的危险。最后是命令。这一手段只要对儿童的行为规范直接提出具体要求，而没有必要说明其理由。

第二，惩罚。如果对儿童进行严厉的约束却压制无效，必须采取惩罚的方法。惩罚可以根据儿童所犯错误情节的轻重而定，包括站壁角、禁止用餐、

---

① [德] 赫尔巴特. 普通教育学. // 普通教育学·教育学讲授纲要 [M]. 李其龙，译. 北京：人民教育出版社，1989：24.

② [德] 赫尔巴特. 普通教育学. // 张焕庭. 西方资产阶级教育论著选 [M]. 北京：人民教育出版社，1979：267.

关禁闭、停课乃至体罚等。教育者必须注意不把惩罚与影响心灵的行为混合起来，因为后者是由训育来完成的。此外，尽管完全排除体罚是徒劳的，但是体罚"必须极少采用，从而使学生对体罚比真正执行体罚更望而生畏"①。因为最糟糕的情况是儿童已不再惧怕挨打而再接受挨打。

第三，权威与慈爱。这是管理的一种辅助方法，但它比任何严厉手段更能保证管理。温和与强硬相结合的方法是必要的。因为人心屈服于权威，权威能约束个人超出常规的活动，所以它有助于抑制个人倾向于邪恶的意向。同时，因为慈爱能使教育者与儿童的感情融合，所以它可以在很大程度上减轻管理上的困难。

第四，使儿童有事做。教育者应满足每一年龄阶段儿童对身体活动的各种需要。如果只是强迫儿童坐着，就难以控制他们。"不论在什么情况下，儿童必须有事做，因为懒散会导致捣乱与不可约束。"②对于儿童来讲，这些事主要是课业学习，这样儿童就没有时间去干蠢事和越轨的事。

赫尔巴特认为管理不同于训育，二者不能混淆起来，但是，他并没有否定管理与训育两者之间的关系。他指出："把它们完全分开来，这在实践中也同样是不可能的。满足于管理本身而不顾及教育，这种管理乃是对心灵的压迫，而不注意儿童不守秩序行为的教育，连儿童也不认为它是教育。"③

（2）教学论

在赫尔巴特之前，西方教育史上有许多教育家论述了教学问题。然而，没有一位教育家能像赫尔巴特那样，在心理学的基础上对教学问题进行如此广

①［德］赫尔巴特.教育学讲授纲要.//普通教育学·教育学讲授纲要［M］.李其龙，译.北京：人民教育出版社，1989：211.

②［德］赫尔巴特.教育学讲授纲要.//普通教育学·教育学讲授纲要［M］.李其龙，译.北京：人民教育出版社，1989：214.

③［德］赫尔巴特.普通教育学.//普通教育学·教育学讲授纲要［M］.李其龙，译.北京：人民教育出版社，1989：22-23.

泛而深入的探讨。教学论也是赫尔巴特主知主义教育思想体系的一个组成部分。正是在前人特别是裴斯泰洛齐的教育思想影响下，赫尔巴特以观念心理学为依据提出了其颇有特色的教学论。

一是教育性教学。

赫尔巴特认为，在教学和教育之间存在着紧密的联系。"我想不到有任何'无教学的教育'，正如在相反方面，我不承认有任何'无教育的教学'。"①由此，赫尔巴特在教育史上第一次明确地提出了"教育性教学"概念。在他看来，教学是教育的一种最主要和最基本的手段。教学和教育的关系是手段和目的的关系。离开了教学，教育一般是不会成功的。教学如果没有进行道德教育，只是一种没有目的的手段；道德教育（或者品格教育）如果没有教学，就是一种失去了手段的目的。如果教学不再具有教育意义，那么环境中一切平庸的东西立即会对儿童产生诱惑，并破坏他们内在的成长节奏。

但是，并非一切教学都是有教育性的。例如为了收益、生计或业余爱好而进行的教学就与教育性问题无关，因为这种教学不关心一个人会变好还是变坏。在赫尔巴特看来，只有建立在观念心理学基础上的教学，才是教育性教学。

二是兴趣与课程。

赫尔巴特认为，人的追求是多方面的，教育者所关心的也应该是多方面的，因此教学的基础是多方面的兴趣。因为"兴趣来源于使人感兴趣的事物与活动。多方面的兴趣产生于这些事物与活动的富源之中。创造这种富源，并把它恰如其分地奉献给儿童乃是教学的任务。这种教学将使儿童把从经验与交际开始的初步活动继续下去，并使之得到充实"②。由此出发，赫尔巴特强调指

①［德］赫尔巴特.普通教育学.//张焕庭.西方资产阶级教育论著选［M］.北京：人民教育出版社，1979：267.

②［德］赫尔巴特.普通教育学.//普通教育学·教育学讲授纲要［M］.李其龙，译.北京：人民教育出版社，1989：47.

出："教师在他所教的一切课程中必须尽力提高学生的兴趣，这当然是一个人人熟知的规则。不过，这一规则普遍地被解释和理解为一种观念，即学习是目的，而兴趣是实现目的的手段。我想把这二者的关系颠倒过来。学习必须为培养兴趣这一目的服务。学习只是暂时的，而兴趣是终生不渝的。"① 课程内容也与儿童的兴趣存在着密切的关系，儿童的多方面兴趣是课程体系设立的依据。兴趣越是多方面、越是持久，儿童心智活动的总量也就越大。总之，"没有这种兴趣，教学确实是空泛而无意义的"②。

所谓"兴趣"，就是"主动性"，指心理上的积极活动，即观念的大规模和广泛的聚集活动。赫尔巴特认为，兴趣是多方面的，具有灵活性和普遍存在的可接受性。赫尔巴特把兴趣分成自然的兴趣和历史的兴趣两大类。自然的兴趣又包括三种：经验的兴趣，指对自然界有观察的愿望；思辨的兴趣，指对问题思考的愿望；审美的兴趣，指对各种现象进行艺术评价的愿望。历史的兴趣也包括三种：同情的兴趣，指对一定范围的人的同情；社会的兴趣，指对更广泛范围的人的同情；宗教的兴趣，指对所信奉教派的亲近。

由于教学应该多方面地培养人，从多方面兴趣出发，赫尔巴特提出了与之相应的课程体系，均衡地考虑所有主要类型的兴趣。根据经验的兴趣应该设立自然、物理、化学、地理等科目，根据思辨的兴趣应设立数学、逻辑、文法等科目，根据审美的兴趣应设立文学、唱歌、绘画等科目，根据同情的兴趣应设立外国语、本国语等科目，根据社会的兴趣应设立历史、政治、法律等科目，根据宗教的兴趣应设立神学科目。

在课程体系中，赫尔巴特认为，所有课程必须占有一定的位置。他明确说："应当明白，在一种严格教学的一切外部条件中，头等重要和绝对必要的

①［德］希根海格. 约翰·弗·赫尔巴特. // 扎古尔·摩西. 世界著名教育思想家（2）［M］. 梅祖培，等译. 北京：中国对外翻译公司，1995：189-190.

②［德］赫尔巴特. 普通教育学. // 张焕庭. 西方资产阶级教育论著选［M］. 北京：人民教育出版社，1979：279.

是，每天为同一种课业安排一课时！"① 尽管赫尔巴特主张多方面的学科课程和分科教学，但他并不主张死记硬背的学习。"仅仅引向死记硬背的学习，会使大部分儿童处于被动状态，因为只要这种学习继续下去，就会排斥儿童通常可能具有的其他思想。"②

三是教学类型。

赫尔巴特对教学的类型也进行了探讨。他认为，教学的类型可以分为提示教学、分析教学、综合教学三种。

第一，提示教学。其目的是以儿童原有的经验为基础，并通过单纯的提示对这些有限的经验给以补充。为此，教师应该利用生动而形象的讲述和借助各种插图，按照平衡的多方面的观念扩大儿童的知识范围。赫尔巴特指出，"凡是与儿童以往观察到的相当类似并有联系的一切，我们一般都能通过单纯的提示使儿童感知到"；但是，"单纯的提示离开儿童的视野越远，便必然越会丧失其清晰性与深度。而另一方面，当视野越扩展时，提示的媒介就愈会增多"。③

第二，分析教学。其目的是通过分析儿童在自己头脑中已有的并通过提示教学而增加的知识，使他们的一切表象达到明确和纯洁的程度。为此，教师应该利用分析教学，使儿童能把所熟知的事物分解为组成部分，又把组成部分分解为特征。由于分析教学可以上升到一般，因此，它有助于儿童作出判断和进行联想。赫尔巴特指出："分析教学更多地依靠其本身的力量，所以也就能更多地具有普遍性。"④ 但是，分析教学的所有优点因受所提供的材料的制约而

---

① [德] 赫尔巴特. 普通教育学. // 普通教育学·教育学讲授纲要 [M]. 李其龙，译. 北京：人民教育出版社，1989：107.

② [德] 赫尔巴特. 教育学讲授纲要. // 普通教育学·教育学讲授纲要 [M]. 李其龙，译. 北京：人民教育出版社，1989：222.

③ [德] 赫尔巴特. 普通教育学. // 普通教育学·教育学讲授纲要 [M]. 李其龙，译. 北京：人民教育出版社，1989：80.

④ [德] 赫尔巴特. 普通教育学. // 普通教育学·教育学讲授纲要 [M]. 李其龙，译. 北京：人民教育出版社，1989：80.

是有限制的。

第三，综合教学。其目的是通过对新旧知识的概括，儿童把他们已掌握的彼此隔离的知识综合为一个整体。为此，教师应该利用综合教学，帮助儿童建立教育所要求的完整的思想体系。赫尔巴特指出："综合教学的目标是双重的：它提供（事物）组成的成分并准备成分的联合。"[1] 综合而言，它分成联结性综合和思辨性综合两种。联结性综合是最普通的一种综合，它无处不在；思辨性综合则是建立在关系之上的。综合教学必须及早开始，但它的终点是永无止境的。

四是教学阶段。

赫尔巴特认为，教学必须是完整而统一的，并建立一种合理的教学程序。一个教学过程总是分成一些阶段的，总是遵循一定的步骤。这样，教师就能有计划、有步骤地进行教学，而不会出现混乱无序的现象。

人的心理活动要经过两个阶段，即"专心（钻研）和"审思"（理解）。赫尔巴特强调："我们所要求的专心活动不能同时发生，它们必须逐个产生。首先是一种专心活动，接着再有另一种专心活动，然后它们才在审思中汇合起来。人必须有无数次这种从一种专心活动过渡到另一种专心活动去的变迁，然后才会有丰富的审思活动，才能随心所欲地返回到每一种专心活动中去，才可以称得上是多方面的。"[2] 在他看来，所谓"专心"，是指在某一时间集中注意于某一事物，以便正确地、透彻地把握和领会一个值得注意、值得思考、值得感受的事物。所谓"审思"，是指把一个一个专心活动统一起来，以便通过广泛而丰富的思维活动达到完满的多方面性。而且，在"专心"和"审思"活动中，人的观念运动都会出现静态和动态两种状态，相互交替和转化。

---

① ［德］赫尔巴特.普通教育学.// 张焕庭.西方资产阶级教育论著选［M］.北京：人民教育出版社，1979：284.

② ［德］赫尔巴特.普通教育学.// 普通教育学·教育学讲授纲要［M］.李其龙，译.北京：人民教育出版社，1989：51.

据此，赫尔巴特指出："为了保持心灵的一贯性，我们首先为教学确定这样一条规则：在教学对象的每一个最小组合中给予专心活动以同等的权利，也就是说，同等地关心并依次做到：对于每一个个别事物的清楚，对于许多事物的联想，对于联想的前后一贯次序，以及在遵循这个次序前进中进行某种应用在教学过程中，较大的构成部分是由较小的构成部分组成的，正如较小的是由最小的组成一样。在每一个最小的构成部分中都可区分出四个教学阶段……这些阶段是迅速地一个接着一个发生的。"① 具体来讲，教学过程分成以下四个阶段。

第一，清楚（明了），指观念在静态中对教材的钻研。教师在这一阶段的主要任务是讲述新教材。教师应用简短的和尽可能易于理解的语句进行讲述，以便使儿童掌握新教材和形成新观念。此时，儿童兴趣的表现是注意。教学上采用描述法。但是，描述应使儿童相信所描述的，即其所见到的。在讲述后应该立即让一些学生确切地复述出来。

第二，联合（联想），指观念在动态中对教材的钻研。教师在这一阶段的主要任务是使儿童的新旧观念进行联系。教师通过与儿童的自由交谈，儿童把上一阶段获得的新观念和原来的旧观念联系起来，以便作出各种判断。此时，儿童兴趣的表现是期待。教学上采用分析法。

第三，系统，指观念在静态中对教材的理解。教师在这一阶段的主要任务是使儿童不仅把所有的观念系统化，并形成一定的观念体系，感觉到系统知识的优点，并通过较大的完整性增加知识的总量。此时，儿童兴趣的表现是探究。教学上采用综合法。

第四，方法，指观念在动态中对教材的理解。教师在这一阶段的主要任务是使儿童通过作业练习把已获得的观念应用于实际。因为"一个系统，不

① ［德］赫尔巴特.普通教育学. // 普通教育学·教育学讲授纲要［M］.李其龙，译.北京：人民教育出版社，1989：70—71.

仅仅应当学习它，还要应用它，而且应当经常地在适当的地方增加新的东西使它完善起来"①。此时，儿童兴趣的表现是行动。教学上采用练习法。通过不断应用的练习，儿童就能长期地和尽可能永远记住所学的东西。

赫尔巴特以观念心理学为依据而提出的教学阶段理论，在一定程度上揭示了教学过程的基本规律。德国教育学者指出，赫尔巴特以教学阶段"创造了他的教学理论的科学基础。他的这种教学理论至今基本还是适用的，因为它事实上把握了认识过程的基本规律性，即直觉—抽象—应用的顺序"②。但是，赫尔巴特强调在各学科教学中，不论它们的范围大小，都要按上述的四个教学阶段依次进行。③ 对此，杜威指出，赫尔巴特把一切教学过程"规定几个正式的步骤……无论教什么，都必须通过这样的过程；因此，不论学生年龄的大小，一切科目的教学完全采用统一的方法"④，这样，他的教学阶段理论就不可避免地带有形式主义的弊病，而被称为"形式教学阶段理论"。

（3）训育论

训育论是赫尔巴特主知主义教育思想体系的又一个组成部分。赫尔巴特认为，训育问题不能同整个教育分离开来，而必然同其他教育问题广泛地联系在一起。但是训育必须具备这样的前提：管理不是软弱的，教学不是差的。从这一点来讲，管理和教学是训育的先决条件。

在赫尔巴特看来，训育就是道德教育（品格教育）。训育就是有目的地对儿童进行培养，使他们具有完善的道德观念，形成完善的道德品格。他强

———————————

　①［德］赫尔巴特.教育学讲授纲要.// 普通教育学·教育学讲授纲要［M］.李其龙，译.北京：人民教育出版社，1989：220.

　②［德］B.艾伯特.赫尔巴特教育学体系的作用.// 普通教育学·教育学讲授纲要［M］.李其龙，译.北京：人民教育出版社，1989：387.

　③［德］赫尔巴特.教育学讲授纲要.// 普通教育学·教育学讲授纲要［M］.李其龙，译.北京：人民教育出版社，1989：220.

　④［美］约翰·杜威.民主主义与教育［M］.王承绪，译.北京：人民教育出版社，1990：75.

调："使绝对明确、绝对纯洁的正义与善的观念成为意志的真正对象，以使性格内在的、真正的成分——个性的核心——按照这些观念来决定性格本身，放弃其他所有的意向，这就是道德教育的目标，而不是其他。"① 因此，训育将注意到儿童的未来。它并不是要发展某种外表的行为模式，而是要对儿童心灵产生直接的影响，有目的地培养其明智以及适宜的意向。

赫尔巴特所提出的训育目标显然与教育目的紧密联系。因为"教育的唯一工作与全部工作可以总结在这一概念之中——道德。道德普遍地被认为是人类的最高目的，因此，也是教育的最高目的"②。赫尔巴特认为，教育目的可以分成两种，即"可能的目的"（或称"选择的目的"）和"必要的目的"（或称"道德的目的"）。"可能的目的"指与一个儿童将来所要选择的职业活动有关的目的，可称为"多方面兴趣"。"必要的目的"指一个儿童将来不管从事什么职业活动都必须达到的目的。这就是完善的道德品格。赫尔巴特提出的训育目的，就是教育的必要的目的。对于教师来说，他更应该关心的是后一种教育目的，而不是前一种。

按照作用的不同，赫尔巴特把训育分成六种③：一是"维持的训育"，作用在于巩固管理所取得的效果，使儿童懂得行为的界限和对权威的服从。二是"起决定作用的训育"，作用在于增强儿童的选择能力，使儿童能对自己应忍受什么、占有什么和进行什么作出正确的决定。三是"调节的训育"，作用在于说服儿童，使他们回忆往事、预言未来以及洞察自己的内心世界，最终在行为中保持一贯性。四是"抑制的训育"，作用在于使儿童的情绪平静和头脑清

---

① ［德］赫尔巴特.普通教育学.// 普通教育学·教育学讲授纲要［M］.李其龙，译.北京：人民教育出版社，1989：40.

② ［德］赫尔巴特.普通教育学.// 张焕庭.西方资产阶级教育论著选［M］.北京：人民教育出版社，1979：259-260.

③ ［德］赫尔巴特.教育学讲授纲要.// 普通教育学·教育学讲授纲要［M］.李其龙，译.北京：人民教育出版社，1989：278-279.

晰，以克服狂热的冲动。五是"道德的训育"，在于以上述四种训育为基础向儿童说明真理，进行真正的道德培养。六是"提醒的训育"，作用在于及时提醒儿童，正确地理解道德决心，并纠正行为上的失误。

赫尔巴特认为，训育的过程可以分成道德判断、道德热情、道德决定、道德自律四个阶段。其中，道德判断在任何情况下都必然构成一个人的道德基础。在他看来，道德判断就是"从道德观的美学威力出发，才可能出现那种对美的纯粹的、摆脱了欲望的、同勇气与智慧相协调的热情，借以把真正的道德转化为性格"[①]。

相比管理的方法，赫尔巴特指出，训育有其独特的方法。具体讲，一是陶冶。它使儿童感受到一种不断地和慢慢地深入人心的教育力量，因而教育者能保持对儿童的优势。二是赞许和责备。它既能使儿童感受到赞许给予的快乐，又能使他们感受到责备带来的压力。三是真正的教育性的惩罚与奖励。它对儿童起告诫的作用或使他们的行为得到肯定。例如，"谁耽误了时间，就让他失去享受；谁做了坏事，谁就没有资格享受；谁不节制，谁就得到苦药；谁讲话，谁就被逐出教室，到那种每个人都听不到他讲话的地方去；如此等等"[②]。四是建立一个有益于健康的生活制度。它既是教育的基础，又是教育的首要准备。特别要注意的是，在训育中，教师不要以诡诈的方法影响儿童的心灵，不要违背其目的地让儿童去接受，这样儿童内心就不会与训育产生对立。

训育的影响对儿童具有无可比拟的价值。对于儿童道德品格的形成，训育是最重要的。它不仅对教学产生影响，而且对儿童管理也产生影响。总之，训育"起缓解管理的作用，否则管理也许将通过较严厉的手段较迅速地去达到目的。它甚至可以在教学造成个体十分紧张的情况下起缓解教学的作用。但

---

① ［德］赫尔巴特.普通教育学.// 普通教育学·教育学讲授纲要［M］.李其龙，译.北京：人民教育出版社，1989：126.

② ［德］赫尔巴特.教育学讲授纲要.// 普通教育学·教育学讲授纲要［M］.李其龙，译.北京：人民教育出版社，1989：277.

是，它也可同管理和教学这两者结合起来，使之容易进行"①。

赫尔巴特在 19 世纪初期创立的主知主义教育思想，起初并未引起人们的注意，直到 19 世纪 70 年代后才受到教育界人士的重视。此后，"在很长的时间里，人们便把'赫尔巴特教育理论'和'科学教育理论'作为同义词"②。英国教育家劳伦斯（E. S. Lawrence）指出："可以肯定的是，他比前人都更深入地洞察了人的思想活动，而他工作的成果使得心理学有了重大的进展，并在教育思想中引进了一种新的方法，教育第一次建立在科学的基础之上了。"③

（二）赫尔巴特学派的形成及其影响

尽管赫尔巴特在世时，他的主知主义教育思想并没有产生很大的影响，其教育学著作也没有赢得广泛的读者。在他去世之后，从 19 世纪 70 年代起，在德国和美国相继形成了赫尔巴特学派，他的教育思想获得了"赫尔巴特主义"的声誉。赫尔巴特学派影响的全盛时期大约是从 1880 年至 1910 年，他的观点对几代教师的教育观念和实践起作用。

1. 德国赫尔巴特学派

由于赫尔巴特学派的出现和活动，在 19 世纪后期，"赫尔巴特主义在德国已成为一种宗教"④。德国赫尔巴特学派的主要代表人物是德国教育家齐勒尔、斯托伊、莱因。

---

① ［德］赫尔巴特. 教育学讲授纲要. // 普通教育学·教育学讲授纲要 ［M］. 李其龙，译. 北京：人民教育出版社，1989：267.

② ［德］鲍尔生. 德国教育史 ［M］. 滕大春，滕大生，译. 北京：人民教育出版社，1986：165.

③ ［英］劳伦斯. 现代教育的起源和发展 ［M］. 纪晓林，译. 北京：北京语言学院出版社，1992：208.

④ Jule J. Compayre. *Herbart and Education by Instruction*. Paris：Delplane，1904：116.

（1）早期的赫尔巴特主义者

1868 年，莱比锡大学教育学教授齐勒尔与耶拿大学教育学教授斯托伊共同创建了"科学教育学会"（Society for Scientific Pedagogy），入会者遍及德国各个地区。到 1894 年时，该学会已有会员 800 多人，这标志着德国赫尔巴特学派的形成。科学教育学会出版教育年鉴（即《科学教育学会年刊》），鼓励讨论赫尔巴特的教育思想，出版赫尔巴特的教育著作，成为当时德国传播赫尔巴特教育思想的主要机构。齐勒尔和斯托伊分别在莱比锡大学和耶拿大学开办学习赫尔巴特教育思想的教育学研究班。

在早期的赫尔巴特主义者中，齐勒尔是一个充满热情和精力充沛的人物。早在担任迈宁根文科中学教师时，他就开始对解决教育实际问题产生兴趣。1850 年后在莱比锡大学学习期间，齐勒尔听过赫尔巴特的教育学讲座。对于赫尔巴特的那些教育原理，他满怀热情地接受，并积极进行宣传。1854 年毕业留校任教后，他出版了《普通教育学导论》（*An Introduction to General Pedagogy*，1856）和《儿童管理》（*Government of Children*，1857）等著作。1861 年至 1862 年冬天，他开办了教育学研究班。1865 年，已成为莱比锡大学教授的齐勒尔出版了《教育性教学原理的基础》（*Foundations of the Doctrine of Educative Instruction*）一书，试图发展赫尔巴特的一些思想。一般认为，赫尔巴特学派的出现始于齐勒尔的这本著作。[①] 它使人们开始重视赫尔巴特的教育思想，并引起了当时德国教育界的巨大反响。1876 年，他出版了《普通教育学讲演》（*Lectures on General Pedagogy*）一书。

在坚持赫尔巴特的统觉论、教育性教学、兴趣说、教学阶段理论等观点的同时，齐勒尔根据赫尔巴特在课程组织上"相关"和"集中"的看法，提出了"集中中心"和"文化分期"理论。他认为，"集中中心"是研究学习

---

① Harold B. Dunkel. *Herbart and Herbartianism*. Chicago：The University of Chicago Press，1970：4.

内容之间的横向联系，即把整个教学内容以某一基本内容为中心组织；"文化分期"是研究学习内容之间的纵向联系，即教学内容应该以与儿童心理发展阶段相平行的人类历史发展阶段为依据进行组织，课程计划要从纵横两方面加以组织。①

齐勒尔认为，赫尔巴特提出的教学方法含糊不清，应该加以澄清，并使它变成一套能被人们所理解的形式阶段。他首先提出教学过程五段论：分析、综合、联合、系统、方法。齐勒尔把赫尔巴特教学阶段理论的第一阶段"清楚"划分成"分析"和"综合"两个阶段，其余三个阶段并没有变化。齐勒尔对赫尔巴特教学方法的澄清，开启了赫尔巴特学派对赫尔巴特教学阶段理论的改造运动。

在早期的赫尔巴特主义者中，斯托伊是一个十分活跃和善于激励的人物。1837 年进入格廷根大学，听赫尔巴特的哲学和教育学课程。从 1843 年起，他先后在耶拿大学、海德尔堡大学任教。1874 年，斯托伊在耶拿大学开办教育学研究班。他不仅积极宣传赫尔巴特的教育思想，而且特别注重把赫尔巴特教育思想应用于中小学教育实践，并在实践中加以修改和补充。对于齐勒尔的一些观点，斯托伊并不完全同意。与齐勒尔相比，他强调儿童道德观念的培养和道德品格的陶冶，强调学科本身的顺序以及各门学科之间的联系。因此，"斯托伊比齐勒尔尤其是比齐勒尔的一些追随者，更接近赫尔巴特的原始思想"②。

除齐勒尔和斯托伊外，还有一些早期的赫尔巴特主义者对赫尔巴特主知主义教育思想的广泛传播和影响是起着重要作用的。

德普费尔德（F. W. Dorpflod）从 1848 年至 1880 年一直担任德国莱因省一所初等学校的校长。在教育实践中，他努力应用赫尔巴特教育思想，设计初等学校的课程和方法。在赫尔巴特教育思想的基础上，德普费尔德于 1866 年

---

① Harold B. Dunkel. *Herbart and Herbartianism*. 1970：212.

② Harold B. Dunkel. *Herbart and Herbartianism*. 1970：228.

出版了《论思维与记忆》(*On Thought and Memory*)一书,向从事课堂教学的教师阐释了赫尔巴特的心理学原理。正是通过他的著作和工作,赫尔巴特的教育思想对德国的学校教师及课堂教学的实际影响得到了增强。

朗格(K. Lange)是德国萨克森地区普洛思一所学校的校长。他强调心理学在教育实践应用的重要性,并进一步阐述了赫尔巴特的统觉论。1879 年,朗格出版《统觉》(*Apperception*)一书,指出感知的过程就是一个统觉的过程。这个过程是教师正确地诱导学生内心同化并产生正确结论的过程。正是由于统觉的作用,使得教材内容和学生经验能在教学过程中最有效地结合起来。教师不仅要努力激发儿童,以便使他们越来越有兴趣去获得知识和占有知识,而且要激起、促进和指导统觉的进程。朗格的这本著作在当时德国被人们广泛地阅读,对人们了解赫尔巴特的教学过程理论产生了很大的影响。

乌福尔(C. Ufer)1882 年出版了《赫尔巴特教育学引论》(*Introduction to Herbart's Pedagogy*)一书。他高度评价了赫尔巴特的兴趣说,指出:"兴趣说是赫尔巴特的一盏明灯,为处在黑暗的迷津般的教学阶段里的教师带来了光明和扫清了道路。"[1] 由于这本书是对赫尔巴特教育思想的全面阐述并在当时德国拥有最多的读者,它被美国的赫尔巴特主义者德加谟描述为"成千上万名教师已走过的桥梁"[2]。

(2)后期的赫尔巴特主义者

在后期的赫尔巴特主义者中,最突出和最重要的人物是德国教育家莱因。

1885 年,曾是齐勒尔学生的莱因担任耶拿大学的教育学教授,正式接替刚退休的斯托伊在耶拿大学的教育学讲座和赫尔巴特教育思想研究中心。从此时起到他去世的 43 年间,莱因成为德国赫尔巴特学派的核心人物,耶拿大学也成为赫尔巴特教育思想研究的世界中心。他在许多文章、著作和讲演中所阐

① William F. Connell. *A History of Educatin in the Twentieth Century World*. New York: Teachers College Press, 1980: 66.

② William F. Connell. *A History of Educatin in the Twentieth Century World*. 1980: 55-56.

述的观点，不仅对德国教育界，而且在世界范围内产生了重要而又广泛的影响。1886年，莱因在耶拿大学开办了教育学研究班，招收来自世界各国的23名学生。从1886年至1911年，约有2000名学生从莱因的研究班毕业，并到世界各国的学校或教育机构任职，成为在世界各国传播赫尔巴特主知主义教育思想的领导者，并开办赫尔巴特教育思想研究班。这些学生既有来自美国、英国、俄国、芬兰、瑞典、瑞士、希腊、保加利亚、罗马尼亚和匈牙利的，也有来自澳大利亚、日本、南非、智利和墨西哥的，几乎遍及全世界。美国赫尔巴特主义者德加谟1895年在他的《赫尔巴特与赫尔巴特学派》（*Herbart and Herbartians*）一书中指出："莱因博士已使耶拿大学的教育学研究班成为欧洲最著名的教育机构，学生从各文明国家拥往那里。"[①]

1878年，莱因与皮克尔（A. Pikel）和舍勒（E. Scheller）编著了《初等学校的教学理论和实践》（*The Theory and Practice of Instruction in the Elementary School*）。1881年，他出版了《赫尔巴特的管理、教学和训育》（*Herbart's Government, Instruction, and Discipline*）一书。在开办耶拿大学教育学研究班以后，莱因于1890年撰写了《教育学纲要》（*Outlines of Pedagogics*）。从1894年至1905年，他设计和编辑了《教育学百科手册》（*Encyclopedic Manual of Pedagogy*）。特别是莱因主办了《耶拿大学教育学研究班通报》（*From the Pedagogical Seminar at the University of Jena*），从1888年至1918年每年都刊载有关赫尔巴特教育理论和学校实践的新闻和文章。相比其他赫尔巴特主义者，莱因更注重赫尔巴特教育思想的具体应用，并详细地阐述了教育学理论与实践的关系问题。

莱因认为，作为一门科学的教育学不仅应以伦理学和心理学为理论基础，而且应该以生理学和卫生学为辅助。只有这样，才能形成一门完整的教育学。他还认为，教育学可以分成历史的教育学和系统的教育学两类，而系统的教育

---

① Charles De Garmo. *Herbart and Herbartians*. London: Heinemann, 1895: 141.

学又分成理论的教育学和实际的教育学两种。把赫尔巴特教育思想应用于教育实践，可以使理论的教育学更加完善，也可以使教育的方法更加系统化。在莱因看来，最好的教育学理论是抽象的，很难对课堂教学实际产生很大的影响。教育学理论的研究应该为教师提供教学实践的指南，因为学校教师一般既没有时间又没有精力去阅读那些系统的教育学著作，反而愿意阅读那些对他们的教学实践有帮助的简短的文章。因此，莱因十分重视教育学理论和学校实践的结合。

在教育目的上，莱因认为，教育的最高目的就是使每一个学生具有教育者所期望的理想的道德品格，把学生培养成具有完善意志的人。在《教育学纲要》中他强调，教师"应该教育他的学生把理想的人类品格作为他未来的品格"①。这一点莱因与赫尔巴特是基本一致的。

在教学的教育性上，莱因认为，教学过程也是一个对学生品格施加直接影响的训练过程。教学必须具有教育性，使得知识的获得有助于意志的培养和品格的形成。对于人类行为的三个组成部分，即认知、情感和意志之间的关系，莱因也进行了阐述。在他看来，情感和意志并不是独立存在于认知之外。在教学中必须表现出情感的激发，而情感的激发又对意志产生了影响。在教学过程中必须重视学生的兴趣，以便借助兴趣使各种知识变成良好的意志。因此，莱因提出："教学的目的可以由此明确规定为：通过兴趣来培养思想之环，以便有可能使知识变成意志力。"②

在教学内容上，莱因认为，由于教育性教学就是培养学生品格的教学，因此，课程教材应该按照与在儿童身上可以看到的心理发展阶段相符合的人类文化阶段的连续次序来组织。在设计课程时，教育者必须注意三点：一是测定儿童心理发展的阶段，二是测定人类发展或种族发展的各个文化阶段，三是尽

① William F. Connell. *A History of Educatin in the Twentieth Century World*. 1980：56.
② William F. Connell. *A History of Educatin in the Twentieth Century World*. 1980：57.

可能使后者与前者保持时间上的一致和协调。

在教学方法上，莱因也对赫尔巴特的教学阶段理论进行了改造。他认为，在课程教材确定和安排之后，最重要的是教师应该以最有效的方式把它们提供给学生。也就是说，应该有一种自然的教学方法，它符合人类心理的规律，并据此安排一切。由此，莱因基本上采纳了齐勒尔的观点，但表述更为清楚和通俗。他提出了教学过程五段论，准备、呈现、联合、概括、应用五个阶段。具体来讲，第一个阶段是准备。为了使学生明确教学的目的，引起他们的兴趣并把注意力集中到教材上，教师要使学生对教学作好准备。第二个阶段是呈现。教师清楚简明并有吸引力地对学生讲述教材。第三个阶段是联合。教师熟练地运用各种方法使教材与学生头脑中已有的观念紧密地结合起来，形成一种模式。第四个阶段是概括。教师对学生头脑中新观念和旧观念相结合的模式进行检验，在新旧观念牢固联系的基础上达到系统化。第五个阶段是应用。教育者引导学生以适当的方法应用新的知识，以便牢固地掌握新知识。与齐勒尔一样，莱因也把赫尔巴特教学阶段理论的第一个阶段"清楚"划分成"准备"和"呈现"两个阶段。但是，由于莱因注重赫尔巴特教育思想的通俗化和简明化，并努力提供更为教师所理解和应用的教学模式，因此，他的教学过程五段论在世界各国更为流行，史称"五段教学法"，后成为中小学教师典型的教学程式，机械地照搬这些教学步骤。

正是由于莱因的努力，通过他在耶拿大学开办的教育学研究班，赫尔巴特主知主义教育思想的影响开始超出德国范围，而在世界各国得到广泛的传播和产生重要的影响。美国芝加哥大学教育教授邓克尔（H. B. Dunkel）指出："如果说齐勒尔为恢复赫尔巴特的名声做了很多事情，那么莱因也许是使赫尔巴特赢得世界性声誉的那个人。特别对美国来说，'赫尔巴特主义'就是'莱因主义'。"[1] 当代澳大利亚教育家康内尔（W. F. Connell）也指出："莱因的工

---

[1] Charles De Garmo. *Herbart and Herbartianism*. 1970：229.

作为……赫尔巴特学派定下了模式和基调。这些模式和基调是系统的、实际的，能容易被课堂教师理解和使用。它体现了时代的精神。"[1]

2.英国的赫尔巴特主义者

尽管赫尔巴特主知主义教育思想在英国也有很大影响，但由于英国并没有像德国和美国那样出现传播赫尔巴特教育思想的学术团体，因而很少把那些宣传和介绍赫尔巴特教育思想的教育学者说成"英国赫尔巴特学派"。

赫尔巴特教育思想在英国的传播，开始于1891年至1909年任剑桥大学师范学院院长的布朗宁（O. Browning）在1902年出版的《教育思想史引论》（*An Introduction to the History of Educational Theories*）一书。在该书中，他概述了赫尔巴特教育思想，并使英国教育界开始了解德国赫尔巴特学派。

此后，在英国，有不少教育家和心理学家对赫尔巴特以及德国赫尔巴特学派的教育学、心理学观点进行了研究与阐释，推动了赫尔巴特主知主义教育思想在英国的传播。

英国心理学家斯托特（G. F. Stout）1888年在《心理》（*Mind*）杂志上发表了一系列文章，对德国赫尔巴特学派的心理学观点进行了广泛而精辟的阐述。

英国教育家芬德兰（J. J. Findlay）是该国第一位认真研究"赫尔巴特主义"的教育学者。从1891年至1893年，当时担任中学校长的他参加了耶拿大学开办的教育学研究班，受到了莱因很大的影响，使他对赫尔巴特教育思想产生了浓厚的兴趣。1902年，芬德兰出版了《课堂教学原理》（*Principles of Class Teaching*）一书，并宣称这是英国作家按照耶拿大学模式把系统的科学方法和课堂的实际经验结合起来的第一本书。1903年，芬德兰担任了曼彻斯特大学的教育学教授。由于他的努力，曼彻斯特大学在第一次世界大战前成为英国传播赫尔巴特教育思想的一个重要中心。当时在曼彻斯特大学担任教育学

---

[1] William F. Connell. *A History of Educatin in the Twentieth Century World*. 1980：59.

讲师的多德（G. I. Dodd），1896 年也在莱因开办的耶拿大学教育学研究班学习过。与芬德兰相比，她更加紧密地追随德国赫尔巴特学派的教育原理。1898年，多德出版了《赫尔巴特学派教育原理引论》（*Introduction to Herbartian Principles of Teaching*）一书，由于它全面而清楚地阐述了齐勒尔和莱因的方法，而被人们广泛地阅读。

当时在牛津大学担任教育学讲师的鲁珀（T. G. Rooper）也在专业或非专业的会议上，对教育问题发表了自己的见解，并十分赞同德国赫尔巴特学派运动。1891 年，他在《学校与家庭生活》（*School and Home Life*）杂志上发表了一篇题为《一盆嫩绿的羽毛：关于统觉的研究》（*A Pot of Green Feathers: A Study in Apperception*），对统觉论进行了生动而通俗的阐译，不仅在英国，而且在美国得到了广泛的阅读和评论。

曾在英国翻译出版赫尔巴特《普通教育学》英文版（1892）的费尔金夫妇（H. M. Felkin and E. Felkin），1895 年出版了《赫尔巴特教育科学和实践引论》（*An Introduction to Herbart's Science and Practice of Education*）一书，依照齐勒尔的看法对赫尔巴特的教育思想及其发展进行了系统的阐述。1898 年，他们又翻译出版了赫尔巴特的《关于教育的通信和讲演》（*Letters and Lectures on Education*）。

1902 年成为伦敦大学第一位教育学教授的约翰·亚当斯（John Adams）也积极宣传和介绍赫尔巴特教育思想。早在 1897 年，他就出版了《赫尔巴特学派心理学在教育上的应用》（*The Herbartian Psychology Applied to Education*）一书，深入浅出地阐述了赫尔巴特教育思想。他指出，赫尔巴特的"兴趣理论并不打算排除单调乏味的工作，而仅仅是通过赋予其某种意义使单调乏味的工作变得令人能够忍受"[①]。这本书出版后一再重版，成为英联邦国家师范学院

① John Adams. *The Herbartian Psychology Applied to Education*. Boston：D. C. Heathe & Co.，1897：262-263.

一部标准的教科书。

伦敦郡的学校视导员海沃德（F. H. Hayward）1903 年出版了《赫尔巴特主义评论集》（*Crtics of Herbartianism*）一书，通俗而深刻地阐述了对赫尔巴特教育思想的看法，充分肯定了赫尔巴特教育思想的重要性。第二年，海沃德出版了《赫尔巴特的奥秘》（*The Secret of Herbart*）一书。他在书中强调指出："赫尔巴特的要旨是兴趣，赫尔巴特的奥秘是统觉。"[①] 在他看来，兴趣是赫尔巴特的中心思想，是教育性教学理论的基本概念。作为 20 世纪初英国最具有热情的赫尔巴特主义者之一，海沃德的观点在当时英国教育界受到了推崇。

值得注意的是，在英国的赫尔巴特主义者中，芬德兰虽然是第一个认真研究赫尔巴特教育思想的教育学者，但在 1907 年后他成为第一个引起英国教育界对杜威教育思想关注的教育学者，并编辑出版了杜威的教育文集。在《课堂教学原理》一书中他写道："一个研究教育问题的学生，既可以在耶拿大学从莱因那里，又可以在芝加哥大学从杜威那里学到关于教学的最好的东西。"[②] 这表明，从 1891 年至 1907 年仅十多年时间，芬德兰已在缓慢离开赫尔巴特而趋于杜威。

3. 美国赫尔巴特学派

19 世纪末 20 世纪初，赫尔巴特学派运动的中心开始由德国转向美国。当时美国联邦教育局局长哈里斯在 1894 年至 1895 年度报告中明确指出："今天赫尔巴特学派教育学在美国的门徒要比德国国内更多。"[③] 赫尔巴特教育著作的翻译者埃克夫（W. S. Eckoff）在 1895 年这样写道："美国教育家开始在一种赫尔巴特环境中生活、运动和存在。"[④] 在 19 世纪 90 年代后，"对赫尔巴特精心构

---

① William F. Connell. *A History of Educatin in the Twentieth Century World*. 1980：64.

② Josef J. Findlay. *Principles of Class Teaching*. London：Macmillan，1902：130.

③ Charles De Garmo. *Herbart and Herbartians*. 1895：277.

④ William F. Connell. *A History of Educatin in the Twentieth Century World*. 1980：61.

建的教育学体系的兴趣，如浪潮一般席卷了美国教育界的教师和学生"①。

美国赫尔巴特学派的主要代表人物是德加谟和麦克墨里兄弟（C. A. McMurry，F. McMurry）。19世纪80年代后期，他们相继赴德留学，在莱因开办的耶拿大学教育学研究班学习，在教育思想上深受德国赫尔巴特学派的影响。19世纪90年代初，他们先后回到美国从事教育工作，积极宣传和介绍赫尔巴特教育思想。正如美国教育史学者佛罗斯特（S. E. Frost）所指出的："他们回国后向教育家们介绍了赫尔巴特主义，激起了人们对其教育理论与方法的兴趣。一时间大批论述这一题目的书籍和文章纷纷出笼，几乎所有的学校都接受了赫尔巴特的教学方法。"②1892年，德加谟和麦克墨里兄弟发起成立了"赫尔巴特俱乐部"（Herbart Club）。三年后，它扩大为"全国赫尔巴特教育科学研究学会"（National Herbart Society for the Scientific Study of Education），德加谟担任会长并编辑学会年鉴，C. A. 墨克麦里担任秘书。这标志着美国赫尔巴特学派的形成。美国赫尔巴特学派大量翻译出版赫尔巴特的教育著作，以及出版论述赫尔巴特教育思想的著作，推进了赫尔巴特主知主义教育思想在美国的广泛传播。全国赫尔巴特教育科学研究会从它成立那年起，每年都编辑出版年鉴，刊载了大量由教育理论和实际工作者撰写的文章，受到美国教育界的关注。

德加谟1873年毕业于伊利诺伊州立师范大学。从德国学习回国后，他先后在伊利诺伊大学、宾夕法尼亚州斯沃思莫尔学院、康奈尔大学任教或任职。德加谟的第一篇重要文章是1886年至1887年发表在《伊利诺伊学校杂志》（*Illinois School Journal*）上的《德国教育学一瞥》（*Glimpses at German Pedagogy*）。1889年，他出版了《方法要义》（*The Essentials of Method*）一书，

---

① Frederick Ebby. *The Development of Modern Education*. NewYork：Prenticehall，1934：788.
② ［美］佛罗斯特. 西方教育的历史和哲学基础［M］. 吴天训，等译. 北京：华夏出版社，1987：461.

分析论述了"统觉"和"抽象"两个问题。这是美国赫尔巴特学派的第一本著作，出版后共售出3.8万本。德加谟于1895年出版了《赫尔巴特与赫尔巴特学派》一书。在赫尔巴特教育思想在美国传播的过程中，德加谟无疑起到了重要的作用。

C. A. 麦克墨里1876年毕业于伊利诺伊州立师范大学。从德国学习回国后，他先后在伊利诺伊州立师范大学实验学校任职和田纳西州皮博迪师范学院任教。早在1892年，C. A. 麦克墨里出版了《一般方法原理》(*The Elements of General Method*)。这本书在很多方面更接近赫尔巴特和德国的赫尔巴特主义，引起了美国教育界对赫尔巴特教育思想的注意。F. M. 麦克墨里赴德国学习之前曾在伊利诺伊州立师范大学学习过。1889年，他在耶拿大学获得了博士学位。回美国后，他先后在伊利诺伊大学、哥伦比亚大学师范学院任教。后来F. M. 麦克墨里回忆在耶拿大学与莱因在一起的日子时写道："他在那里所经历的一种教育学思想的转变就相当于一次宗教复兴。"[1]1897年，麦克墨里兄弟合著了《背诵法》(*Method of the Recitation*)。

从1889年到1901年的三年时间内，赫尔巴特的主要著作已全部在美国翻译出版。正是由于德加谟和麦克墨里兄弟等人的努力，在1905年前，赫尔巴特学派在美国教育界占有很大的优势。"他们的著作曾是美国赫尔巴特学派的圣经。"[2]德加谟在1895年这样评论道："在英语国家里，赫尔巴特教育思想体系对大多数教师来说仍处在阐释阶段。"[3]从1895年到1905年，大多数教育杂志刊载了阐述赫尔巴特教育思想的文章，大多数有关教学方法的书籍都渗透了赫尔巴特学派的思想，大多数教师在讨论教育问题时都使用了赫尔巴特学派的教育术语。

---

① William F. Connell. *A History of Educatin in the Twentieth Century World*. 1980：61.

② Charles De Garmo. *Herbart and Herbartians*. 1895：5.

③ Charles De Garmo. *Herbart and Herbartians*. 1895："Preface".

　　美国赫尔巴特学派的代表人物从 20 世纪初起也在缓慢地离开赫尔巴特而趋于杜威。这种情况与当时英国出现的情况颇为相似。例如，德加谟在 1902 年出版的《兴趣与教育》（*Interest and Education*）一书上，题词"献给约翰·杜威"。又如，德加谟和麦克墨里兄弟对杜威学校的实验也是支持的。到 1910 年，作为赫尔巴特学派的麦克墨里兄弟在很多方面更像杜威学派。

　　美国赫尔巴特学派的活跃时间并不长。由于美国进步教育运动的迅速发展，全国赫尔巴特教育科学研究学会在 1902 年改名为"全国教育科学研究学会"（National Society for the Scientific Study of Education），把原来学会名称中的"赫尔巴特"一词删掉。1910 年改名为"全国教育研究学会"（National Society for the Study of Education）。实际上，美国赫尔巴特学派从 1905 年起渐趋衰落，在 1905 年以后已很难找到一篇关于赫尔巴特或赫尔巴特主义的文章。① 总之，"赫尔巴特的原著没有人再阅读，他被当成一个鼓吹'书本学校'的人，在这种'书本学校'里，学生唯教师的话是从，不允许获取自己的经验。赫尔巴特被指责说力图通过外部影响来改变学生的思想，还企图为此目的而把教学材料强加于学生"②。

　　尽管如此，在传统的教育理论和方法特别是赫尔巴特教育思想以及美国赫尔巴特学派的影响下，当时美国的学校教育与过去确实没有什么变化。美国威斯康星州的报刊编辑霍尔德（W. D. Hoard）20 世纪初在对学校进行考察后指出："这正是 60 年前我们少年时代的情况，但今天 99% 的学校还依然如故。"③ 美国教育家罗斯（E. A. Ross）也对学校的使命作了这样的描述，从私人家庭集合起像揉好的面团一样的具有可塑性的儿童，然后把他们放到社会的

　　① Charles De Garmo. *Herbart and Herbartians*. 1895：7.
　　②［德］希根海格. 约翰·弗·赫尔巴特. // 扎古尔·摩西. 世界著名教育思想家（2）［M］. 梅祖培，等译. 北京：中国对外翻译公司，1995：194.
　　③［美］克雷明. 学校的变革［M］. 单中惠，马晓斌，译. 济南：山东教育出版社，2013：40.

揉面板上捏塑成型。① 学校制度成为一种使儿童疲于应付作业的制度。"学校对于儿童来说，从来就没有什么乐趣。同样，对于家长来说，学校往往被看成是一个异己的世界，对于它所教育的人似乎充满了敌意或冷漠。""教师的严酷态度是格外明显的；由于完全服从于教师的意愿，所以学生是沉默的和静止的，课堂的精神氛围也是沉闷的和冷漠的。"② 在那些公立学校里，未经培训的教师盲目地让天真无邪的儿童单调地练习、死记硬背和复述那些毫无意义的冗词赘句。在人们看来，学校采用老一套的方法进行老一套的训练，是一个令人沮丧的地方。

第二节 杜威对"传统教育"的批判

对于传统教育理论和方法控制下的学校教育，杜威很早就表现出不满的情绪。对于童年和少年时代的杜威以及他的同伴来说，"学校使他们感到厌烦"，"学校是一个惹人厌倦的地方"。③ 后来，当杜威把教育作为自己的职业以后，他在著作、文章以及讲演中对传统教育进行了全面而尖锐的批判。杜威认为，主知主义的传统教育理论是那些偏重知识的人们为着他们所致力的职业

---

① [美] 鲍尔斯，金蒂斯.美国：经济生活与教育 [M].王佩雄，等译.上海：上海教育出版社，1990：50.

② [美] 鲍尔斯，金蒂斯.美国：经济生活与教育 [M].王佩雄，等译.上海：上海教育出版社，1990：53-54.

③ [美] 简·杜威.约翰·杜威传// [美] 简·杜威.杜威传（修订版）[M].单中惠，编译.合肥：安徽教育出版社，2009：7，9.

而构造出来和借以自慰的一种补偿性学说。① 他又指出，19 世纪末 20 世纪初，在美国兴起的进步教育运动正是对传统教育的冲击和批判。尽管杜威并不是一位进步教育家，但他不仅赞同进步教育家对传统教育的批判，而且积极地参与对传统教育的批判。他的批判论及传统的学校生活，论及传统的课程和教学模式，还论及传统的教师观。然而，相比进步教育家，杜威对传统教育的批判既切中要害又富于理性。

（一）"传统教育"概念的提出

在 19 世纪末 20 世纪初兴起的教育革新运动中，教育革新家把赫尔巴特以及赫尔巴特学派的教育理论和方法作为教育革新思想的对立面。

正是在这场批判赫尔巴特以及赫尔巴特学派教育思想的运动中，杜威于 1896 年建立芝加哥大学实验学校，开始了他的教育实验活动，试图把教育理论与实践结合起来。在 1899 年的《学校与社会》一书中，杜威第一次提出了"新教育"的概念。在论及学校与社会进步问题时，他说："对于这个问题，我要特别提请你们注意，即按照社会上的重大变化，努力设想一下我们大体上可以称之为'新教育'的含义是什么。"② 同时，杜威第一次对应地提出了"旧教育"的概念。在论及学校与儿童生活问题时，他明确指出了旧教育的主要特点是："重心是在儿童以外。重心在教师，在教科书以及在你所喜欢的任何地方，唯独不在儿童自己的直接的本能和活动。"③ 在分析和论述旧教育的过程

---

① ［美］杜威. 哲学的改造（修订版）［M］. 许崇清，译. 北京：商务印书馆，1958：63.

② ［美］杜威. 学校与社会. // 学校与社会·明日之学校［M］. 赵祥麟，等译. 北京：人民教育出版社，1994：28.

③ ［美］杜威. 学校与社会. // 学校与社会·明日之学校［M］. 赵祥麟，等译. 北京：人民教育出版社，1994：43-44.

中，杜威有时也使用了"传统教育"的概念。①这是"传统教育"这一概念在杜威教育著作中的第一次出现。

1902年，在《儿童与课程》一书中，杜威就课程问题对新教育和旧教育两者进行了对照性的论述。他在开篇就强调指出："理论上的深刻分歧从来不是无缘无故和虚构的。这些分歧是从一个真正的问题的各种相互冲突的因素中产生的——问题之所以是真正的，因为这些因素按照实际来看是相互冲突的。"②在杜威看来，新教育和旧教育是两种相互冲突的教育理论。

在1916年出版的《民主主义与教育》中，杜威专门列了"保守的教育和进步的教育"一章。在这里，杜威把赫尔巴特的"教育即塑造"理论归入"保守的教育"一类，而把他自己所主张的"教育即改造"理论归入"进步的教育"一类。他更明确地指出，旧教育或传统教育即"保守的教育"，主要是指以赫尔巴特为代表的教育思想；新教育即"进步的教育"，主要是指以杜威为代表的教育思想。从这本书的整体框架以及字里行间中，可以清楚地看到，杜威是把赫尔巴特教育思想作为对立面的。

1938年，在《经验与教育》一书中，杜威更明确地采用传统教育和进步教育相对照的方式论述两种不同的教育哲学。他专门列了"传统教育与进步教育的对立"一章，指出就现时学校的实际情况来看，这种对立的倾向表现为传统教育和进步教育两者之间的对立。杜威对传统教育作了如下的概述："第一，把过去已经拟订好的知识和技能的体系作为教材，因而，学校的主要任务是把这些知识和技能的体系传授给新的一代。第二，在过去，也已建立了各种行为的标准和规则，道德训练就是形成符合这些规则和标准的行动的习惯。第三，学校组织的一般模式（我所指的是学生之间的关系和师生之间的

---

①［美］杜威.学校与社会.//学校与社会·明日之学校［M］.赵祥麟，等译.北京：人民教育出版社，1994：78，106.

②［美］杜威.儿童与课程.//学校与社会·明日之学校［M］.赵祥麟，等译.北京：人民教育出版社，1994：115.

关系）同其他社会机构相比，具有极为显著的特征。"①

杜威的学生和同事克拉普于 1952 年出版了《教育资源的使用》。当时年已 93 岁高龄的杜威在为该书撰写的"引言"中，借回顾半个多世纪以来他与进步教育运动联系的机会，提及也有人把进步教育、新教育称为现代教育。②

尽管杜威在他的一生中并未对传统教育与现代教育作过对照的和明确的概念界定，但从他的前后有连贯性的阐述中，可以清楚地看到，"新教育""进步的教育""现代教育"这些概念是相同的或可以替代的。与此对应的是，"旧教育""保守的教育""传统教育"等概念。这是后来西方教育理论中传统教育理论和现代教育理论的渊源。

（二）"传统教育"的弊病

杜威对于传统教育的弊病和错误的抨击是十分严厉的。通览他的著作、文章和讲演，尤其是《学校与社会》《与意志训练有关的兴趣》《儿童与课程》以及《明日之学校》等，杜威对"传统教育"的各个方面作了入木三分的描述，并作了尖锐的批判。

在《民主主义与教育》一书中，杜威明确指出："简言之，赫尔巴特的哲学考虑教育的一切事情，唯独没有考虑教育的本质，没有注意学生具有充满活力的、寻求有效地起作用的机会的能量"；其"缺陷在于忽视生物具有许多主动的和特殊的机能，这些机能是在它们对付环境时所发生的改造和结合中发展起来的"③。概括来说，传统教育的弊病主要表现在以下五个方面。

---

① ［美］杜威. 经验与教育. // 我们怎样思维·经验与教育［M］. 姜文闵，译. 北京：人民教育出版社，1991：248.

② ［美］杜威.《教育资源的使用》一书引言. // 杜威教育论著选［M］. 赵祥麟，王承绪，编译. 上海：华东师范大学出版社，1981：430.

③ ［美］杜威. 民主主义与教育［M］. 王承绪，译. 北京：人民教育出版社，1990：76.

1. 学校同社会生活相隔离

杜威认为，在传统教育之下，传统学校的弊病主要是同社会生活相隔离。他明确指出，虽然社会生活已发生了很大的变化，"但是学校却同社会生活的通常情况和动机如此隔离，如此孤立起来，以至于儿童被送去受训练的地方正是世界上最难得到经验的场所，而经验正是一切有价值的训练的源泉"①。杜威甚至把同社会生活相隔离的传统教育比喻为"修道院式教育"②。在他看来，只有当学校与社会生活紧密联系起来，才能使学校成为一个理想的教育场所，因为学生在社会生活情境中能够深切地感到了解事实、观念、原则和问题的重要意义。而且，同社会生活相隔离的弊病，也表明了传统教育的非社会性质。由于同社会生活相隔离，杜威指出，传统学校必然会在各方面表现出它的问题。他在《大学初等学校的课程和方法》一文中写道："当学校环境是这么僵硬与形式化，同校外的任何事情不能平行时，那么仅可取得外表的秩序与礼貌，而对各种职业所要求的各方面的健康成长是没有保障的。如果期望于学生的事情是根据教科书或教师所布置的学校功课及学校秩序的要求，而不是通过对于学生有积极价值的工作，那就只能养成学生外表的注意与克制的习惯，但没有创造与指导的能力，也不能培养道德的自我控制。"③总之，传统学校脱离社会生活，致使教育的目的和方法分裂，其结果就会使学校成为一个令人厌烦的场所，使学习变得枯燥和机械。因此，传统学校"在纪律和良好秩序的名义下，人们经常使学校的状况尽可能地趋向于单调呆板和整齐划一。桌椅安放在固定的位置上；对学生实行严格的军队式的管理。长期地反复阅读同样的课本，排

---

① [美]杜威.学校与社会.// 学校与社会·明日之学校[M].赵祥麟，等译.北京：人民教育出版社，1994：33-34.

② [美]杜威.教育：修道院、交易柜台还是实验室.// 杜威全集·晚期著作第6卷[M].马迅，等译.上海：华东师范大学出版社，2014：85.

③ [美]梅休，爱德华兹.杜威学校[M].王承绪，赵祥麟，等译.上海：华东师范大学出版社，1991：25.

斥其他的读物。除了背诵教科书中的材料，其他全在禁止之列；讲授中是如此强调'条理'，而排斥自然发挥，同样地，也排斥新奇性和变化性……在以建立机械习惯和行动整齐划一为主要目的的学校里，激发求异精神并使其保有活力的情况是必然受到排斥的"①。

在杜威看来，传统学校的这一弊病必然会造成学校的最大浪费，而无法实现学校的真正目的。在《学校与社会》中他强调指出："从儿童的观点来看，学校的最大浪费是由于儿童完全不能把在校外获得的经验完整地、自由地在校内利用；同时另一方面，他在日常生活中又不能应用在学校学习的东西。那就是学校的隔离现象，就是学校与生活的隔离。当儿童走进教室时，他不得不把他在家庭和邻里占主导地位的观念、兴趣和活动搁置一旁。学校由于不能利用这种日常经验，于是煞费苦心地采用各种方法和手段，以激发儿童对学校功课的兴趣。"②结果就会造成这样的情况："儿童是带着健康的身体和有点并不心甘情愿的心理来到传统学校的，实际上他并没有将身心两者一起都带到学校；他不得不把他的心智弃置不用，因为他在学校里没有办法运用它。"③

传统学校之所以会有同社会生活相隔离的弊病，杜威认为，那是与旧时代相联系的。因为现有教育上的许多问题，都是在过去的社会条件下产生的，并因传统和习惯而得以保存下来。在旧的时代，学校就是一种"书本学校"，因此它脱离社会生活也就不足为奇了。

2. 课程同儿童需要和生活经验脱节

杜威认为，在传统教育下，传统学校的主要目的是使学生从课程中获得

①［美］杜威.我们怎样思维.//我们怎样思维·经验与教育［M］.姜文闵，译.北京：人民教育出版社，1991：44.

②［美］杜威.学校与社会.//学校与社会·明日之学校［M］.赵祥麟，等译.北京：人民教育出版社，1994：61—62.

③［美］杜威.学校与社会.//学校与社会·明日之学校［M］.赵祥麟，等译.北京：人民教育出版社，1994：65.

有组织的知识体系和完备的技能，以便对未来的责任和生活作好准备。因此，传统学校需要一种以"书本"代替"经验"的课程。1901年在杨百翰学院作的教育学讲座中，他就指出："简单地概括来说，赫尔巴特学派观点中有一点让人难以信服，他们过于简单地将学科关联起来，而不是将学科同儿童的生活及其生活经验相联系。"①

在杜威看来，传统学校纯粹是传授知识和积累知识的场所，它的课程大半是由分散在各门学科的信息所组成的，每门学科又分成若干课，把积累的知识材料分割成一连串片断再教给学生。"在这种课程中，儿童的心理和成人的心理还是绝对一样的，只是在总量上或能力上的分量除外。整个宇宙首先被分割成叫作学科的每个部分，然后又把这些学科分割成为一些小块，指定某一小块为某一年的课程。不承认发展的顺序——只要较早的部分比较晚的部分容易点就够了。"② 杜威甚至指出："各门学科变成了离心的，这门学科完全是为了达到这个目的，那门学科完全是为了达到另一个目的，直到全部学科变成完全是互相竞争的目标和互不联系的学科之间的折衷妥协和大杂烩。"③ 从杜威上述的观点，可以清楚地看到，在批判传统课程时他是反对分科课程的。尽管杜威晚期意识到这一观点过于极端而有所修正，但仍引来许多传统教育家的指责和攻击。

然而，杜威对传统课程弊病的批判应该说是正确的。他明确指出，传统课程的弊病主要"是把学科看作教育的中心。不管儿童的本能经验如何，社会的需要如何，只要成人认为一种好的知识经验，便练成一块，硬把它装入

---

①［美］杜威.在杨百翰学院作的教育学讲座.// 杜威全集·晚期著作第17卷［M］.李宏昀，等译.上海：华东师范大学出版社，2015：263.

②［美］杜威.学校与社会.// 学校与社会·明日之学校［M］.赵祥麟，等译.北京：人民教育出版社，1994：77-78.

③［美］杜威.学校与社会.// 学校与社会·明日之学校［M］.赵祥麟，等译.北京：人民教育出版社，1994：61.

儿童心里面去"①。具体来讲，它表现在两个方面：一是课程与儿童需要之间的脱节。杜威认为，尽管传统课程所提供的材料无限地回溯过去并无限地伸向空间，却离开了儿童的经验世界，没有顾及儿童的能力和目的。各门科目虽然是许多年代的科学的产物，然而不是儿童经验的产物。其结果是儿童的经验世界"具有儿童自己的生活的统一性和完整性。儿童一到学校，多种多样的学科便把他的世界加以割裂和肢解"；"儿童的小小的记忆力和知识领域被全人类的长期的多少世纪的历史压得窒息了"②。由于过于重视给儿童提供现成的材料，也就忽视了引导儿童主动寻找问题答案这一根本的需要。杜威指出，造成课程与儿童之间脱节的根本原因在于传统学校"不去研究儿童在生长中所需要的究竟是什么，只是拿成人所积累的知识，也就是和生长的迫切需要毫不相关的东西强加给儿童"③。二是课程与现实生活需要之间的脱节。杜威认为，尽管传统课程给儿童传授很多学科知识，却忽视了科学和社会的需要。其结果是，忘记学习正是对付各种现实情况的一种不可缺少的事情，而以为人心天然地厌恶学习。"学校课程主要致力于使学生的眼光转向过去。只有从过去，他们才能发现值得学习的东西；也只有从过去，他们才能发现发展美感和智慧的精华。"④这样，传统的课程教材所包含的是那些陈旧呆板、固定不变和毫无生气的东西，而且科目所达到的混乱和拥塞程度产生了流于肤浅和庞杂分散的危险。杜威指出："传统学校的各种学科是由教材组成的，这些教材的选择和安排是根据成人的判断，认为这些教材对青年将来的某些时候是会有用的，这些

---

①［美］杜威.教育哲学.// 姜义华，主编.胡适学术文集·教育［M］.北京：中华书局，1998：348.

②［美］杜威.儿童与课程.// 学校与社会·明日之学校［M］.赵祥麟，等译.北京：人民教育出版社，1994：116.

③［美］杜威.明日之学校.// 学校与社会·明日之学校［M］.赵祥麟，等译.北京：人民教育出版社，1994：222.

④［美］杜威.明日之学校.// 学校与社会·明日之学校［M］.赵祥麟，等译.北京：人民教育出版社，1994：313.

将要学习的材料都是学习者现实生活经验之外的东西……这些材料只同过去有关；它只表明对过去年代的人们是有用处的。"① 在他看来，这也是传统学校在课程教材方面最容易犯的一个错误。

由于脱离儿童需要和脱离现实生活需要，传统的课程教材必然会产生许多不良后果。首先，传统的课程教材破坏了教育的统一性，造成了儿童就学期间生命的浪费。杜威尖锐地指出，在传统学校里，"教育的统一性被肢解了，各种学科形成离心的倾向；这个学科强调这个目的，另一个学科强调那个目的，以致全部课程变成了互相冲突的目的和毫不相关的各种科目的一种完全拼凑起来的大杂烩"②。缺乏对教育统一性的考虑，必然会造成教育中的浪费。这种浪费不是金钱或物力的浪费，而主要是人的生命的浪费。第二，传统的课程教材阻碍了儿童思维的发展。"知识常被视为目的本身，于是，学生的目标就是堆积知识，需要时炫耀一番。这种静止的、冷藏库式的知识理想有碍教育的发展。这种理想不仅放过思维的机会不加利用，而且扼杀思维的能力。"③第三，传统的课程教材本身也因不适应个人需要和个人能力而失去了教育的价值。因为完全把课程教材的知识内容同儿童的实际经验分离开来，实际上剥夺了知识对于儿童的价值。杜威深刻指出："如果不考虑学习者所达到的生长阶段，任何学科内容都不具备固有的教育价值。"④ 最后，传统的课程教材实际上并不能使儿童为未来的需要和环境作好准备。因为他们学习的课程教材是孤立的，如同把知识放在密封和隔开的船舱里一样。杜威指出："如果重新出现了

① ［美］杜威. 经验与教育. // 我们怎样思维·经验与教育［M］. 姜文闵, 译. 北京：人民教育出版社, 1991：293.

② ［美］杜威. 学校与社会. // 杜威教育论著选［M］. 赵祥麟, 王承绪, 编译. 上海：华东师范大学出版社, 1981：51.

③ ［美］杜威. 民主主义与教育［M］. 王承绪, 译. 北京：人民教育出版社, 1990：168.

④ ［美］杜威. 经验与教育. // 我们怎样思维·经验与教育［M］. 姜文闵, 译. 北京：人民教育出版社, 1991：269.

和当初学习知识同样的情境，那么，知识也可以回忆起来，并且也会是有用的。但是，这些知识在当初学习的时候是互相割裂开来的，因而，这些知识同其他经验并没有什么关联，所以在实际的生活情境中，这些知识便不能发挥效用了。这种学习违背了经验的种种规律，这种学习在当时不论如何精深，也不能产生真正的预备作用。"①

传统的课程教材之所以会有同儿童需要和现实生活需要脱节的弊病，并产生那么多的恶果，杜威认为，那是与旧的知识论相联系的。旧的知识论主张，知识的价值就在它自身之内，求知识的目的就是求知识；知识是由他人已经发现的现成材料所构成的，掌握语言就是接近这个知识仓库的方法；学习就是从这一现成仓库中拨些东西出来，而不是由自己去发现什么东西。对此，杜威形象地指出："因为把知识自身看作独立的目的，所以古代的观念把知识看作一件现成的东西，拿来拿去，你传给我，我又传给别人，或是摆设起来，供人赏玩。知识就像一些金钱。守财奴积了许多钱，越积越多，越多越好，全不问金钱有什么用处，只觉得积钱是人生的唯一目的。旧式的知识论正同守财奴的积财观念。"②

3. 教学是"静听"③的和"注入"④的

杜威认为，在传统教育下，传统学校在教学模式上注重"静听"的模式，根本不给儿童提供活动的机会；在教学方法上采用"注入"的教学方法，注重记忆，注重背诵，注重考试。这种传统的教学模式和教学方法显然是与传统

---

① [美] 杜威. 经验与教育. // 我们怎样思维·经验与教育 [M]. 姜文闵，译. 北京：人民教育出版社，1991：270-271.

② [美] 杜威. 现代教育的趋势. // 姜义华，主编. 胡适学术文集·教育 [M]. 北京：中华书局，1998：324.

③ [美] 杜威. 学校与社会. // 学校与社会·明日之学校 [M]. 赵祥麟，等译. 北京：人民教育出版社，1994：42.

④ [美] 杜威. 民主主义与教育 [M]. 王承绪，译. 北京：人民教育出版社，1990：171.

的课程教材相吻合的。

（1）"静听"的教学模式

对于传统的教学模式，杜威在《学校与社会》一书中曾有过这样一段典型的描述：在传统学校的教室里，"一排排难看的课桌按几何顺序摆着挤在一起，以便尽可能没有活动的余地，课桌几乎全都是一样大小，桌面刚好放得下书籍、铅笔和纸，外加一张讲桌，几把椅子，光秃秃的墙，可能有几幅图画，凭这些我们就能重新构成仅仅能在这种地方进行的教育活动。一切都是为'静听'准备的……在传统的教室里，让学生活动的余地是非常少的。儿童能用以从事建造、创造和积极探究的工场、实验室、材料、工具甚至必要的空间大都是缺乏的"[①]。由于这样呆板和僵化的教学模式是以"静听"为基础的，必然会造成课程和教学方法的划一，而很少考虑适应不同儿童的能力和需要。因此，适用于一切儿童的媒介就是耳朵和讲述有关耳朵的书本。英国教育史学家博伊德（W. Boyd）和埃德蒙·金（Edmund King）指出："固定不变的座位是传统教学模式的代表。儿童很少有机会从做中学，因为固定的座位使儿童不能做任何事，只有听。"[②]

因为儿童对传统的课程教材不感兴趣，所以，传统学校只有让儿童一排排地端坐在课桌旁，相互保持足够的距离，以便他们不能随便讲话，同时注意听教师的讲课，只有在要他们发言时才能开口。在杜威看来，以"静听"为基础的教学模式不仅阻碍了儿童身体的发展，而且更严重的是影响了儿童精神的发展，扼杀了儿童的主动性和创造性。对此，杜威强调指出："在我们的大城市里，它们的学生非人道地聚集在一起，它们的班级过于拥挤，在这种情况之下，更多的是改变了教学的一般精神而很少对学生有实际的影响。方法仍然

[①]［美］杜威. 学校与社会. // 学校与社会·明日之学校［M］. 赵祥麟，等译. 北京：人民教育出版社，1994：42.

[②]［英］博伊德，埃特蒙·金. 西方教育史［M］. 任宝祥，吴元训，主译. 北京：人民教育出版社，1985：392.

大部分是机械的——有的甚至比在许多旧式小的农村学校里还要更机械些。最糟的乃至在学校里没有把学生当作有理智的机器人看待,而对他们个性的激发毋宁说是偶然的而不是有指导的。"① 总之,这种传统的教学模式不提供"生长和自己发现的机会,而把年幼儿童束缚在狭小的范围,使他忧郁地静默着,他的身心都受到压迫,在遇到陌生的事物以前,他的好奇心迟钝得不会感到吃惊了。他的身体厌倦工作,他开始寻找躲避教师的方法,四处寻找从他的小监狱里逃出来。这就是说,他对于学校的语言课程渐渐地烦躁和不耐烦起来,对他提出的琐细的工作以及因而对于他刚才还是那么诱人的新世界,失去了兴趣。在他很好地开始踏上知识的道路以前,冷漠的疾病已经击中他的敏感的灵魂"②。

（2）"注入"的教学方法

对于传统的教学方法,杜威在题为"现代教育的趋势"在华教育讲演中有这样一段典型的描述:"因为把知识看作可以灌来灌去的现成东西,所以用死记的法子灌进去……又用背书和考试的法子来看究竟灌进去了没有,来看那些被灌的儿童是否也能照先生的样子把装进去的东西拿出来摆架子了。美国有一种农家,养鸡鸭出卖,卖的时候,常常把鸡鸭吃得饱饱的,可以多卖一点钱。但是鸡鸭喂饱了,便不肯再吃了,所以他们特地造了一种管子,插进鸡鸭喉咙里,把食物硬灌下去,使它们更胖更重。现在的教授方法就是硬装食物到鸡鸭肚子里去的方法。考试的方法好像农夫用秤称鸡鸭的重量,看它们已经装够了没有。"③ 由于这种教学方法是采用"注入"的方法,必然会重视通过听

---

① [美]杜威. 方向的需要. 杜威. 人的问题 [M]. 傅统先,邱椿,译. 上海:上海人民出版社,1965:71.

② [美]杜威. 明日之学校. // 学校与社会·明日之学校 [M]. 赵祥麟,等译. 北京:人民教育出版社,1994:231-232.

③ [美]杜威. 现代教育的趋势. // 姜义华,主编. 胡适学术文集·教育 [M]. 北京:中华书局,1998:325.

讲、读书和背诵所听到的读到的知识，好像要钻进坚硬的岩石一样地把教材灌进儿童的脑子里。因此，教学方法就成为机械呆板的步骤或枯燥无味的常规，儿童则被置身于被动的、接受的和吸收的状态之中。

杜威认为，在注入式教学中，那些"最能干的"教师拼命把课本上的东西教给儿童，并要儿童一遍又一遍地复述那些东西，直到教师认为儿童已经记住了为止，而且要记到他"升级"以后。因此，堆积知识就是学习的目的，儿童必定会依靠记忆作为获得知识的主要工具，比较背诵结果的竞赛性考试也就自然而然地成为衡量儿童学习成绩的唯一手段，高分和奖赏成为一种人为追求的目标。"那必然的结果是，当儿童记忆成功时他受到奖赏，记忆不成功时受到不及格或低分的惩罚。这样重心就从所从事的工作的重要性转移到学生从事工作时的外表的成功程度……让学生处在一种完全被动的态度之中，他就更可能差不多把他从教师那里听来或在书本中读来的东西归还回去。"①对此，杜威甚至以讽刺的口吻指出："这样流行的风气是如此普遍，以致一个儿童对其他儿童的学习有了帮助就算是犯罪。"②

因为采用"注入"的教学方法和不把课堂看作是儿童获得"经验"的场所，所以，许多儿童一提起学习过程和书本就会联想到呆板、无聊和厌倦，就会丧失学习的动力。"注入"的教学方法的弊病就在于："第一，儿童养成了依靠书本的习惯，并且几乎本能地认为书本如不是取得知识的唯一道路，也是取得知识的主要方法。其次，书本的使用，作为课本，如果把人的思想置于被动和专一的状态，那么，儿童就只有学习，而没有探究。"③其结果是，"如果

① [美]杜威.明日之学校.// 学校与社会·明日之学校[M].赵祥麟，等译.北京：人民教育出版社，1994：383.

② [美]杜威.学校与社会.// 学校与社会·明日之学校[M].赵祥麟，等译.北京：人民教育出版社，1994：32.

③ [美]梅休，爱德华兹.杜威学校[M].王承绪，赵祥麟，等译.上海：华东师范大学出版社，1991：20-21.

我们把一个所谓统一的一般的方法强加给每一个人，那么除了最杰出的人以外，所有的人都要成为碌碌庸才"①。

4. 儿童在学校里被消极地对待

杜威认为，在传统教育下，儿童在学校里处于被动的地位，被消极地对待，教师教什么，他们就学什么。因此，儿童机械地集合在一起，就像牵线木偶一般。在美国杨百翰大学作的教育学讲座中，他就形象地指出："孩子在学校里总是不被鼓励主动执行，而总是被要求和严令禁止——'站好'，'别乱动'，'别说话'，'别做这个'，'别弄那个'，'坐好了，学习书本上的知识'——尽管儿童心怀一些不安分的愿望，这些命令还是投射进了他的内心。这是最成功地毁掉执行力的方式，它将孩子变得不会主动行动。"②

首先，将成人的各种标准和各种方法强加到儿童身上，强迫他们必须接受，而根本不考虑儿童的生理和心理特点以及当时的实际情况，完全忽视了儿童能力的多样性和构成个性的不同个体的需要。不管成人说什么，不管成人规定什么，儿童都必须吸收和服从，而不能有丝毫的想法乃至反抗，否则就会受到斥责或惩罚。

其次，儿童的全身活动减少了。当儿童进入学校后，他们一天到晚静坐着，好像没有什么事情要做似的。"那直背式的课桌，就等于婴儿的襁褓。还有头要朝前看，手要折起来，所有这些对于上学的儿童来说，正好比是束缚甚至是精神上的折磨。"③在教师的压制下，能够安静就算是美德。因此，儿童的眼睛、耳朵及发音器官的活动就变成机械的，他们像留声机似地把知识刻在自己的脑中。他们不能有活动，也不能有创造和发明。

---

① [美] 杜威.民主主义与教育 [M].王承绪，译.北京：人民教育出版社，1990：184.

② [美] 杜威.在杨百翰学院作的教育学讲座.// 杜威全集·晚期著作第17卷 [M].李宏昀，等译.上海：华东师范大学出版社，2015：284-285.

③ [美] 杜威.明日之学校.// 学校与社会·明日之学校 [M].赵祥麟，等译.北京：人民教育出版社，1994：296.

5. 教师是"监督者或独裁者"①

杜威认为,在传统教育下,教师在传统学校中处于一个"监督者或独裁者"的地位。就教师的职能而言,首先,教师具有执行维持秩序的职能,学校秩序的维持在很多情况下必须依靠教师的直接干涉。正如美国教育家拉特纳在他为杜威的《今日的教育》(*Education Today*)一书所写的"序言"中指出的:"教师的权威是绝对的,它必是命令的,而不是商讨和说服的。他的需要和决定,不管是用什么方式表达出来,不管是请求、命令或训令,都必定是毋庸置疑的。凡是他所决定的,他所宣布为法律的,便得毋庸置疑地、严格地被视为天经地义,而且学生便得立刻和完全视之为对的。在这一方面,一个教师便等于一个州长。"② 其次,教师具有传授书本知识的职能,必须教给儿童尽可能多的知识,并想方设法教会儿童如何使用书本的能力。"于是教学对教师来说,不再是一个有教育意义的过程。这种教师,最多不过学会改进他现有的技术;他不能获得新的观点;他不能体验到任何理智的伙伴关系。因此,教和学就变成一套机械的东西,教学双方在精神上都很紧张。"③

尽管赫尔巴特强调心理学与教育之间的关系,把心理学作为教育思想的一个理论基础,并创立了观念心理学,但是,他不注意对儿童心理的探究,忽视作为教育动力源泉的儿童个人的冲动和欲望的重要性。因此,杜威强调指出:"赫尔巴特主义基本上是一种教师心理学,而不是儿童心理学。"④

杜威还认为,在传统教师观的影响下,传统学校的教师必然采取强制的方式,用严加管束的方法对付儿童。因此,在他们看来,没有这种管束,儿童

① [美]杜威.经验与教育.// 我们怎样思维·经验与教育[M].姜文闵,译.北京:人民教育出版社,1991:279.

② [美]杜威.今日的教育[M].董时光,译述.上海:商务印书馆,1946:4.

③ [美]杜威.民主主义与教育[M].王承绪,译.北京:人民教育出版社,1990:319.

④ [美]杜威.与意志有关的兴趣.// 赵荣昌,单中惠.外国教育史教学参考资料[M].上海:华东师范大学出版社,1991:469.

往往就会不守纪律，搞恶作剧，肆意喧哗。对于这种传统的管理方式，杜威提出了尖锐的批判："由强迫而造成的宁静和顺从，可使学生掩盖他们的真正的性质。这种宁静和服从将会形成虚假的一致性。"① 正是由于这种强制和管束，儿童理智和道德的自由发展受到了极大的阻碍。因此，他呼吁把传统学校里如同囚犯的囚衣和拘禁囚犯的镣铐之类的措施全部废除掉。

虽然传统的教师观在进步教育运动中受到了广泛批评，教师原先在学校里的地位也已有了变化，但在使教育过程成为真正的师生共同参与的过程方面，还是谈论远远多于实行。针对这种情况，杜威明确指出，只要传统的教师观继续流行，"那么这个教育上的权威主义的原则以及它在学校教育实施上所产生的影响是永远不能有效地根除的"②。

（三）对"传统教育"的理性思考

在《民主主义与教育》一书中，杜威在对赫尔巴特的教育理论进行分析和批判之后，又在某些方面肯定了赫尔巴特对教育理论发展的贡献。杜威这样写道："赫尔巴特的伟大贡献在于使教学工作脱离成规陋习和全凭偶然的领域。他把教学带进了有意识的方法的范围，使它成为具有特定目的和过程的有意识的事情，而不是一种偶然的灵感和屈从传统的混合物。而且，教学和训练的每一件事，都能明确规定，而不必满足于终极理想和思辨的精神符号模糊的和多少神秘性质的一般原则……他十分重视注意具体教材，注意内容。赫尔巴特在注意教材问题方面比任何其他教育哲学家都有更大的影响，这是无疑的。他用教法和教材联系的观点来阐明教学方法上的各种问题；教学方法必须注意

---

① ［美］杜威.经验与教育.// 我们怎样思维·经验与教育［M］.姜文闵，译.北京：人民教育出版社，1991：281-282.

② ［美］杜威.《教育资源的使用》一书引言.// 杜威教育论著选［M］.赵祥麟，王承绪，编译.上海：华东师范大学出版社，1981：435.

提示新教材的方法和顺序，保证新教材和旧教材的恰当的相互作用。"① 从西方教育思想发展的历史看，杜威在这些方面对赫尔巴特的肯定是合理中肯的。

实际上，早在 1896 年的《与意志训练有关的兴趣》中，杜威就指出了赫尔巴特的传统教育有关兴趣的一些主张具有教育上的建设性意义。"首先，兴趣是心理的活动。它是自我的内在生机，是自我的激发。……其次，兴趣出于自我考虑而附着于目的之中，而不是因为目的可以有助于实现进一步的目的。……第三，兴趣是某些观念之间的某些联系能够建立和强化的手段，这样的话，兴趣就可以在指导儿童行为中起到实际上的影响作用。"② 后来在为他的同事、美国教育家孟禄（Paul Monroe）主编的《教育百科全书》撰写的"多种兴趣"这一辞目中，杜威也这样写道："赫尔巴特把教育的目的定义为发展多种兴趣，亦即发展对人类的所有重要价值的尊重……从现实的角度说，这一观念与当前教育的理想目标是一致的，即所有个人能力全面和谐的发展。"③

在 1898 年的《初等教育的偶像》（The Primary-Education Fetich）一文中，杜威在论及书本和背诵问题时就指出："问题并不是怎样去掉它们，而是如何得到它们的价值——如何尽量去利用它们，使它们成为知识和道德生活的仆役。"④

1902 年，在《儿童与课程》一书中，杜威在批判旧教育时，也提醒人们注意新教育的危险。例如，"'旧教育'的缺点是在未成熟的儿童和成熟的成年人之间作了极不合理的比较，把前者看作是尽快和尽可能要送走的东西；而'新教育'的危险也就在于把儿童现在的能力和兴趣本身看作是决定性的重要

① ［美］约翰·杜威.民主主义与教育［M］.王承绪，译.北京：人民教育出版社，1990：75-76.

② ［美］杜威.与意志训练有关的兴趣.// 杜威全集·早期著作第5卷［M］.杨小微，等译.上海：华东师范大学出版社，1896：105.

③ ［美］杜威.教育百科全书·"多种兴趣".// 杜威全集·中期著作第7卷［M］.刘娟，译.上海：华东师范大学出版社，2012：205.

④ ［美］杜威.今日的教育［M］.董时光，译述.上海：商务印书馆，1946：25.

的东西"①。"如果'旧教育'倾向于轻视能动的素质和儿童的现在经验固有的那种发展的力量，而且因而认为指导和控制正是武断地把儿童置于一定的轨道上，并强迫他在那里，那么'新教育'的危险就在于把发展的观念全然是形式地和空洞地来理解。"②杜威对新教育的提醒之所以和对旧教育的批判并存，无疑是他对传统教育进行理性思考的结果。

在1938年出版的《经验与教育》一书中，杜威更是批评那种"非此即彼"的观点，明确提出不要采用极端对立的方式思考。因此，他强调指出："假如以为抛弃旧教育的观念和实践就足够了，并且走到对立的极端上去，那么，这些问题不仅谈不上解决，甚至还没有被认识到。"③希望得出一种新的教育观念以指导新的教育实际，这就是杜威对传统教育进行批判的目的。由此出发，杜威认为，必须对传统教育进行理性的思考，而不是简单地、全盘地否定。例如，在论及知识和活动的关系问题时，他指出："在教育工作中，企求学校中主动作业的多样化，而同时又贬低关于知识和观念……的必要性，没有比这种主张更为荒唐的了。"④

应该看到，无论对传统教育的抨击还是思考，杜威都是为了引起人们对教育问题更深的关注，而且，杜威正是基于对传统教育的批判和思考来构建实用主义教育思想体系的。

———————

①［美］杜威.儿童与课程.//学校与社会·明日之学校［M］.赵祥麟，等译.北京：人民教育出版社，1994：122-123.

②［美］杜威.儿童与课程.//学校与社会·明日之学校［M］.赵祥麟，等译.北京：人民教育出版社，1994：124-125.

③［美］杜威.经验与教育.//我们怎样思维·经验与教育［M］.姜文闵，译.北京：人民教育出版社，1991：251.

④［美］杜威.经验与教育.//我们怎样思维·经验与教育［M］.姜文闵，译.北京：人民教育出版社，1991：299.

杜威与"进步教育"

第四章

CHAPTER 4

　　以昆西学校实验为开端，从 19 世纪七八十年代起，在美国兴起了一次广泛的群众性教育改革运动，史称"进步教育运动"（Progressive Education Movement）。作为现代美国的第一次教育改革运动，一直延续到 20 世纪 50 年代初。

　　在进步教育运动中，美国各地的进步教育家创办进步学校（progressive school），并开展了各种各样的教育革新活动。其中主要有：马萨诸塞州帕克的昆西学校（1875），威斯康星州斯陶特（J. H. Stout）的梅诺莫尼学校（1889），伊利诺伊州科克（F. J. Cooke）的弗兰西斯·帕克学校（1901），密苏里州梅里亚姆（J. L. Meriam）的密苏里大学初等学校（1905），亚拉巴马州约翰逊（M. Johnson）的有机教育学校（1907），印第安那州沃特（W. A. Wirt）的葛雷学校（1907），纽约市普拉特（C. Pratt）的游戏学校（1914），农伯格（M. Naumberg）的沃尔顿学校（1915）和弗莱克斯纳（A. Flexner）的林肯学校（1917），伊利诺伊州华虚朋（C. W. Washburne）的文纳特卡学校（1919），马萨诸塞州柏克赫斯特（H. Parkhurst）的道尔顿学校（1920），科罗拉多州纽伦（J. H. Newlon）的丹佛课程改革计划（1922）以及克伯屈的设计教学法（1918）等。其区域分布之广泛、形式之多样，在美国教育史上前所未有。

　　作为一次教育改革运动，其矛头主要对准传统学校教育，同时试图在教育理论和方法上进行革新。在群众性的教育革新活动基础上，进步教育家后来加强了交流和合作，并于 1919 年成立了进步教育协会。就整个教育改革运动来说，进步教育运动是对美国传统学校教育的一次巨大而有力的冲击。

　　自美国进步教育运动兴起后，杜威就对它表现出很大的热情，并积极介绍一些进步学校的教育革新活动。杜威和他女儿伊夫琳合著的《明日之学校》就是对进步教育运动以及进步学校活动的描述和记录。虽然进步教育运动在某种程度上以杜威的教育哲学为理论指导，但与此同时，杜威也从中为他的实用主义教育思想体系的构建吸取了养料。在对进步教育运动的肯定、批评和反思过程中，杜威不仅更深入地思考了教育问题，而且进一步完善了他的教育理论。

　　进步教育运动在 20 世纪前半期对美国学校教育产生了很大的影响。尽管它最后由衰落走向终结，但是确实使美国学校生活产生了许多富有深刻意义的变化。进步教育运动的兴起和发展，在一定程度上为杜威实用主义教育思想在美国扩大其影响和在世界上的传播创造了有利的外部环境。

　　虽然杜威热情支持并充分肯定进步教育运动，他在芝加哥大学创办的那所实验学校甚至也被看作是一所进步学校，但杜威与那些进步教育家在教育理论和具体做法上是有区别的。对于进步教育家的一些极端的观点和做法以及非此即彼的思维方式，杜威持明确的批评态度。芝加哥大学实验学校与那些进步学校在观点和做法上也不完全相同。杜威与进步教育运动既紧密联系，又存在分歧。事实上，在 1928 年担任进步教育协会名誉主席之前，杜威并没有与进步教育发生直接的联系，与其说他是进步教育运动的领袖，倒不如说他是这个运动的批评者。[①] 虽然杜威本人并没有亲眼看到进步教育运动的终结，但他生前已有这种预感。1952 年，年迈的杜威已对进步教育运动的未来表示出十分的忧虑，同时也不得不承认改革传统学校教育是一个更缓慢、更困难和更复杂的过程。

第一节　美国进步教育运动的兴衰

　　进步教育运动是现代美国的第一次教育改革运动。它以"进步教育之父"帕克的昆西学校实验（1875—1880）为开端，一直延续到 20 世纪 50 年代初。

---

　　① ［美］李尔奇. 杜威的教育思想和社会思想回顾. // ［美］简·杜威. 杜威传（修订版）［M］. 单中惠，编译. 合肥：安徽教育出版社，2009：181.

美国教育史学家克雷明在《学校的变革》一书中指出，这一教育改革运动"兴起于南北战争后的几十年间；19世纪末20世纪初，在知识分子中具有广泛的吸引力；第一次世界大战前10年间，聚集了广泛的政治力量，赢得了有组织的教师的支持，并对美国公立或私立的学校和学院产生了深刻的影响；在20世纪二三十年代间发生分裂；第二次世界大战后，最终瓦解"①。作为一次教育改革运动，它是美国对工业化反应的一种表现。进步教育运动实际上是教育中的进步主义，形成了对美国传统学校教育的一次巨大的冲击，并在世界范围内产生了广泛的影响。

（一）进步教育运动的兴起

美国南北战争前后出现的公立学校运动，促进了公共教育制度在美国的确立，充分体现了美国的教育特色。在某种意义上，它甚至可以与独立战争和南北战争相媲美。但由于客观条件的不足，特别是由于传统教育理论和方法的影响，在19世纪后期，美国公立学校教育的情况不甚理想。教师继续热衷于用老一套的课本进行老一套的训练，让那些天真无邪的孩子死记硬背和复述那些毫无意义的冗词赘句。

面对学校教育这种令人忧虑的状况，各界社会人士提出了各种抗议。在美国南北战争后工业革命、城乡变化、边疆开拓以及移民剧增的情况下，如何使学校教育适应社会的变化成为一个迫切需要考虑和解决的问题。学校需要变革，而且变革的时机已经成熟。

一般认为，帕克的昆西学校实验的开端，兴起了美国进步教育运动。帕克"通过他在马萨诸塞州昆西市的工作，表明了在公立学校中一个新的教育

---

① [美]克雷明.学校的变革[M].单中惠，马晓斌，译.济南：山东教育出版社，2013：3.

运动的开始"①。杜威这样写道:"帕克几乎超过其他任何一个人,可以称为'进步教育之父'。"②

1. 帕克与昆西学校

帕克 1837 年 10 月 9 日出生于新罕布什尔州的贝德福。受到担任乡村学校教师的母亲的影响,他年仅 16 岁就担任乡村学校教师,一直到 25 岁。1869年,帕克担任俄亥俄州德顿师范学校校长,开始从事教育革新活动。后担任德顿市公立学校督学助理。为了进一步学习欧洲教育家的思想,1871 年帕克赴德国柏林威廉国王大学学习。其间,他考察了其他欧洲国家的教育情况。1875年回国至 1880 年,帕克担任了马萨诸塞州昆西市的学校督学,主持领导昆西学校(Quincy Schools)实验,第一次把"进步教育"思想付诸学校教育实践。此后,他担任波士顿公立学校督学。1883 年至 1899 年,帕克担任了芝加哥库克县师范学校校长,"他的工作达到了引人注目的顶点"③。

在教育改革实践基础上,帕克于 1894 年写了《关于教育学的谈话》(*Talks on Pedagogics*)一书,系统阐述了他的进步教育思想。他的教育著作主要有《关于教学的谈话》(*Talks on Teaching*,1896)、《有实践经验的教师》(*Teachers with Practical Experience*,1883)等。

后来,帕克主持领导了芝加哥学院。1901 年,该机构在芝加哥大学校长哈珀的要求和建议下,并入芝加哥大学,成为教育学院,帕克担任了第一任院长。1902 年 3 月 2 日,帕克因病去世。

首先,帕克主张建立以儿童为中心的学校。他认为,儿童既是一个精神的实体,也是一个社会的实体。儿童的发展依赖于自己的经验、印象和表达。童年期充满了每一个由外在刺激和内在力量形成的活动。因此,"所有教育的

---

① [美]简·杜威.杜威传(修订版)[M].单中惠,编译.合肥:安徽教育出版社,2009:28.
② Ida C. Heffron. *Francis Wayland Parker*. Los Angeles:Ivan Deach Jr. Publisher. 1934:36.
③ [美]克雷明.学校的变革[M].单中惠,马晓斌,译.济南:山东教育出版社,2013:117.

真正目的是使人的身体、智力和心理的协调发展"①。学校教育应该适应儿童的发展，而不是要儿童去适应学校教育。帕克强调说："不是任何科目，而是儿童处于学校的中心。"② 在他看来，学校应该是"儿童中心"的学校。在制定学校计划时，应该以儿童为中心，从儿童的需要、兴趣和能力出发，尽力提供游戏、活动和工作的机会，并进行必要的辅导，使儿童具有丰富的和多样的经验。总之，学校的一切都是为了儿童的发展。儿童必须在一种不受任何阻碍的环境中游戏和工作。

在昆西学校中，帕克正是这样去做的。他改变了学习的气氛，使得学校成为儿童感兴趣的地方；他把儿童置于教育过程的中心，使得教师关注儿童的天性和内在能力的发展。昆西学校的一位教师说："帕克的发展计划包括了整个儿童。……学校是工作的一个场所，儿童在那里从做中学。"③ 因此，美国进步教育协会的创建者之一柯布（S. Cobb）称帕克是"儿童新世纪的先觉"④。

帕克认为儿童中心的学校也应该是一个社区，因为今天的儿童将是明天的公民。儿童可以在一种为"民主"作持久和一致努力的社区环境中得到发展。学校应该成为"一种理想的家庭、一种完善的社区和雏形民主政治"⑤。

其次，帕克主张活动的课程与方法。他认为，儿童在不同的生活环境中实际上已经自发地和无意识地开始学习每一门科目。帕克说："儿童每日每时都在学习云、天空、星星、地球、植物、动物、历史等各方面的知识。"⑥ 例如，

---

① Sol Cohen. *Education in the United States: A Documentary History*. Vol. 3. New York：Raudom House，1974：1818.

② Ida C. Heffron. *Francis Wayland Parker*. 1934：55.

③ Ida C. Heffron. *Francis Wayland Parker*. 1934：57.

④［美］柯布. 新教育的原则及实际［M］. 崔载阳，译. 上海：中华书局，1933：11.

⑤ Francis W. Parker. *Talks on Pedagogies*. New York：E. L. Kellogg，1894：450.

⑥ Sol Cohen. *Education in the United States: A Documentary History*. Vol. 3. 1974：1821.

儿童在厨房里烤面包时，他不仅很高兴，而且已开始了化学方面的第一课。

从批判传统教育的理论和方法出发，帕克十分强调学校课程内容和教学方法的改革。"儿童必须是教育经验的中心，被教的每件事都必须对儿童有意义。"[①] 在昆西学校中，设有阅读、书写、数学、地理、历史、文学、艺术、表演、音乐、体育、手工以及健康教育等科目，教师也把自己设计的教材以及杂志和报纸上的材料介绍到教室里来，以代替教科书。教师还强调儿童自己的活动以及对周围事物的直接观察，注意培养儿童的自我表现能力。可以说，昆西学校的重点放在了对儿童的观察、描述和理解能力的培养上。

在教学方法上，帕克主张使儿童通过有兴趣的活动进行学习。因此，学校应该最大地激发儿童对各种活动的热情，重视自然观察、旅行活动、手工劳动以及体育活动。帕克说："每个儿童热爱的自然界：鸟、花和动物是他用之不尽的好奇心和惊讶的一种源泉，我们应该把这种热情带到教室里去……儿童也具有一种具体地表现他思想的愿望，我们也应该把这种冲动倾向带到教室里去。"[②] 儿童有兴趣地从活动中学习比强迫的灌输更有力量。帕克还认为，每所学校最好设有一个农场，以便使儿童进行"自然学习"。

对于课程与方法的改革，帕克在昆西学校委员会 1879 年的报告中写道："我再说一遍，我仅仅是尝试更好地应用已建立起来的教学原理，即一些直接来自于心理规律的原理。根据心理规律提出的教学方法在每一个儿童的发展中都可以使用……我没有引进新的原理、教学方法或步骤。我没有尝试进行什么实验，也不存在特殊的'昆西制度'。"[③]

最后，帕克强调教师及师资培养。他认为，要使美国的公立学校成为世

---

① Adolphe E. Meyer. *Grandmaster of Educational Thought*. New York：McGraw-Hill Book Co.，1975：272.

② R. Freeman Butts. *Public Education in the United States*. New York：Holt，Rinehart and Winston，1978：202.

③ ［美］克雷明.学校的变革［M］.单中惠，马晓斌，译.济南：山东教育出版社，2013：117.

界上最好的学校，就需要在每一个教室里配备一位受过专业训练的、有文化教养的、热爱儿童和献身教育工作的教师。教师应该既有巨大的热情，又有教育科学的知识。

按照帕克的看法，学校教师的基本任务是提供必要和适当的环境，使每个儿童的个性能在教师的关心下得到充分的发展。教师应该具有坚定的信念和明智的判断力，具有分析儿童个性和找出儿童缺点的能力。教师应该具有创造精神，注意课程内容的革新，采用新的教学方法。教师应该能引导儿童与实际生活联系，并使他们第一手地观察和学习自然界。教师应该热爱儿童和尊重儿童，并有帮助他们的强烈愿望。教师还应该与家长保持直接联系，成立家长与教师协会，定期举行家长会，使家长清楚学校教育的目的和方法。总之，"教师的重要性在于使儿童的心灵真正地重视生活和去生活"①。

帕克十分重视教师的培养问题。他经常对教师提出这样一些问题："教师应该怎样使儿童成为一个能自我活动和自由的人？""教师应该怎样使儿童适应将来的事情？"帕克认为，为了训练儿童如何去做，教师自己必须能够去做。在担任芝加哥库克县师范学校校长期间，他强调在师资培养中要采用新的方法进行心智训练和学习教育科学，尤其是学习教育科学，因为教育科学是一门探究儿童心理发展规律的科学。

在教育革新实践中，帕克本人是一位献身于学校教育事业和为儿童的自由发展而奋斗的卓越教师。杜威 1902 年在《纪念弗兰西斯·威兰德·帕克上校》（*In Memorian: Colonel Francis Wayland Parker*）一文中写道："他在教育方面所做的大量事情主要是在改革教学方法和学校管理上，以便使儿童发展和谐的个性。"②

① Francis W. Parker. *Talks on Pedagogies*. 1894：447.

② John Dewey. *In Memorian: Colonel Francis Wayland Parker*. // Jo Ann Boydston. *The Collected Works of John Dewey*，The Middle Works，Vol. 2，1976：98.

昆西学校的实验在美国开创了进步教育的先声。帕克本人也成为美国进步教育的倡导者。在帕克和昆西学校的影响下，在帕克领导的学校里工作过的教师和毕业的学生纷纷仿效，办起了各种实验学校，进行教育革新活动，成为进步教育运动的热情支持者和积极参加者，例如帕克的同事科克 1901 年创办了弗兰西斯·帕克学校。

2. 赖斯与进步教育运动推向全国战役的第一枪

在帕克的昆西学校引发关注的过程中，纽约的一位年轻的儿科医师赖斯（J. M. Rice）从 1892 年 10 月到 1893 年 6 月在《论坛》（The Forum）杂志上发表了一系列有关学校问题的文章，对当时美国的学校教育进行了尖锐的揭露。

赖斯由于对教育的兴趣而由疾病预防转向探讨学校教育问题。1888 年到 1890 年，他在德国的耶拿大学和莱比锡大学学习教育学。回国后，他发表了一些批判传统教育的文章。1892 年 1 月，赖斯接受了《论坛》杂志编辑佩奇（W. H. Page）的建议，准备整理一份有关美国公共教育的第一手评估材料。他在全国范围内对 36 个城市进行了调查访问，通过到教室里听课、同教师谈话、出席地方教育董事会的会议以及对家长的访问等方式，获得了大量的实际资料。赖斯看到了当时美国学校中存在的问题，例如，教学上的机械训练和死记硬背，对儿童个性发展的忽视，学校气氛死气沉沉，等等。

在调查访问中，赖斯在各地也发现了有些学校在教育和教学上采取了一些革新的做法。赖斯在《论坛》杂志 1893 年 6 月号上所发表的最后一篇文章指出，这种教育革新的做法使公众能够感受到进步学校的好处，其中提到帕克所领导的库克县师范学校是最有启发性的学校之一。

赖斯在调查访问的基础上所发表的一系列文章，引起了美国公众的强烈反应。这些文章后来又以《美国公立学校制度》（The Public School System of the United States）为名编辑成书出版。尽管有些人对此抱有冷漠、讽刺或观望的态度，但这些文章无疑是把进步教育运动推向全国学校的第一枪。正如克雷明在《学校的变革》中所指出的："19 世纪七八十年代间，人们对教育的批评不仅是局部的、间隙的，而且常常是无关痛痒的。相比之下，90 年代带来了全国性的对传统教育的批判以及教育革新和改革的洪流。没多久，它就完全具有了一场社会运动的特征。在这一点上，赖斯的文章似乎标志着它的开始。他在《论坛》的一系列文章中最先把当时的多方面抗议编成一个真正的改革计划，最先把教育问题看成事实上的全国范围的问题……进步教育运动之所以从赖斯开始，恰恰是因为赖斯把它看成一场运动。"[①]

（二）进步教育运动初期的实验活动

作为一次广泛的、群众性的教育改革运动，在进步教育运动初期涌现出一批具有革新思想的教育实际工作者，开办了以改革传统教育为宗旨的进步学校，进行教育革新的实验活动。"同这个时代对教育的各种各样抗议一样，教育实验也明显地具有多样性。……这种多样性肯定要在'进步教育运动'中留下根深蒂固的标志。"[②]

1. 斯陶特与梅诺莫尼学校

斯陶特是一位富裕的木材商，他对伍德沃德（C. M. Woodward）在圣路易斯市华盛顿大学的手工训练学校工作情况十分了解。1889 年，斯陶特向威斯康星州邓恩县梅诺莫尼镇教育委员会提出建议：由他在梅诺莫尼学校（The Menomonie School）建造一幢手工训练大楼，并配置必需的设备，发薪水给必需的教师并提供一定的应急费用。梅诺莫尼镇教育委员会接受了这个建议，并立即采取实施行动。

不久，这幢手工训练大楼就成了一个以"从做中学"原理为基础的新学校教学中心。男同学可以在木工、铁工或铸工等车间工作，并根据季节进行生

---

① ［美］克雷明.学校的变革［M］.单中惠，马晓斌，译.济南：山东教育出版社，2013：20.
② ［美］克雷明.学校的变革［M］.单中惠，马晓斌，译.济南：山东教育出版社，2013：115.

产活动，例如春天用的风筝、冬天用的雪橇和滑雪板等。女学生大多学习与家政有关系的课程，例如编织、烹饪等。

在梅诺莫尼学校，手工训练的重点逐渐扩展成一个完整的制度：幼儿园儿童学习穿孔；小学生学习绘画、写生、编篮子和织补；六年级学生开始施行系统的手工教学大纲；最后是一个培养手工训练教师的预备班。

学校为全校学生提供体育锻炼的机会。后来，在斯陶特的资助下，梅诺莫尼学校建造了体育馆和游泳池，强调体育活动。体育教学大纲也与个人健康卫生教育紧密联系起来。学校还注意校园环境的美化。

梅诺莫尼学校没有纪律问题的发生。学校教师既熟悉如何教农业、自然研究和手工训练，又注重把传统课程与学生的日常生活联系起来。

此外，梅诺莫尼学校成为当地的社会中心。学校的设施向公众开放，居民踊跃参加学生工作的年度展览会，烹饪班提供宴请的服务等。当地报纸曾报道梅诺莫尼学校是一个代表各行各业和所有人的团体。最有意义的是，梅诺莫尼镇 5600 多个居民都感到这所学校是他们自己的。

梅诺莫尼学校的实验吸引了来自各地的访问者。其中包括普通教育委员会（General Education Board）、南方教育委员会（Southern Education Board）以及皮博迪基金会（Peabody Fund）的代表以及帕克和芝加哥手工训练学校的贝尔菲尔德（H. Belfield）等人。梅诺莫尼学校的气氛给来访者留下了深刻的印象。1903 年，《世界的工作》（*The World's Work*）杂志的年轻记者阿黛尔·肖（Adale Shaw）在参观梅诺莫尼学校后发表题为《梅诺莫尼镇的理想学校》（*The Ideal Schools of Menomonie*）的文章，赞赏道：在几百英亩的区域内，它包含了任何地方都存在的公共教育中变化最多和最全面的实物教学课；同时明确提出："按照梅诺莫尼镇公立学校能够做的这个实例来衡量，其他大部分公立学校的工作是死气沉沉、徒劳无益的。"①

---

①［美］克雷明. 学校的变革［M］. 单中惠，马晓斌，译. 济南：山东教育出版社，2013：131.

2. 科克与弗兰西斯·帕克学校

科克曾是帕克在芝加哥库克县师范学校的同事。在布赖恩女士提供 100 万美元的资助下，由科克担任校长的弗兰西斯·帕克学校（Francis Parker School）于 1901 年夏天正式成立。科克担任校长直至 1937 年。

在办学方式上，学校把帕克和杜威两人的教育思想和谐地结合在一起。其基本宗旨是："使儿童通过自我活动的作业获得最大的收益；适应儿童兴趣和需要的创造训练体现了教育精神；带有责任的自由是道德和智力生长的最好条件；与实际事物相联系的生活经验是学习的要素；各种表现的机会是正确教育的必要条件；必须把发展着的儿童当作一个人而不是一个群体来对待；社会动机是作业的最有效的和最完整的动机"①。

弗兰西斯·帕克学校强调以下三个方面：一是兴趣。科克强调兴趣是令人全神贯注和从事教育的根本法则。兴趣是整个儿童活动的最佳起点，教师的职责是使儿童原来的兴趣在更高层次上转化为新的兴趣。二是社会活动。学校必须重视促使儿童为了小组或更大的集体利益而一起工作，例如，一起设计和制作学校用的帘子、编写芝加哥市的历史、时事讲解、全校表演等。学校中最重要的一项社会活动就是全校儿童一起参加晨间集体操活动。三是以完成任务为目标的学习。在学习方向和进度上，教师对各个年级的基础学科提出了最低的要求，各门学科的作业都各自围绕一个特定任务而进行。通过完成困难的任务，教育儿童既崇尚自由又有责任心。

在小学阶段，课程上打破了学科的划分，以问题研究为核心加以组织。例如，四年级在学习希腊史时，学生自己动手盖一幢希腊式房屋，写有关希腊神话的诗歌，做一些希腊式服装穿在身上。负责教这个年级的教师说："他们玩希腊游戏，穿希腊服装，不断排演他们所喜欢的故事或奇遇……上课时，他

① Adolphe E. Meyer. *The Development of Education In the Twentieth Century*. New York: Englewood Cliff, Prentice-Hall, 1962: 16.

们举行狄俄尼尔斯式的狂欢，有祷告，有跳舞和即兴吟诗。另外，他们中的一半人扮演雅典人，另一半人扮演斯巴达人，争论哪个城邦更值得向往。他们还充当雅典的自由民，勇敢地回答傲慢的波斯使者。"① 在科克看来，用这种方法教历史，儿童学到了历史的意义，通过对希腊精神的理解和具体表现，得到了情感的满足。

在中学阶段，学校并没有在课程和教学上进行改革，而是强调各方面生活的联系、团体活动、合作精神、自治等。

值得指出的是，表演的社会价值在弗兰西斯·帕克学校中得到了重视。"当全班通过行动来表现他们从书本学到的东西时，所有的成员都有一种职责，这样他们就能学会在社交方面来珍视和发展表达能力以及情感想象能力。当他们面对全校表演时，他们就领略到了这项工作对他们个人的价值，并且促进了全校的团结合作精神的发扬。所有儿童，无论是大的、小的，都开始对其他年级发生的事产生了兴趣，学会珍惜他人做出的那种简单而真诚的努力，不管这种努力是来自一年级的学生，还是中学高年级学生。"②

从1912年起，弗兰西斯·帕克学校出版年鉴，到1923年共计出版了8卷，内容涉及社会作业中的社会动机、通过具体经验的教育、科学课程、个性与课程等方面。

弗兰西斯·帕克学校后来参加了进步教育协会的学校与大学关系委员会所组织的"八年研究"（1933—1941）实验计划。在进步教育运动初期，弗兰西斯·帕克学校在进步学校实验中的地位是重要的，对华虚朋、史密斯（E.R. Smith）等进步教育家都产生了影响。

---

① ［美］杜威.明日之学校.// 学校与社会·明日之学校［M］.赵祥麟，等译.北京：人民教育出版社，1994：289.
② ［美］杜威.明日之学校.// 学校与社会·明日之学校［M］.赵祥麟，等译.北京：人民教育出版社，1994：289-290.

3. 梅里亚姆与密苏里大学初等学校

梅里亚姆是密苏里大学教育学院的教授。在 1904 年开办了一所实习用的中学后，密苏里大学教育学院于 1905 年开办了一所旨在进行师资实习的初等学校（刚开办时只招收 1–3 年级的学生），后者称"密苏里大学初等学校"（Elmetary School，University of Missouri）。这两所学校都由梅里亚姆负责，时间长达二十年。梅里亚姆著有《儿童生活与学校课程》（*Child Life and School Curriculum*，1920）等。

与大多数进步教育家一样，梅里亚姆也对传统学校进行了尖锐的批评。他指出，传统学校的基本缺陷就在于过于注重向儿童传授成人的事实；过分强调课程的系统化，忽略了个别儿童的需要；割裂了校内生活与校外生活之间的联系。

梅里亚姆认为，学校应该成为儿童的学校，应该是儿童工作和游戏的场所。儿童在学校里的生活不仅应该同他们在校外的生活一样，而且应该更好地帮助他们懂得怎样正确地工作和游戏，以及怎样与其他儿童一起工作和游戏。他明确说，儿童"在这所学校里所做的就是他们在家里要做的，不过他们在工作和游戏中学着做得更好。在家里，他们做许多事情，大部分时间都很活泼，在学校里他们也是这样"①。

在梅里亚姆看来，儿童通过他们在校外的那些活动所得到的发展，完全可以与他们通过在校内学校的学习所得到的发展相媲美。而且，儿童在校外学的东西，既与日常生活联系密切，又是令人愉快的。在《儿童生活与学校课程》一书中，梅里亚姆总结了学校课程安排的五条原则：一是课程首先应该满足儿童当前的需要，为今后的需要作准备；二是课程应该以日常生活的具体形式表现出来，而不应该采取传统课程的抽象形式；三是课程的组织有利于同一年级甚至不同年级学生之间的交流；四是课程应该照顾儿童的个性差异，并

---

① ［美］杜威. 明日之学校. // 学校与社会·明日之学校 ［M］. 赵祥麟，等译. 北京：人民教育出版社，1994：243.

满足不同的能力和爱好；五是课程应该有助于儿童同时了解工作与闲暇。①

根据上述原则，密苏里大学初等学校一天的生活分成四个方面：观察、游戏、讲故事、手工。

其一，观察，儿童专门研究某一课题。观察时间可以只花一个早晨，也可以持续几个星期。各个年级的观察内容并不相同，例如，一二年级观察植物和动物、气候和季节变化、人和自然等，三四年级观察本地区工厂、住宅和商店等，五六年级观察更大范围的工厂和社区活动等。如果儿童自己提出的课题对他们来说是重要的，那也可以改变原来的计划。为满足儿童和小组的各种需要，计划是有伸缩性的。低年级学生在需要读、写、算以扩大他们的工作范围时，才学习读、写、算。

以对气候的研究为例。儿童的观察是终年不断的，注视季节的变化。在观察了一年整个周期的气候情况后，儿童不知不觉地研究了居住地区的气候，并认识了气候与他们周围动植物生长的关系。

以对食物的研究为例。在教师的帮助下，儿童首先陈述他所能想到的与食物有关的任何东西，例如家里吃的食品、在食品店所看到的东西。然后，全班儿童与教师一起参观食品店，教师鼓励每个儿童认真观察那里出售的东西并注意和比较各种价格。最后，回到教室时，教师再让儿童讨论他们所见的东西，把能记得的食品价格列出单子，画食品的图画以及讨论食品营养价值的问题等。

其二，游戏。对于儿童，游戏具有重要的教育价值。在游戏中，允许儿童采取多样的形式和自由的活动，而教师仅仅是一位旁观者。为了使儿童把握基本的技能和时机并全力以赴，游戏多半带有竞争的性质，一般由教师充当记分员。在格里亚姆看来，儿童在一项游戏中玩得越高兴，就越喜欢这项游戏。在游戏过程中，通过自由自在的交谈，儿童上了一堂语言课。而在游戏结束

---

① 张斌贤.社会转型与教育变革［M］.长沙：湖南教育出版社，1998：77.

后，通过教师在黑板上记录的儿童游戏时所说的一些事情，儿童上了一堂由自己设计并反映他们游戏情况的阅读课；通过把黑板上的这些东西抄下来，儿童就上了一堂书写课。此外，儿童通过在游戏中使用新单词和新词组，自然而然地增加了词汇量。

其三，讲故事。儿童十分喜欢听优美动听的故事，因此，教师应该注意给儿童讲故事。此外，儿童自己也喜欢别人听他们讲故事，其内容往往不是他们从识字课本中已读过的东西，而是他们在日常生活中听到或从课外阅读中知道的东西。在讲故事的过程中，儿童发现故事必须讲得生动和新颖，这样他们就会很自然地到学校图书馆去借故事书阅读。儿童也会意识到，有些故事可以用动作表演或用图画表现。因此，讲故事就等于在上阅读课和写作课。通过讲故事，儿童不仅能养成喜欢读好书的习惯，而且能学好唱歌，歌曲中有乐趣有故事，唱歌是讲故事活动的一部分。

其四，手工。低年级儿童都要学习木工、缝纫和编织。手工活动给儿童提供了发挥审美力和做各种有用东西的机会。在低年级班级中，整个班级儿童通常在同一时间做同样的事情，但他们可以说想做些什么。随着年龄的增长以及掌握工具的熟练，高年级儿童参加的手工活动的种类和复杂程度也相应地增加，例如五六年级的有些学生制作出了一些可供学校长期使用的精美家具。

尽管密苏里大学初等学校每个年级儿童都要参加以上四个方面的活动，但是，"对于较年幼的儿童，其活动几乎全部取材于他们的生活环境；他们花时间从已熟悉的事物中发现更多东西。随着他们年龄的增长，他们的兴趣自然转到更为间接的事物上，并去探索事物的过程及种种原因；他们开始学习历史、地理和科学"[①]。

梅里亚姆在《儿童生活与学校课程》一书中概括了密苏里大学初等学校

---

① ［美］杜威. 明日之学校. // 学校与社会·明日之学校［M］. 赵祥麟，等译. 北京：人民教育出版社，1994：244.

在课程和教学上的特色：不设置读、写、算及其他传统课程；不给学生提供用于学习和背诵的教科书，而要他们利用学校图书馆；反对为考试而死记硬背，没有期末考试和不定期测验；强调教师和学生共同学习。

在学校管理、教室布置、教师工作等方面，密苏里大学初等学校也进行了相应的改革。由密苏里大学教育学院委派的教授负责学校政策的制定和教学大纲的审核。学校教师在了解教学大纲的同时，也被允许有较大的自由制定自己的工作计划。在整个校舍中，教室并不多，但这些用大的折门相连的教室能使两三个年级在那里活动，学生可以自由走动和互相交谈，只是不能妨碍其他同学。学校还设有图书馆、博物馆和社交中心等。

密苏里大学初等学校的毕业生大部分进入了密苏里大学附属中学，进校后的学习成绩也很好。

4. 约翰逊与有机教育学校

约翰逊女士是美国进步教育协会的创建者之一。在 20 世纪二三十年代，她是该协会的领导成员。1864 年，约翰逊出生于明尼苏达州并在那里受教育。从 10 岁起，她就有了献身于教师工作的理想。后来，她曾在初等学校里教过各个年级，也在中学从事过教学工作，是一位很有经验的教师。在明尼苏达州立师范学校里，她曾是一位富有批判精神的教师。1903 年冬天，约翰逊一家移居到亚拉巴马州的一个海边小镇费尔霍普。第二年，搬到密西西比州梅里迪安附近的一个农庄，直到 1907 年又回到费尔霍普。在那里，约翰逊创办了一所私立学校，名为"费尔霍普学校"（Fairhope School），一般以"有机教育学校"（School of Organic Education）名字闻名。约翰逊后来回忆说："很多人来到费尔霍普，但最后都走了；而我完全专心致志于开办一所学校，并乐意抓住这一机会。我是那样地渴望去'实行'一个计划，即努力使孩子们来上学并让我进行实验。"①

---

① Marrietta P. Johnson. *Thirty Years with an Idea*. New York：Teachers College，Columbia University，1939：14.

　　约翰逊经常阅读心理学家奥本海姆（N. Oppenheim）的《儿童的发展》（*The Development of the Child*）一书，并从中获得了对实验的刺激和支持。她后来说：“《儿童的发展》成了我的教育圣经……多年来，它一直激励我进行实验工作。”[①] 她阅读一位有才华的学者亨德森（C. H. Henderson）和杜威早期写的《教育与广泛的生活》（*Education and the Larger Life*）一书，认识到教育的目的在于发展整个人的有机体，同时她从亨德森那里借用了“有机教育”一词。约翰逊强调：“我们必须牢记，我们正在与一个统一的有机体打交道。”[②] 在她看来，儿童身心两方面的发展是相辅而行和不可分离的，教育者必须懂得这两者是同样重要的。

　　因此，对于传统学校，约翰逊提出了尖锐的批评。她认为，传统学校是以教师的方便来安排的，不考虑儿童的需要，忽视儿童的充分发展，不培养儿童的能力和创造性。而且，传统学校不提供儿童生长的机会，也不能使儿童自己去发现知识，反而把儿童强制地禁锢在一个小范围里。其结果自然是使儿童厌恶学校，并对学习失去兴趣。

　　1920 年，约翰逊在美国进步教育协会的年会上发表题为《学校与儿童》（*School and Child*）的演讲。她指出：“儿童是需要自由的——首先是身体的自由。……但儿童更需要心灵和智慧的自由。”[③] 她又在题为《什么是有机教育？》（*What Is Organic Education?*）的文章中指出：“学校的目的就是‘尽力使儿童身体健康，最好地发展智力，并保证富有感情的生活的真实和自然。’”[④] 她还强调：“教育计划的目的在于适应正在生长的儿童的需要……童年期是儿童自身的发展，而不是为成人生活的预备。”[⑤] 在约翰逊看来，教育应该充分注意到

---

① Marrietta Johnson. *Thirty Years with an Idea*. 1939：8.

② Marrietta Johnson. *Thirty Years with an Idea*. 1939：52.

③ [美] 柯布. 新教育的原则及实际 [M]. 崔载阳，译. 上海：中华书局，1933：67.

④ [美] 克雷明. 学校的变革 [M]. 单中惠，马晓斌，译. 济南：山东教育出版社，2013：133.

⑤ Marietta Johnson. *The Educational Principles of the School of Organic Education*. // National Society for the Study of Education，*Twenty Sixth Yearbook*. Bloomington，1926：349.

儿童生长的自然规律；学校的目的在于为儿童提供每个发展阶段必需的作业和活动，并有利于每个阶段的发展。由此出发，包括从幼儿园到中学的费尔霍普学校分成了生活班级，以代替固定的年级。它包括六个部分：幼儿园（6岁以下的儿童）；第一生活班级（6—7岁）；第二生活班级（8—9岁）；第三生活班级（10—11岁）；初级中学（12—13岁）；中学（14—18岁）。

费尔霍普学校的整个课程计划以活动为主，并在活动的基础上进行智力学习。约翰逊强调说："所有的儿童需要创造性的手工活动。这是思维的基本方法。"① 她甚至认为，读写算尽可能推迟一些，这对于儿童身心的自然发展会更适宜。因此，正式科目一直到10岁（第三生活班级）时才开始安排。后来，由于家长们的反对，才提前到8岁（第二生活班级）。但约翰逊坚决反对教师在学习上对儿童施加任何压力，要求充分考虑儿童这个有机体的自发性、主动性以及他们的兴趣和需要，在教室内外对他们的生活给予指导。她说："我们必须等待儿童的愿望，等待自觉的需要，然后我们必须迅速地提出满足儿童的愿望的方法。"②

在费尔霍普学校里，采取以下活动：体育活动、自然研究、音乐、绘画、手工、使用地图、讲故事、游戏、感觉训练、数的基本概念、戏剧表演和竞赛等，代替学校的一般课程。只有从初级中学起，才开始学习更加正式的科目，但是没有强迫的作业，没有指派的功课，没有考试和测验，没有不及格，也没有留级。每个儿童可以做喜欢做的事情，而不会受任何人的干涉，但不允许一个儿童任性和懒散。总之，鼓励每个儿童的自然发展。

作为实行有机教育理论的费尔霍普学校表现出以下四个特点：一是需要。根据儿童的需要制定学校的课程计划，以达到促进儿童自然发展的目的。而儿

---

① Marietta Johnson. *The Educational Principles of the School of Organic Education*. // National Society for the Study of Education, *Twenty Sixth Yearbook*. Bloomington, 1926：350.

② ［美］杜威. 明日之学校. // 学校与社会·明日之学校 ［M］. 赵祥麟，等译. 北京：人民教育出版社，1994：232.

童的需要又应该是基于兴趣的，因为兴趣是教育中的一个极其重要的因素。二是活动。学校是一个工作场所，不是一个工场。与劳动者不同，儿童作为一个艺术的工作者，可以从有创造性的工作活动中获得经验，得到乐趣和愉快，并使自己的全部精力能在工作中表现出来。三是训练。一个受过良好教育的儿童，就是一个受过良好训练的儿童。教师应该采取一种平衡的、训练的方法发展个人的有机体。四是社会意识。学校实行男女同校教育，使儿童从儿童期起就习惯于一起工作。学校建立在以无私、没有偏见、合作为特征的社会意识，以及与其说是批评性的毋宁说是创造性的建议的基础之上。

约翰逊还在康涅狄格州的格林威治开办初等学校教师暑期班，介绍费尔霍普学校的实验。她强调儿童的生存和发展完全依赖于活动；学校教育的方法必须遵循儿童自然发展的特点；课程计划要根据儿童的兴趣和需要制定。简言之，儿童的发展是良好教育的关键。

费尔霍普学校刚开办时，仅有 6 个儿童，后得以发展。约翰逊主持这所学校实验 30 年，在 1914 年以前，它的影响并不大。1914 年 5 月，杜威在《调查》（*Survey*）杂志第 32 期上发表了《关于颇有希望的亚拉巴马州费尔霍普学校有机教育实验的报告》（*Report on Fairhope [Alabama] Experiment in Organic School*），介绍并赞扬了费尔霍普学校实验。第二年，杜威和女儿伊夫琳·杜威在合著的《明日之学校》一书中，又一次论述了费尔霍普学校的实验。此后，约翰逊的有机教育学校引起了人们的注意，人们逐渐去那里参观。

5. 沃特与葛雷学校

沃特曾是杜威在芝加哥大学任教时的一名学生。1874 年 1 月 21 日出生于印第安那州的马克尔。1898 年从德保罗大学毕业后，他曾短期赴欧洲研究教育方法。早在 1899 年至 1907 年担任印第安那州布拉夫顿学校的督学期间，沃特就注意研究各种教育问题，曾针对当时美国学校的缺点，提出了教育革新计划，试图把学校课程与学校组织更好地结合起来，但是没有机会实施。一直到 1907 年，美国新兴钢铁工业城市印第安那州葛雷市的教育委员会聘请他担任教育局长，使他得到了把教育设想付诸实践的机会。当时沃特年仅33岁。他的教育革新实验以"葛雷计划"（Gray Plan）或"分团学制"（Platoon Plan）闻名，引起了人们的广泛兴趣，并使葛雷学校（Gray Schools）成为当时美国进步教育的中心。1914年，沃特应邀在纽约的公共学校系统中帮助推行这个计划。

在沃特的主持下，葛雷学校的实验基本以杜威的教育理论为根据，是杜威教育哲学在葛雷学校的应用。沃特认为，他所面临的问题就是"要这样去照料这些儿童若干年，即在他们结束学习之后，每个人都能找到自己的工作并做得成功"①。因此，葛雷学校在组织上把幼儿园、小学和中学都包括在内，使儿童在良好的环境中受到教育，并有机会选择自己认为最适宜的活动，尽最大的可能发展自己的个性。作为社会化的学校，也应该是一种与职业模式联系在一起的社会生活雏形，在适当的条件下，使儿童如生活在实际社会中一样。所以，学校的作业应该以游戏与活动、知识的研究、工场与商店以及实验室的工作、校内外的社会活动等四方面为基础。这"不仅是把极大地扩展了的教育机会——在操场、花园、图书馆、体育馆和游泳池、艺术和音乐馆、科学实验室、金工车间以及礼堂——提供给每个儿童，而且是使学校成为社区艺术和学术生活的真正中心"②。葛雷学校使它变成了小社会，并为儿童正常的和自然的生活提供了机会。美国教育史学家克雷明指出，葛雷学校的"目的是把普通教育和职业教育、智力教育和道德教育统一起来，并在这个过程中形成一种新的和有影响的社区观念。这种观念将在美国化的移民中起关键性的作用"③。

---

①［美］杜威.明日之学校.//学校与社会·明日之学校［M］.赵祥麟，等译.北京：人民教育出版社，1994：318.

②［美］克雷明.学校的变革［M］.单中惠，马晓斌，译.济南：山东教育出版社，2013：138.

③ Lawrence A. Cremin. *American Education: The Metropolitan Experience*, *1876—1980*. New York：Harper Torch Book，1988：236.

　　葛雷学校的校舍一般包括四个部分：设备齐全的体育运动场；设备布置可根据儿童的兴趣和需要而变动的教室；种类很多的工厂和商店；儿童聚会和举行各种活动的礼堂。沃特自称葛雷学校为"工读游戏学校"（Work-Study-Play School）。

　　葛雷学校中所有设施都是为了实际应用。例如，木工场要替学校制作桌椅，印刷工场要印刷材料和报纸，园艺场要栽培植物和饲养动物，缝纫室和烹饪室要进行实际操作。与一般学校不同的是，葛雷学校的校舍大楼四周有极宽的走廊，儿童可以自由往来。在走廊的两旁，陈列着儿童的各种成果和制作品，以激发他们创造性制作与实际研究的激情。

　　与杜威一样，沃特也强调从经验中学习。这是葛雷学校课程编制的总原则。在沃特看来，"问题不是要传授每个人具体工作可能需要的知识，而是要保持儿童童年的自然兴趣和热情，使每个学生能够驾驭自己的身心，并保证他们能够为自己做其他的事情"①。葛雷学校的课程分成四类：一是学术工作，包括阅读、拼写、文法、算术、地理、历史等科目。二是科学、工艺和家政，包括理科、图书、木工、金工、印刷、缝纫、烹饪等。三是团体活动，包括各种集会、表演、讲演和辩论等。四是体育。在具体安排上，一二年级不分科，每天要学习手工及图画一小时；其余的年级采取分科教学制，由各科教师担任。各科升级的时间，以两个月为单位。儿童可以在这段时间中的任何时候改变他的整个计划。分级方法是以儿童的能力为标准，在每一种标准课程上，儿童在测验和评定的基础上分为"快班""普通班""慢班"三类。随着能力的提高，儿童所学内容的难度越来越大。总之，"学校强调的重点始终是灵活性，学生按最适合他们的速度，采用一种最适合他们的方法自由学习"②。

---

　　①［美］杜威.明日之学校.//学校与社会·明日之学校［M］.赵祥麟，等译.北京：人民教育出版社，1994：318-319.

　　②［美］克雷明.学校的变革［M］.单中惠，马晓斌，译.济南：山东教育出版社，2013：139.

为了节省经费开支，充分利用校舍和各种设备，葛雷学校采用"两校制"（Two School System）。这是葛雷学校的主要特点，表明葛雷学校良好的校务管理，以及师生之间真正的合作精神。其做法是在同一教室里安排两个班级。如果上午甲班在教室里上课，乙班就在其他场所活动；下午乙班在教室里上课，甲班就在其他场所活动。这种做法破除了一个班级独占一个教室的习惯，同时使儿童自然减缓学习疲劳的状态。后来，葛雷学校采用分组的教学组织形式，各组儿童可以轮流使用学校的设备。在教室不能独占的情况下，葛雷学校的走廊两边都设有木柜，让每个儿童存放书籍和文具等。

在葛雷学校中，儿童有机会真正学会用自己的能力适应他所生活的环境。从入学那天起，他就处在有兴趣告诉他怎样观察事物和怎样做事情的人中间；同时，儿童有机会学习某一职业的专门过程，并从事能给他动机和原理的工作。

儿童一走进葛雷学校，就觉得与在家里一样自由自在，做事的兴趣和责任心也与在家里一样。除鼓励儿童之间的合作交往和互相帮助外，每所学校都有一个由全体儿童共同选举出的学生会，协助维持学校秩序。儿童可以有最充分的自由，在最适合他们的场所工作。此外，葛雷学校还在夜间、周日和节假日向成人开放。

葛雷学校被看作美国进步教育运动卓越的例子，并成为进步教育运动的一种流行最广的形式。这所学校的大多数儿童完成学业的速度与其他工业社区学校的一般儿童相同，毕业生中有三分之一进入了学院和大学。伯恩（R. S. Bourne）曾在《新共和》杂志上给予它高度的赞扬，并于1916年出版《葛雷学校》（Gray Schools）一书，把它作为杜威教育信条的一个范例。1929年，美国41个州29个城市的学校部分地或全部地采用葛雷计划。编辑五卷本《美国教育：资料文献史》（Education in the United States: Documentary History）的美国教育史学家索尔·科恩（Sol Cohen）指出："葛雷学校计划是美国初等学校改革中的一个里程碑。"①

6. 普拉特与游戏学校

普拉特出生于纽约的费耶特维尔。在当地的学校中任教几年后，于1892年进哥伦比亚大学师范学院学习幼儿园教育及工艺课程。毕业后在费城女子师范学校教手工训练课程，但她对当时的学校教育制度深感不满。后来，在妇女工会组织领导人马罗特（H. Marot）的影响下，普拉特参加了对费城贫民窟状况的调查，立下了为迫切需要接受教育的儿童提供一种新式教育的志向。此后，她辞职前往纽约，除在社会服务社工作外，还在一所规模小的私立学校任教。在那里，她开始了初步的教育革新活动。从一位朋友的6岁儿子创造性活动中，普拉特在心里萌发了"游戏学校"（Play School）的观念，并于1914年秋天开办了一所游戏学校。这所学校后来以"城乡学校"（City and Country School）而闻名。

为了改革一种没有真正教育价值的学校教育制度，普拉特期望建立一个新的学校，使儿童能通过游戏活动认识世界。她明确指出："在一个雏形的社会里，儿童能够通过游戏了解全世界的基本真理。"②

在游戏学校中，所有的工作都是围绕儿童的游戏活动而组织起来的，教师利用的大量材料都是儿童在街上或在家里看到的东西。学校首先组织儿童到公园、商店、动物园、港口、工厂参观，尽可能充分为他们提供第一手经验；把诸如积木、黏土、染料、盒子等游戏材料提供给儿童，让他们运用这些游戏材料富有想象力地表现他们所见到的东西。由于儿童所进行的各种建造活动几乎取自于他们的观察，必然激起他们一种进行更新、更广泛和更精确的观察动机。普拉特在计划中写道："提供一个机会让儿童拾起他社会中的那条生活的线索，并以其特有的方式表达他获得的东西。实验关注的是得到第一手的材

① Sol Cohen. *Education in the United States: A Documentary History*. Vol. 4 "Preface"，1974：14.
② ［美］克雷明.学校的变革［M］.单中惠，马晓斌，译.济南：山东教育出版社，2013：182.

料。它假定儿童一开始就具有很多知识，他使这些知识一天天增多，这就有可能指导他的注意力，以致他可以用一种更多的联系的方式得到知识；它要把这些知识结合有关的玩具和积木，应用于各个游戏方案之中，并且通过象绘画、表演、口头表述这类普通的手段表现自己。"①

在工作时，每个儿童可以根据自己的需要使用选来的材料，也可以独自挑选喜欢的东西去做，例如一条铁轨和数座车站、一座小城镇或小农场等。有的工作规模较大或比较复杂，常常要费几天时间才能完成。每一次工作的成功，都激励儿童去做更新、更复杂的工作。通过游戏活动，儿童不仅发展了动作控制能力，提高了创造性，也为今后的课程学习打下了基础。当儿童在游戏活动中有需要时，教师就教他们使用工具和掌握各种程序。教师还会随时观察各个儿童能力的弱点，并在适当的时候给予激励或阻止。

游戏学校的课程内容通常包括阅读、书写、算术、历史地理、艺术和体育等。但是教学工作既没有系统组织，也没有固定模式。例如，结合儿童的建造活动教数学原理，根据儿童在工作中想用一些字母或符号的需要教阅读和书写等。

普拉特把儿童看作艺术家，认为每个儿童都有个人对观察的感受力，都有表达他们看到、听到和感觉到的东西并使之具体化的强烈愿望。因此，地处大多是艺术家、作家和演员居住的格林威治村的游戏学校很重视戏剧表演，并注意利用格林威治村丰富的艺术人才资源。所有的儿童都喜欢扮演不同于自己的人和物，喜欢通过动作把情景表演得更为逼真。在普拉特看来，各种各样的表演形式可以使教学更具体化，作为一种辅助的工具有助于阅读、算术、历史的教学。在游戏学校中，儿童们不仅自己照管各种游戏材料，他们还照管教室。

_____

① ［美］杜威. 明日之学校. // 学校与社会·明日之学校［M］. 赵祥麟，等译. 北京：人民教育出版社，1994：318.

在游戏学校（包括城乡学校）的实验基础上，普莱特后来编著《城乡学校的试验性实践》（*Experimental Practice in the City and Country*，1924）和《我向儿童学习》（*I Learn from Children*，1948），并进行了总结和阐述。

7. 农伯格与沃尔顿学校

农伯格曾就读于哥伦比亚大学巴纳德学院，听过杜威开设的课程。第一次世界大战前夕，她先去伦敦经济学院学习，后去意大利蒙台梭利教育家的"儿童之家"学习。回国后，农伯格应用蒙台梭利的教育方法在纽约管理一所蒙台梭利幼儿园。后来，在约翰逊的指导下，她决定开办一所学校。1915 年，农伯格建立了"儿童学校"（Children's School），并使它具有了自己的特色：既强调教育的情感方面，又强调教育的智力方面。这所学校后来改名为"沃尔顿学校"（Walden School），到 20 世纪中期已包括小学和中学，大约有 200 名学生。农伯格曾著有《儿童与世界》（*The Child and the World*，1928）等。

农伯格认为，传统的学校，甚至有的受进步教育运动影响的学校，都对儿童的个体发展加以过分的限制。他指出："对成千上万小学生的创造性才能与自发能量进行压制、阻抑和错误指导，就是我准备要当作传统教育的阴险罪行加以揭露的。"[①] 因此，沃尔顿学校的工作基调是：提供一种建立在体现儿童无忧无虑的愿望和兴趣以及使儿童求知、行动和生活基础上的课程。农伯格明确指出："对于我们来说，所有导致儿童在正常活动中神经紧张和情绪压抑的禁令，都是与生物学、心理学和教育学的新研究成果背道而驰的。我们必须在建设性和创造性的工作中去发现如何利用儿童这种生命力的方法。"[②] 所以，在沃尔顿学校中，完全消除传统学校的紧张气氛和那些不自然的做法，试图培养儿童坚持情感、思想和行动独立的精神，抛弃对教师或教科书权威的盲目依赖。

[①] William F. Connell. *A History of Educatin in the Twentieth Century World*. 1980：581.

[②] Margrette Naumberg. *The Child and the World*. New York：Harcoart，Brace and Co.，1928：14.

沃尔顿学校的最初宗旨是提供一种能应用分析心理学原理的教育。根据弗洛伊德的精神分析学说，农伯格期望在儿童学校中保护每个儿童的活动。她认为，教育并不是社会的"万能药"。由于一个人可以和一些社会团体不发生关系，但必然会和社会团体中的许多人发生某种关系，重要的是在于个人的转变。从这一点出发，个人的转变成为沃尔顿学校的目的。

在沃尔顿学校中，课程的安排是适合各个儿童需要的。教师不制定教学大纲，而努力使儿童接触各种各样的人，为他们提供丰富多样的材料，然后让他们自己去做。例如，在一个科学工作室里，儿童正进行各项工作，一位教师则站在一个角落里，听任这些儿童自己去做；但当儿童遇到困难和问题时，那位教师立即帮助他解决困难或回答他的问题。美国教育学者德利玛（A. De Lima）在《我们孩子的敌人》（*Our Enemy the Child*）一书中指出，沃尔顿学校"敢于创造一个儿童的世界，然后就站在一旁，看着儿童在真正自由的环境中生长"[①]。

沃尔顿学校的教师至少有一半人学习了心理分析，试图寻求一种真正培养思想和独立精神的课程，强调艺术，在学校课程中，戏剧活动、文学创作尤其是绘画的地位十分突出，艺术成为儿童自我表现的主要手段。负责艺术教育工作的教师凯恩（F. Cane）激励儿童画出他们觉得非画不可的东西，并说："我始终主张一点，那就是应该让儿童去选择。如果有人偶然说他不知道去画什么，那么，我就同她谈话，直到她说出藏在心里的愿望：她想去画，但又怕画不好东西。"[②]沃尔顿学校还进行了提供性知识教育的尝试，教师从自然研究开始，继而讲授与性行为有关的生物学、心理学和伦理学等方面的知识。农伯格指出，其中有一些做法需要不断地消除家长们的疑虑。

沃尔顿学校坚持理智行为和鼓励创造性活动，但并不是让学生随心所欲，

---

① ［美］克雷明.学校的变革［M］.单中惠，马晓斌，译.济南：山东教育出版社，2013：191.
② ［美］克雷明.学校的变革［M］.单中惠，马晓斌，译.济南：山东教育出版社，2013：192.

而是学习他们自己可以做的事情，以及训练表现自己的最佳方式。沃尔顿学校是"以心理分析为指导的一切学校中最有计划的、也许是最成功的学校，它充分表明，学生的自由和创造性能够成功地与律己和责任心相结合"①。

8. 弗莱克斯纳与林肯学校

弗莱克斯纳年轻时曾在肯塔基州的路易斯维尔创办并领导了一所学校。1915年，在普通教育委员会的会议上，弗莱克斯纳曾谈及他一直渴望的一种将提供普通教育的现代学校，当时出席会议的哈佛大学名誉校长埃利奥特对此表示支持。会后，弗莱克斯纳发表了一篇题为《现代学校》(*A Modern School*) 的文章阐述了自己的设想。1916年，普通教育委员会与哥伦比亚大学师范学院的一些权威人士讨论，决定合作建立一所现代学校。1917年9月，由弗莱克斯纳领导的哥伦比亚大学师范学院林肯学校 (the Lincoln School of Teachers College) 成立，简称"林肯学校"(Lincoln School)。

弗莱克斯纳认为，现代学校将成为研究教育问题的实验室。"在那里可以进行教育问题的科学研究。这个实验室首先是要批判地检查和评估现代学校作为根据的那些基本主张以及所得到的那些结果。"②他还指出，林肯学校这所现代学校应该"像一个实验室，制定初等学校和中等学校的课程，这些课程必须删去过时的资料并尽力逐步充实适应现代生活需要的有用的资料"③。其目的是为儿童提供他们需要的知识，并且发展他们在现实世界中把握自己的能力。整个学习时间将主要根据这个标准进行安排。

林肯学校的课程内容主要包括四个方面：科学、工业、美学、公民。其中，删去了希腊语和拉丁语，代之以现代外语，但保留了传统的数学课。在组织和安排课程时，林肯学校拟定新的教学大纲，编写新的教科书，提出新的教

---

① William F. Connell. *A History of Educatin in the Twentieth Century World*. 1980：583.

② ［美］克雷明. 学校的变革［M］. 单中惠，马晓斌，译. 济南：山东教育出版社，2013：252.

③ ［美］克雷明. 学校的变革［M］. 单中惠，马晓斌，译. 济南：山东教育出版社，2013：252.

育程序，编制新的课程设计。

与其他进步学校相比，林肯学校的最大特色是"围绕'工作单元'建立一种课程。这种课程把传统的教材重新组织到能够促使儿童发展和以后适应变化的成人生活需要的更完整的形式中去"①。根据不同年级学生的不同兴趣，分别组织了不同的单元，使他们的注意力集中到各个方面去。例如，在小学阶段，一年级和二年级，仿照现实生活建立游戏城市，学习社会生活；三年级，通过船上的活动，学习船只的知识；四年级，学习食物的知识；五年级，学习陆上运输的知识；六年级，学习不同年代书籍的知识。在中学阶段，七年级，学习人类及其环境的知识；八年级和九年级，学习文化与环境关系的知识；十年级和十一年级学习古代和现代文化的知识；十二年级，学习当代美国生活的知识。林肯学校的一位二年级教师这样说："所有儿童基本上都是科学工作者、工匠、行动者和艺术工作者。"② 每一单元都要为学生提供各种各样的活动，试图给学生提供一种完整的教育，并使他们深入地学习某一方面的知识，每一单元都能激起学生广泛的想象。

林肯学校在选择和设计工作单元之时主要依据了七条标准③：一是工作单元能否适应儿童现有的程序；二是工作单元能否为儿童在现有智力水平基础上发现问题的发展兴趣提供机会；三是工作单元能否促进创造性的、智力的和社会的各种活动，既照顾儿童的个别差异又使各种活动统一起来；四是工作单元能否有效地引导个人和集体向更高阶段发展；五是工作单元能否促使儿童依靠自己的主动性而不断扩大兴趣和提高理解力；六是工作单元能否有助于满足社会需求和阐明社会意识；七是工作单元能否合乎智慧的、社会的和道德的习惯。围绕工作单元，林肯学校精心安排了适合学生兴趣的需要以及经过挑选的

① ［美］克雷明.学校的变革［M］.单中惠，马晓斌，译.济南：山东教育出版社，2013：253.
② William F. Connell. *A History of Educatin in the Twentieth Century World*. 1980：604.
③ William F. Connell. *A History of Educatin in the Twentieth Century World*. 1980：605-606.

课程。例如，小学开设音乐、工艺美术、自然科学、家政和体育等课程，中学开设英语、数学、生物、物理、社会科学、现代外语、工艺美术、家政和体育等课程。此外，林肯学校安排了很多辅助学习的旅游和各种吸引人的课外活动。

与其他进步学校不同的是，林肯学校仍保留了年级、教学大纲、教科书以及考试等常规制度。尽管其学生的学业成绩略低于美国东部地区一些优秀的公立或私立学校的学生，但明显超过一般学校的学生。林肯学校后来参加了进步教育协会的学校与大学关系委员会所组织的"八年研究"实验计划，它在实现自己独特的教育目标的同时，也没有牺牲学业成绩。

林肯学校的教师是一批特别富有想象力的教师。与其他进步学校中教师试图不工作的情况相反，林肯学校的教师做了许多工作。例如，安排有关课程指导、辅导练习、教学单元和成绩测验的计划，从学生进校第一天起就提供辅导直到他们毕业为止。在林肯学校这样一所颇有实验性的学校中，课堂教学优秀，学生的道德品行很高，教师、学生和家长在活动中都表现出一种开拓精神。

在20世纪二三十年代，林肯学校在美国教育界曾产生过广泛的影响。但是，哥伦比亚大学师范学院为了更大的经济效益及进行更有效的管理，于1940年决定把林肯学校与附属的贺拉斯·曼学校（Horace Mann School）合并起来。这一决定遭到林肯学校家长协会的强烈反对，学校最后在1948年被停办。许多进步教育家认为，产生了广泛影响的林肯学校在进步教育运动中是一个精彩的篇章。美国教育史学家克雷明指出："在19世纪末20世纪初，对于一个十分熟悉杜威实验学校工作的人来说，林肯学校与杜威实验学校的连续性和相似性是相当明显的。"[1]

---

① [美]克雷明.学校的变革[M].单中惠，马晓斌，译.济南：山东教育出版社，2013：254.

（三）进步教育时代的实验活动

在 1917 年至 1957 年的进步教育时代，早期的进步学校中多数仍在继续他们的实验活动。与此同时，一批具有较高素养的教育理论工作者也开始了他们的教育革新实验活动，无论在实验的原则和范围上，还是在实验的广度和深度上，都出现了新的理论化趋势。

1. 华虚朋与文纳特卡学校

华虚朋是文纳特卡制（Winnetka Plan）的创立者。华虚朋 1889 年 12 月 2 日出生于一个医生家庭。母亲是初等教育杂志的编辑，与杜威等教育家有过交往。1912 年从加利福尼亚大学毕业后，华虚朋担任一所乡村小学的校长，开始了他的教育生涯。1914 年后，他在加利福尼亚州立师范学校任教。经由校长伯克（F. Burk）的介绍，从 1919 年到 1945 年，华虚朋担任了伊利诺伊州文纳特卡市的地方教育官员。其间，他于 1921 年到欧洲各国考察访问，回国后曾与斯特恩斯（M. Sterans）合著《欧洲的新学校》（*New Schools in Europe*），介绍欧洲新教育运动的情况。1939 年至 1942 年，华虚朋担任美国进步教育协会主席。1948 年至 1960 年，他任纽约市立大学布鲁克林学院师范教育部和研究部主任。1961 年至 1967 年，任密歇根州立大学教育学院教授。1968 年 11 月 17 日去世。

1919 年，刚上任的华虚朋决心在芝加哥郊区的文纳特卡学校（Winnetka Schools）开始教育革新实验，使儿童的学习个别化，并力图把个人发展和社会工作结合在一起，实验计划一般被称为"文纳特卡制"。

华虚朋认为，教育上最迫切的问题是如何使学校的功课适应儿童的个别差异。文纳特卡制就是为了发展每个儿童的创造性与社会意识，帮助每个儿童得到全面的发展。华虚朋说："我们试图尽可能充分地发展每个儿童的个性，以及每个儿童的特殊兴趣和能力。"[①]

① Sol Cohen. *Education in the United States: A Documentary History*. Vol. 4. 1974：2492.

　　文纳特卡学校的考察分为两个部分：一是工具课程，或称为"基本要素"课程，即读写算和社会科学。二是活动课程，即自我表现活动（创造性活动）和团体活动。每一门"基本要素"课程都分成一些部分，每个儿童能按自己的速度进行学习。学习时间和速度改变了，但学习质量并没有改变。华虚朋说："基本要素课程，从定义上，是指每个人所需要的知识和技能。因此，如果让许多儿童通过学校不明确、不适当的方法来掌握这些知识和技能，就必须使每个儿童都处在学校固定的课程表下，那真是学校工作的失败。"[①] 在他看来，自我表现活动的团体活动是课程中活跃而有生命力的部分，这对儿童来说是真正的教育。这些活动一般包括班级设计、音乐欣赏、戏剧表演、手工、有组织的游戏、体育运动、俱乐部、学生自治、学校报纸、学校商店等。就具体安排来说，教师可以把"基本要素"课程安排在整个上午，下午安排自我表现活动和团体活动。

　　实施文纳特卡制需要作好三个步骤的准备：第一，教师或教师团体应该确立个别训练的特殊标准，规定儿童掌握什么和掌握到什么限度。任何教师，在任何时候，只要稍加思考，就可以在自己的工作中逐步应用。第二，由教师编制出一些诊断测验，以检查儿童的学习结果。由于儿童的学习是循序渐进的，所以整个测验也应分成几个小的部分，以便测出儿童在某一阶段所学习的某一部分的结果。但这并不是为了给儿童打分数，主要是了解儿童需要教师什么样的帮助。第三，教师编写让儿童自我学习与自我订正的教材，以便允许每个儿童按照自己的速度前进，以节省教师的很多时间和精力。华虚朋认为，第三个步骤是教师感到最困难的，但对文纳特卡制的实施来说却是至关重要的。任何教师实行了上述的三个步骤，就自然而然地把学校作业与儿童的个别差异两者协调了起来。

---

① ［美］克雷明. 学校的变革［M］. 单中惠，马晓斌，译. 济南：山东教育出版社，2013：263-264.

华虚朋认为，必须对儿童进行个别教学。这样既能完成学校指定的作业，又能适合各年龄阶段儿童心理的发展。因此，在算术科目中，要求进行许多能引起学习兴趣的游戏与练习，以及速度的测验；用儿童化的语言解释许多运算方法，并进行诊断测验。在阅读科目中，要求进行阅读测验，以测量他们的能力。给儿童提供适合他们程度的书籍；进行朗读练习，运用口试、写阅读报告、口头报告等方法测量儿童对阅读的理解程度；教师应对个别儿童给以特殊帮助等。在社会科目中，选择每个儿童都熟悉的材料；准备好一套提供给儿童的问题，并附有指导书，使儿童尽量个别地进行单元作业；对每个儿童进行诊断测验；进行社会问题的讨论及组织团体活动等。"教师从满堂灌和让学生死记硬背的传统形式中摆脱出来了，能够在个别教育的基础上，为学生提供帮助，鼓励学生，对他们进行管理。"①

在文纳特卡学校多数儿童的课时表中，均安排有自由活动的时间，以便他们拿出一部分时间花在有兴趣的科目上，或弥补自己在学习上的不足。这种具有充分弹性的安排，使得儿童往往还坐在五年级的教室里，却已做完六年级的几门课程的作业。或者，在一个四年级的教室里，一个儿童开始做混合乘法运算，另一个儿童在做长除法，还有一个儿童正在学习分数。

文纳特卡学校是个社会化的学校，以培养儿童的社会意识。在那里，有团体活动、学生会、社会化的学校议会、音乐会、文学欣赏与文学创作活动等。应该允许儿童根据他们的特殊兴趣和能力进行选科，如印刷、木工、金工、美术、科学研究、图书馆工作、打字等。文纳特卡学校的选科总共有二三十种之多，七至八年级的儿童可以任选几种。

总之，文纳特卡制可以使学校的功课适应儿童的个性，激发儿童的特殊兴趣和能力，培养儿童的社会意识。华虚朋指出："文纳特卡课程的根本哲学，要求每一个普通儿童掌握在生活中所需要的知识和技能；要求每一个儿童

① ［美］克雷明.学校的变革［M］.单中惠，马晓斌，译.济南：山东教育出版社，2013：264.

有机会像一个儿童快乐和充分地生活；要求每一个儿童有机会充分发展他自己的个性；要求每一个儿童最充分地认识个人的利益与社会的利益是一致的。"①

为了推广文纳特卡制，华虚朋开办了教师暑期学校。此外，由文纳特卡学校教师编写的教材也被出版和广泛地采用。针对一些人的怀疑和批评，1926年，芝加哥大学教育学院院长格雷（W. S. Gray）在联邦基金会的资助下对文纳特卡学校进行了调查，结论是表示完全赞同。此后，文纳特卡制作为个别教学制度的一种模式，迅速地在美国各地传播。

2. 柏克赫斯特与道尔顿学校

柏克赫斯特是道尔顿制（Dalton Plan）的创立者。柏克赫斯特1887年出生于威斯康星州的杜龙德。1904年中学毕业后，在赫德逊做过一段时间的乡村教师。1907年在威斯康星州师范学校毕业后，在哥伦亚大学师范学院学习体育教育。她曾担任过威斯康星州和华盛顿州一些地方的初等教育和师范教育的视导员。1914年，柏克赫斯特赴意大利蒙台梭利国际训练班学习，受蒙台梭利教育思想的影响颇深。1915年至1918年，她任美国蒙台梭利学校的视导员。1919年9月，她在纽约的伯克希尔残疾学校实施早在1911年就已开始拟定的实验计划，并初有成效。1920年2月，柏克赫斯特应马萨诸塞州的纺织工业中心道尔顿市道尔顿中学校长杰克曼（E. Jackman）的邀请，去那里实施实验室计划，称之为"道尔顿实验室计划"以资纪念，一般简称为道尔顿制。第二次世界大战后，柏克赫斯特曾去意大利帮助重建教育。在1973年6月1日去世前的十几年里，主要从事著述工作以及编写《儿童世界》《了解你的孩子》等广播电视节目的文本。

柏克赫斯特对当时美国学校的教育方法十分不满，认为美国的学校完全是书本学校。她强调说："儿童的天性是好学习的。他们有很强的好奇心，但一定要引起他们对学科的兴趣。我们的教育方法不能达到这个目的。只要在这

---

① Sol Cohen. *Education in the United States: A Documentary History*. Vol. 4. 1974：2496.

些地方改革之后，才可能培养出许多与众不同的人来。"① 教育最重要的任务是利用环境扩展儿童的经验。早在 1908 年，柏克赫斯特读了心理学家斯威夫特（E. J. Swift）的《形成中的心理》（*The Mind in Forming*）一书，深受感触，她使用的"教育实验室"的概念就是从这本书中得来的。

道尔顿制旨在保证每一个儿童由他自己按照规定课程所要求的学习速度和方式进行学习。柏克赫斯特说，它"不是一种制度或方法，也不是一种课程……它实际上是一种教育组织的计划，以便使教和学两方面活动和谐一致起来"②。在实施道尔顿制时，课程的标准是相同的，但儿童的进度视各人情况而定，每个儿童都可以采用他认为最好的方法，这既激发儿童最大的兴趣和能力，又使他学会怎样分配自己的精力，同时具有一种责任心。

道尔顿制确立了三条原则：一是自由。儿童在专心学习任何科目时，必须使他自由工作，不可以妨碍和阻止。在学习上，不要给儿童任何压力，不用课表硬性规定他们某时听某门科目，允许他们按自己的速度作出学习的安排，并养成自己支配时间的能力。二是合作。这是指儿童在团体生活中的相互作用。学校应成为实际的社会组织，儿童在学校中应该互相交往，互相帮助，共同自由生活。三是时间预算。在儿童明确应该做什么事情后，采用包工的形式，使他们在规定的时间内自己作出计划。

要使每一个儿童都能对自己学习的速度和方法负起更大的责任，这就是道尔顿制的实质。从这个意义上说，道尔顿制又可以称为"个别教学制度"。在道尔顿中学里，废除了课堂教学，儿童可以根据自己的兴趣和能力，选择科目自由地学；废除了课时表，根据所选的科目规定学习时间的长短，但具体由儿童自己安排；废除了年级制，鼓励儿童主动学习，遇到难题时，先由儿童集体讨论后再请教师辅导，等等。柏克赫斯特曾说："对教师来说，课时表是一

① Helen Parkhuest. *Education on the Dalton Plan*. New York：E. P. Button，1923：2.
② Helen Parkhuest. *Education on the Dalton Plan*. 1923：34.

种吓人的东西。"①

实施道尔顿制需要有三个条件：第一，实验室（或称作业室）。实验室是儿童自由进行作业的场所，兼有教室、自修室和图书馆的作用，按科目分设。各年级的儿童可以自由地进入实验室，没有时间的限制。他们自己找座位，并进行某门科目的作业。如果没有兴趣可以随时离开；遇到难题时，可以自己查参考书，或问同学，或小组讨论，或请教师解答。每一门科目的实验室，安排 1—2 名教师，以便随时指导学习或在必要时进行集体讲授。第二，指定作业（或称学习公约）。指定作业是儿童必须完成的作业内容。它将每一门科目的全部内容，按月分别作出安排，确定指定的作业。每个月的指定作业有简单的导言，用生动有趣的语言介绍科目的大概内容，并规定每周的具体要求以及参考资料的目录。可以说，这是师生之间一个月的学习公约，通过它儿童明确了自己指定作业的内容以及对作业所应负的责任。每个儿童可以按照自己的兴趣、需要和能力，自由支配和安排时间，在各门科目的实验室里自修。学得快的儿童可以提前更换新的学习公约，不受入学时间的限制；学得慢的儿童则可以延长旧的学习公约，而不用拼命赶进度。在柏克赫斯特看来，这是实施道尔顿制的枢纽。第三，成绩记录表。成绩记录表是用于记录作业的完成进度情况。它有三种形式：一是儿童作业记录表，按不同科目分为不同的颜色，儿童到各实验室工作时要携带此表，在离开实验室时将其表交给教师，由教师划去与作业进度相应的格数并签名。二是教师实验室记录表，每一门科目实验室一份，记录儿童一个月完成作业的进度，由教师保存，定期交教务处并调换新表。三是每周进度统计表，由教务处保存的对每个儿童的每周作业总进度的记录。

在 20 世纪 20 年代，道尔顿制是一种最普及的和成功的教育革新制度之一，曾在许多国家流行。1921 年，柏克赫斯特本人被邀请到英国讲演。她还

---

① Sol Cohen. *Education in the United States: A Documentary History*. Vol. 4. 1974：2471.

到过日本（1924）和中国（1925）访问讲演，传播道尔顿制。由于道尔顿制过分强调个别差异，加上实施时容易造成放任自流，到 20 世纪 30 年代末，人们对于它的热情开始减退。

3. 纽伦与丹佛课程改革计划

纽伦在教育实践中逐步形成了具有独创性的教育思想。他认为，随着社会环境的变化，公立学校的课程有必要进行全面的调整。但是，课程的调整必须坚持两条原则：一是始终保证进行多方面的教育，二是充分信任普通的任课教师。在他看来，在课程改革中，所需要的不是更多的由行政人员、督学或大学教授组成的委员会，也不是宣布学校必须做什么，而是要采取一些新的方法，使教师自己参与课程设计，并站在制定课程的最中心的位置上。

从 1922 年起，科罗拉多州丹佛市开始建立了一系列课程委员会，小学、初中和高中的每一门课程都有一个委员会，这些课程委员会的成员几乎全是任课教师。带着一种对课程进行重新研究的观念，他们对课程进行了讨论和研究，并在课程计划的实施过程中尽可能地广泛阅读和深入思考。但是，他们并没有确定正式的原则。

针对这种情况，纽伦 1923 年在给丹佛市教育委员会的信中强调："在某种程度上，没有一个课程计划的实施可以脱离教师的思想。"[①] 他提出三点建议：一是课程委员会不仅能在正常的上课时间开会，而且为参加其工作的那些教师提供代课教师；二是从科罗拉多州立教育学院和科罗拉多大学请来的课程专家与课程委员会的全体人员成员见面，并努力配合一起工作；三是聘请教育和课程领域内的各种专家作为课程改革的顾问和评论者。对于纽伦的这些建议，丹佛市委员会不仅很快接受，而且拨款 3. 55 万美元实施课程改革计划。

根据节约时间委员会（the Committee on Economy of Time）的经验和做法，丹佛市教育委员会第一次确定了来自实际生活的多项目标，并对要以何种目标

---

① ［美］克雷明. 学校的变革［M］. 单中惠，马晓斌，译. 济南：山东教育出版社，2013：266.

和采取何种行动最有效地实现这些目标作出了决定。例如，家政课程委员会对初中和高中女学生的家务活动进行了仔细的调整；小学语言课程委员会对成人在实际生活中使用的语言进行了全面的描述；初中数学课程委员会提出公民要懂得现代商业、货币流通、世界贸易和企业等。在课程确定之后，他们拟定了评估的方式。为尽量多地联系教师，各个课程委员会的成员由任课教师轮流担任。

在课程改革实践的基础上，修改后的丹佛学校课程计划以"丹佛研究专题论丛"发表。此后，国内成千上万的学校采用了丹佛的课程改革计划。因此，它的"改革成果很快被全国的学校所采用，人们尽力把它作为进步教育革新的一个典型例子"[1]。面对这样的情况，纽伦强调，这并不标志着改革的结束，而仅仅是一个新的开始，因为课程需要随着社会的发展而不断地加以调整。

丹佛学校课程改革计划使得任课教师保持了最大自信心。在纽伦 1927 年离开丹佛市教育委员会到哥伦比亚大学师范学院林肯学校担任校长后，丹佛学校课程改革计划仍然继续在实施，并传播到其他的农村地区。

4. 克伯屈与设计教学法

克伯屈是设计教学法的创立者。他是杜威在哥伦比亚大学师范学院的学生，后来成为亲密的同事；也是美国进步教育运动主要的理论指导者。克伯屈 1871 年 11 月 20 日出生于佐治亚州怀特普莱恩斯的一个牧师家庭，6 岁入学，学习成绩优异。1891 年从默塞尔大学毕业后，他在约翰斯·霍普金斯大学进行研究至 1892 年。后来在佐治亚州布莱克利的公立学校任教，一年后任该校校长，后又调任安德逊小学校长。在小学工作期间，克伯屈受帕克教育思想和实践的影响，采用了一些革新的做法。默塞尔大学校长闻悉后亲自访问，并聘他从 1897 年秋起到默塞尔大学任教。1903 年至 1905 年，他担任了默塞

---

① ［美］克雷明. 学校的变革［M］. 单中惠，马晓斌，译. 济南：山东教育出版社，2013：265.

尔大学的代理校长。1898 年，克伯屈在芝加哥大学的一个暑期班里与杜威相识。1907 年，他获得奖学金进入哥伦比亚大学师范学院当研究生，曾听过杜威的课，在思想上受到了很大的影响。1909 年起，克伯屈留校任教。1912 年，获得哲学博士学位。1918 年至 1938 年，担任哥伦比亚大学师范学院的教育哲学教授。克伯屈曾访问过中国（1926）、苏联（1929）等国家。从 1938 年起，他成为哥伦比亚大学师范学院的名誉退休教授。1965 年 2 月 13 日在纽约去世。

克伯屈赞同杜威的教育理论。在《教学方法原理》（*Foundation of Method*）一书中，他写道："教育是生活的教育，它为了生活并通过生活；生活是教育的生活，它为了教育。所以，正确地说，教育即生活。"[1]"在那些年里，克伯屈超过其他任何人，被人们公认为杜威理论的主要解释者和推广者。"[2]1918 年 9 月，克伯屈在《哥伦比亚大学师范学院学报》第 19 期上发表了一篇文章，题为《设计教学法》（*Project Method*）。在以后的 25 年里，重印 6 万本，成为 20 世纪以来最有影响的一篇有关教学理论的论著，使克伯屈在国内外赢得了声誉。

在应用杜威教育理论的基础上，克伯屈提出了设计教学法，把建立在儿童兴趣和需要之上的"有目的的活动"作为教育过程的核心，以及一切有效学习的根据。"我采用'设计'这个术语，就是专为表明有目的的行动并且特别注重'目的'这个名词。"[3]设计教学法就是废除班级授课制，打破学科体制，把儿童有目的的活动作为所设计的学习单元，并由此组织学校的工作。

按照活动的目的、内容和性质的不同，设计教学法可以分成四种方式：一是生产者的设计，或称建造的设计。以生产物质的或精神的产品为目的，例如，建造房屋、制作工具、烹饪食物、拟订章程、写信和演戏等。二是消费者

---

① Sol Cohen. *Education in the United States: A Documentary History*. Vol. 4. 1974：2274.

② ［美］克雷明. 学校的变革［M］. 单中惠，马晓斌，译. 济南：山东教育出版社，2013：194.

③ 康绍言，薛志鸿，设计教学法辑要［M］. 上海：商务印书馆，1923：3.

的设计，或称欣赏的设计。以使用和享受别人的生产成果为目的的，例如，听故事、听乐曲、欣赏和看戏剧等。三是问题的设计。以解决理智方面的问题和困难为目的，例如，为什么会有露水、假如在森林里迷了路怎么走出森林、为什么纽约比费城发展得快等。四是练习的设计，或称特种练习设计。以获得某方面和某种程度的技能知识为目的，例如，学习阅读、拼法、书写和算术等。在进行其他设计的时候，儿童往往感到有进行练习的必要。在以上四种方式的设计中，克伯屈认为，生产者的设计是重点，因为这种设计最能体现教育的"社会化"，体现一种合作的活动。此外，这四种方式的设计分类也不是固定的，有些大的学习单元可能包括几种方式的设计。

"有目的的活动"能提供最适当的学习条件。因为对一名儿童来说，他的目的越坚定，希望达到目的的心理倾向就越强烈，动作的准备状态就越充分，导致行为实现和成功的可能性也越大。由于获得成功而引起情绪上的极大愉快，因此所获得的学习效果也就越显著。在其老师、美国心理学家桑代克"尝试和错误说"的基础上，克伯屈提出了成功—愉快、失败—苦恼的"学习律"。克伯屈说："在某种社会情况中有目的的活动……应成为学校程序的典型单元。"①

从杜威的思维理论出发，克伯屈认为设计教学法一般由四个步骤组成：目的、计划、实行、评定，都以儿童为主；但目的的决定取决于环境和教师的引导。例如，一个同学因为墨水用完了要上街购买感到不方便，于是有的同学就说："假如学校里有个小商店那该多好。"班上其他同学也支持这个说法。这时，教师抓住时机说："我也赞成。大家来商量一下吧。"全班同学听了很高兴，并决定筹备小商店（目的）。接着，大家又讨论了如何筹备和分工（计划）。然后，分头按照商定的计划去做，在学校里办起了小商店（实行）。最后，全班同学再议论在这过程中哪些事情做得好，哪些事情做得不好，等等

① William F. Connell. *A History of Educatin in the Twentieth Century World*. 1980：600.

（评定）。克伯屈认为，设计教学法的四个步骤是逻辑的次序而不是实际的次序，在教学时教师可以根据具体的情况从任何一个步骤开始。

尽管设计可以是个人的设计，也可以是集体的设计，但克伯屈指出，每一个设计都具有四个特点：第一，它是一种合作的活动。可以说，每一个有目的的活动，不是由教师提出的，而是从儿童的兴趣中浮现出来的一些事情，然后由儿童和教师一起讨论和制订计划。第二，它是以一个问题为中心的。检查和解决问题的过程是一个设计的中心。第三，它是一种生产的活动。每一个儿童在一个设计中都作为一个生产者出现。第四，它是一种评价的和有目的的练习。对儿童来说，一个设计就是一次练习，通过它获得知识与技能。

在实行设计教学法时，教师的任务就是利用环境，激发儿童的学习动机，引导决定活动的目的，帮助儿童选择活动所需要的教材等。克伯屈说："假如你希望教育儿童自己去思考和计划，那么就让他作出他自己的计划。"[1] 在他看来，学校应该教儿童怎样想，而不是想什么。

克伯屈提出的设计教学法显然受到杜威和桑代克，尤其是杜威的影响。1909 年 5 月 14 日，他在日记里写道："在我的思想中，杜威教授起了极大的影响。杜威重建了我的人生观和教育哲学。"[2] 杜威曾在给负责克伯屈主修课程的麦克文尼尔（J. A. Macvannel）教授的信里写道："克伯屈是我有生以来最好的学生。"[3]

克伯屈并没有发明"设计"这一术语，因为在美国它早已在农业教育中被使用。但是克伯屈的设计教学法提出后，引起了许多教育家的兴趣和注意。克伯屈通过设计教学法把杜威的教育哲学具体化和程序化，"并使之与学校实

① William Kilpatrick. *Foundation of Method*. New York：Macmillan Company，1925：212.

② Samuel Tenenbum. *William Heard Kilpatrick: Trail Blazer in Education*. New York：Harper & Brothers Publishers，1951：79.

③［美］克雷明.学校的变革［M］.单中惠，马晓斌，译.济南：山东教育出版社，2013：194.

际和社会制度的迅速改革相结合"①。

在 20 世纪二三十年代，克伯屈的设计教学法不仅在美国的一些初等学校和中学的低年级里被广泛采用，英语国家的许多初等学校都受其影响。

（四）进步教育协会的成立和发展

尽管对进步学校的实验活动有争议，但在 1918 年冬季，一些进步教育家和对进步教育运动感兴趣的人士几乎每周都在华盛顿的威廉斯（L. C. Williams）夫人家里聚会，交流美国各地的教育革新实验情况。为了能够提供交换看法的活动中心，把个别的链环熔合成一根链条，使进步教育思想更加普及，他们设想成立一个组织，并起草了原则声明："进步教育的目的是以对人的心理、生理的精神，以及社会的特性和需要进行科学研究为基础，促使个人得到最自由和最充分的发展。"②1919 年 4 月 4 日，85 位赞成进步教育思想和支持进步学校的教育工作者在华盛顿公共图书馆的大厅里集会，正式宣布成立进步教育协会，协会设立了执行委员会。进步教育委员会的成立"对进步教育运动的变化具有特殊的意义。因为进步教育运动以前只是反对教育上的形式主义的一种松散联合，而现在采取了一种富有活力的组织形式"③。

美国安纳波利斯海军学院的一位年轻教师柯布为进步教育协会的成立做了很大的努力，并担任了该协会执行委员会的第一任主席。开办有机教育学校的约翰逊在该协会的成立过程中也起了关键的作用。美国教育家、哈佛大学名誉校长埃利奥特担任进步教育协会的名誉主席，并把进步教育运动誉为"在

①［英］博伊德，埃特蒙·金.西方教育史［M］.任宝祥，吴元训，主译.北京：人民教育出版社，1985：399.
②［美］克雷明.学校的变革［M］.单中惠，马晓斌，译.济南：山东教育出版社，2013：216.
③［美］克雷明.学校的变革［M］.单中惠，马晓斌，译.济南：山东教育出版社，2013：160.

美国教育中最有意义的运动"①。

作为进步教育家和对进步教育感兴趣的人士的一个团体，进步教育协会成立的目的在于进一步推动进步教育思想的传播和进步学校的实验，以影响整个美国的学校教育。协会起初主要关注初等教育，后也关注中等教育。柯布曾回忆写道："简单地说，我们的目的就是改革美国的整个教育制度。"② 为此，1920 年，进步教育协会发表了由该协会领导人、马萨诸塞州比弗乡村日校校长史密斯起草的著名的"七项原则"③。

一是学生有自然发展的自由。

应该根据社会的需要，而不是根据随意的法则指导学生自治。但这并不意味着自由应该成为放纵，也不是说教师即使是在必要的时候也不行使应有的权力，而是为学生提供培养主动性和提高自我表现力的充分机会，为每个学生提供一个良好的环境，让他们自由地利用周围环境中丰富多彩和令人感兴趣的材料。

二是兴趣是全部活动的动机。

应该通过以下途径发展和满足学生的兴趣：一让学生直接和间接地接触现实世界，并从活动中得到有用的经验；二要求学生学以致用，比较不同事物之间的相互联系；三培育学生的成就感。

三是教师是指导者，而不是布置作业的监工。

教师对进步教育的目的和一般原则抱有信任，他们应该对教师职业有充分的准备，为发展学生的主动性和独立性提供活动机会。教师应该具有个性和特点，并且对学校的所有活动，诸如学生的游戏、戏剧表演和社交集会等十分熟悉，就像他们在教室里上课一样。理想的教学环境要求班级规模比较小，尤

① Sol Cohen. *Education in the United States: A Documentary History*. Vol. 4. 1974：2417.

② Sol Cohen. *Education in the United States: A Documentary History*. Vol. 4. 1974：2419.

③［美］克雷明. 学校的变革［M］. 单中惠，马晓斌，译. 济南：山东教育出版社，2013：219-220.

其是在小学阶段。

提倡进步教育的教师将鼓励学生运用他们所有的感觉，训练其观察力和判断力，而不仅仅让他们死记硬背。教师将告诉学生如何使用多方面的知识，包括从书本上学到的知识和从生活中得到的知识；如何分析所得到的知识；以及如何有逻辑性、有说服力地把得出的结论表达出来。教师要激发学生的求知欲，并在研究中作为学生的指导者，而非监工。

要真正地激励学生，教师就必须为学生的自我完善和发展广泛的兴趣提供充分的机会，并给予适当的鼓励。

四是注重学生发展的科学研究。

学校的档案不能只记载教师为学生评定的分数，并以此表示学生各门课程中所取得的进步，还必须包括对学生生理、心理、道德和社会品行的真实报告。这些档案不仅会影响学生的在校生活，而且影响他们的一生。同时，他们受到来自学校和家庭两方面的影响。

应该把这些档案当作教师正确对待每一个学生的手册，并使教师集中注意有关学生发展的所有重要的活动，而不仅仅是注意上课的教材内容。

五是对于儿童的身体发展给予更大的注意。

进步教育首先要考虑的是学生的健康。学校应该提供光线明亮、空气流通和设备齐全的校舍和更大的室外活动场地，供学生活动。教师应该更仔细地观察每一个学生的身体状况，并与定期检查学生身体的校医合作。

六是适应儿童生活的需要，加强学校与家庭之间的合作。

学校和家庭应该尽一切可能满足儿童正常的兴趣和活动，这在小学阶段尤为重要。男孩和女孩都应该进行体育锻炼、家务劳动和各种形式的健康娱乐活动。孩子们如果不能在学校完成全部作业，至少应该在学校里完成绝大部分作业。那些课外作业应该既可以在学校里完成，也可以在家里完成。这样，儿童将无须花费更多的精力。

不过，只有通过家长和教师之间的密切合作，这种状况才能形成。家长的职责是要知道学校正在做什么以及为什么这样做，并且通过最有效的途径与学校合作。学校的职责是帮助家长更广泛地了解学校教育工作的情况，并通过一切可能的方法为家庭提供信息和帮助。

七是进步学校在教育运动中的领导作用。

在教育运动中，进步学校必须起领导作用。进步学校应该是一个实验室，在那里，人们不墨守成规，任何新的思想都受到鼓励。但是，历史的精华依然影响着现在的发展，而实验的结果和原来的教育知识又自由地融合在一起。

埃利奥特在同意担任进步教育协会名誉主席时曾说："我赞同你们的原则和目的，我赞同你们提倡的那种教育。"[1] 之后，在进步教育协会所办的教育刊物中，这些原则得到了阐述和宣传。

为了扩大影响，1924 年春，即进步教育协会成立后的第五年，在华盛顿的一位慈善家、一直对进步教育运动给予支持和帮助的孔利（G. Coonley）夫人的资助下，进步教育协会创办了《进步教育》杂志，由哈特曼（G. Hartman）担任编辑。为了使杂志办得更有吸引力，由柯布、孔利夫人、莫斯（L. Morse）小姐和哈特曼等组成了出版委员会。杂志开始每年出版三期，以后变成了季刊。它宣传进步教育理论，刊登美国和西欧国家的教育革新实验的情况和资料，也为进步学校教师和教育理论家提供了一个讨论重要教育问题的论坛。它与《民主前沿》（*Frontiers of Democracy*）杂志（1943 年停刊）共同成为进步教育协会发行的数种刊物中最有影响的。

进步教育协会在 20 世纪 20 年代末 30 年代初还成立了许多委员会开展工作，例如，"教育资源委员会""大学与中学关系委员会""中等学校课程委员会""人际关系委员会""农村学校委员会""实验学校委员会""成人教育委员会""师范教育委员会""广播教育委员会"等。其中，大学与中学关系委员会主持的"八年研究"实验计划曾在美国教育中产生了重要的影响。

---

[1] Sol Cohen. *Education in the United States: A Documentary History*. Vol. 4. 1974：2422.

1939 年，约翰·杜威学会也成了进步教育协会的一个委员会。

进步教育协会的成立使进步教育运动得到了发展，并成为进步教育运动的标志。在进步教育协会成立之初，入会者颇多。1920 年，已有会员数百人；1929 年，会员增加到 6600 人；1937 年为 8500 人；到 1938 年，会员人数已达10440 人。进步教育协会先后在达顿、巴尔的摩、芝加哥、费城、波士顿、克利夫兰和纽约等城市举行过大会。可以说，在 20 世纪 30 年代，进步教育运动已成为当时美国主要的教育潮流。埃利奥特在《进步教育》杂志第一期上撰写了一篇祝贺性的前言："进步学校在数量和影响上越来越增加，公众也越来越认识到它们的好处。"[1] 柯布在 1932 年也指出："进步教育运动是最成功的改革运动之一……进步教育的原则要继续进入教育理论和实际的领域，这是无法阻挡的一种趋势。"[2]1938 年 10 月，美国的《时代》（Time）杂志曾连续刊登了有关进步教育协会的图片报道，并强调指出："美国没有一所学校完全逃脱它的影响。"[3] 沃尔顿学校的创办者农伯格甚至断言："除进步教育外，任何东西在美国都是完全过时的。"[4]

由于进步教育协会的努力，不仅和私立学校教师，而且与公立学校教师和校长以及全国各地的教育行政官员接触和联系，进步教育思想在 20 世纪前半期的美国得到了广泛的传播。"不可否认，在教育改革的事业中，进步教育协会起了不可估量的作用。进步教育协会作为进步教育运动的组织，成了进步教育运动的代言人，为进步教育运动注入了活力和热情，也为进步教育运动提供了富有献身精神的领导者。"[5]

---

[1] James Bowen. *A History of Western Education*. Vol. 3. London：Methuen & Co. Ltd.，1981：439.

[2] Sol Cohen. *Education in the United States: A Documentary History*. Vol. 4. "Preface". 1974：21.

[3] ［美］克雷明.学校的变革［M］.单中惠，马晓斌，译.济南：山东教育出版社，2013：286.

[4] Sol Cohen. *Education in the United States: A Documentary History*. Vol. 4. "Preface". 1974：21.

[5] ［美］克雷明.学校的变革［M］.单中惠，马晓斌，译.济南：山东教育出版社，2013：243.

（五）进步教育运动的衰落

作为一次教育改革运动，美国进步教育运动是对传统学校教育的一次巨大的冲击。仅从教室特点上的变化，便可以看到进步教育运动的成就。但由于过分强调儿童个性的发展，加上一些极端的革新做法使学校和教师茫然不知所措，进步教育运动受到了严厉的批评，尤其是在1929年资本主义世界经济危机发生之后。胡克就指出，进步教育的过分做法使进步教育成为笑柄。[①]

实际上，早在第一次世界大战前后，美国教育界中就有人对进步学校的实验提出了尖锐的批评。到20世纪30年代后期，以要素主义教育家为主要代表的新传统教育理论家开始对进步教育运动进行较为系统的批评。自认为是进步教育的主要反对者巴格莱1938年发起成立要素主义者促进美国教育委员会，与进步教育协会相对峙。巴格莱攻击进步学校以活动代替系统的和顺序的学习，并且甚至把活动本身当作自定的目的，而不问通过这种活动能否学到什么东西；其课程改革上存在的"一种明显的倾向是削弱基础，夸大浅薄的东西，贬低顺序性和系统性，而且还加重了较低级学校的弱点和缺乏效能"[②]。他进一步指出："如果教育放弃严格的标准，因而对于学习所必需的努力不提供有效的鼓励，那么许多人将虚度在学的12年，不过发现自己愚昧无知和缺乏基本训练日益处于严重不利的困境。这简直无异把小孩连同洗澡水一起倒掉。"[③] 在当时的许多报纸杂志上，登载了讽刺进步学校的漫画，其中有一幅漫画画着在进步学校的教室中学生正在提问："难道我们非得做我们想做的事情吗？"[④] 有

---

① ［美］杜威.民主主义与教育［M］.王承绪，译.北京：人民教育出版社，1990：384.

② ［美］巴格莱.要素主义者的纲领.// 王承绪，赵祥麟.西方现代教育论著选［M］.北京：人民教育出版社，2001：160.

③ ［美］巴格莱.要素主义者的纲领.// 王承绪，赵祥麟.西方现代教育论著选［M］.北京：人民教育出版社，2001：164.

④ ［美］范斯科德，等.美国教育基础——社会展望［M］.北京师范大学外国教育研究所，译.北京：教育科学出版社，1984：25.

些人甚至挖苦说，这些进步学校就像马戏场一般。①

进步教育协会的一些主要成员也开始对进步教育运动进行反思，在进步教育运动内部要求强调学校的社会责任，并对其路线进行修正。其中，康茨1932 年出版一本题为《学校敢于建立新的学校秩序吗？》（*Dare the School Build a New School Order?*）的小册子。康茨认为，尽管进步学校取得了一些重要的成就，例如，把注意力集中于儿童身上、认识到学习者兴趣的重要性以及活动是真正教育的基础、重视儿童的生活环境和个性发展、维护儿童的自由权利等，但是只要随便地检查一下进步学校的课程计划和哲学，就会在心里产生疑问。其原因在于，进步教育运动"构成的一种关于教育含义的概念过于狭窄"，因而"没有阐明一种社会福利的理论"。② 在康茨看来，进步教育运动只重视教育与个人的关系，而忽视了教育与社会改造的关系。由于我们生活在一个深刻变化的时代，一个必须作出一些重要决定的时代，因此，康茨明确指出："如果进步教育是真正进步的话……它就必须果断地和勇敢地面对每一个社会问题，应付严酷的生活现实，建立一种与社会的有机的关系，发展一种现实的和综合的社会福利理论，形成一种关于人类命运的强硬的和富于挑战的观点……总之，进步教育不能把它的希望寄托在儿童中心的学校上。"③ 1938年，博德出版了《处在十字路口的进步教育》（*Progressive Education at the Crossroads*）一书，也对进步教育运动提出了批评。他认为，几乎很难否定进步教育对美国教育作出很多重要的和持久的贡献；但可以肯定的是，它也导致产生了各种错误和过失。他甚至挖苦进步教育运动的某些教师，认为他们没有清楚地理解他们正在做的事情以及为什么要这样做。博德非常尖锐地指出："进步教育正站在道路的岔口上。民主的问题正成为一切生活关系中最迫切的

① 瞿葆奎.教育学文集·美国教育改革［M］.北京：人民教育出版社，1990：402.

② George S. Counts. *Dare the School Build a New Social Order?* New York：Arno Press，1969：6-7.

③ George S. Counts. *Dare the School Build a New Social Order?* 1969：9-10.

问题。它暗示需要对一个社会的教育哲学进行系统的陈述和应用。如果进步教育能成功地把其精神化为民主的哲学和方法，那么这个国家的未来就能掌握在进步教育家的手中；反之，如果进步教育坚持片面地吸引个别学生，那么它将在世界上处于落后的地位。"① 在他看来，进步教育必须越来越清楚地意识到，在它的基本态度中所包含的那些东西，并把这些东西作为改造它的思想和方法的指导观念。

正是在上述背景下，在进步教育运动内部就学校与社会的关系也进行了争论，其主题是学校在引起社会变化方面应起的作用。1941 年，进步教育协会的教育哲学委员会发表了题为《进步教育的哲学与挑战》（*Progressive Education: Its Philosophy and Challenge*）报告，其中陈述了关于进步教育的三条原则：一是为了解决生活问题而进行思考；二是为了解决共同问题而进行合作；三是注重学生的社会的情感的培养。这里所使用的"社会"一词，是进步教育协会从来不提的。但是，这并不意味着进步教育协会否定 1929 年以前的那些主张。

1944 年，在提倡传统教育理论的教育家的激烈批评和攻击下，进步教育协会不得不改名为"美国教育联谊会"（American Education Fellowship）。它强调指出："我们为我们的传统和原来的名称感到骄傲，但是还有一种新的更广泛的工作要做，而这种工作是没有其他团体正在承担的。"② 同时，它还提出八点意见：（1）给每一个儿童提供教育的机会；（2）把高等教育提供给每一个能承担费用或利用它的青少年；（3）为使美国学校充满活力，应吸引我们时代中最有激励作用的男女担任教师；（4）为 17—23 岁的青年建立青年计划，使他们离校后主动参与成人社会；（5）在课余时间里，充分利用学校的设施举行

---

① Boyd H. Bode. *Progressive Eduation at the Crossroads*. New York：Newson & Company，1938：43-44.

② ［美］克雷明. 学校的变革［M］. 单中惠，马晓斌，译. 济南：山东教育出版社，2013：240-241.

青年会议、开展社区活动和教育；（6）为了一个真正民主的社会，与所有的社区机构和学校进行充分的合作；（7）继续开展教育研究和实验；（8）说服社区领袖把教育作为社区的一部分和把社区作为学校的一部分。^① 然而，这个变化并没有真正的意义。

在第二次世界大战后的那几年里，进步教育运动仍然受到了抨击。其中美国历史学家贝斯特（A. Bester）的著作和文章，是 20 世纪 50 年代初对进步教育最尖锐、最彻底和最有影响的抨击。在抨击进步教育导致美国中小学校的质量严重下降的同时，他强调指出，"真正的教育就是智慧的训练"^②，这要依靠于优良的教学，因为"我们的文明需要每一个男女具备各种各样复杂的技能技巧，而这有赖于他们读写算能力的提高，有赖于他们对科学、历史学、经济学、哲学及其基础科学知识的全面掌握"^③。

此后，进步教育运动一直在走下坡路。1953 年，美国教育联谊会宣布恢复原名，但已成为一个对纲领进行学术讨论的小团体。由于失去公众的支持，进步教育协会不仅会员减少，而且也没有了原来的活力。1955 年，最后一任主席赫尔菲什（H. Gordon Hullfish）^④ 宣布解散进步教育协会。《进步教育》杂志最后于 1957 年停刊。美国教育史学家克雷明在《学校的变革》一书的"前言"中开门见山地指出："进步教育协会 1955 年解散了，两年以后它的刊物《进步教育》也停刊了，这标志着美国教育学上一个时代的结束。"^⑤

进步教育运动走向衰落，而且竟衰落得如此之快，令人吃惊。许多教育

---

① Adolphe E. Meyer. *An Educational History of the American People*. 1957：323.

②［美］贝斯特. 教育的荒地. // 王承绪，赵祥麟. 西方现代教育论著选［M］. 北京：人民教育出版社，2001：177.

③［美］贝斯特. 学术的恢复. // 任钟印. 世界教育名著通览［M］. 武汉：湖北教育出版社，1994：1594.

④ H. G. 赫尔菲什后来担任了约翰·杜威学会的主席。

⑤［美］克雷明. 学校的变革［M］. 单中惠，马晓斌，译. 济南：山东教育出版社，2013：1.

家对此提出了各自的见解。克雷明在《学校的变革》一书中曾对其原因作了比较全面的分析，指出进步教育运动的衰落主要有七个原因：一是对进步教育运动的曲解带来分裂；二是与所有的社会改革运动一样，进步教育运动有着内在的否定主义倾向；三是进步教育运动在时间和能力上对教师提出了过分的要求；四是进步教育运动在成功之后忽略了对下一步的计划的认真考虑；五是第二次世界大战后周期性出现的保守主义的影响；六是进步教育运动的专业主义（职业化）导致缺乏公众的支持；七是进步教育运动没有与美国社会的不断变革保持同步。其中，专业主义（职业化）是进步教育运动迅速衰落的一个关键因素。[①]"不能否认，进步主义对专业教育的支持，使进步教育相当大地推动了美国教育改革。但是，这种代价是惊人的，因为专业主义使进步教育运动在学校中最终脱离了支持它的必要的公众力量。"[②]

（六）进步教育运动的特征和意义

从兴起到衰落，进步教育运动前后经过了七八十年时间。

1. 进步教育运动的特征

这场教育改革运动表现出以下四个特征。

第一，进步教育运动以传统教育为批判目标并提倡学校变革。在南北战争后的几十年间，尤其是 19 世纪 90 年代，变革在美国是一个主题。在当时广泛的社会改良运动中，进步教育实际上是它的一个重要组成部分。就其实质来说，进步教育运动正是使学校适应社会环境和工业文明需要的一种努力。美国教育家博德指出："在现代美国教育中，最强大和最狂热的运动就是进步教育

[①]［美］克雷明.学校的变革［M］.单中惠，马晓斌，译.济南：山东教育出版社，2013：307-310.

[②]［美］克雷明.学校的变革［M］.单中惠，马晓斌，译.济南：山东教育出版社，2013：165.

运动。任何一位到我们学校去的访问者很容易就认出一所所谓的进步学校。"①
与传统教育不同，进步教育的基本原则是：表现个性和培养个性，反对从外面
的灌输；强调自由活动，反对外部强制纪律；主张从做中学，反对从教科书中
学习；获得为达到眼前需要和目的的各种技能和技巧；尽量利用现实生活中的
各种机会，反对固定不变的目标和教材。美国教育学者梅逊（R. E. Mason）概
括指出，进步教育运动在学校中所发生的这些变化是如此的深刻，"这些变化
是要使学校更能够处理普通人日常所关心的事情。学校增加了更多的活动，设
置了较多的职业课程和技术课程，也更加注意培养青年人适应社会、个人和职
业的能力"②。

第二，进步教育运动表现出多样性。进步教育运动的整个历史表明，这
一教育改革运动意味着不同的人提出了不同的学校改革计划，并采取了不同的
做法。20世纪20年代后期，进步教育协会在一份它认可的进步学校名单中，
列出了55所进步学校。从进步学校的类型看，有的是私立学校，有的是公立
学校；从进步学校所在的地区看，有的是城市学校，有的是农村学校；从进步
学校的领导看，有的是教育实际工作者，有的是教育理论工作者。各个地区之
间和各个州之间，进步教育运动以很不一致的速度进行着。正是由于进步学校
实验活动的丰富多样，导致进步教育运动中存在差异。在进步教育运动初期和
进步教育时代两个阶段，表现出了这种差异。在1929年以后，进步教育运动
内部由于对诸如"儿童中心"与"社会中心"这些基本问题的看法不同，而
在思想意识上产生了矛盾和冲突，逐渐削弱了进步教育运动。

第三，进步教育运动是一次广泛的群众运动。尽管初期的实验活动是分
散的，但其分布的区域遍布美国，并得到了公众的普遍支持。不少进步学校成

---

① Boyd H. Bode. *Progressive Eduation at the Crossroads*. 1938：9.

② ［美］罗伯特·梅逊. 西方当代教育理论［M］. 陆有铨，译. 北京：文化教育出版社，
1984：62.

立了家长协会，对实验活动从精神以及资金上给予了坚定的支持。1919年进步教育协会的成立，不仅加强了进步学校之间的联系和交往，而且在某种意义上人们才公认有这样一场教育改革运动。"一般地说，一直到进步教育协会建立以后，他们才开始感觉到进步教育运动。实际上，进步教育协会早期成员最普遍的回忆就是：在了解如此多的其他正在进行的教育实验活动的时候，他们是那样的惊讶。"[1]

第四，进步教育运动是20世纪前半期欧美教育革新运动的一个组成部分。进步教育运动产生于美国，但是美国进步教育家与欧洲各国新教育家之间在1910年之后就开始交往。进步教育协会在成立之初，就十分注意介绍欧洲新学校以及欧洲国际新学校局（新教育联谊会的前身）的工作。1921年新教育联谊会（New Education Fellowship）成立之后，进步教育协会又发展和加强了与它的联系，曾多次派人参加它举行的国际性教育讨论会。1930年，新教育联谊会会长恩索尔（B. Ensor）在访问美国时，曾与当时的进步教育协会主席福勒（B. Fowler）共同发表了一封致进步教育协会成员的公开信，宣布进步教育协会加入新教育联谊会。

2. 进步教育运动的意义

虽然对美国进步教育运动的看法褒贬不一，但在美国现代教育发展中，进步教育运动无疑是一个重要的篇章。在某种意义上，不了解进步教育运动，就不能全面了解美国现代教育的发展。就美国现代教育发展来说，进步教育运动在两代人的时间里就改变了美国学校的特征。美国教育家、改造主义教育的主要代表人物布拉梅尔德（T. Brameld）1947年在《进步教育》杂志第20期上撰文指出："从1919年以来，进步教育协会（现为美国教育联谊会）在教育界起了一种独特的和重要的作用……尽管有人要否认这一点，但它直接的或间接的影响在美国是深远的，甚至整个世界……的教育家都学习它的一些理论

---

[1] ［美］克雷明.学校的变革［M］.单中惠，马晓斌，译.济南：山东教育出版社，2013：250.

和实际，并经常加以应用。"①美国教育史学家克雷明在《学校的变革》一书中也明确指出："进步教育协会已经解散了，进步教育本身也需要彻底的重新评价。但是，它们为学校带来的许多方面的变革，就像起作用的巨大的工业变革一样，是不能否认的。"②

具体来讲，进步教育运动在以下十个方面是值得肯定的：一是幼儿教育和中等教育有机会得到了稳定的扩展。二是对发育期儿童的特殊需求更加重视，许多州从八年小学和四年中学的教育体制改为六年小学、三年初中和三年高中的教育体制。三是所有的年级都继续扩大和重新组织课程，特别是中学为学生提供了学习商业、农业、家政、体育和艺术的机会。四是增加了课外活动或辅助课程，还有学生俱乐部和各种活动。五是有多样化和更灵活的学生小组，指导计划也得到了发展，以便适应个别学生的不同需要。六是教室特点发生了明显的变化，特别是小学的教室，学生和教师的相互关系变得积极、灵活和不拘形式。七是教学材料有了显著的变化，充分反映有关学习和儿童发展的最新研究成果，使得教科书更加有趣和富有吸引力，并越来越多地利用补充材料和乡土资料。八是对校舍进行了改建，其中包括宿舍、体育馆、游泳池、运动场、实验室、商店、厨房、自助食堂、医务室以及可移动桌椅、改进的灯光和通风设备等。九是教师接受更好的教育，各州为教师提供了师资培训和在职进修的计划以及专业课程。十是学校的管理关系有了改变，家长和教师越来越多地参与学校的管理和政策的制定。③

作为一次有组织的群众性教育改革运动，进步教育运动的失败以进步教育协会的解散和《进步教育》杂志的停刊为标志。但是，进步教育运动中的许多问题是永恒的，进步教育协会所倡导的那些原则是重要的，进步学校

① Sol Cohen. *Education in the United States*：A Documentary History. Vol. 5. 1974：3169.
② [美]克雷明.学校的变革[M].单中惠，马晓斌，译.济南：山东教育出版社，2013：312.
③ [美]克雷明.学校的变革[M].单中惠，马晓斌，译.济南：山东教育出版社，2013：271-272.

的实验所采用的解决方法也给人们留下了有待思考的遗产。美国教育学者蒂尔（V. Til）1962 年在《进步教育果真过时了吗？》（*Is Progressive Education Obsolete?*）一文中指出："进步主义教育运动的那些解释者所提出的中心问题和为我们时代寻得切实可行的答案所作的有关贡献，并没有过时。它们一定并且必将继续存在下去……过于性急的掘墓人以及当前那些掘墓人的安慰者，随着 20 世纪的前进，将会发现他们误认的死尸恰恰具有极为强大的生命力。"[①]在杜威看来，人们肯定要正视这些不可回避的问题，并考虑提出可能的解决办法。

第二节　杜威对进步教育运动的思考

在美国进步教育运动从兴起到衰落的七八十年中，杜威度过了他的青年、中年和老年时代。当帕克开始昆西学校实验时，杜威刚进入佛蒙特大学就学。后来，杜威从哲学转向教育。19 世纪 90 年代中期以后，他不仅在理论上思考教育问题，而且在实践中探索教育道路。1896 年创办的芝加哥大学实验学校，使得杜威在当时美国学校的变革中获取了很大的声誉，并在进步教育运动初期的发展中起了不可忽视的推动作用，以至于后来有人认为杜威是"进步教育之父"。尽管这是一种误解，但表明杜威与进步教育运动之间的紧密联系。因为进步教育运动在某种程度上是以杜威的教育哲学为指导的，而杜威本人"被

---

① ［美］蒂尔. 进步教育果真过时了吗？// 瞿葆奎. 教育学文集·美国教育改革［M］. 北京：人民教育出版社，1990：227.

公认为进步主义的一位最主要的发言人,不管他写什么文章,都保证有众多的感兴趣的读者"①。杜威曾对进步教育运动的发展和成就表示肯定,也对进步教育运动的缺陷和问题提出批评,更对进步教育运动的衰落和失败进行了反思。

(一)对进步教育运动的肯定

由于反对传统学校中令人讨厌的形式主义,以及批判传统的教育理论和方法,杜威对进步教育运动在 19 世纪末 20 世纪初美国的出现是表示热烈欢迎的,对进步教育运动从整体上是给予充分肯定的。当杜威看到越来越多的进步学校在美国各地出现,并认真地试图按照它们已具体拟定的基本的教育原理对儿童进行最好的教育时,他高兴地欢呼:这些进步学校以各种方法使学校工作更有生气和活力,其所显示的各种倾向正体现了时代的特征。杜威在 1934 年的《到明天可能太晚了:拯救学校从现在开始》(*Tomorrow May Be Too Late, Save the Schools Now*)一文中指出:"大约在 40 年前,教育领域出现了一种新的观点。教育本身意识到了教育应该与生活同步,学校应该重塑孩子的世界。在这种新的教育观念之下,学生一贯死板的课程学习变成了对其兴趣的培养。正是由于儿童是活跃的、有创造力的、时常改变的,教育改变了原来死板的面貌,从而变得生动和富有创造性,以此适应儿童的需要。学校增加了很多原本不属于此的内容。这些变化现在发展缓慢,也远远没有被大众所接受。"② 在杜威去世前一年,他还这样认为:"真正的进步教育运动最合理和最宝贵的特点之一,就是它力图打破把教室和校园之外的几乎所有东西隔离开来的围墙。"③

---

① [美]克雷明.学校的变革[M].单中惠,马晓斌,译.济南:山东教育出版社,2013:108.
② [美]杜威.到明天太晚了:拯救学校从现在开始.// 杜威全集·晚期著作第9卷[M].王新生,等译.上海:华东师范大学出版社,2015:313.
③ Samuel Tenenbaum. *William Heard Kilpatrick, Trail Blazer in Education*. Introduction. New York:harper & Brothers Publishers,1951:ix.

杜威在《明日之学校》一书中，曾对一些令人振奋的进步学校实验作了集中而详细的描述。尽管他基本上采用新闻报道的写法对进步学校进行描述，但从字里行间可以清楚地看到，他对进步学校以及进步教育运动赞扬和肯定的态度。因此，美国教育史学家克雷明指出："《明日之学校》作为一种进步教育运动及其在 1915 年前后情况的记录，其资料是非常珍贵的。它通篇生动地描述了明日之学校中的体育、自然研究、手工劳动、工业训练以及许许多多'社会化活动'，令人振奋地论及儿童的自由、对个人的生长和发展的更大关注、教育和生活之间新的统一、一种更有意义的学校课程、文化和学习的广泛民主化。它比任何书都更引人注目地表达了对进步教育的信念和乐观主义。"①

对于约翰逊领导的有机教育学校，杜威曾以赞同的口吻称它为"教育即自然发展"的一个实验活动，同时把约翰逊称为"根据卢梭的教育原理去实验"的一个人。杜威明确指出，约翰逊的根本原则是"就在儿童时期经历着对于作为一个儿童有意义的事物来说，儿童是成人生活的最好准备，而且儿童有享有他的儿童时期的权利。因为他是需要继续生长的，那么就不应当做任何事情干涉他的生长，所做的一切应当有助于他的身心圆满和自由的发展"②。

对于梅里亚姆领导的密苏里大学初等学校，杜威认为，这所学校在教育应该遵循儿童的自然发展方面颇有启发意义。杜威对密苏里大学初等学校的实验给予了高度的评价，并以赞扬的口气指出：这所学校的毕业生进入中学后的成绩表明，他们在小学的训练已经给他们创造了有利条件，使他们在从事艰苦的正规学习方面的能力超出了公立学校的学生。

对于沃特领导的葛雷学校，杜威进行了充分的描述。在他看来，葛雷学校不仅实行了一项全面的教育制度，而且采用了一种几乎完美的形式。在校园

---

① ［美］克雷明.学校的变革［M］.单中惠，马晓斌，译.济南：山东教育出版社，2013：136.
② ［美］杜威.明日之学校. // 学校与社会·明日之学校［M］.赵祥麟，等译.北京：人民教育出版社，1994：230.

和操场所体现出来的葛雷制的实施效果，聪明而愉快的学生以及学生在校期间和毕业以后所取得的进步，这一切令人备受鼓舞，因为取得这些成绩所依赖的各种条件，是任何一所公立学校都能达到的。

面对进步教育运动以及进步学校的发展，杜威高兴地指出："我毫不怀疑，进步学校中的学生本身正在不断进步……经验证明，进步学校作出了很好的成绩。"① 他满怀希望地说："如果从各种进步学校那里提出一些倡议，传播到其他学校，使它们的工作有生气，并赋予活力，那么我们就会感到满意。"②

在杜威看来，进步教育运动是对传统教育的批判和冲击，进步学校的各种实验是对陈腐的学校制度的不满和抗议。在工业革命的影响下，美国社会生活已发生了彻底变化，这就是进步教育运动兴起和发展的基本原因。杜威明确指出："如果我们的教育对于生活必须具有任何意义的话，那么它就必须经历一个相当的完全的变革。这个变革并不是突然出现的，也不是凭着预想的目的在朝夕之间就能完成的。这个变革已在进行。我们学校制度的那些改革……实际上就是发展的标志和证明。采用主动作业、自然研究、科学常识、艺术、历史，把单纯的符号和形式的课程降低到次要地位，改变学校的道德风尚、师生关系和纪律，引进更生动的、富于表情的和自我指导的各种因素——所有这一切都不是偶然发生的，而是出于更大的社会发展的需要。"③

与传统教育相比较，杜威认为，进步教育是以儿童生活的那个世界为基础的，并采用那些能使人的一切能力得到和谐发展的教学方法。他说："可以有把握地假定，进步教育运动受欢迎的一个理由，似乎是它比传统学校教育的

---

① [美]杜威.进步教育与教育科学. // 杜威教育论著选 [M].赵祥麟，王承绪，编译.上海：华东师范大学出版社，1981：252.

② [美]杜威.进步教育与教育科学. // 杜威教育论著选 [M].赵祥麟，王承绪，编译.上海：华东师范大学出版社，1981：251.

③ [美]杜威.学校与社会. // 学校与社会·明日之学校 [M].赵祥麟，等译.北京：人民教育出版社，1994：40-41.

做法更符合我们人民所信奉的民主理想，因为传统学校教育有那么多的专制措施。进步教育运动受欢迎的另一个理由，在于同传统学校教育经常采取的严酷政策相比，它的方法是合乎人性的。"① 他还说："进步教育强调学习者参加确立目的的重要性，并用来指导他在学习过程中的活动，没有比这种观点更恰当的了；同样，传统教育不能使学习者在确立其学习目的时进行积极的合作，也没有比这种缺点更大的了。"② 在进步教育运动中，所有的进步学校都表现出一个共同的特点，那就是尊重儿童个性和自由；同时，表现出一个共同的倾向，即重视儿童的经验，反对强加外在的教材和标准于儿童。

杜威始终认为，进步教育运动使学校生活发生了一些富有意义的变化。例如，在学校中，有较多的兴趣和愉快的气氛，学生有较多的自由和独创的精神，师生之间以及学生之间有较多的合作，有较多实际的和创造性的活动，有较多的反思性思维，较多地注意培养适应社会职业的能力，在团体生活中有较多民主方式，等等。1952 年，在为他原来的助教克拉普的《教育资源的作用》一书撰写的"引言"中，杜威对半个多世纪以来进步教育运动的成就作了总结性的阐述："进步教育运动最广泛、最显著的成就就是引起课堂生活意义深长的变化。对正在生长的人的需要有了更多的认识，师生关系显著地变得富有人性和民主化了……在身体上、精神上和社会上依靠威吓和压制的教育方法的那些陈旧的、粗暴的表现，在进步教育运动产生之前，已成为教育制度上既定的陈规，现在这种方法，一般地说，已经消除了……许多教师，特别是幼儿园和初等学校的，引导儿童一起参与他们的生活，达到了旧教育制度下不可能和难以想象的程度……"③

杜威还认为，教育实际中的变革必然带来理论上的变革。在他看来，进

① John Dewey. *Experience and Education*. New York：Collier Books，1963：33.

② John Dewey. *Experience and Education*. 1963：67.

③ ［美］杜威.《教育资源的使用》一书引言. // 杜威教育论著选［M］.赵祥麟，王承绪，编译.上海：华东师范大学出版社，1981：431-432.

步教育运动同样会推动教育理论上的变革。1928 年 3 月接替哈佛大学校长埃利奥特担任进步教育协会名誉主席时，杜威就指出，在进步教育运动中，"我们已经具有对于一整套的教育理论的突出的贡献的一些因素，那就是：尊重个人的各种能力、兴趣和经验；充分的外在的自由和非正规性使教师们能按照儿童真正的面貌来熟悉儿童；尊重自我首创的和自我指导的学习；尊重作为学习的刺激和中心的活动；也许尤其重要的是相信在正常的人的水准上的社会的接触、交往和协作是包罗一切的媒介"；而且，"这些思想构成了不平凡的贡献；这是对于教育理论的贡献，也是对于那些受进步学校影响的人……的贡献"。①

随着运动的深入和发展，进步教育运动受到来自各个方面的批评，特别是来自传统教育理论家的攻击和责难。面对这种现象，杜威对传统教育理论家进行了反击，努力为进步教育运动辩护。1933 年，他在《为什么有进步学校？》（ *Why Have Progressive Schools?* ）一文中对进步教育运动受到攻击和责难的现象进行了分析。杜威认为，对进步学校攻击和责难的主要原因是人们已习惯于传统学校的一切，然后依据传统学校的标准和眼光来看待进步学校的革新。此外，对进步教育运动的误解，例如，进步学校缺少秩序和纪律、进步学校奉行极端的个人主义哲学等，也是导致进步学校受到批评攻击和责难的一个原因。1937 年，杜威在《教育与社会变化》一文中对保守的传统教育理论家进行了有力的抨击。他强调指出，企图阻挡社会变革潮流的保守主义者悲叹古老的、经过时间考验的价值和真理处于危险状态，从而反对进步学校在课程和方法上的革新。其原因在于他们在社会方面是保守主义者，所以他们是教育上的保守派。在 1938 年的《经验与教育》一书中，杜威也指出，传统教育理论家往往指责进步学校在很大程度上忽视过去的知识和观念，但这恰恰是对进步教育主张从现时经验中提取教材的误解。

---

① ［美］杜威.进步教育与教育科学. // 杜威教育论著选［M］.赵祥麟，王承绪，编译.上海：华东师范大学出版社，1981：253.

杜威与进步教育运动之间的联系是紧密的。美国塞顿·霍尔大学教授培里指出："与杜威的名字紧密地联系着的运动，被称为'进步教育'。它是一个带来了重要改革的运动——在学校组织方面，在学校和社会的关系方面和在解放智力以改善人类生活方面。"① 进步教育运动的思想来源是多方面的，受到卢梭、裴斯泰洛齐、福禄培尔等近代欧洲教育家思想的影响，但是，杜威的教育哲学对它起着最重要的影响。例如，《葛雷学校》一书的作者伯恩曾这样写道："那些信奉杜威哲学的人，在葛雷学校里发现——就像杜威教授所发现的一样——杜威哲学最完美、最令人赞叹的应用，是进步主义的'明日之学校'最好方面的一种综合。"② 在某种程度上，进步教育运动就是以杜威的教育哲学为指导的，因此，那些进步学校的建立可以追溯到杜威的影响。1949 年，美国进步教育联谊会的主席贝恩（K. D. Benne）在杜威九十岁寿辰庆祝会上说："1919 年以来，美国进步教育运动在很大程度上是建立在杜威教育理论基础上的。"③ 在教育理论上，杜威无疑为进步教育运动提供了系统而完整的教育哲学。可以说，杜威"用一种新的见识唤醒了黑暗中的美国学校。这种见识就是进步教育"④。

更值得指出的是，杜威所创办的芝加哥大学实验学校由于其颇有特色的教育革新实验活动而在美国受到广泛关注，并成为进步教育思想的重要中心。从教育实践来看，芝加哥大学实验学校实际上也是一所进步学校。当那本汇集杜威对芝加哥大学实验学校学生家长和赞助人讲演的《学校与社会》一书出版时，杜威早已被看作是美国最有创见的和最渊博的思想家之一。杜威开始为广大具有进步主义思想的公众所熟知。克雷明甚至认为，"他比任何人更

① 中国科学院哲学研究所.现代美国哲学［M］.北京：商务印书馆，1963：361.
② Randolph S. Bourne. *The Gray Schools*. New York：Houghton Mifflin，1916：144.
③ Harry W. Laidler（ed.）John Dewey at Ninety. New York. 1950：21.
④ ［美］克雷明.学校的变革［M］.单中惠，马晓斌，译.济南：山东教育出版社，2013：2.

能代表进步教育的哲学思想"①。斯坦福大学伯克(T. Burke)教授也指出:"约翰·杜威之所以被人们记住,在更大程度上是因为他在教育哲学方面的著作,更一般地讲,是因为他在美国进步主义发展中的作用。"②总之,杜威被看作美国进步教育运动及 20 世纪前半期教育革新的杰出思想家。

在讨论杜威与美国进步教育运动之间的关系时,应该看到杜威在与帕克的交往中,不仅与他建立了亲密的友谊,而且受到了他的教育思想的影响。杜威曾经把自己的孩子送到帕克领导的芝加哥库克县师范学校实习学校中学习。克伯屈在他的《回忆杜威和他的影响》(*Reminiscences of Dewey and His Influence*)文章中写道:"在他的教育思想中,他从弗兰西斯·W. 帕克那里得到了帮助。当杜威来到芝加哥大学时,帕克正在芝加哥从事教育活动。"③当然,帕克对杜威的教育观点也是十分赞赏的。当帕克在芝加哥库克县师范学校第一次读到《我的教育信条》时就对师范学校的教师说过:"这正是我整个一生努力使之付诸实践的东西。"④

尽管杜威曾拒绝参加进步教育协会,但是他仍与进步教育协会保持了友好的和愉快的联系。1926 年埃利奥特去世后,进步教育协会名誉主席一职一直空缺。进步教育协会执行委员会经过反复讨论后决定邀请杜威担任,并于1927 年 4 月 30 日写信给杜威:"你比任何人更能够代表我们协会所主张的哲学思想,你主张的哲学思想正是我们协会所坚持的。"⑤1928 年,杜威接受了进步教育协会的邀请,担任进步教育协会的名誉主席,一直到他 1952 年去世。

① [美]克雷明.学校的变革[M].单中惠,马晓斌,译.济南:山东教育出版社,2013:243.
② Tom Burke. *Dewey's New Logic*. Chicago: The University of Chicago Press,1994:1.
③ [美]克伯屈.回忆杜威和他的影响.//[美]简·杜威.杜威传(修订版)[M].单中惠,编译.合肥:安徽教育出版社,2009:145.
④ Ida C. Heffron. *Francis Wayland Parker*. 1934:36.
⑤ Progressive Education Association:*Executive Committee Minutes*. 30 April,1927.

（二）对进步教育运动的批评

进步教育运动是一次广泛的群众性教育改革运动，具有多元思想意识的教育者在各个地区各个学校对传统教育进行冲击，他们的改革热情很高，但往往只满足于激烈的反抗，缺乏理性的思考，因而使得进步教育运动不免产生了许多缺陷，采取了不少极端的做法。正如杜威所说的："进步教育知道它反对什么，但不知道它赞成什么。"[①]他在 1933 年的《为什么有进步学校？》一文中强调指出："不意味着所有进步学校仅由于通过被标记'进步的'就是好学校……说一切进步学校都是好的，这是荒谬的。"[②]

在对进步教育运动表示肯定以及为之辩护的同时，杜威对进步教育运动的一些观点和做法提出了批评。在 1928 年担任进步教育协会名誉主席之后，杜威仍不时对进步教育运动提出告诫。虽然杜威起初并没有和进步教育运动发生直接关系，但人们一般认为，杜威在进步教育运动初期发挥了很大的作用。"然而，20 世纪 20 年代之后，杜威就很少成为进步教育运动的解释者和综合者，而渐渐成为它的批评者。"[③]我国杜威教育研究者吴俊升也明确指出："事实上，进步教育协会并非杜威所创立的。他甚至数次拒绝与该会发生关系。他也曾数次批评和纠正它的过分极端的倾向。他的晚年著作之一《经验和教育》，即是一面明白表示其自己的立场，一面纠正所谓进步教育家对他的学说的曲解和偏差。"[④]有的美国学者甚至这样指出："与其说杜威是进步教育运动

①［美］范斯科德，克拉夫特，哈斯.美国教育基础——社会展望［M］.北京师范大学外国教育研究所，译.北京：教育科学出版社，1984：25.
②［美］杜威全集·晚期著作第9卷［M］.王新生，等译.上海：华东师范大学出版社，2015：121.
③［美］克雷明.学校的变革［M］.单中惠，马晓斌，译.济南：山东教育出版社，2013：211.
④ 吴俊升.杜威教育思想的再评价.// 吴俊升.教育与文化论文集［M］.台北：商务印书馆，1972：289.

的领袖，倒不如说他是这个运动的批评者。"①

1. 对进步教育运动主张"儿童中心学校"的批评

在进步教育运动中，以帕克为代表的进步教育家大多提倡"儿童中心学校"，强调学校的中心是儿童。1928年，美国教育家拉格和舒梅克（A. Shumaker）出版的《儿童中心学校》（*The Child-Centered School*）就是对进步教育运动中出现的各种"儿童中心学校"的一次系统研究。

对于"儿童中心学校"的主张，杜威在1926年就提出尖锐的批评。杜威认为，儿童中心学校的学习根本缺点在于缺乏成人指导，因为儿童并不知道什么方法最好。他明确指出："这种方法实在愚蠢。因为尝试不可能的事情，所以它始终是愚蠢的；它误解了独立思考的条件。"②

在1928年进步教育协会第八届年会上，杜威在题为《进步教育与教育科学》（*Progressive Education and the Science of Education*）的讲演中，重申了自己的看法。他强调说："进步主义学校重视个性，有时似乎认为有条理地组织教材是与学生的个性需要敌对的。但是，个性是在不断发展的而不是瞬间产生的和现成的。"③杜威举了一个例证来加以说明，假定有一所学校，学生在那里处在大量的材料、设备和各种工具的包围之中，如果教师只是问学生喜欢什么，并告诉他们"就去做吧"，而他自己既不动手也不动脑，那么学生去做什么呢？有什么东西保证他们所做的东西不是出于一时的冲动和稍纵即逝的兴趣呢？杜威得出结论：学校的组织原则与尊重儿童个性的原则不是敌对的。

在1930年发表的《新学校有多少自由？》（*How Much Freedom in New Schools?*）一文中，杜威对儿童中心的观念提出尖锐的批评。如果不对儿童的

---

① ［美］弗雷德里克·李尔奇.杜威的教育思想和社会思想回顾. // ［美］简·杜威.杜威传（修订版）［M］.单中惠，编译.合肥：安徽教育出版社，2009：181.

② ［美］克雷明.学校的变革［M］.单中惠，马晓斌，译.济南：山东教育出版社，2013：211.

③ ［美］杜威.进步教育与教育科学. // 杜威教育论著选［M］.赵祥麟，王承绪，编译.上海：华东师范大学出版社，1981：259.

冲动进行引导和指导，就意味着允许他们盲目的活动。在一部分进步学校中，儿童中心的观念往往导致了对儿童的放纵。

1936 年在《芝加哥实验的理论》一文中，杜威在总结芝加哥大学实验学校的基本设想的同时，也批评了进步学校过分强调个人的本能和能力倾向，而忽视与社会目的的协调。他明确说："在进步学校起过很大作用的一个思想：这些学校的存在，是为了给个人完全的自由，它们是而且必然是'儿童中心'的，在某种程度上，忽视或者至少不重视社会关系和社会责任。"[①] 因此，使得有些进步学校在没有指导的个人行动方面走向了极端。

在 1938 年出版的《经验与教育》一书中，杜威对"自由的性质"问题进行了探讨，指出进步教育运动的根本错误就是把自由本身当作一种目的。尽管儿童没有这种自由就没有真正的、继续的和正常的发展，但是，自由应该是理智的自由，只有理智的自由才是唯一的永远具有重要性的自由。杜威强调，进步教育必须认识到自由若不加以限制，就是自由的消极方面，其价值仅仅在于它是一种获得力量的自由的工具。

2. 对进步教育运动忽视课程和教材组织的批评

在进步教育运动中，很多进步学校强调活动课程和个别教学制度，在教材与教法上翻新出奇、花样繁多，而对教材与知识的组织重视不够，因而在教学上出现混乱无序的现象。

对于忽视课程教材的组织，杜威在《进步教育与教育科学》一文中明确指出，进步学校忽视经验的改造、教材的组织，导致课程与教材的混乱无序。他强调，如果学生仅仅是去做，不管怎样生动，都是不够的。一个良好的活动应该是每一步都能开辟一个新的方面并引起新的问题，不仅唤起对更多的知识的需要，而且在完成活动并获得知识的基础上提出下一步做什么。他甚至这

---

① ［美］杜威.芝加哥实验的理论.// 杜威教育论著选［M］.赵祥麟，王承绪，编译.上海：华东师范大学出版社，1981：321.

样说:"只要教师了解儿童和教材,就不需要害怕成人强加什么东西……"而且,教师应该"能够制定和提出许多套确切的和有组织的知识,和编列的原始素材一起,从中可以获得类似的更多的知识"。① 可见,杜威并不赞成恢复具有传统学校特征的那种刻板的、正规的课程教材组织形式,但坚持进步学校必须要继续有高度的计划性,临时的凑合绝不能代替计划。

1930 年,杜威在《新学校中有多少自由?》一文中指出,进步教育运动在课程教材建设上存在很大问题,具体表现为由以教材为中心的一个极端走向以儿童为中心的另一个极端。杜威认为,新的进步学校不仅应该组织课程和教材,而且应该组织得比传统学校更好;为了使儿童的经验得到有条理的和持续的改造,在选择和组织课程教材时必须慎重。

在 1931 年的《走出教育中的混乱之路》(*The Way Out of Educational Confusion*)一文中,杜威在要求加强教材组织的同时,批评进步教育运动中出现的一些课程设计方法。他指出,传统教育是纯粹从书本中、从记忆中进行课程设计的,而进步教育则是从直接经验的情境中进行课程设计的。但是,进步教育必须要使得经验的改造成为一个持续的、不断发展的过程,有利于儿童将经验系统地组织起来以达到对事物的系统认识。

1934 年,杜威在《需要一种教育哲学》(*The Need for a Philosophy of Education*)一文中明确指出,进步教育将旧的课程废弃不用是一种消极的做法。为了使儿童的经验改造更加有连续性、有成效,新教育的过程与旧教育相比需要更多的计划性,对课程教材应该给予更多的关注。

1938 年,在《经验与教育》一书中,杜威又一次指出,进步学校最薄弱的一点是关于知识性教材的选择和组织,进步学校往往过分地强调把活动当作目的,而不强调理智的活动。尽管杜威认为这是不可避免的,但他强调进步教

---

① [美]杜威.进步教育与教育科学.// 杜威教育论著选[M].赵祥麟,王承绪,编译.上海:华东师范大学出版社,1981:262.

育运动必须认识到选择和组织适合于学习和研究的教材是一项根本的工作，这并不是回到传统教育的老路。对于进步教育运动来说，"在经验的范围之内搜集学习的材料，这仅仅是第一步。下一步是将已经经验到的那些东西累进地发展为更充实、更丰富并且也是更有组织的形式，即逐渐地接近于提供给有机能的、成熟的人的那种教材形式"①。杜威深刻地指出："要详细拟订出适合新教育的各种教材方法和社会关系，是比传统教育担负的任务更为困难的事情……在指导进步学校时遭遇到的许多困难以及受到的许多批评，其根源都在于此。"②

3. 对进步教育运动采用极端思维方式的批评

在进步教育运动中，进步教育家大多采用极端的方式思考问题，并习惯用"非此即彼"的思维方式阐述其信念和主张，因此，在教育革新实践中往往容易与传统教育一样武断和走向极端。

1929 年，杜威在《教育科学的资源》一文中指出："有了科学的方法，就能使我们避免随着具有非常能力的人们的行动而来的危险，避免盲目模仿和具有的偏见，以及绝对忠于他们和他们的工作，以至于阻碍进步的危险。"③ 在他看来，如果进步教育运动有了科学方法，就能使从事教育的人更聪明，考虑更周到，更了解他们在做什么，因此使他们能在将来纠正和丰富他们从前所做的工作。

1938 年，在《经验与教育》一书中，杜威又一次明确指出进步教育运动存在着一种危险，那就是它奉行"非此即彼"的哲学。这种哲学发源于这样

---

① [美] 杜威. 经验与教育. // 我们怎样思维·经验与教育 [M]. 姜文闵，译. 北京：人民教育出版社，1991：290.

② [美] 杜威. 经验与教育. // 我们怎样思维·经验与教育 [M]. 姜文闵，译. 北京：人民教育出版社，1991：256-257.

③ [美] 杜威. 教育科学的资源. // 杜威教育论著选 [M]. 赵祥麟，王承绪，编译. 上海：华东师范大学出版社，1981：278.

的观念，即凡是传统学校里做过的事情就不要去做。因而"当它抛弃它将取而代之的一些目标和方法时，它可能只是消极地而不是积极地、建设性地提出它的原则。因此，在实践中，它是从被它抛弃的东西里获取解决问题的启示，而不是建设性地发展自己的哲学，从而寻求解决问题的答案"①。在杜威看来，究其原因主要是进步教育家没有认真思考教育本身的含义，而使进步教育运动仅仅是以一种"主义"为思想和行动依据的运动。所以，进步教育的教训是它迫切需要一种以经验哲学为基础的教育哲学，与以往革新者相比，它的需要更为迫切。

杜威对进步教育运动的批评与新传统教育理论家以及保守主义的攻击和责难，无论在意图上，还是在方式上，都是完全不同的。曾任美国教育哲学学会主席、伊利诺伊大学伯内特（J. R. Burnett）教授指出："我们可以发现杜威对他的同伙们的批评的口气不如对共同的敌人（传统教育）的批评的口气严厉。"②杜威在不同时期批评进步教育运动时，往往是在一篇文章或一本书中对它多方面的缺点和不足进行批评的。对于杜威的批评，进步教育运动的许多领导人表示同意。

然而，在杜威的实用主义教育与进步教育之间确实存在着区别的。美国教育学者奈夫指出："进步教育与实用主义之间最明显的区别是，前者基本上是以一种儿童本性的理论为基础，而后则是以一种有特点的如何取得知识的理论为基础的。"③例如，在重视儿童个性发展上，杜威是与进步教育家不同的，他不仅注意到社会的联系和社会的需要，而且从来不把个性看成儿童固有的东西而是通过缜密指导的教与学取得的。又如，杜威从来没有讲过要放弃有组织

①［美］杜威.经验与教育.// 我们怎样思维·经验与教育［M］.姜文闵，译.北京：人民教育出版社，1991：250.

②陈友松.当代西方教育哲学［M］.北京：教育科学出版社，1982：184.

③白恩斯，白劳纳.当代资产阶级教育哲学［M］.瞿菊农，译.北京：人民教育出版社，1964：141.

的课程教材或者取消教师的主导作用。正如伯内特教授所说:"如果有人认为杜威是进步教育之'父'……并且认为进步教育工作者是杜威思想的解释者和应用者的话,那么这是对杜威的严重的歪曲。"①

正因为不完全同意进步教育运动的一些观点,并对进步教育运动中的一些现象以及进步学校的一些做法持不同的看法,所以杜威一直不愿担任进步教育协会名誉主席一职,而且他在协会中也没有积极的活动。就拿杜威领导的芝加哥大学实验学校和帕克领导的芝加哥库克县师范学校实习学校来说,它们之间也存在着分歧。梅休和爱德华兹在《杜威学校》一书中就这样指出:"两所学校都是进步的,都已经为教育理论和实践作出了出色的贡献。两个学校在宗旨大方向方面虽然是一致的,但在理论、方法、实践方面,则有很大的分歧。"②杜威坚决反对芝加哥大学校方把他的实验学校与帕克的那所供师资训练的实习学校合并起来的决定,这也是导致杜威最后离开芝加哥大学的一个重要原因。克雷明指出:"有必要进一步系统地研究杜威的著作以及他写作的背景条件,以便能把杜威所引起的学校变革与他谈论说明或者实际上批评的学校变革区别开来。"③

(三)对进步教育运动的反思

1952年,杜威从前的学生和他在哥伦比亚大学师范学校讲授教育哲学课程时的助教克拉普,约请杜威为她的《教育资源的使用》一书撰写引言。杜威借此机会,回顾了半个多世纪以来他与进步教育运动的联系,肯定了进步教育运动所取得的成就,但更为重要的是,从讨论进步教育运动的将来出发对这

---

① 陈友松.当代西方教育哲学 [M].北京:教育科学出版社,1982:182.

② [美]梅休,爱德华兹.杜威学校 [M].王承绪,赵祥麟,等译.上海:华东师范大学出版社,1991:9.

③ [美]克雷明.学校的变革 [M].单中惠,马晓斌,译.济南:山东教育出版社,2013:215.

一运动作了总结性的反思。实际上，杜威一直关注着进步教育运动的发展，并对它存在的问题进行思考。早在 1915 年，杜威在《明日之学校》一书中已经对进步教育运动进行了初步的反思。此后，他又在一系列文章和著作中论述了进步教育运动。1938 年《经验与教育》一书对进步教育运动作了最为系统的反思，其目的"在于探讨现实种种矛盾的起因，然后，对各个派别的实际和思想作一比较，不偏向任何一方，提出一种更深刻的、更全面的实施计划"①。

杜威对进步教育运动的反思，主要表现在六个方面。

其一，进步教育运动应该认识到它在各方面所取得的成就是有限的。杜威强调，进步教育运动的成就是有限的，主要表现为学校和教室气氛上的改变，还没有真正地深入渗透到教育制度的基础中去。进步教育运动仍需不断前进，远没有达到它的目的，而且还有很多问题没有解决。正因为进步教育运动自身在观念和做法上存在着诸多不足，才引起人们的批评以及传统教育理论家有组织的攻击。尽管杜威一直对进步教育运动充满期望和表示支持，但正如美国教育学者德沃金所指出的，杜威在他的"一生事业临近结束时，回想起他对进步教育思想的希望，他对进步教育运动的现状表示很大的失望，并十分忧虑地关注它的将来"②。

其二，进步教育运动应该认识到教育革新实验需要周密的计划。针对许多进步学校缺乏周密计划性的情况，杜威指出，在那些进步学校中，连续不断的外加活动，即使是那些杂乱、没有联系性质的活动也被看作是实验。在他看来，作为一种教育革新实验的进步学校，应该像其他各种实验一样确定目的和宗旨并制定计划。因为"实际上，每一个真正的实验都包含有一个问题，即在实验中发现某种东西，而且在明显的活动中，必须有个观念作为指导，把这

①［美］杜威. 经验与教育. // 我们怎样思维·经验与教育［M］. 姜文闵，译. 北京：人民教育出版社，1991：246.

② John Dewey. *Introduction to The of Resources in Education*. // Martin S. Dworkin（ed.）. *Dewey on Education*. New York：Teachers College，ColumbiaUniversity，1959：127.

一观念当作进行工作的假设，这样才能使活动具有目的和宗旨"①。进步学校必须意识到，"实验的目的，不是在于发明一种方法，使教师能在同样的时间内教儿童更多的东西，或者甚至使儿童更愉快地为大学的课程作准备。实验的目的，更确切地是要给儿童一种教育，这种教育能使他展现自己的各种能力，并且如何在他所处的世界中从物质的和社会的两方面练习这些能力，使他成为一个更好、更幸福、更有用的人。如果当一所学校想方设法为学生做到这一点，与此同时又能把他们在一所更为传统的学校所能学到的一切教给学生，那么我们可以确信，这种实验是不会失去什么的。他们的学校教育给予他们的任何手工技能或体力，或者他们日常的生活作业中的任何乐趣，以及文学艺术所提供的最好的东西，都是能被直接观察到和衡量到的更为确切的收获"②。在杜威看来，这一切都是旨在通过培养完整的个人来帮助整个社会。

其三，进步教育运动应该认识到它不是一个仅仅与教师有关的运动。杜威强调："以为进步教育运动是教师们自己臆想出来并由他们自己搞出来的，这也是愚蠢的。"③假如进步教育运动遭到失败，那么，这个失败正如它们的成功一样，不能仅仅归咎于教师。在杜威看来，整个社会的教育观念的革新是一件十分重要的事情。如果教育观念的革新能早日完成，那么所期望的学校变革多半也能令人满意地进行。正如杜威所认为的，芝加哥大学实验学校把教师、学生和家长团结成一个紧密的社会组织，把它的实验看成他们之间一种有意义的合作，同样地，进步学校也应该如此。

其四，进步教育运动应该认识到科学方法的重要性。杜威强调指出："进

---

① [美] 杜威. 我们怎样思维. // 我们怎样思维·经验与教育 [M]. 姜文闵, 译. 北京: 人民教育出版社, 1991: 156.

② [美] 杜威. 明日之学校. // 学校与社会·明日之学校 [M]. 赵祥麟, 等译. 北京: 人民教育出版社, 1994: 252-253.

③ [美] 杜威.《教育资源的使用》一书引言. // 杜威教育论著选 [M]. 赵祥麟, 王承绪, 编译. 上海: 华东师范大学出版社, 1981: 431.

步学校是否会达到他们的目的，在于他们认识到科学方法的重要性，比过去他们所做的更加认真。"①在他看来，用老一套的观念和原则是不可能明智地处理新的问题的；解决新的问题需要设想新的目标和目的，而新的目标和目的又需要发展新的手段和方法。因此，进步学校应该努力使它的目的和方法富有生气和活力，否则，其工作往往会成为机械的和经验主义的事情。对于进步学校来说，也许会出现这样的情况：为了响应学校改革的号召，就简单地抛弃传统的课程，并以一系列混乱活动来取而代之。这样，既不能促进儿童的生长，也不能提供正确的教育。在《进步教育与进步科学》一文中，杜威强调说："如果进步学校不是理智地组织它们本身的工作，尽管它们也做了许多事情，使委托给它们的儿童的生活变得更愉快和更有生气，可是它们对教育科学所做的贡献只不过是无关重要的一些片段罢了。"②

其五，进步教育运动应该认识到其自身危险的存在。对于进步教育运动来说，除了来自外部新传统教育理论的广泛而刻毒攻击和责难外，其内部成员在思想意识上的分歧冲突也对它起着削弱甚至是瓦解的作用。这应该引起进步教育家的警惕，当然也不必惊奇，因为"一切新的和改革的运动都经过这样一个阶段，在这个阶段里最明显的是关于消极的一面，即对抗的、偏离革新的一面。如果进步教育运动的情况不是这样，那倒确实令人惊异"③。同时，"一种新的运动往往有一种危险，即当它摒弃它将取而代之的一些目标和方法时，它可能只是消极地而不是积极地建设性地提出它的原则"④。杜威强调，进步教

---

①［美］梅休，爱德华兹.杜威学校［M］.王承绪，赵祥麟，等译.上海：华东师范大学出版社，1991：378.

②［美］杜威.进步教育与教育科学.//杜威教育论著选［M］.赵祥麟，王承绪，编译.上海：华东师范大学出版社，1981：258.

③［美］杜威.进步教育与教育科学.//杜威教育论著选［M］.赵祥麟，王承绪，编译.上海：华东师范大学出版社，1981：257.

④［美］杜威.经验与教育.//我们怎样思维·经验与教育［M］.姜文闵，译.北京：人民教育出版社，1991：250.

育运动的真正危险是，在号称是新的但只不过是旧的东西的各种伪装的形式下继续发展过去的东西。

其六，进步教育运动应该认识到这是一条更艰辛和更困难的道路。早在1916年的《民主主义与教育》一书中，杜威就明确指出："教育的改革，要使学生在运用智力进行有目的的活动中进行学习，这样的改造是一件缓慢的工作。它只能一点一滴地完成，一次走一步。"① 在他看来，教育革新的问题那么广泛和复杂，以致很难一下子解决。如果认为新教育也许比旧教育更容易，那么，它遭遇的困难必然加重，所受到的批评必然会更多。在《经验与教育》一书中，杜威又指出：背离传统习惯而建立教育哲学是一件相当困难的事情。根据一套新的概念管理学校比之因循守旧更为困难。"新教育的道路并不是一条比老路容易走的道路。相反，新教育的道路是一条更艰辛和更困难的道路。除非新教育得到大多数人的支持，否则，新教育的处境依然如故，而要达到使大多数人支持的地步，那就需要新教育的信奉者们在这方面进行许多年的严肃认真的同心协力的工作……新教育的未来的最大危险是由于人们认为新教育是一条容易走的道路……"② 在1952年《教育资源的使用》一书"引言"中，杜威再一次明确指出："要改革个人长期形成的习惯是一个缓慢的、困难的和复杂的过程。要改革长期确立的制度——这是在共同生活的结构中所组成的社会习惯——是更缓慢、更困难和更复杂的过程。"③ 杜威坚信，要使进步教育在成功的路途上取得更切实、更迅速的进步，"根本的问题并不在于新教育和旧教育对比，也不在于进步教育和传统教育的对立，而在于究竟什么东西才有资格配得上'教育'这个名称……根本的问题在于教育本身的性质，而不在于给

① ［美］杜威.民主主义与教育［M］.王承绪，译.北京：人民教育出版社，1990：146.

② ［美］杜威.经验与教育.// 我们怎样思维·经验与教育［M］.姜文闵，译.北京：人民教育出版社，1991：304-305.

③ ［美］杜威.《教育资源的使用》一书引言.// 杜威教育论著选［M］.赵祥麟，王承绪，编译.上海：华东师范大学出版社，1981：433-434.

它加上什么修饰的形容词"①。

在对进步教育运动的反思中，杜威作为一个敏锐的观察者和认真的思考者，在 20 世纪 30 年代后期已察觉到进步教育运动会趋于衰落并瓦解。后来进步教育运动的历史证明，进步教育运动的结局被他言中。通过对进步教育运动的回顾和反思，杜威始终相信，作为一种新教育的进步教育运动在反对形式主义教育中是富于生命力的。20 世纪 70 年代以后，虽然进步教育协会没有得到恢复，但值得注意的是，一些进步学校在美国复苏，而且杜威的教育哲学在美国重新受到重视。1975 年，在美国举行的一次纪念进步教育运动的研讨会，提交的论文在会后由德罗普金（R. Dropkin）和托比尔（A. Tobier）编辑出版，书名为《美国开放教育的根源》（*The Roots of Open Education in America*，1976）。② 在 20 世纪 80 年代和 90 年代，还有一些探讨进步教育运动的书籍在美国出版。这也证实了杜威对进步教育运动的信念。

① ［美］杜威. 经验与教育. // 我们怎样思维·经验与教育［M］. 姜文闵，译. 北京：人民教育出版社，1991：305.

② Kathe Jevis and Carol Montag. *Progressive Education forthe1990s Transforming Practice*. 1991：15.

杜威实用主义教育思想体系

第五章

CHAPTER 5

从 1885 年 9 月在《大学》杂志上发表题为《妇女健康与高等教育》的第一篇教育论文起始，经过 31 年的时间，到 1916 年出版《民主主义与教育》这一重要的教育著作时，杜威已初步构建了实用主义教育思想体系。"杜威自称《民主主义与教育》一书是他的教育哲学'最完整而又最详尽'的阐述"[1]。此后，一直到 1952 年去世，杜威撰写了很多教育论著，其中最重要的是 1938 年的《经验与教育》。这些教育论著都是对他的实用主义教育思想体系的进一步阐述以及辩解和修正。

从总体上看，杜威在他的实用主义教育思想体系中对教育与生活、生命发展与教育目的、学校与社会、经验与课程、知与行、思维与教学、创造与批判、职业培训与职业教育、道德品格与道德教育、儿童与教师等十个方面进行了系统而综合的阐述。

在教育和学校本质观上（第 1—3 节），针对传统教育和传统学校的弊病，杜威提出了"教育即生活""教育即生长"，强调教育过程就是生活的过程、生长的过程；又提出了"学校即社会"，强调学校就是雏形社会共同体。由此，在教育目的观上，杜威反对在教育过程之外寻找目的，强调教育的目的就是儿童生命的发展。其中，"教育即生活""教育即生长"和"学校即社会"是紧密相连的，它们是杜威实用主义教育思想体系中最基本的观点。

在课程教学观上（第 4—7 节），针对传统的课程教材观，杜威注重经验的心理方面，主张课程教材心理化；针对静听的传统教学方式，提出"从做中学"以及"思维五步"和"教学五步"，体现知行合一以及理论和实践的结合，培养反思性思维能力，并通过创造与批判使教育成为一个养成创造力的过程。其中，"如何做"和"如何思维"这两个命题给人以很大的启迪。

---

[1] William W. Brickman（ed.）*John Dewey's Impressions of Soviet Russia and Revelutionary World Mexico-China-Turkey*. "Preface". New York: Bureau Publications, Teachers College, Columbia University, 1964: 6.

在职业教育观上（第8节），针对狭义的职业观和职业教育计划，杜威从一种广阔的社会背景探讨职业教育，强调职业教育和普通教育的关联，不仅养成一种明智的职业态度，而且具有一种综合的理解力。

在道德教育观上（第9节），针对传统的道德观和道德教育，杜威从新的视角探讨道德教育，强调了道德共同体以及教育的最高目的是道德品格，提出由学校生活、教材和教学方法组成的学校道德三位一体。

在儿童教育观和教师教育观上（第10节），针对传统的儿童和教师关系，杜威强调注重自然发展的儿童教育，以及体现职业精神的教师教育，提出教育过程是教师和儿童共同参与和互相合作的过程，并在学校中形成一种新型的师生关系。

从实用主义教育思想整个体系看，杜威提出不少新颖的见解给当时美国的教育革新带来了活力。然而，如何使这些教育理论付诸教育实践并非易事，杜威本人也不得不承认，"建立以生活经验为基础的教育制度并在实施上取得成效，比起因袭传统教育的办法，是更为困难的事情"[①]。但应看到，杜威实用主义教育思想本身也存在着不足之处。

第一节　教育与生活

在实用主义教育思想体系中，杜威首先论述了教育与生活的关系。从批判传统教育出发，在实用主义经验论和机能心理学的基础上，他明确提出"教

---

① ［美］杜威. 经验与教育. // 我们怎样思维·经验与教育［M］. 姜文闵，译. 北京：人民教育出版社，1991：264.

育即生活"（education as life）。我国杜威教育研究学者吴俊升在《杜威教育思想的再评价》一文中就指出，"教育即生活"是杜威实用主义教育思想的一个重要的口号。[①] 由于生长是生活的特征，杜威接着又提出了"教育即生长"（education as growth）的观点。美国教育学者亨德利（B. P. Hendley）在《杜威、罗素、怀德海：作为教育家的哲学家》一书中指出："对于杜威来说，教育是生长的和有关经验的。"[②] 但实际上，"教育即生活"和"教育即生长"两者是同一个意思。由此出发，杜威提出要使教育成为一个真正的整体，并对当时流行的教育观进行了批判。

（一）"教育即生活"的提出及含义

1. "教育即生活"的提出

早在 1893 年 11 月，杜威在《哲学评论》（*Philosophic Review*）上发表的《作为道德观念的自我认识》（*Self Realization as the Moral Ideal*）一文，就论述了教育与生活的关系。他指出在教育精神方面最需要的改革，就是从现在生活中表现教育的意义，而不要把教育仅仅看作将来生活的准备，只有这样教育才能真正作为将来生活的准备。因为一种活动如果其自身没有实行的价值，那也就不能有效地为其他事情做准备。

1897 年，在《我的教育信条》这本纲领性著作中，杜威开门见山地写道："我相信——一切教育都是通过个人参与人类的社会意识而进行的。这个过程几乎是在出生时就在无意中开始了。它不断地发展个人的能力，熏染他的意识，形成他的习惯，锻炼他的思想，并激发他的感情和情绪。由于这种不知不

---

① 吴俊升.杜威教育思想的再评价.// 吴俊升.教育与文化论文集［M］.台北：商务印书馆，1972：295.

② Brian P. Hendley. *Dewey, Russell, Whitehead: Philosophers as Educators*. 1986：24.

觉的教育，个人便渐渐分享人类曾经积累下来的智慧和道德的财富。他就成为固有文化资本的继承者。世界上最形式的、最专门的教育确是不能离开这个普遍的过程。"① 由此出发，他得出了这样的结论："教育是生活的过程，而不是将来生活的预备。"② 这清楚地表明了杜威对教育与生活关系的观点，也概括了他对"什么是教育"的看法，这正是杜威整个实用主义教育思想体系的基本点。

在教育实验和理论探索的基础上，杜威于 1916 年出版了《民主主义与教育》一书。正是在这本标志实用主义教育思想体系形成的著作中，他系统地论述了教育与生活的关系，其第一章就是"教育是生活的需要"。杜威明确指出："在最广泛的意义上，教育乃是社会生活延续的工具。"③ 在他看来，在现代城市和在原始部落一样，社会群体的每一个成员，生来就是未成熟的、孤弱无助的，没有语言、信仰、观念和社会准则。尽管每一个传递社会群体生活经验的个人总有一天要死亡的，但是，在群体生活中提供的教育使得社会群体的生活经验得以延续下去。尽管社会群体中的个人经验是有限的，但是，社会群体的生活经验可以通过教育不断丰富和发展起来。总之，"教育与社会生活的关系，正如营养和生殖与生理生活的关系一样。这种教育基本上存在于通过交往而进行的传递之中。在个人经验成为共同财富之前，交往乃是一个共同参与经验的过程"④。教育乃是生活所必需的，人类生活若没有教育就要停止。

---

① ［美］杜威.我的教育信条.// 杜威教育论著选［M］.赵祥麟，王承绪，编译.上海：华东师范大学出版社，1981：1.

② ［美］杜威.我的教育信条.// 杜威教育论著选［M］.赵祥麟，王承绪，编译.上海：华东师范大学出版社，1981：4.

③ ［美］杜威.民主主义与教育.// 杜威教育论著选［M］.赵祥麟，王承绪，编译.上海：华东师范大学出版社，1981：143.

④ John Dewey. *Democracy and Education*. The Free Press，Macmillan Publishing Co.，Inc. 1966：9.

2. "教育即生活"的含义

（1）对"生活"这一概念的论述

杜威认为，"我们使用'生活'这个词来表示个体的和种族的全部经验……'生活'包括习惯、制度、信仰、胜利和失败、休闲和工作。"① 后来，他在《经验与自然》一书中指出："生活是指一种机能，一种无所不包的活动，其中既包括机体，也包括环境。"② 显然，杜威对"生活"的论述与他对"经验"的论述颇为相似。正如他所说的："我们以同样丰富的含义使用'经验'这个词。"③ 在杜威看来，"生活"与"经验"是同义词。

但是，杜威认为，生活是在不断变化的，个人的与种族的经验也是在不断更新的。无疑，"努力使自己继续不断地生存，这是生活的本性。因为生活的延续只能通过经久的更新才能达到，所以生活便是一个自我更新的过程"④。在他看来，生活是一种行动的方式，是通过对环境的行动的一个自我更新的过程。这是因为人与山野间的兽类不同。人不仅生活在一个物的世界，而且生活在一个符号和象征的世界之中。人性与兽性有区别，都是由于人有文化有记性，不仅保存着他的经验，而且记录着经验。

杜威所提及的"生活"既包括个人生活，也包括社会生活。但在论述教育与生活的关系并提出"教育即生活"这一观点时，他首先是指社会生活。因为社会生活环境包括促使或阻碍、刺激或抑制人的特有的活动的各种条件。

（2）对"教育即生活"这一概念的论述

杜威认为，要使个人的和种族的经验不断更新，并使社会群体的生活延续下去，就必须通过教育。在题为"教育哲学"的在华教育讲演中，杜威说

---

① ［美］杜威.民主主义与教育［M］.王承绪，译.北京：人民教育出版社，1990：3.

② ［美］杜威.经验与自然.// 杜威教育论著选［M］.赵祥麟，王承绪，编译.上海：华东师范大学出版社，1981：273.

③ ［美］杜威.民主主义与教育［M］.王承绪，译.北京：人民教育出版社，1990：3.

④ ［美］杜威.民主主义与教育［M］.王承绪，译.北京：人民教育出版社，1990：10.

得十分清楚："从广义方面想一想，就觉得教育和人的生活有极大的关系了。没有教育即不能生活，所以我们可以说：教育即生活。这种广义的教育，无论什么人，一天总不能离的……绝对不可离的。离了教育，就同离了生活一样。所以他们天天总要有教育。""儿童各方面的生活能力，都是很薄弱的。有许许多多的事情必须学习，才能维持生活。如果没有学习，就不能生存，所以教育是少不得的。"① 在《教育科学的资源》一文中，他强调指出："教育是一种生活的方式，是一种行动的方式……教育在本质上是一个无止境的圆形或螺旋形的东西。教育是一种包括科学在内的活动。正是在教育过程中，提出了更多的问题以便进一步研究，这些问题又反应到教育过程中去，进一步改变教育的过程，因此又要求更多的思想，更多的科学，循环往复以至无穷。"② 因此，在杜威看来，教育对于社会生活具有两个作用：一是传递经验，二是交流经验。社会团体中的个人总是要死的，但社会团体的生活经验可以通过教育继续传递下去；社会团体中的个人经验总是有限的，但社会团体的生活经验可以通过教育不断丰富和发展起来。

杜威还认为，在教育成为促进美好生活的一种手段的同时，教育本身应该是一种美好的生活。正是在这种美好的生活过程中，生活扩大并启迪儿童的经验，刺激并丰富儿童的想象。所以，"社会生活本身的经久不衰需要教导和学习，共同生活过程本身也具有教育作用"③。儿童所受到的教育正是通过生活本身得来的。对于儿童来说，"这一切，都在不断地培养观察力、创造力、建设性的想象力、逻辑思维，以及通过直接接触实际而获得的那种现实感"④。在

① ［美］杜威.教育哲学［M］.刘伯明，译.上海：大新书局，1935：3-4.
② ［美］杜威.教育科学的资源.//杜威教育论著选［M］.赵祥麟，王承绪，编译.上海：华东师范大学出版社，1981：284-285.
③ ［美］杜威.民主主义与教育［M］.王承绪，译.北京：人民教育出版社，1990：7.
④ ［美］杜威.学校与社会.//学校与社会·明日之学校［M］.赵祥麟，等译.北京：人民教育出版社，1994：30.

杜威看来，教育的过程就是生活的过程，教育和生活一起开始、继续和终结。既然教育与富有成效和本身有意义的生活的过程是一致的，那么，教育所能提出的唯一最终价值正是生活的过程。

杜威把教育分成两种：一种是非正式教育，即与他人共同生活而获得的教育。这种教育是出于偶然的，但它是自然的和重要的。另一种教育是正式教育，即专门为儿童特别准备的教育。这种教育是有意识的和直接的，需要通过学校这个专门的机构进行。对于非正式教育，杜威认为，生活的影响虽是无意识的和难以捉摸的，却是无处不在的，影响着儿童的性格和心理。其最显著的效果在于语言习惯、仪表、美感和美的欣赏等方面。社会生活环境"能通过个体的种种活动，塑造个人行为的智力的和情感的倾向。这些活动能唤起和强化某些冲动并具有某种目标和承担某种后果"①。对于正式教育，杜威认为，学校应该成为儿童能真正生活、获得他所喜爱的生活经验、发现经验本身的意义的地方。"学校的第一个任务是教儿童在他发现自己所在的这个世界里生活，理解他在这个世界上分担的责任，使他在适应社会方面有个良好的开端。只有当他把这些事情做得很成功，他才有时间或兴趣去从事纯属智力活动方面的修养。"② 无疑，杜威1896年创办的芝加哥大学实验学校主要根据这一观点进行实验。杜威学校的教师梅休和爱德华兹在《杜威学校》一书中指出："相信这里施行的那种教育方式，也就是发展生活的方式，这是并不过分的。"③ 重要的是，学校生活为提供儿童生活经验所选择的活动首先应该是基本的，其次应该是简单的。

尽管学校作为提供正式教育的机构，能够通过一种有意识的和有目的的

---

① [美] 杜威.民主主义与教育 [M].王承绪，译.北京：人民教育出版社，1990：18.

② [美] 杜威.明日之学校. // 学校与社会·明日之学校 [M].赵祥麟，等译.北京：人民教育出版社，1994：313.

③ [美] 梅休，爱德华兹.杜威学校 [M].王承绪，赵祥麟，等译.上海：华东师范大学出版社，1991：215.

训练，使儿童获得社会生活经验，并养成有效地参加社会生活的能力，但是，这种正式教育存在着一种危险，那就是学校教育与社会生活的脱节。其原因在于"忽略教育的社会需要及其与影响有意识的生活的一切人类团体的一致性，把教育等同于用语言符号传授遥远的知识，以为教育就是获得一些书本知识而已"①。在杜威看来，学校教育必须与社会生活联系起来，与儿童现在的生活联系起来。同时，儿童一定要生活，但不应是那种强迫他们在各种不同条件下压制和阻碍他们生长的生活。因为唯一真正的教育是通过对儿童能力的刺激而来的，而这种刺激是儿童生活中的各种要求所引起的。在《我的教育信条》中，杜威说："我认为不通过各种生活形式或不通过那些本身就值得生活的生活形式来实现的教育，对于真正的现实总是贫乏的代替物，结果便形成呆板，死气沉沉。"② 这种教育与生活脱节，只注重专门性、技术性的东西和书本知识，就不能使儿童成为美好生活审慎的创造者和培养者。

应该看到，在杜威实用主义教育思想体系中，"教育即生活"是第一个重要的教育观点，也是杜威对教育本质的基本看法。在他看来，教育就是生活，生活就是教育；或者说，教育是一种生活的方式，是一种行动的方式。正如梅休和爱德华兹在《杜威学校》中所指出的："遵循逻辑思维的道路，杜威终于相信，既然生长是生活的特征，教育和生活完全是一回事，那么它除了自身以外无目的。在个人的整个一生期间，教育或多或少地继续进行着。"③

"教育即生活"理论批判了传统的教育与生活分离的弊病，但是也存在着明显的缺陷，否定了教育和生活两者之间的区别，抹杀了教育和生活之间的界线。对此，美国教育家布鲁纳指出："以为生活教育总是能适应儿童的兴趣

---

① John Dewey. *Democracy and Education*. New York: The Free Press, 1966: 8-9.

② [美] 杜威. 我的教育信条. // 学校与社会·明日之学校 [M]. 赵祥麟，等译. 北京：人民教育出版社，1994: 6.

③ [美] 梅休，爱德华兹. 杜威学校 [M]. 王承绪，赵祥麟，等译. 上海：华东师范大学出版社，1991: 390.

爱好，那只是一种感情主义的想法；这正像强迫孩子鹦鹉学舌般地去重复成人社会的教条一样，只是空洞的形式主义。"[①] 他还指出："在强调学校一方面与社会、另一方面与家的连续性的时候，约翰·杜威忽视了教育的一个特殊功能——为学生展现各种新的前景。假如学校仅仅只是儿童从亲密的家庭环境进入社会生活的一个过渡场所，那么这种生活简直是太容易安排了。"[②]

（二）"教育即生长"的提出及含义

从"生活就是发展；不断发展，不断生长，就是生活"[③] 这一结论出发，杜威自然地从"教育即生活"转到了"教育即生长"。

1. "教育即生长"的提出

由于生活就是生长，人的发展与形成就是原始的本能生长的过程，杜威又提出了"教育即生长"。这是他从心理学角度出发阐述的对教育的看法。在杜威对教育的论述中，"教育即生长"与"教育即生活"是密切联系在一起的，实际上是同一个意思，只是对教育概念的论述角度不同。

早在 1886 年的《心理学》一书中，杜威就提出："我们的生活是一个不断累积的实现过程，而不是已经发展完善。它是一种生长，而不是已获得的存在。"[④]

在《我的教育信条》中，杜威虽然没有明确提出"教育即生长"的观点，但是，从他的一些词句中可以看到相似的主张。他曾提到，教育最根本的基础在于儿童能力的发展；兴趣是生长中的能力的信号和象征，并显示出儿童发展

---

① [美] 布鲁纳. 杜威教育哲学之我见 [J]. 伟俊，钟会，译. 外国教育研究，1985（4）.
② [美] 布鲁纳. 杜威教育哲学之我见 [J]. 伟俊，钟会，译. 外国教育研究，1985（4）.
③ [美] 杜威. 民主主义与教育 [M]. 王承绪，译. 北京：人民教育出版社，1990：54.
④ [美] 杜威. 心理学. [美] 杜威全集·早期著作第2卷 [M]. 熊哲宏，等译. 上海：华东师范大学出版社，2010：207.

的状态和阶段。

通过芝加哥大学初等学校的实验活动，杜威逐步形成了"教育即生长"的观点。在《民主主义与教育》一书中，他专门列了"教育即生长"一章，全面论述了生长原则。"生活就是发展；不断发展，不断生长，就是生活。"① "生长是生活的特征，所以教育就是生长；在它自身以外，没有别的目的。学校价值，它的标准，就看它创造继续生长的愿望到什么程度，看它为实现这个愿望提供方法到什么程度。"② 他把生物学中"生长"这一名词搬用到教育上来，并确立了生长的原则。"这个原则认为教育是在所有水平上的生长，是明智行动的结果——是一个对他的环境那种不断适应的结果。而且，正常的生长是持续的。在一个人的全人生的过程中，生长在一个或在更多的方面继续地进行着。"③ 因此，在杜威看来，教育就是生长的过程。

杜威在著作、文章以及讲演中经常使用"生长"一词。1919 年在北京讲演时，他就说："教育与生长是很有关系的；教育就是生长，没有教育，就没有生长。"④ "教育本于儿童的生长。儿童自婴孩以至成人，其生长有一定的程序，教育也跟了他的生长，有一定的渐进的程序。"⑤ 在《经验与教育》这本晚年的重要的教育著作中，他又一次强调："教育即生长或成熟。"⑥

毋庸置疑，在杜威实用主义教育思想体系中，"生长"一词与"经验"

---

① [美] 杜威.民主主义与教育 [M].王承绪，译.北京：人民教育出版社，1990：54.

② [美] 杜威.民主主义与教育 [M].王承绪，译.北京：人民教育出版社，1990：57.

③ [美] 梅休，爱德华兹.杜威学校 [M].王承绪，赵祥麟，等译.上海：华东师范大学出版社，1991：365.

④ [美] 杜威.教育哲学.// 姜义华，主编.胡适学术文集·教育 [M].北京：中华书局，1998：340.

⑤ [美] 杜威.教育哲学.// 姜义华，主编.胡适学术文集·教育 [M].北京：中华书局，1998：348.

⑥ [美] 杜威.经验与教育.// 我们怎样思维·经验与教育 [M].姜文闵，译.北京：人民教育出版社，1991：272.

一词是同样重要的。正因为如此，美国哲学家和教育家胡克把杜威称为"'生长'的哲学家"①。英国教育史学家博伊德和埃德蒙·金也指出："杜威关于教育讨论的出发点是，心理不是一个固定的实体，而是一个生长的过程。"②梅休和爱德华兹在《杜威学校》一书中明确指出，杜威把整个教育归于生长，"教育即生长的概念是新的"③。

2. "教育即生长"的含义

（1）对"生长"这一概念的论述

杜威认为，不管从哪个阶段去看一个人，总会发现他一直处于生长的过程。关于"生长"这一概念，他强调指出："一般来说，生长是自然的过程。"④"这是一个永远不息的作用，是与年龄无关的。"⑤在他看来，无论儿童，还是成人，他们都在不断地生长。生长就是向着一个后来的结果逐渐往前发展的运动。"这个朝着后来结果的行动的累积运动，就是生长的含义。"⑥所有正常的儿童都是在不断生长、不断发展的。我们"不能把生长的实现视为完成的生长，因为那就是说不生长了，不再生长了"⑦。儿童和成人在生长上的区别并不是在生长和不生长上的区别，而是他们各有适合于不同情况的不同生长方式。

其一，生长的内容是多方面的。因为"生长，或者发展着的生长，不仅

---

① 中国科学院哲学研究所，编.现代美国哲学［M］.北京：商务印书馆，1963：261.

②［英］博伊德，埃特蒙·金.西方教育史［M］.任宝祥，吴元训，主译.北京：人民教育出版社，1985：396.

③［美］梅休，爱德华兹.杜威学校［M］.王承绪，赵祥麟，等译.上海：华东师范大学出版社，1991：5.

④［美］杜威.学校与社会.// 学校与社会·明日之学校［M］.赵祥麟，等译.北京：人民教育出版社，1994：104.

⑤［美］杜威.哲学的改造（修订版）［M］.许崇清，译.北京：商务印书馆，1958：99.

⑥［美］杜威.民主主义与教育［M］.王承绪，译.北京：人民教育出版社，1990：45.

⑦ John Dewey. *Democracy and Education*. 1966：42.

指身体的生长，而且指智力和道德的生长"①，因此，儿童个人的生长必然会表现为身体、知识、智力、情感、道德等方面的生长。但杜威指出身体的生长与智力和道德的生长的区别，它们"不是同一个东西，但两者在时间上是吻合的。而且一般说来，后者没有前者是不可能的"②。生长应该有一个社会性的目的，因为能使儿童个人的能力得以解放的生长是指向社会性目的的。正如美国教育家布鲁巴克（J. S. Bmbacher）所说的，杜威"明确地拒绝了进步教育者的无指导的，甚至于无限制地自我表现的目的。相反，他明确地指出已成熟的成人需要对儿童的正在萌发的能力给予方向性的帮助。对杜威早期著作的考察，可以进一步证实这个结论，即杜威是有强烈的社会定向的。他的早期著作《学校与社会》以及他的经典著作《民主主义与教育》都雄辩地证明，他希望个人的目的基本上是受工业和政治的社会效率的需要所制约的"③。有的美国学者这样指出："杜威的伦理学是包含着一个近于绝对的行动为标准的，它就是生长，个人的特别是社会的生长。他写道：'生长本身是唯一的道德目的。'"④

其二，生长必须是有条件的。因为生长和"发展是一个特定的过程，有着它自己的规律，只有当适当的和正常的条件具备时才能实现"⑤。杜威所说的生长条件既包括内部条件，也包括外部条件。具体来讲，这就是生长的两个主要特征：一是可塑性，即人所具有的各种能力不是一成不变的；二是依赖性，

① ［美］杜威. 经验与教育. // 我们怎样思维·经验与教育［M］. 姜文闵，译. 北京：人民教育出版社，1991：261.
② ［美］杜威. 明日之学校. // 学校与社会·明日之学校［M］. 赵祥麟，等译. 北京：人民教育出版社，1994：224.
③ ［美］布鲁巴克. 现代教育哲学. // 瞿葆奎. 教育学文集·教育目的［M］. 北京：人民教育出版社，1989：417.
④ 中国科学院哲学研究所，编. 现代美国哲学［M］. 北京：商务印书馆，1963：351.
⑤ ［美］杜威. 儿童与课程. // 杜威教育论著选［M］. 赵祥麟，王承绪，编译. 上海：华东师范大学出版社，1981：85.

即依赖周围环境而生长。

就生长的内部条件来说，主要是指未成熟的状态。但是这种未成熟的状态并不是虚无，更不是缺乏，而是潜力，是一种积极的、向前发展的能力，也就是具有生长的可能性。杜威指出："未成熟状态就是指一种积极的潜力或能力——向前生长的力量……生长并不是从外面加到活动上的东西，而是活动本身具有的东西。"① 他还指出："我们说未成熟状态就是有生长的可能性。这……并不是指现在没有能力，到了后来才会有；我们表示现在就有一种确实存在的势力——即发展的能力。"② 在杜威看来，未成熟的人具有可塑性。"可塑性是保持和提取过去经验中能改变后来活动的种种因素的能力。这就是说，可塑性乃是获得习惯或发展一定倾向的能力。"③ 这种可塑性是由每个人为生长而具有的特殊适应能力，即从经验中学习的能力构成的。它是以从前经验的结果为基础改变自己行为的力量，也就是发展各种倾向的力量。如果没有这种可塑性，未成熟的人的生长是不可能的。但是，这种生长的各个阶段是过渡性的、相互交融和相互重叠的。

就生长的外部条件来说，主要是指环境尤其是社会环境。杜威强调："环境包括促成或阻碍、刺激或抑制生物的特有的活动的各种条件。"④ 在他看来，人总是在一定的环境或情境中活动，接受某种刺激，作出某种反应。环境可以分为两种：一种是自然环境，其中包括气候、山川、物产等；另一种是社会环境，即人类的环境。对于儿童的生长而言，后一种环境比前一种环境更为重要。一个人的活动会激励别人的活动，别人的活动也会反过来影响这个人的活动。当"一个人的活动和别人的活动联系起来，他就有了一个社会环境。他所做的和所能做的事情，有赖于别人的期望、要求、赞许和谴责。一个和别人

① ［美］杜威.民主主义与教育［M］.王承绪，译.北京：人民教育出版社，1990：46.
② ［美］杜威.民主主义与教育［M］.王承绪，译.北京：人民教育出版社，1990：45.
③ ［美］杜威.民主主义与教育［M］.王承绪，译.北京：人民教育出版社，1990：50.
④ ［美］杜威.民主主义与教育［M］.王承绪，译.北京：人民教育出版社，1990：13.

有联系的人，如果不考虑别人的活动，就不能完成他自己的活动。因为，这些活动是实现他的各种趋势的不可缺少的条件"①。在社会环境与生长的关系上，杜威特别强调社会环境是有教育作用的。因为社会环境能通过人所从事的各种活动，不知不觉地发挥着教育的影响，塑造个人行为的智力和情感的倾向。因此，他指出："社会环境由社会任何一个成员在活动过程中和他结合在一起的所有伙伴的全部活动所组成。个人参与某种共同活动到什么程度，社会环境就有多少真正的教育效果。"②杜威把学校看作一种典型的特殊环境，以便更好地影响儿童的智力和情感的倾向，促进儿童的生长。

在《杜威——'生长'的哲学家》一文中，美国哲学家和教育家胡克对杜威的"生长"概念进行了具体的论述："在杜威看来，生长是一种包括得很广的目的，而不是一种单一的、排他的目的。生长包括一切积极的、理智的、感情的和道德的目的，这些目的表现于每个人的好的生活和好的教育的自在的安排——在技术和能力、知识和欣赏、估价和思想方面的生长。然而，在杜威看来，列举这些目的是不够的；这些目的必须和个人发展着的能力、习惯和想象力发生活生生的、密切相连的关系。我们并不是通过崇拜价值而成长，而是通过在日常行为中实现这些价值而成长的。即使价值是共同的，实现的形式却是个人的事情。生长有不同的速度和不同的方式；但当这些不同的建议和方式扩大我们的力量到最大限度去成长时，它们都是我们达到成熟的途径。我们成熟，就是要达到这样的程度，即在我们关于世界、同伴和自己的知识基础上形成合理期望的习惯——要达到这样的程度，即能够应付永恒变化的环境，对新经验加以说明，同时既要避免由于刻板生活变成僵化，又要避免盲目冲动的发作。因此，杜威把和真正的、需要的教育等同起来的生长，就是在生长的极大

---

① [美]杜威.民主主义与教育 [M].王承绪，译.北京：人民教育出版社，1990：14.

② [美]杜威.民主主义与教育 [M].王承绪，译.北京：人民教育出版社，1990：24.

多样性（理智的、感情的、道德的）中间变化方向的简述。"①

（2）对"教育即生长"这一概念的论述

杜威认为，应该把生长的概念及理论应用于教育的实际。既然生长是一切生活的特性，那么教育和生长就是同一个东西。"生长和教育完全是一体的。"② 从生长的含义出发，教育就是发展，教育的过程就是一个继续不断的生长过程，在生长的每个阶段都以增加生长的能力为目的。对此，杜威强调："既然实际上除了更多的是生长，没有别的东西是和生长有关的，所以除了更多的教育，没有别的东西是教育所从属的……学校教育的目的在于通过组织保证生长的各种力量，以保证教育得以继续进行。使人们乐于从生活本身学习，并乐于把生活条件造成一种境界，使人人在生活过程中学习，这就是学校教育的最好产物……因此，教育就是不问年龄大小，提供保证生长或充分生活的条件的事业。"③ 在理想的学校里，"儿童的生活成了压倒一切的目标，促进儿童生长所需的一切措施都集中在那里"④。

杜威从生理和精神两个方面对"教育即生长"进行了阐释。首先，从生理方面看，人的生长，无论身体的生长，还是智力和道德的生长，都是内发的，即以天赋的本能为基础的，而不是外铄的，即由外部注进去的。无论什么生物，凡是有生命的都能生长，所以生长就是生命的标记。可以说，生长即生命，生命即能生长。例如，当我们把一粒种子播到地里，它就会发芽生长，其原因就是它有生命。如果它是一种没有生命的东西，那么它就不会生长了。由于种子内部有潜在的生长机能，到了生长的时候它就表现出来了。生长就是天

---

① 中国科学院哲学研究所，编.现代美国哲学［M］.北京：商务印书馆，1963：264-265.

② ［美］杜威.芝加哥实验的理论.// 杜威教育论著选［M］.赵祥麟，王承绪，编译.上海：华东师范大学出版社，1981：333.

③ ［美］杜威.民主主义与教育［M］.王承绪，译.北京：人民教育出版社，1990：55-56.

④ ［美］杜威.学校与社会.// 学校与社会·明日之学校［M］.赵祥麟，等译.北京：人民教育出版社，1994：45.

赋本能的继续发展，并使它的机能更加有力，使它的构造更加复杂。其次，从精神方面看，通过教育，人的身体、智力和道德的能力就得到了更快的发展。例如，一个喜爱学习数学的儿童本来就有这种能力，通过教育和练习，他的数学能力提高得更快。又如，尽管儿童具有天赋的慈爱，但它往往是冲动的和盲目的，不知道如何使用这种慈爱，然而通过教育他渐渐了解慈爱的意义以及对什么人用什么爱，并使这种慈爱成为有规则的慈爱。因此，对于学校教育来说，它的"价值，它的标准，就看它创造继续生长的愿望到什么程度，看它为实现这种愿望提供方法到什么程度"①。

从生长的理论出发，教育是继续不断的，乃至终生的。正规的学校教育过程的最大意义，就在于使受教育者能获得更进一步的教育，使他们对于生长的条件更为敏感和更能加以利用。在学校里，教育被认为是儿童在身体、心智以及适应物质环境和社会关系的能力各方面得以生长或成熟的一个过程，儿童的基本任务就是生长或成熟。对于一个人来说，知识的占有、技术的习得和教养的成就并不是生长的终止，而是生长的记号以及继续生长的方法。学校的一切都必须考虑"在生长中的儿童"这个概念，尤其重要的是生长过程中的儿童的倾向、动机和兴趣。因此，"新教育同生长的原则协调一致……要想使学校的工作有一个新的方向，就需要这种理论。这是一个缓慢而艰苦的过程。这个过程就是生长，在这个过程中，有许多障碍物妨碍生长并且使生长偏离正途，走上错误的路径"②。在杜威看来，把生长的理论应用于教育实际的关键在于，提供适当的环境以及适当的刺激，提供儿童生长的条件，使儿童的各种能力不断地发展。一个教育计划应当促进儿童的充分生长。在儿童的教育过程即生长过程中，既不要把成人期作为固定的标准来衡量儿童时代，也不要把儿童

① ［美］杜威.民主主义与教育［M］.王承绪，译.北京：人民教育出版社，1990：57.
② ［美］杜威.经验与教育.// 我们怎样思维·经验与教育［M］.姜文闵，译.北京：人民教育出版社，1991：257.

时代理想化。教育者首先应该关切的事情是儿童作为一个在生长中的个体，使低年级的教育和高年级的教育之间不存在低级和高级的区别，而仅仅是教育即生长或发展的过程。只有这样，才能"使儿童带着整个的身体和整个的心智来到学校，又带着更圆满发展的心智和甚至更健康的身体离开学校"[①]。"总之，如果教育就是各种自然倾向和能力的正常生长，那么注意在生长过程中每天所进行的特殊形式，是保证成年生活的种种成就的唯一方法。人的生长是各种能力逐渐生长的结果。儿童时期的真正意义是生长和发展的时期。"[②]

杜威认为："一般来说，生长是自然的过程。但恰当地认识和利用它，也许是智力教育方面最关紧要的问题。"[③]因此，"生长"是理解他的教育思想的一个关键词。美国哲学促进会主席、艾默里大学教授古因洛克（James Gouinlock）指出："杜威坚称，学生的生长要求他们参与本质上令人满意的活动。教师必须识别适合每个学生的这类活动，并向学生展现它们是如何受思想观念和实践技能引导的。对学生而言，充分认识和理解这类活动，就是充分认识和理解有助于它的计划和方法，也就是充分认识和理解智性行为。"[④]

对于杜威主张的"教育即生长"，有的教育家提出了不同的看法。美国分析教育哲学家谢夫勒（I. Scheffler）指出，对于生长的概念必须予以澄清，因为"并不是各种各样的生长都是值得要求的，请看无智和兽性的生长。"[⑤]美

---

①［美］杜威.学校与社会.//学校与社会·明日之学校［M］.赵祥麟，等译.北京：人民教育出版社，1994：66.
②［美］杜威.明日之学校.//学校与社会·明日之学校［M］.赵祥麟，等译.北京：人民教育出版社，1994：223.
③［美］杜威.学校与社会.//学校与社会·明日之学校［M］.赵祥麟，等译.北京：人民教育出版社，1994：104.
④［美］博伊兹顿.杜威全集·晚期著作第2卷［M］.张奇峰，等译.上海：华东师范大学出版社，2015：8.
⑤白恩斯，白劳纳.当代资产阶级教育哲学［M］.瞿菊农，译.北京：人民教育出版社，1964：168.

国教育家霍姆（H. H. Home）也指出："麻烦的事，就是我们不仅有一种生长，还有各种的生长。有正当的生长，也有错误的生长；有正常的生长，也有反常的生长……有很多错误的生长；很多的生长是歪曲的生长；有些所谓'新'教育乃是停止的生长。只讲'教育即生长'是不够的，我们还要补充讲，教育乃是正当的生长。正当生长的标准必须建立起来。"①

（三）使教育成为一个真正的整体

基于"教育即生活"和"教育即生长"的观点，杜威强调要使教育成为一个真正的整体。教育是生活的过程，是生长的过程，它们会分成不同的阶段，但它们又是一个连续的过程，其最大的特征就是阶段性和连续性。如果生活和生长的阶段被忽视了，生活和生长的过程被停止了，那就会阻碍和影响一个人的正常发展。因此，他在《教育衔接的一般性原则》（*General Principles of Educational Articulation*）中明确指出："把教育视作一个整体，在看待每一部分时，都在考虑它是如何使教育成为一个真正的整体，而不是把教育当成由一个个机械性地分离出来的部分并列组成的东西。"②

在杜威看来，教育过程是一个连续不断生长的过程。生活和生长的阶段性和连续性反映在教育上，那就是教育衔接（educational articulation），或者说是教育上的"过渡"（transition）。如果教育要成为一个真正的整体，那就意味着从一个阶段到另一个阶段的平稳过渡，因而实现了很好的教育衔接；反之，如果教育的各个阶段之间出现了断裂和失调，那就说明生活或生长本身还不是一个连续的过程。所以，杜威指出："教育应该以儿童在任一给定阶段的

---

① Herman H. Horne. *The Democratic Philosophy of Education*. New York：The Macmillan Company，1932：52.

② ［美］杜威. 教育衔接的一般性原则. // 杜威全集·晚期著作第5卷［M］. 孙有中，等译. 2013：232.

基本需要为基础，以帮助他顺利地从一个阶段进入另一个阶段，从而使他没有外在的压力，不会泄气，不会让他完全独立的努力遭受困扰。"① 对于教育来说，重要的是"在儿童和青少年从一个阶段上升到另一个阶段，从幼儿园到小学、从小学到中学、从中学到大学的过程中，把阻碍、停滞、突发性的改变和中断、无意义的重复减低到最小"②。总之，教育的意义就在于使每个人具有强大的生命力，不仅开创自己的生活道路，并且在生活道路上不断生长，最后保障教育的衔接和实现真正的发展。鉴于从本质上讲"衔接"至今仍是教育领域的重要理论问题之一，这也表明了"教育即生活"和"教育即生长"的观点在教育上的理论价值和现实意义。

（四）对流行教育观的批判

从"教育即生活""教育即生长"的观点出发，杜威对 19 世纪末 20 世纪初在教育理论上流行的和有较大影响的一些教育观点，其中包括"预备说""展开说""形式训练说""形成说""复演说"进行了批判。

1. 对"预备说"的批判

以英国教育家斯宾塞为代表的"预备说"论者提出"教育即预备"，主张教育是一种预备的过程，强调教育只是为将来的生活做准备因而与现在的生活无关。

对于"预备说"，杜威指出，会产生四种不良后果：一是使教育丧失动力。"儿童生活在现在，这不仅是一个不能回避的事实，而且是一件好事。将来只是作为将来，它缺乏紧迫性和可见的形体。"忽视儿童现在的生活而去为

---

① ［美］杜威. 在活动中成长. 杜威全集·晚期著作第11卷［M］. 朱志方，等译. 上海：华东师范大学出版社，2015：188.

② ［美］杜威. 教育衔接的一般性原则. // 杜威全集·晚期著作第5卷［M］. 孙有中，等译. 2013：232.

将来的生活预备，就不知道教育的动力是什么。二是使教育降低效果。"所预备的将来非常遥远；在将来变成现实以前要经过很长的时间。"这样，就会失去现在所提供的许多极好的机会，教育的效果只好任其自然增长。三是使受教育个人的特殊能力得不到重视。它"自以为成功的地方——自以为为将来作了预备，实际上正是它最失败的地方"。四是使教育者求助于利用外来的快乐和痛苦的动机。由于预期的未来和现在的可能性割裂，因此，"在教育上就没有激发和指导的力量，只得采用威逼利诱的方法，以奖赏为诺言，以痛苦作威胁"。①

尽管杜威指出了"预备说"的不良后果，但他并不反对教育为将来的生活做准备。他所希望的是教育以现在的生活为起点而为将来的生活做准备，所反对的是教育离开现在的生活而为将来的生活准备。"我们关心的是教育中更为根本的改革，和唤醒学校认识它们的工作应该是为儿童将要在世界上过的生活作准备这样一个事实。"② 在《哲学的改造》一书中，他又说："教育从来都被视为预备：就是教育，修得将来有用的一定的东西。目标是很远的，教育是先事准备，是关于日后会发生的更为重要的事体的发端。童年只是成年生活的预备，成年生活又是另一种生活的预备。教育总是着重将来而轻视现在……"但是，"如果我们看一个人无论在什么时节都是依然成长着的，教育就不是对于将来的预备，所谓预备不过一种副产"③。在题为"教育哲学"的在华教育讲演中，杜威说，斯宾塞"提出教育的目的是预备将来的生活，可以算是教育界一大进步。因为从前的教育，与生活完全没有关系。但是这话千万不要误解。要知所谓预备将来的生活，并不是很远的生活，是一步一步过去的生活。

①［美］杜威.民主主义与教育［M］.王承绪，译.北京：人民教育出版社，1990：58-59.

②［美］杜威.明日之学校.//学校与社会·明日之学校［M］.赵祥麟，等译.北京：人民教育出版社，1994：378.

③［美］杜威.哲学的改造（修订版）［M］.许崇清，译.北京：商务印书馆，1958：99.

步步都是生活，便是步步都是预备"①。在杜威看来，"预备说"的错误并不在于对为将来的生活预备考虑太多，而在于把它作为现在努力的主要根源。尽管为将来的生活做预备是重要的，但我们应该用全部精力使儿童现在的生活经验尽可能丰富和有意义，这样，教育就是一个关乎现在的生活过程，现在就不知不觉地进入将来。布鲁巴克指出，杜威重视现在的生活，"强调儿童现在的兴趣和能力，因而对将来的准备，只是一种副产品。现在生长得好，便是对将来最好的一种准备"②。吴俊升教授也指出："杜威所反对的乃是生活准备的方式，而不是生活准备本身。不仅如此，我们还可以进一步说，杜威对于教育的重要贡献之一，正是对于准备将来生活提出了一种较好的方式——充分运用现在生活，以准备将来生活。"③

2. 对"展开说"的批判

以德国教育家福禄培尔为代表的"展开说"论者提出"教育即展开"，把教育视为从内部的展开，主张教育只是内在潜力或理性向着一个确定不变的目标展开，而不是继续不断地生长。

对于"展开说"，杜威指出，其在理论上是超越经验的，使得展开的目标与直接经验没有关系；在实际上是空洞的，使得展开的目标代表一种模糊的情感上的渴望。尽管它承认儿童天赋能力的重要性，但由于把发展理解为现成潜伏的东西的显露，而忽视不断的生长就是生长和不断的发展就是发展，忽视有机体倾向和当前环境的相互作用，因此，它确定的目标使生长受到阻碍，它建立的标准也不能实际用来指导各种能力。在杜威看来，从逻辑上说，"展开

---

① [美] 杜威. 教育哲学. // 姜义华，主编. 胡适学术文集·教育 [M]. 北京：中华书局，1998：369.

② [美] 布鲁巴克. 现代教育哲学. // 瞿葆奎. 教育学文集·教育目的 [M]. 北京：人民教育出版社，1989：326.

③ 吴俊升. 杜威教育思想的再评价. // 吴俊升. 教育与文化论文集 [M]. 台北：商务印书馆，1972：296.

说"只是"预备说"的变种，两者都不认为儿童的直接经验和教育是一个生长的过程，而强调一个固定的终极目标。

3. 对"形式训练说"的批判

以英国教育家洛克为代表的"形式训练说"论者提出"教育即官能训练"，主张把教育看作各种天赋的心理官能或能力的训练，强调教育所要做的事就是不断地、分阶段地反复练习，使这些能力得以完善。

对于"形式训练说"，杜威指出，其错误主要在于：一是假定的原始官能纯属虚构，实际上人没有现成的官能等待着训练。二是认为原始的天赋倾向能像通过练习强化肌肉那样通过训练而得以完善。三是由于官能训练的愈加刻板和专门化，训练的、理智的或教育的性质就愈少。四是它的二元论，表现在把人的活动和能力与所用的材料分离上，把教材看作外部的和无关紧要的东西。

尽管"形式训练说"有一种正确的思想，那就是"教育的一个结果，应该是创造使人成功的特殊能力。一个受过训练的人……应该做得比没有受过训练的人更好"①，但是，杜威强调其"在实际中的结果将是使人偏重狭隘的专门机能的训练，而牺牲了创造能力、发展能力和重新适应能力"②。人的各种能力实际上都是原始的天赋倾向运用某些材料的结果，而且所用的材料和社会的背景是紧密联系的。

4. 对"形成说"的批判

以德国教育家赫尔巴特为代表的"形成说"论者提出"教育即形成"，主张教育是从外部提供适当的教材，通过严格的教学活动形成儿童的心灵和道德。

对于"形成说"，杜威指出，其错误在于忽视人具有许多主动的和专门

---

① ［美］杜威.民主主义与教育［M］.王承绪，译.北京：人民教育出版社，1990：65.
② ［美］杜威.民主主义与教育［M］.王承绪，译.北京：人民教育出版社，1990：68.

的机能以及接受新事物的能力，强调智力环境对心灵的影响而忽视环境实际上包含个人对共同经验的参与，强调外部提供的教材而忽视活动以及生长和发展的内部条件。概括起来说，它"考虑教育的一切事情，唯独没有考虑教育的本质，没有注意青年具有充满活力的、寻求有效地起作用的机会和能量"①。在杜威看来，一切教育都能形成儿童的心灵和道德，但它必须利用社会环境的教材并通过活动来进行。

5. 对"复演说"的批判

以赫尔巴特门徒为代表的"复演说"论者提出"教育即复演和追溯"，主张每一个新的世代都不过是重复前人的生活方式，教育是向儿童复演已往的文化，强调个体的发展在于有秩序地重复动物生活和人类历史过去进化所经过的许多阶段。

对于"复演说"，杜威指出，其所依据的生物学基础是错误的，因为个体的人的发展不是重复人类种族发展的许多阶段，教育也不是沿着前人的足迹而亦步亦趋地重演。"现在不只是跟在过去后面的东西，更不是过去所产生的东西。现在就是离开过去向前进的生活。"② "从教育上说，儿童未成熟状态的很大优点，就是使我们能解放儿童，无须走过去的老路。所以，教育的任务在于使儿童从复演过去和重蹈旧辙中解放出来，而不是引导他们去重演以往的事情。儿童的社会环境是由文明人的思维和感情的种种习惯的行为构成的。如果忽视目前这种环境对儿童的指导性影响，就是放弃教育的功能。"③

① ［美］杜威.民主主义与教育［M］.王承绪，译.北京：人民教育出版社，1990：76.
② ［美］杜威.民主主义与教育［M］.王承绪，译.北京：人民教育出版社，1990：80.
③ ［美］杜威.民主主义与教育［M］.王承绪，译.北京：人民教育出版社，1990：78.

第二节　生命发展与教育目的

　　受到相信生命的哲学家詹姆士的影响，杜威主张生命哲学（philosophy of life），强调儿童的生命发展，并把它作为教育的目的；同时，他还指出教育的首要浪费就是生命的浪费。在1895年12月22日给芝加哥大学实验学校教师米切尔的信中，杜威就这样写道："把生命作为核心的理念，最具体的通常是把儿童生活作为中心……"① 因此，1949年10月在纽约庆贺杜威九十岁生日宴会上，他的学生、美国教育家克伯屈在题为"杜威和民主教育"的演说中列举了杜威对教育的九大贡献，其中第一个大贡献就是："最为重要的是……恰当的生命哲学必须是整个教育过程和活动的基础，进而为教育过程的每一个具体步骤提供合理的指导。"② 我国近现代哲学家和教育家梁漱溟在认真阅读杜威的《民主主义与教育》之后，也把杜威看做是生命哲学家，把生命看做是杜威教育哲学和实践哲学的核心观念。③

（一）教育目的是儿童生命的发展

　　杜威认为，生命就是有机体与环境之间不断进行的交互作用。教育目的应该是儿童生命的发展。具体来说，就是使儿童本身各方面能力得到充分的发展。因此，他在《哲学与教育》（*Philosophy and Education*）中明确指出："教

---

　　① John Dewey to Clara I. Mitchell, 22 December, 1895. Butler Library.

　　②［美］克伯屈.杜威与民主教育.//［美］简·杜威.杜威传（修订版）［M］.单中惠，编译.合肥：安徽教育出版社，2009：420.

　　③ 梁漱溟.杜威教育哲学之根本观念.//梁漱溟全集，第7卷［M］.济南：山东人民出版社，1993：700.

育的最终目的不是别的，而是培养能力充分发展的人。通过对人的培养，使所有男女具有远大的志向、自由的思维、高雅的品位以及渊博的知识……"[①] 他在与美国教育家蔡尔兹合著的《社会经济形势与教育》(*The Social-Economic Situation and Education*) 中又提出："大约直到 19 世纪 20 世纪之交时，最为普遍接受的是，教育目的是基于个体的，即个体所有的德、智、体的全面协调发展。"[②] 后来，他在《教育哲学的必要性》中还提出："教育的目的就是最大程度地发展个体的潜能。"[③]

1. 不要在教育过程外去寻找目的

杜威认为，教育的目的在于不断地和充分地生长，教育的过程就是一个学习生长的手段和方法的过程。如果忽视儿童的生长和发展，教育对儿童来说就成了一种缺乏意义和目的的外在提示。在他看来，假如教育的目的在于使个人能继续其教育，或者说，在于继续不断生长的能力，那么，"我们探索教育目的时，并不要到教育过程以外去寻找一个目的，使教育服从这个目的。我们整个教育观点不允许这样做"[④]。因此，从"教育即生活""教育即生长"的观点出发，他得出了这样的结论："教育的过程是一个不断改组、不断改造和不断转化的过程。""教育的过程除它自身以外，没有别的目的，它就是它自己的目的。"[⑤] 他甚至这样说，"教育本身并无目的。只是人，即家长和教师等才有目的；教育这个抽象概念并无目的"[⑥]，因而使一些人产生了误解。

---

① John Dewey. *Philosophy and Education.* // *The Collected Works of John Dewey, The Latter Works*，Vol. 5. 1984：297.

② John Dewey and John Childs. *The Social-Economic Situation and Education.* // *The Collected Works of John Dewey, The Latter Works*，Vol. 8. 1984：43.

③ John Dewey. Need for A Philosophy of Education. // *The Collected Works of John Dewey, The Latter Works*，Vol. 9. 1986：202.

④ ［美］杜威.民主主义与教育［M］.王承绪，译.北京：人民教育出版社，1990：106.

⑤ ［美］杜威.民主主义与教育［M］.王承绪，译.北京：人民教育出版社，1990：54.

⑥ ［美］杜威.民主主义与教育［M］.王承绪，译.北京：人民教育出版社，1990：114.

　　在杜威看来，在外在资源中寻找教育目的，就是没有意识到教育是一个不断进行的过程。从外面强加给教育过程的目的，不仅是固定的和呆板的，而且不能在教育情境下激发智慧。这种目的不会直接与现在的教育活动发生联系，并促进一种更自由更平衡的活动，反而会阻碍活动的进行。在《我的教育信条》一文中，杜威指出："如要在教育之外另立一个任何目的，例如给它一个目标和标准，便会剥夺教育过程中的许多意义，并导致我们在处理儿童问题时依赖虚构的和外在的刺激。"[①] 在《民主主义与教育》中，他又指出："在教育上，由于这些从外面强加的目的的流行，才强调为遥远的将来作准备的教育观点，使教师和学生的工作都变成机械的、奴隶性的工作。"[②] 在《教育科学之源泉》中，杜威还指出社会情境决定教育目的，这其实是一种谬见。"教育是自主的，应有自行决定其目的、自行决定其目标之自由。走向教育业务之外，向一个外在的源泉去借目标，那简直是弃舍教育的本务。"[③] 总之，这种外加的目的无法显示出一个更自由、更均衡的活动，也无法在一个既定的情境中去激发儿童的身心和才智的发展。

2. 教育不可无目的

　　在教育目的论上，杜威往往因为他所说的"教育本身并无目的"这句话而受到误解，被有的学者断定他是"教育无目的论"者。实际上，按照杜威的原意，所谓"教育本身并无目的"，指的是教育目的即教育过程，反对来自教育过程之外强加的目的。教育过程自身即目的，表示教育过程内的目的和手段是同一的，目的即手段，不断地转化为手段，转化为一系列的行动。在题为"教育哲学"的在华教育讲演中，杜威就多次谈及教育目的，认为教育的目的应该增加儿童更多的能力、更多的兴趣。尤其是 1919 年 5 月在上海作题为"平

　　①［美］杜威.我的教育信条.// 杜威教育论著选［M］.赵祥麟，王承绪，编译.上海：华东师范大学出版社，1981：8.

　　②［美］杜威.民主主义与教育［M］.王承绪，译.北京：人民教育出版社，1990：117.

　　③［美］杜威.教育科学之源泉［M］.张岱年，傅继良，合译.上海：人文书店，1932：85.

民主义之教育"的讲演中，他明确指出："教育一事，不可无目的。无目的则如无航之舟，无羁之马，教育的精神从何发展，其结果必不堪设想。今吾人既欲实行平民教育，则平民教育的目的必先确定。"① 美国哲学家和教育家胡克也指出："众所周知……杜威主张，在教育中并没有一个目的或归结是为其他任何事情所从属的。最接近于一个无所不包的教育目的是生长本身的原则，这里把生长发展看作生长的过程。"② 由此可见，杜威并不认为教育是无目的。

事实上，杜威所反对的是教育过程之外的目的，即阻碍生长的目的、终极的目的。他强调："在教育中，如果家长或教师提出他们'自己的'目的，作为儿童生长的正当目标，这和农民不顾环境情况提出一个农事理想，同样是荒谬可笑的。"③ 在杜威看来，当农民设置一个农事目的时，他们必须考虑土壤、气候以及植物生长的特点等条件，否则就会犯错误。与此相同，当教育者在确定一个教育目的时，他们也必须考虑正在生长中的儿童，而不能把从外面强加的目的作为儿童生长的目标。与任何有指导的职业活动的目的一样，教育的目的并没有什么特殊。"要想建立一个所有其他目的可以归属的唯一的终极目的，这种尝试是徒劳的。"④ 在教育中，如果认为生长或发展乃是朝着一个外在的和固定的目标运动，那其错误就是把生长看作有一个目的，而不是看作就是目的。

3. 良好的教育目的应有的特征

杜威认为，教育的目的不仅在于儿童的充分生长，而且会随着不同的儿童而不同，随着儿童的生长和教育者经验的增长而变化。一切良好的教育目的

① ［美］杜威.平民主义之教育. // 王凤玉，单中惠.杜威在华教育讲演集［M］.济南：山东教育出版社，2024：290.

② 中国科学院哲学研究所，编.现代美国哲学［M］.北京：商务印书馆，1963：264.

③ ［美］杜威.民主主义与教育［M］.王承绪，译.北京：人民教育出版社，1990：113.

④ ［美］杜威.民主主义与教育［M］.王承绪，译.北京：人民教育出版社，1990：118.

应该具有三个特征 ①。

一是，"一个教育目的必须根据受教育者的特定的个人的固有的活动和需要（包括原始的本能和获得的习惯）"。也就是说，教育的目的不是千篇一律的，应该考虑受教育者个人的特殊能力和要求，并考虑他的现有能力。

二是，"一个教育目的必须能转化为与受教育者的活动进行合作的方法。这个目的必须提出一种解放和组织他们的能力所需要的环境"。也就是说，如果教育者把外在的目的强加于儿童，就会使他们经常处于两种目的——一种是符合他们自己经验的目的和另一种是别人要他们默然和接受的目的的冲突之中，而无所适从。

三是，"一个真正一般的目的，能开拓人们的眼界，激发他们考虑更多的结果（即联系）。这就意味着对各种手段进行更广泛、更灵活的观察"。也就是说，教育的目的应该使受教育者在任何一点开始行动，在特定的情境下激发自己的智慧，并且继续不断地和富有成效地把活动持续下去。

（二）教育的首要浪费是浪费生命

杜威认为，旧教育存在着学校同社会生活隔离、课程同儿童需要和现实生活需要脱节、教学采取静听的和注入的方式、教师在学校中处于监督者或独裁者等弊病，从而造成了教育中的很多浪费。正如他早在《我的教育信条》中所指出的："儿童被置于被动的、接受的或吸收的状态中，情况不允许儿童遵循自己本性的法则，其结果是造成阻力和浪费。"② 后来，他在《学校与社会》中更是强调："教育中的浪费。首要的浪费是浪费生命。儿童在学校的时候浪费他们的生命，接着又因为不充分、不适当的前期准备而继续浪费他们以

---

① ［美］杜威.民主主义与教育［M］.王承绪，译.北京：人民教育出版社，1990：114-116.
② ［美］杜威.我的教育信条.// 杜威教育论著选［M］.赵祥麟，王承绪，编译.上海：华东师范大学出版社，1981：9.

后的生命。"① 在杜威看来，这种生命的浪费恰恰是传统学校教育的最大弊病。因为在教育中如果不允许儿童遵循自己本性的法则，在学校里如果不去研究儿童在生长中所需要的究竟是什么，其结果就会造成儿童生命的浪费。无论如何，对所有教育者来说，杜威所说的"教育中的浪费，首要的浪费是浪费生命"这句话，确实是振聋发聩和真知灼见的一句话。

杜威还认为，儿童是一粒体现胚胎力量的种子，但他可能以众多形式中的任何一种形式成长。然而，教育的危险是，在讲授大量知识的情况下，埋没了儿童个人尽管是个性化的但却是生动的经验。我们并没有对儿童的爱好、能力和才智进行探究，为它们找到发展的渠道；我们并没有对前人或他人的大量教育经验进行关注，为它们找到借鉴的方式；我们并没有对每一个儿童强烈的个性进行研究，为它们找到展现的机会，其根本原因就在于我们忽视或漠视儿童生命的浪费。所以，在他看来，为了不再浪费儿童的生命，我们必须从根本上改变教育的观念，并深刻认识到"那个［教育］目的就是解放和发展个人能力，而不问其种族、性别、阶级或经济状况如何。也就是说，其价值标准在于它们在多大程度上能够教育个人，使他达到其可能性的极致状态"②。

（三）对三种教育目的论的分析

在论述教育目的的同时，杜威对自然发展论、社会效率论、文化修养论这三种教育目的论进行了讨论和分析。

1. 对自然发展论的讨论

杜威认为，自然发展论主张把"自然发展"作为教育目的，强调教育是

---

① ［美］杜威. 学校与社会. // 杜威全集·中期著作第1卷［M］. 刘时工，等译. 上海：华东师范大学出版社，2012：29.

② ［美］杜威. 哲学的改造. // 杜威全集·中期著作第12卷［M］. 刘华初，等译. 上海：华东师范大学出版社，2012：145.

一个自然发展的过程。这种教育目的论包含着一些真理的要素，例如，使教育者重视儿童的身体器官和健康的需要，注意儿童身体的活力；使教育者重视儿童身体的活动，注意儿童在各种活动中运用他们的身体器官所起的实际作用；使教育者重视儿童的个性差异，注意发展他们各自的天赋能力；使教育者重视儿童的爱好和兴趣，注意儿童能力的最初萌发等。

但是，自然发展论过于偏激，完全否定了社会环境的教育作用。因为"自然的或天赋的能力，提供一切教育中的起发动作用和限制作用的力量；但是它们并不提供教育目的"①。所以，杜威提出了这样的结论："不是要离开环境进行教育，而是要提供一种环境，使儿童的天赋能力得到更好的利用。"②

2. 对社会效率论的讨论

杜威认为，社会效率论主张把"社会效率"作为教育的目的，强调学校应该更好地训练个人，培养有用的公民以便有效地为社会服务。这种教育目的论也包含着一些合理的因素，例如，使教育者意识到工业生产能力的重要性，注意儿童的谋生及有效地管理经济资源的能力；使教育者重视良好的公民训练，注意把儿童培养成一个具有明智的判断能力的公民。

但是，社会效率论的错误在于提出儿童个人的自然能力必须受制于社会的主宰，而不是采取利用自然能力的方法去获得社会效率。特别是它反对自然发展的学说，从而走上了歧途。如果用社会效率论去否定自然发展论中所包含的那些真理要素，那无疑是错误的。因此，"必须牢记，社会效率最终恰好就是平等参与授受经验的能力。这种能力，包括使个人自己的经验对别人更有价值，以及使他能更加有效地参与别人有价值的经验的能力"③。

---

① ［美］杜威.民主主义与教育［M］.王承绪，译.北京：人民教育出版社，1990：121.

② ［美］杜威.民主主义与教育［M］.王承绪，译.北京：人民教育出版社，1990：125.

③ ［美］杜威.民主主义与教育［M］.王承绪，译.北京：人民教育出版社，1990：128.

3.对文化修养论的讨论

杜威认为，文化修养论主张把"文化修养"作为教育的目的，强调教育激发儿童个人的理想和鉴赏力，发展他们的人格。这种教育目的论阐明教育的作用在于，使受教育者从粗野的自然状态改变为文雅的社会状态。因为一个人没有文化修养，"不先获得较为广阔的观点，来观察他们所不知的事物，他就不能和别人交往。文化就是不断扩大一个人对事物意义的理解的范围，增加理解的正确性的能力，也许没有比这更好的文化的定义了"①。

但是，文化修养论的错误在于使教育偏重于与社会毫无关系的那些东西，使文化趋于成为一种外表的装饰而没有实际的价值。其结果是，只有少数富裕家庭的子弟才有机会和闲暇去接受这种教育和文化。

总之，在杜威看来，自然发展论、社会效率论、文化修养论这三种教育目的论并不是截然相反的，而是相辅相成的。三者是确定完整的教育目的所不可缺少的要素，因此，应该把它们协调起来，不要因为偏于其一而遗弃其他。

第三节　学校与社会

在杜威实用主义教育思想体系中，与"教育即生活"这一观点密切相连的是"学校即社会"（school as society），即"学校本身就是社会生活"②。这是杜威对于学校与社会两者关系的一个基本观点。针对传统学校脱离社会生

---

① ［美］杜威.民主主义与教育［M］.王承绪，译.北京：人民教育出版社，1990：131.
② ［美］杜威.教育哲学. // 姜义华，主编.胡适学术文集·教育［M］.北京：中华书局，1998：420.

活的弊病，杜威在《大学初等学校的组织计划》（ *Plan of Organization of the University Primary School* ）中明确指出："只有当学校本身是一个小规模的合作化社会的时候，教育才能使儿童为将来的社会生活做准备……其中首要因素就是应该把学校本身建设成社会生活的方式。"① 这清楚地表明了"学校即社会"和"教育即生活"之间的联系。梅休和爱德华兹在《杜威学校》一书中指出，当学校和社会之间的割裂现象越来越严重的时候，"杜威怀着他对于学校的新眼光出现了，他把学校看作一个经过选择的社会环境，由于给予儿童的活动以继续性和方向，使他们获得自由。具有这种思想，指导这种实验的那种人，那就是把教育看作在朝着社会目标继续生长中的个人能力的解放，他们清楚地看到，为了保持发展的连续性，学校和儿童进校前的生活以及整个学校的生活之间的鸿沟必须予以改善"②。

（一）"学校即社会"的含义

就"学校即社会"的含义而言，杜威从社会生活的教育作用、学校是一种特殊的社会生活环境、学校具有特殊功能三个方面进行了论述。

1. 社会生活的教育作用

杜威对于社会生活及其教育作用是给以充分肯定的。早在《我的教育信条》一文中，他就明确写道："儿童的社会生活是其一切训练或生长的集中或相互联系的基础。社会生活给予他一切努力和一切成就的无意识的统一和背景。"③ 在杜威看来，儿童的训练或生长是离不开社会生活的。如果学校教育与

①［美］梅休，爱德华兹.杜威学校［M］.王承绪，赵祥麟，等译.上海：华东师范大学出版社，1991：3-4.

②［美］梅休，爱德华兹.杜威学校［M］.王承绪，赵祥麟，等译.上海：华东师范大学出版社，1991：403.

③［美］杜威.我的教育信条.// 学校与社会·明日之学校［M］.赵祥麟，等译.北京：人民教育出版社，1994：9.

社会生活相脱离，那么学校教育就失去了它的基础。总之，离开社会生活就没有学校教育。

杜威认为，社会生活是具有教育作用的。他指出："社会生活不仅和沟通完全相同，而且一切沟通（因而也就是一切真正的社会生活）都具有教育性。当一个沟通的接受者，就获得扩大的和改变的经验。一个人分享别人所想到的和所感到的东西，他自己的态度也就或多或少有所改变……所以，完全可以说，任何社会安排只要它保持重要的社会性，或充满活力为大家所分享，对那些参加这个社会安排的人来说，是有教育意义的。"① 在社会生活中，真正明智的指导就是使儿童参与社会活动。通过人所参与或从事的各种活动，社会生活不知不觉地形成个人行为的理智和感情的倾向，使自己的行为与社会一致。个人参与社会生活到什么程度，社会生活就有什么程度的教育作用或效力。

杜威还认为，共同的社会生活过程本身也是具有教育作用的。他指出："这种共同生活，扩大并启迪经验；刺激并丰富想象；对言论和思想的正确性和生动性担负责任。一个在身体和精神两方面真正单独生活的人，很少有机会或者没有机会去反思他过去的经验，抽取经验的精义。"② 因此，作为一种沟通和传递方式，社会生活过程就是一个共同参与经验的过程，必然会对参与经验的人产生教育作用或影响。如果没有那些正在离开群体生活的社会成员与正在进入群体生活的社会成员之间的沟通和传递，社会生活就不能继续存在和绵延下去。

2.学校是一种特殊的社会生活环境

杜威认为，随着社会生活日益复杂，有必要提供学校这样一种特殊的社会生活环境，培养儿童的能力。作为一种正式的和专门的教育机构，学校承担对儿童进行有意识和有目的的训练职责。他指出："社会不仅通过传递、通过

---

① ［美］杜威.民主主义与教育［M］.王承绪，译.北京：人民教育出版社，1990：6-7.
② ［美］杜威.民主主义与教育［M］.王承绪，译.北京：人民教育出版社，1990：7.

沟通继续存在，而且简直可以说，社会在传递中、在沟通中生存。""学校乃是传递的一个重要方法，通过传递形成未成熟者的各种倾向。"① 在杜威看来，没有学校所进行的这种正规教育，也就不可能传递一个复杂社会的一切资源和成就。

但是，在社会生活环境中，"学校是一种典型的特殊环境，以便更好地影响学生的智力和道德的倾向"②。作为提供有意识教育的学校，"就是一种特别选择的环境。这种选择所根据的材料和方法都特别能朝着令人满意的方向来促进生长"③。在杜威看来，学校的任务就是设置这样一种环境，在这种环境里，各种活动的进行应该能促进儿童的智力和道德的成长。"学校主要是一种社会组织。教育既然是一种社会过程，学校便是社会生活的一种形式。在这种社会生活的形式里，凡是最有效地培养儿童分享人类所继承下来的财富以及为了社会的目的而运用自己的能力的一切手段，都被集中起来。"④ 后来，在《芝加哥实验的理论》一文中，杜威又指出："对儿童和教师来说，学校乃是他们生活的社会机关，它不是达到某一外部目的的工具。"⑤

因此，杜威认为："学校是什么？学校是一种社会的制度，社会把一切过去的现在的将来的种种计划工具，集聚在这个机关之中，拿这些东西训练学生，使他本能地活动，变向一条路上去，和当时的社会生活的精神相合——这就是学校的定义。再简单说一句，学校就是缩小的集中的社会……学校不但是

---

① ［美］杜威.民主主义与教育［M］.王承绪，译.北京：人民教育出版社，1990：5.
② John Dewey. *Democracy and Education*. 1966：19.
③ ［美］杜威.民主主义与教育［M］.王承绪，译.北京：人民教育出版社，1990：42.
④ ［美］杜威.我的教育信条.// 杜威教育论著选［M］.赵祥麟，王承绪，编译.上海：华东师范大学出版社，1981：4.
⑤ ［美］杜威.我的教育信条.// 杜威教育论著选［M］.赵祥麟，王承绪，编译.上海：华东师范大学出版社，1981：330.

雏形的社会，并且是模范的社会，后来社会改良都要完全靠着它。"① "学校自身的生活就是社会生活的一部分，要使学生将来能过社会的生活，必须先将学校变成社会"②。在杜威看来，学校就是一个天然、合乎逻辑的社会中心。

在"学校即社会"这个基本原则下，教师必须对学校的定义及其任务有正确的认识。他们"不单是观察儿童的本能，还要研究此时此地的社会需要，挑出几种主要的社会生活，用来安排在学校里，使学校的生活就是最精彩的社会生活，使儿童做这种活动时，就可以不知不觉地预备将来了解应付社会国家的种种需要，种种问题"③。

3. 学校具有的特殊功能

对于学校的功能，杜威进行了专门的论述。他认为，与日常的社会生活相比，学校本身具有三个特殊功能。

（1）学校提供简化的环境

杜威认为，在学校这个简化的社会生活环境里，建立一种循序渐进的秩序，使儿童逐步地参与和吸收，并进一步了解更为复杂的文化。其原因在于"复杂文化无法全部吸收……我们现今社会生活的种种关系如此众多，错综复杂，就是把一个儿童放到最适宜的地位，并不能很快参与到很多重要的关系中去。既然他不能参与到这些关系中去，它们的含义也就不会传达给他，也就不能变成他自己心智倾向的一部分。这就好像只见森林不见树木。商业、政治、艺术、科学和宗教，都要青年少注意，结果陷于混乱，无所适从"④。

---

① ［美］杜威. 教育哲学. // 姜义华，主编. 胡适学术文集·教育［M］. 北京：中华书局，1998：319.

② ［美］杜威. 教育哲学. // 姜义华，主编. 胡适学术文集·教育［M］. 北京：中华书局，1998：367.

③ ［美］杜威. 教育哲学. // 姜义华，主编. 胡适学术文集·教育［M］. 北京：中华书局，1998：328.

④ ［美］杜威. 民主主义与教育. // 杜威教育论著选［M］. 赵祥麟，王承绪，编译. 上海：华东师范大学出版社，1981：151-152.

（2）学校提供纯化的环境

杜威认为，在学校这个纯化的社会生活环境中，尽可能地排除无价值和无关紧要的东西，同时优选一些能促进社会进步的东西给儿童学习。因此，学校的职责在于，尽量排除现存环境中无价值的特征，不让其影响儿童的心理习惯。学校建立一个纯化的活动环境。"学校的选择工作，其目的不仅在于简化，而且在于清除糟粕。每个社会都有一些无关紧要的东西、过去留下的废物以及肯定是反常、阻碍进步的东西。学校有责任不使这些东西掺入它提供的环境，从而力所能及抵制它们在社会环境中的影响。学校选择一些精华，专供学校应用，极力加强它们的力量……把有利未来更好的社会那部分加以传递和保存。"[1]

（3）学校提供平衡的环境

杜威认为，在学校这个平衡的社会生活环境中，使儿童有机会广泛地接触社会生活的各个方面，并注意对儿童所受的不同影响进行调节，使他们不受狭隘的和偏颇的环境所限制。因此，学校的职责在于，"平衡社会环境中的各个部分，保证使每个人有机会避免他所在社会群体的限制，并和更广阔的环境建立充满生气的联系……为大家创造一个新的和更为广阔的环境"；与此同时，"每个人所加入的社会环境有种种不同，每个人的倾向受到种种不同势力的影响，学校发挥着协调作用"[2]。

因此，在杜威看来，作为一种特殊的社会生活环境，学校的特殊功能是"简化和整理所要发展的倾向的各种因素；把现存的社会风格纯化和理想化；创造一个比青少年任其自然时可能接触的更广阔、更美好的平衡的环境"[3]。美

---

[1]［美］杜威.民主主义与教育.// 杜威教育论著选［M］.赵祥麟，王承绪，编译.上海：华东师范大学出版社，1981：152.

[2]［美］杜威.民主主义与教育［M］.王承绪，译.北京：人民教育出版社，1990：23-24.

[3]［美］杜威.民主主义与教育.// 杜威教育论著选［M］.赵祥麟，王承绪，编译.上海：华东师范大学出版社，1981：154.

国教育学者梅逊（Robert E. Mason）在《西方当代教育理论》（*Contemporary Educational Theory*）一书中就指出："约翰·杜威认为，学校的作用是社会化，即将青年引向文明，这个任务要通过简化、净化和平衡环境才能够完成。但是这……存在着许多难点。"①

（二）理想的学校应是一个雏形的社会共同体

在《学校与社会》一书中，杜威强调理想的学校应该成为"一个小型的社会，一个雏形的社会"②。在《构成教育基础的伦理原则》一文中，他写道："学校是一种社会共同体，它以一种典型的形式反映和组织一切共同体生活的各种基本原则。我们既可以把这种观念运用于教学方法，也可以把它运用于教材。"③ 在杜威看来，学校作为一种机构，应该把现实的社会生活简化，缩小到一个雏形的状态，并为正常的和自然的生活提供每一个机会。这样的学校体现了"学校即社会"的基本原则，但并不意味着社会生活在学校中的简单重现。

1. 学校具有社会生活的全部含义

杜威认为，学校本身必须是一种社会生活，具有社会生活的全部含义。尽管每个学校都成为一种雏形的社会生活，但它们必须成为整体社会生活的一部分。在《教育学院的重要性》（*Significance of the School of Education*）一文中，杜威写道："让我提醒大家，一个学校有它自己的团体生活，无论怎样，

---

① ［美］罗伯特·梅逊. 西方当代教育理论［M］. 陆有铨，译. 北京：文化教育出版社，1984：67.

② ［美］杜威. 学校与社会. // 杜威教育论著选［M］. 赵祥麟，王承绪，编译. 上海：华东师范大学出版社，1981：21.

③ ［美］杜威. 构成教育基础的伦理原则. // 杜威全集·早期著作第5卷［M］. 杨小微，等译. 上海：华东师范大学出版社，1896：48.

它本身是个真正的社会组织——一个社会。"① 在他看来，学校不应该仅仅被当作一个传授某些知识、学习某些科目和养成某些习惯的场所，"学校自身将成为一种生动的社会生活的真正形式，而不仅仅是学习功课的场所"②。"学校为了充分发挥它们的效率，要有更多联合活动的机会，使受教育者参与这些活动，使他们对于自己的力量和所使用的材料和工具，都得到社会的意义。"③ 这样，学校就能提供社会生活的环境和气氛，而不会与社会生活相隔离。

在他看来，正是在这样的学校里，儿童的学习和生长是现在共同参与社会生活的副产品。梅休和爱德华兹对杜威领导的芝加哥大学实验学校作过这样的描述："学校是一个雏形的社会集体，在那里，学习和生长是伴随共同分享的活动而来的。它的运动场、工场、工作室和实验室，不只是指导青少年的天然的主动的倾向，而且也指导他们在其中做些事情，包括交际、交流和协作……他们的心理态度一贯是社会性的。"④

2. 校内学习与校外学习的连接

杜威还认为，校内学习必须与校外学习连接起来，两者之间应该具有自由的相互影响。也就是说，应该把学校中进行的学习与在学校外丰富而有意义的社会生活中所得到的教育同化起来，使儿童入学后所从事的活动能联结他们在校外或在家庭中所熟悉的社会生活。早在《我的教育信条》中，他就指出："学校必须呈现现在的生活——对于儿童说来是真实而生气勃勃的生活。像他在家庭里，在邻里间，在运动场上所经历的生活那样……它应当从家庭生活里

① [美] 梅休，爱德华兹.杜威学校 [M].王承绪，赵祥麟，等译.上海：华东师范大学出版社，1991：12-13.

② [美] 杜威.学校与社会.// 杜威教育论著选 [M].赵祥麟，王承绪，编译.上海：华东师范大学出版社，1981：18.

③ [美] 杜威.民主主义与教育 [M].王承绪，译.北京：人民教育出版社，1990：44.

④ [美] 梅休，爱德华兹.杜威学校 [M].王承绪，赵祥麟，等译.上海：华东师范大学出版社，1991：200-201.

逐渐发展出来；它应当采取和儿童继续在家庭里已经熟悉的活动……学校应当把这些活动呈现给儿童，并且以各种方式把它们再现出来，使儿童逐渐地了解它们的意义，并能在其中起着自己的作用。"①

在他看来，学校应该使儿童把在校外日常生活中获得的经验带到学校中去并加以利用，同时使儿童在学校中学到的东西应用于校外日常生活，使学校成为一个校内学习与校外学习连接起来的有机整体，而不是彼此隔离的各个部分的混合体。为了使儿童入学后能在明智的指导下获得知识并使所有身体和精神的力量得到发展，校内学习与校外学习必须统一起来，学校生活与家庭生活就必须互相补充。总之，"不能有两套伦理的原则，或两种方式的伦理的理论，一种是学校生活的，另一种是校外生活的。所有的行动是一致的，行动的原则也是一致的"②。

3. 学校是一个社会交往的领域

杜威认为，学校是一个社会机构，也是一个社会共同体，又是一个社会中心。在学校里，作为社会成员的教师和儿童之间进行了社会交往，既有活动上的交互作用，又有经验上的交互作用，还有情感上的交互作用。因此，他在杨百翰学院作的教育学讲座中指出："学校当然是一个社会交往的领域……两者都应该秉承一种促进思想和经验交流的理念。一所真正的学校必定允许社会性的充分发展，这不是遵守纪律的问题。"③他在题为"学校与社会的关系"的在华教育讲演中还指出："学校作为社会的一个单位，学校的事和社会上的事是一样的。学校里师生同学的关系，就是社会上人们的关系。"④

---

① ［美］杜威.我的教育信条.// 杜威教育论著选［M］.赵祥麟，王承绪，编译.上海：华东师范大学出版社，1981：4-5.

② ［美］梅休，爱德华兹.杜威学校［M］.王承绪，赵祥麟，等译.上海：华东师范大学出版社，1991：355.

③ ［美］杜威.在杨百翰学院作的教育学讲座.// 杜威全集·晚期著作第17卷［M］.李宏昀，等译.上海：华东师范大学出版社，2015：205.

④ ［美］杜威.学校与社会的关系.// 单中惠，王凤玉.杜威在华教育讲演［M］.上海：华东师范大学出版社，2016：167.

在他看来，教师必须在最广泛的意义上把儿童看作一个社会成员，承认他们也有责任为学校这个社会共同体生活的建立作出贡献，促使儿童发展有意义的社会交往。虽然儿童总是会犯错误的，但重要的不是避免错误，而是把错误控制在一定的条件下，并利用它来增进将来的智慧。

（三）"学校即社会"的意义

杜威认为，如果不能做到"学校即社会"，那么其结果就是学校的形象僵化，即学校仅仅是一个教师传授某些知识和学生学习某些科目或养成某些习惯的场所。他强调指出："现在教育上许多方面的失败，是由于它忽视了把学校作为社会生活的一种形式这个基本原则。"[①] 学校与社会生活隔离致使儿童既不能完全和自由地运用他在校外所获得的经验，又不能把学校里所学到的东西应用于校外日常生活。因此，"学校的最大的坏处，就是先为学生悬一个很远的目的，以为现在所学，都为预备将来入社会之用，现在虽与生活没有关系，将来总有一天得用的。于是所学与所用，完全不能连贯。不知学校的生活必须处处与社会的生活有关，使学生对于学校的生活能生出浓厚的兴趣"[②]。

对于学校来说，确立"学校即社会"这个基本原则是十分重要的。它既是为了社会，也是为了儿童。杜威从四个方面论述了"学校即社会"的意义。

1. 有助于社会的改革和进步

杜威认为："学校是社会进步和改革的最基本的和最有效的工具。"[③] 学校的全部机构，特别是学校的具体工作，都需要时时从学校的社会地位和功能加

---

① ［美］杜威.我的教育信条.// 杜威教育论著选［M］.赵祥麟，王承绪，编译.上海：华东师范大学出版社，1981：5.

② ［美］杜威.教育哲学.// 姜义华，主编.胡适学术文集·教育［M］.北京：中华书局，1998：367.

③ ［美］杜威.我的教育信条.// 杜威教育论著选［M］.赵祥麟，王承绪，编译.上海：华东师范大学出版社，1981：12.

以考虑。因为社会正是通过学校这个机构，把自己所成就的一切交给它的未来的成员去安排。在"学校即社会"基本原则下，学校能提供这样一种教育，并成为帮助实现社会改革和进步的一种天然方法，或许是一种最为可靠的方法。因此，杜威在《教育与社会变化》一文中指出："问题不在于学校应该不应该影响未来生活的进程，而在于它们应该朝什么方向去影响和怎样影响，不管怎样，学校将以某种方式影响社会生活。"[①] 看到美国越来越多的进步学校的实验，他在《明日之学校》一书中明确指出，当"学校不再是一个与世隔绝的经院式的机构的时候，它对社会将会具有多么巨大的意义"[②]。

2. 有助于儿童成为社会上的有能力的和有用的成员

杜威认为："儿童在智力上、社会性上、道德上和身体上是一个有机的整体。我们必须从最广义上把儿童看作社会的一个成员，要求学校做的任何事情都必须使儿童能够理智地认识他的一切社会关系并参与维护这些关系。"[③] 在他看来，学校是公民活动中一个强有力的因素，并成为培养儿童社会精神的动力，学校应该成为一种雏形的社会生活。"当学校能在这样一个小社会里引导和训练每个儿童成为社会的成员，用服务的精神熏陶他，并授予有效的自我指导的工具时，我们将拥有一个有价值的、可爱的、和谐的大社会的最强大的并且最好的保证。"[④]

3. 有助于更生动地塑造儿童的心灵

杜威认为，如果我们从"学校即社会"出发设想教育目的和安排教育活

---

① ［美］杜威.教育与社会变化.// 杜威教育论著选［M］.赵祥麟，王承绪，编译.上海：华东师范大学出版社，1981：337.

② ［美］杜威.明日之学校.// 学校与社会·明日之学校［M］.赵祥麟，等译.北京：人民教育出版社，1994：345.

③ ［美］杜威.教育中的道德原理.// 学校与社会·明日之学校［M］.赵祥麟，等译.北京：人民教育出版社，1994：145.

④ ［美］杜威.学校与社会.// 学校与社会·明日之学校［M］.赵祥麟，等译.北京：人民教育出版社，1994：41.

动，"那么我们就会看到学校所施加于它的成员的影响将会更生动，更持久，会有更多的文化意义"①。"我们可以在学校造成我们所要实现的一种社会的缩影，由此塑造青少年的心灵，逐渐地改变成人社会的更加重大和更难控制的特征。"② 在他看来，必须以最广阔、最自由的精神理解学校与社会生活的关系，使儿童通过学校教育适应正在发生的社会变化，而且有能力形成变化和指导变化。由于学校本身是一种社会生活，因此，"在共同的社会生活里集中着、也从那里放射着影响，对儿童品德的发展，远比单纯抽象的课堂教学更为重要"③。"除非学校重视……典型的社会生活的情况，学校就不能成为社会生活的准备……准备社会生活的唯一途径就是进行社会生活。离开了任何直接的社会需要和动机，离开了任何现存的社会情境，要培养对社会有益和有用的习惯，是不折不扣的在岸上通过做动作教儿童游泳。"④

4. 有助于打破和消除学校与社会生活的隔离

杜威认为："一切教育改革的主要努力是引起现有的学校机构和方法的重新调整，使它能适应一般社会的和智力的条件的变化。"⑤ 具体来说，就是"学校本身必须是一个比现在所公认的在更大程度上生气勃勃的社会机构"⑥。这样，不仅丰富学校的活动，增强学生的活力，而且还能增加给予社会的服务。儿童入学后就如同在家里一样，对学校作业就像在自己家里的活动具有同样的

---

① ［美］杜威.学校与社会. // 学校与社会·明日之学校［M］.赵祥麟，等译.北京：人民教育出版社，1994：40.

② ［美］杜威.民主主义与教育［M］.王承绪，译.北京：人民教育出版社，1990：333.

③ ［美］梅休，爱德华兹.杜威学校［M］.王承绪，赵祥麟，等译.上海：华东师范大学出版社，1991：13.

④ ［美］杜威.教育中的道德原理. // 学校与社会·明日之学校［M］.赵祥麟，等译.北京：人民教育出版社，1994：147.

⑤ ［美］杜威.明日之学校. // 学校与社会·明日之学校［M］.赵祥麟，等译.北京：人民教育出版社，1994：347.

⑥ ［美］杜威.教育中的道德原理. // 学校与社会·明日之学校［M］.赵祥麟，等译.北京：人民教育出版社，1994：147.

兴趣和责任感。如果学校被视为孤立的机构而与社会生活隔离，那么尽管有最灵巧的教学方法，但学校基本上将保持原状，即仅仅当作一个传授某些知识的场所。

作为学校的一个基本原则，"学校即社会"要求把学校建设成为一个社会生活的形式。杜威在《芝加哥实验的理论》一文中就强调指出："学校即社会……这个思想，彻底背离那种把学校看作仅仅是学习功课和获得某些技能的场所的见解……这个思想，不仅影响学习和研究，而且影响儿童的组织……自然，这个思想也影响教材的选择……"① 因此，继续不断地和有组织地出现的各种教学活动应该以"学校即社会"为起点。在杜威看来，教育之所以产生许多方面的失败，就在于忽视了把学校作为社会生活的形式之一这个基本原则。他还指出了学校和社会隔离会造成学校没有生气、课程不切实际和学生没有兴趣这三个不良结果。

对于杜威提出的"学校即社会"这个基本原则，美国教育家布鲁纳曾作了这样的评论，针对传统学校与社会生活隔离的弊病，"为激励人们起来改革这种状况，杜威作出了极大的贡献。但是，好事做过了头即成坏事"；与此同时，布鲁纳也明确指出，学校"本身就是生活，而不仅仅是生活的一种准备。但是，这是一种特殊形式的生活，精心设计的目的是为了使人们在可塑性强的那些年月中，能从中得到最大的好处；正是这种可塑性，赋予人类的发展以特征并将我们人类与其他所有的物种区别开来。学校不应当仅仅是向学生提供得以继续与更广大的社会环境和日常生活经验相联系的机会。学校是一个特殊的社会，在这里学生通过其智力的运用来从事发现活动，在这里学生跃入一个崭新的、未尝想象到过的经验领域，这里的经验和先前得到的经验没有连续性"②。

---

① [美]杜威.芝加哥实验的理论.//杜威教育论著选[M].赵祥麟，王承绪，编译.上海：华东师范大学出版社，1981：321.

② [美]布鲁纳.杜威教育哲学之我见[J].伟俊，钟会，译.外国教育研究，1985（4）.

第四节　经验与课程

在杜威实用主义教育思想体系中，课程论是一个重要的组成部分。早在1897年《我的教育信条》中，就有一个信条是专门论述课程教材问题的。杜威在《明日之学校》中写道："回顾一些近代教育改革方面的尝试，我们很自然地发现，人们已经把改革的重点放在课程上了。"[①] 在"教育即经验的改造"思想的指导下，他对课程教材的依据和顺序以及课程教材与现在的生活经验和儿童的关系、课程教材组织的要求进行了论述。"如果学校要成为现代社会的反映，旧式学校必须变革的有三件事：第一，教材；第二，教师处理教材的方法；第三，学生掌握教材的方法……课堂的教材必须考虑到各种新要素和社会的需要而加以扩充。"[②] 他在《教育科学的资源》中还指出："解决任何教育问题时，都必须关注不同的学科。"[③] 由此可见，课程教材改革在杜威心目中的重要地位。美国哲学家和教育家胡克指出，杜威并"不主张无组织的课程，他仅仅反对一种强加给儿童的、与儿童的心理特征和发展阶段没有任何联系的课程"[④]。

---

① ［美］杜威. 明日之学校. // 学校与社会·明日之学校［M］. 赵祥麟，等译. 北京：人民教育出版社，1994：254.

② ［美］杜威. 明日之学校. // 学校与社会·明日之学校［M］. 赵祥麟，等译. 北京：人民教育出版社，1994：315-316.

③ ［美］杜威. 教育科学的资源. // 杜威全集·晚期著作第5卷［M］. 孙有中，等译. 2013：19.

④ ［美］杜威. 学校与社会·明日之学校［M］. 赵祥麟，等译. 北京：人民教育出版社，1994：395.

（一）课程教材的依据

从实用主义经验论出发，杜威充分肯定了教育与经验的密切关系。在他看来，一切真正的教育是从经验中产生的，而教育的过程也就是不断改造或改组经验的过程。"经验，也就是教育，依然是智慧之母。"①"如果留意到偶然性和一个具体的生活环境的联系，这至少便成为智慧的开始了。"②他又指出："在各种不确定的情况中，有一种永恒不变的东西可以为我们参照的，那就是教育与个人经验之间的有机联系。"③他还指出："教育就是经验的重构或重组。"④"教育的定义应该是经验的解放和扩充。"⑤正因如此，作为教育的一个重要方面，课程教材必然与经验存在着密切的关系。从这一点来讲，不断改造或改组的经验就是课程教材的依据。既然一切教育存在于这种经验之中，那么课程教材也存在于这种经验之中。

但是，杜威认为不能把经验与教育直接地等同起来，因为并不是一切经验都具有真正的或同样的教育作用，有些经验甚至具有错误的教育作用，阻碍或歪曲经验的继续生长。胡克指出："对杜威来说，虽然在通常谈话中把所发生的任何事情看作经验，如生或死、一次偶然跌倒或一次意外打击，但是并不是一个人碰到的一切事情都是经验……杜威认为，经验和教育并不是同义语。"⑥因此，杜威明确说："以经验为基础的教育，其中心问题是从各种现

---

①［美］杜威.平庸与个性.// 杜威全集·中期著作第13卷［M］.赵协真，译.上海：华东师范大学出版社，2012：254.

②［美］杜威.经验与自然［M］.傅统先，译.北京：商务印书馆，1960：331.

③ John Dewey. *Experience and Education*. 1963：25.

④［美］杜威.民主主义与教育［M］.// 杜威全集·中期著作第9卷［M］.俞吾金，孔慧，译.上海：华东师范大学出版社，2012：66.

⑤［美］杜威.我们如何思维：重述反思性思维对教育过程的关系.// 杜威全集·晚期著作第8卷［M］.马明辉，等译.上海：华东师范大学出版社，2015：212.

⑥［美］杜威.民主主义与教育［M］.王承绪，译.北京：人民教育出版社，1990：379.

时经验中选择那种在后来的经验中能富有成效并具有创造性的经验。"① 在他看来，包括课程教材在内的一切教育在强调经验的重要性的同时，还必须注意经验的性质，对各种经验进行选择。

在论述经验时，杜威既谈到直接经验，也谈到间接经验。在论述直接经验时，杜威充分强调它对经验的改造的重要作用。"一盎司经验所以胜过一吨理论，只是因为只有在经验中，任何理论才具有充满活力和可以证实的意义。一种经验，一种非常微薄的经验，能够产生和包含任何分量的理论（或理智的内容），但是，离开经验的理论，甚至不能肯定被理解为理论。这样的理论往往变成只是一种书面的公式，一些流行话，使我们思考或真正的建立理论成为不必需的，而且是不可能的。"② 杜威还指出："我们离开这个直接的、第一手的知识来源愈远，谬误的来源就愈多，形成的概念愈模糊。"③ 在他看来，任何书本都不能代替个人的直接经验。然而，杜威不得不承认："个人直接经验的范围是非常有限的……所以我们依靠文字，借以获得有效的有代表性的经验或间接经验。直接经验不仅有一个数量的问题，要有足够的直接经验，甚至更是一个质量的问题。直接经验一定要能够迅速地、有效地和用符号表达的教材联系起来。"④ 因此，"无论如何，一个人应能利用别人的经验，以弥补个人直接经验的狭隘性，这是教育的一个必要组成部分"⑤。

在论述间接经验时，杜威不仅指出有很多经验是间接的，而且肯定了它对经验的改造作用。在《学校与社会》中，他指出："用书本或读书代替经验是有害的，而用它们阐明经验、发展经验则是至关重要的。"⑥ 在《明日之学校》

① John Dewey. *Experience and Education*. New York：Collier Books，1963：27-28.
② ［美］杜威.民主主义与教育［M］.王承绪，译.北京：人民教育出版社，1990：153.
③ ［美］杜威.民主主义与教育［M］.王承绪，译.北京：人民教育出版社，1990：283.
④ ［美］杜威.民主主义与教育［M］.王承绪，译.北京：人民教育出版社，1990：246-247.
⑤ ［美］杜威.民主主义与教育［M］.王承绪，译.北京：人民教育出版社，1990：167.
⑥ ［美］杜威.民主主义与教育［M］.王承绪，译.北京：人民教育出版社，1990：67.

中，他又指出："书本是世界的宝库，它们包含着过去的传统，没有它们，我们将变成野蛮人。"①虽然传统的课程教材存在不少缺陷，但是"这并不意味着教科书必须废除，而是说它的功能改变了。教材成为学生的向导，靠着它可以节省时间，少犯错误。教师和书本不再是唯一的导师；手、眼睛、耳朵、实际上整个身体都成了知识的源泉，而教师和教科书分别成为发起者和检验者"②。在《民主主义与教育》这本代表性教育著作中，他还明确指出："我们并非反对用语言文字表达的信息……把知识告诉一个人，他就获得间接知识。这就使他掌握有效地解决问题所需要的材料，使得寻找解答和解决问题本身更有意义。资料性的知识就是一个人处于疑难的情境时可以依靠的已知的、确定的、既成的、有把握的材料。它是心灵从疑难通往发现的一座桥梁。它具有一个知识经纪人的作用。它把人类以往经验的最后成果压缩精简，记录成可用的形式，作为提高新经验的意义的工具。"③晚年时，他在《经验与教育》一书中论述建立新的教育哲学时又指出，旧教育通过传统的课程教材，"强迫儿童接受成人的知识、方法和行为的规则，但是不能因此就认为成年人的知识和技能对于未成年人的经验没有指导的价值，只有极端的非此即彼的哲学才会导出这种主张"④。

尽管杜威并不否定间接经验，但由于他的实用主义经验论强调"存在即被经验"，认为没有个体亲自尝试去获得那种真正有意义的经验也就没有学习，因此，在论述"教育即经验的改造"以及经验与课程的关系时，他所说的经验主要指个人直接经验，而轻视间接经验。杜威将直接经验和间接经验两者之间孰轻孰重与他的实用主义经验论紧密联系在一起。从实用主义经验论的

---

①［美］杜威.民主主义与教育［M］.王承绪，译.北京：人民教育出版社，1990：234.

②［美］杜威.民主主义与教育［M］.王承绪，译.北京：人民教育出版社，1990：261.

③［美］杜威.民主主义与教育［M］.王承绪，译.北京：人民教育出版社，1990：200.

④［美］杜威.经验与教育.// 我们怎样思维·经验与教育［M］.姜文闵，译.北京：人民教育出版社，1991：251.

角度看，杜威重个人直接经验而轻间接经验。此外，杜威从批判不顾儿童心理发展水平而传授间接经验的传统教育出发，强调直接经验对教育尤其是对课程教材的重要性。正如布鲁纳所指出的："杜威对直接经验和社会活动的重要意义的强调是对空洞无物的形式主义教育的一种不言而喻的批判，这种教育几乎根本没有将教学与儿童的经验的天地相联系。"[①]

（二）两种不同的课程论

杜威认为，在课程论上存在着两个派别：一个派别主张把重点放在课程教材的逻辑顺序上，另一个派别主张把重点放在课程教材的心理顺序上。

强调课程教材逻辑顺序的课程论主张认为，课程不仅提供了一个在永恒的和一般的真理的基础上安排好的世界，而且在那个世界里一切都是经过衡量的和精确的。整个课程分为若干科目，每个科目又分为若干课时，每个课时再分为若干特殊的事实和公式。然后，让儿童一步一步地掌握每一个被割裂开来的部分，最后完成整个领域。因此，课程教材上的问题就是采用根据逻辑顺序编写教科书的问题，以及以确切的和渐进的方式在课堂上提供各种教科书的问题。由于儿童是未成熟而有待成熟的人，其经验是混乱、模糊、不稳定和狭窄的，因此，他们的任务就是被动地接受和吸引课程教材上所提供的东西。

强调课程教材心理顺序的课程论主张认为，在课程教材的顺序上，"儿童是起点，是中心，而且是目的。儿童的发展、儿童的生长，就是理想所在……对于儿童来说，一切科目只是处于从属的地点，它们是工具，它们以服务于生长的各种需要衡量其价值"[②]。即在儿童的经验和课程教材之间并不存在性质上

①［美］布鲁纳.杜威教育哲学之我见［J］.伟俊，钟会，译.外国教育研究，1985（4）.
②［美］杜威.儿童与课程.//学校与社会·明日之学校［M］.赵祥麟，等译.北京：人民教育出版社，1994：118.

的某些鸿沟。课程教材上的问题就是如何以儿童生活中起着作用的各种力量的结果解释各门科目，并发现介于儿童的现在生活经验和科目内容之间的各个步骤。由于儿童的经验是变化的、在形成中的和有生命力的，因此不能把课程教材看作儿童经验之外的东西。

对于以上两种不同的课程论，杜威明确指出它们是存在区别的。强调课程教材逻辑顺序的课程论注重经验的逻辑方面，强调课程教材心理顺序的课程论注重经验的心理方面。但是，他也指出，经验的逻辑方面和经验的心理方面是相互依存的。一门课程或一门科目是将过去经验的最后结果用一种对将来最有用的形式表现出来，然而，一门课程或一门科目有逻辑、有系统的材料并不能代替个人的经验。因此，在《儿童与课程》中，杜威写道："逻辑的并不是注定反对心理的……最广义地说，逻辑的立场，它的本身是心理的。"[①] 为了消除经验的逻辑方面和经验的心理方面之间的对立，杜威认为，"需要把各门学科的教材或知识各部分恢复到原来的经验。它必须恢复到它被抽象出来的原来的经验。反过来，变成直接的和个人的经验……"[②] 与此同时，需要在经验的范围之内搜集学习的材料，但"这仅仅是第一步。下一步是将已经经验到的那些东西累进地接近于提供给有技能的、成熟的人那种教材形式。不违反教育和经验的有机联系，这种变化就是可能的"[③]。

杜威认为，传统学校课程教材的问题就是只强调经验的逻辑方面，忽视经验的心理方面，因而脱离儿童以及他们现在生活的经验。在传统学校中，

---

① [美]杜威. 儿童与课程. // 学校与社会·明日之学校 [M]. 赵祥麟，等译. 北京：人民教育出版社，1994：127.

② [美]杜威. 儿童与课程. // 学校与社会·明日之学校 [M]. 赵祥麟，等译. 北京：人民教育出版社，1994：127-128.

③ [美]杜威. 经验与教育. // 我们怎样思维·经验与教育 [M]. 姜文闵，译. 北京：人民教育出版社，1991：290.

"各门学科代表许多独立的门类，每一门类有它自己完全独立的编排原则"①。在杜威看来，这些课程是孤立的、与儿童的经验是隔离的和失去生命力的，就如把知识放在封闭的、互相隔开的船舱里一样。在《学校与社会》一书中，杜威以激烈的语调批判传统学校中的分科教学，反对孤立于儿童经验之外的课程教材。他强调分科教学使"教育的统一性被肢解了，各种学科形成离心的倾向；这个学科强调这个目的，另一个学科强调那个目的，以致全部课程变成了互相冲突的目的和毫不相关的各种科目的一种完全拼凑起来的大杂烩"②。从杜威对传统学校课程教材的批判，再联系他的实用主义经验论，不难看出他更注重经验的心理方面，更强调教育的统一性，即儿童的生长和发展。

杜威对学校课程教材只强调经验的逻辑方面而产生的三种典型的弊病进行了分析③：第一，由于课程教材与儿童已经看到的、感觉到的和爱好的东西缺乏任何有机的联系，因此它们变成了单纯的形式和符号。任何一门课程或科目如果不联系儿童的生活并引导，那它便是一种空洞的或纯粹的符号，成为僵死的和贫乏的东西。对于儿童来说，这样的课程教材是对他们心灵的一种折磨和可怕的负担。第二，由于课程教材忽视经验的心理方面，因此儿童对它们缺乏学习的动机，既没有热情也没有需求。在这样的课程教材基础上，其结果就是机械呆板的教学。第三，由于课程教材以外加的和现成的形式提供给儿童，缺乏心理和课程教材之间的联系，因此它们不仅遮掩了那些真正激发思想的特点，而且舍弃了其逻辑的价值。其结果是，儿童既得不到成人的逻辑和系统阐述的优点，也阻碍了思维能力的充分发展。在杜威看来，正是因为上述三种典型弊病，课程教材中所包含的"知识"变成了一堆未经消化的、机械的、文

---

①［美］杜威.民主主义与教育［M］.王承绪，译.北京：人民教育出版社，1990：143.

②［美］杜威.学校与社会.//杜威教育论著选［M］.赵祥麟，王承绪，编译.上海：华东师范大学出版社，1981：51.

③［美］杜威.儿童与课程.//学校与社会·明日之学校［M］.赵祥麟，等译.北京：人民教育出版社，1994：129-131.

字性的死东西，而且在这一堆必须"学习"的东西之中把儿童个人的思考能力埋没了。

（三）在课堂上拥有新生命

杜威的生命哲学不仅反映在教育目的上，而且也反映在课程教材上。实际上，早在芝加哥大学实验学校期间，杜威就开始思考生命哲学与课程教材之间关系问题。这一问题在那个时期他的讲演和论著中多有涉及。1901 年在杨百翰学院作的教育学讲座中，他强调："让学校的功课麻木，让儿童们躲避它，无非是由于缺乏有控制力的动机，缺乏一个保证某种意义的目标，在他们这一方缺乏问题。我要重申：当这种对目的和目标的保证能被带进所有学校的时候，我们就会拥有教育的新生，我们就会在课堂上拥有新生命。"[1]1902 年在《儿童与课程》一书中，他又指出："学习是主动的，它涉及心灵的外拓，涉及从心灵内部开始的有机的同化作用。确切地说，我们必须站在儿童的立场上，以儿童为出发点。决定学习质和量的是儿童而非教材。"[2] 从杜威所述中，可以看到在当代教育领域流行的"生命课堂""儿童立场"以及"生命教育"思想。

在杜威看来，作为经验的一种联结活动，儿童心智应该是一个活生生的有机体，而不是一个分隔出小格子的储藏室，也不是一张吸收和保存墨水的吸墨纸。对于这种心智活动来说，理智感和节奏感是很重要的。因此，在课程教材上、在课堂上，为了能够使儿童积极主动地参与，教师就必须站在儿童的立场上，以儿童为出发点，既使课程教材适合儿童的需要和能力，又使儿童对课

---

①［美］杜威. 在杨百翰学院作的教育学讲座. // 杜威全集·晚期著作第17卷［M］. 李宏昀，等译. 上海：华东师范大学出版社，2015：240.

②［美］杜威. 儿童与课程. // 杜威全集·中期著作第2卷［M］. 张留华，译. 上海：华东师范大学出版社，2012：213.

程教材产生兴趣和动力。从儿童的角度来看，应该使他们能够以一种完全的、自由的方式获得经验，并更好地吸收他人的经验。反之，学科就不会具备教育价值，经验就会丧失教育作用，儿童身上所蕴藏的充满生机的冲动就会被忽视，儿童生命的发展就会受到阻碍。在这个过程中，重要的是考虑选择什么样的课程教材才能激发和引导儿童个体的真正发展，同时也研究采用什么样的教学方法才能在课堂上形成儿童积极参与的氛围。

由此，杜威进而强调了课程教材方面的教师素质，因为它会影响课程输出的质量。他在《为什么有进步学校？》中指出："所有课程无论多么老旧、多么陈词滥调、多么一致，没有一个课程会有超过其投入的教师素质那样较高质量的输出。"① 在杜威看来，课程教材方面的教师素质应该具体表现在：尽其可能地挖掘和利用课程教材；理解儿童与课程教材之间的相互影响；将前人积累的经验与儿童的经验融合起来；养成儿童良好的学习态度和应用知识的能力；根据儿童个体差异和程度不同因材施教；等等。

（四）课程教材心理化

在《儿童与课程》一书中，杜威指出，为了克服传统学校课程教材的弊病，课程教材必须"心理化"（psychologized）②。所谓课程教材心理化，就是指在课程教材和心理之间建立联系，并在儿童的生活范围内吸取和发展它。他在《学校课程的心理学维度》（*The Psychological of Aspect of the School Curriculum*）中指出："课程无论是作为整体，还是具体的科目学习，都要体现心理学的一面。对其忽视和否认，将导致教学理论上的混乱，导致实际教学

---

① ［美］杜威. 为什么有进步学校？. // 杜威全集·晚期著作第9卷［M］. 王新生，等译. 上海：华东师范大学出版社，2015：121.

② ［美］杜威. 儿童与课程. // 学校与社会·明日之学校［M］. 赵祥麟，等译. 北京：人民教育出版社，1994：127-128.

中对先例和常规的生搬硬套，或者以抽象、形式化的内容代替灵活、具体的内容。"①芝加哥大学实验学校的实践也表明，一个明确的心理发展的原则"对于了解成长中的儿童的需要和计划符合那些需要的课程，具有头等重要的意义"②。在杜威看来，应该考虑课程教材与儿童需求的联系，但也不能忽视课程教材与现在生活经验的联系。

首先，在课程教材与儿童的关系上，杜威认为，必须从儿童的角度来考虑课程教材。如果课程教材不研究儿童在生长和发展中的需求，那实际上就是把许多成人所积累的知识以及与生长和发展毫不相关的东西从外面强加给儿童。他强调："儿童和课程仅仅是构成一个单一的过程的两极。正如两点构成一条直线一样，儿童现在的观点以及构成各种科目的事实和真理，构成了教学。从儿童的现在经验进展到有组织体系的真理，即我们称之为各门科目的东西，是继续改造的过程。"③因此，必须摆脱一种偏见，即课程教材与儿童是没有联系的，并把课程教材当作某些固定的和现成的以及在儿童的经验之外的东西。在传统学校中，按照逻辑和科学原则组织起来的教材"其实并不适合于儿童，只有儿童的心智达到成熟的地步，他才能理解为什么教材的安排采取这种形式，而不是别的形式。只有儿童的心智达到了这种成熟的地步，才能够采用按照科学原则组织起来的教材"④。在他看来，儿童比课程教材更为重要。对于儿童的生长和发展，一切课程教材只是处于从属的地位。对儿童的自然发展来说，课程教材本身必须充满生气，并足以代表构成他的世界的整个严密的自

---

① [美] 杜威.学校课程的心理学维度.// 杜威全集·早期著作第5卷 [M].杨小微，等译.上海：华东师范大学出版社，1896：134.

② [美] 梅休，爱德华兹.杜威学校 [M].王承绪，赵祥麟，等译.上海：华东师范大学出版社，1991：41.

③ [美] 杜威.儿童与课程.// 学校与社会·明日之学校 [M].赵祥麟，等译.北京：人民教育出版社，1994：120.

④ [美] 杜威.我们怎样思维.// 我们怎样思维·经验与教育 [M].姜文闵，译.北京：人民教育出版社，1991：69.

然界。课程教材应该与儿童的活动联系起来，并适合他的每个阶段的经验。课程教材应该尽可能以儿童直接的亲身经验作为基础。通过这样的课程教材，儿童必须学习有意义的东西以扩大眼界，而不仅仅是学习细枝末节的东西。总之，就课程教材的价值而言，它是以服务于儿童生长和发展的各种需求来衡量的。美国教育家、曾任美国教育哲学学会主席伯内特这样指出，杜威希望教师在了解教材的同时了解每个儿童，其"作用就是用心理学观点来编写教材，使学生可以按自己的水平和解决问题的方法热情地接受这些教材"①。

其次，在课程教材与现在生活的经验的关系上，杜威认为，课程教材必须与现在生活的经验联系起来。他指出："一个课程计划必须考虑到能适应现在社会生活的需要；选材时必须以改进我们的共同生活为目的，使将来比过去更美好。"② 学校在课程教材上的迫切问题是，"要在儿童当前的直接经验中寻找一些东西，它们是在以后的年代里发展成为比较详尽、专门而有组织的知识的根基"③。在杜威看来，由于知识不再是凝固不变的东西，而成为变动不定的东西，因此，学校的课程教材也会发生变化，这如同工商业方式的变化一样，乃是社会生活情况改变的产物。应该特别看到，儿童的经验是一种不断发展中的经验，儿童的活动包括很多实际而详尽的课程教材，因为"任何东西凡是被称为一种学科的，不论是算术、历史、地理，或自然科学中的一种学科，起初一定是从日常生活范围中得到种种材料"④。

从课程教材与现在生活经验的联系出发，杜威指出："要把儿童现有的经验作根据，然后依此根据定出学校中有系统有组织的种种科目。"⑤ "如果我们

---

① 陈友松.当代西方教育哲学［M］.北京：教育科学出版社，1982：187.

② ［美］杜威.民主主义与教育［M］.王承绪，译.北京：人民教育出版社，1990：204.

③ ［美］杜威.芝加哥实验的理论.//杜威教育论著选［M］.赵祥麟，王承绪，编译.上海：华东师范大学出版社，1981：323.

④ ［美］杜威.经验与教育.//我们怎样思维·经验与教育［M］.姜文闵，译.北京：人民教育出版社，1991：290.

⑤ ［美］杜威.教育哲学［M］.刘伯明，译.上海：大新书局，1935：77.

要明白教育怎样才能最有效地进行，那么让我们求助于儿童的经验。"① 因此，教师不仅要把儿童现在生活的经验变成科目，而且要促进儿童习惯于寻找课程教材与现在生活经验这两方面的接触点和相互关系。杜威还指出："经验有它的地理方面、艺术和文学方面、科学和历史方面。一切的学科，都是从……生活的各方面产生的……只要把学校和生活联系起来，那么一切的学科就必然地相互联系起来，而且，如果把学校作为整体和把生活也作为整体结合起来的话，那么它的各种目的和理想——文化修养、心灵训练、知识、实利——不再是各不相同的东西，不再为一个目标选择某一学科，为另一目标选择另一学科。"② 在他看来，儿童对完全抽象的课程教材感到厌恶，是因为给他们提供的东西同生活的经验相脱离。

杜威还认为，需要把各门学科的教材或知识的各部分恢复到原来的经验。这样就可以将低级的教学和高级的教学统一起来，使它们看起来不存在低级和高级的区分，而仅仅是建立在现在生活的经验基础上的课程教材。课程教材应该能使儿童循着历史上人类的进步足迹前进，重演从原始的到现代的全部发展过程。然而，并非所有学科的教材或知识都能恢复到原来的经验，而且根据"重演说"来看待课程教材，其前提就不是科学的。

（五）课程教材的内容和要求

1. 课程教材的内容

早在《我的教育信条》中，杜威就指出，学校课程教材的内容是从社会生活最初不自觉的统一体中逐渐分化出来的。在学校课程中，既应该包括科

---

① ［美］杜威.明日之学校.// 学校与社会·明日之学校［M］.赵祥麟，等译.北京：人民教育出版社，1994：222.
② ［美］杜威.学校与社会.// 杜威教育论著选［M］.赵祥麟，王承绪，编译.上海：华东师范大学出版社，1981：62.

学、文学、历史、地理等学科性科目，又应该包括烹饪、园艺、纺织、木工、金工、缝纫等活动性科目。但是，"学校科目相互联系的真正中心，不是科学，不是文学，不是历史，不是地理，而是儿童本身的社会活动"。而且，那些表现的和建设的活动性科目"并不是附加在其他许多科目之外，作为一种娱乐、休息的手段，或者作为次要的技能的特殊科目而提出的"①。在《民主主义与教育》中，杜威又对课程教材进行定义。他指出，所谓课程教材"就是在一个有目的的情境过程的发展过程中所观察的、回忆的、阅读的和谈论的种种事实，以及所提出的种种观念"②。"有组织的教材，代表着和儿童的教育相类似的许多经验的成熟产物，这些经验包含着同一个世界，也代表着和儿童所有相类似的许多能力和需要。这种教材并不代表完美无缺或一贯正确的智慧；但是，它是可以自由支配以增进新经验的最好的教材，至少在某些方面超越现有的知识和艺术作品中所体现的成就。"③ 他又指出，课程教材"首先由供给现在社会生活内容的种种意义所构成"④。杜威所说的课程教材既是与社会生活联系的，又是符合儿童天性的。

尽管杜威在他的论著中并没有详细论述学校课程教材应该包括哪些内容，但是，从芝加哥大学实验学校的实验以及《手工劳动在初等学校课程中的地位》一文中可以看出端倪。在对芝加哥大学实验学校的教学计划和课程教材实验进行总结时，杜威把课程教材分为三类：第一类是主动作业，包括游戏、体育活动以及手工训练在内的各种形式的活动。这一类许多活动是日常生活的一部分，并照顾到日常的各种需要。第二类是给儿童提供关于社会生活背景的科目，包括历史和地理。第三类是给儿童运用理智的交流及探究的方法的科

① ［美］杜威.我的教育信条.// 杜威教育论著选［M］.赵祥麟，王承绪，编译.上海：华东师范大学出版社，1981：6-7.

② ［美］杜威.民主主义与教育［M］.王承绪，译.北京：人民教育出版社，1990：192.

③ ［美］杜威.民主主义与教育［M］.王承绪，译.北京：人民教育出版社，1990：194.

④ ［美］杜威.民主主义与教育［M］.王承绪，译.北京：人民教育出版社，1990：205.

目,包括阅读、语法、数学和自然科学。这是构成传统课程教材主要部分的一些科目。但杜威指出,按照这三类课程教材的方向,"有一个从直接个人的和社会的兴趣到间接的和完全不同的形式的运动"①。

2. 课程教材的要求

杜威认为,在组织心理化的课程教材时,应该注意四方面要求。

其一,心理化的课程教材是统一的。杜威认为,尽管课程教材来自生活的各方面以及经验的各方面,但是各种科目和活动乃是整体组成部分,它们统一于儿童的生长和发展,注重教育的统一性。他强调指出:"当儿童生活属于这个共同世界的各种各样的而又具体和生动的关联之中,他的各门学科就自然地是统一的……使学校与生活联系起来,那么一切学科就必须相互联系起来。此外,如果学校作为一个整体和生活作为一个整体结合起来,那么它的各种目的和理想——文化修养、训练、知识、实用——就不再是各不相同的东西,就不再需要为其中的一个目标挑选某一门学科,为另一个目标挑选另一门学科。儿童在社交能力和社会服务方面的生长,他与生活的更广阔更有生气的联合变成了统一的目的,训练、文化修养和知识构成这种生长的各个方面。"②在杜威看来,如果课程教材的各个部分是互相割裂乃至互相冲突的,那么它们就失去了真正的教育作用,在实际的生活情境中也就不能发挥其效用。

其二,心理化的课程教材是有兴趣的。杜威认为:"心理化的教材是有兴趣的——这就是把教材放在整个有意识的生活之中,以便它分享生活的价值。"③如果课程教材本身充满内在的兴趣,就会有引人入胜的力量,引起儿童

---

① [美]梅休,爱德华兹.杜威学校[M].王承绪,赵祥麟,等译.上海:华东师范大学出版社,1991:221-222.

② [美]杜威.学校与社会.// 学校与社会·明日之学校[M].赵祥麟,等译.北京:人民教育出版社,1994:70.

③ [美]杜威.儿童与课程.// 学校与社会·明日之学校[M].赵祥麟,等译.北京:人民教育出版社,1994:131.

直接的、自发的注意。为了使课程设计（作业活动）具有真正的教育价值，第一条件就是兴趣，并使这一兴趣持久下去。当每一项工作变成苦役的时候，儿童就会对这项工作及其工作过程的价值失去兴趣。在杜威看来，能引起儿童强烈兴趣的课程教材，就能使他们主动而活泼，并使他们更有用、更能干，因为"如果一个科目从来没有因其自身而被学生欣赏过，那么它就无法达到别的目的"[①]。

其三，心理化的课程教材是社会性的。杜威认为，课程教材必须与社会生活联系起来，适应社会生活的需要。在《芝加哥实验的理论》一文中他强调指出："所谓恰当的教材，基本的思想是：课程必须不是仅仅作为知识的项目来吸收，而必须作为当前需要和目的的有机组成部分来吸收，而这些需要和目的又是社会性的。"[②] 在《民主主义与教育》中，杜威在论述教材的性质时专门阐述了教材的社会性，提出在教育上应该采取一个社会价值的标准，强调在组织课程教材时必须把和最广大的社会群体共同参与的经验有关的事物放在第一位。最后，他指出："承认教育的社会责任的课程必须提供一种环境，在这种环境中，所研究的问题都是有关共同生活的问题，所从事的观察和传授的知识都能发展学生的社会见识和社会兴趣。"[③] 杜威在总结芝加哥大学实验学校的课程实验并提出三组科目时就强调了它们是社会性的。

其四，心理化的课程教材是符合儿童心理发展顺序的。杜威认为，课程教材的发展必须同儿童生长和发展的阶段相适应。在《大学初等学校组织计划》中，他就指出，初等学校的组织可以分成三个阶段，并配以相应的课程教材。在第一阶段（4—8岁或8岁半），主要是各种形式的活动；在第二阶段（8—10岁），主要是掌握阅读、书写、计算和操作能力的科目；在第三阶

---

①［美］杜威.民主主义与教育［M］.王承绪，译.北京：人民教育出版社，1990：254.

②［美］杜威.芝加哥实验的理论.//杜威教育论著选［M］.赵祥麟，王承绪，编译.上海：华东师范大学出版社，1981：325.

③［美］杜威.民主主义与教育［M］.王承绪，译.北京：人民教育出版社，1990：205.

段（10—13岁），"在儿童掌握每门学科所使用的方法和工具的范围内，他能一门一门地进行学习，在某种意义上，真正使它成为一门学科"①。在杜威看来，这样的课程教材是连续性的，从而不会使儿童的经验中断。

从杜威对课程教材内容和要求的论述，可以清楚地看到，他"试图用一个计划、目的和组织都更好的新教学大纲取代他严厉批评过的那种旧课程"②。在课程教材的内容上，杜威提到阅读、语法、数学、自然科学、历史、地理等科目，因为这些学科知识是经常需要的，但它们的性质是多变的并不断引进新的意义。因此，我们不能认定杜威否定间接经验和反对系统知识的学习。美国哲学家和教育家胡克指出："认为杜威不关心读、写、算或有时叫作基础教育的东西，这是对他的一种简单化和灾难性的误解。"③杜威所论述的课程教材主要是初等学校范围的。"小学的课程因负担过重而普遍受到非议。要反对恢复到过去的教育传统上去，唯一的出路就在于从各种艺术、手工与作业中，寻求理智的可能性，并据此重新组织现行的课程。"④

尽管杜威的课程教材设想很好，但是在学校中实践并不理想，一些问题很难解决。面对经验与课程的问题，杜威1936年在回顾芝加哥大学实验学校时不得不指出："要解决这个问题是非常困难的，我们并没有解决好；这个问题到现在还没有解决，而且永远不可能彻底解决。"⑤1938年，他在《经验与教育》一书中也承认："通过经验的生长，使教材的扩充和组织有次序地发展……我也不怎么相信……要找出每个人的经验背景是比较困难的，要发现如

①［美］梅休，爱德华兹.杜威学校［M］.王承绪，赵祥麟，等译.上海：华东师范大学出版社，1991：42.

②［美］克雷明.学校的变革［M］.单中惠，马晓斌，译.济南：山东教育出版社，2013：126.

③［美］杜威.民主主义与教育［M］.王承绪，译.北京：人民教育出版社，1990：396.

④［美］杜威.我们怎样思维.// 我们怎样思维·经验与教育［M］.姜文闵，译.北京：人民教育出版社，1991：180.

⑤［美］杜威.芝加哥实验的理论.// 杜威教育论著选［M］.赵祥麟，王承绪，编译.上海：华东师范大学出版社，1981：323.

何指导经验中已经具有的材料，并把这些材料引导到更大的和更好地组织起来的一些领域之中，也是比较困难的。"① 克雷明也指出："杜威是否真正解决了课程的重点问题？当然，课程的重点问题是一个未解决的问题。因为杜威的标准是如此模糊，以致对评判课程计划没有多少帮助。"②

但无论如何，杜威曾试图研究经验与课程的问题以及克服这个问题所带来的各种困难。杜威在这个问题上提出了新的和给人以启发的观点。日本教育家梅根悟曾指出，杜威"实用主义教育学在课程改革方面取得很大的突破，它之所以对世界各国的教育产生巨大影响，也正是由于它在教学课程和方法的改革上，具有独创性"③。也许这段话有点言过其实。与此相比，美国教育家布鲁纳所说的更趋理性和客观："像杜威那样，期望用教材与儿童的社会活动的关系来论证教材的正确性，只是对知识的性质和如何去掌握它的曲解……和杜威……那个时代一样，我们无法预知目前正在受着教育的儿童将来会生活在怎样的一个世界中。这样，多方面的心理能力和竞争的潜能就是我们能够给予儿童的唯一的工具了；时代和环境要经历种种变更，但儿童对这种工具的需求却是不会变的。在理想的学校中我们向儿童提供的一系列的学习内容，不必固定地采取某一种形式，但必须如此：不管教的是什么内容，都得让学生连续不断地学习研究下去，直至使学生从深化的理解中体会到心智的力量。正是这一点……才是至关重要的。"④

---

① [美] 杜威. 经验与教育. // 我们怎样思维·经验与教育 [M]. 姜文闵，译. 北京：人民教育出版社，1991：291.

② [美] 克雷明. 学校的变革 [M]. 单中惠，马晓斌，译. 济南：山东教育出版社，2013：113.

③ 刘新科. 西方教学思想史论稿 [M]. 西安：西北大学出版社，1999：224.

④ [美] 布鲁纳. 杜威教育哲学之我见 [J]. 伟俊，钟会，译. 外国教育研究，1985（4）.

第五节 知与行

以"教育即生活""教育即生长""教育即经验的改造"为依据，杜威对知与行的关系进行了论述，并提出了举世闻名的"从做中学"（learnng by doing）。在几乎所有的进步学校中，都随处可以见到"从做中学"的例子。"如何做"（how to do）是杜威所论述的一个重要命题。在他看来，"从做中学"充分体现了学与做的结合，也就是知与行的结合。他指出，其实验学校工作把知与行关系的"观念转化为一种更加充满活力的形式。在我的思想发展中，我早就建立一种信念。这种信念确信，在所使用的方法与获得的结果之间存在着密切的和持久的联系"[1]。由于确信一切真正的教育从经验中产生，一切学习都来自经验，因此，杜威所主张的"从做中学"，实际上也就是"从经验中学"（learnng by experience）、"从活动中学"（learnng by activity）。虽然它们的名称各异，但是其意思是相同的。美国哲学家拉尔夫·罗斯指出："经验在其完整意义上，应该包含持续的、满含思想的观察，故而意义丰富。所以，它是由动作和承受两者之间紧密的关联所构成的。这就是杜威的教育理论中知与行之间关系的基础。"[2]

（一）做中学比听中学好

与传统学校所采用的被动的"静坐""静听"方式相反，杜威明确提出

---

[1] [美] 简·杜威.杜威传（修订版）[M].单中惠，编译.合肥：安徽教育出版社，2009：44.
[2] [美] 杜威全集·中期著作第12卷 [M].刘华初，等译.上海：华东师范大学出版社，2012："导言" 7.

"从做中学"的方式。他在《明日之学校》中强调指出："做中学比听中学好。"① 因为，"在教室中……在仅是教科书和教师才有发言权的时候，那发展智慧和性格的学习便不会发生；不管学生的经验背景在某一时期是如何贫乏和微薄的，只有当有机会从其经验中作出一点贡献的时候，他才真正受到教育"②。美国教育学者范斯科德（R. D. Vanscode）等人在合著的《美国教育基础——社会展望》（*The Basis of American Education: Social Prospects*）一书中就指出："杜威想要表明，个人最好是从'做'中学，不管是学习走路、谈话、跳栏、图画或者解决问题和形成概念，都是这样。"③

1. "从做中学"是自然的发展进程的开始

杜威认为，"从做中学"是儿童自然发展进程的开始。在《民主主义与教育》中，他明确指出，"在第一阶段，学生的知识表明为聪明、才力，就是做事的能力"；"人们最初的知识和最牢固地保持的知识，是关于怎样做的知识，例如，怎样走路、怎样谈话、怎样读书、怎样写字、怎样溜冰、怎样骑自行车、怎样操纵机器、怎样运算、怎样赶马、怎样售货、怎样待人接物等等……应该认识到，自然的发展进程总是从包含着从做中学的那些情境开始"④。在《哲学的改造》中，他又指出："经验变成首先是做（doing）的事情。有机体决不徒然站着，一事不做。"⑤ 由于"从做中学"，因此，儿童不仅能在自身的活动中进行学习，开始他的自然的发展进程，而且能通过这种富有成效的和创造性的运用，获得和牢固地掌握有价值的知识。

① ［美］杜威. 明日之学校. // 杜威全集·中期著作第8卷［M］. 何克勇，译. 上海：华东师范大学出版社，2012：228.

② ［美］杜威. 今日世界中的民主与教育. // 杜威. 人的问题［M］. 傅统先，邱椿，译. 上海：上海人民出版社，1965：26-27.

③ ［美］理查德·D. 范斯科德，等. 美国教育基础——社会展望［M］. 北京师范大学外国教育研究所，译. 北京：教育科学出版社，1984：24.

④ John Dewey. *Democracy and Education*. 1966：184.

⑤ ［美］杜威. 哲学的改造（修订版）［M］. 许崇清，译. 北京：商务印书馆，1958：46.

也许在成人的心目中，儿童经常不停的活动似乎是没有什么意义的。但是杜威强调，当成人对于"儿童不停的活动而感到不耐烦时，就力图使他安静下来，他们不仅干扰了儿童的快乐和健康，而且把他寻求真正知识的主要途径切断了"①。在杨百翰学院作的教育学讲座中，他就指出，在做中学的过程中，"对于一个儿童，每个感觉都吸引着他，每个感觉都是一种刺激、一个信号，在召唤他的回应，即通过身体某些部位的运动作出反应。我们通过大量使用手、眼和耳来获取观念。这是一种自然的学习模式"②。在杜威看来，美国许多进步学校的实验表明，正是通过"从做中学"，儿童得到了进一步的生长和发展，获得了关于怎样做的知识。"随着儿童的长大和他对控制身体和自然环境的能力的增加，他将接触到他周围的生活中更为复杂的和理论的方面。"③

2."从做中学"是儿童的天然欲望的表现

杜威认为，儿童身上蕴藏着充满生机的冲动，生来就有一种要做事、要工作的天然欲望。他在《明日之学校》中指出："现代心理学已经指明了这样一个事实，即人的固有的本能是他学习的工具。一切本能都是通过身体表现出来的；所以抑制躯体活动的教育，就是抑制本能，因而也就是妨碍了自然的学习方法。"因此，进步学校"在一定程度上把这一事实应用到教育中去，运用了学生的自然活动，也就是运用了自然发展的种种方法，作为培养判断力和正确思维能力的手段。这就是说，学生是从做中学的"④。在杜威看来，"一切有

①［美］杜威.明日之学校.// 学校与社会·明日之学校［M］.赵祥麟，等译.北京：人民教育出版社，1994：224.
②［美］杜威.在杨百翰学院作的教育学讲座.// 杜威全集·晚期著作第17卷［M］.李宏昀，等译.上海：华东师范大学出版社，2015：190.
③［美］杜威.明日之学校.// 学校与社会·明日之学校［M］.赵祥麟，等译.北京：人民教育出版社，1994：386.
④［美］杜威.明日之学校.// 学校与社会·明日之学校［M］.赵祥麟，等译.北京：人民教育出版社，1994：380.

教育意义的活动，主要的动力在于儿童本能的、由冲动引起的兴趣上"①。在儿童本能的发展上，不仅主动的方面先于被动的方面，而且，儿童本能的力量，即实现自己冲动的要求是压制不住的。"从做中学"完全与儿童认识发展的第一阶段特征相适应。杜威列举这样的例子：用木块从事建筑活动的儿童，希望使他的木块越堆越高而不要倒塌，但是当积木堆倒塌时，他愿意再从头开始，表现出要做事的强烈愿望。在他看来，"要维持生命，活动就要连续，并与其环境相适应。而且这个适应的调节不是全然被动的，不单是有机体受着环境的塑造……要维持生命就要变化环境中若干因素。生活的形式愈高，对环境的主动的改造就愈重要"②。

杜威还认为，对于儿童要做事和要工作的天然欲望，教师应该加以引导和发展。儿童"要是看见人家做事，就要动手，最不愿意旁观——这些天性，做教员的应该利用它做有益的事件，随机引导，让它发展起来才对"③。因此，对于学校来说，它要求儿童的是在每一个有意义的活动中运用他的能力。儿童"身体上的许多器官，特别是双手，可以看作一种通过尝试和思维来学得其用法的工具。各种工具不妨看作身体器官的一种延长。不过工具的不断增长，开辟了一条新的发展路线，它的结果是那么重要，因而值得给予特别的重视"④。在杜威看来，如果教师能对活动加以选择、利用和重视，以满足儿童的天然欲望，使儿童从那些真正有教育意义的活动中进行学习，那也许标志着儿童一生有益的一个转折点。但如果教师忽视了，这种机会就会一去而不再来。因此，

---

① [美]杜威.学校与社会.// 学校与社会·明日之学校 [M].赵祥麟，等译.北京：人民教育出版社，1994：30.

② [美]杜威.哲学的改造（修订版）[M].许崇清，译.北京：商务印书馆，1958：45.

③ [美]杜威.教育哲学.// 姜义华，主编.胡适学术文集·教育 [M].北京：中华书局，1998：330.

④ [美]杜威.教育中的兴趣与努力.// 杜威教育论著选 [M].赵祥麟，王承绪，编译.上海：华东师范大学出版社，1981：123.

"如果在讲课中听任教科书的摆布，甚至让教科书占据主宰地位，其结果只能使思维变得迟钝。"①

3."从做中学"是儿童的真正兴趣的所在

杜威认为，生长中的儿童的兴趣主要是活动。对于儿童来说，重要且最初的知识就是做事或工作的能力，因此，他们对"从做中学"就会产生一种真正的兴趣，并会用一切的力量和感情从事感兴趣的活动。儿童真正需要的就是自己怎样去做，怎样去寻求。他在《教育中的兴趣与努力》中指出："当儿童连续不断地从事任何一种不受压抑的活动时——当他们在忙碌时，他们几乎总是幸福的、高兴的——成人也是这样。一个行动过程的日益增长的生长所带来的情绪上的伴随物，开展和成就的继续不断的迅速发展，这就是幸福——精神的满足或宁静，如果强调一下，它就叫作乐趣、快乐。不论是成人还是儿童，人们都对他能做成功的事、对于他们满怀信心地进行的事和对于他们怀着取得成就的意识所从事的活动，感到兴趣。这样的幸福或兴趣……是正在发展的力量和聚精会神于所做的事的征兆。"② 在杜威看来，只要外部的压力中止了，儿童就会把他那从束缚中摆脱出来的注意力转向使他感兴趣的事情。儿童需任何一种足以引起活动的刺激，总会问"我现在能做什么？"儿童对有助于生长和发展的活动有着真正的浓厚兴趣。如果缺乏正常做事的活动，他们就会感到不安烦躁。因此，要使儿童在学校的时间内保持愉快和忙碌，就必须使他们有一些事情做，而不要整天静坐在课桌旁。"当儿童需要时，就该给他活动和伸展躯体的自由，并且从早到晚都能提供真正的练习机会。这样，当听其自然时，他就不会那么过于激动兴奋，以致急躁或无目的地喧哗吵闹。"③

---

① [美] 杜威. 我们怎样思维. // 我们怎样思维·经验与教育 [M]. 姜文闵，译. 北京：人民教育出版社，1991：220.

② [美] 杜威. 教育中的兴趣与努力. // 学校与社会·明日之学校 [M]. 赵祥麟，等译. 北京：人民教育出版社，1994：185-186.

③ [美] 杜威. 明日之学校. // 学校与社会·明日之学校 [M]. 赵祥麟，等译. 北京：人民教育出版社，1994：296-297.

杜威还认为，儿童需要有有待克服的困难，使他对所做的事情有充分的意识，从而对他所做的事具有炽热的兴趣。在"从做中学"时，儿童肯定会遇到困难和障碍。但他指出："在一定的限度内，阻力只会唤起精力，起刺激的作用。只有被宠坏的孩子……才灰心丧气或丧失信心而避开困难，而不是因遇到拦路虎而振奋起——除非拦路虎是十分凶恶的、威胁性很大的。"① 因此，"儿童对通过身体的活动来使自己适应他所遇到的事情感到兴趣，因为他必须控制他生活的自然环境。凡是他感兴趣的事情就是他需要去做的"②。

（二）做中学的具体实施

在做中学的具体实施上，杜威不仅论述了环境的提供以及活动标准和内容，而且强调必须排除由于外部强制或命令的行动。

1. 提供一个能够"从做中学"的环境

杜威认为，教师应该为儿童提供一个能够"从做中学"的环境，并指导儿童去选择要做的事情和要从事的活动。实施从做中学，"与其说是通过专门设计来使课程更有活力和更具体，或者通过取消教科书以及师生间过去那种储水池和抽水机般的关系来达到的，不如说是通过给儿童一个充满了要做的有趣的事的环境来达到的"③。当儿童在这样的环境中有机会进行各种活动时，他们就会觉得上学就是一种具有乐趣的事情，觉得学习比较容易了，教师也不会把儿童的管理看成一种负担。

---

①［美］杜威. 教育中的兴趣与努力. // 学校与社会·明日之学校［M］. 赵祥麟，等译. 北京：人民教育出版社，1994：193.

②［美］杜威. 明日之学校. // 学校与社会·明日之学校［M］. 赵祥麟，等译. 北京：人民教育出版社，1994：386.

③［美］杜威. 明日之学校. // 学校与社会·明日之学校［M］. 赵祥麟，等译. 北京：人民教育出版社，1994：268.

当然，对于教师来说，"为任何一群儿童选择作业，从儿童的环境中，从当时能够唤起他们的好奇心和兴趣的一些事物里选择作业，也是智慧的一部分"①。为了更清楚地表达这个观点，杜威列举了这样一个例子："假定有一个学校，在那里，学生处在大量的材料、设备和各种工具的包围中。假定只是问他们喜欢做什么，然后实际上告诉他们就去做吧，而教师既不动手，也不动脑筋。他们去做什么呢？有什么东西保证他们所做的东西不止于是一时的冲动和兴趣的表现稍纵即逝呢？"②在他看来，在从做中学实施时，教师也需要用其智慧对儿童的活动进行指导，而不只是袖手旁观或加以摧残。

2."从做中学"的活动标准和内容

杜威认为，"从做中学"使儿童关心的并不仅仅是那些客观事实和科学定律，而是直接材料的操作和简单能量的运用，以产生有趣的结果。正如《杜威学校》一书所论述的，学校生活为提供儿童生长的经验所选择的活动应当有三个标准：其一应当是基本的，即作为基本需要的那些东西，例如，吃的、穿的、住的。"这类活动是真正的和没有时间性的。它们的现实性激发儿童的兴趣，并博得他们的努力。"其二应当是简单的，例如儿童能够重新发现、发明和建造的东西，或者现在小型的、常见的农庄提供的各种活动。"这些活动既引起儿童的兴趣，又在他的建造的能力范围之内。这些活动也把儿童引导到未加工的材料，这些材料必须通过儿童反复改制，才能成为他所想象的东西。"其三应当是社会性的。"这些活动不仅是儿童在做的时候感兴趣的东西，而且它们象征社会的情况，并包括儿童能感知和理解的种种关系。一个儿童如果没有经验到比较简单的生活舞台，就不能进入或了解现在的社会组织，正如他如

---

① [美]杜威. 明日之学校. // 学校与社会·明日之学校 [M]. 赵祥麟，等译. 北京：人民教育出版社，1994：286.
② [美]杜威. 进步教育与教育科学. // 杜威教育论著选 [M]. 赵祥麟，王承绪，编译. 上海：华东师范大学出版社，1981：261.

果没有参与过各种比较简单的音乐的体裁就不能欣赏交响曲一样。"①

杜威还认为，"从做中学"的内容主要包括三个方面：一是艺术活动；二是手工训练；三是需要动手的科学研究。他在《教育中的兴趣与努力》中指出，其"涉及一切活动，它包括使用中介的材料、用具以及使用各种有意识地用以获得结果的各种技巧。它涉及各种用工具和材料去进行的表现和建造，一切形式的艺术活动和手工活动，只要它们包括为了达到目的的有意识或深思熟虑的努力。这就是说，它们包括油画、绘画、泥塑、唱歌，只要有对工具——对实行的技巧有些有意的注意。它们包括各种手工训练，如木工、金工、纺织、烹饪、缝纫等，只要这些活动包括有一个关于所要达到的结果的观念……它们还包括要动手的科学研究，对研究材料的搜集、对器具的管理、工作进行中和记录实验情况所需的活动程序"②。但是，儿童在"从做中学"中做的这些工作是"使用中介工具或用具以达到目的"，具有"理智的特点"，所以与"劳动"和"游戏"是有区别的。③因此，在芝加哥大学实验学校中，"做小人家、造房子、弄家务，模仿班上在研究的人们的举止、风度，是每个年龄阶段的儿童感兴趣的、经常反复轮换的活动"④。

3."从做中学"的活动必须排除强制的、机械的和一律化行动

杜威认为，在"从做中学"时，必须排除由于外部强制或命令的行动、不能将行动的人引入未来更广阔的领域的行动以及习惯性和机械性的行动。而且，不同年龄阶段的儿童对做事和活动会有不同的要求，因而不能一律化。他

---

① [美]梅休，爱德华兹.杜威学校 [M].王承绪，赵祥麟，等译.上海：华东师范大学出版社，1991：219.

② [美]杜威.教育中的兴趣与努力.//学校与社会·明日之学校 [M].赵祥麟，等译.北京：人民教育出版社，1994：206.

③ [美]杜威.教育中的兴趣与努力.//学校与社会·明日之学校 [M].赵祥麟，等译.北京：人民教育出版社，1994：205.

④ [美]梅休，爱德华兹.杜威学校 [M].王承绪，赵祥麟，等译.上海：华东师范大学出版社，1991：229.

在《教育中的兴趣与努力》中指出："指望一个幼小儿童从事的活动像年龄较大的儿童所从事的活动那样复杂，或者指望年龄较大的儿童所从事的活动像成人所从事的活动那样复杂，这是可笑的。"① 只有当儿童要做的事和从事的活动"具有呼唤他去做的性质或具有期待他的能力的支持的性质时，只有当困难能起激励作用而不是起使人沮丧的作用时，这种选择才是他力所能及的"②。

在杜威领导的芝加哥大学实验学校中，教师采取了"从做中学"的方式。由于学校组织的独特性质，这些儿童比大多数儿童有更多的机会，不仅能找到最喜欢做的或合适于做的事情，而且尽可能地找到做这些事情的机会。正如梅休和爱德华兹在《杜威学校》所指出的："活动的逐步成长，继续的活动，扩展和成就，它们在情绪上的伴随物就是幸福感。……他们对于成功地做的事情都是感兴趣的。他们有着一种自信和成功的感觉，他们的全神贯注意味着幸福，这不是自我意识到的，而是发展中的能力的标志。"③ 此外，杜威在《明日之学校》一书中对美国印第安纳波利斯第45公立学校进行介绍时也指出："这所学校的工作几乎都是以对学生有内在意义和价值的活动为中心的，从这个意义上说，这所学校的儿童是'从做中学'的，不仅如此，大多数的活动还是儿童自己发起的。他们给自己出数学题，提议盖房子工作的程序，互相评议作文，并且自己编排戏剧。"④

①［美］杜威.教育中的兴趣与努力.// 学校与社会·明日之学校［M］.赵祥麟，等译.北京：人民教育出版社，1994：189.
②［美］杜威.教育中的兴趣与努力.// 学校与社会·明日之学校［M］.赵祥麟，等译.北京：人民教育出版社，1994：196.
③［美］梅休，爱德华兹.杜威学校［M］.王承绪，赵祥麟，等译.上海：华东师范大学出版社，1991：369.
④［美］杜威.明日之学校.// 学校与社会·明日之学校［M］.赵祥麟，等译.北京：人民教育出版社，1994：263.

（三）使知与行相联系

有人误解杜威提出的"从做中学"造成了知与行分离。实际上，杜威强调知与行的联系以及理论与实践的结合，并不认为"从做中学"就等于知与行的分离，也不认为"从做中学"就是取代教科书学习。

1. "从做中学"应体现知行合一

杜威认为，"从做中学"应该体现知行合一。在题为"自动与自治"的在华教育讲演中，他说："能使脑和手相联络，换言之，即能使理想与实行一致……盖即所谓知行合一者也。"[①]此外，他还指出："教育的原理就是学行合一，依着行去学，再用所学的去行，使这两样合而为一，以成为完全学行合一的教育。"[②]在杜威看来，在"从做中学"时，儿童的思想很活跃，他的行动也很积极，他会去运用和构思，他会用新的方式表达自己；同时，他通过操作，会对自己的知识进行检验。正因为儿童做过了，所以他明白那个结果的价值，即事实的价值。但是，做并不仅仅是身体的动作，更重要的是内心的理智活动。所以，杜威在《经验与教育》中强调指出："只有在身体活动之后，并且习惯于只用手和脑之外的身体其他部分进行有益的活动之后，儿童才有真正的静思的机会，活动的自由是维持正常的生理和心理健康的重要手段。"[③]

在杜威看来，知与行是相连的，因为身体运动是学习过程中的一个重要部分，也是精神生活的一个极其重要且不可或缺的特征。如果知与行分离，学与做分离，那就会造成手与脑的分离，尤其是智力与道德的分离。因此，他指出："要是有意识地去做、去创造，我们就会知道，要是只'知'不做，我们

---

① ［美］杜威. 自动与自治. // 王凤玉，单中惠. 杜威在华教育讲演集［M］. 济南：山东教育出版社，2024：468.

② ［美］杜威. 教育之心理的要素. // 王凤玉，单中惠. 杜威在华教育讲演集［M］. 济南：山东教育出版社，2024：267.

③ ［美］杜威. 经验与教育. // 杜威全集·晚期著作第13卷［M］. 冯平，等译. 上海：华东师范大学出版社，2015：31

所谓的知识就是一堆大杂烩，至多也不过是一种古玩收藏，它并不关系到未来的规划。"① 为了认识知与行的种种区别，防止知与行的分离，杜威在《确定性的寻求：关于知与行关系的研究》中还提出有可能和有必要建立一种理论，把知与行紧密地联系起来。

2. "从做中学"应体现理论和实践的结合

杜威认为，"从做中学"应体现理论和实践的结合。因为理论和实践、思想和实行两不相关是旧的学说，它不仅会妨碍理智方面的训练，而且会影响创造精神的激发。他明确指出："理论与实践结合，不仅使前者具体易懂，而且防止动手的工作变得乏味狭窄。"② 他还指出："脱离了具体行动和造作的理论是空洞无物的；而脱离了理论的实践，也只是直接抓住了当时条件所允许的机会和享受而没有理论（知识和观念）的指导。"③

在杜威看来，理论和实践之间没有固定的对立。对基于理论和实践结合的从做中学教师，应该抱有积极的态度，使理论和实践之间能够有效地相互作用，从而使儿童接受到一种把"去做什么"和"认知什么"联系起来的真正教育。实际上，这也是对教育上旧的行为习俗和信念习俗的消除。但是，杜威也告诫说，这并不意味着行动好于知识和高于知识、实践优于思维。他甚至在《摆脱教育困惑的出路》（*The Way Out of Educational Confusion*）一文中还提出："理论的学科要更多地联系生活的见识，使之变得更具实践性；实践的学科要具备更多的理论，充满理智的洞察。"④

---

① [美] 杜威. 社会科学和社会控制. // 杜威全集·晚期著作第6卷 [M]. 马迅，等译. 上海：华东师范大学出版社，2014：56.

② [美] 杜威. 明日之学校. // 杜威全集·中期著作第8卷 [M]. 何克勇，译. 上海：华东师范大学出版社，2012：300.

③ [美] 杜威. 确定性的寻求：关于知行关系的研究. // 杜威全集·晚期著作第4卷 [M]. 傅统先，译. 上海：华东师范大学出版社，2015：180.

④ [美] 杜威. 摆脱教育困惑的出路. // 杜威全集·晚期著作第6卷 [M]. 马迅，等译. 上海：华东师范大学出版社，2014：74.

3. "从做中学"并不取代教科书学习

杜威在强调行动重要性的同时，并不忽视知识的重要，并不否定知识的价值。在《经验与自然》中，他就指出了知识的重要性："老话说，哲学就是对智慧的爱好，智慧并不就是知识，然而它不能没有知识。"①他认为，在"从做中学"时，儿童"仅仅是去做，不管怎样生动，都是不够的。一个活动或设计当然一定是在学生的经验的范围内，并且同他们的需要相联系——这决不等于他们能够有意识地表现出的任何喜爱和愿望……一个良好设计的检验是，它是不是足够的充分和足够的复杂，向不同的儿童要求各种不同的反映，并允许每个儿童自由地去做，而且按照自己特有的方式做出他的贡献。从教育方面来说，一个良好的活动进一步检验的标志是，它有着一个足够长的时间幅度，为的是把一系列的努力和探究都包括在里面，并且以这样的方式把它们包括起来，那就是每一步开辟了一个新的方面，引起新的问题，唤起对更多的知识的需要，还要在已经完成了什么并在获得知识的基础上提出下一步做什么。适应着这两种条件的各种作业活动，将必然导致不仅仅把已知的教材积累起来，而且也把它组织起来"②。

由此，杜威明确提出，"从做中学"并不取代教科书学习。他在《明日之学校》中指出："做中学并不意味着用工艺训练课或手工课取代教科书的学习。在学习书本知识的同时，只要有机会，就允许学生动手去做，这将大大地有助于保持学生的注意力和兴趣。"③他在"教育哲学"中又说："初等教育虽然以养成活动的能力、技能、习惯为目的，但却不是说这个时期不应该求知

---

① [美]杜威.经验与自然.// 杜威全集·晚期著作第1卷[M].刘时工，等译.上海：华东师范大学出版社，2015：260.

② [美]杜威.进步教育与教育科学.// 杜威教育论著选[M].赵祥麟，王承绪，编译.上海：华东师范大学出版社，1981：260.

③ [美]杜威.明日之学校.// 杜威全集·中期著作第8卷[M].何克勇，译.上海：华东师范大学出版社，2012：205.

识。知识也要求的，却不该从求知识下手。知识应该从养成活动的能力、技能
和习惯中得来。……初等教育所以养成技能、习惯，养成的结果自然得到许多
有用的知识"①。在杜威看来，儿童根据"从做中学"的原理去做事和从事活
动，既不同于职业教育，也不是出于功利或管理，更不是用来代替书本学习和
课业练习。正如英国教育家普林（Richard Pring）所指出的："杜威并不反对
知识体系的重要性，也不反对知识体系对年轻人的成长是有益的。他反对的也
不是传统教育里常见的糟糕的教学方法，他反对的是学习脱离了学习者本身的
重要经验。"②

（四）"从做中学"的意义

看到美国许多进步学校根据"从做中学"的原理进行种种实验，杜威高
兴地称"这些倾向似乎是时代的象征"③。在他看来，"从做中学"是十分重要
的。在1911年8月18日给他的研究生助教克拉普的信中，杜威这样写道："可
能是由于相当的新颖，我现在对课程的方法比其他方面更感兴趣。用这个方法
更难给人一种随处可见的印象，但这将给我更多的机会把学生当作人，而不是
学生。因为他们必须自己动手才能到达任何地方。"④

1. "从做中学"体现了现代教育的特征

杜威认为，传统教育是"从听中学"，那么现代教育就应该是"从做中
学"。他指出："学与做相结合的教育将会取代传授他人学问的被动的教育。

① ［美］杜威. 教育哲学. // 王凤玉，单中惠. 杜威在华教育讲演集［M］. 济南：山东教育出版社，2024：86.
② ［美］理查德·普林. 约翰·杜威［M］. 吴建，等，译. 哈尔滨：黑龙江教育出版社，2016：29.
③ ［美］杜威. 明日之学校. // 学校与社会·明日之学校［M］. 赵祥麟，等译. 北京：人民教育出版社，1994：220.
④ John Dewey to Elsie Ripley Clapp, 18 August, 1911. Butler Library.

后者再怎么好，也不过是适应封建社会的，在那种社会里大多数人必须永远温顺地服从长官的权威，在这样的基础上建立起来的教育，是与一个以创造和独立为原则以及每一个公民都应当投身于共同利益的事务之中的民主社会不协调的。"① 在杜威看来，"从做中学"将会有助于教育与生活以及学校与社会的密切联系，它能解决现代教育上的问题，即"指导儿童的观察能力，培养他对生活于其中的世界的特点具有……兴趣，为以后更专门的学习提供解释性的材料，通过在儿童身上占主导地位的自发情绪和思考为各种各样的事实提供传送的媒介，从而使它们与人类生活结合起来"②。如果我们的教育能使儿童天生的主动倾向在工作和活动中得到充分的调动，同时注意到这些工作和活动要求儿童进行观察、获得知识和运用建设性的想象力，那么这种教育将是现代社会所需要的教育。

通过"从做中学"，儿童"在观察他的行动怎样改变他周围世界的时候，他认识到他自己的力量的意义和他的目的的必须考虑事物的方法……这样的经验，在经验之内有生长，这生长和教育完全是一体的"③。杜威强调："儿童无数自发的活动，游戏，运动，模仿行动，甚至幼儿的显然无意义的动作，都具有教育价值，乃是教育方法的基石。"④

2. "从做中学"有助于儿童的整体发展

杜威认为，无论在身体和心理上，还是在智力和道德上，"从做中学"对儿童的整体发展具有重要的作用。"一切教育都能塑造智力的和道德的品质，

① ［美］杜威. 明日之学校. // 学校与社会·明日之学校［M］. 赵祥麟，等译. 北京：人民教育出版社，1994：311.

② ［美］杜威. 学校与社会. // 学校与社会·明日之学校［M］. 赵祥麟，等译. 北京：人民教育出版社，1994：100-101.

③ ［美］杜威. 芝加哥实验的理论. // 杜威教育论著选［M］. 赵祥麟，王承绪，编译. 上海：华东师范大学出版社，1981：333.

④ ［美］梅休，爱德华兹. 杜威学校［M］. 王承绪，赵祥麟，等译. 上海：华东师范大学出版社，1991：30.

但是这种塑造工作在于选择和调节青年天赋的活动，使它们能利用社会环境的教育。而且，这种塑造工作不只是先天活动的塑造，而是要通过活动来塑造。"① 在学校中，"只要身体的活动是必须学习的，它在性质上就不仅是身体的，而且是心理上的、智力上的"②。而且，它对引起儿童的注意力和兴趣也有很大的帮助。特别是"让儿童聪明地负责他的工作，选最适合的材料和工具，倘若他有机会拟出他自己工作的模式和计划，倘若引导他认识到他的错误并找到如何尽可能地改正它们的方法，他的工作就有巨大的教育价值"③。通过"从做中学"，能"使富于感情、善于思索、积极主动的儿童，成长得更有力量，更有能力，以及对自己同自然界和社会的关系更具同情的了解"④。

从身体和心理上说，首先，"从做中学"不仅提升儿童的身体活动，而且提高了儿童的手眼协调。"手和眼的训练也直接地和间接地是注意力、建造的和再生的想象力和判断力的训练"⑤。其次，"从做中学"使儿童提高了自制力，增强了自信心。当儿童"从做中学的时候，他精神上肉体上都在体验某种被证明对人类有重要意义的经验；他所经历的心理过程，与最早做那些事情的人所经历的心理过程完全相同。由于他做了这些事情，他明白了结果的价值，也就是说事实的价值"⑥。在杜威看来，当儿童"从做中学"时，那些工作和活动比其他事情更能唤起并引导儿童心灵中最基本的和最重要的事情。

---

① ［美］杜威.民主主义与教育［M］.王承绪，译.北京：人民教育出版社，1990：76.

② ［美］杜威.教育中的兴趣与努力.// 学校与社会·明日之学校［M］.赵祥麟，等译.北京：人民教育出版社，1994：200.

③ ［美］梅休，爱德华兹.杜威学校［M］.王承绪，赵祥麟，等译.上海：华东师范大学出版社，1991：283.

④ ［美］梅休，爱德华兹.杜威学校［M］.王承绪，赵祥麟，等译.上海：华东师范大学出版社，1991：232.

⑤ ［美］梅休，爱德华兹.杜威学校［M］.王承绪，赵祥麟，等译.上海：华东师范大学出版社，1991：226.

⑥ ［美］杜威.明日之学校.// 学校与社会·明日之学校［M］.赵祥麟，等译.北京：人民教育出版社，1994：381.

从智力上说，"从做中学"使儿童获得了知识，锻炼了能力。当儿童去从事那些能锻炼儿童身体、提出新的问题、不断教给他新的东西的工作和活动时，他的思维和智力就得到了发展。当儿童在"从做中学"过程中"圆满地解决那样一个问题，他就增添了知识和力量。他试验了他所学到的知识，根据用这些知识再制造世界上有用的东西来了解它们意味着什么；他以一种发展他自己的独立思考能力的方法做了一件有益的事情"①。他还列举了烹饪课的情况，当儿童"学过如何看食谱，如何处理粮食和使用炉灶时，他不必再重复这些相同的基本步骤；他开始扩大他的工作范围，包括烹饪的更多方面。烹饪课的教育价值继续得到体现，因为他现在开始研究食物的价值、菜单、食物价格、食物的化学成分及烹饪等等问题。那个厨房变成了一个研究人类生活的基本要素的实验室"②。在"从做中学"的过程中，儿童"养成了在做中需要思维的习惯，从而使他自己的表达能力成熟起来。这种教育过程的最重要的结果是它的副产品——通过儿童自己学的方法而得到的发展。儿童的心灵，每天都受到真正的兴趣和向往的目的的激发，指导他的似乎是他自己所发动的活动。他利用对自己过去有益的东西，推进下一步他要继续从事的工作。有了自己的这样一种方法，他就有了解决他任何一个发展阶段的问题的钥匙"③。

从道德上说，"从做中学"促使儿童更好地了解社会和培养社会性习惯以及应对新的环境。在"从做中学"的时候，"对儿童的活动能力，对他在建造、制作、创造方面的能力有吸引力的每一种教学法的采用，都标志着伦理的重心从自私的吸收转移到社会性的服务上来的机会……它不仅是智力的，在任

---

① [美] 杜威. 明日之学校. // 学校与社会·明日之学校 [M]. 赵祥麟，等译. 北京：人民教育出版社，1994：373.

② [美] 杜威. 明日之学校. // 学校与社会·明日之学校 [M]. 赵祥麟，等译. 北京：人民教育出版社，1994：382.

③ [美] 梅休，爱德华兹. 杜威学校 [M]. 王承绪，赵祥麟，等译. 上海：华东师范大学出版社，1991：403-404.

何一位优秀的教师的手里，它易于而且几乎是当然地有助于社会性习惯的发展"①。儿童通过自己的做，学会了如何做，增强了信心，培养了社会精神，从而面对新的环境时就会无所畏惧。"从做中学"在"社会方面……提供了研究人类文化的能动发展的自然通路，并给予儿童在和同辈相处中获得创造活动的喜悦的机会……在道德方面，就是这种连续性要求忍耐、坚持和彻底性——所有这些因素都有助于培养不同于人为地外加的真正的纪律"②。

3. "从做中学"引起了课堂教材上的变化

杜威认为，用"从做中学"替代"从听中学"，必然会促使学校课堂教材发生变化，从而使学校的整个精神得到新生。"这种方法能用于所有课堂教学"③，但是它要求"有更多的实际材料，更多的资料，更多的教学用具，更多做事情的机会"④。在杜威看来，"从做中学"已被许多教师用来作为调节儿童和课程关系的一种方式。如果教师采用这种方式"扩大儿童的经验，很显然……就可以大大提高我们的教学效果。我们都知道，儿童没有进学校以前所学的东西，没有一样不是与他的生活有直接的联系的。他怎样获得这种知识，这个问题为自然的学校教育方法提供了线索。这个答案就是，不是通过阅读书本或倾听关于火或食物性质的说明，而是自己烧了一下或自己吃东西，那就是做些事情。因此，现代的教师说，儿童应当在学校中做些事情"⑤。

因此，随着课堂教材的变化以及儿童的心智在能力和知识上的生长，那

①［美］杜威.教育中的道德原理.// 学校与社会·明日之学校［M］.赵祥麟，等译.北京：人民教育出版社，1994：152.

②［美］杜威.芝加哥实验的理论.// 杜威教育论著选［M］.赵祥麟，王承绪，编译.上海：华东师范大学出版社，1981：328.

③［美］杜威.明日之学校.// 学校与社会·明日之学校［M］.赵祥麟，等译.北京：人民教育出版社，1994：263.

④［美］杜威.民主主义与教育［M］.王承绪，译.北京：人民教育出版社，1990：165.

⑤［美］杜威.明日之学校.// 学校与社会·明日之学校［M］.赵祥麟，等译.北京：人民教育出版社，1994：260-261.

些工作和活动不仅成为一件愉快的事情，而且越来越成为理解事物的媒介、工具和手段。离开了这种工作和活动，不仅剥夺了儿童的天赋能力，取消了兴趣的原则在学校教育中的地位，而且不能在经验的理智方面和实践方面之间保持平衡。

　　对于杜威所主张的"从做中学"，许多学者提出了各自的看法。美国哲学家和教育家胡克在《杜威全集·中期著作》第8卷的"导言"中指出："当杜威强调从做中学的重要性时，它总是与观念的检验或实施一个计划或设计，或寻求一种方式去做某些必需的事情来完成一种作业联系起来。不过他往往被理解为，似乎他认为一切的做，无论多么无意识，都是一种学习形式。"①但是，有的学者认为："学生们做这些事情，也不过是在把时间浪费在无足轻重的事情上罢了。"②有的学者认为，"从做中学"这一理论的根本错误就在于"表面上它保护儿童'个人的主动性'，实质上它是让他们在其所经历的有限的、自发的经验过程中，顺便获得一些理论知识和科学知识"③。美国教育家博德（Boyd H. Bode）在《现代教育理论》（*Modern Educational Theory*）一书中写道："儿童从开一所示范商店或银行中也许可以学到不少关于数的知识，可是仅仅这样，并不能给儿童以必需的有关数学的深入了解。他们从扮演一出戏剧中也许可以获得不少历史的事实，但是这个不能代替对于历史的系统学习。为了当前目的而学习或附带学习，实在是漫无目标的事情，它所学的只是东鳞西爪，并不能给人们以满意的远景，也不能把握根本的原则。"④我国杜威

---

　　①［美］杜威. 学校与社会·明日之学校［M］. 赵祥麟，等译. 北京：人民教育出版社，1994：396.

　　②［美］杜威. 明日之学校. // 学校与社会·明日之学校［M］. 赵祥麟，等译. 北京：人民教育出版社，1994：382.

　　③ 滕大春，主编. 外国教育通史（第5卷）［M］. 济南：山东教育出版社，2005：261.

　　④ Boyd H. Bode. *Modern EducationalTheory*. New York：The Macmillan Company，1927：150-151.

教育研究学者吴俊升在《杜威教育思想的再评论》一文中的评论很具体：依据"从做中学"，"儿童的学习教材，只是附带作用，也没有组织。这是不是理智的学习方法呢？决不是。只有在原始社会、知与行都是十分简陋时，整个学习历程才能在行中进行。在文化进步的社会中，个人决不能全凭行来学习他应该学习的一切。有若干东西，要在行中求知，必有预先的学习，方能做到。例如，工程师学造桥，在实际造桥工程中虽可学习，但他必先学过工程学和为工程学基础的各种科学，然后才可在实际造桥工作中学成一个造桥工程师。如无预先的系统学习，只是在做中学，他的可能造诣，不过是一个技能熟练的工人而已……'从做中学'，作为一种原则，只能适用于低级的学习。在较高阶段，系统的学习，必须有一时期和实际的做分开；从做中学，其所学的材料零星无组织，即有组织也是以做为中心的，始终限于心理的组织的。教材理论的组织，在做中始终是不可能学得的"①。

杜威主张的"从做中学"是从批判传统学校教育采用的"从听中学"出发的，强调了知与行、学与做的关系，尤其是提出学校教育中应考虑如何做的观点，击中了传统学校教育中存在的一个要害问题。无论是从儿童方面看，还是从学校和社会方面看，"从做中学"确实含有一些合理的因素。对此，美国哲学家拉尔夫·罗斯指出："有些人误解了杜威，认为他有名的'从做中学'只是意味着用行动代替思考。其实恰恰相反，他关注理论和实践之间的紧密联系，认识到实践也是需要智力的，因为学习是一个逐渐认知的过程，一种检验假说的实验是产生知识的实践，想象性的实验同样如此。……学习的过程就是逐渐培养把握意义和抽象思考的能力。"②

但是，由于杜威主张的"从做中学"是以实用主义经验论和机能心理学

---

① 吴俊升.杜威教育思想的再评论.// 吴俊升.教育与文化论文集［M］.台北：商务印书馆，1972：313-314.

② ［美］杜威全集·中期著作第7卷［M］.刘娟，译.上海：华东师范大学出版社，2012：13.

为依据的，过分强调工作和活动在教学过程中的地位，甚至提出行动处于观念的核心，行动就是认识本身，因此，对知与行关系的看法显然存在片面的和不足的地方。同时，"从做中学"所强调的"做"主要是个人亲自尝试的工作和活动，仅是获得和改组个人的经验，以使儿童自己的兴趣和需要得到满足；而且，这种"做"完全是建立在尝试错误之上的个人摸索的活动。从理论上看，这无疑是片面的。

（五）记忆是一个主动的建构过程

传统教育很注重学习中的记忆，把"记忆"二字变成"教育"的代名词，把记忆看作对书本知识的死记硬背。但值得注意的是，与传统教育相比，杜威不是仅仅简单地批判之，而是从与之完全不同的新视角论述了"记忆"问题。他认为，记忆是在知识过程中比知觉更高一级的阶段，然而它是一个主动的建构过程。因此，杜威强调指出："记忆并不是一个被动的过程，过去经验不是自己原原本本地进入心智的。同样，在知觉过程中，当前经验也不是把它自己印刻于心智中。记忆是一个建构过程。实际上，记忆中包含的建构性活动比知觉过程中更多。"[1] 在他看来，在记忆中，重要的是包含了更多的建构性活动。因为保存在记忆中的那些东西只是提供思考和判断的材料，它们实际上并不是知识、智慧或判断；而且，记忆本身并不是目标，所以不要仅仅为了记忆而记忆。

就记忆和判断的关系来说，杜威认为，记忆和判断是相联系的，要为判断而记忆，即为判断而记住和掌握很多适合的材料。在杨百翰学院作的教育学讲座中，他以食物消化现象为例论述了记忆和判断的联系："判断和记忆之间

① [美]杜威.心理学.//[美]杜威全集·早期著作第2卷[M].熊哲宏，等译.上海：华东师范大学出版社，2010：121.

没有中间墙或隔离物。判断是正确的记忆最终送达的终点、天然的仓库或站台。记忆是处于决断过程中的判断，判断是记忆的完成与明确化。记忆是吃下肚的食物，但未被彻底吸收和循环；判断则是让食物进入完整的循环——哪里需要，食物便可以被置入哪个过程。"[1] 因此，基于记忆和判断的联系，绝不能使儿童做会走路的百科全书。对儿童来说，记忆训练是必要的，但它必须是记忆的正确培养。在杜威看来，一种错误的记忆就是一个里面塞满了一切东西的废料袋，而一种正确的记忆就是一种里面溶解了许多东西的液体。

第六节　思维与教学

1910 年，杜威出版了《我们怎样思维》一书；后又于 1933 年出了新版本，其内容比旧版本增加了将近四分之一。"如何思维"（how to think）[2] 是杜威所论述的一个重要命题，"思维与教学"是杜威实用主义教育思想体系的一个重要的组成部分。杜威指出："我们的一些学校存在着课程繁多的弊病，而每一门课程必然也有繁多的材料和原理。我们的一些教师不单要面对全体学生，而且要个别指导，因此他们的任务就变得更加繁重了。如果不找出某些统一的线索，不找出某些简化的原理，那么事先就注定必然会导致混乱的局面。……需要找出稳定的和集中的因素，即我们称之为科学的思维态度和思维

---

① ［美］杜威.在杨百翰学院作的教育学讲座.// 杜威全集·晚期著作第17卷［M］.李宏昀，等译.上海：华东师范大学出版社，2015：280.

② ［美］杜威.我们怎样思维.// 我们怎样思维·经验与教育［M］.姜文闵，译.北京：人民教育出版社，1991：1.

习惯，并将其付诸实施。"① 正如美国哲学促进会主席、艾默里大学教授古因洛克（J. Gouinlock）所指出的，对于杜威来说，"实用主义把智识和反思置于生命活动最显著的位置"②。

（一）思维的含义和价值

杜威认为，思维始于某种疑惑、混淆或怀疑，思维由某种事物作为诱因而产生。因此，"当我们思考时，存在着某种我们直接加以思考的东西，我们面前摆放着要考虑的事、要深思的事、要估量的事等"③。

1. 思维的含义

在论述思维与教学的关系时，杜威首先论述了"思维"的含义。在不同时期的教育著作中，他都谈到了什么是思维的问题。

在 1916 年的《民主主义与教育》中，他指出："所谓思维或反思（reflection），就是识别我们所尝试的事和所发生的结果之间的关系……思维就是有意识地努力去发现我们所做的事和所造成的结果之间的特定的联接，使两者连接起来。"④ "哪里有疑难未决的事，哪里就有反思。……既然思维发生的情境是一个可疑的情境，所以，思维乃是一个探究的过程，一个观察事物的过程和一个调查研究的过程。在这个过程中，获得结果总是次要的，它是探究行动的手段。"⑤ 他还指出："思维就是明智的学习方法……就是在思维的过程

---

① [美] 杜威. 我们怎样思维. // 我们怎样思维·经验与教育 [M]. 姜文闵，译. 北京：人民教育出版社，1991："第一版序言"。

② [美] 杜威全集·晚期著作第2卷 [M]. 张奇峰，等译. 上海：华东师范大学出版社，2015：5.

③ [美] 杜威. 语境和思想. // 杜威全集·晚期著作第6卷 [M]. 马迅，等译. 上海：华东师范大学出版社，2014：17.

④ [美] 杜威. 民主主义与教育 [M]. 王承绪，译. 北京：人民教育出版社，1990：153-154.

⑤ [美] 杜威. 民主主义与教育 [M]. 王承绪，译. 北京：人民教育出版社，1990：157.

中明智的经验的方法。"①"思维就是有教育意义的经验的方法。"②同年，杜威在《实验逻辑论文集》中指出："思维是用来控制环境的工具，这是通过行动而完成的控制。"③

在1936年《芝加哥实验的理论》一文中，杜威指出："思维便是在所做的事和它的结果之间正确地审慎地建立联结……当我们要决定某一已经完成的行动或即将完成的行动的意义时，就产生了思维的刺激。"④

在《我们如何思维》一书中，第一章的标题就是"什么是思维"。杜威指出："思维是探究、调查、熟思、探索和钻研，以求发现新事物或对已知事物有新的理解。总之，思维就是疑问。"⑤思维的最好方式就称为"反思性思维"（reflective thinking），它是"对某个问题进行反复的、严肃的、持续不断的深思"⑥。但是，"思维未必就是反思的……只有人们心甘情愿地忍受疑难的困惑，不辞劳苦地进行探究，他才能有反思性思维"⑦。

从杜威以上对"什么是思维"的论述，不难看出他对"思维"的定义的看法：其一，思维是由一种存在疑惑或不确定的问题的情境而引起的。没有这种特定的情境，也就没有思维的产生。其二，思维是一个有意识地探究行动和结果之间特定联结的问题。没有这个过程，也不能获得有教育意义的经验。其三，无论对生活还是教育来说，思维是一种明智的学习方法、一种明智的经验

---

① [美] 杜威.民主主义与教育 [M].王承绪，译.北京：人民教育出版社，1990：162.

② [美] 杜威.民主主义与教育 [M].王承绪，译.北京：人民教育出版社，1990：174.

③ John Dewey. *Essays in Experimental Logic*. Chicago：The University of chicago Press，1916：30.

④ [美] 杜威.芝加哥实验的理论.// 杜威教育论著选 [M].赵祥麟，王承绪，编译.上海：华东师范大学出版社，1981：331.

⑤ [美] 杜威.我们怎样思维.// 我们怎样思维·经验与教育 [M].姜文闵，译.北京：人民教育出版社，1991：221.

⑥ [美] 杜威.我们怎样思维.// 我们怎样思维·经验与教育 [M].姜文闵，译.北京：人民教育出版社，1991：1.

⑦ [美] 杜威.我们怎样思维.// 我们怎样思维·经验与教育 [M].姜文闵，译.北京：人民教育出版社，1991：11-12.

方法。其四，最好的思维方式就是反思性思维。它与放弃探究的行动而匆忙地得出结论的拙劣思维是绝不相同的。正如我国杜威教育研究学者吴俊升所指出的："在杜威看来，教育应以培养求知，尤其是以反思性思维求知的好习惯为中心。反思性思维为求知的最好方式。"[1] 纽约市立学院教授埃德尔（A. Edel）也指出，杜威"对经验的反思，是为了更好地指导未来的经验"[2]。

　　杜威认为，反思性思维具有以下六个特点[3]：第一，反思性思维是有意识的，受控制的。它并不是稀里糊涂和漫无目的的思想以及稍闪即逝的印象，也不是头脑中欲罢不能的心理活动。第二，反思性思维是连续性的。它是由一系列被思考的事情组成的，其中各个部分连结在一起，持续不断地向着一个共同的目标运动。第三，反思性思维是有严密逻辑的。它通常是头脑的逻辑能力的表现，所涉及的事物并不是直接可感知的。第四，反思性思维是有目的的。它必须得出一个在想象之外能够得到证实的结论，即有确凿事实和充分理由的结论。第五，反思性思维等同于信念。它包含那些我们尚未确定的知识，然而却深信不疑地去做的事情；也包含那些我们现时认为是真实的知识，而在将来可能出现疑问的事情。第六，反思性思维是有激励作用的。它能激励人们去探究，具有探究的勇气和精力，发扬怀疑和探究的精神，并作出自觉的和有意的努力。因此，杜威指出："对于任何信念或假设性的知识，按照其所依据的基础和进一步导出的结论，去进行主动的、持续的和周密的思考，就形成了反思性思维。"[4] 它既包括引起思维的疑惑问题和心智上的困难等状态，又包括探究

　　① 吴俊升. 杜威教育思想的再评论. // 吴俊升. 教育与文化论文集 [M]. 台北：商务印书馆，1972：308.

　　② ［美］杜威全集·晚期著作第14卷 [M]. 马荣，等译. "导言". 上海：华东师范大学出版社，2015：13.

　　③ ［美］杜威. 我们怎样思维. // 我们怎样思维·经验与教育 [M]. 姜文闵，译. 北京：人民教育出版社，1991：1-6.

　　④ ［美］杜威. 我们怎样思维. // 我们怎样思维·经验与教育 [M]. 姜文闵，译. 北京：人民教育出版社，1991：6.

的活动和解决疑惑的实际方法。

2. 思维的价值

杜威认为，尽管学校的教学活动应该唤起儿童的思维，培养他们的思维能力，但是，人们却往往忽视了这一点。他尖锐地指出："在理论上，没有人怀疑学校中培养学生优良思维习惯的重要性。但是事实上，这个看法在实践上不如在理论上那么为人们所承认。此外，就学生的心智而论（即某些特别的肌肉能力除外），学校为学生所能做或需要做的一切，就是培养他们思维的能力。对于这一点也还没有足够的理论上的认识。"① 因此，阐释反思性思维的价值，以及强调为什么以反思性思维作为教育的目的是十分必要的。杜威指出："我们全都承认，至少在口头上承认，思维的能力是非常重要的；思维能力被看作是把人同低等动物区别开来的机能。但是，思维怎么重要，思维为什么重要，我们通常的理解是含糊不清的。因此，确切地说明反思性思维的价值，是有益的。"②

在杜威看来，思维的价值主要表现在以下三个方面。

第一，思维能使合理的行动具有自觉的目的。杜威认为，反思性思维能使我们摆脱单纯的冲动和一成不变的行动，并把盲目冲动的行动转变为智慧的行动。他指出："思维能够指导我们的行动，使之具有预见，并按照目的去计划行动，或者说，我们行动之前便明确了行动的目的。它能够使我们的行动具有深思熟虑的和自觉的方式，以便达到未来的目的，或者说，指挥我们去行动，以便达到现在看来还是遥远的目标。"③ 因此，反思性思维使得儿童头脑里的问题成为他自己提出的问题，从而引起他的集中注意力，并主动地寻找和选

---

① ［美］杜威. 民主主义与教育［M］. 王承绪，译. 北京：人民教育出版社，1990：162.
② ［美］杜威. 我们怎样思维. // 我们怎样思维·经验与教育［M］. 姜文闵，译. 北京：人民教育出版社，1991：13.
③ ［美］杜威. 我们怎样思维. // 我们怎样思维·经验与教育［M］. 姜文闵，译. 北京：人民教育出版社，1991：13.

择恰当的材料，考虑材料的意义和解决问题的方法。一个能够思维的人，会更明确地思考他真正需要的东西，从长远的思考而采取合理的行动。这样，儿童所思考的问题是自己的问题，因而通过解决问题所得到的锻炼变成他自己的锻炼。在《教育中的兴趣和努力》中，杜威指出，反思性思维"使一个人更明确地去计划他的活动以及完成的时期，使他的行动方针的目的变得自觉。他现在思考着他所做的事，而不是由于本能和习惯而盲目地做事"①。

第二，思维能预先进行有系统的准备。杜威认为，人们"运用思维建立和编制人造的符号，以便预先想到结果以及为达到某种结果或避免某种结果而采取的种种方式"。在他看来，通过反思性思维，人可以事先作出周密的计划以及提出许多达到目的的方法，例如，为了防止航行事故预先设置浮标、建造灯塔和修建气象台等。而这些人造装置，都是有意变更自然的性质而预先加以设计的，以便更好地预防自然状态中那些不利的事情，这正表明了文明人和野蛮人的不同。

第三，思维能使事物的意义更充实。杜威认为，文字和符号代表着某些观念或事物。例如，对于一个儿童来说，事物起初仅是颜色、光亮和声音的组合，后来当事物变成可能的而现在还未成为实际经验的符号时，这些事物对儿童才有意义。通过反思性思维，人可以理解事物的更充实的意义。因此，杜威强调指出："当某些事件发生时，我们可能不需要去做任何的思考，但是如果我们以前思考过，那么，这种思维的结果就成为使事物加深意义的基础。训练思维能力的巨大价值就在于：原先经过思维充分检验而获得的意义，有可能毫无限制地应用于生活中的种种对象和事件，因而，人类生活中，意义的不断增长也是没有限制的。"②

---

① ［美］杜威. 我们怎样思维. // 我们怎样思维·经验与教育［M］. 姜文闵，译. 北京：人民教育出版社，1991：193.

② ［美］杜威. 我们怎样思维. // 我们怎样思维·经验与教育［M］. 姜文闵，译. 北京：人民教育出版社，1991：16.

杜威认为，在思维的三种价值中，前两种价值是实际的，能增加人的控制能力；后一种价值主要是更加充实事物的意义，而与控制能力没有关联。思维的这三种价值累积起来，就形成了人的真正的理性的生活，其远远超出仅仅由生活需要而引起的某种狭窄范围。

然而，思维的价值需要通过思维训练实现，而且只有通过思维训练才能使思维的价值正确地体现出来。对此，杜威指出，思维的"价值本身不能自动地成为现实。思维需要细心而周到的教育的指导，才能充分地实现其价值。不仅如此，思维还可能沿着错误的途径，导引出虚假的和有害的信念。思维系统的训练之所以必要，不仅在于担心思维有缺乏发展的危险，更为重要的是担心思维的错误发展"①。

（二）"思维五步"

杜威认为，思维既不会无缘无故产生，也不会凭空而起，而是起因于直接经验的情境，对于思维训练来说，需要有一个情境。希望儿童自己思维，但不提供引起并指导思维所必需的任何环境条件，那是不可能实现的。在传统学校中，"思维训练失败的最大原因，也就在于不能保证像在校外实际生活那样，有可以引起思维的经验的情境"②。在杜威看来，没有这种情境，儿童也就不会有解决疑惑问题的需要。然而，"在整个反思性思维的过程中，居于持续的和主导地位的因素是解决疑惑的需要"③。

---

① [美]杜威.我们怎样思维.//我们怎样思维·经验与教育[M].姜文闵，译.北京：人民教育出版社，1991：17.

② [美]杜威.我们怎样思维.//杜威教育论著选[M].赵祥麟，王承绪，编译.上海：华东师范大学出版社，1981：297.

③ [美]杜威.我们怎样思维.//我们怎样思维·经验与教育[M].姜文闵，译.北京：人民教育出版社，1991：11.

反思性思维的功能在于"将经验到的模糊、疑难、矛盾和某种纷乱的情境，转化为清晰、连贯、确定和和谐的情境"①。思维过程开始于一个困惑的、困难的或混乱的情境，结束于一个清晰的、一致的、确定的情境。杜威认为，反思性思维就是在反思性前的情境和反思性后的情境这两端之间进行的。

整个反思性思维的过程就是"感觉问题所在，观察各方面的情况，提出假定的结论并进行推理，积极地进行实验的检验"②。具体来说，分为以下五个阶段③。

第一阶段：一个疑难的情境。这个情境处于困惑、迷乱、怀疑的状态。尽管这个情境暂时阻止了人们的直接行动，但是，继续行动的倾向依然存在。于是，采取了暗示的形式，并在暗示中寻找可能的解决方法。如果有两种或更多的暗示并且彼此互相冲突，那就需要进行更深一步的探究。总之，这种疑难的情境就是反思性思维开始的情境。

第二阶段：确定疑难的所在，并从疑难中提出问题。在一个疑难的情境中，人们就要思考疑难究竟在哪里以及疑难是什么，这样，反思性思维就比较容易进行。实际上，找到疑难和确定疑难的性质，就是"理智化"的问题。在任何反思性思维活动中，"都有把整个情境中起初仅仅表现为感情性的因素而加以理智化的过程。这种转化可以使得情境中的困难和行动的障碍更加明确起来"。在杜威看来，问题恰好是与寻求答案同时发生的，问题和答案完全在同一时间呈现出来。

第三阶段：通过观察和其他心智活动以及搜集事实材料，提出解决疑难

---

①［美］杜威.我们怎样思维.//杜威教育论著选［M］.赵祥麟，王承绪，编译.上海：华东师范大学出版社，1981：298.

②［美］杜威.民主主义与教育［M］.王承绪，译.北京：人民教育出版社，1990：161.

③［美］杜威.我们怎样思维.// 我们怎样思维·经验与教育［M］.姜文闵，译.北京：人民教育出版社，1991：88-94；［美］约翰·杜威.民主主义与教育［M］.王承绪，译.北京：人民教育出版社，1990：153-160.

的各种假设。人们对疑难越有明确的认识，也就越能得到更好的且实际可行的解决问题的观念。观察和其他心智活动以及搜集事实材料，使人们能够修改或扩展原来的暗示成为确定的推测，即假设。与此同时，根据假设这种导向性观念，人们又去进行更多的观察和其他心智活动，搜集更多的事实材料。但是，对于解决疑难来说，人们的行动是试探性的而不是决定性的。

第四阶段：推断哪一种假设能解决疑难。在寻求解决疑难的方法时，推断是十分重要的。但是，推断要依靠人们头脑中已经具备的知识积累。通过推断，有些最初看来表面上是遥远的和不着边际的假设转变成恰当的和有效的假设；通过推断，一个观念得到了发展从而有助于提出一些可作为中介的成分，并指导心智从一种推论到另一种推论相反的推论。

第五阶段：用行动检验假设。人们通过行动对推断的假设加以检验。这是思维过程的一个重要阶段，对养成良好的思维习惯来说是必需的。如果这种假设被验证或证实了，没有相反的事实表明要修正这种假设，那么，它就是确定无疑的结果，即只有这个特定的疑难情境才能产生的一种结果。相反，如果这种假设最终被否定了，那就表明它没有被验证或证实。尽管这是一种失败，但真正善于思维的人可以从失败中受益。在杜威看来，从失败中学到的东西和从成功中学到的东西是完全相等的。

这种思维过程被后人称为"思维五步"。杜威指出，尽管反思性思维的过程分成五个阶段，但这五个阶段的顺序并不是固定的。在实际中，有时前后两个阶段可以结合起来，有时几个阶段可以匆匆掠过；五个阶段中的每一个阶段都可展开，其内部又包含着某几个小阶段。这五个阶段"并不是按一定的次序一个接一个地出现，相反，在真正的思维中，每个阶段都有助于一种暗示的形成，并促使这个暗示变成主要的观念或成为指导性的假设……精心地提出假设，并不一定要等到问题确定之后，任何时候都可以提出一些假设。正如我们看到的，任何明显的检验也并不需要到最后阶段才进行，可以依照出现的结果，引导新的观察，作出新的暗示"①。这里没有固定的规则，如何安排处理完全依靠个人理智的灵活性和敏感性。如果发现有错误，最好通过检验找出失误，才是明智的做法。

胡适曾把杜威提出的思维过程五个阶段概括为"细心搜求事实，大胆提出假设，再细心求证实"②，简略说就是"大胆的假设，小心的求证"，这符合杜威的"思维五步"的本意。

（三）"教学五步"

教学法的要素和思维的要素是相同的，因此，从"思维五步"出发，杜威指出教学过程也相应地分成五个阶段③。

第一阶段：教师给儿童准备一个真实的经验情境。

杜威认为，教学过程应该从儿童有一个真实的经验的情境开始。这是一个与现实生活的经验相联系的情境；同时给予一些暗示，使儿童有兴趣了解某个问题，以便获得某种为现在生活所要求的经验。这个情境应该具有引起思维的性质，激发儿童的思维。在杜威看来，它既是学习的情境，也是思维的情境。在这个阶段，儿童要有一种对活动本身感到兴趣的连续的活动。在活动中，儿童不仅提出很多的问题，而且想出多种多样和有独创性的解决问题的方法。"如果要有能产生引起富有思想的探究的问题的情境，就需要有利用材料达到各种目的的主动作业。"但教师在准备各种暗示时，应该根据儿童的本能需要和生活经验。

---

① [美]杜威.我们怎样思维.// 我们怎样思维·经验与教育[M].姜文闵，译.北京：人民教育出版社，1991：94.

② 胡适.胡适文存（二集卷三）[M].上海：亚东图书馆，1930：99.

③ [美]杜威.民主主义与教育[M].王承绪，译.北京：人民教育出版社，1990：163-174.

第二阶段：在这个情境中须能产生真实的问题作为思维的刺激物。

杜威认为，儿童必须有足够的资料和实际材料，以便对付这个情境中产生的问题。这些资料和实际材料首要的是儿童本人现在生活的经验以及各种活动和事实。由于疑难是引起思维不可缺乏的刺激物，因此，在这个阶段，疑难的情境必须和儿童曾经应付过的情境足够相似，使他们对解决疑难的方法有一定的控制能力。儿童应该能利用他人的经验以弥补个人经验的狭隘性，同时要防止静止的和冷藏库式的知识理想，因为它不仅放过了思维的机会，而且扼杀了思维的能力。特别反对给儿童提供现成的答案，而不是给他材料并让他自己去加以整理，解决所遇到的疑难问题。

第三阶段：从资料的占有和必需的观察中产生对解决疑难问题的思考和假设。

杜威认为，推论是进入到未知的东西，是从已知的东西产生的一个飞跃。在这个阶段，通过资料和观察的激发，儿童思考、设计、发明、创新和筹划，以便找到解决疑难问题的答案。在这个意义上，思维已含有某种发明的性质，是创造性的。因为"只有当他亲身考虑问题的种种条件，寻求解决问题的方法时，才算真正在思维"。儿童在思维中能考虑从前没有被认识的事物，使经验得以真正的增长，而成为一种新的性质的经验。教师不要把现成的教材提供给儿童，而要共同参与儿童的活动。

第四阶段：儿童自己负责一步步地整理他所设想的解决疑难问题的方法。

杜威认为，在这个阶段，儿童应该把自己提出的假设，即解决疑难问题的方法加以整理和排列，使其秩序井然不紊。因为离开这种整理和排列，思维也就无法存在。但是儿童必须自己去做，否则就学不到东西，也体验不到思维活动的创造性所带来的快乐。

第五阶段：儿童通过实践检验他的观念是否有效。

杜威认为，儿童的观念即他自己提出的那些解决疑难问题的假设，在实际情境中运用之前，缺乏充分的意义和现实性。因此，只有实践才能检验儿童的观念是否有效。在这个阶段，为了检验假设的意义和价值，学校要使儿童有机会进行检验，儿童要亲自动手去做，并在做的过程中作出判断。

这种教学过程被后人称为"教学五步"。杜威指出，对于教学过程的各个阶段，"它们在培养学生优良的思维习惯方面做到什么程度，就统一到什么程度"①。但是，这种教学过程的具体应用是困难的。"所有教育家都爱抨击传统教育的被动的性质。他们反对好像海绵一样吸收知识的注入式的教学；他们抨击好像要钻进坚硬的岩石一般把教材钻进学生的脑子。但是，要创造一种条件，使获得一个观念就等于得到一个经验，扩大我们和环境的接触，并使这种接触更加精确，实在是一件不容易的事。"②

杜威所论述的"思维五步"和"教学五步"，显然是指思维过程和教学过程的一般程式。从思维过程五个阶段的顺序不是固定的顺序，杜威也没有把教学过程五个阶段的顺序固定化。尤其对个人而言，它会涉及个人在思维过程和教学过程中的态度。杜威认为，在思维过程和教学过程中，不同的人会作出不同的反应并表现出不同的态度，从而对思维和教学活动产生不同的影响。从这一点看，培养适于应用最好的思维和教学过程的态度是重要的。在个人态度中，最主要的是信心、虚心、专心和责任心。信心指一个人对他应该做的事情所持的一往无前的态度；虚心指没有偏见和成见，积极思考新问题和探索新观念的态度；专心指在做事时的全心全意和真诚热情态度；责任心指事先考虑按计划行事可能带来的后果，并愿意承担这些后果的责任的态度。杜威强调，培养适合于有效思维的态度是教育的一个任务。

在日常的社会生活和学校的教学活动中，有可能采取杜威所说的"思维五步"和"教学五步"。有的美国教育家把这种"问题解决法"称为美国教

---

① [美] 杜威.民主主义与教育［M］.王承绪，译.北京：人民教育出版社，1990：174.
② [美] 杜威.民主主义与教育.// 杜威教育论著选［M］.赵祥麟，王承绪，编译.上海：华东师范大学出版社，1981：188.

育上的一种发现。① 但是，如果把它们作为思维过程和教学过程的一般程式应用，显然有失偏颇。杜威的思维和教学理论是以实用主义经验论为其理论基础的，更侧重于儿童个人直接经验的重新组合以及养成获得直接经验的习惯和能力，因此，要实现杜威所主张的创造性思维和教学是十分困难的。

但是，应该看到，杜威关于思维过程和教学过程的论述不仅含有合理因素，而且给人们以启发。正如美国认知心理学家奥苏伯尔（D. P. Ausubel）所指出的："关于思维过程中连续出现的时间阶段的概括描述，杜威1910年的这一报道，历数十年而无重大改变；它跟学者的操作顺序和接受与发现两种方式的学习相互交替，一般说来还是吻合的。因此，杜威的描述久已成为解决问题过程阶段性的标志。"②

（四）思维训练和教学活动

杜威认为，思维是教学的基础，也是教学的目的。教学成功的关键是要能激发儿童的思维。因此，无论对教育还是对儿童，思维训练都是十分重要的。"只有控制引起思维和指导思维的种种条件，思维训练才能获得成效。"③在《我们怎样思维》一书中，杜威从五个方面探讨了思维训练和教学活动的关系问题。

1. 活动和思维训练

杜威认为，活动对思维训练具有重要的作用。他指出："人类全部科学史证明，没有改变自然情景的活动的进行，就没有有效思维的条件。"④ 在杜威看

---

① 赵祥麟.外国教育家评传（第2卷）[M].上海：上海教育出版社，1992：532.

② 邵瑞珍，等.教育心理学[M].上海：上海教育出版社，1983：94.

③［美］杜威.我们怎样思维.// 我们怎样思维·经验与教育[M].姜文闵，译.北京：人民教育出版社，1991：47.

④［美］杜威.思维与教学[M].孟宪承，译.上海：商务印书馆，1936：166.

来，那些有意识地选择和安排活动的作用就构成了思维，尤其是解决问题的活动为思维能力的培养提供了真正的训练。

随着活动范围的扩大，儿童的思维能力也得到提高。对于儿童来说，那些活动提供了使他产生反应的刺激，并使他的注意力逐渐集中在较重要的问题上。杜威认为，儿童的活动包括模仿、游戏、工作以及类似的活动。通过这些活动，儿童获得了自己不曾掌握的、具有更大价值的经验，有助于思维训练。

但杜威也指出，成人的活动对儿童的思维训练也起着重要的作用。"因为成人的活动给世界上的自然刺激加进了新的刺激，这些新加入的刺激更正确地适应于人类的需要，它们更丰富、有更好的组织、范围更复杂、允许有更灵适的适应，因而也就能引起更奇异的反应。"[①]

2.语言和思维训练

杜威认为，语言同思维之间存在着特别密切的关系，语言是思维的工具。儿童在语言学习的过程中，不仅学到了许多比语言本身更多的东西，而且进入了一个新的世界。杜威强调："尽管语言并不是思维，但它对于交流思想，以及对于思维本身来讲，却都是必需的……所谓语言对思维来说是必需的，即是说符号对传递意义来讲是必需的。"[②]他还指出："对任何高度发展的思维来说，人为的符号都是必不可少的。语言正好能满足这一方面的需要。"[③]

但是，在强调语言在思维训练中的作用的同时，杜威也指出，不要把语言（文字符号）的优势变成实际上的弊害。例如，语言运用阻碍了新的思考和发现，文字记忆代替了对事物意义的探究，等等。

---

①［美］杜威.我们怎样思维.// 我们怎样思维·经验与教育［M］.姜文闵，译.北京：人民教育出版社，1991：172.

②［美］杜威.我们怎样思维.// 我们怎样思维·经验与教育［M］.姜文闵，译.北京：人民教育出版社，1991：191.

③［美］杜威.我们怎样思维.// 我们怎样思维·经验与教育［M］.姜文闵，译.北京：人民教育出版社，1991：192.

为了使语言成为思维的工具，杜威认为，一是要扩充儿童的词汇。对于儿童来说，要广泛地与事物和人进行理智的接触，并有更多的机会主动使用词汇。二是要更精确地表述词汇的意义。表述确切和完整意义的词汇越多，思维越准确。三是要养成连贯陈述的习惯。在学校实际工作中，连贯陈述的习惯会有助于儿童的思维训练；反之，零碎而不连贯叙述的习惯会阻碍儿童思维的发展。

3. 观察和思维训练

杜威认为，观察不仅同思维联系，而且认真思考的观察至少是思维的一半。"新的接触促进了更多接触的欲望，新奇和发现越多，对于新奇和发现的欲望也越难满足。"① 因此，观察对思维习惯具有直接的影响，但观察本身并不是目的。实际上，观察是获取资料、验证某一观念或计划、解答某一难题以及指导随之而来的思维方法，应该由有目的的观念作为诱因和指导。观察仅仅是手段，思维训练才是目的。杜威强调："如果个人的观察和来自他人（通过书本或语言）的知识传授都能适当进行的话，那么，逻辑的训练就成功了一半。"②

在思维训练中，应该把观察摆到正确的位置上，激发儿童的兴趣。观察应是一个主动的探究过程，探究未知的事物；观察应引起对结果期待的兴趣，理智地安排观察，使观察由静态变为动态，观察应具有科学的性质，成为为理智的目的而进行的观察。

4. 知识和思维训练

杜威认为，由于任何观察所能达到的范围是狭窄的，因此，需要通过知识的传授获得思维活动的材料。他指出："尽管在我们的学校里，直接观察的活动大大地增加了，但教材的极大部分还是从书籍、讲演、口头交谈等其他资

---

① [美]杜威.哲学的改造（修订版）[M].许崇清，译.北京：商务印书馆，1958：21.
② [美]杜威.我们怎样思维.// 我们怎样思维·经验与教育[M].姜文闵，译.北京：人民教育出版社，1991：206.

料得来的。怎样从人和书本传授的知识中获得理智的益处，这是一个最为重要的问题。"① 在杜威看来，无论是发现问题，还是解决问题，都需要知识。知识的传授对思维训练也起着重要的作用。

但是，杜威也指出，在知识传授时必须注意：一是传授的知识应该是儿童必需的，即儿童个人观察所不易获得的。二是传授的知识应该是一种刺激，激发儿童亲自探究的兴趣和主动思考的精神，而不是教条主义和僵死的东西。三是传授的知识应该与儿童经验中的问题密切相关，深入儿童思维的过程，促使有效的思维。只有通过这样的知识传授，才能把知识的学习转化为理智的财富。

5. 讲课和思维训练

杜威认为，在思维训练中，讲课也对儿童的思维起刺激和指导的作用。为了促使儿童主动地思维，讲课必须注意：一是刺激理智的热情，唤起儿童对于理智活动和知识学习的强烈愿望。"讲课应当成为一种情境，使一个班、一个组形成为一个社会的统一体，有着共同的兴趣，在一个成熟的、有经验的人的领导下，促进理智的热情。"② 但是，在讲课中不能让教科书占据主宰地位，否则只会使儿童的思维变得迟钝。二是指导儿童形成良好的学习习惯。学习实质上是一种反思性思维活动，所以儿童具有良好的学习习惯必然有助于他们的思维能力的发展。在讲课中要特别注意提问的艺术，通过恰当的提问既指导儿童的探究，又养成儿童独立探究的习惯。三是讲课应该检查儿童已经获得的知识。讲课的重要性不仅在于了解儿童在理解能力和学习能力上的进步，而且在于培养良好的思维习惯和态度。

实际上，如何处理好讲课和思维训练的关系，是对教师的教育技巧的考

---

① [美] 杜威. 我们怎样思维. // 我们怎样思维·经验与教育 [M]. 姜文闵，译. 北京：人民教育出版社，1991：214.

② [美] 杜威. 我们怎样思维. // 我们怎样思维·经验与教育 [M]. 姜文闵，译. 北京：人民教育出版社，1991：219.

验。对于教师来说，"既不能展示和解说得太少，以致不能刺激反思性的思维；也不能展示和解说得太多，而抑制学生的思维"①。

应该看到，杜威从活动、语言、观察、知识、讲课五方面对思维训练和教学活动之间关系的论述，有针对性地揭示了一些规律性的东西。在杜威关于思维与教学的思想和当代西方强调认知发展与智力发展的教育思想之间，我们甚至可以找到它们在理论形式上的相似之处。瑞士心理学家和教育家皮亚杰在《教育科学与儿童心理学》（*Science of Education and the Psychology of the Child*）一书中就指出："要了解儿童思维的结构以及儿童与成人心智之间的关系，这对于新学校来讲，具有根本的重要性。"②"这些新的教育方法已经取得了最持久的成功，无疑也奠定了明日的学校活动的基础。"③在论及卢梭在 18 世纪提出的观念到 20 世纪构成了一种积极的理论时，皮亚杰就提及杜威研究的成果，肯定了杜威教育思想的影响。

第七节　创造与批判

杜威构建实用主义教育思想的过程，实质上就是一个创造与批判的过程。在这个过程中，他不仅对教育历史上流行的教育观进行了批判，还对教育领域

---

① ［美］杜威.我们怎样思维.// 我们怎样思维·经验与教育［M］.姜文闵，译.北京：人民教育出版社，1991：224.

② ［瑞士］皮亚杰.教育科学与儿童心理学［M］.傅统先，译.北京：文化教育出版社，1981：163.

③ ［瑞士］皮亚杰.教育科学与儿童心理学［M］.傅统先，译.北京：文化教育出版社，1981：173.

有影响的教育目的论进行了分析；而且在理论和实践结合进行深刻思考的基础上，提出了很多在教育领域具有创造性的教育思想，诸如"教育即生活""教育即生长""学校即社会""课程教材心理化""从做中学""学习就是学会思维""道德共同体""学校道德三位一体"等。正如我国近现代教育家蔡元培先生 1919 年 10 月 20 日在杜威六十岁生日晚餐会上演说中所说的，杜威"博士不绝的创造，对于社会上必更有多大的贡献"①。日本杜威教育研究学者永野芳夫在他的《杜威教育学说之研究》一书中也这样指出："创造的智性，即杜氏哲学之本领也。哲学主创创造的智性，故氏之教育，为培养创造的智性之意。"②1930 年 2 月 25 日，杜威还在哥伦比亚大学艺术与科学研究院作了题为"创造与批判"的讲座，阐述了不少在当代教育领域具有创新性的观点。

（一）教育是一个养成创造力的过程

杜威认为，教育是一个养成创造力的过程，其最终目的就是创造出能力达到充分发展的人。这种人拥有丰富的灵感、自由的思维、高雅的品格以及具备知识和适当的方法等，从而使社会得到重塑和使世界得到改造。因此，所有的教育都应该尽其所能地发现和解放个体的心理活动，培养一种具有创造力的新型个人。杜威在《学校教育的社会意义》（*Socializing in Schools*）中就指出："接受教育的根本意义，就在于它可以帮助个人开创未来，超越别人。"③他在给国家教育学院儿童学校助理主任戴维·拉塞尔（David W. Russell）的信中也

---

① 蔡元培.杜威六十岁生日晚餐会演说词.//［美］简·杜威.杜威传（修订版）［M］.单中惠，编译.合肥：安徽教育出版社，2009：396.

② ［日］永野芳夫.杜威教育学说之研究［M］.林科棠，译述."序论".上海：商务印书馆，1924：6.

③ ［美］杜威.学校教育的社会意义.//杜威全集·晚期著作第17卷［M］.李宏昀，等译.上海：华东师范大学出版社，2015：63.

写道："我们学校确实能够培养出具有创造性智慧和负责任的成员，形成一种致力于全体社会成员持续成长的社会生活。"①

1. 教育本身就是去发现和创造

杜威认为，教育的功用就是发展具有创造力的天才，使他去发现和创造。在题为"平民主义之教育"的在华教育讲演中，他这样说："不知教育是创造者，若依形式之习惯，则教育事业毫无兴味焉；能进取能行此法，则兴味生而思想启，教育始有进步之日也。"②他在《教育科学的资源》中又强调："教育本身就是一个发现的过程，它能发现什么价值是有用的，是需要作为目标加以追求的。判断价值的唯一方法就是去观察过程，观察该过程的结果，观察它们在发展的过程中进一步产生的结果，并将观察无限地进行下去。"③

在杜威看来，教育作为一种强大的力量，应该保护和提倡一种创新态度。在学校里，应该培养一种主动的道德，即注重活动的精神、创造的本领、发明的能力。因此，他在《教育百科全书》中"教育哲学"这一辞目中写道："学习意味着发现，而不是将传统记下来；认识是积极建构的，而不是消极吸收的。"④当然，期待儿童做富于创造性的独立工作，首先教师要获得解放，而不被太多的陈规旧套所束缚。如果儿童的创新态度被扼杀了，那不仅使儿童失去了自己表现创造力的愿望，而且也违背了教育本身就是去发现和创造的主旨。

2. 为儿童提供进行创造的机会

杜威认为，为了使儿童的创造性冲动保持活力，就要为儿童提供一个进行创造的机会。在这个进行创造的机会中，通过与其他儿童的交往以及个人

① John Dewey to David W. Russell, 7 Noivember, 1949. Butler Library.

② [美] 杜威. 平民主义之教育. // 王凤玉, 单中惠. 杜威在华教育讲演集 [M]. 济南：山东教育出版社, 2024：293.

③ [美] 杜威. 教育科学的资源. // 杜威全集·晚期著作第5卷 [M]. 孙有中, 等译. 2013：28.

④ [美] 杜威. 教育百科全书·教育哲学. // 杜威全集·中期著作第7卷 [M]. 刘娟, 译. 上海：华东师范大学出版社, 2012：230.

新的观察，儿童可以很好地发展自己的想象，满足自己发现和创造的心理。他指出："平常的学生和天才学生之间的区别，就在于平常的学生缺乏创造性。……教师所要做的事，是使每一个人有机会在有教育意义的活动中使用他自己的力量。"① 他还指出："如果我们叫儿童自己思维、自己创造，而不提供发动并指导思想所必需的任何周围环境的条件，那么，没有一个东西能够从无中发展出来，从粗糙的东西发展出来的只能是粗糙的东西。"②

在杜威看来，对于儿童创造力的养成来说，提供创造的机会和创造的环境是十分必要的。他在给美国教育家巴格莱及《学校与家庭教育》全体编辑的信中就写道："我之所以致力于在学校里为学生创造机会，使他们能够获取直接而积极的经验，其主要就是为了让他们能够更好地吸收他人的经验——达到这个目标是非常重要的……"③ 如果我们对理智上的创造性望而却步，把发现和创造与儿童的生活隔离开来，那么就会使儿童失去展示其创造性和首创性的机会，因而造成花费在教育上的所有精力和热情收效甚微。

3. 发展就等于积极地创造

杜威认为，每一个人都具有自己的独特方面，每一个阶段都是全新的。基于发展就等于积极地创造，来到这个世界的每一个人都是一个新的开始。就儿童而言，重要的是他为这个世界带来新的东西、新的观察世界和感觉世界的方法。因此，对其本性的唤起就是对其创造性的最好激发。杜威在《创造与批判》中强调："衡量独创性的不是物质产品，而是个人探究我们这个共同世界的方法。不是说，只有当一个人奉献给世界的某种发现是前所未有的，这个人的发现才是独创的。如果每次他都认真地发现，即便这个发现有千百人做

---

① ［美］杜威.民主主义与教育［M］.王承绪，译.北京：人民教育出版社，1990：183.

② ［美］杜威.儿童与课程.// 学校与社会·明日之学校［M］.赵祥麟，等译.北京：人民教育出版社，1994：125.

③ Letter to William Bagley and the Editorial Staff of School and Home Education，20 September，1915. Butler Library.

过，他也是有创造性的。在一个人的智力生命中，发现的价值在于它对创造性的活跃的心智的贡献。……关键是，它是第一手的发现，而不是从其他人那里趸批过来的第二手发现。"①

杜威还认为，在创造性发展中，想象和判断是十分重要的。就想象而言，其最高形式就是揭示事物隐藏的意义的洞察力，其特点就是创造性。创造性想象赋予了对象以新的视角，因而使它们具有了新的意义。在某种意义上，一个人做自己喜欢的事情并不表明理智的创造性，除非他对自己喜欢做什么的鉴别力得到了很好的培养和提升。就判断而言，判断是智力活动的典型行为，它能让一个人知道应该选择什么和摈弃什么。在知识转化为智慧后，才能通过反思和评估而转化为判断力，即良好的鉴别力。但是，如果一个人不能进行判断，那就会产生偏见，从而妨碍和歪曲判断。

（二）创造与批判两者是一对伙伴

杜威对创造与批判之间的关系进行了很好的阐释，不仅明确指出创造与批判两者是不可分离的，而且在创造与批判上提出了不少有启迪的观点。

1. "创造"与"批判"的含义

对于"创造"与"批判"的含义，杜威基于新的视野分别进行了阐述。他认为，所谓创造，就是用自己的方法进行自动的研究，获得新的知识或发明新的东西。创造不是仅仅从结果方面说，也是从方法方面说。在某种意义上，真正有创见的、有发明的和能达到目的的方法也就是创造。实际上，对于创造来说，需要积极的实现，即意义和力量实际上的丰富，开启了新的远景并规定了新的任务，创造了新的目的并激励着新的努力。但是，在杜威看来，创造并

①［美］杜威. 创造与批判. // 杜威. 杜威教育经典文选［M］. 朱镜人，编译. 济南：山东教育出版社，2024：315.

不是一定要创造出世界上所没有发明的东西；发明不是说必定是发前人所未发，创造不是说必定是创造前人所未创；因为世界上能够真正创造的人是不多的，也不可能人人都能创造出前人所没有创造的东西，所以只要方法和过程与前人是有所不同的，那仍然不失为发明和创造。[①]

他还认为，所谓批判，就是对价值进行辨别性判断，而不仅仅是发现一些错误或发现需要纠正的一些弊端。也就是说，无论在某一时代和某一领域，要去思考什么是较好的和什么是较坏的，以及为什么是较好的和为什么是较坏的。

2. 创造与批判是紧密联系的

杜威认为，创造与批判两者之间存在着紧密的联系。值得注意的是，他采用递进方式来强调创造与批判两者的联系[②]：一是"朋友说"，"对于创造性成果来说，批判性判断不是敌人，而是朋友和盟友"。二是"伙伴说"，"创新与批判两者是一对伙伴。真正的辨别力是创造性的，因为它表达了对所呈现的东西的最初反应，它是一种个人感受的体验"。三是"因果说"，"创造性活动是我们最大的需要，不过，批判和自我批判是通往创造性的道路"。从杜威的阐述中，可以看到，虽然创造与批判两者是朋友或伙伴，但更重要的是，批判是创造的必要前提。没有批判也就没有创造。

杜威还把创造与批判两者关系比喻为思想和精神的呼吸现象。他用了一大段话进行了形象地阐释："创造和批判之所以须臾不可分离，是因为在我们思想和精神的'呼吸'中，它们是呼出和吸入的节律。……那些不是通过批判而形成的产物不过是冲动的迸发。那些不能导致进一步创造的批判会削弱冲动，并导致产生无意义的目的。正因为呼气和吸气的合作，生命才得以维持和

①［美］杜威.关于教育性质和学校教育的教育哲学.// 王凤玉，单中惠.杜威在华教育讲演集［M］.济南：山东教育出版社，2024：169.

②［美］杜威.创造与批判.// 杜威.杜威教育经典文选［M］.朱镜人，编译.济南：山东教育出版社，2024：320，324，329.

延续，所以，批判和创造的相互联系是自然生命的表现。一个人越能正常地从肺部排出气体，就越能说明这个人的呼吸与肺部结构和膈膜协调一致；而且，他吸气越深，他的呼气也就越深。同可以观察到的外显活动一样，接受和吸收完全是生命活动形式。"① 在杜威看来，呼吸是身体上的一种自然现象，而创造与批判则是心灵上的一种自然现象。

3. 创造与批判需要勇气

杜威认为，在创造与批判时，尤其是批判时，需要勇气，也就是需要胆量。他指出："新理的发明不是因为要发财，不过因为研究科学。有坚忍的精神、有胆量、有勇气、不被古人的思想束缚，所以就能发明新理。"② 他还指出："批判能力最基本的需要是勇气，其最大的敌人是怯懦，换个说法，也可以委婉地称之为理智懒惰（intellectual laziness）。简单的做法就是接受所传递的东西。这样做不仅省力气，而且可以将责任归于他人。"③ 在杜威来看，这种勇气或胆量具体表现为，引发思想的科学精神，坚持不懈的理性态度，超越陈规和习俗的思考，排除一切外界干扰，独立的判断和选择，大声表达自己的见解，采用为了新结果的新方法，等等。在某种意义上，它是一个创造性的头脑所具备的勇气或胆量。如果没有这种勇气或胆量，那么创造与批判就会在实践中失败。但更有启迪的是，无论面对的是失败还是胜利，杜威希望每个失败者都会激发新的探究，也希望每个胜利者都会开启更多发现的大门。

杜威还认为，要有创造与批判的勇气或胆量，最重要的是必须认识和尊重自身的使命。在美国大学教授联合会上的开场讲演中，他强调指出："我们

---

① ［美］杜威. 创造与批判. // 杜威. 杜威教育经典文选［M］. 朱镜人，编译. 济南：山东教育出版社，2024：326.

② ［美］杜威. 工艺与文化的关系. // 王凤玉，单中惠. 杜威在华教育讲演集［M］. 济南：山东教育出版社，2024：322.

③ ［美］杜威. 创造与批判. // 杜威. 杜威教育经典文选［M］. 朱镜人，编译. 济南：山东教育出版社，2024：321.

在努力解决既有问题的时候，难道不也需要同一种科学精神吗？对于我们共同的职业、共同的命运，必须具有更加强烈的意识，对于科学的方法、探究和宣传的方法应用到教学工作，我们必须怀着更加坚定的渴望。……我们的判断力、勇气和自我牺牲精神要配得上我们对自身使命的尊重，这个使命只能是发现真理、传播真理。"[1] 在杜威看来，正因为对自己使命有深刻认识，所以一个人能无视他人的嘲讽和冷眼，不仅坚持不懈地用理性进行创造和批判，而且持续不断地在理性中进行创造和批判，因而能够获得胜利和避免失败。

（三）理智自由和自动教育促使创造力的发展

杜威认为，从聪明理智方面来看，一个人有创造性是最好的。实际上，在儿童创造力的发展中，理智自由和自动教育都是十分重要的。前者也许主要是指儿童方面的，后者也许主要是指学校方面的。

1. 理智自由与创造力发展

杜威认为，真正的自由是理智的，创造力的发展离不开理智自由。理智自由是唯一永远具有重要意义的自由。所谓理智自由，就是能够对本质上有价值的目的作出观察和判断的自由。个人的自由是一个积极的过程，是一个能力不断释放和增长的过程。他在《伦理讲演纪略》中指出："自由的真义是要使人人有创造的能力，自思、自行、自决、自裁……解除外界的束缚是消极的自由，养成创造的能力才是积极的自由。积极的自由不是徒然解脱束缚所能得的，还要有知识的发展，能洞察物理、判决是非、自思自行、不顾俗论，去谋思想的进化。……想真正的自由一定要有知识的发展、创造和裁判的能力。"[2]

---

① [美] 杜威. 在美国大学教授联合会上的开场讲演. // 杜威全集·中期著作第8卷 [M]. 何克勇，译. 上海：华东师范大学出版社，2012：80.

② [美] 杜威. 伦理讲演纪略. // 王凤玉，单中惠. 杜威在华教育讲演集 [M]. 济南：山东教育出版社，2024：441-442.

他在《民主主义与教育》中还指出："自由指理智上的创造性、观察的独立性、明智的发明、结果的预见性以及适应结果的灵活性。"①

在日本和中国访问旅行中与访问旅行后，杜威在《新共和》《亚洲》杂志上发表了很多文章，特别是结合中国的新文化运动和"五四运动"，从比较视角论及了理智自由。他在《日本的公众舆论》一文中写道，在世界上没有任何一个国家像中国一样，学生如此一致而急切地对思想中现代的东西感兴趣；还特别指出"每一个思考的人，每一个写作的人，每一种明确的有意识的影响，都是自由的"②。

在杜威看来，理智自由既可以让知道自己在做什么的儿童在选择时更为灵活多样，也可以让儿童更加扩大选择的范围，从而更有利于他们的观察和判断。同时，理智自由也要求创造中的科学态度和科学方法，使儿童的创造力获得充分的发展。理智自由的作用在于帮助人们处理许多困境和克服许多难题，但事实上在这个过程中就有了发现和创造。当然，如果对自由的消极方面不加以限制，那人们也不会有理智的生长。此外，还应该注意的是，"教师的自由是学生的自由学习的必要条件"③。

2. 自动教育与创造力发展

杜威认为，创造力的发展需要自动教育。所谓自动教育，亦称主动教育，即创造教育，就是各人自信有自创能力并发展自创能力以求新发明的教育。在题为"'自动'的真义"的在华教育讲演中，他强调："真正的自动，是有目的地动作、有意义地动作。……自动，不是任性去做。有许多人，不知自动真义；以为我自由行动，别人不能干涉我；这是大错的。真正的自动，是和社会

---

① [美] 杜威.民主主义与教育 [M].王承绪，译.北京：人民教育出版社，1990：317.
② [美] 杜威.日本的公众舆论. // 杜威全集·中期著作第13卷 [M].赵协真，译.上海：华东师范大学出版社，2012：224.
③ [美] 杜威.学术自由的社会意义.杜威全集·晚期著作第11卷 [M].朱志方，等译.上海：华东师范大学出版社，2015：294.

的进化互相连带的，是和社会的利益互相牵制的。……自动乃印象、思考、展示三部的完全进行，由五官的接触，一一亲自试验，然后得一种结果。所以，自动是实验主义必需的手续。"[1]

在杜威看来，注重创造力发展的自动教育应该是有目的的教育，而不是让儿童仅仅注重模仿的教育，也不是让儿童随意任性去做的教育。学校必须以积极的、创造的态度去管理，才能养成儿童自动力、创造力。让儿童去寻求新的方法，实际上就是让他们去寻找发现和发明。在自动教育中，要留有实验和创造的空间，让儿童可以尽其所能。

第八节　行业培训与职业教育

杜威十分强调职业和职业教育的重要性，在《民主主义与教育》一书中就专门列了"教育与职业"一章。尽管职业教育在西方教育史上并不是一个新的论题，但杜威从一种广阔的社会背景探讨职业和职业教育，反对狭隘的职业教育计划把行业培训当成是职业教育，主张把职业教育与普通教育有机地结合起来。在《民主对教育的挑战》一文中他指出，在一个真正民主的教育系统中，在一个真正民主的社会中，职业教育应该成为整个教育计划的一部分；各种职业教育运动已是 20 世纪后 40 年来教育的最显著的特征，面对学校重视知识和技能获得的动向，它给予的统一性比任何其他事物所给予的都更多。[2]

---

① ［美］杜威. "自动"的真义. // 王凤玉，单中惠. 杜威在华教育讲演集［M］. 济南：山东教育出版社，2024：231-232.

② ［美］杜威. 民主对教育的挑战. // 杜威. 人的问题［M］. 傅统先，邱椿，译. 上海：上海人民出版社，1985：40.

虽然美国哲学家和教育家胡克对其中某些观点有所保留，但他充分肯定了杜威谋求实现新的职业教育计划的预见和贡献："杜威并非乌托邦主义者，他坚持认为理想必须是行得通的。"①

（一）"职业"和"职业教育"的含义

杜威以现代的科学技术和工业发展以及社会生活为背景，对"职业"和"职业教育"的含义进行了新的阐释。

1. 对"职业"含义的新阐释

杜威认为，"职业"就是指任何形式的连续不断的工作活动，其实质是人的智力和道德的生长。它既能利用个人能力达到种种结果，又能为别人提供服务。他指出，职业"既包括专业性的和事务性的工作，也包括任何一种艺术能力、特殊的科学能力以及有效的公民品德的发展，更不必说机械劳动或从事有收益的工作了"，因此，"我们不仅要防止把职业的概念局限于生产直接有形的商品的职业，也不要认为职业的区分是相互排斥的，每个人只有一种职业"②。他还指出："职业是唯一能使个人的特异才能和他的社会服务取得平衡的事情。找出一个人适宜做的事业并且获得实行的机会，这是幸福的关键……所谓适当的职业，不过是说一个人的能力倾向得到适当的运用，工作时能最少摩擦，得到最大的满足。对社会其他成员来说，这种适当的行动当然意味着他们得到这个人所提供的最好的服务。"③在杜威看来，人们不仅应该从经济的观点，更应该从个人和社会的观点理解"职业"的概念，阐释"职业"的含义。在现代科学技术和工业进步的时代，"职业"无疑已含有更多的理智和文化因素。

---

① ［美］杜威.民主主义与教育［M］.王承绪，译.北京：人民教育出版社，1990：388.
② ［美］杜威.民主主义与教育［M］.王承绪，译.北京：人民教育出版社，1990：323.
③ ［美］杜威.民主主义与教育［M］.王承绪，译.北京：人民教育出版社，1990：324.

首先，杜威论述了职业与人类社会生活的关系。在《明日之学校》中他指出："人们所从事的各种职业，都是为了满足人类的种种需要和目的。这些职业都在维持着构成我们所生活的世界的种种事物与其他事物之间的种种关系。"① 其次，杜威又论述了职业与个人发展的关系。在《旧个人主义和新个人主义》一文中，他指出："每一种职业都会对从事这种职业的人的个性留下痕迹，并改变他们对人生的看法……这种事实是没有人会怀疑的。"② 在《民主主义与教育》一书中，他还指出，职业促使人们"注意和联系一切与他的事业有关的事物。他们从自己的职业动机出发，不知不觉要搜集一切有关的资料，并且保存起来。职业好像磁铁一样吸收资料，又好像胶水一样保存资料。这样组织知识的方法是有生命力的，因为它是和需要联系的：它表现于行动，又在行动中重新调整，永远不会停滞"③。在杜威看来，职业活动是维系社会及培养社会意识和社会生活能力的最有益途径，也是个人发展以及获得真正知识和进行智力训练的最有效方法。总之，职业活动是使个人特殊才能和他的社会服务取得平衡的唯一手段。

2. 对"职业教育"含义的新阐释

杜威认为，"职业教育"这一概念由来已久，但是，人们对它的理解十分狭隘，以为职业教育就是商业教育或工艺教育。由于每个人在社会中都要从事一种职业，因此，所有的教育实际上都具有职业的性质。他强调："职业教育应该注重使人懂得实业工业所应知的科学方法：一方面应用手足肢体发展的本能，一方面不能不注重知识，知道科学的所以然。"④ 因此，在他看来，职业教

---

① [美] 杜威. 明日之学校. // 学校与社会·明日之学校 [M]. 赵祥麟，等译. 北京：人民教育出版社，1994：312.

② [美] 杜威. 杜威. 旧个人主义与新个人主义. // 杜威教育论著选 [M]. 赵祥麟，王承绪，编译. 上海：华东师范大学出版社，1981：292.

③ [美] 杜威. 民主主义与教育 [M]. 王承绪，译. 北京：人民教育出版社，1990：325-326.

④ [美] 杜威. 教育哲学. // 姜义华，主编. 胡适学术文集·教育 [M]. 北京：中华书局，1998：408.

育也可以称为"教育的职业方面"。

在反对狭义的职业观的同时,杜威也反对狭隘的职业教育理论。过去人们往往狭义地把职业理解为仅仅和身体有关的、为获得报酬或获得产品的操作活动;同时在理论和实践上把职业教育解释为仅仅作为获得专门职业技术的手段,从而把职业教育与文化修养对立起来。实际上,这种对职业和职业教育的片面看法,正反映了在教育上所存在的种种对立,例如,劳动与闲暇的对立,理论与实践的对立,身体与精神的对立,心理状态与物质世界的对立,等等。在杜威看来,职业教育的对立面既不是闲暇活动,也不是文化修养。从广义上说,职业教育与文化修养是联系起来的。例如,学习历史,对于要做历史教师或专门从事历史研究工作的人来说是职业教育,而对于要做律师或医生的人来说就是文化修养。

杜威特别强调,职业教育不等于狭隘的职业训练,即行业培训对于职业教育来说,"最根本的问题不是要训练各个人从事于某种特别的职业,而是要使他们对于必须进入的职业产生生动的和真诚的兴趣,如果他们不愿成为社会寄生虫的话,并且还要使他们知道关于那种职业社会的和科学的态度。目的不是要训练养家活口的人"[1]。在杜威看来,把职业教育仅仅看作职业训练,是狭隘的职业教育。尽管职业训练能培养未来的工人,比起没有受过职业训练的人,或许具有更多直接的技能,但是他们没有开阔的头脑,没有对他们所做工作的科学和社会意识的见识,也没有受过能协助他们找到方法或作出调整的教育。[2]职业教育的目的并不是培养那种结束了某一职业的学徒生活并具有职业资格的熟练工人,而是要给儿童职业方面的实际知识,从而使他作出最终的明智选择。因此,在题为"职业教育"的在华教育演讲中,杜威明确说:"最有

---

① [美]杜威.明日之学校.// 学校与社会·明日之学校 [M].赵祥麟,等译.北京:人民教育出版社,1994:357.

② [美]杜威.明日之学校.// 学校与社会·明日之学校 [M].赵祥麟,等译.北京:人民教育出版社,1994:393.

效果之教育……绝非狭隘的职业教育。"[1]

（二）强调职业教育的原因

杜威认为，自古希腊时代起，职业教育与自由教育已开始分离。前者是指为有用职业作准备的教育，后者指为闲暇生活作准备的教育。职业教育与自由教育的分离是教育史上出现的一种根深蒂固的对立。人们重视所谓促进闲暇生活的自由教育，而轻视职业教育。

在近代工业革命后，职业教育越来越受到重视。到 19 世纪末 20 世纪初，为了推动职业教育的发展，一些西方国家先后制定并颁布有关职业教育的法令。其中，著名的职业教育法令有美国的《史密斯－休士法案》（Smith-Hughes Act，1917）、法国的《阿斯蒂埃法案》（Loi Astier，1919）等。

在美国，许多教育团体和工人组织以及社会人士和教育家都积极提倡职业教育，其中 1906 年成立的全国职业教育促进协会（National Society for the Promotion of Industrial Education）对职业教育的发展起了主要的推进作用。作为一位教育革新家，杜威亦强调职业教育的重要性，并把职业教育作为教育革新的一个主要方面。他指出，社会的改造要依靠教育的改造，以促使那些相信更好的社会秩序的人们去推动职业教育的发展。

对于为什么在现代科学技术和工业发展的时代强调职业教育，杜威从以下五个方面进行了论述[2]。

第一，体力劳动、商业活动以及社会服务的工作在民主社会中逐渐受到人们的尊重。随着科学技术和工业的发展，从事某种职业和担负社会职责已成为受到普遍尊重的事情。杜威强调："在理论上，我们现在都希望，无论男女

---

① ［美］杜威.教育哲学［M］.刘伯明，译.上海：大新书局，1935：118.
② ［美］杜威.民主主义与教育［M］.王承绪，译.北京：人民教育出版社，1990：329-331.

都能有所作为，以报答社会对他们理智方面和经济方面的支持。劳动受人推崇，为社会服务是很受人赞赏的道德理想。"因此，每个人应该能够自尊和自立工作，既为自己也为那些有赖于自己努力的人工作，每个人的工作都能对别人的利益产生影响。这一切都促使人们对职业和职业教育的重视。

第二，有关工业方面的职业已获得了极其重要的地位。工业革命极大地推动了科学应用于生活和技术，从世界范围来看，有关工业方面的职业已越来越重要。杜威强调，工业变革的"社会重要性大大增加，不可避免地使学校教育与工业生产的关系问题重要起来了"。这必然会对从不同社会状况下继承下来的教育提出挑战和很多新的问题。有关工业的职业越来越需要人们养成一种职业能力，能把他们所获得的有限知识应用于工业。

第三，有关工业方面的职业具有了更多的理智内容和更广的文化修养。工业生活在教育上的正确运用将影响人的智力和兴趣。工业的变革以及工业技术的进步激发了科学的发展，与此同时，工业因科学的发展而得到了更大的利益。由于工业和科学之间的关系更加密切，工业的进步在更大程度上依赖于科学的发展，因此，有关工业方面的职业就有了更多的理智内容和更广的文化修养。面对这种情况，杜威指出："这就需要一种教育，使工人了解他们职业的科学的和社会的基础，以及他们职业的意义。现在这种教育的需要变得非常迫切，因为没有这种教育，工人就不可避免地降低到成为他们所操作的机器的附属品的角色。"因为工人必须使自己适应于机器，而不是使机器适应于自己，所以工业在智力活动方面的可能性成倍地增加了。他在《明日之学校》中指出："除非把广大工人当作像他们使用的机器上的盲目的大小齿轮一般，否则他们就必须对他们所使用的材料和器械的前前后后的物质和社会的事实有所了解。"① 对于学校来说，它应该承担实现工业在智力活动方面的任务。

---

① [美]杜威.明日之学校.// 学校与社会·明日之学校 [M].赵祥麟，等译.北京：人民教育出版社，1994：356.

第四，科学知识的研究更多地依靠实验而更少和传统的书本相连。杜威指出，由于科学知识的研究方法改变，有关工业方面的"职业所用的教材不但给我们比过去更多的科学内容，而且使我们有更多的机会去熟悉产生知识的方法"。在这种情况下，学生的主要任务是增长见识；学校应该使学生接触机器和工业上的各种制作方法，不仅认识到科学知识的社会意义，而且激发更为活跃的探究兴趣。

第五，学习心理学特别是儿童心理学的进展与工业在生活中日益增长的重要性相一致。杜威指出，现代心理学的进展表明，学习并不是一种现成的和纯粹的心智工作，而是一种要求学生从事探究、实验和尝试的活动，是一种由儿童的原始能力所构成的有意义的活动，因此，有关工业方面的职业对于未经训练的儿童本能的发展具有重要的作用。同时，因为工业生活密切地影响各种形式的社会交往，所以通过工业生活可以培养学生的心理和性格。

总之，在杜威看来，由于工业进步、科学发展以及经济生活和社会生活的变化，职业教育已成为当时美国公共教育的一个重要问题。但又强调："现在职业教育问题所以占有极其重要的位置，是因为它要集中全力解决两个基本问题：是离开人类利用自然的活动最能训练人的智力呢，还是在人类利用自然的活动的范围以内最能训练人的智力呢？个人的文化修养是在利己的条件下最能获得呢，还是在社会的条件下最能获得呢？"①

（三）现行职业教育的弊病

在强调职业教育重要性的同时，杜威对现行职业教育的弊病进行了分析和批判。

一是，现行职业教育纯粹从经济利益的角度考虑其重要性。它仅仅是教

---

① ［美］杜威.民主主义与教育［M］.王承绪，译.北京：人民教育出版社，1990：336.

学生某种职业，使得他们以后更容易赚钱。杜威以葛雷学校为例指出："在学生离开学校以前，他都有机会学习较多种类职业中的任何一种职业的专门过程……使得他从事的无论什么工作都真正成为一门职业，一门终身的职业，而不仅仅是一种只是为了工资才去做的日常工作。"①

二是，现行职业教育以现在的工业为标准。它仅仅是一种狭义的职业教育（即行业培训），使学生屈服于现今制度的要求和标准。然而社会是不断变化的，受到狭义的职业教育的学生培训好了，却早已不适用了，而且很难改换到其他职业。杜威强调："现在是工业变迁的时代，教育应该用将来的工业为标准……教育应该给学生基础的方法技术，使他心思耳目都极灵敏，随时可以进步。这比狭义的训练好得多。"②

三是，现行职业教育认定某个人天生是从事某种职业的。它仅仅是一种非常狭隘的行业培训，使学生以后不能调换职业。其结果是在不断变化的社会中，往往把人才糟蹋了。杜威强调："预先决定一个将来的职业，使教育严格地为这个职业作准备，这种办法要损害现在发展的可能性，从而削弱对将来适当职业的充分准备。"③他还指出："补救的办法，是给他们博大广阔面面都到的教育，使他们的心思技能有格外广阔的根基，能于短时间内变成某行业的人才。"④

四是，现行职业教育使学校成为工业或商业的附属结构。它仅仅是一种工艺教育或行业培训，使学生急急忙忙地为各自的职业作准备。杜威指出：

---

① ［美］杜威.明日之学校.//学校与社会·明日之学校［M］.赵祥麟，等译.北京：人民教育出版社，1994：366.

② ［美］杜威.教育哲学.//姜义华，主编.胡适学术文集·教育［M］.北京：中华书局，1998：408-409.

③ ［美］杜威.民主主义与教育［M］.王承绪，译.北京：人民教育出版社，1990：326.

④ ［美］杜威.教育哲学.//姜义华，主编.胡适学术文集·教育［M］.北京：中华书局，1998：408.

"把职业教育在理论和实践方面解释为工艺教育，作为获得将来专门职业的技术效率的手段"① 是一种危险，这使得学校忽略学生系统地学习社会生活所必需的各种职业。

　　五是，现行职业教育维护了职业教育与文化修养的对立，以及教育与民主分离的旧传统，它仅仅是沿袭和维护教育为少数人而设的旧传统。杜威明确指出："现在有一种所谓的职业训练运动，是为了适应现有工业制度。这个运动会继续把传统的自由教育或文化修养，授予少数在经济上能够享用的人，而把……狭隘的工艺教育授予广大群众。当然，这种计划表明只是延续旧时的社会阶级区分。"②

　　面对现行职业教育的弊病，杜威认为，要解决这个问题是不容易的。对此，胡克曾指出："杜威也许第一个认识到，就是在我们的社会更加平等和开明的社会的制度里，要实现他谋求令人满意的职业计划，也面临很多困难。"③但是，这种困难决不表明现行职业教育弊病的存在是合理的。

　　尽管杜威对现行职业教育的弊病进行了分析和批判，并在著作中尽力解决其中的一些问题，但仍有不少问题有待解决。胡克论及了四个方面的问题④：其一，即使学校教育能使每个学生发现自己所能胜任的职业，但是谁将提供和保证各种工作或职业机会。其二，有些工作或职业摧残并扼杀情感，机械单调，缺乏创造性，但它们却是社会生活所必需的。其三，虽然有些机械单调的工作或职业可以实现自动化，但是，有些类似服务行业的工作或职业虽不机械化，但单调乏味，难以发展到自动化。其四，在人类需要成倍增加的社会里，除非对人类需要采取合理的控制，否则人类需要是难以满足的。

---

① ［美］杜威.民主主义与教育［M］.王承绪，译.北京：人民教育出版社，1990：332.
② ［美］杜威.民主主义与教育［M］.王承绪，译.北京：人民教育出版社，1990：335.
③ ［美］杜威.民主主义与教育［M］.王承绪，译.北京：人民教育出版社，1990：388.
④ ［美］杜威.民主主义与教育［M］.王承绪，译.北京：人民教育出版社，1990：387-388.

（四）使职业教育与普通教育相连

杜威认为，为了实现理想的职业教育计划，必须重视职业教育，并使职业教育与普通教育相连，但它并不是对学生进行狭隘的行业培训。因为"如果教育者以为职业指导可使人对职业作出确定的、无可改变的和完全的抉择，那么，教育和所选职业都很可能流于呆板，阻碍将来的发展"①。在杜威看来，在理想的职业教育计划下，现代职业教育需要进行一次有意义的改革。通过广泛的职业教育，每个人都从事一种工作，能使生活更有价值，更能认识连结人们的纽带，打破人与人之间的隔阂；同时，每个人对自己的工作或职业的兴趣是明智的，都与他的能力倾向和兴趣志向相符合。

杜威特别强调，在学校实施职业教育并不是为某种行业培训工人，也不是要学生专门钻研某种职业，而是要使学生获得与普通教育相连的职业教育，并逐渐明白现代工业的基础，养成对职业以及社会的明智态度。他指出："儿童如果没有这样一种综合的理解力，那任何一种职业训练都不可能真正取得成功，因为只有当他认识到了同类的工作所处的地位以及它们之间的相互关系，他才能真正选择出他所要从事的职业。"②更突出的是，杜威在对马萨诸塞州的教育主管斯内登（D. Snedden）的回答中明确指出："我是以真正的职业教育的名义……反对将职业教育视为一种培训，因为它没有把发展理智的进取心、创造性和执行力作为最高目标，而这些品质和能力将使工人变成他们自己从事工业的命运的主人。……把青少年的职业教育与普通教育分隔开来，势必使教育变得更加狭窄，变得毫无意义和毫无效果……"③

---

① [美] 杜威.民主主义与教育 [M].王承绪，译.北京：人民教育出版社，1990：327.
② [美] 杜威.明日之学校. // 学校与社会·明日之学校 [M].赵祥麟，等译.北京：人民教育出版社，1994：369.
③ [美] 杜威.教育与行业培训. // 杜威全集·中期著作第8卷 [M].何克勇，译.上海：华东师范大学出版社，2012：325.

在职业教育的实施上，杜威指出："通过作业进行的训练，是为职业进行的唯一适当的训练。"[①]在他看来，这种间接的职业训练，通过儿童从事适合他们目前需要和兴趣的主动作业而进行。这样就能真正发现个人的能力倾向，指明在以后的生活中应该选择何种职业。杜威认为，为儿童预先设定一种职业后就一劳永逸，这是一种传统武断的见解。他甚至提出，对儿童的职业教育就是使他们能继续不断地重新组织目的和方法。

为了更好地实施广泛的职业教育，杜威认为，必须改革学校的课程体系，把职业课程和普通课程结合起来，构成一个完整的系统。首先，学校应该开设各种职业课程。其中包括：为男生开设机械制图、模型制作、金工、木工以及印刷等课程，为女生开设缝纫、织布、烹饪、制帽、洗衣、普通家政学等课程，以及为男女生共同开设图案设计、簿记、陶器制造、书刊装订和园艺等课程。开设各种职业课程的目的是，"使儿童通过让他理解供给人们日常需要的各种职业的基本要素，认清自己社会的生活脉络；而不是通过教他某种精巧的技艺，让他局限于所在地区的某些工业上"[②]。其次，学校应该把普通课程和职业训练结合起来。例如，植物学与园艺结合起来教；在学习物理、化学和生物等课程时，使学生了解这些课程与他们的职业教育的关系；此外，所有学生都要上一门科学概论课程，使他们的职业培训能在理论上有一个初步的基础。对此，胡克指出："在极力主张关心职业教育时，杜威对于增加自然科目和社会科目，丰富课程的内容，以便尽可能扩大职业选择的范围，很感兴趣。"[③]在杜威看来，只有这样，才能把普通文化知识同准备从事适当工作或职业的知识技能结合起来，消除知识与行动、理论与实践隔离的现象。

---

① [美]约翰·杜威.民主主义与教育[M].王承绪，译.北京：人民教育出版社，1990：326.

② [美]杜威.明日之学校.//学校与社会·明日之学校[M].赵祥麟，等译.北京：人民教育出版社，1994：369.

③ [美]杜威.学校与社会·明日之学校[M].赵祥麟，等译.北京：人民教育出版社，1994：397.

　　杜威还指出，在学校里应该有设备完善的工场，提供给各种职业课程。例如，金工车间、木工车间、机械工场、印刷工场、缝纫室、家政室等。学生也可以到工厂、商店、医院和政府部门进行实习。例如，到医院实习护理、烹饪和簿记等工作；到工厂实习机械制图、金工、木工和印刷等工作。在杜威看来，从职业教育的角度看，这样的方法比让学生固守在教室里具有明显的优点，因为"学生有了一个试验他自己的兴趣和能力的机会，并且考察他对它们的判断是否正确；如果判断不正确，他就有了一点科学依据，并在这基础上建立了一种更为正确的判断"①。

　　通过广泛的职业教育，杜威认为，学生不仅有机会学习任何一种职业的专门过程，而且能在获得普通文化知识的基础上加深对职业及其意义的理解。这样的职业教育不仅"给每个学生应该具备的理论知识赋予实践的价值，并且给予他一种对周围环境的条件和制度的理解能力。当这一点做到了，学生就具备了正确选择工作和引导自己努力去获得必要的技能所必不可少的知识和智慧"②。只有这样，才能使学生对今后从事的工作或职业有更充分的准备。

　　显然，杜威从一种广阔的社会背景出发，探讨了现代科学技术和工业发展时代的职业和职业教育，提出了一种新的职业教育观，不仅表现出时代的特色，而且颇有新意。美国教育家威斯布鲁克在《杜威与美国民主》中指出："在杜威的设想中，职业教育要使儿童不仅仅成为生产的要素，而且要让他们做有意义的工作。"③我国杜威教育研究学者吴俊升也指出："论及职业教育，杜威从未采取纯功利的观点。他所主张的乃是综合文化陶冶与职业训练两个对立的概念的一种崇高的理想。他需要文化陶冶对社会有实用价值，使职业训练

---

　　①［美］杜威.明日之学校. // 学校与社会·明日之学校［M］.赵祥麟，等译.北京：人民教育出版社，1994：376.

　　②［美］杜威.明日之学校. // 学校与社会·明日之学校［M］.赵祥麟，等译.北京：人民教育出版社，1994：391.

　　③［美］威斯布鲁克.杜威与美国民主［M］.王红欣，译.北京：北京大学出版社，2020：185.

对个人有文化陶冶作用。若把教育简约为纯粹狭隘的、特殊的、机械的和实用的训练，杜威非但不赞同，并且将是首先要反对的一个人。"[1]虽然在实现这种理想的职业教育计划中有许多问题需要继续探讨和解决，但杜威在职业教育上所提出的见解，在理论上与苏联在十月革命胜利提出的"综合技术教育"以及美国在第二次世界大战后强调发展的"综合中学"思想颇为相似，其关于职业教育的见解中有不少是符合当代世界职业教育改革趋势的。

应该指出，杜威强调通过主动的作业活动进行职业教育的思想，与他在教育与生活、学校与社会、经验与课程、知与行等方面的思想是一致的。正如他自己所说："教育过程就是它自己的目的，尽量直接利用现在的生活，可以为将来的任务得到唯一充分的准备。这个原理可以完全有效地应用于教育的职业方面。"[2]正因如此，杜威在论及职业教育的实施时，其中涉及的职业课程不免与"从做中学"以及课程的内容有些重叠。实际上，他所说的职业教育内容就是他所强调的以儿童现在生活经验为根基的学校课程内容的一个重要方面。至于杜威把职业教育看成一个生死攸关的问题，那正是他的民主主义观念在教育理论尤其是职业教育理论上的具体表现。杜威对职业教育的见解，无疑是对他的民主主义观念的进一步阐释。

第九节　道德品格与道德教育

在杜威实用主义教育思想体系中，道德教育是一个重要的组成部分。早

---

① 吴俊升.杜威教育思想的再评论.// 吴俊升.教育与文化论文集［M］.台北：商务印书馆，1972：295.

② ［美］杜威.民主主义与教育［M］.王承绪，译.北京：人民教育出版社，1990：326.

在 1909 年，杜威就写了《教育中的道德原理》一书。在《民主主义与教育》一书中，他还专门列了"道德论"一章，从美国社会和现代生活以及民主主义的观念出发，杜威对道德品格与教育、道德教育的社会方面和心理方面、新个人主义和旧个人主义等问题进行了论述，反对狭隘的说教式的道德教育观，提出了"道德共同体"（moral community）及"学校道德三位一体"（the moral trinits of the school）①的观点，从而在道德品格与道德教育方面阐释了他的见解。杜威指出："我们在教育上所需要的，是真正相信能够有效应用的道德原理的存在……这些道德原理需要用社会的和心理学的名辞去论述，以使它们变得更周全。"②正如美国哲学家穆尔（Carroll Moore）所说的："在哲学的领域中，他最关心的是伦理学。"③杜威从新视角探讨了新时代的道德教育，其中不乏独到合理的见解；但从实质上说，其道德教育原理反映了美国资本主义社会所需要的。

（一）"道德"和"道德教育"的含义

在道德品格与教育上，杜威分别对"道德"和"道德教育"进行了阐释性的论述，并强调道德品格是教育的最高目的。

1. 对"道德"含义的阐释

杜威认为，如果把"道德"看得太狭隘了，就会在道德教育原理上产生各种割裂。他在《民主主义与教育》一书中指出："所谓道德，潜在地包括我

---

①［美］杜威. 教育中的道德原理. // 学校与社会·明日之学校［M］. 赵祥麟，等译. 北京：人民教育出版社，1994：158.

②［美］杜威. 教育中的道德原理. // 学校与社会·明日之学校［M］. 赵祥麟，等译. 北京：人民教育出版社，1994：164.

③ 陈景磐. 再论杜威的道德教育思想. // 中国教育史研究会. 杜威、赫尔巴特教育思想研究［M］. 济南：山东教育出版社，1985：31.

们的一切行为。……道德和整个性格有关，而整个性格又与人的全部特性和表现相等。"① "所谓德行，就是说一个人能够通过在人生一切职务中和别人的交往，使自己充分地、适当地成为他所能形成的人。"②在《教育中的道德原理》一书中，他又指出："凡是能阐明社会构造的事实，凡是能增加社会资源的能力的培养，都是道德。"③在杜威看来，自然发展、文化修养、社会效率、纪律、性格改善等都是道德的特性，也是一个社会成员所必须具备的。从这个意义上讲，道德的目的就是社会的目的。在题为"教育哲学"的在华教育讲演中，杜威论及"道德"的构成。他指出："须知道德有三个部分：（1）知识；（2）感情；（3）能力。先有了知识，知道因果利害，及个人与社会的关系，然后可以见诸行为。不过单有知识，而没有感情以鼓舞之，还是不行，所以又要感情，引起他的欲望，使他爱做，不得不如此做，对于社会有一种同情和忠心。但是单有知识感情还没有用，所以还须有实行的能力，对于知道了要做，和爱做不得不做的事体，用实行能力去对付他。"④

杜威认为，生长自身才是道德的唯一"目的"。在人的道德行为习惯的形成中，一种道德行为和另一种道德行为是不间断的。在教育的过程中，每一种道德行为自身包含着本能冲动、智慧和反思性思维，最后构成道德品质。如果认识到道德过程和教育过程的同一性，那么教育将被看作社会进步和社会改造的最经济的和最有效的手段。

在讨论道德时，杜威强调应该把"道德的观念"（moral ideas）和"关于道德的观念"（ideas about morality）区分开来。所谓道德的观念，是指能够影

---

① ［美］杜威.民主主义与教育［M］.王承绪，译.北京：人民教育出版社，1990：374.

② ［美］杜威.民主主义与教育［M］.王承绪，译.北京：人民教育出版社，1990：375.

③ ［美］杜威.教育中的道德原理.// 学校与社会·明日之学校［M］.赵祥麟，等译.北京：人民教育出版社，1994：158.

④ ［美］杜威.教育哲学.// 姜义华，主编.胡适学术文集·教育［M］.北京：中华书局，1998：417.

响和改进行为并使行为变得更好的观念。它是在参与合作的社会生活的过程中形成的。至于对行为没有影响的观念就是与道德无关的观念，使行为变得更坏的观念就是不道德的观念。所谓关于道德的观念，是指以语言文字的方式传授的观念，即直接的道德知识的传授。尽管它的传授是必要的，但是与通过间接的道德教育所形成的全部道德品质相较，它在数量上相对较少，在影响上也是比较弱的。而且，它在道德上可以是无关的或不道德的，也可以是道德的。在杜威看来，这种区分对于道德教育来说是十分重要的，因为"学校中道德教育最重要的问题是关于知识和行为的关系"①。在道德教育上不断出现误解的根源，就在于不能正确区分道德观念和关于道德的观念。显然，对于抽象地谈论道德教育或仅仅以语言文字的方式传授道德知识，杜威持反对态度。他坚信，道德知识的传授并不是真正的道德教育，也不能代替真正的道德教育。

2. 对"道德教育"含义的阐释

杜威认为，道德培养是学校教育的一个普遍的目的。他在《民主主义与教育》一书中明确指出："一切能发展有效地参与社会生活的能力的教育，都是道德的教育。这种教育塑造一种性格，不但能从事社会所必需的特定的行为，而且对生长所必需的继续不断的重新适应感到兴趣。"②在杜威看来，道德教育的作用就在于它的社会价值。在题为"教育哲学"的在华教育讲演中，杜威又一次论及道德教育的含义："从哲学讲，道德教育的含义很深：最重要的是'个性'与'社会'的关系。……它一方面发展个性，养成个人的知识能力感情；一方面发展之后，还须使社会的同情格外增加。所以问题在怎样使个性发展，同时并把同情的范围扩大，对于社会情愿尽忠，情愿牺牲。"③在他看来，道德教育也可以称为"教育的伦理方面"。

---

① [美]杜威.民主主义与教育[M].王承绪，译.北京：人民教育出版社，1990：377.
② [美]杜威.民主主义与教育[M].王承绪，译.北京：人民教育出版社，1990：377.
③ [美]杜威.教育哲学.// 姜义华，主编.胡适学术文集·教育[M].北京：中华书局，1998：419.

杜威还认为，道德问题是社会最重要的问题，道德品格是教育的最高目的。他在《构成教育基础的伦理原则》中指出："品格发展是学校一切工作的最终目的。"① 他在题为"教育哲学"的在华教育讲演中又说："倘真明白了道德为教育的最高最后目的，那么，应该找方法使行为与道德打通，知了便去行。这样，也许可以做到道德为最高最后的教育目的的希望。"② 在杜威看来，道德行为者的最大需要就是道德品格，因为道德品格使他便于认识其行为的后果。

其一，道德品格无往而不在，道德教育问题无往而不在。在道德上，品格和行为是同一个东西。因此，杜威明确指出："不能有两套伦理原则或两种伦理理论，一套为校内生活，一套为校外生活。因为行为是一致的，所以，行为的原则也是一致的。"③

其二，道德就是生长，道德教育的程序就是道德成长的程序。因为道德的过程就是经验不断从坏经验转变为好经验的过程，所以，教育的过程与道德的过程是完全一致的。个体必须拥有在"品格的力量"名义下的所有东西。因此，"道德不是达到其他目的的一种手段，它本身就是目的"④。

（二）道德教育的社会方面和心理方面

在道德教育上，杜威强调一种更大范围的、间接的和生动的道德教育；

---

① [美] 杜威. 构成教育基础的伦理原则. // 杜威全集·早期著作第5卷 [M]. 杨小微，等译. 上海：华东师范大学出版社，1896：58.

② [美] 杜威. 教育哲学. // 王凤玉，单中惠. 杜威在华教育讲演集 [M]. 济南：山东教育出版社，2024：104.

③ [美] 杜威. 教育中的道德原理. // 学校与社会·明日之学校 [M]. 赵祥麟，等译. 北京：人民教育出版社，1994：144.

④ [美] 杜威. 伦理学. // 杜威全集·中期著作第5卷 [C]. 魏洪钟，等译. 上海：华东师范大学出版社，2010：174.

但他同时认为，道德教育最重要的问题是协调个人与社会的关系。如果不能协调好这二者关系，即使把道德的目的看作教育上统一的和最终的目的，也是无用的。美国教育学者福克斯（J. D. Fox）指出："解决个人与社会之间的二分法，是全部杜威思维的一个主要突破点。"①

在杜威看来，道德教育可以分为社会和心理两个方面，即道德教育的社会方面和道德教育的心理方面。前者是道德教育的社会性，指关于道德教育的目的和内容；后者是道德教育的心理性，指关于道德教育的方法和精神。

1. 道德教育的社会方面

杜威认为，道德教育不能离开社会生活而存在。在道德教育中，必须强调儿童参与社会生活，因为他们正是从社会活动和交往中形成自己的道德观念和品质。道德判断和道德责任都是在社会环境中得到发展的，这充分表明一切道德都是社会性的。他强调指出："道德教育集中在把学校作为一种社会生活的方式这个概念上，最好的和深刻的道德训练，恰恰是人们在工作和思想的统一中跟别人发生适当的关系而得来的。"②他还指出："离开了参与社会生活，学校就既没有道德的目标，也没有什么目的。只要我们把自己禁闭于成为孤立机构的学校，我们就没有指导原则，因为我们没有目标。例如，据说教育的目的是个人一切能力的和谐发展。在这里显然与社会生活或社会成员身份没有关系，然而很多人认为这是教育目的一个适当的、彻底的定义。但是，如果我们独立于社会关系之外理解这个定义，我们就无法说明所用的任何一个名辞是什么意思。我们不知道什么叫能力，我们不知道什么叫发展，我们不知道什么叫和谐。"③

---

① ［美］福克斯.布鲁纳与杜威.// 瞿葆奎.教育学文集·教学（上）［M］.北京：人民教育出版社，1988：441.

② ［美］杜威.我的教育信条.// 杜威教育论著选［M］.赵祥麟，王承绪，编译.上海：华东师范大学出版社，1981：5.

③ ［美］杜威.教育中的道德原理.// 学校与社会·明日之学校［M］.赵祥麟，等译.北京：人民教育出版社，1994：146.

在道德教育中，杜威认为，社会学的分析是控制道德判断的一个条件。因为唤起独特的道德判断的情境是一种社会情境，所以只有通过社会学分析的方法才能描述和控制这个独特的道德判断。他指出："道德判断中所判断的对象或所构成的情境不是一个冷冰冰的、遥远的和莫不相关的外在对象，而是最独特地、紧密地、完善地为这个行动者自己所具有的对象；它就是作为对象的行动者。"① "道德判断实际上表现一种人与人之间的关系，而人与人之间的关系就是我们所谓'社会的'的意思。"② 因此，对道德教育的社会学分析有助于对道德判断的控制。如果要在一定的社会情境中有所动作，那就要知道这个社会情境是什么，以便我们决定应该做什么才是正当的。

在杜威看来，忽视道德教育的社会性，必然使道德训练部分是病态的和流于形式的，阻碍儿童的道德成长。他指出："在伦理方面，目前学校可悲的弱点在于，它所致力的是在社会精神的条件显然十分缺乏的情况下培养社会秩序的未来成员。"③ "威胁着学校工作的巨大危险，是缺乏养成渗透一切的社会精神的条件；这是有效的道德训练的大敌。因为只有具备一定的条件，这种精神才能主动地出现。"④ 因此，杜威认为，学校本身必须是一种社会生活，成为典型社会生活的胚胎，这是道德教育的一个基本因素。"儿童在校内与他们在校外所得到同样的道德动机和关系的实际认识程度，可用以作为衡量他们不同于人为的真正的道德成长的尺度。只有当学校具有社会的环境，呈现日常生活中的灵活而不拘形式的关系时，儿童才能获得真正的道德的成长。……学校的

---

① [美] 杜威. 对道德进行科学研究的逻辑条件. // 杜威. 人的问题 [M]. 傅统先，邱椿，译. 上海：上海人民出版社，1965：199.

② [美] 杜威. 对道德进行科学研究的逻辑条件. // 杜威. 人的问题 [M]. 傅统先，邱椿，译. 上海：上海人民出版社，1965：200.

③ [美] 杜威. 学校与社会. // 学校与社会·明日之学校 [M]. 赵祥麟，等译. 北京：人民教育出版社，1994：32.

④ [美] 杜威. 民主主义与教育 [M]. 王承绪，译. 北京：人民教育出版社，1990：375.

社会精神，就这样供给儿童居于统治地位的道德的动机。"① 杜威特别提到社会兴趣和道德兴趣之间存在着密切的关系："社会兴趣有强烈的支配力量，由于交往，这种支配力量就转化为道德方面所需要的力量。"② 对于学校的道德教育来说，因为学校的道德原则和社会的道德原则应该是一致的，所以只有让儿童积极参与社会生活，才能促使他们的道德成长。

2. 道德教育的心理方面

杜威认为，道德教育是与个人和个人行为联系的。他指出："可以把行为看作是一种个人的态度和素质的表现以及社会结果的实现和社会结构的维护。把行为看作个人行动的方式、亲身的做事，就使我们从道德的社会方面转入到道德的心理学方面。"③

对于道德教育的心理方面，杜威是从三方面进行论述。

其一，天赋的本能和冲动是行为的源泉。杜威认为，人的一切行为都是由天赋的本能和冲动而产生的，它为道德教育提供了素材并指出起点。因此，我们必须知道这些本能和冲动是什么以及在儿童发展的某一特定阶段它们是什么，以便知道求助于什么，建立在什么基础之上。尽管每个人的天赋存在着差别，但是他们的冲动以及对做事的愿望仍然有共同的基本特征，道德教育的问题就是要发现这些天赋本能和冲动蕴藏是什么，然后提供刺激和控制条件把它们组织到一定的行为方式中去。在杜威看来，如果在道德教育中忽视这一点，那么儿童的道德行为就有可能变成机械的模仿而难以控制。

其二，理智的判断力能对人的行为加以指导。杜威认为，单纯依靠天赋

---

① ［美］梅休，爱德华兹.杜威学校［M］.王承绪，赵祥麟，等译.上海：华东师范大学出版社，1991：25-26.

② ［美］杜威.教育中的兴趣与努力.// 学校与社会·明日之学校［M］.赵祥麟，等译.北京：人民教育出版社，1994：210.

③ ［美］杜威.教育中的道德原理.// 学校与社会·明日之学校［M］.赵祥麟，等译.北京：人民教育出版社，1994：159.

的本能和冲动是不行的，因为它可能成为粗野的力量，触犯别人的利益，并不能保证有正当的目的。因此，"在理智方面，我们必须有判断力，即通常叫做良好的鉴别力……良好的判断就是对各自的或相称的价值的鉴别力。一个有判断力的人就是有估计形势的能力的人。他能把握他所面临的情景或形势，不理会不相干的事情或在当时不重要的事情；他能抓住值得注意的因素，根据它们各自的要求把它们分成档次"①。在杜威看来，这种理智的判断力并不是单纯的道德知识，也不是仅仅抽象地知道什么是正当的。它会表现为具体的、确定的和具有个人特征的行为。

其三，灵敏的情绪反应也能对人的行为加以指导。杜威认为，为了使天赋的本能和冲动沿着社会的渠道加以组织和从属于有价值的目的，在有理智的判断力的同时，还必须有灵敏的情绪反应。因为"对目的的认识不仅是理智上的。我们能够想象一个有最出色的判断力的人，然而他不能根据他的判断去行动。不仅必须有力量保证在实行中克服障碍，而且必须有机灵的个人的灵敏反应——必须有情绪上的反应。实际上，没有这种敏感性，是不可能有良好判断力的"②。在杜威看来，道德知识的材料是由情绪上的敏感性所提供的，其特性难以用言语表达清晰。

对于道德教育来说，天赋的本能和冲动、理智的判断力以及灵敏的情绪反应三个方面是紧密相连的。因此，杜威指出，学校应该为这些天赋的本能和冲动提供足够的机会，使它们得以发展和表现，同时应该为理智的判断力和灵敏的情绪反应提供所必需的条件和环境。

杜威还认为，在道德教育中，心理学的分析也是控制道德判断的一个条件。对于任何具体的道德论，心理学的命题及其分析是不可缺少的。因为"与

---

①［美］杜威. 教育中的道德原理. // 学校与社会·明日之学校［M］. 赵祥麟，等译. 北京：人民教育出版社，1994：161.

②［美］杜威. 教育中的道德原理. // 学校与社会·明日之学校［M］. 赵祥麟，等译. 北京：人民教育出版社，1994：161.

我们的道德意识有关的任何关于道德理论的陈述所说明的各种关系是否真实，最后必须经过心理学分析的检验。……心理学分析并不为我们树立一个实际所经验到的目的或理想，无论这种目的或理想是属于道德方面的或其他方面。它也不想告诉我们这种目的或理想是什么。但是心理学分析却告诉我们形成和享有一个目的有什么意义"①。因此，对道德教育的心理学分析有助于对道德判断的控制。它使我们了解一种道德观念及行为有什么意义，以便决定应该如何做才是正确的。

（三）新个人主义和旧个人主义

在美国社会和文化中，个人主义这一道德概念曾占有十分重要的地位。在早期西部开拓时代，个人主义曾起过很大的历史作用，其特点是重视个人的倔强性、独立性、独创性和毅力。但杜威把这种个人主义称为"旧个人主义"，或称"经济的个人主义""僵硬的个人主义"。

1. 用新个人主义取代旧个人主义

随着工业化和都市化运动的发展以及社会生活的变革，强调自由放任和维护少数人私利的旧个人主义处于"破产"的窘境，急需变革。杜威认为，"说旧个人主义的全部意义现在已降低到成为衡量金钱的尺度，这不算过分"②。因此，他强调指出："问题主要就是创造一种新的个人主义，这种新个人主义对现代情况具有的重大意义，正如旧个人主义对它的时代和地点曾经起着最好的作用一样。"③

---

①［美］杜威. 对道德进行科学研究的逻辑条件. // 杜威. 人的问题［M］. 傅统先，邱椿，译. 上海：上海人民出版社，1965：196.

②［美］杜威. 旧个人主义与新个人主义. // 杜威教育论著选［M］. 赵祥麟，王承绪，编译. 上海：华东师范大学出版社，1981：291.

③［美］杜威. 旧个人主义与新个人主义. // 杜威教育论著选［M］. 赵祥麟，王承绪，编译. 上海：华东师范大学出版社，1981：287.

1930 年，杜威专门撰写《旧个人主义和新个人主义》一书，反对旧个人主义，提倡新个人主义。美国教育学者芬尼克斯（Philip H. Phenix）指出："杜威正确地将旧个人主义与新个人主义对立起来，旧个人主义是自由放任的、倔强的个人主义，而新个人主义则是具有社会责任心的个人主义。"[①] 面对个人和社会关系这个道德教育的最重要问题，杜威强烈要求以新个人主义来取代旧个人主义，他把提倡新个人主义作为其道德论的出发点。

杜威认为，个人主义这一道德概念的内容是变化的，不是静止的。他批评有些人的"想法显然把个人主义看成似乎是内容始终不变的静态的东西。它忽视了这个事实，即各个人的心理和道德结构，他们的欲望和目的的型式，是随着社会结构的每次大变动而变动的"[②]。

2. 新个人主义的主要特征

杜威承认旧个人主义强调进取心、创造力、坚强和节俭以及对社会的服务有着真正的道德上的意义，但是，他所提倡的新个人主义就是要培养"一种新型的理智、新型的情操和新型的个性"[③]。

在杜威看来，这种新个人主义具有两个主要特征：其一是具有社会性。新个人主义反对把个人和社会对立起来，强调共同参与和相互合作。把合作与集体同个人相对立的习惯，会使人们的注意力离开了这样一个关键问题：在一个新的环境中，个人如何重新界定自我，以及新个人主义将呈现怎样的品质。杜威指出："不受团体组织——无论是家庭的、经济的、宗教的、政治的、艺

---

① Philip H. Phenix. *John Dewey's War on Dualism.* // 褚宏启. 杜威教育思想引论［M］. 长沙：湖南教育出版社，1998：79.

②［美］杜威. 旧个人主义与新个人主义. // 杜威教育论著选［M］. 赵祥麟，王承绪，编译. 上海：华东师范大学出版社，1981：290.

③［美］杜威. 旧个人主义与新个人主义. // 杜威教育论著选［M］. 赵祥麟，王承绪，编译. 上海：华东师范大学出版社，1981：288.

术的，还是教育的——约束在一起的个人只是些怪物。"① 其二是具有理智性。新个人主义强调按现实状况面对现实，即理智上的接受，而不是情绪和意志上的接受。杜威指出，"在思想上承认这一点，会带来明智的识别和选择，这是迈出混乱的第一步，是形成有意义的忠顺的目标的第一步，我们从这些目标中可能产生那种坚定的和有能力的个性"②。科学与技术"正是现代生活中最有终极意义的力量。只有通过在理解其潜在意义的基础上对它们加以利用，一种与当代现实和谐一致的新个人主义才能诞生"③。

以杜威道德论为出发点的新个人主义，不同于旧个人主义，体现了新的时代特色。杜威提倡的新个人主义是一种新的个性，要求充分发挥作为个体的人的能动性和创造性。复旦大学哲学系刘放桐教授指出，杜威"认为对个人利益的追求要受到社会的、集体的限制，私利要服从公益。为此他激烈批判西方社会中普遍存在的极端利己主义和享乐主义，即他所谓'经济个人主义'，要求建立一种超越这种局限性而专注发挥个人能动性和创造性的'新个人主义'"④。应该看到，杜威提倡的新个人主义并没有完全否定旧个人主义，还从中吸收了积极的和合理的东西。美国纽约州立大学哲学教授保罗·库尔茨（Paul Kurtz）甚至指出："《新旧个人主义》是杜威为试图重新定义自由主义而作出的部分努力。……马克思主义思想在当时已经开始传播，我们能看到马克思主义思想对杜威的影响。"⑤

---

① ［美］杜威. 新旧个人主义：杜威文选［M］. 孙有中，译. 上海：上海社会科学院出版社，1997：87.

② ［美］杜威. 旧个人主义与新个人主义. // 杜威教育论著选［M］. 赵祥麟，王承绪，编译. 上海：华东师范大学出版社，1981：294.

③ ［美］杜威. 新旧个人主义：杜威文选［M］. 孙有中，译. 上海：上海社会科学院出版社，1997：96.

④ 刘放桐. "代序：重新认识和评价杜威". // ［美］杜威. 新旧个人主义：杜威文选［M］. 孙有中，译. 上海：上海社会科学院出版社，1997：7.

⑤ ［美］杜威. 杜威全集·晚期著作第5卷［M］. "导言". 孙有中，等译. 上海：华东师范大学出版社，2015：6.

（四）道德共同体与学校道德三位一体

与传统的道德教育截然不同的是，在作为实施道德教育主体的学校上，杜威提出了两个新的观念：一个是"道德共同体"，另一是"学校道德三位一体"。

1. 道德共同体

杜威认为，基于一切道德行为都是社会性这一信念，作为一种雏形社会的学校就是一个道德共同体，每个人都必须把自己发展为这个道德共同体的一个成员。他强调指出："'道德共同体'这个术语只能意味着一个行动的共同体，它通过各种不同个人的合作性行为而成其所是……社会的道德活动与个人的活动也是这样。各种功能越是个人化，统一性就越是完善……因此，行为者功能的实践，既是对他的约定，也是对他的统合。它使他成为一个明确的社会成员，同时又使他成为社会中的一员。"①

在杜威看来，在这个道德共同体中，每个人服从这个社会统一体的存在和发展所施加的条件，是处于义务和责任之下的；同时，每个人通过以功能方式进行的活动实现了个人，满足其自身的兴趣并获得力量，也就是发现了自由。对于学校来说，必须用最广泛和最自由的精神解释其在社会方面的伦理责任；对于儿童来说，必须通过训练使其管束好自己并对自己负责。因此，学校这个道德共同体不仅要认识到道德原则的重要性，而且要认识到道德原则是共同体生活和个人活动结构所固有的。具体讲，"我们需要把道德转化为共同体生活的实际环境和动力，也转化为个人做事的各种冲动和习惯"②。

---

① [美]杜威.批判的伦理学纲要.// 杜威全集·早期著作第3卷 [M].吴新文，等译.上海：华东师范大学出版社，2010：275.
② [美]杜威.构成教育基础的伦理原则.// 杜威全集·早期著作第5卷 [M].杨小微，等译.上海：华东师范大学出版社，2010：62.

2.学校道德三位一体

杜威认为，道德教育可以通过学校生活、教材和教学方法进行。因为"每一门学科、每一种教学方法，学校中的每一偶发事件都孕育着培养道德的可能性"①。三者相互联系而不可分割的，可以称之为"学校道德三位一体"。

（1）通过学校生活进行道德教育

杜威认为，在学校生活中，儿童可以逐步培养适应环境的能力，形成道德观念。从这个意义上讲，学校生活是进行道德教育的必要条件，只有用与学校有关的更大范围的社会活动来解释学校活动时，才能真正找到判断它们道德意义的标准。在杜威看来，学校道德教育要用它的社会价值来衡量。

因此，学校生活必须与社会生活紧密联系起来，使学校成为社会生活的一个形式。学校生活具有社会生活的全部含义，校内学习和校外学习之间应有相互影响。在杜威看来，学校道德与社会道德是统一的，两者有着共同的道德原则。学校在道德上的责任就是对社会的责任，就是培养儿童的自制能力，"使他能照管自己；使他能不仅适应正在发生的变化，而是有能力去形成变化，指导变化"②。

总之，依靠社会化的学校生活，学校的道德将会变得生气勃勃。"学校与社会隔离，学校里的知识就不能应用于生活，因此也无益于品德。"③这正是杜威"学校即社会"思想在道德教育上的体现。

（2）通过各科教材进行道德教育

杜威认为，知识的题材与道德的发展有着密切的和有机的联系，各种教材是培养儿童道德品质的主要手段。因此，他指出："道德目的在一切教学

---

① ［美］杜威.教育中的道德原理. // 学校与社会·明日之学校 ［M］.赵祥麟，等译.北京：人民教育出版社，1994：164.

② ［美］杜威.教育中的道德原理. // 学校与社会·明日之学校 ［M］.赵祥麟，等译.北京：人民教育出版社，1994：146.

③ ［美］杜威.民主主义与教育 ［M］.王承绪，译.北京：人民教育出版社，1990：376.

中——不论是什么问题的教学普遍存在并居于主导地位。"①

因此，怎样把道德价值的社会标准应用于各科教材，就成为学校道德教育的一个重要问题。在谈到地理、历史、数学等学科时，杜威指出："要把一门学科看作是使儿童认识社会活动的情况的一种工具……知识只有在提出被置于社会生活背景中的材料的明确形象和概念时，才是名符其实的有教育性的。训练只有在它代表把知识反映到个人自己的能力中去、使他将能力服务于社会目的时，才是名符其实的有教育性的。"② 在谈及娱乐和艺术时，杜威指出，它们"具有无法取代的道德功能，应该受到至今尚未获得的重视"③。

杜威还认为，道德目的在一切教学中是居于主导地位的，而且与学科教学联系在一起。"当一个学科是按照了解社会生活的方式去教的时候，它就具有积极的伦理上的意义。"④

（3）通过教学方法进行道德教育

杜威认为，知识的方法与道德的发展有着密切的联系，教学方法是培养儿童道德品质的主要手段。因此，他指出："对儿童的活动能力、对他在建造、制作、创造方面的能力有吸引力的每一种教学法的采用，都标志着把伦理的重心从自私的吸收转移到社会性的服务上来的机会。"⑤

在杜威看来，学校的教学方法应该把重点放在建造和发表上，而不是吸

---

① ［美］杜威.教育中的道德原理. // 学校与社会·明日之学校［M］. 赵祥麟，等译. 北京：人民教育出版社，1994：142.

② ［美］杜威.教育中的道德原理. // 学校与社会·明日之学校［M］. 赵祥麟，等译. 北京：人民教育出版社，1994：153.

③ ［美］杜威.新旧个人主义：杜威文选［M］.孙有中，译.上海：上海社会科学院出版社，1997：107.

④ ［美］杜威.教育中的道德原理. // 学校与社会·明日之学校［M］. 赵祥麟，等译. 北京：人民教育出版社，1994：157.

⑤ ［美］杜威.教育中的道德原理. // 学校与社会·明日之学校［M］. 赵祥麟，等译. 北京：人民教育出版社，1994：152.

收和单纯的学习。在学校活动中，应该强调合作交流和共同参与，并使儿童逐渐从外部的动机中摆脱出来，乐于理解他们所做的工作的社会价值。这样，就使儿童的社会精神得到培养。反之，学校道德教育的结果就肯定是不能令人满意的。因为如果儿童要做事的天赋倾向得不到利用并被其他动机取而代之时，一种积累起来的反社会精神的影响要比我们所能想象的大得多。

应该看到，杜威批判了历史上的各种道德教育观，并在探讨道德教育领域中所有问题的基础上，试图构建道德教育理论框架，从而对西方道德教育理论的发展作出了贡献。正如美国教育学者伊莱亚斯（J. Elias）所指出的："杜威的伦理学说虽然在本质上是有问题的，但对道德教育领域却作出了许多极重要的贡献，其中最重要的是重视发展青年的批评性智慧，认识到道德价值不是永恒的。杜威的道德教育方法强调儿童要在实际环境中学习价值，并在审慎考虑结果后做出自己的选择。杜威还十分注意要求在道德教育中认真考虑儿童的年龄和理智能力。他所强调的在与别人的合作中学习价值的观点已成为当代许多道德教育理论的一个重要方面。"①

就杜威的道德教育理论的影响来说，杜威的道德教育理论中的不少见解已被当代西方许多道德教育家所认同，并成为当代西方许多道德教育理论的来源。美国道德教育理论家赫什（R. H. Hersh）、米勒（J. Miller）和菲尔丁（G. Fielding）在合著的《道德教育的模式：一种评价》（*Models of Moral Education: An Appraisal*）一书中指出，目前流行的各种道德教育模式几乎无一不源于杜威的传统，尽管他们的研究结果超出了杜威的理论假设，但在某些方面仍留有杜威思想的痕迹。② 正因如此，在当代西方诸多道德教育家看来，杜威也许是西方道德教育领域最有影响的教育家。

---

① 戚万学. 冲突与整合：20世纪西方道德教育理论［M］. 济南：山东教育出版社，1995：196-197.

② 戚万学. 冲突与整合：20世纪西方道德教育理论［M］. 济南：山东教育出版社，1995：199.

第十节　儿童与教师

在实用主义教育思想体系中，杜威最后对儿童与教师方面进行了论述。从批判一切主要是为教师的传统学校出发，他主张学校生活应该以儿童为中心，强调学校中一切必要的措施都应该为了促进儿童的生长。在讨论儿童和儿童教育问题时，杜威提出了一种新的儿童教育观，即注重自然发展的儿童教育观。它不仅与 19 世纪末 20 世纪初兴起的儿童中心教育思潮相吻合，而且推动了儿童中心教育思潮的发展。当然，应该看到，在充分强调儿童在学校生活中中心地位的同时，杜威并没有完全否定教师的作用，指出教育过程是一个教师和儿童共同参与以及真正合作的过程。在杜威创办的实验学校中，教师与儿童共同创造一个教育经验，这个教育经验具有更大的创造性。[①] 正是从这一点出发，杜威提出了一种新的教师教育观，即体现职业精神的教师教育观，与传统的教师教育观形成鲜明的对照。

（一）注重自然发展的儿童教育观

1. 学校生活以儿童为中心

杜威指出传统学校的一切主要是为教师的，而不是为儿童的。在那里，来自教师的刺激和控制太多了。因此，它的"重心是在儿童以外。重心在教

---

① ［美］梅休，爱德华兹.杜威学校［M］.王承绪，赵祥麟，等译.上海：华东师范大学出版社，1991：3.

师，在教科书以及在你所喜欢的任何地方和一切地方，唯独不在儿童自己的直接的本能和活动上。在那个基础上，儿童的生活就说不上了。关于儿童的学习，可以谈得很多，但学校不是儿童生活的地方"①。在杜威看来，重心在教师的传统学校必然会阻碍儿童的生长和发展。

针对传统学校组织上的弊病，杜威明确主张学校生活应以儿童为中心。面对当时流行的儿童中心教育思潮，他提倡儿童中心论。他在《学校与社会》中写道："现在我们的教育中正在发生一种变革是重心的转移。这是一种变革，一场革命，一场和哥白尼把天体的中心从地球转到太阳那样的革命。在这种情况下，儿童变成了太阳，教育的各种措施围绕着这个中心旋转，儿童是中心，教育的各种措施围绕他们而组织起来。"②在杜威的所有论著中，这是阐述他的儿童中心论的典型的一段话。

在杜威看来，"儿童的生活是一个整体，一个总体……凡是在他的心目中最突出的东西就暂时对他构成整个的宇宙。那个宇宙是变化的和流动的，它的内容是以惊人的速度在消失和重新组合。但是，归根结底，它是儿童自己的世界"③。因此，在任何的学校中，是儿童而不是教学大纲决定教育的质和量。教学计划、教学内容和教学方法以及一切教育活动都要服从儿童的兴趣和经验的需要。"在学校里，儿童的生活成为决定一切的目的。凡促进儿童成长的必要措施都集中在这个方面。"④

杜威还强调学校生活以儿童为中心是与儿童的本能和需要协调一致的。

---

① [美]杜威.学校与社会.//学校与社会·明日之学校[M].赵祥麟，等译.北京：人民教育出版社，1994：43-44.

② [美]杜威.学校与社会.//学校与社会·明日之学校[M].赵祥麟，等译.北京：人民教育出版社，1994：44.

③ [美]杜威.学校与社会.//学校与社会·明日之学校[M].赵祥麟，等译.北京：人民教育出版社，1994：116.

④ [美]杜威.学校与社会.//杜威教育论著选[M].赵祥麟，王承绪，编译.上海：华东师范大学出版社，1981：33.

早在《我的教育信条》这本纲领性著作中，他就明确指出："唯一的真正教育是通过对儿童能力的刺激而来的，这种刺激是儿童自己感觉到所在的社会情景及各种要求所引起的。"[①] "儿童自己的本能和能力为一切教育提供了素材，并指出了起点。"[②] 在他看来，心理是一个生长的过程，教育必须从心理学上探索儿童的本能、兴趣和习惯开始。学校生活以儿童为中心也体现了这一点，所以，对于学校生活来说，"儿童是起点，是中心，而且是目的。儿童的发展、儿童的生长，就是理想所在……毫不夸张地说，我们必须站在儿童的立场上，并且以儿童为自己的出发点"[③]。

综观杜威关于儿童与教师关系的整个论述，可以清楚地看出，杜威是儿童中心论的赞同者和提倡者。然而，他并不是儿童中心论的创始者。因为"儿童中心"一词最早是由美国心理学家和教育家、"儿童研究之父"霍尔提出来的。[④] 后来，帕克也主张"儿童处于学校的中心"[⑤]。当杜威在翰斯·霍普金斯大学攻读博士学位时，霍尔是他的老师；当进步教育运动在美国蓬勃开展时，杜威与帕克建立了亲密的友谊。在儿童中心论上，杜威显然受到了霍尔和帕克的影响。

值得注意的是，杜威在《芝加哥实验的理论》一文中就指出，那些"儿童中心"的进步学校"在某种程度上，忽视或者至少不重视社会关系和社会责任"[⑥]。但他认为，芝加哥大学实验学校是把"教育的社会方面放在第一

---

① ［美］杜威. 我的教育信条. // 杜威教育论著选 ［M］. 赵祥麟，王承绪，编译. 上海：华东师范大学出版社，1981：1.

② ［美］杜威. 我的教育信条. // 杜威教育论著选 ［M］. 赵祥麟，王承绪，编译. 上海：华东师范大学出版社，1981：2.

③ ［美］杜威. 儿童与课程. // 学校与社会·明日之学校 ［M］. 赵祥麟，等译. 北京：人民教育出版社，1994：118-119.

④ 舒新诚. 现代教育方法 ［M］. 上海：商务印书馆，1930：31.

⑤ Ida C. Heffron. *Francis Wayland Parker*. Los Angeles：Ivan Deach, Jr., Publisher, 1934：55.

⑥ ［美］杜威. 芝加哥实验的理论. // 杜威教育论著选 ［M］. 赵祥麟，王承绪，编译. 上海：华东师范大学出版社，1981：321.

位"的，在意图上是"社会中心"的。当《杜威学校》一书 1965 年重新出版时，新版编者在"新版前言"中也指出："这所学校不但不是'儿童中心'的，相反地，它是'社会中心'的，时刻注视着社会生活和社会职业。"① 美国教育家拉特纳也说："杜威教育哲学的基础便是这样一个概念：学习为社会之过程。"② 杜威在这里提出的社会中心和他赞同并提倡的儿童中心似乎是矛盾的。实际上，正如我国杜威教育研究学者赵祥麟教授所指出的："在杜威的心目中，'儿童中心'是就心理的因素，也即就方法论来说的，'社会中心'是就社会的因素，也即就目的论来说的。"③ 无论是"儿童中心"，还是"社会中心"，只是杜威从不同的角度进行的阐述。尽管杜威在回顾芝加哥大学实验学校时也承认社会中心的意图在那所学校里并没有成功，但他既强调儿童中心又提出社会中心，这在一定程度上表明，他和儿童中心教育思潮的那些教育家在儿童中心论上的见解是存在区别的。

在以儿童为中心的学校生活中，杜威认为，如何对待儿童的兴趣和自由是必须解决的两个重要问题。

2. 论儿童的兴趣

兴趣是杜威实用主义教育思想中的一个重要概念。在他看来，在讨论儿童和儿童教育问题时，必然涉及"兴趣"这一概念。在《学校与社会》《教育中的兴趣与努力》等论著以及《民主主义与教育》的"兴趣和训练"一章中，杜威集中阐释了儿童兴趣的观点。

（1）对"兴趣"含义的阐释

早在《我的教育信条》一文中，杜威就对兴趣的含义进行了论述。他这样写道："兴趣是生长中的能力的信号和象征……兴趣显示着最初出现的能

---

① ［美］梅休，爱德华兹.杜威学校［M］."新版编者前言".1991：8.

② ［美］杜威.今日的教育［M］.董时光，译述.上海：商务印书馆，1946：37："原序".

③ 赵祥麟.杜威芝加哥实验的设计和理论述评.// 中国教育史研究会.杜威赫尔巴特教育思想研究［M］.1985：99.

力。"①在《学校与社会》中，杜威说："每一项兴趣都是源于某种本能或反过来又最终基于一种原始本能的兴趣。"②在《教育中的兴趣与努力》一书中，他写道："兴趣主要是自我表现的活动的一种形态——即是说，通过作用于萌芽状态的倾向而出现的生长的一种形态。"③兴趣是"一个行动过程、一项工作或职业能彻底地吸引一个人的能力"④。在《民主主义与教育》的"兴趣和训练"一章中，杜威又说："兴趣是任何有目的的经验中各种事物的动力。"⑤"兴趣就是一个人和他的对象融为一体。"⑥

尽管杜威在各处对兴趣这一概念的具体论述并不相同，但概括起来，他对兴趣含义的看法可以归纳为三个方面：其一，兴趣是一种能力，源于人的本能，并在生长的过程中表现出来。其二，兴趣是一种活动，是自我表现的活动，并采用一种形态表现出来。其三，兴趣是一种动力，使人专注于一个行动、一项工作或职业，并用一种态度表现出来。

就兴趣的三个特征⑦来说，杜威认为，第一，兴趣是积极的，每一种兴趣都积极地与某个事物或活动发生关联，而不是消极地等待来自外部的刺激；第二，兴趣是客观的，每一种兴趣都体现在一个相关的对象上，从属于一个相关的对象；第三，兴趣是个人的，每一种兴趣意味着个人对某个事物或活动的直

---

①［美］杜威.我的教育信条.//杜威教育论著选［M］.赵祥麟，王承绪，编译.上海：华东师范大学出版社，1981：10.

②［美］杜威.学校与社会.//学校与社会·明日之学校［M］.赵祥麟，等译.北京：人民教育出版社，1994：98.

③［美］杜威.教育中的兴趣与努力.//学校与社会·明日之学校［M］.赵祥麟，等译.北京：人民教育出版社，1994：178.

④［美］杜威.教育中的兴趣与努力.//学校与社会·明日之学校［M］.赵祥麟，等译.北京：人民教育出版社，1994：199.

⑤［美］杜威.民主主义与教育［M］.王承绪，译.北京：人民教育出版社，1990：138.

⑥［美］杜威.民主主义与教育［M］.王承绪，译.北京：人民教育出版社，1990：146.

⑦［美］杜威.教育中的兴趣与努力.//学校与社会·明日之学校［M］.赵祥麟，等译.北京：人民教育出版社，1994：176-178.

接关心，也意味着某个事物或活动的结果对个人具有重要的意义。

（2）兴趣的分类

杜威还对兴趣的分类进行了论述。尽管各种兴趣在原理上都是一样的，但是它们是有差别的，儿童会有各种各样的兴趣。从兴趣的表现形式来看，兴趣可以分为直接兴趣和间接兴趣。直接兴趣是指为眼前的活动所引起的兴趣，间接兴趣是指为所期望的目的和理想所引起的兴趣。但是，他指出："在直接兴趣和间接兴趣之间没有严格的不可逾越的界线。"[①] 也就是说，对一个对象的直接兴趣可以逐渐转变为间接兴趣；同样地，对一种目的和理想的间接兴趣也可以转变为直接兴趣。

从兴趣的类型来看，兴趣可以分为活动的兴趣、发现的兴趣、纯粹的理智的兴趣以及社会的兴趣四种。其中，活动的兴趣是指对某种活动的专心致志和全神贯注，不仅获得身体上的能力，而且具有理智上的意义；发现的兴趣是指对以恰当的方法使用恰当的工具达到某种目的的兴趣，具有理智的特点；纯粹的理智的兴趣是指对达到目的或产生结果的方法和原因的兴趣，表现出兴趣从实践方面向理论方面的转变；社会的兴趣是指对人际交往和社会活动的兴趣。在杜威看来，以上四种兴趣是联系在一起的。

从兴趣的作用看，兴趣有好的，有坏的，也有不好不坏的。杜威认为，其标准在于兴趣是促进还是阻碍儿童的生长和发展。好的兴趣促使儿童的生长和发展，坏的兴趣会阻碍儿童的生长和发展。

（3）兴趣在教育工作中的重要性

杜威认为，对于教育工作来说，兴趣是十分重要的。无论是学习还是道德，如果没有兴趣，儿童就没有支配注意力和激起思考的力量，在整个过程中不仅不能集中注意、全神贯注、专心致志于某种活动，而且会把学习视为困

---

① ［美］杜威. 教育中的兴趣与努力. // 学校与社会·明日之学校 ［M］. 赵祥麟，等译. 北京：人民教育出版社，1994：186.

苦的事情。① 就兴趣和训练的关系来说，它们是有目的的活动的相互联系的两个方面，而不是彼此对立的。就兴趣和努力的关系来说，它们并不是敌对的，努力是从直接兴趣发展成为间接兴趣的活动过程中的一个部分。杜威强调说："假定儿童在从事一件他所不愿意从事的工作时较之心甘情愿从事的工作能得到更多的智力的和精神的训练，这是愚蠢可笑的。"②

　　由此，杜威论述了如何对待儿童的兴趣。首先，对于教师来说，最重要的是细心地观察儿童的兴趣，使他们对活动具有积极和持久的兴趣。对于儿童的兴趣，教师"不应予以放任，也不应予以压抑。压抑兴趣等于以成年人代替儿童，这就减弱了心智的好奇性和灵敏性，压抑了创造性，并使兴趣僵化。放任兴趣等于以暂时的东西代替永久的东西……放任兴趣就不能从表面深入下去，它的必然结果是以任性和好奇代替了真正的兴趣"③。其次，面对儿童的各种兴趣，教师要进行恰当的分析和选择。在分析和选择儿童的兴趣时，"必须确定哪些是确实重要的兴趣，哪些是微不足道的兴趣；哪些是有益的，哪些是有害的；哪些是转瞬即逝的或标志着一时的兴奋，哪些是能持久、永远有影响的"④。第三，教师在教育工作中必须激发儿童真正的兴趣。因为"真正的兴趣原理是所要学习的事实或所建议的行动和正在成长的自我之间公认的一致性的原理；兴趣存在于行动者自己生长的同一个方向，因而是生长所迫切需要的"⑤。在杜威看来，正是受到真正的兴趣的激发，儿童不仅能以积极的和专注

---

①［美］杜威. 教育中的兴趣与努力. // 学校与社会·明日之学校［M］. 赵祥麟，等译. 北京：人民教育出版社，1994：176.

②［美］杜威. 教育中的兴趣与努力. // 学校与社会·明日之学校［M］. 赵祥麟，等译. 北京：人民教育出版社，1994：169.

③［美］杜威. 我的教育信条.// 杜威教育论著选［M］. 赵祥麟，王承绪，编译. 上海：华东师范大学出版社，1981：10.

④［美］杜威. 学校与社会. // 学校与社会·明日之学校［M］. 赵祥麟，等译. 北京：人民教育出版社，1994：97.

⑤［美］杜威. 教育中的兴趣与努力. // 学校与社会·明日之学校［M］. 赵祥麟，等译. 北京：人民教育出版社，1994：172.

的态度投入某个活动，而且促使其自身不断地生长和发展。

3. 论儿童的自由

自由是杜威实用主义教育思想中的又一个重要概念。在他看来，在讨论儿童和儿童教育问题时，必然涉及自由这一概念。在《明日之学校》《新学校中有多少自由？》《经验与教育》以及《人的问题》等论著中，杜威集中阐释了他关于儿童自由的观点。

（1）对"自由"含义的阐释

杜威对儿童自由的含义提出了自己的见解。在《明日之学校》中，他明确指出："对儿童来说，自由就是提供机会，使他能尝试他对于周围的人和事的种种冲动及倾向，从中他感到自己充分地发现这些人和事的特点，以致他可以避免那些有害的东西，发展那些对自己和别人有益的东西。"[①]具体来讲，儿童的自由就是生长和发展的自由。它既包括活动的自由，即外部的自由，又包括理智的自由，即内部的自由。尽管活动的自由也是一种保持身心健康的重要手段，在教育工作中不能没有活动的自由，但是，把自由限定为活动的自由或限定为外部的或身体方面的活动，就是在儿童的自由问题上出现的最普遍的错误。活动的自由与理智的自由两者相比，理智的自由更为重要。因此，杜威强调说："只有理智的自由才是唯一的永久具有重要性的自由，这就是说，理智的自由就是对于有真正内在价值的目的，能够做出观察和判断的自由。"[②]他同时认为，完全没有外部的自由也是不行的，因为它是儿童生长的一种手段。然而，"需要有多少外部的自由，这是因人而异的。随着成熟程度的增加，这种外部的自由当然地趋向于减少"[③]。

---

①［美］杜威. 明日之学校.// 学校与社会·明日之学校［M］. 赵祥麟，等译. 北京：人民教育出版社，1994：297.

②［美］杜威. 经验与教育.// 我们怎样思维·经验与教育［M］. 姜文闵，译. 北京：人民教育出版社，1991：281.

③［美］杜威. 经验与教育.// 我们怎样思维·经验与教育［M］. 姜文闵，译. 北京：人民教育出版社，1991：283.

（2）儿童自由在教育工作中的重要性

杜威认为，儿童自由是一种手段，而不是一种目的。其在教育工作中的重要性表现在两个方面。

一是自由对于儿童的生长和发展是十分必要的。因为"个人的自由就是发展，就是在必须变时立刻就变。个人的自由表示一个积极的过程，即能力从障碍脱出的那个进程"①。所以，杜威指出："假如教师要了解每个学生的需要和能力，假如儿童在学校中要受到全面的、能使其心理、性格和身体都得到最好发展的训练，那么在教室里自由是必不可少的。"② 在他看来，给予儿童更多的自由，才能更好地把儿童潜力解放出来，达到可能达到的那个界限。

二是自由对于儿童的道德培养也是十分必要的。儿童"道德的责任感只能靠相应的自由而取得"③，因为自由也是儿童道德发展的一种积极因素，给儿童更多的自由才能取得积极的道德效果。

（3）儿童的自由并不是放纵

人们通常认为儿童的自由就是放纵，但杜威认为这是对儿童自由的误解。他指出："摆脱别人的控制，而听任临时出现的念头和反复无常的想法支配自己的行动，即是说完全由冲动摆布而无理智的判断，这样做是有百害而无一利的。如果一个人这样来控制自己的行为，那不过只是对自由的一种错觉。"④

但是，对于儿童来说，没有绝对的自由。儿童既应有自由，又应有纪律。在有教育意义的学校里，"其主要目的是要让儿童获得自由的和不拘形式的团体生活，让儿童感到他有自己的工作可做。我们把这作为建立平常所谓秩序

① ［美］杜威.哲学的改造（修订版）［M］.许崇清，译.北京：商务印书馆，1958：111-112.
② ［美］杜威.明日之学校.//学校与社会·明日之学校［M］.赵祥麟，等译.北京：人民教育出版社，1994：299.
③ ［美］梅休，爱德华兹.杜威学校［M］.王承绪，赵祥麟，等译.上海：华东师范大学出版社，1991：25.
④ ［美］杜威.经验与教育.//我们怎样思维·经验与教育［M］.姜文闵，译.北京：人民教育出版社，1991：284.

与纪律的主要动机……唯一真正的秩序和纪律是来自儿童对他必须做的工作的尊重和他对同他一起工作的人的权利的认识"①。在杜威看来，"自由若不加以限制，就是自由的消极方面，其价值仅仅在于它是一种取得力量的自由的工具"②。甚至可以说，纪律是保证儿童自由所必须的。学校要使每个儿童在不损害他人的限度下，享有个人和行动的自由，能够指导自己去行动。对于儿童，只有对那些自然的冲动和欲望加以某些改造和批判，才会有理智的生长。

（4）对"教育的自由"的论述

杜威指出："教育的自由，具体讲来，就意味着学生和教师的自由：作为一个教育机构的学校的自由"；但是，在教育的自由中，"教师的自由是学生学习自由的必要条件"。③以为给儿童更多的自由就意味着儿童具有特权和教师必须放弃他所有的领导权力，那不过是一种愚蠢的想法。因此，杜威反对有些教师借口"不要侵犯儿童的自由"而采取让儿童放任自流的做法。从某种意义上讲，教师对儿童给予指导，"其目的是有助于自由，而不是限制自由"④。正如我国杜威教育研究学者吴俊升所指出的："杜威在教育方面所主张的自由，就消极方面说乃是在思想过程中免于身体活动的限制的自由，从积极方面说便是智慧的自由……他所注重的乃是积极方面，也即是智慧的自由；他反对把自己的消极方面和自由视同一事。他所主张的自由不是'爱做什么就做什么的自由'。"⑤

---

① [美] 梅休，爱德华兹.杜威学校 [M].王承绪，赵祥麟，等译.上海：华东师范大学出版社，1991：24-25.

② [美] 杜威.经验与教育.// 我们怎样思维·经验与教育 [M].姜文闵，译.北京：人民教育出版社，1991：283.

③ [美] 杜威.教师和他的世界.// 杜威.人的问题 [M].傅统先，邱椿，译.上海：上海人民出版社，1965：59.

④ [美] 杜威.经验与教育.// 我们怎样思维·经验与教育 [M].姜文闵，译.北京：人民教育出版社，1991：288.

⑤ 吴俊升.杜威教育思想的再评论.// 吴俊升.教育与文化论文集 [M].台北：商务印书馆，1972：293.

　　值得注意的是，在论述儿童的自由时，杜威也对一些进步学校的做法和进步教育家的看法提出了批评。在《新学校中有多少自由？》一文中，杜威在肯定进步学校改革的同时，指出有些进步学校"确实让儿童放任自流，使他们沉溺于言语和行为举止上毫无限制的自由。这些激进的学校甚至称所谓的自由就是无秩序状态。但是，这种放任自流的行为自由，仅仅是我们所指出的更多问题的一部分。……归根结底，正是由于没有通过有意义的教材来获得理智的控制，因此导致了可悲的自私、自负、鲁莽和不顾他人权利的种种现象，然而这些现象被有些人看做是伴随自由而来的和不可避免的，其实这并不是自由的实质"①。在《明日之学校》一书中，杜威在肯定意大利教育家蒙台梭利提出的以自由为基础的活动那个指导原则的同时，明确指出，从身体上讲，蒙台梭利学校的儿童是自由的；但从智力上讲，他们就不那么自由了。它"不允许儿童有创造的自由。他可以自由地选择他将使用的器材，但是他却从不能选择他自己的目标，也不能把材料照他自己的计划去处理。因为这种材料限制在固定的几样物体上，必须以某种固定的方法来把握"②。在他看来，其分歧并不是在自由的价值上，而是在如何才算是最好地利用自由上。杜威所强调的自由，并不仅仅是活动的自由或外部的自由；在强调儿童自由的同时，并不取消在行为规范上对儿童的合理要求和必要规定。

（二）体现职业精神的教师教育观

　　对于教师问题，杜威在《教育怎么了？》（*What is Matter with Teaching?*）一文中指出："有什么样的教师，就有什么样的学校。那是合理的教育学的一

---

　　① John Dewy. *How Much Freedom in New Schools?* // Jo Ann Boydston. *The Collected Works of John Dewey, The Later Works* Vol. 5. Carbondale：Southern Illinois University Press，1984：322-323.

　　②［美］杜威. 明日之学校. // 学校与社会·明日之学校［M］. 赵祥麟，等译. 北京：人民教育出版社，1994：308.

个基本的和不可更改的原则。"[①] 杜威自己先是担任中学教师，随后又担任大学教师，在几十年的教师生涯中，不仅养成了职业精神，而且职业精神使他为教师职业奉献了一生。因此，他在理论和实践结合的基础上，形成了体现职业精神的教师教育观。

1. "教师职业精神"的含义

杜威十分重视教师职业精神的养成，因为这种职业精神对教师的影响非常大。1913 年，他还专门在《美国教师》（American Teacher）杂志上发表了《教师的职业精神》（*Professional Spirit among Teachers*）一文。在杜威看来，无论哪种职业，都有它自己的精神。任何职业者正因为具有了职业精神，才使他们有共同的目的，并忠诚于他们的职业。

杜威认为，教师职业不是商业性的，教师职业精神就是对教师这一职业的忠诚度和奉献度。具体来说，它体现在教师的信仰、理念、责任、专心、毅力、行动、效力等方面。在他看来，具有职业精神的教师具有两个典型特征[②]：其一，体现在教师与学生接触到的教育和训练问题上。这意味着，教师"不断地研究学校的教学工作，不断地研究儿童及其培养方法、教学内容，研究如何通过各种方式来适应学生的需要"。这要求教师在教育上不仅仅做工匠，而且要做艺术家，将自己在教师职业的方法和内容方面的兴趣转为儿童持续的知识增长。其二，体现在教师对于社会所承担的责任上。这意味着，教师"在教室里全身心地投入对教育问题的持续研究中，而且应当在公众意见的形成中承担起一个引导者或指导者的责任"。从杜威所阐述的教师两个特征，可以看到他的"教育即生活""学校即社会"在教师问题上的影响。在 1921 年6 月 22 日离开北京前的最后一次讲演中，杜威曾这样对北京的教师和学生说：

---

① ［美］杜威. 教育怎么了？// 杜威全集·晚期著作第2卷［M］. 张奇峰，等译. 上海：华东师范大学出版社，2015：99.

② ［美］杜威. 教师的职业精神. // 杜威全集·中期著作第7卷［M］. 刘娟，译. 上海：华东师范大学出版社，2012：81.

"有一句最后的话奉告，就是大家应当专心于教育事业，以谋它的发展改良，增进职业的精神，然后国家才有强盛的希望。"①

杜威还认为，对于教师来说，这种职业精神比所学的知识更为可贵。如果一种彻底的职业精神能够渗透在所有教师和教育家们的身上，那他们在促进教育事业上就能够取得更好的成绩。因此，十分重要的是，在培养教师的职业精神上，我们究竟用了多少时间、多少努力和多少精力。当然，这一切应该得到社会的认可，否则教师职业精神的发展就会受到阻碍。但是，这需要教师意识到他自己的教育职能，认识到他自己的职业尊严。在杜威看来，如果教师自己都不尊重他的职业和社会地位，那其他人就更不会尊重教师了。正如他在《致有志于从事教师职业者》（ *To Those Who to the Profession of Teaching* ）一文中所指出的："一般来说，教师这一职业很受公众的尊敬，而且教师之所以受欢迎，不仅仅因为他们的职业，还因为他们自身之故。"②

2. 教育过程是教师和儿童共同参与的过程

杜威认为，教育过程是由教师和儿童两个方面构成的，因此，如何处理教师和儿童的关系十分重要。1952 年，九十三岁的杜威在为他曾经的助教克拉普的《教育资源的使用》一书撰写"引言"时明确指出："要使教育过程成为真正的师生共同参与的过程，成为真正合作的相互作用的过程，师生两方面都是作为平等者和学习者来参与的。"③ 由此可见，在教师和儿童的关系上，面对传统学校的权威模式和有些进步学校的放任模式，杜威并没有采取非此即彼的哲学。

---

① ［美］杜威.教师职业之现在机会.// 王凤玉，单中惠.杜威在华教育讲演集［M］.济南：山东教育出版社，2024：505.

② ［美］杜威.致有志于从事教师职业者.// 杜威全集·晚期著作第13卷［M］.冯平，等译.上海：华东师范大学出版社，2015：289.

③ ［美］杜威.《教育资源的使用》一书引言.// 杜威教育论著选［M］.赵祥麟，王承绪，编译.上海：华东师范大学出版社，1981：432.

　　杜威是儿童中心论的赞同者和提倡者，然而，与其他儿童中心论者不同，他也明确提出教师在教育过程中应该占有一个地位。在《教育科学的资源》中，杜威就写道："如果我们是说教育者应该决定教育目标，那将是傲慢的。但是，我们说的是完整而连续的教育过程应该决定教育目标。教育者在这个过程中有一个地位……"①

　　在1897年《我的教育信条》一文中，杜威强调教师在教育过程中的地位和工作。他写道："教师在学校中并不是要给儿童强加某种概念，或形成某种习惯，而是作为集体的一个成员来选择对于儿童起着作用的影响，并帮助儿童对这些影响作出适当的反应……教师的职务仅仅是依据较多的经验和较成熟的学识来决定怎样使儿童得到生活的训练。"②杜威的这一观点在他以后的教育生涯中并没有改变。四十一年后，可以在他的《经验与教育》一书中找到颇为相似的一段话："从本质上讲，教育是一种社会的过程。这种性质能够实现的程度，决定于一些个人组成社会团体的程度。如果排斥教师，不把教师当作团体中的一个成员，这是荒唐背理的事情。因为教师是这一团体中的最成熟的成员，他对社会团体生活中的各种交互作用和各种相互交往负有独特的指导的责任。儿童们的个人自由应当受到尊重，而更成熟的人却不应当有个人的自由——这种观念极为荒谬，是不值一驳的。教师是团体中的一个成员，而排斥他对团体活动的积极的指导作用——这种趋势是一个极端倒向另一个极端的又一个事例。"③在杜威看来，既要使儿童主动参与教育过程，又要使教师积极参与教育过程。只有这样，教育过程才能成为儿童生长和发展的过程，成为有教

---

　　①［美］杜威.教育科学的资源.//杜威教育论著选［M］.赵祥麟，王承绪，编译.上海：华东师范大学出版社，1981：284.

　　②［美］杜威.我的教育信条.//杜威教育论著选［M］.赵祥麟，王承绪，编译.上海：华东师范大学出版社，1981：5-6.

　　③［美］杜威.经验与教育.//我们怎样思维·经验与教育［M］.姜文闵，译.北京：人民教育出版社，1991：279.

育意义的过程。

3. 论教师的角色和培养

杜威强调教师在学校教育过程中的作用。与杜威的批评者所设想的相反，他不但没有忽视教师的作用，反而更强调教师的责任，同时也强调教师的培养。他在《教育中的民主》（*Democracy in Education*）中指出："所有其他的改革都取决于从事教师职业者的素质和性格的改革。……因为相对其他事务来说，教育是人类的一切事务中最具个性的和最关自己的，其力量的最后依赖和最终来源是个人所受的训练、品质和理智。"[①]

（1）教师的角色

教师的角色是杜威终身关注的一个问题。早在 1899 年，他就在《心理学与社会实践》（*Psychology and Social Practice*）一文中强调："教师是改革的直接执行者，如果他们没有这种信念，那么就不可能确实有效地实行改革，也不可能有其理想状态要求的那种精神。这样的话，改革很可能会彻底失败。"[②] 在他看来，教师的角色主要表现在以下三个方面。

其一，教师是教育过程的指导者。

杜威认为，在教育过程中，"教师是一名向导和指导者"[③]。尽管学校生活要以儿童为中心，但是，它并不否认教师是指导者，也不因此认为教师的知识和技能对于儿童的经验没有指导价值。杜威指出："恰恰相反，建立在个人经验的基础上的教育也许意味着比在传统学校任何时候曾经存在的成人和儿童之

---

①［美］杜威. 教育中的民主. // 杜威全集·中期著作第3卷［M］. 徐陶，译. 上海：华东师范大学出版社，2012：97.

②［美］杜威. 心理学与社会实践. // 杜威全集·中期著作第1卷［M］. 刘时工，等译. 上海：华东师范大学出版社，2012：97.

③［美］杜威. 我们怎样思维. // 我们怎样思维·经验与教育［M］. 姜文闵，译. 北京：人民教育出版社，1991：29.

间的更复杂和更亲密的接触，结果是更多而不更少地受别人的指导。"①在芝加哥大学实验学校里，教师就是儿童在其生长和发展过程中重新发现和重新改造他们经验的指导者。但杜威也指出："指导并不是从外部强加的，指导就是把生活过程解放出来，使它最充分地实现自己。"②

作为教育过程的指导者，首先，教师应该"提供一个能促成教育性的和发展性的环境，哪里出现了这种环境，教育所需要的唯一事情就具备了"③。对于儿童教育来说，这是一个有材料、有用具、有资源的环境，也是一个自然的、社会的、理智的环境。如果教师不能提供这样的环境，就无法起到指导者的作用。因此，"教师在教育事业中的任务在于提供刺激学生的反应和指导学生学习过程的环境。归根结底，教师所能做的一切在于改变刺激，以便反应尽可能使学生确实形成良好的智力的和情绪的倾向。"④其次，教师应该适当刺激儿童的本能和冲动，更好地促使儿童的生长和发展。具体讲，就是教师要关注儿童的活动和学习，并根据儿童能力的发展和表现给以明智的指导。"通过指导，通过有组织的运用，它们就会朝着有价值的结果前进而不致成为散乱的、或听任其流于仅仅是冲动性的表现。"⑤因此，正是在教师的指导下，儿童通过适当的刺激达到了他所期望的目的。再次，教师应该引导儿童有一种生动的和个人亲身的体验，使生物性的好奇心转化为有目的的知识探究，使社会性的探究精神转化为求教的能力。因此，教师的任务是引导儿童"分辨并且仔细地

①［美］杜威.经验与教育.// 杜威教育论著选［M］.赵祥麟，王承绪，编译.上海：华东师范大学出版社，1981：348.

②［美］杜威.儿童与课程.// 学校与社会·明日之学校［M］.赵祥麟，等译.北京：人民教育出版社，1994：124.

③［美］杜威.教育中的兴趣与努力.// 学校与社会·明日之学校［M］.赵祥麟，等译.北京：人民教育出版社，1994：213.

④［美］杜威.民主主义与教育［M］.王承绪，译.北京：人民教育出版社，1990：192.

⑤［美］杜威.学校与社会.// 学校与社会·明日之学校［M］.赵祥麟，等译.北京：人民教育出版社，1994：45.

研究他们活动的独特的理智方面，发展他们对于种种观念以及……彼此间相互关系的自发兴趣"①。最后，教师应该指导学生形成良好的学习习惯，并引导进一步的独立的学习。在教师的讲课中，刺激和指导应同时进行。"从指导的方面来说，其所强调的是讲课达到高潮，从理智的观点来看，是要促成良好的学习习惯。"②

就一些进步学校所采取的放任模式，杜威提出了批评。"采取这种方针，就是年长的人决定让儿童任凭偶然的接触和刺激摆布，放弃他们的指导责任。"③虽然放任模式在表面上是给了儿童自由，但在杜威看来，它与传统学校所采取的权威模式一样有成人强加的影响，因而阻碍儿童的生长和发展。

其二，教师是教育过程的领导者。

杜威认为，在教育过程中，"教师是一个社会团体的明智的领导者"。但是，他所说的领导者与传统学校权威模式下的独裁统治者是截然不同的。他强调："教师作为一个领导者，依靠的不是其职位，而是其广博、深刻的知识和成熟的经验。认为自由的原则使学生具有特权，而教师被划在圈外，必须放弃他所有的领导权力，这不过是一种愚蠢的念头。"④

教师能成为教育过程的领导者，杜威认为，其主要原因是教育过程的变化。当教育以经验作为基础时，教育经验就被看作一种社会的过程。教师失去了外部的监督者或独裁者的地位，而成为团体活动的领导人。与儿童相比，作为团体成员的教师具有更成熟的更丰富的经验，最了解团体中各个成员的需要

---

①［美］杜威.我们怎样思维.//我们怎样思维·经验与教育［M］.姜文闵，译.北京：人民教育出版社，1991：187-188.

②［美］杜威.我们怎样思维.//我们怎样思维·经验与教育［M］.姜文闵，译.北京：人民教育出版社，1991：220.

③［美］杜威.芝加哥实验的理论.//杜威教育论著选［M］.赵祥麟，王承绪，编译.上海：华东师范大学出版社，1981：324.

④［美］杜威.我们怎样思维.//我们怎样思维·经验与教育［M］.姜文闵，译.北京：人民教育出版社，1991：227-228.

和可能，能更清楚地看到任何所提示的设计中继续发展的种种可能。

杜威指出，既然教师是教育过程的领导者，那么学校原则的应用就掌握在教师的手中，对教材和方法的选择也完全掌握在教师的手中。但是，必须避免发生教师滥用职权的情况，不要强迫儿童按照教师的命令去行。"要避免这种危险，不是让成年人完全采取退却的方式。避免这种危险的方式是：第一，教师应明智地认识到学生的能力、需要和过去的种种经验。第二，运用团体中各个成员所提供的更多的建议，并把它们组成整体，从而使建议发展为一种计划和设计。换句话说，这种计划是一种合作的事业，而不是一个命令。"①

其三，教师是教育过程的组织者。

杜威认为，"教育不是科学而是一种艺术"②，"教学是一种艺术"。③因此，在教育过程中，教师是组织者。在积极参与教育过程的时候，教师应该很好地组织活动，并提供条件保证活动的顺利进行。实际上，在教育过程中如何做到"既要提出激动人心的目的，又能训练实施的手段，并使两者和谐一致，这既是教师的难题，又是对教师的酬报"④。

（2）教师的培养

杜威认为，对于学校教育来说，教师的培养是很重要的。但是，其任务不是仅仅培养出更好地完成当前教育教学任务的教师，更重要的是改变教师的教育观念和教育态度，从而促进学校教育事业的发展。为了满足教育教学的需要，教师的培养应该是严格而全面的。

---

① ［美］杜威. 经验与教育. // 我们怎样思维·经验与教育［M］. 姜文闵，译. 北京：人民教育出版社，1991：289.

② ［美］杜威. 教育科学之源泉［M］. 张岱年，傅继良，合译. 上海：人文书店，1932：8.

③ ［美］杜威. 我们怎样思维. // 我们怎样思维·经验与教育［M］. 姜文闵，译. 北京：人民教育出版社，1991：238.

④ ［美］杜威. 我们怎样思维. // 我们怎样思维·经验与教育［M］. 姜文闵，译. 北京：人民教育出版社，1991：239.

在教师培养的具体内容上，主要是教育科学、教育历史和教育哲学，同时还包括心理学、伦理学以及教育技能和方法等。这些内容的价值在于对教师个人的观察和判断的态度产生影响，使他成为一名有创造力的教师。对此，杜威颇为幽默地指出："教师不应该是填写由别人所开的药方的职员。他们不能像厨房里的厨师那样，照着一本烹饪书，根据书里菜谱的比例混合配料，而不知道为什么要这样做或那样做，或者期待做出任何发现和改进。真正的厨师要创造出所有我们喜欢吃的、改进了的菜肴。学习过程的持久改进，必须是任课教师奉献、检验、创造和明智地进行实验的结果。"①

在杜威看来，教师的培养不是一种机械的、模仿的教育，而是一种觉醒的、心灵的教育。尤其要使接受培养的教师能够用基于人类兴趣和福祉的眼光看待教师职业，使他们的潜在能量得到释放，思想活动得到促进，教学能力得到提升，社会责任得到增强。当然，在培养新的教育类型的教师上，一个最为重要的结论就是："教育科学的最终实现不是在书本里，不是在实验室里，不是在教师培训课堂里，而是在教育者的头脑里。"②

4. 论对教师的要求

为了使教师在他们与儿童共同参与的教育过程中能更好地发挥指导者、领导者以及组织者的作用，杜威在他的许多论著中阐述了对教师要求的见解。在1896年3月16日给他的教育学助理曼尼（Frank A. Manny）的信中，杜威这样写道："我渴望实验学校寻找优秀教师。如果有可能的话，这些教师需要具备三方面素质：一是受过良好科学教育的人，以便能够对小学各年级的科学材料面临的问题作出判断；二是与儿童们一起生活的经验，至少要展示出与儿童们保持自然的、轻松的和同情的关系；三是具有一些实践和执行能力。可

---

①［美］杜威.任课教师.// 杜威全集·中期著作第15卷［M］.汪堂家，等译.上海：华东师范大学出版社，2012：153.

②［美］杜威.教育科学的资源.// 杜威全集·晚期著作第8卷［M］.马明辉，等译.上海：华东师范大学出版社，2015：12.

能我还想加上第四点，那就是对于总体规划相关的特殊技术要求，体现出广泛的、足够的心理能力和组织实践能力，特别是在技术哲学方面接受过相关培训。"[①] 美国德克萨斯农工大学哲学教授麦克德谟特（John J McDermott）指出，在杜威看来，"教师们对儿童有双重义务。首先，教师必须对儿童在他或者她的社会、家庭以及环境背景中的特有经验有所了解。教师教儿童时，必须能够走出去又走进这些熟悉的经验。其次，教师必须寻找一种方式，使儿童摆脱对熟知的经验格式的完全依赖。为此，他必须开拓视野，使儿童们对自己的局部经验产生富有想象力的'重构'，并鼓励他们参与到不同的文化、环境、宗教、伦理体系、政体以及社会组织中去，不管在多大程度上是模拟的"[②]。

归纳起来，对教师的要求主要是以下六个方面。

其一，教师应该通晓并利用现有的自然的和社会的环境。杜威认为，对于教师来说，他们"不仅要通晓环境条件所形成的实际经验的一般原则，而且也要认识到在实际上哪些环境有利于引导生长的经验。最为重要的是，他们应当知道怎样利用现有的自然的和社会的环境，并从中抽取一切有利于建立有价值的经验的东西"[③]。在他看来，一个明智的教师在他的整个职业生涯中保持旺盛的好奇心，其中首要的是研究各种情境，并能从中提出在儿童能力范围之内的问题。

其二，教师应该既懂得有关儿童的知识，又懂得相关教材的知识。杜威认为，教师必须了解儿童特有的需要和能力以及表现形式。教师只有熟悉每个儿童，"才有指望理解儿童，而只有当她理解了儿童，她才有指望去发展任何

---

① John Dewey to Frank A. Manny, 16 March, 1896. Butler Library.

② ［美］杜威全集·晚期著作第11卷［M］. 朱志方，等译. 上海：华东师范大学出版社，2015："导言"7.

③ ［美］杜威. 经验与教育. // 我们怎样思维·经验与教育［M］. 姜文闵，译. 北京：人民教育出版社，1991：264-265.

一种教育方案"①。同时，在教材知识层面上，教师必须有真正的理智活动的兴趣，具有比任何教科书和教学计划更为广博的知识。他"不仅需要所教学科的知识，而且需要教育技术性的知识"②。通过这些知识，教师能够点燃儿童思想的火花。当然，最重要的是，了解儿童和了解教材两者是紧密联系的。杜威"对教师的要求是双重的：既要掌握有关学科的完备知识，又要利用儿童童年时期的那些共同经验，引导儿童理解并描述这种知识"③。

其三，教师应该研究心理学并在教育实践中运用心理学。杜威认为，教师要了解和理解儿童，就要研究和运用心理学。因为从正确的心理学中，教师可以知道儿童的本能何以重要以及儿童天然的活动何以重要，逐步使他自己成为充满睿智的心灵医师，以保障正确结果的出现。对于教师来说，他所"面对的是一个个富有个性的孩子，不能用心理学的治学态度去同他们打交道，那就背离了人性化教学，会扭曲甚至毁掉师生关系；而这种伦理关系对教学来说，又是至关重要的"④。

其四，教师应该具有很好的教育技巧和方法。杜威认为，给儿童终身智力影响并留下最持久印象的教师肯定能巧妙运用教育技巧和方法，使儿童保持着经验的连续性并有所成就，使学生具有求知的热情和探究的渴望。因此，他指出："教育就必须被看做是一种艺术性工作，需要具有与音乐家、画家和艺

①［美］杜威.明日之学校.// 学校与社会·明日之学校［M］.赵祥麟，等译.北京：人民教育出版社，1994：297.

②［美］杜威.我们怎样思维.// 我们怎样思维·经验与教育［M］.姜文闵，译.北京：人民教育出版社，1991：229.

③［美］克雷明.学校的变革［M］.单中惠，马晓斌，译.济南：山东教育出版社，2013：123-124.

④［美］杜威.心理学与社会实践.// 杜威全集·中期著作第1卷［M］.刘时工，等译.上海：华东师范大学出版社，2012：97.

术家一样的个人热情和想象力。"①"教师是艺术家。"②在杜威看来，作为艺术家的教师会使学校情境有足够的困难和阻碍，以刺激儿童的机智和判断力，并不断产生新的需求；但是，不以成人的价值为标准去判断儿童活动的价值，并随意认定他们是"愚笨"的或"没有希望"的。

其五，教师应该具有一个社会目标。杜威认为，教师要"理智地去理解我们自己时代的社会力量和运动以及教育制度在其中所担负的责任。如果教师心目中没有一个社会目标，这一点是不能成功的"③。杜威所说的社会目标正是他早在1897年《我的教育信条》著作中就提出的："教师不是简单地从事于训练一个人，而是从事于适当的社会生活的形成。每个教师应当认识到他的职业的尊严；他是社会的公仆，专门从事于维持正常的社会秩序并谋求正确的社会生长。"④

其六，教师应该具有人格魅力和充满活力。杜威认为，教师的人格和活力是十分重要的，因为"教师人格的影响和课业的影响是完全融在一起的；儿童不能把这种影响分离开来……也不能把两者的区别搞清楚"⑤。一个充满活力的教师不仅传播知识，而且激励儿童进入更完满和更有意义的人生。杜威在《教育中的民主》一文中强调指出："所有其他的改革都取决于从事教师职业者的素质和性格的改革。……正因为相对其他事务来说，教育是人类的一切事

---

① John Dewey. *The Class Room Teacher*. // Jo Ann Boydston. *The Collected Works of John Dewey, The Middle Works* Vol. 15. Carbondale：Southern Illinois University Press，1977：186.

②［美］杜威.我们如何思维：重述反思性思维对教育过程的关系. // 杜威全集·晚期著作第8卷［M］.马明辉，等译.上海：华东师范大学出版社，2015：267

③［美］杜威.教师和他的世界. // 杜威.人的问题［M］.傅统先，邱椿，译.上海：上海人民出版社，1965：55.

④［美］杜威.我的教育信条. // 杜威教育论著选［M］.赵祥麟，王承绪，编译.上海：华东师范大学出版社，1981：12.

⑤［美］杜威.我们怎样思维. // 我们怎样思维·经验与教育［M］.姜文闵，译.北京：人民教育出版社，1991：49.

务中最具个性的和最关自己的，其力量的最后凭借和最终来源就在于个体的训练、品质和理智。如果能拟定一种计划，使教育这个职业得到具有力量、素质良好、同情儿童的内在需要以及对于教学和学术问题有兴趣的人，那么教育改革就不再有一点麻烦，也用不着再去解决其他的教育问题了。"①

尽管杜威在儿童与教师方面提出了新的见解，但他指出，要真正解决儿童与教师的关系问题并非一件容易的事情。因为"丢掉传统的从上面强加的方法，教师们不容易立刻想出恰当的在共同活动中起主导作用的方法"②；而且，"同以往的传统制度相比，教育者肩负着更多的重担，实施起来也更加困难"③。

应该指出，杜威并没有依据非此即彼的哲学探讨儿童与教师的关系。针对传统教育忽视儿童需要和能力的弊病，杜威更多地强调儿童在学校生活中的地位。然而，这并不意味着他对教师作用的否定。他坚决反对有些人把教师看成教育过程中的"一个微不足道的因素，几乎是一个有害的人物"④。在杜威看来，在反对把教师看成一个监工和把教师的意志强加给儿童时，也要反对把教师的作用降低为陪伴或看护人。我国杜威教育研究学者吴俊升指出："当杜威论及自由、兴趣、独创精神、需要的满足和个性发展时，他从未忘却对于正当的权威、努力与纪律、教师的领导和社会效率予以适当的重视。至于在教育方面以儿童为中心，或以社会为中心，他从未采取一偏之见。只因他的教育思想体系，原系对于传统教育的反动，所以他论及儿童需要比论及社会需要时

①　John Dewy. *Democracy in Education?* // Jo Ann Boydston. *The Collected Works of John Dewey, The Middle Works* Vol. 3. 1977：234.

②［美］杜威. 芝加哥实验的理论. // 杜威教育论著选［M］. 赵祥麟，王承绪，编译. 上海：华东师范大学出版社，1981：322.

③［美］杜威. 经验与教育. // 我们怎样思维·经验与教育［M］. 姜文闵，译. 北京：人民教育出版社，1991：265.

④［美］杜威. 我们怎样思维. // 我们怎样思维·经验与教育［M］. 姜文闵，译. 北京：人民教育出版社，1991：227.

为多。"①

但是，针对杜威过分强调儿童及本能活动的倾向，美国教育家布鲁纳指出："教育必须从'心理上探索儿童的能力、兴趣和习惯'开始，但是，一个出发点并不就是整个旅程。为了儿童去牺牲成人或为了成人去牺牲儿童，其错误是相同的。"②

---

① 吴俊升.杜威教育思想的再评论.// 吴俊升.教育与文化论文集［M］.台北：商务印书馆，1972：297.

② ［美］布鲁纳.杜威教育哲学之我见［J］.伟俊，钟会，译.外国教育研究，1985（4）.

杜威实用主义教育思想与世界教育

第六章

CHAPTER 6

　　杜威的实用主义教育思想不仅在美国，而且在世界上很多国家产生了非常广泛和深刻的影响。早在1946年，国际教育局的编辑德罗顿斯（R. Drottens）等人就称誉杜威是对当代世界教育最大影响的人。1961年时任香港新亚学院院长的吴俊升教授也曾作过这样的评论：杜威是20世纪一位最重要的教育哲学家，就对世界教育的广泛影响而言，几乎很少能有教育家能与他相提并论。①

　　杜威在哥伦比亚大学任教后，曾先后赴其他国家访问讲学和考察，其中包括日本（1919）、中国（1919—1921）、土耳其（1924）、墨西哥（1926）和苏联（1928）等。特别是在中国的访问，杜威有比其他国家更深的印象和更大的影响。

　　自1900年杜威的教育著作在国外翻译出版后，至少已被译成35种文字，有法文、德文、俄文、瑞典文、意大利文、西班牙文、保加利亚文、匈牙利文、波兰文、罗马尼亚文、阿拉伯文、土耳其文、希伯来文、印地文、朝鲜文、日文和中文等。很少能有一位教育家像杜威那样，有如此多著作被译成如此多种文字出版。据美国南伊利诺伊大学卡邦代尔分校杜威研究中心教授安德逊（R. S. Aderson）和博伊兹顿（J. A. Boydston）合编的翻译杜威著作的文献目录统计，从1900年到1967年，杜威著作在世界各国翻译出版的文本共有237种。② 通过著作在国外的翻译出版，杜威实用主义教育思想在世界上很多国家得以传播。

　　在世界上很多国家翻译出版杜威教育著作和扩大杜威教育思想影响的人中，有的是对杜威教育哲学颇有兴趣的学者，有的是力图对传统的书本、学校教育进行革新的教师。特别是来自世界各国跟随杜威或在哥伦比亚大学师范学

---

① A. Harry Passon. *Dewey's Influnce on the World Education*. Teachers College Record，Spring 1982.

② A. Harry Passon. *Dewey's Influnce on the World Education*. Teachers College Record，Spring 1982.

院学习的学生，很多人回国后都成为政府部门和大学的领导人物。在杜威实用主义教育思想对世界教育的影响中，这些人显然起着不可低估的作用。

　　尽管杜威实用主义教育思想受到批评和攻击，但是，世界各国的许多教育家都认识到他们国家在教育思想和教育实践方面受到了杜威的影响。美国教育史学家布里克曼（W. W. Brickman）教授指出："杜威被公认为当代努力争取更好的教育的主要代表人物。人们可以根本不接受杜威的意见，甚至可以在一些重要的观点上与他根本对立，但是，他们都会异口同声地说：杜威的见解是值得注意和有意义的。这就是杜威在与国外学者们的关系中的地位，这就是他作为一位教育家在世界上的声望——世界上几乎很少有教育家能享有如此高的声望。"[1] 他还指出："杜威的教育著作已经为全世界所周知。在一些地区，他的教育观点已经引起了教育哲学和实际的变化。在一些地区，存在着反对杜威的情况，而且它可能要继续一些时间。约翰·杜威的影响可能会衰弱下去，也可能得到加强。然而无疑地，如果杜威那普遍的声誉的记录会被抹掉的话——除非有人能同他平等地进行比较。"[2]

第一节　杜威实用主义教育思想在西欧

　　英国、法国和德国等西欧国家在教育理论上曾有过各领风骚的时期，洛克、卢梭、裴斯泰洛齐、赫尔巴特、福禄培尔等许多西欧教育家的思想在教育

---

① A. Harry Passon. *Dewey's Influnce on the World Education*. Teachers College Record，Spring 1982.

② William W. Brickman and Stanley Lehrer（eds.）*John Dewey: Master Educator*. 1961：143.

历史上也占有过重要的地位，但自 19 世纪末 20 世纪初之后，杜威实用主义教育思想开始对西欧国家的教育产生影响；随着欧洲新学校运动的兴起和新教育思想的传播，这种影响越来越大。欧洲的教育革新运动为杜威思想在欧洲的传播作了准备。美国教育史学家布里克曼指出："当新教育之风吹过欧洲的时候，杜威的教育观点一下子为人们所熟悉。裴斯泰洛齐、赫尔巴特和福禄培尔曾有过他们的全盛时期，然而，现在新的重要人物出现了……英国、德国、法国和其他国家的新学校运动，使得教育家们熟悉了杜威的教育思想……随着时间的推移，杜威的著作越来越多地被提及。"[①]

（一）杜威实用主义教育思想在英国

早在 20 世纪初，杜威实用主义教育思想已开始在英国传播。杜威教育著作的第一个外国版本，就是 1900 年在英国伦敦出版的《学校与社会》，该书在美国芝加哥出版仅仅一年时间，1915 年在英国又发行了第二版。此后，杜威的教育著作不断在英国出版，其中有《明日之学校》《教育的理想、目的和方法》等。由于不存在语言的障碍，英国教育学者能读到杜威教育著作在美国出版的原版本。此外，由梅休和爱德华兹合著的介绍杜威芝加哥大学实验学校活动的《杜威学校》一书也在英国出版发行。

随着新学校运动在英国的开展以及杜威教育著作在英国的出版发行，杜威实用主义教育思想引起了英国教育界的注意。曼彻斯特大学教授芬德兰（Joseph J. Findlay）可能是第一个引起英国教育界对杜威注意的人。1907 年和 1910 年，他编辑出版了两卷本《杜威教育文集》（*Educational Essays of John Dewey*），并在英国得到广泛流行。在 1910 年版版本的"前言"中，芬德兰曾预言，杜威的教育学体系"将被人们所理解……将在很多也许并不了解它

---

① William W. Brickman and Stanley Lehrer（eds.）*John Dewey: Master Educator*. 1961：133.

的哲学基础的人们中间找到信徒"①。

虽然剑桥大学国王学院的布朗宁在 1902 年出版《教育思想史引论》一书中还没有论及杜威及其实用主义教育思想，但是，在 20 世纪 30 年代后英国教育学者所写的那些重要的教育著作中，都已包括有关杜威的章节。例如，贝尔法斯特皇后大学教育学教授麦卡利斯特（W. J. McCallister）1931 年出版的《教育中自由生长》（*The Growth of freedom in Education*）一书就列了"杜威的自由和合作"一章。自 1918 年后已出版了第 5 版、印刷了 21 次的格拉斯哥大学教授拉斯克（R. R. Rusk）的名著《伟大教育家的学说》（*Doctrines of the Great Educator*）在 1954 年第二版中增加了"杜威"一章。拉斯克称，正如裴斯泰洛齐统治了更早的一个世纪一样，杜威在整个 20 世纪前半期里统治了教育舞台。②在该书 1979 年的第 5 版上，作者指出："在过去的一百年里，在教育上提供指导最多的人就是约翰·杜威。"③"20 世纪 70 年代后期，在杜威去世后的四分之一世纪时，有一些迹象表明教育潮流再一次趋向杜威的方向。"④博格诺里季斯教育学院的莫里什（I. Morrish）1967 年出版的《教育的训练》（*Disciplines of Education*）一书也列了"约翰·杜威"一章。

英国教育史学家、利兹大学教授柯蒂斯（S. J. Curtis）和布尔特伍德（M. E. A. Boultwood）早在 1953 年出版的《教育思想简史》（*A Short History of Educational Ideas*）一书中就列了"约翰·杜威"一章，篇幅长达 33 页，对杜威的生平活动、教育原理以及影响进行了颇为详细的论述。他们认为，杜威在

---

① William W. Brickman（ed.）*John Dewey's Impressions of Soviet Russia and the Revolutionary World Mexico-China-Turkey*. New York：Bureau Publications，Teachers College，Columbia University，"Preface"，1964：9.

② William W. Brickman and Stanley Lehrer（eds.）*John Dewey: Master Educator*. 1961：134.

③［英］拉斯克，斯科特兰.伟大教育家的学说［M］.朱镜人，单中惠，译.济南：山东教育出版社，2013：266.

④［英］拉斯克，斯科特兰.伟大教育家的学说［M］.朱镜人，单中惠，译.济南：山东教育出版社，2013：289.

英国被视为第一次世界大战时期教育思想的一位领袖。对此，布里克曼指出：
"他们对于杜威是赞赏的，但也引用了一些主要批评者的观点。"①《教育思想简
史》一书自 1953 年出版后至 1977 年，已出了第 5 版，印刷了 12 次，这有助
于英国教育学者对杜威实用主义教育思想的了解。柯蒂斯在本人 1967 年出版
的《大不列颠教育史》（*History of Education in Great Britain*）一书中，也提及
杜威实用主义教育思想对英国教育的影响。他指出，杜威"把一种新的精神
引入了 20 世纪初期英国幼儿园"②；在课程和方法上，"约翰·杜威的思想
产生了极大的影响，实际的工作在学校中的重要性已越来越广泛地被人们
所认识"③。

20 世纪前半期英国杰出的教育家沛西·能（Percy Nunn）也对杜威作过
这样的评论：杜威"对于解放现代教师的职业智慧作出了很大的贡献"④。1920
年，沛西·能出版的《教育原理》（*Education, Its Data and First Principles*）一
书在英国教育界影响极大。在该书中，他论述了杜威提出的"从做中学"，并
明确指出知与行在本质上是密切联系的。如果把它们分开，那么就会造成损
失——不仅仅在知的方面造成严重的损失。⑤他希望读者阅读杜威的《我们如
何思维》一书，并进而指出"杜威的著作，特别是《学校与社会》《明日之
学校》，人人都应阅读"⑥。

杜威实用主义教育思想在 20 世纪前半期对英国的影响是很大的。但
是，有的英国教育学者在著作里就没有提及杜威。其中，最突出的例子是，
在亚当斯（A. Adams）1912 年出版的《教育学说的发展》（*The Evolution of*

① William W. Brickman and Stanley Lehrer（eds.）*John Dewey: Master Educator*. 1961：134.

② S. J. Curtis. *History of Education in Great Britain*. London：Univerisity Tutorial Press，1967：298.

③ S. J. Curtis. *History of Education in Great Britain*. 1967：369-370.

④ William W. Brickman and Stanley Lehrer（eds.）*John Dewey: Master Educator*. 1961：134.

⑤［英］沛西·能. 教育原理［M］. 王承绪，赵端英，译. 北京：人民教育出版社，1992：214.

⑥［英］沛西·能. 教育原理［M］. 王承绪，赵端英，译. 北京：人民教育出版社，1992：287.

Educational Theory）一书中，对于巴格莱、桑代克等美国教育家的思想都进行了论述，然而对杜威却只字不提。

20世纪50年代后，在英国教育界出现了这样一种倾向："与其把杜威看成教育界的圣人，不如把他看成一位重要的教育思想家。他的思想既不能完全接受，也不能完全拒绝。"① 其代表人物就是伦敦大学国王学院教授贾杰斯（A. V. Judges）。贾杰斯1957年出版了《教育与哲学精神》（*Education and Philosophic Mind*）一书，其中有一章是专门论述杜威实用主义教育思想的。他称自己是杜威的学生，并认为"杜威关于学生的智力以及趋于更多和更好发展能力的信念吸引了他"；但他又认为"实用主义教育观点中存在了一些不足之处"②。

21世纪以来，杜威教育思想在英国仍然有广泛的指导意义。2007年，牛津大学荣誉退休教授理查德·普林出版了《约翰·杜威》（*John Dewey*）一书，该书被列入"布鲁姆斯里图书馆之教育思想"系列。在该书中，他对杜威的教育思想进行了简要的评述，并称杜威为"属于我们时代的教育哲学家"③。此外，2016年9月28日，在剑桥大学还举行了由欧洲教育研究会（European Education Research Association）发起的杜威《民主主义与教育》出版一百周年纪念会议。

（二）杜威实用主义教育思想在法国

1883年，法国《哲学杂志》1月号刊登了杜威的第一篇文章《唯物论的形而上学假设》（*The Metaphysical Assumptions of Materialism*）的摘要。杜

① William W. Brickman and Stanley Lehrer（eds.）*John Dewey: Master Educator*. 1961：136.
② A. V. Judges. *Education and Philosophic Mind*. London：The University of London Press，1957：100.
③［英］理查德·普林.约翰·杜威［M］."序"（大卫·布里奇斯）.2016：6.

威这篇哲学论文此前刚发表在美国《思辨哲学杂志》（*Journal of Speculative Philosophy*）1882 年 4 月号上。这是杜威的名字第一次出现在国外刊物上。

在 1889 年以前，杜威实用主义教育思想已在法国的出版物上被讨论。法国的教育家、教育部总督学孔佩雷（J. G. Compayre）为《大百科全书》（*La Grande Encyclopedie*）所撰写的一条辞目，就论及杜威实用主义教育思想。

1909 年，杜威的教育著作和文章才在法国翻译出版。那一年，新学校运动的领导人伯蒂尔（G. Bertier）在法国《教育》杂志上刊登了杜威的《学校与社会》的部分译文。此后，杜威的一些文章先后在法国的刊物上被翻译刊登。1912 年 12 月，《教育》杂志刊登了《学校与幼儿的生活》（*L'Ecole et la vie de L'enfant*）一文；1913 年，法国《教育学年刊》第 3 期刊登了《教育与社会观点》（*L'Education au point de vue social*）一文；1922 年，法国《形而上学与道德》杂志第 29 期发表了《美国实用主义的发展》（*Le Development du pragmatism America*）一文。与此同时，杜威的一些教育著作也在法国翻译出版。1925 年，比利时教育家德可乐利（O. Decroly）在法国翻译出版了《我们如何思维》法文译本；1931 年，这家出版公司又翻译出版了《明日之学校》的法文译本；1947 年，《经验与教育》一书由卡罗（A. Carroi）翻译出版，译者专门撰写了关于杜威实用主义教育思想的评介。

在 20 世纪前半期，除杜威的一些教育著作和文章被翻译出版外，法国的教育学者对杜威实用主义教育思想也进行了深入的论述。1932 年，法国巴黎大学索邦学院的华伦罗德（R. Wallenrod）撰写了《教育家约翰·杜威》（*John Dewey Educateur*）。1948 年，法国教育学者布洛克（M. A. Bloch）出版了《新教育哲学》（*Philosophie de l' education nouvelle*）一书，其中论述了杜威实用主义教育思想。美国教育史学家布里克曼曾这样指出："在法国已出版的关于杜威的论著中，最好的可能是华伦罗德的《教育家约翰·杜威》一书。"[1]

---

[1] William W. Brickman and Stanley Lehrer（eds.）*John Dewey: Master Educator*. 1961：136.

还要指出的是，在法国出版的杜威教育著作法文本和研究杜威的博士学位论文中，有 5 个译本和 3 篇论文是由非法国学者和学生翻译和撰写的。[1] 例如，里昂大学的中国留学生杨蔡 1926 年撰写的博士学位论文题为《杜威与涂尔干的教育学原理比较研究》(*Etude comparative sur les doctrines pedagogique de Durkheim et de Dewey*)。巴黎大学索邦学院的中国留学生吴俊升[2]1931 年撰写的博士学位论文《约翰·杜威的教育学原理》(*La doctrine pedagogique de John Dewey*)，并附录了《我的教育信条》的法文译本。

20 世纪 50 年代后，法国继续保持对杜威实用主义教育思想的兴趣。法国教育学者又翻译出版了杜威的一些教育著作。其中包括：1955 年，法国庞丹学前教育委员会编译出版的《杜威著作选》(*L'oeuvre de John Dewey*)法文本；1957 年，杜威的《自由与文化》出版的法文译本；1956 年，法国教育家夏都（J. Chateau）主编《大教育家》(*Les grands pedagogues*)一书，其中收载了由美国教育家、密歇根大学教授布鲁巴克所撰写的"杜威"一章。

杜威在法国学术界具有很大影响。1930 年，法国巴黎大学在授予杜威名誉博士学位时指出，杜威是"美国精神的最深刻和最完全的表现"[3]。杜威在法国的影响首先是理论上的影响。布里克曼指出："总的说来，几十年来，杜威在法国所受到的尊敬似乎是因为他的哲学方面多于他的教育方面。"[4]

（三）杜威实用主义教育思想在德国

19 世纪，德国出现了赫尔巴特、福禄培尔、洪堡、第斯多惠等曾在世界

---

[1] William W. Brickman（ed.）*John Dewey's Impressions of Soviet Russia and the Revolutionary World Mexico-China-Turkey*. 1964：10.

[2] 吴俊升先生后来担任香港新亚学院院长和教授。

[3] William W. Brickman（ed.）*John Dewey's Impressions of Soviet Russia and the Revolutionary World Mexico-China-Turkey*. 1964：11.

[4] William W. Brickman and Stanley Lehrer（eds.）*John Dewey: Master Educator*. 1961：137.

教育舞台上享有盛誉的教育家。就教育理论来说,德国在当时高于欧美其他国家,处于领先的地位。

20世纪初,美国教育思想传入德国。"对德国教育家来说,杜威的教育思想是由一位美国人博格斯(L. P. Boggs)带到他们面前的。他曾于1901年在德国撰写了一篇博士论文,是关于杜威的兴趣理论在教育学中的应用。"① 此后,杜威的教育著作开始在德国翻译出版。为了完善改革学校的新原则而在德国创立新教育学会的一位柏林高级中学教师路德维希·古利特(L. Gurlitt),他致力于把杜威教育思想引入德国,于1903年翻译《学校与社会》第一章;后来,他的妹妹埃尔斯·古利特(E. Gurlitt)又翻译了该书的第三、四章,并最后以埃尔斯·古利特署名出版了《学校与社会》一书的德文译本。因此,德国教育学者首先是通过《学校与社会》这本书而熟悉杜威教育思想的。1922年,教育哲学家普朗特(R. Prantl)翻译了《我的教育信条》。1930年,两次访学哥伦比亚大学师范学院的德国哈勒大学教授埃里克·希勒(Erick. Hylla)第一次把《民主主义与教育》翻译成德文译本出版。

在杜威实用主义教育思想传入德国和杜威教育著作在德国被翻译出版的过程中,德国教育家、劳作教育思想的倡导者凯兴斯泰纳(G. Kerschensteiner)已驰名世界。1907年,他从一本《学校与社会》的英文本中熟悉了杜威的教育思想。此外,他还阅读过杜威的其他教育著作,例如,《教育中的兴趣与努力》《教育中的道德原理》等。由于凯兴斯泰纳在批判传统的"书本学校"上与杜威是一致的,因此,他不仅对杜威实用主义教育思想持赞同态度,而且对杜威教育思想在德国的传播和影响也起了很大的作用。在1910年的《国民教育概念》(*Der Begriff der staatsburgerliche erziehung*)一书的"前言"中,他这样写道:"我欣喜而感激地承认,杜威的著作在过去两年中占据了我的思

---

① William W. Brickman and Stanley Lehrer(eds.)*John Dewey: Master Educator*. 1961:139.

想。对于他那些丰富多样的建议，我真要表示感激。"①在1912年的《劳作学校要义》（*Der Begriff der Arbeitsschule*）一书中，凯兴斯泰纳还在论述教育问题时提及杜威的《学校与社会》《教育中的兴趣与努力》等著作。他写道："……杜威在芝加哥所作的并卓有成效的实验。遗憾的是，这一实验竟在如此短暂的时间里终止了。"②凯兴斯泰纳在教育思想上受到了杜威的影响，从杜威教育著作中学习了他自己要学习的东西，借用了很多需要的内容，并使他原来模糊的观念变得清晰了。因此，"凯兴斯泰纳在1932年去世前的25年里，通过他自己的许多有影响的著作，为传播杜威教育思想做了很多努力"③。对此，比利时教育哲学家德霍弗（F. de Hover）作了这样的评价："凯兴斯泰纳的著作中，不仅字辞和短语，而且整页整页的内容似乎都从杜威那里借来。不难看出，他1907年以后的著作几乎就是对杜威名言的详细阐释。"④

此外，德国一些学校改革者把杜威教育思想应用于他们的教育实践中。例如，卡森（F. Karsen）于1921年创办了卡尔·马克思学校，力图赋予学生更多的自由，培养更强的社会责任感，使他们成为具有民主意识的公民。耶拿大学教育学教授彼得森（P. Peterson）于1925—1930年创办了一所实验学校，倡导社群生活的理念，实施儿童之间的合作。⑤

在魏玛共和国（1918—1933）期间，文化部部长贝克（Carl H. Becker）1930年在哥伦比亚大学师范学院做题为"德国教育现状"的演讲时说："美

---

① 赵康.民族认同和外来思想的碰撞：20世纪初至二战前德国对杜威教育思想的吸收［J］.教育学报，2016（1）：113.

② ［英］凯兴斯泰纳.凯兴斯泰纳教育论著选［M］.郑惠卿，译.北京：人民教育出版社，1993：28.

③ William W. Brickman and Stanley Lehrer（eds.）*John Dewey: Master Educator*. 1961：139.

④ 赵康.民族认同和外来思想的碰撞：20世纪初至二战前德国对杜威教育思想的吸收［J］.教育学报，2016（1）：114.

⑤ 赵康.民族认同和外来思想的碰撞：20世纪初至二战前德国对杜威教育思想的吸收［J］.教育学报，2016（1）：115.

国的教育理念支持了魏玛共和国的基本的民主改革，杜威的许多思想已被采纳，而他的其他一些思想对实际改造我们的教育体系有直接或间接的影响。"[①]此外，杜威的《民主主义与教育》等著作受到了广泛的关注，但碍于社会环境和教育理念等原因，德国主流教育圈学者对杜威教育思想并没有给予更多的关注，甚至有所贬损。尽管从纳粹统治时期，希特勒政府甚至全部销毁了埃里克·许拉（Erick Hylla）教授翻译的《民主主义与教育》德文译本，但是，二战后，许拉翻译的《民主主义与教育》德文译本于 1949 年出了第二版，1964 年又出了第三版。

（四）杜威实用主义教育思想在其他西欧国家

除英国、法国和德国外，杜威的教育著作还在瑞典、瑞士、西班牙、意大利、比利时等西欧国家翻译出版，实用主义教育思想在这些国家都产生了影响。

在瑞典，早在 1901 年就翻译出版了《与意志训练有关的兴趣》瑞典文译本。1948 年，杜威的《民主主义与教育》一书在瑞典翻译出版。其他被翻译著作还有《儿童与课程》《教育与社会》《明日之学校》《人性与行为》等。其中，《学校与社会》一书有 4 种版本。通过杜威教育著作瑞典文译本以及关于杜威的专题论文和各种著作，可以看到瑞典人对杜威实用主义教育思想的兴趣。

在瑞士，引起教师对杜威实用主义教育思想注意的是瑞士儿童心理学家克拉帕雷德（E. Claparede）和瑞士教育家、国际新学校局的创立者费列尔（A. Ferriere）。1905 年，克拉帕雷德就开始在他的著作中对杜威教育思想进行论述。1913 年，瑞士教育学者皮多克斯（L. S. Pidoux）编译的题为《学校与儿童》

（*L'Ecole et l'enfant*）一书，刊载了杜威的 4 篇论文。克拉帕雷德在为该书撰写的"引言"中，充分肯定了杜威实用主义教育思想，为瑞士人对杜威的评价打下了基础。1915 年，《我们如何思维》在瑞士被翻译出版。1928 年，瑞士洛桑大学的克罗韦尔（N. J. Crowell）撰写了博士论文《约翰·杜威的教育哲学》（*John Dewey et l'education nouvelle*）。由于瑞士教育学者通晓多种语言，因此，他们可以通过在法国和德国甚至在英国出版的各种文本的杜威著作研究杜威实用主义教育思想。

在西班牙，1915 年，国家教育协会的秘书巴恩斯（D. Barnes）翻译出版了《学校与社会》的西班牙文译本；该书 1929 年推出了第二版。此外，西班牙教育学者卢苏里加（L. Luzuriage）开始翻译杜威的许多教育著作，并撰写有关杜威实用主义教育思想的文章。后由于西班牙内战的爆发，卢苏里加逃到了阿根廷，并在那里继续翻译杜威的教育和哲学著作。据统计，在西班牙翻译出版的杜威教育和哲学著作西班牙译文本约有 32 种。其中，《儿童与课程》的西班牙文译本有 3 种、《学校与社会》的西班牙文译本有 2 种、《明日之学校》的西班牙文本有 3 种，《我的教育信条》的西班牙文译本竟多达 8 种。[1] 杜威这些教育著作在西班牙被翻译出版，也说明西班牙教育学者对杜威实用主义教育思想的关注。

在意大利，杜威的重要的教育著作被翻译成意大利文。1913 年，《我的教育信条》由意大利教育学者奥利瓦（L. Oliva）翻译出版。第二次世界大战后，杜威的许多主要论著在意大利翻译出版。据统计，被译成意大利文译本的杜威教育著作约有 18 种，包括《民主主义与教育》《我们的教育信条》《儿童与课程》《学校与社会》《今日的教育》《我们如何思维》《自由与文化》《经验

---

[1] A. Harry Passon. *Dewey's Influnce on the World Education*. Teachers College Record, Spring 1982.

与教育》《哲学的改造》等。^① 其中，《学校与社会》1949 年在意大利第一次出版后，到 1967 年已重印 21 次。由此可见，杜威实用主义教育思想在意大利的广泛传播。其原因是，华虚朋作为第二次世界大战后意大利政府的教育顾问协助重建意大利公立学校，从而"促使意大利人对杜威教育思想产生兴趣"^②。在 1950 年至 1957 年间，意大利教育学者出版了 6 本关于杜威实用主义教育思想的专题著作，进一步阐述了杜威教育思想对意大利教育的重要性。其中一本是 1950 年科拉罗（G. Corallo）出版的《杜威的教育学》（*La pedagogia di Giovanni Dewey*），共 600 多页，其中包括了一份综合性文献目录，既列入了杜威著作，又列入了研究杜威的著作。另一本是 1951 年博吉（L. Borghi）出版的《约翰·杜威对当代美国教育学的影响》（*John dewey e il pensiero pedagogico contemporaneo negli Stati Uniti*），是对杜威对美国教育思想的影响的一个学术性分析。此外，还要提到的是科迪格诺拉（E. Codignola）在他的著作中对杜威实用主义教育思想进行了许多论述。1980 年 10 月，意大利乌尔比诺大学举行了一次纪念杜威的研讨会，在提交会议的 12 篇论文中，有 7 篇是意大利学者撰写的。

在比利时，教育哲学家德霍弗对杜威实用主义教育思想的论述，对引起比利时人的注意是有一定作用的。在他的《哲学与教育》（*Philosophy and Education*）一书中，德霍弗虽然批评了杜威，说他是"一位多少有点偏见的社会教育家"，但又称杜威是"我们时代的最重要的哲学家和教育家之一"^③。这本著作在法国和英国的译本是比较有影响的。

---

① A. Harry Passon. *Dewey's Influnce on the World Education*. Teachers College Record, Spring 1982.

② William W. Brickman and Stanley Lehrer（eds.）*John Dewey: Master Educator*. 1961：137.

③ William W. Brickman and Stanley Lehrer（eds.）*John Dewey: Master Educator*. 1961：139-140.

第二节　杜威实用主义教育思想在苏联

　　早在十月革命前，杜威实用主义教育思想已在俄国得到了传播。泽林柯（А. У. Зеленко）和沙茨基（С. Т. Шацкий）等教育家不仅熟悉杜威实用主义教育思想，而且进行了教育革新实验活动。十月革命胜利后，苏维埃政府对旧的沙俄教育制度进行了改造。在改造旧的沙俄教育制度的过程中，苏维埃教育部门领导人卢那察尔斯基（А. В. Луначарский）、克鲁普斯卡娅（Н. К. Крупская）对杜威实用主义教育思想基本上是持赞同态度的，综合教学大纲的制定和设计教学法的广泛使用。此外，杜威教育著作的翻译出版，进一步扩大了杜威实用主义教育思想在苏联的传播和影响。到 1928 年杜威访问苏联时，他已成为苏联教育界所熟知的一位美国教育家。当时，"杜威是苏维埃教育制度的热情的赞美者"[①]。"很长一段时期，约翰·杜威在苏联是很受欢迎的一个人物；而杜威本人也对这种对他的崇拜表示感激——这一点可以从他的著作[②]中看出。"[③] 但是，从 20 世纪 30 年代初起，杜威实用主义教育思想开始在苏联受到抵制与批判。自 1937 年杜威担任"控诉莫斯科对托洛斯基审判调查委员会"主席后，不仅杜威本人受到了苏联政府的严厉谴责和抨击，而且实用主

---

　　① William W. Brickman（ed.）*John Dewey's Impressions of Soviet Russia and the Revolutionary World Mexico-China-Turkey.* "Preface". 1964：25.

　　② John Dewey. *Soviet Russia*，1928. // William W. Brickman（ed.）*John Dewey's Impressions of Soviet Russia and the Revolutionary World Mexico-China-Turkey.* 1964：44-112.

　　③［英］埃德蒙·金.别国的学校和我们的学校——今日比较教育［M］.王承绪，等，译.北京：人民教育出版社，1989：419.

义教育思想在苏联的影响也被中止。

（一）十月革命前杜威实用主义教育思想在俄国的传播

在十月革命前，尽管沙皇俄国的文化教育相比其他欧洲国家和美国十分落后，但是一些激进的和自由主义的教育思想从 19 世纪末起在俄国得到了传播。例如，强调儿童生理和心理研究的实验教育学思想在当时曾有较大的影响，教育家涅恰耶夫（А. П. Нечаев）是代表人物。又如，创刊于 19 世纪末的《俄罗斯学校》《教育信使》两本杂志完整地阐述了自由主义的教育思想。其中，《俄罗斯学校》杂志还开设了"西方最新教育流派"专栏，杂志编辑部在开设专栏时这样写道："目前我们几乎还没有独创的教育理论家，因此，在这方面我们只好通过翻译和借用来吸收……我们不能完全拒绝借用，恰恰相反，我们开始越来越需要这种借用。像其他领域一样，俄国在教育理论领域离开利用自己力量的日子还差得很远。"①

在欧美国家中已流行的自由教育思想在俄国得到传播。曾于 1906 年在莫斯科建立"自由儿童之家"的文特策尔（К. Н. Вентцель）是自由教育思想在俄国的代表。他主张教育者不要直接影响儿童，而要通过儿童周围环境的组织间接影响。解放儿童和使被解放的儿童能发展其独特个性的良好条件是学校力求实现的理想目的。自由教育思想的支持者曾描绘了一幅新学校的理想景象：新学校不仅成为儿童走向生活的准备阶段，而且是儿童充满巨大意义的、富有朝气和真正的生活的一部分。在新学校里，没有任何强制手段和体罚，只有对儿童的热爱和尊重；在新学校，努力教会儿童的首先不是学习书本，而是第一手的知识。1907 年开始发行的《自由教育》杂志是自由教育思想的热情宣传者。

---

① Ф. Ф. Королев. Очерки по истории советской школы и педагогики（1917—1920）. Москва，1958：18.

正是在这样的背景下，杜威实用主义教育思想开始在俄国得到传播，并产生了比其他欧洲教育思想更大的影响。这在很大程度上要归功于教育家泽林柯、沙茨基、布隆斯基（П. П. Блонский）等人的努力宣传和实验活动。

杜威实用主义教育思想在俄国的传播始于 1905 年。[1] 曾于 1903 年至 1904 年在美国社会活动家简·亚当斯建立的赫尔会所[2] 生活过的一位俄国建筑师译林柯回到莫斯科，在介绍赫尔会所的同时，也介绍了与简·亚当斯有亲密交往的美国教育家杜威的教育思想。于是，1905 年夏天，泽林柯与同样熟悉杜威教育思想的沙茨基和施莱格尔（Л. К. Шлегер）一起在莫斯科郊区的谢尔科夫为工人的孩子组织了一个夏令营。同年秋天，他们在莫斯科的工人区开办了一个儿童俱乐部。在夏令营和儿童俱乐部中，儿童自己布置房间、打扫卫生、准备饮食，他们的个性因而能得到真正的自由发展。沙茨基曾指出，这种教育事业"具有无可争辩的社会性质，为每一个儿童提供了自由发展创造力的可能，选择贫苦居民阶层作为自己活动的范围，以实施劳动教育、儿童自治和满足儿童的兴趣作为自己的任务"[3]。夏令营和儿童俱乐部在当时受到了欢迎，极大地吸引了儿童从各处而来。1906 年，泽林柯、沙茨基和施莱格尔建立了"新住宅区协会"，探索广泛的社会教育道路。其具体目的是在儿童和成人中开展文化教育工作，用实验研究儿童的社会教育、儿童团体的发展、儿童劳动的自治的问题，组织新型的教育结构。但是，由于这些教育活动批判了旧沙俄教育制度，沙皇政府在 1907 年底以"试图在儿童的心灵中传播社会主义"的罪名关闭了协会，泽林柯和沙茨基也被关进了监狱。泽林柯、沙茨基和施莱格尔的教育活动被迫暂时中断。

同年，《学校与社会》一书由波萨多（И. Г. Посадов）在莫斯科翻译出版，

① William W. Brickman（ed.）*John Dewey's Impressions of Soviet Russia and the Revolutionary World Mexico-China-Turkey*. "Preface". 1964: 16.

② 赫尔会所，即芝加哥社会服务社。

③ С. Т. Шацкий. Шацкий избраные педагогические Произведения. Том. 1，Москва，1964: 55.

这是杜威教育著作的第一个俄文译本[1]。1915 年，《我们如何思维》由尼科尔斯基（Н. М. Никорский）在莫斯科翻译出版，书名改为《心理学和教育思想》（*Psychology and Pedagogical Thought*）。尽管十月革命前在俄国翻译出版的著作数量并不多，但已表明俄国教育家有机会熟悉杜威的教育思想和实践。

1909 年秋天，新住宅区协会以儿童劳动和娱乐协会的名称开始活动，并重新制定了协会章程。该协会提出以研究儿童的年龄特征和兴趣为基础组织儿童生活；让儿童参加自己的生活组织；劳动应成为儿童自己组织的主要因素；尝试更接近儿童的社会环境等。

1911 年，沙茨基与夫人沙茨卡娅（В. Н. Шацкая）一起在卡卢布省开办了一所名为"朝气蓬勃生活"的夏令劳动营，每年接受 60 至 80 名 8 至 16 岁的儿童前来度夏。其主要任务是为组织友爱的儿童集体、发展儿童的创造才能和在劳动的基础上养成他们的社会生活习惯创造条件。在夏令劳动营里，劳动是儿童的丰富而有趣的生活的基础。在沙茨基看来，剥夺儿童的活动权利就像堵住一条河流，将会严重影响儿童一生的发展。相比沙皇政府统治下普遍存在的单调乏味的学校生活，夏令劳动营无疑是一种有益的尝试，为儿童提供了一个朝气蓬勃生活的场所。对于自己的教育革新活动，毕业于莫斯科农学院的沙茨基承认受到了杜威实用主义教育思想的影响。在《我的教育道路》一文中，他写道："我要指出，这个时期（1910 年）约翰·杜威的思想对我的教育观点发展有相当的影响。约翰·杜威以他的实用主义哲学引起了我的注意……使我根据满足儿童的兴趣来制定一系列儿童工作的计划和大纲。"[2]

在莫斯科大学任教的布隆斯基并没有像沙茨基和泽林柯那样进行教育革新活动，但在对旧的沙俄学校教育脱离生活的需要进行批判的同时，接受了杜

---

[1] William W. Brickman（ed.）*John Dewey's Impressions of Soviet Russia and the Revolutionary World Mexico-China-Turkey*. "Preface". 1964：17.

[2] С. Т. Шацкий. Шацкий избраные педагогические Произведения. Том. 1, 1964：58.

威实用主义教育思想。在十月革命前撰著的《教育学课程》《新国民学校的任务和实践教学法》（1916）等教育著作中，布隆斯基主张教育是由教育者借助于适当的刺激物选择训练儿童天赋本性的组织方法；教育是在适当的环境里由于照料和控制而复杂起来的儿童天赋的发展。因此，苏联教育史学家柯罗列夫（ф. ф. Королев）这样指出："实用主义教育学的最著名人物杜威对布隆斯基的教育观点的形成有很大的影响。布隆斯基学着杜威说，在新的国民学校里应该教给儿童的是他'今天'所需要的东西，而不是'未来生活'所需要的东西，学校的任务是教会生活，而不是教理论知识。他也以杜威的教育思想来解决学校社会活动、学校自治等问题。"①

　　教育家克鲁普斯卡雅在从事革命活动的同时，对欧美国家的教育理论也进行了研究，对在欧美国家出现的自由学校和新学校提出了看法。在论及自由学校的成败时，她强调："成败往往取决于它的组织工作。新型学校的教师所具备的组织才能应当大大超过其教学才能。"②在论及新学校的发展时，她明确指出，新学校是"满足国家对受过教育的、有知识的、有首倡精神的"人的需要。它的"一切都是为了增进学生的身体健康……它对脑力发展也特别重视。没有毫无意义的死记硬背。学生的独立精神得到了充分的发挥。教学中特别注意学生的兴趣，满足学生的积极的创造性的要求。外表纪律和强制现象根本不存在。学校的整个制度照顾到所有的儿童，可以促进儿童的个性全面发展。安排得很合理的共同工作使学生学会了和别人共同生活和工作。学校的自治使学生养成了组织社会生活的能力"③。在1915年撰著的《国民教育和民主主义》（*Наробное образовние и демокрамия*）一书中，克鲁普斯卡雅对美国

---

① ф. ф. Королев. Очерки по истории советской школы и педагогики（1917—1920）. 1958：33.

②［苏］克鲁普斯卡雅. 论自由学校问题. // 克鲁普斯卡雅教育文选（上卷）［M］. 卫道治，译. 北京：人民教育出版社，1987：51.

③［苏］克鲁普斯卡雅. 国民教育和民主主义. // 克鲁普斯卡雅教育文选（上卷）［M］. 卫道治，译. 北京：人民教育出版社，1987：177-178.

的学校以及杜威的教育思想进行了专门的评述。她指出："美国学校的一个特点，就是很注意学生的个性，尊重他们的个性。在美国，学校是为学生而开办的，而不是为了学校才去招学生。学生的兴趣、爱好得到照顾。美国学校里有一段特别的时间，学生可以学习他最感兴趣的东西，学生可以不要教师的帮助而独立活动。学生们不仅有权独立工作，而且有权独立思考……学校还培养他们参加社会生活……"① 她还指出："美国著名心理学家和教育家约翰·杜威制定了一些原则，美国的学校就是根据这些原则建立起来的。杜威得出了下列结论：儿童的个性是有机体的一定力量和本能总和的产物，这种力量和本能是儿童会发生一些冲动的原因。这种力量和本能可以通过一定的方式纳入正轨，但不能加以压抑。儿童对某一事物或活动发生兴趣，这说明这一事物或活动有使儿童感兴趣的地方，说明有某种东西能满足他的正在发育的有机体的一定的要求。如果这些要求得到满足，儿童就会感到满意；当儿童从事他所喜欢和感兴趣的工作时，他就会全力以赴地去做，他的积极性就会充分发挥出来，有机体不需要外界的强制就能加强起来，由于从事感兴趣的工作，儿童的精神力量就能得到发展。教师在研究了儿童的个性和兴趣之后，就可以经常培养这种兴趣，把它加以发展、深化和改造。如果能照顾到儿童的个性，就能取得巨大的成果。反之，要是压抑儿童的个性，强迫他去做他心里不喜欢去做的事情，就会分散注意力，使儿童疲倦，减低有机体的积极性，削弱意志力。"②

（二）苏联早期杜威实用主义教育思想的传播和影响

十月革命胜利后，苏维埃政府立即克服很多困难对旧的沙俄教育制度进

---

① ［苏］克鲁普斯卡雅.《国民教育和民主主义》一书素材摘要. // 克鲁普斯卡雅教育文选（上卷）［M］.卫道治，译.北京：人民教育出版社，1987：186.

② ［苏］克鲁普斯卡雅.国民教育和民主主义. // 克鲁普斯卡雅教育文选（上卷）［M］.卫道治，译.北京：人民教育出版社，1987：177-178.

行根本性的改革。在以卢那察尔斯基和克鲁普斯卡雅为首的教育人民委员部领导下，整个教育改革工作有步骤地进行。包括沙茨基、布隆斯基、平克维奇（А. П. Пинкевич）在内的许多教育家，也积极参与对沙俄教育改革的工作。

1. 杜威实用主义教育思想在苏联早期的传播

由于多数苏联教育家是在十月革命前成长起来的，因此他们认为，西欧和美国的一些教育学流派比沙俄政府官方的教育学要新颖；再加上缺乏社会主义教育实践经验，苏联教育家都希望从对外学习中得到启发。在苏维埃政府成立后的最初十年，杜威教育著作在苏联翻译出版的数量众多。杜威教育著作的俄文译本早在 1907 年就出现了，但绝大多数是在 20 世纪 20 年代出版的，当时杜威在苏联的声誉达到了顶点。十月革命胜利后第一年，即 1918 年，《明日之学校》一书由季伊（Д. Дий）等人在莫斯科翻译出版。《我们如何思维》俄文译本第二版和《学校与社会》俄文译本第二版分别于 1919 年和 1920 年出版。1921 年，沙茨基节译了《民主主义与教育》这本小册子，更名为《教育哲学导论》，共 62 页。1922 年，出版了《我们怎样思维》俄文译本第三版和《明日之学校》俄文译本第二版。1922 年，阿扎列维奇（Л. Азаревич）翻译出版了由英国教育学者芬德兰 1907 年编的《学校与儿童》（*Школа и димя*），其中包括《儿童与课程》以及发表在《初等学校纪事》上的 8 篇文章。1924 年，卢钦斯基（Д. А. Лучинский）重新翻译出版《学校与社会》俄文译本；第二年又被重印。这本书是杜威教育著作中在苏联被翻译出版的最后一本俄文译本。通过杜威教育著作的翻译出版，杜威实用主义教育思想在这一时期的苏联得到了广泛传播。在教师代表大会上，杜威与其他一些欧美教育家的著作被当作关于教育科学的最新见解而被推荐。

在十月革命后的苏联教育家中，最熟悉杜威实用主义教育思想的是沙茨基、布隆斯基、克鲁普斯卡雅、卢那察尔斯基、平克维奇等，他们当时在苏联教育界都承担了领导工作。其中，卢那察尔斯基担任教育人民委员（1917—1929）；克鲁普斯卡雅担任教育人民委员部部务委员（1917—1927），主管政治教育总局、国家学术委员会科学教育组，1927 年后任副教育人民委员；沙斯基、布隆斯基和平克维奇担任教育人民委员部国家学术委员会科学教育组成员，平克维奇担任第二莫斯科大学校长（1924—1926）。早在 1906 年，讨论莫斯科第一住宅区建立一个儿童俱乐部时，沙斯基就对美国教授伍迪（T. Woody）说他"从杜威的严密分析中得到极大的帮助，并对杜威坚持理论要在实际应用中加以仔细检验的'实用主义'留下了很深的印象"[1]。后来，他在《我的教育道路》一文中写道："无论如何，对我来说，在教育方面从美国获得的那些材料更为新鲜和更切合实际。"[2]在《通向劳动学校的道路上》一文中，他甚至指出："说实在的，看来只有美国的思想、美国的学校实践（斯坦利·霍尔、约翰·杜威）更接近我们对改革旧的学校所拟定的那种形式……约翰·杜威在《学校与社会》这本书中对组织劳动学校的原则作出了最清楚和最有说服力的阐述。"[3] 布隆斯基在《劳动学校》一书的"序言"中写道："杜威、马克思和当代的现实几乎是他的唯一指导……真正的学校就是工厂。"[4]平克维奇在《苏维埃共和国的新教育》（The New Education in the Soviet Republic）一书中指出杜威对苏联教育的影响非常大，相比德国教育家，"杜威更接近于马克思和俄罗斯共产主义者"[5]。卢那察尔斯基 1922 年在《无产阶级国家需要怎样的学校》一文中也这样指出："杜威在某个时候论述了应该怎样煮饭，怎样才能通过它既上化学课，又上物理、植物学、动物学、生理学等，他是非常正确的。虽然关于这点很多人向我提出了不同的意见，例如，如果在煮饭的时候这

① William W. Brickman（ed.）*John Dewey's Impressions of Soviet Russia and the Revolutionary World Mexico-China-Turkey*."Preface".1964：16-17.

② С. Т. Шацкий. Шацкий избраные педагогические Произведения. Том. 1，1964：59.

③ С. Т. Шацкий. Шацкий избраные педагогические Произведения. Том. 1，Москва，1964：33.

④ ф. ф. Королев. Очерки по истории советской школы и педагогики（1917—1920）. 1958：58-59.

⑤ Albert P. Pinkevich. *The New Education in the Soviet Republic*. New York：1929：163.

样多地进行谈话，那么有的人就会把饭煮干，有的人就会把饭烤焦，等等，但我仍然认为，杜威的这种提法或多或少是正确的。如果持有这样的态度，那么它无疑是有教育意义的。"①

2.杜威实用主义教育思想在苏联早期的影响

（1）国民教育第一实验站的活动

十月革命的胜利，为苏联教育家的教育探索和教育实验活动创造了新的条件。沙茨基在革命前开办的"朝气蓬勃生活"劳动夏令营从1918年起改成一个永久性的教育结构，由苏维埃政府提供经费对儿童开展教育活动。1919年5月，经过教育人民委员会的批准，沙茨基建立了国民教育第一实验站并亲自主持工作。国民教育第一实验站由多种多样的教育结构组成，分设在莫斯科的城市分站和卡卢什卡顺省乌戈茨格一扎伏茨基区的农村分站（"朝气蓬勃生活"劳动夏令营是它的一个组成部分），其中包括6所幼儿园、12所第一级学校、4所第二级学校、2所寄宿学校、3所人民文化馆、1个农场以及教师讲习班和教师讲习会等。其工作内容包括："同广泛的社会工作相结合的各种不同年龄儿童的直接的教育工作——实践；有可能使教师在工作过程中检验自己的经验，以及根据生活情况不断丰富自己的知识做好讲习工作——讲习班；统计、实验分析、为科学整理准备材料、研究环境、研究儿童在具体表现中的身心特点及其他——研究；在群众工作中利用实验站的经验，组织教师在广大居民中的工作——宣传。"②

受到杜威实用主义教育思想影响，沙茨基提出"把童年还给儿童"的原则。他强调说："学校是为儿童建立的，而不是儿童为了学校而生存的……如果从这方面来考虑教育活动，那么，它应该在'把童年还给儿童'这一口号

---

① Н. К. Гончаров, А. В. Луначарский О Нардном образований, Москва, 1958：200.

② ф. ф. Королев, В. З. Смирнов, Очерки по истории советской школы и педагогики（1921—1931）, Москва, 1961：413.

下进行。"① 在沙茨基看来，学校最重要的工作就是旨在保持儿童所具有的那些东西，即儿童很早就表现出来的对于一个人有益的本性。同时，沙茨基提出"劳动可以成为儿童生活的基础"。他强调说："体力劳动是基础，我们不能忽视它，正像在儿童的生活中没有活动就不能发展肌肉一样，对体力劳动缺乏认识我们同样不能认识教育工作。"② 在沙茨基看来，剥夺儿童参加劳动的机会，就会使他丧失强大的生命适应力。此外，沙茨基提出教育过程，即对培养儿童和教育儿童有深远意义的过程，并不都是在学校中进行的，在学校中进行的仅仅是一小部分，所以，应该研究自然、经济、风俗习惯、社会组织等因素，并使这些因素对儿童的环境越加有利。在沙茨基的国民教育第一实验站，儿童通过劳动、游戏、艺术和社会活动能使自己的本性得到合理发展。城市分站的劳动主要包括工业劳动、公益劳动和自我服务等；农村分站的劳动主要包括农业劳动、公益劳动和自我服务等。但是，儿童能胜任的为学校服务的劳动一般被看作实施劳动教育的开端，例如打扫教室、清除墙壁的灰尘、修理稍有破损的课桌椅、张贴图画、照管室内植物、劈柴和生炉子等。儿童还经常参加各种社会公益活动以及力所能及的公益劳动，例如，读报、参加扫盲工作、科学知识普及和农业集体化宣传活动、节日庆祝活动、市政建设和农村绿化劳动等。

国民教育第一实验站是沙茨基通向新的劳动学校道路上的一种探索。1934 年 11 月 1 日克鲁普斯卡雅在沙茨基的葬礼上指出，国民教育第一实验站的"工作很有意义。成千上万的教师络绎不绝地前来参观，国外的教育家也纷纷到此访问。他们对这里儿童的组织性和所取得的成绩深为惊叹"③。1928 年

---

① С. Т. Шацкий. Шацкий избраные педагогические Произведения. Том. 2，Москва，1964：27.

② ф. ф. Королев，В. З. Смирнов，Очерки по истории советской школы и педагогики（1921—1931），1961：475.

③［苏］克鲁普斯卡雅. 斯·杰·沙茨基. // 克鲁普斯卡雅教育文选（下卷）［M］. 卫道治，译. 北京：人民教育出版社，1987：336.

访问苏联时，杜威亲自参观沙茨基主持领导的国民教育第一实验站。后来，他在访问苏联的印象记中写道：这是"一个广泛的和集中的教育实验站，为苏维埃俄罗斯农村制度提供各种设施和方法……我们满意地访问了这个教育实验站，而且也注意到它对所在地区的农庄的影响"①。沙茨基在《美国教育家在我们苏联作客》一文中指出，参观那里的儿童夏令营地以及几个农庄后，杜威认为在那里度过的几天是在苏联的整个旅程中最有意思的时光。②

（2）综合教学大纲的制定和综合教学法的采用

为了从根本上改革旧的沙俄学校的教学内容和教学方法，列宁同志不止一次地强调说："首先要做的事，就是要关心教学大纲的制定"；并坚持主张成立国家学术委员会，负责制定教育大纲和研究教学方法。③1921 年 6 月，教育人民委员部国家学术委员会科学教育组成立，由克鲁普斯卡雅领导。其成员有沙茨基、布隆斯基、平克维奇、泽林柯、舒利金（В. Н. Шульгии）、克鲁佩尼娜（М. В. Крупенина）、叶希波夫（Б. П. Есипов）、皮斯拉特克（М. М. Пистрак）、卡拉什尼科夫（А. Г. Калашников）等人。为了开展工作，国家学术委员会科学教育组经常召开定期和临时的会议，吸收各方面人员参加讨论。1923 年，教育科学组建立了学校教学大纲制定委员会。制定第一级学校教学大纲的委员会主席是布隆斯基（从 1925 年起由沙茨基担任主席），其人员有沙茨基、叶希波夫、托尔斯托夫（А. С. Толстов）、伊格纳切耶夫（В. Игнатъев）、波焦姆金（М. Путемкин）等。制定第二级学校教学大纲的工作是由皮斯拉特克担任主席的另一个委员会负责的。

---

① William W. Brickman（ed.）*John Dewey's Impressions of Soviet Russia and the Revolutionary World Mexico-China-Turkey*. 1964：107.

②［苏］沙茨基. 美国教育家在我们苏联作客. //［美］简·杜威. 杜威传（修订版）［M］. 单中惠，编译. 合肥：安徽教育出版社，2009：273.

③［苏］克鲁普斯卡雅. 庆祝教育人民委员部成立十周年的演说. // 克鲁普斯卡雅教育文选（下卷）［M］. 卫道治，译. 北京：人民教育出版社，1987：85.

　　国家学术委员会科学教育组制定新的教学大纲的基础是劳动活动。1922年，克鲁普斯卡雅在《谈教学大纲问题》一文中指出："劳动活动应是整个教学大纲的一个轴心。"① "我们把研究人类劳动活动当作基础，还由于这种劳动活动是整个社会制度赖以生存的基础。我们把这种研究作为基础，是因为我们这个时代每个人都应该对这种劳动活动有一个明确的认识。"② 在题为《论学校建设》的国家学术委员会科学教育组提纲中，她提出新教学大纲的总构思："教学的中心应从理论和实践两方面对国内的经济生活和经济建设进行研究……这种研究应分四方面进行：1）研究人力和自然资源；2）研究影响这些资源和人力的方法，以达到人们对其加以利用的目的；3）研究生产的主要因素；4）研究对这一社会的组织。"③

　　1924年，教育人民委员部印发了第一级学校（1—4年级）教学大纲。大纲完全打破学科界限，教材不按照课程进行组织，而是通过共同的主题（即单元），诸如"农村冬日的生活和劳动""城市的生活""为工业和财务计划而斗争""为农村集体化而斗争""十月革命""五一劳动节""家畜"等连接的。每一单元主题都从三方面进行研究：（1）自然（自然界、自然资源和自然力）；（2）劳动（人对自然资源和自然力的利用）；（3）社会（人和社会生活）。1925年，教育人民委员部印发了第二级学校第一圆周阶段（5—7年级）教学大纲；1927年印发了第二级学校第二圆周阶段（8—9年级）教学大纲。第二级学校教学大纲保留了分科教学的课程结构，分列社会、自然、物理、化学、数学、俄语、文学、地理、外语等课程，但每门课程的教材安排体系要服

---

①［苏］克鲁普斯卡雅.谈教学大纲问题. // 克鲁普斯卡雅教育文选（上卷）［M］.卫道治，译.北京：人民教育出版社，1987：277.

②［苏］克鲁普斯卡雅.谈教学大纲问题. // 克鲁普斯卡雅教育文选（上卷）［M］.卫道治，译.北京：人民教育出版社，1987：278.

③［苏］克鲁普斯卡雅.论学校建设. // 克鲁普斯卡雅教育文选（上卷）［M］.卫道治，译.北京：人民教育出版社，1987：255.

从共同的综合性主题。国家学术委员会科学教育组制定的教学大纲在苏联教育史上通称为综合教学大纲（或称单元教学大纲），实施至 1931 年。

在综合教学大纲实施的同时，学校的教学方法也相应地改变，而采用综合教学法（或称单元教学法），实际上它是对设计教学法的搬用。杜威访问苏联后这样写道："苏维埃教育正在全力推行设计教学法。"[1] 因此，学校的教学根据单元加以设计，而取消班级授课和废除教科书。例如，关于火车的单元设计，学生通过学习蒸汽机如何运转、结合实际描绘铁路延伸范围图获得物理学知识，通过学习燃料获得一些化学知识，通过学习写旅行报告培养写作能力，等等。[2] 此外，学校采用了分组实验法（道尔顿计划）。1929 年，美国教育家克伯屈访问苏联，进而扩大了设计教学法在苏联的影响。

对于综合教学大纲以及设计教学法、分组实验法，卢那察尔斯基、克鲁普斯卡雅、沙茨基、布隆斯基、平克维奇等教育家在初期都是赞同和支持的。1925 年，卢那察尔斯基在《教育人民委员部成立以来的工作》一文中指出，在学校进步方面，"最重要的成就是国家学术委员会制定的新教学大纲……综合教学法是贯穿第一级和第二级学校的整个国家学术委员会教学大纲的一条主线"[3]。在《教育在苏维埃建设中的任务》一文中，他还指出："但愿谁都不会认为我是反对国家学术委员会教学大纲或综合教学法的。相反地，我完全赞成这两者。这是向着实现真正的劳动学校，向着建立真正的共产主义学校迈进的一步，而且是极为巨大的一步……综合教学法和国家学术委员会教学大纲是正确的，因为它们的目的是使学校变得切合实际和尽可能接近生活。"[4] 作为国家学术委员会科学教育组领导人，克鲁普斯卡娅也认为："综合教学大纲的基

---

① William W. Brickman（ed.）*John Dewey's Impressions of Soviet Russia and the Revolutionary World Mexico–China–Turkey*. 1964: 83.

② ［澳］康内尔.二十世纪世界教育史［M］.张法琨，等译.北京：人民教育出版社，1990: 437.

③ Н. К. Гончаров，А. В. Луначарский О Нардном образований，1958: 243.

④ Н. К. Гончаров，А. В. Луначарский О Нардном образований，1958: 280.

本思想是正确的，即应该在各种学科目的相互联系和间接方式的媒介中吸取教材。"① 综合教学大纲要求"儿童自觉地对待周围环境，把学校与生活密切联系起来，教他们运用所学的知识去建设新生活。新的教学大纲……与死读书的旧学校实行决裂"②。在克鲁普斯卡雅看来，设计教学法有助于培养学生的设计能力，使他们学会做计划。平克维奇认为："综合教学大纲是真正的马克思主义大纲"；布隆斯基认为："所谓综合教学法，其本质不是别的，正是辩证法在教学上的一种应用。"③ 在他看来，设计教学法在苏维埃学校中具有很重要的意义，不采用设计教学法就不能很好地实现国家学术委员会的教学大纲。布隆斯基还强调说："国家学术委员会教学大纲和设计教学法加在一起，几乎就是一种完满形式的劳动学校"；"把学校分成班级，把完整的生活分成各门课程，而各门课程又分为一堂一堂的课，把学校的一天变成没有联系的各堂课的万花筒，以此消灭儿童活动的完整性和连续性……"④ 这几乎与杜威批判分科教学的口吻是完全一样的。

尽管与旧的沙俄学校的教学大纲相比，国家学术委员会制定的教学大纲"彻底更新了教学内容，确立了学校密切联系生活和革命改造的方针，力图让学生了解各种现象之间的最重要联系，努力用集体主义精神教育儿童，发动他们参加社会公益活动"⑤。但是，综合教学大纲和综合教学法实际上曲解了教育与生活的联系，破坏了各门学科的内在逻辑和知识的系统，是不成熟的。因此，不少教师和工农群众对综合教学大纲以及综合教学法表示了不满。连克鲁

---

① ［苏］康斯坦丁诺夫，等.苏联教育史［M］.吴式颖，等译.北京：商务印书馆，1996：441.

② ［苏］克鲁普斯卡雅.全苏第一次教师代表大会.// 克鲁普斯卡雅教育文选（上卷）［M］.卫道治，译.北京：人民教育出版社，1987：383.

③ 赵祥麟.外国现代教育史［M］.上海：华东师范大学出版社，1987：187.

④ ф. ф. Королев，В. З. Смирнов，Очерки по истории советской школы и педагогики （1921—1931），1961：48-49.

⑤ ［苏］克鲁普斯卡雅."国家学术委员会制定的一级学校教学大纲"注释.// 克鲁普斯卡雅教育文选（下卷）［M］.卫道治，译.北京：人民教育出版社，1987：419.

普斯卡雅本人后来也指出，国家学术委员会教学大纲是非常粗糙而幼稚的，其"全部不幸就在于：使自然的联系从属于人为的联系，不仅没有给学生指出方向，反而用曲解了的综合使他们误入迷途"[①]。

在苏联建国初期和 20 世纪 20 年代教育改革中，杜威实用主义教育思想产生了较大的影响。无论国民教育第一实验站的活动，还是综合教学大纲的制度和综合教学法的采用，都反映了杜威实用主义教育思想对苏联早期教育的影响。美国进步作家斯特朗（A. L. Strong）1922 年访问苏联后，在题为《现代俄罗斯教育》（*Education in Modern Russia*）一文中指出："现在的苏联教育改革，比我们美国的任何地方更按照杜威的教育思想来进行。杜威的每一本新书出版后，苏联人都争先恐后地把它翻译出来作为参考，并加以补充。"[②] 杜威 1928 年访问苏联后写道："在苏维埃政府的殷切关怀下，进步教育的思想和实践有了惊人的发展，这就自然地使人谈到这些事情——是我亲眼看到的，而不是仅凭耳闻的东西。"[③]

（三）杜威的苏联之行

1927 年冬天，苏维埃政府教育部门照会美苏文化关系协会（American Society for Cultural Relations with Russia）邀请一个美国教育工作者代表团访问苏联。于是，美苏文化关系协会安排了一个由 25 位教育工作者组成的代表团去苏联访问，并对当地的学校进行考察。杜威作为美国教育工作者代表团的

---

① ф. ф. Королев，В. З. Смирнов，Очерки по истории советской школы и педагогики（1921—1931），1961：449.

② William W. Brickman（ed.）*John Dewey's Impressions of Soviet Russia and the Revolutionary World Mexico-China-Turkey*. "Preface". 1964：19.

③ William W. Brickman（ed.）*John Dewey's Impressions of Soviet Russia and the Revolutionary World Mexico-China-Turkey*. 1964：79.

成员才有机会亲自访问苏联，并留下了永生难忘的印象。在 1928 年 8 月 8 日给友人罗塞特（Louise C. Rosett）的信中，杜威写道，苏联人们"他们必须在巨大困难的情况下建设一个新世界，有着无与伦比的活力和兴奋，当然，他们也面对着一定的挑战，甚至无法克服的困难"①。在 1929 年 9 月 6 日给米德的信中，他颇有点激动地写道："俄罗斯比我预想的要有趣，事实上是令人激动的，但是最难的是理智地讲述我曾经的任何经历，甚至无法用语言来描述。"②在杜威访问苏联 21 年后，他在 1949 年 10 月 28 日给友人、佛蒙特大学教授丹尼尔斯（R. V. Daniels）的信中又提及："当我 1928 年在列宁格勒和莫斯科访问期间，我见到一些男女以这样或那样的方法从事于教育活动。"③

1. 杜威在苏联的访问活动

美国教育工作者代表团这次访问苏联完全是非官方的，整个旅程的费用由代表团成员自己支付。代表团成员除杜威外，还有杜威的同事、哥伦比亚大学教授卡特尔、明尼苏达大学前校长科夫曼（L. D. Coffman）教授、卡利顿学院院长科林（D. J. Cowling）教授、国际教育学院院长达根（S. D. Duggan）教授、纽约布鲁克林工艺学院院长科尔比（P. R. Kolbe）教授、熟悉俄罗斯文化和文学的作家孔尼茨（J. Kunitz）博士、费城德塞克塞尔学院院长马西森（K. G. Matheson）教授、阿默斯特学院名誉院长奥尔兹（G. D. Olda）、熟悉俄罗斯教育的宾夕法尼亚大学教授伍迪以及中小学教师和行政人员等。

为了访问欧洲一些国家的博物馆，杜威由他的长媳伊丽莎白（弗雷德里克·杜威的夫人）陪同，先于代表团约一个月离开美国。杜威一行 1928 年 5 月 19 日乘坐"乔治·华盛顿号"轮船离开纽约，5 月 27 日抵达英国的朴次茅斯。在伦敦、巴黎和柏林等城市参观后，于 7 月 2 日抵达列宁格勒。在那里，

---

① John Dewey to Louise Carey Rosett，8 August，1928. Butler Library.

② John Dewey to George Herbert Mead，6 September，1928. Butler Library.

③ William W. Brickman（ed.）*John Dewey's Impressions of Soviet Russia and the Revolutionary World Mexico-China-Turkey*. "Preface". 1964：23.

伊夫琳·杜威与他们会合。由于代表团还没有抵达，杜威有了自由时间参观列宁格勒的博物馆。杜威对博物馆里的收藏品十分感兴趣。据伊丽莎白回忆，有一次在埃尔米塔日博物馆（Эрмитаж）参观时，她与伊夫琳一起带杜威离开那里，因为杜威从上午 11 点到下午 3 点一直专注地参观而忘记了吃午饭。后来，杜威在《苏维埃俄罗斯印象记》中写道，他每天都看到许多参观者来博物馆参观，其中多数是青年人，"这样的事情在世界上其他地方都是很少见得到的"[1]。

7 月 7 日美国教育工作者代表团抵达列宁格勒后，杜威一行立即加入代表团。代表团花费 5 天时间在列宁格勒访问了一些学校，并到列宁格勒附近参观。在列宁格勒时，杜威访问了设在工厂区的一个由工人自己支持和管理的大众文化馆。这是一幢漂亮的新建筑，四周是娱乐广场，有戏院、会议厅和娱乐室，杜威对此赞叹不已。

美国教育工作者代表团在莫斯科访问的时间比在列宁格勒长，从 7 月 13 日到大约 7 月 20 日代表团访问了一些学校以及教师训练机构、研究中心和莫斯科大学。在莫斯科附近，代表团还参观了儿童夏令营地、暑期幼儿园、流浪儿童教育机构、就业训练中心以及接待科学家和知识分子的疗养院。此外，代表团参观了莫斯科的博物馆、艺术陈列馆和克里姆林宫，观看骑马比赛和足球比赛。在莫斯科访问期间，杜威与代表团的一些成员与苏联教育家、教育人民委员部国家学术委员会科学教学组领导人克鲁普斯卡雅会见。在会见时"考虑到她自己的身份，克鲁普斯卡雅的谈话对于学校的组织和行政问题保持奇异的沉默"[2]，主要涉及儿童和妇女的问题。

美国教育工作者代表团在列宁格勒和莫斯科访问期间，苏联教育家沙茨

---

[1] William W. Brickman（ed.）*John Dewey's Impressions of Soviet Russia and the Revolutionary World Mexico-China-Turkey*. 1964：59.

[2] William W. Brickman（ed.）*John Dewey's Impressions of Soviet Russia and the Revolutionary World Mexico-China-Turkey*. 1964：101.

基曾与代表团成员一起度过了 5 天时间。他后来在《美国教育家在我们苏联作客》一文中写道："这次会晤早就吸引了我。且不说杜威现在不仅在美国而且在欧洲都是一位最有声望的现代教育思想家，单就在教育事业上的两种社会生活极不相同的代表们的会晤来说，其本身就是非常吸引人的。"① 在交谈中，杜威对沙茨基这样说："现在我又来到了你们国家。我渴望了解你们这里正在做的一些事情。"② 沙茨基在与杜威一行讨论美国教育和苏维埃教育问题时，发现杜威一行最感兴趣的是儿童表现出的态度以及师生之间的同志式的交往态度。在沙茨基与杜威分别时，他们交换了照片。沙茨基在自己的照片上写着"我希望杜威回到美国以后，用自己敏锐的智慧来评价我们的工作情况，并在美国迅速传播正确对待我们事业的观点"；杜威给沙茨基写下了这样的话："我怀着对你们国家极大的好感而离开你们。只有在你们这里，这样深刻的教育工作才是有可能的。"③

由于美国教育工作者代表团访问苏联时，学校已经放暑假，因此，杜威与代表团的其他人员都未能看到学校的教学活动情况。

2. 杜威对苏联的访问印象

杜威在苏联访问时间虽然很短，主要是与苏联教育工作者交往，但苏联给他留下了深刻的印象。当杜威还在莫斯科时，沙茨基问他对苏联得出了怎样的印象。"杜威说，他个人很有兴趣地在这里度过了一段时间，他应当承认这次旅行确实是他过去一切旅行中最有意思的。当然，在美国将很难讲述他在这里所看到的一切，难就难在美国人几乎不可能理解苏联生活的条件，但是，他

---

① [苏]沙茨基.美国教育家在我们苏联作客. // [美]简·杜威.杜威传（修订版）[M].单中惠，编译.合肥：安徽教育出版社，2009：269.

② [苏]沙茨基.美国教育家在我们苏联作客. // [美]简·杜威.杜威传（修订版）[M].单中惠，编译.合肥：安徽教育出版社，2009：270.

③ [苏]沙茨基.美国教育家在我们苏联作客. // [美]简·杜威.杜威传（修订版）[M].单中惠，编译.合肥：安徽教育出版社，2009：275.

认为向美国人讲述自己的印象是他自己的义务。"①

回美国后，杜威于 1928 年 11 月至 12 月在《新共和》杂志上连续发表了有关访问苏维埃印象的 6 篇系列文章，包括《列宁格勒给予的启示》《一个处于变动状态中的国家》《一个正在发展中的新世界》《俄罗斯的学校在做什么？》《新时代的新学校》《伟大的实验及其未来》等。简·杜威在《约翰·杜威传》中写道："杜威通过这些交往而得到的印象，是那样的不同于在美国所流行的信念。杜威非常同情地写了一系列希望与苏维埃社会主义共和国联盟和平相处的文章。"②

在《苏维埃俄罗斯印象记》中，杜威具体地记述了访问苏联时的印象。

（1）对苏维埃社会的印象

杜威在访问苏联前，对苏维埃社会的真实情况并不了解，因此，苏维埃社会的建设和发展异于他原来的看法。"我对于我所见到的一切，当然没有什么思想准备；那印象是突如其来的。"③在列宁格勒和莫斯科这两个城市参观时，杜威对十月革命后苏维埃政府对于俄罗斯文化古迹的保存印象深刻，不仅博物馆有了增加和扩大，历史文物和艺术珍宝也得到了精心保护。

面对新生的苏维埃社会，杜威发现，尽管它给人贫困的印象，但是人们充满生气和活力。博物馆、戏院、公园、俱乐部、饭馆和娱乐场所都挤满了人群，商店的橱窗摆满了在任何地方都见得到的同样货品。杜威写道："我确信在苏维埃俄罗斯有守秩序和安定的生活。那里的生活确实充满着希望，充满着自信，而且是十分活跃的。"④

---

① ［苏］沙茨基.美国教育家在我们苏联作客.//［美］简·杜威.杜威传（修订版）［M］.单中惠，编译.合肥：安徽教育出版社，2009：274-275.

② ［美］简·杜威.杜威传（修订版）［M］.单中惠，编译.合肥：安徽教育出版社，2009：42.

③ William W. Brickman（ed.）*John Dewey's Impressions of Soviet Russia and the Revolutionary World Mexico-China-Turkey*. 1964：64.

④ William W. Brickman（ed.）*John Dewey's Impressions of Soviet Russia and the Revolutionary World Mexico-China-Turkey*. 1964：54.

特别给杜威深刻印象的是苏联人民正在创造的新的精神面貌。他指出："引人注目的是一种广阔的人类革命的意识，这种人类的意识已经带来了，或者更确切地说，它包含着在生活中激起的活力、勇气和信心。……我几乎很难把这种印象记录下来，因为它是我完全没有预料到的而极为兴奋，这个明显的事实是，在苏维埃俄罗斯的革命正以空前的规模解放人类的力量，这不仅对这个国家而且对世界都具有无法估量的意义。"[①]

（2）对苏维埃教育的印象

十月革命胜利后，虽然存在着很多困难，但在苏维埃政府领导下，苏维埃教育得到了迅速发展。这给第一次访问苏联的杜威留下了很深的印象。他这样写道："如果考虑到这些困难，人们就会对苏维埃教育已取得的进步感到惊异"；"同世界上其他国家相比，十月革命给予苏维埃俄罗斯教育改革家提供了很大的有利条件"[②]。看到苏维埃教育强调既要使学生联系社会生活，又要使教学内容和方法联系社会生活，他还指出，"一切彻底的教育改革的企图都是以这个思想为基础的"；"苏维埃教育突出的地方，并不仅仅在使学校活动与校外社会活动紧密联系，而在于在历史上第一次由政府根据这个原则把教育制度组织起来的事实"；整个苏维埃"学校的活动，从管理组织和目的以及精神两个方面，以非常特殊的方式楔入到其他一切社会结构和社会事业"。[③]

在参加各种教育机构的过程中，儿童夏令营地以及那些参观夏令营地的儿童引起杜威特别的兴趣。他在《苏维埃俄罗斯印象记》中多次记述这方面的印象。参观距列宁格勒不远的瓦河上游的儿童夏令营地时，杜威写道，这次

[①] William W. Brickman（ed.）*John Dewey's Impressions of Soviet Russia and the Revolutionary World Mexico-China-Turkey*. 1964：49-50.

[②] William W. Brickman（ed.）*John Dewey's Impressions of Soviet Russia and the Revolutionary World Mexico-China-Turkey*. 1964：88.

[③] William W. Brickman（ed.）*John Dewey's Impressions of Soviet Russia and the Revolutionary World Mexico-China-Turkey*. 1964：88.

参观"使我永远不能忘怀……我从未在世界上任何地方看到过如此一大群聪明、快乐而又灵巧地忙碌工作的儿童。他们没有列队等候客人参观。我们走过几处场地，见到他们分别忙于各种夏季工作，例如，园艺劳动、整理蜂箱、修理房舍、在暖房里种植花卉……制造简单的工具和农具等。给我留下深刻印象的，并不仅仅是儿童们做的那些事情，而是他们的精神和态度——尽管我缺少文字技巧而无法把它表达出来，但是那种印象将永远留在自己的脑海里"[1]。对于所参观的那些夏令营，杜威赞赏道："我们参观过的那些夏令营，就伙食、卫生、医疗措施以及日常营养来说，任何地方的同类机构都无法与它们相比……夏令营是整个苏维埃教育制度的一个部分，苏维埃政府通过它们表现出对劳动阶级的特别关怀……"[2]确实，他所遇见的学生都具有一种活力和一种对生活的信心。

更令杜威感到惊讶的是，在苏维埃教育的改革和发展中，苏联教育家不仅开设实验学校，而且学习欧美国家尤其是美国的教育思想。在苏联，"每一个省都有它自己的实验学校，通过研究当地的各种资源、物质条件和问题并使学校工作与之相适应，来补充中央或联盟实验站的工作。政府规定采用的方法的基本原则是：无论什么论题，学生的工作都从观察他们自己的自然环境和社会环境开始"[3]。杜威认为，苏维埃学校在很多方面与其他国家的进步学校相同，例如，学校与社会的联系、教学方法的改革、学校管理的民主等。他写道："在访问各种教育机构的过程中，我们感觉到几乎自己在这里也有一份，亲切地接触到一种创造性的工作，以及一个正在发展的世界。……当一个美国

---

[1] William W. Brickman（ed.）*John Dewey's Impressions of Soviet Russia and the Revolutionary World Mexico-China-Turkey*. 1964：57.

[2] William W. Brickman（ed.）*John Dewey's Impressions of Soviet Russia and the Revolutionary World Mexico-China-Turkey*. 1964：85-86.

[3] William W. Brickman（ed.）*John Dewey's Impressions of Soviet Russia and the Revolutionary World Mexico-China-Turkey*. 1964：93.

访问者可以看到苏维埃教育中有那么多方面在创始时是受了他自己国家一些进步学校的启发时，他因而感到自豪，但同时又感到自卑并激励我们作新的努力，因为学校与社会生活联系的思想在苏维埃俄罗斯制度中比在我们自己国家中更加有机化地结合起来。"①

杜威关注劳动学校和学校民主管理的情况，并留下了深刻的印象。对于劳动学校，杜威写道："在十月革命后的苏维埃学校事业中，'劳动学校'的思想完全占据了中心地位。这种思想的一个主要特点是：在肯定生产劳动具有良好教育作用的同时，必须从广泛的社会意义上去理解它，把生产劳动作为创造新社会秩序的一种手段，而不仅仅作为适应现行经济制度的一个方法。"②劳动在教育体制中的中心地位，清楚地表现在教材的选择和组织或课程的学习上。对于学校民主管理，"其他许多国家流行的看法认为在苏维埃俄罗斯完全没有自由和完全不讲民主"，实际上，"俄罗斯学校的儿童组织得比我们更为民主……他们通过学校管理制受到一种训练，使他们能积极与地方社区和工业的自我指导工作，这搞得比我们称民主的国家更有计划"③。

总之，杜威在访问苏联后对苏维埃教育给予了肯定。由于苏维埃"教育制度最完全地体现了我们所称的进步的民主思想，因此，只要我们愿意，我们就可以从苏维埃教育制度中学到比其他任何国家教学制度更多的东西"；而且，"通过与教育工作的接触，比通过与政治和工业的接触，使他能够更深刻和更正确地了解新的俄罗斯生活的内在意义"④。

① William W. Brickman（ed.）*John Dewey's Impressions of Soviet Russia and the Revolutionary World Mexico-China-Turkey*. 1964：63.

② William W. Brickman（ed.）*John Dewey's Impressions of Soviet Russia and the Revolutionary World Mexico-China-Turkey*. 1964：91-92.

③ William W. Brickman（ed.）*John Dewey's Impressions of Soviet Russia and the Revolutionary World Mexico-China-Turkey*. 1964：98-99.

④ William W. Brickman（ed.）*John Dewey's Impressions of Soviet Russia and the Revolutionary World Mexico-China-Turkey*. 1964：57.

（3）对苏维埃教育工作者的印象

杜威接触了工人和农民，但是更多的是教育工作者。在《苏维埃俄罗斯印象记》中，杜威很自然地叙述到这方面的印象。他认为，从苏维埃教育界领导人身上以及他们正在做的工作中，无疑反映了苏维埃国家生动活泼的意志和活力。尽管一些自由派教育家在十月革命前就根据学校与社会生活联系的理论开办了一些私立实验学校，但"苏维埃俄罗斯教育的情况足以使人产生这样的想法，那就是，只有在一个以合作原则为基础的社会中，教育改革家的理想才能充分地付诸实践"①。

沙茨基给杜威留下了深刻的印象。他特别提到沙茨基领导的教育实验站，认为世界上没有任何地方任何东西能与它相比。他还写道，沙茨基"由一位改良主义教育家成为坚定的共产主义者，对整个苏维埃教育运动的社会方面提供了一个象征……就沙茨基自己来说，他发现苏维埃政府正在为他在旧的沙俄时代就想做的事业扫清道路，那时一切进步事业都因遭到反对而总是毫无希望。而且，他虽然不是一个共产党员，但他发现，只要苏维埃政府认识到他是真实地试图进行合作的，那么，他的建议甚至他的批评就会受到欢迎"②。

根据杜威的体验，苏维埃教育工作者充满了比美国教育工作者更多的活力和快乐，积极参与苏维埃教育事业。因此，作为一位来自美国的教育家，他看到苏维埃教师因在参与他们自己国家的社会发展计划中发挥作用而增加了尊严，不免羡慕。

苏联之行使杜威对苏联有了较多了解，不仅改变了他最初对苏联的看法，而且极大地扩充了他在苏联问题上的知识。在他看来，这样的访问对促进国家之间以及人民之间的互相了解是十分有意义的。在《苏维埃俄罗斯印象记》

---

① William W. Brickman（ed.）*John Dewey's Impressions of Soviet Russia and the Revolutionary World Mexico-China-Turkey*. 1964：89.

② William W. Brickman（ed.）*John Dewey's Impressions of Soviet Russia and the Revolutionary World Mexico-China-Turkey*. 1964：77-78.

的最后，杜威写了他在离开苏联时的心情："当我离开苏维埃俄罗斯这个国家时带有一种想法，那就是，坚持设置障碍以阻止交往、了解和理解是近于违反人道的一种罪恶。"①

（四）20世纪30年代后苏联教育界对杜威实用主义教育思想的批判

由于杜威在《苏维埃俄罗斯印象记》中对苏维埃社会和教育的看法与当时美国主流的观点不同，杜威个人在美国保守的报刊上被描述成"布尔什维克""红色分子""共产主义者"等。时任美国副总统沃尔（M. Woll）1928年11月29日在《纽约时报》（*New York Times*）上发文，称杜威是"共产主义事业的一个宣传员"②。

在20世纪20年代后期，许多学校教师和工农群众已对综合教学大纲与设计教学法提出了反对的看法，但在30年代之前，杜威实用主义教育思想在苏联教育界仍有一定的影响。1931年出版的《苏联百科全书》（*Совемский Знциклопедический Словарь*）第23卷的"杜威"辞目中介绍了杜威的思想，称他是"一位杰出的美国哲学家、心理学、社会学家和教育家"③。

1931年9月5日，联共（布）中央颁布了《关于小学和中学的决定》（Посмановление о началъной и средней школе）④，强调学校的教学应该提供足够的普通教育知识，各科教学都应该在严格确定和缜密制定的教学大纲和教学计划的基础上按照精确规定的课程表进行，反对采用设计教学法等。从20

---

① William W. Brickman（ed.）*John Dewey's Impressions of Soviet Russia and the Revolutionary World Mexico–China–Turkey*. 1964：111.

② George Dykhuizen. *The Life and Mindofjohn Dewey*. 1973：239.

③ William W. Brickman and Stanley Lehrer（eds.）*John Dewey: Master Educator*. 1961：145.

④［苏］关于小学和中学的决定. // 瞿葆奎. 教育学文集·苏联教育改革（上册）［M］. 北京：人民教育出版社，1993：241-250.

世纪 30 年代起，杜威实用主义教育思想在苏联教育界受到批判；不少苏联教育学者发表文章认为，苏联教育在 20 世纪 20 年代中出现一些缺点和问题主要是受到杜威实用主义哲学和教育思想的影响。此后，杜威的名字在苏联教育学者的文章中出现的次数明显减少。1935 年，曾经赞美过杜威实用主义教育思想的平克维奇在他所写的《科学与苏联教育》一文中仅仅提及杜威一次。

在 20 世纪 20 年代苏联教育改革中曾经赞同杜威实用主义教育思想的克鲁普斯卡雅，在 30 年代初期对其进行了批判。1931 年 9 月 12 日，即《关于小学和中学的决定》颁布后第 7 天，她在马克思主义教师协会与莫斯科教育工作者会议上所作的报告中指出："我们的新方法源于西欧、美国，我们在采用这种方法时没有对它加以检验，没有认真加以研究，把各种方法囫囵吞枣地接受下来。认为'设计教学法是唯一的、万灵的方法'，实际上，这种方法并未受过检验……如果我们只是盲目地照搬德国的方法、美国的方法，那就一点好处也没有。"[①] 在克鲁普斯卡雅看来，实用主义教育思想必然会影响教学大纲的内容，从而降低教学大纲的科学水平，只能给学生传授一些零碎的知识。1938 年，她在《生活需要知识，正如战争需要枪炮一样》一文中明确指出："为了真正地过一种光明而又幸福的生活，就应该有丰富的知识，应该反复思考，应该学会用脑子和双手来工作……"[②]

显然，随着 20 世纪 30 年代苏联教育调整的深入，杜威实用主义教育思想在苏联教育界的影响越来越小。杜威本人对于这种情况也是了解的。"杜威收到了一些报告。这些报告，表明苏联的学校管理正日益加强，学校正在成为智力狭窄目标的工具。对此，杜威感到极大的失望。"[③]

---

①［苏］克鲁普斯卡雅.提高学校工作质量.// 克鲁普斯卡雅教育文选（下卷）［M］.卫道治，译.北京：人民教育出版社，1987：248.

②［苏］克鲁普斯卡雅.生活需要知识，正如战争需要枪炮一样.// 克鲁普斯卡雅教育文选（下卷）［M］.卫道治，译.北京：人民教育出版社，1987：400.

③［美］简·杜威.杜威传（修订版）［M］.单中惠，编译.合肥：安徽教育出版社，2009：43.

1937年，杜威担任控诉莫斯科对托洛斯基审判调查委员会主席并提出题为《无罪》的调查报告，这使得杜威受到了苏联政府的强烈谴责。他被苏联报刊描述成"反动分子""华尔街的工具""好战分子"等。杜威实用主义思想在苏联教育界更受到了冷落和批判。在杜威去世的1952年，苏联教育学者沙夫金（B. C. Шавкин）出版了《为当代美国反动派服务的杜威教育学》（*Pedagogy of Dewey in the Service of Contemporary American Reaction*）一书，对杜威以及他的实用主义教育思想进行了严厉的批判。1952年出版的《苏联百科全书》不仅删减"杜威"这一辞目的篇幅，并称杜威是"一位反动的资产阶级哲学家和社会学家"①。

此后，苏联教育家很少提及杜威。直到1957年，苏联教育学论家达尼洛夫（M. A. Данилов）和叶希波夫在合著的《教学论》（*Дидакмика*）一书中才这样提及了杜威："杜威的教学理论，把对青年的教育引到了狭隘的实用主义圈子里。"②同年11月，《苏维埃教育学》杂志在庆祝苏维埃教育40周年时，依然没有提及杜威实用主义教育思想在20世纪20年代曾经对苏维埃教育产生过影响。

虽然在苏联教育史学家编著的教育史教科书中，对杜威实用主义教育思想是有提及的，但都没有像对待夸美纽斯、卢梭、裴斯泰洛齐、赫尔巴特一样列成专章叙述。

（五）20世纪80年代后杜威实用主义教育思想的复苏

尽管在20世纪70年代已有少数苏联学者发表有关杜威教育的论著，如

---

① William W. Brickman and Stanley Lehrer（eds.）*John Dewey: Master Educator*. 1961：145-146.

② [苏]达尼洛夫，叶希波夫.教学论 [M].北京师范大学外语系，译.北京：人民教育出版社，1961：34.

苏联教育科学院院士、教育史学家冈察洛夫（Н. К. Гончаров）1972 年出版了《二战前美国学校和教育学》（*Школа и педагогика США до второй мировой войны*）一书、苏联教育学者马利宁（В. И. Малинин）在《苏维埃教育学》（*Советская педагогика*）1976 年第 6 期上发表了《进步俄罗斯教育学评价中的杜威》（*Джон Дьюи в оценке прогрессивной русской педагогики*），但实际上杜威实用主义教育思想从 20 世纪 80 年代起才开始得到复苏。

　　在 80 年代，苏联教育学者发表了不少介绍和研究杜威教育思想的著作和文章，对杜威教育思想的研究迎来了一次高潮。例如，在苏联知名教育史学家康斯坦丁诺夫（Н. А. Константинов）、麦丁斯基（Е. Н. Медынский）、沙巴也娃（М. Н. Шабаева）三人合著的 1982 年版《苏联教育史》（*История педагогики*）中，已列了"实用主义教育学"一小节。其中写道："杜威对 20 世纪 30 年代初期以前的苏联学校的积极评价，他对苏联的访问，以及总的说来他对苏联政府在文教方面的活动的好评，为他在进步人士中树立了声望。"[①]如果把这段话与麦丁斯基 1948 年版的《世界教育史》（*Мировая История педагогики*）一书"美国的实用主义教育家（杜威）"一节中的一些话进行对照："实用主义教育学成了最有害的设计教学法的'根据'。杜威的门徒在美国实施设计教学法，只是把杜威的最错误的原则应用到学校的实践中，而一些自称左倾者又从杜威的门徒手里，把这套破坏学校的设计教学法移植到苏联的学校里来了"[②]，就可以看到，苏联教育学者对杜威实用主义教育思想的看法已开始有了一些变化。1989 年，圣彼得堡大学哲学系当代外国哲学教研室教授西多罗夫（И. Н. Сидоров）出版了《美国行为哲学：从爱默生到杜威》（*Философия действия в США：От Эмерсона до Дьюи*）；1990 年 又 出 版 了

　　[①]［苏］康斯坦丁诺夫，等.苏联教育史［M］.吴式颖，等译.北京：商务印书馆，1996：157.

　　[②]［苏］麦丁斯基，等.世界教育史［M］.叶文雄，译.北京：五十年代出版社，1953：371.

《杜威实用主义教育中的科学和哲学》（*Наука и философия в прагматическом синтезе Дьюи*）。因此，俄罗斯知名教育学者罗卡切娃（Е. Ю. Рогачева）指出："从 20 世纪 80 年代末起俄罗斯开始努力探寻实现教育现代化、发展教育理论的路径……研究杜威教育学对世界教育理论与实践的影响，可以使我们更深入地理解 20 世纪教育现代化和改革事业的成败原因。"①

　　1991 年 12 月苏联解体后，俄罗斯教育学界对杜威实用主义教育思想有了更多的关注，不仅出版了一些对 20 世纪 20 年代苏联教育发展产生影响的杜威教育著作，而且发表了许多与杜威教育思想相关的文章。俄罗斯教育学者卡洛博娃（А. Э. Коробова）指出："20 世纪 90 年代，教育发生了很大变化，教育者可以自由进行教育实验，他们对教育教学理论问题的探讨，使得寻找最佳教育教学方式和教学手段成为可能，这种变化促使教育者必须研究杜威的教育遗产，因为杜威的教育思想对全世界教育理论与实践产生巨大的影响。"②

　　第一位重新给予杜威实用主义教育思想以正面评价的教育学者是俄罗斯教育科学院通讯院士、教育学理论和历史研究所高级研究员武尔夫松（Б. Л. Вульфсон）。他在《教育学》（*Педагогика*）杂志 1992 年第 9—10 期上发表了《约翰·杜威和苏联教育学》（*Джон Дьюи и советская педагогика*）一文，强调指出原先对杜威学说许多观点的批评是毫无根据的。俄罗斯教育科学院院士马利科娃在《教育学》杂志 1995 年第 4 期上发表了《约翰·杜威——哲学家和教育改革家》（*Джон Дьюи-философ и педагог-реформатор*）。

　　值得注意的是，有的教育学者的杜威教育思想研究还比较了 20 世纪 20 年代苏联的教育改革。1996 年，俄罗斯教育科学院通讯院士、教育学理论和教育哲学研究室研究员文德罗夫斯卡娅（Р. Б. Вендровская）出版的《20 年代

---

① 李申申，贾英伦. 21 世纪俄罗斯学者对杜威民主主义教育思想的评析. // 涂诗万.《民主主义与教育》：百年传播与当代审视［M］. 北京：教育科学出版社，2016：75.

② 李申申，贾英伦. 21 世纪俄罗斯学者对杜威民主主义教育思想的评析. // 涂诗万.《民主主义与教育》：百年传播与当代审视［M］. 北京：教育科学出版社，2016：76.

祖国的学校：寻找教育理想》（*Отечественная школа 20-х годов：В поисках педагогического идеала*）一书，引起了俄罗斯教育学界对统一劳动学校系统形成和发展的关注。她明确指出，在当时国家学术委员会研制第一批教学大纲中，有许多方面与杜威提出的学校制度有很多共同点。[1]

1998 年，俄罗斯教育科学院院士、教育史学家皮斯库诺夫（А. И. Пискунов）在他主编的俄罗斯师范院校教育史教材《教育史——从原始社会到 20 世纪末 》（*История педагогики и образования. От зарождения воспитания в первобытном обществе до конца XX в.*）中，把杜威称为"美国最杰出的哲学家、教育家和社会学家"，详细介绍了杜威的实用主义教育学说，以及杜威教育思想在苏联早期学校改革中发挥的作用。他赞同杜威的儿童观："按照杜威的定义，儿童具有独一无二的个性，因此应该成为教育过程的中心。儿童积累的个人经验导致了他个性的形成。从这一点出发，约翰·杜威提出了基于儿童自发兴趣和个人经验的工具主义教育学思想。"[2] 在介绍 19 世纪末 20 世纪初学校改革运动时，他也对杜威给予了高度评价："约翰·杜威认为，经过生活验证的方法是科学教育学的重要源泉。在改革教育学中，约翰·杜威是实用主义教育哲学方向最杰出的代表……"[3] 应该说，到 20 世纪 90 年代末，俄罗斯教育学者对杜威教育思想的评价已经完全回归到对教育规律本身认知的轨道。

21 世纪以来，俄罗斯教育学界的杜威教育研究出现了新的高潮。据 2020

① Вендровская Р. Б. Отечественная школа 20-х годов：В поисках педагогического идеала. -М.：Изд-во РОУ，1996.

② Пискунов А. И. История педагогики и образования. От зарождения воспитания в первобытном обществе до конца XX в.：Учебное пособие для педагогических учебных заведений. -М.：ТЦ《Сфера》，1998：212.

③ Пискунов А. И. История педагогики и образования. От зарождения воспитания в первобытном обществе до конца XX в.：Учебное пособие для педагогических учебных заведений. -М.：ТЦ《Сфера》，1998：213.

年 8 月 1 日在俄罗斯科学引文索引数据库（eLIBRARY）中输入"约翰·杜威"这个关键词进行查询，其查询结果为 4496 篇相关论文。俄罗斯知名教育学者罗卡切娃指出："在 21 世纪，杜威的民主观和教育观继续被借鉴……他的教育思想为学生个性的和谐发展、成为积极的公民和充满创造力的个体，杜威教育哲学具有深度、开放性和前瞻性，一代代教育者将把他的教育遗产视为教育改革讨论中的'强劲声音'。"①

其中，2000 年，俄罗斯科学院哲学研究所尤琳娜（Н. С. Юлина）在《哲学史》（*История Философии*）第 5 期上发表了《论约翰·杜威随笔〈苏维埃俄罗斯印象记〉》（*Об очерке Джон Дьюи* 《*Впечатления о Советской России*》），对杜威 1928 年对苏联的访问进行了论述。

2011 年，雅罗斯拉夫国立师范大学历史和社会学科教学法教研室副教授库姆斯科夫（В. В. Кумсков）在《约翰·杜威教育思想和 20 世纪 20 年代的苏联教育》（*Педагогические идеи Д. Дьюи и советское образование 1920–х гг*）一文中指出，20 世纪 20 年代苏联学校的改革体现了杜威的教育理念，苏维埃教育体系借鉴了杜威的教育学思想，其中包括取消班级授课制和采用综合教学制等。

这些研究成果表明，俄罗斯学者更加深入地研究和借鉴杜威教育思想，杜威教育思想成为俄罗斯学校实施教育创新可以遵循的一种现代教育理论。通过对杜威教育思想的借鉴，采用他的问题教学过程理论来激发学生的兴趣、能力和潜力，推动立足于基础教育学校创新，致力于学校与社区互动的"社区学校"创新发展模式。

---

① 李申申，贾英伦. 21世纪俄罗斯学者对杜威民主主义教育思想的评析. // 涂诗万.《民主主义与教育》：百年传播与当代审视［M］. 北京：教育科学出版社，2016：75.

第三节　杜威实用主义教育思想在土耳其和墨西哥

在 20 世纪 20 年代中期，杜威先后访问了两个国家：一是 1924 年访问亚洲的土耳其，应土耳其共和国政府邀请对土耳其教育进行考察，并对土耳其共和国成立后的教育改革提出建议；另一是 1926 年访问拉丁美洲的墨西哥，应墨西哥共和国政府邀请对墨西哥教育提供咨询，并在墨西哥国立大学作讲演。土耳其和墨西哥先后取得资产阶级革命的胜利，在国家趋向现代化的过程中，都十分重视教育改革和发展，并表现出首创精神。通过对土耳其和墨西哥的访问，杜威对这两个国家留下颇深的印象，同时推动了杜威实用主义教育思想在这两个国家中的传播。简·杜威在《约翰·杜威传》中写道："杜威 1924 年对土耳其的访问和 1926 年对墨西哥的访问，使他更坚定了在教育的力量和必要性方面的信念，即教育为有益于个人的一种革命性变化提供了保证，所以这种变化不会仅仅成为民族文化的外部形式的变化。"[1]

（一）杜威实用主义教育思想在土耳其

1923 年 10 月 29 日，奥托曼帝国衰落，土耳其共和国宣告成立。在 1924 年 3 月《统一教育法》通过后，土耳其的双轨制学校制度开始被普及和世俗学校制度所代替。在此之际，杜威应土耳其共和国政府邀请去帮助开展教育改革。因此，土耳其受到了杜威实用主义教育思想的影响。正如土耳其安卡拉大学巴尤克迪文奇（S. Buyukduvenci）教授所指出的："约翰·杜威对土耳其的

---

① ［美］简·杜威.杜威传（修订版）［M］.单中惠，编译.合肥：安徽教育出版社，2009：42.

教育有很大的影响。"[1]

1. 杜威访问前的土耳其教育

公元 14 世纪末至 16 世纪，土耳其是一个庞大的封建帝国——奥托曼帝国，地垮欧亚两大陆。但从 16 世纪末起，奥托曼帝国走向衰落。几个世纪来，在奥托曼帝国这样一个神权政治国家中，大致形成了两类学校：一类是宗教性学校，另一类是培养政府官员和管理人才的学校。无论对于统治者，还是对于信仰者，《古兰经》都是基本法律。土耳其君主苏丹就是所有穆斯林的法定领袖。伊斯兰教统治了奥托曼帝国生活的所有方面，当然文化教育也不例外。正是在这样的社会背景下，奥托曼帝国从未经历过复兴和启蒙时代以及革新运动。

大约从 18 世纪 80 年代起，西方化开始对奥托曼帝国产生影响。由于一些"青年土耳其党人"的努力，奥托曼帝国有了第一部宪法即"1876 宪法"，教育现代化开始起步，欧洲国家的教育思想被作为促使国家现代化的一种工具而传入土耳其。1923 年共和国的成立，使土耳其建立了一种新的社会秩序，推动了教育现代化在土耳其的步伐。在第一任总统基马尔（Kemal Atatigk）执政时期，土耳其共和国所进行的改革几乎涉及这个国家生活的每一个方面。在形成一个现代国家的过程中，基马尔总统主张土耳其西方化，并把重点放在教育上。基于此，学校被考虑成为现代共和国的城堡。

但是，土耳其共和国成立后教育改革遇到了不少困难，例如，教育状况比较混乱、合格的人力资源几乎全部被耗尽、人口中百分之九十是文盲等。特别是继续存在着两种不同的教育观念，一种观念坚持在宗教教育基础之上的旧的学校模式，另一种观念强调在教育部管理之下的世俗和现代的学校。随着 1924 年 3 月 3 日《教育统一法令》（*The law on Unification*）的颁布，土耳其

---

① S. Buyukduvenci. *John Dewey's Influence on Education in Turkey*. // Jim Garrison（ed.）. *The New Scholarship on Dewey*. Boston，Dordrecht：Kluwer Academic Publishwes，1995：225.

教育的两重性被消除，代之以一种真正西方的世俗的教育制度，并成为土耳其共和国的基本原则。伊斯兰教育制度被一种免费的、普及的、世俗的国家教育制度所代替。作为国家一体化运动的一个组成部分，不仅全部学校都归属于教育管理，而且用罗马文取代了已使用许多世纪的阿拉伯文。

2. 杜威的土耳其之行

在土耳其共和国成立后，面对人口中很高的文盲比例，政府宣布了普及义务教育的政策，使7—12岁的儿童能够入学。但是，这个政策的实施要求一种扩大的和改进的教育制度。为此，土耳其共和国政府向当时在世界上已享有声誉的杜威发出邀请，进行教育的指导和咨询。土耳其共和国公共教育部领导人也认为，杜威的教育哲学适用于土耳其教育改革运动的民主目的。对于土耳其共和国政府的邀请，杜威高兴地接受了。

杜威访问土耳其的发起人和资助者是美国在君士但丁堡的女子学院的委托理事会主席克兰（Charles R. Crane）[①]。1924年7月，杜威与夫人抵达土耳其君士坦丁堡。在土耳其的三个月里，杜威主要研究如何改善土耳其的教育系统。土耳其的报纸将杜威教授的使命看作公共教育部的顾问，并期待从他身上得到一系列的奇迹。除在安卡拉、君士坦丁堡、布尔萨等城市访问外，杜威大部分时间是在土耳其的多个省访问调查。在安卡拉时，他三次会见了公共教育部的部长。尽管由于学校正在放暑假而未能到学校进行实地考察，但杜威在翻译的帮助下，努力与教师、家长、教师团体负责人以及公共教育部的官员交谈，了解土耳其教育情况，收集有关土耳其教育的资料，为拟写将提交给土耳其公共教育部的报告作准备。

在土耳其访问期间，杜威向土耳其公共教育部提交了第一份类似备忘录的报告，论及教育预算以及如何使用教育拨款等问题。回到美国后，杜威

---

① 查尔斯·R. 克兰曾是美国对土耳其委托管理的行政长官，之前还担任过美国驻华大使（1920—1921）。

又完成了第二份综合性报告《关于土耳其教育的报告和建议》（*Report and Recommendation upon Turkish Education*）[①]。美国教育史学家布里克曼指出，通过这份报告，"杜威力图以美国教育的实际去推动土耳其教育的改进，那是十分明显的"[②]。

杜威的土耳其之行的大部分时间与教育事务有关，但他也有时间观察并与一些知识界人士讨论土耳其生活中正在发生的那些变化。访问土耳其之后，杜威在《新共和》杂志第40、41期上发表一系列文章，叙述了他对于新的土耳其共和国的印象。其中有：《一种神权政治正在世俗化：年轻的土耳其和哈里发的职位》《新安卡拉》《土耳其的悲剧》《土耳其的外国学校》《土耳其的问题》等。

在这些文章中，首先，杜威论及了对于土耳其共和国世俗化运动的印象。他指出："已受到启发的土耳其人相信，正如其他经历从中世纪精神到现代精神的民族已使学校和国家世俗化一样，土耳其人也必须这样做。对于土耳其人来说，全部问题在于西方人已为它如此费尽力气。"[③] 他还指出："最重要的是，土耳其人希望一个自由的和独立的土耳其；他们在更大程度上是民族主义者；他们深信一个自由的土耳其和一个现代的土耳其是一样的。"[④] 其次，杜威论及了对于土耳其共和国教育发展的印象。他指出，在安卡拉这个土耳其共和国新的首都里，"最引人注目的建筑物是两所现代化小学的校舍，一所是以共和国

[①] 杜威的报告1939年在安卡拉出版了土耳其文本，1952年在伊斯坦布尔又重新出版；直到1960年，土耳其教育部才出版了它的英文本，名为《约翰·杜威的报告》（*The John Dewey Report*），共30页。

[②] A. Harry Passon. *Dewey's Influnce on the World Education*. Teachers College Record, Spring 1982.

[③] William W. Brickman（ed.）*John Dewey's Impressions of Soviet Russia and the Revolutionary World Mexico-China-Turkey*. 1964：157.

[④] William W. Brickman（ed.）*John Dewey's Impressions of Soviet Russia and the Revolutionary World Mexico-China-Turkey*. 1964：158.

创立者基马尔的名字命名的，另一所是以他的夫人名字命名的”①。他还指出，学校世俗化运动的开展使得土耳其人对于关闭穆斯林学校毫无怨言，其部分原因就在于“土耳其人逐渐认识到在这些穆斯林学校中所提供的教育是无用的，在阅读和书写《古兰经》时的死记硬背的训练致使学生什么也没有学到”②。最后，杜威论及了对于在土耳其开办外国学校的印象。当时，在土耳其的外国学校主要是美国、希腊、法国、意大利等学校，其中数量最多的外国学校是美国的和希腊的。这些外国学校“在土耳其的现代化运动中起着一种极为有益的作用，因为有许多土耳其的青年男女在那里学习”③。由于这些外国学校传播民主思想和现代观念，激发首创精神并提供现代生活的工具，因此，“那些有才干的土耳其青年男女将成为未来土耳其的学术和社会领袖”④。

美国杜威研究知名学者戴克威认为，这些文章表明杜威对于土耳其政府企图打破把这个国家与陈旧的过去连在一起的镣铐，同时追随西方民主的模式组织土耳其国家生活的做法是表示赞同的。⑤

3.《关于土耳其教育的报告和建议》

杜威提交给土耳其公共教育部的《关于土耳其教育的报告和建议》，内容涉及学校管理、教师、课程、学校建筑等方面。在访问调查和考察的基础上，杜威以建设性的态度提出了改进土耳其教育制度的建议，包括教育计划、学校制度、教师训练三个方面。

---

① William W. Brickman（ed.）*John Dewey's Impressions of Soviet Russia and the Revolutionary World Mexico-China-Turkey*. 1964：151.

② William W. Brickman（ed.）*John Dewey's Impressions of Soviet Russia and the Revolutionary World Mexico-China-Turkey*. 1964：157.

③ John Dewy. *Foreign Schools in Turkey*. // Jo Ann Boydston. *The Collected Works of John Dewey, The Middle Works* Vol. 15. 1988：147.

④ John Dewy. *Foreign Schools in Turkey*. // Jo Ann Boydston. *The Collected Works of John Dewey, The Middle Works* Vol. 15. 1988：149.

⑤ George Dykhuizen. *The Life and Mindofjohn Dewey*. 1973：225.

其一，在教育计划方面，杜威建议，土耳其需要一种统一的教育制度，因为"一种组织得很好的统一制度可能对真正的教育统一是有益的"。但在强调统一性的同时，土耳其公共教育部也应该重视多样性以避免单一。公共教育部应该是"土耳其教育的激励者和领导者，而不是独裁者"[1]。显然，杜威是根据他在美国民主方面的经验进行阐述的。

杜威还建议，土耳其公共教育部应该在土耳其教育发展中承担领导责任，促使公共学校现代化和不断发展，提高其效用并适合国家的需要。根据美国教育行政管理上的做法和经验，杜威在报告中指出："对公共教育部而言，过多和过分的中央集权做法将会抑制地方的兴趣和创造精神，阻碍地方社区承担起它们应负的责任，并形成一种过分一律的教育制度，既不能灵活地适应不同地区、城市和农村的需要，也不能适应不同类型的农村社区以及不同的环境和不同的产业的需要……此外，任何中央集权的制度在行动上变成官僚政治的、武断的和专制的。"[2] 他还建议，公共教育部的各种职务应该由优秀的人才承担，但"给教育部成员的工资应该足以能吸引最好的教育人才"[3]。

其二，在学校制度方面，杜威认为，最重要的问题就是要发展出一种和农村生活紧密相连的初等学校和中等学校，并决定学校的目的和目标。他建议"学校应该是社区生活的中心，在农村地区应该如此"[4]。这样，成人就能够在放学后一起聚在学校里听课、创作，受到特别与健康卫生有关的训练。

根据对土耳其学校情况的间接了解，杜威还建议，如土耳其共和国所希望的那样，学校应该避免采用发号施令的、专断控制的和机械服从的方法。公共教育部应该尽可能地与地方学校和在土耳其开办的外国学校合作，鼓励在教学方法和课程上进行各种实验。杜威试图根据美国教育的实际促进土耳其教育

[1] John Dewey. *The John Dewey Report*. Turkey，Ankala：The Ministry of Education，1960：8.
[2] John Dewey. *The John Dewey Report*. Turkey，Ankala：The Ministry of Education，1960：7.
[3] John Dewey. *The John Dewey Report*. Turkey，Ankala：The Ministry of Education，1960：8.
[4] John Dewey. *The John Dewey Report*. Turkey，Ankala：The Ministry of Education，1960：1.

的改进。教室的组织应模仿民主社会，这样就能使学生获得合适的态度和习惯，使在新的土耳其共和国中正在形成的民主社会秩序得以成功所必需的。

杜威还强调学校目的与活动、课程和方法以及国家的社会政治状况的相互关系，建议设立巡回图书馆，给学生提供阅读材料。

其三，在教师训练方面，杜威也给予重视。在报告中，他用了很多篇幅论述教师训练的重要性和土耳其教师的地位。杜威强调，更好的教育依赖于教师训练的改进。关键问题是，教师职业能不能吸引有知识的和有献身精神的年轻男女，以及能不能使他们既有科学知识又有现代的进步的教育学思想。在土耳其共和国里，"必须开设具有特色的师范学校，以便训练农村学校教师。因为农民是土耳其生活的主要依靠，对于他们的需要应该给以专门的关注……学校训练的结果肯定要应用于实际生活……一定数量的师范学校应该得到扩展，以提供专门的课程，培养工商业学校教师以及体育与卫生、绘画、音乐、幼儿园、设计、缝纫等课程的教师。至少还应该有这样一所学校，提供专门为训练学校管理人员和视导员而开设的课程"[1]。学校教师和教育行政管理人员应该由师范学校的优秀毕业生担任。

就师范学校而言，杜威认为，至少应该提供一所实验学校，提出新的进步的教学方法以及教学材料，注意儿童研究和心理学以及心理测试和测量方法。

此外，经过挑选的学校教师和有经验的教育行政管理人员应该能够出国访问，对不同国家的教育制度进行考察，可以到在土耳其开办的外国学校去参观。杜威指出："在一种更好的环境中，那些有经验的人在教学法上得到的好处将超过那些没有经验的人；他们似乎也更有辨别力，而不是盲目地抄袭外国……"[2] 由于外国学校能使用各种教学方法并在不同的实际中实验，因此，

---

[1] John Dewey. *The John Dewey Report*. Turkey，Ankala：The Ministry of Education，1960：15.

[2] John Dewey. *The John Dewey Report*. Turkey，Ankala：The Ministry of Education，1960：17.

土耳其的学校教师就有可能"不花费旅行的费用和时间，就能观察到各种不同的学校管理和教学的方法"①。教师与其他国家教师之间交流，一起讨论，相互交谈，能使他们更好地理解教育目的和实际。

此外，杜威在报告中还强调了土耳其教育家与外国教育家的联系。公共教育部应该任命委员会去考察一些国家的教育制度，特别注意考察学校的建筑、场地和设备；了解在各种类型学校中的实际活动和职业活动、体育训练和户外活动；考察一些国家尤其是丹麦的农村学校和农村发展。那些在幼儿园和小学的体育和手工劳动方面的专门委员会应该去美国访问和了解实际情况。他指出："每一个委员会不仅仅收集访问过的那个国家教育制度的资料，而且要为经常地出版所有新的著作作好安排。"②

杜威特别强调把外国教育文献作为教育改革思想来源的重要性。他建议土耳其应该翻译外国教育著作和期刊，特别是那些论述进步学校的实际方法和设施的著作，同时使这些外国教育著作"得到广泛地发行"，"让教师仔细地阅读"③。

美国教育史学家布里克曼对杜威提交给土耳其公共教育部的报告作了这样的评论："杜威的建议既是与他的教育思想一致的，又是与土耳其的教育需要和愿望一致的。"④ 美国密歇根大学哲学教授卡尔·科恩（Carl Cohen）教授则指出：《关于土耳其教育的报告和建议》"这份报告的价值是十分巨大的……它直接说出了现在以及未来很多年所有发展中国家教育体系面临的问题"⑤。

---

① John Dewey. *The John Dewey Report*. Turkey，Ankala：The Ministry of Education，1960：26.

② John Dewey. *The John Dewey Report*. Turkey，Ankala：The Ministry of Education，1960：4.

③ John Dewey. *The John Dewey Report*. Turkey，Ankala：The Ministry of Education，1960：5.

④ William W. Brickman（ed.）*John Dewey's Impressions of Soviet Russia and the Revolutionary World Mexico-China-Turkey*. "Preface". 1964：13.

⑤［美］杜威全集·中期著作第15卷［M］.汪堂家，等译.上海：华东师范大学出版社，2012："导言"11.

4. 杜威实用主义教育思想在土耳其的影响

土耳其教育当局认真研究杜威在对土耳其教育状况进行调查的基础上提交的报告，特别是从 1925 年 12 月起担任公共教育部长的内卡蒂（Mustafa Necati），不仅在讲演中经常提及杜威的报告，而且把杜威在报告中提出的大部分建议付诸实践。内卡蒂任职到 1929 年 1 月，在土耳其以重视教师训练而闻名。

在内卡蒂担任公共教育部长时期，《土耳其教育组织法》（*The Law of Turkish Education al organization*）被通过。根据杜威的建议，土耳其建立了两种不同类型的师范学校。其中适应农村生活需要的农村师范学校在土耳其教育历史上起过重要的作用。例如，在德尼兹利省，男子师范学校被改成农村师范学校；在开塞利省的曾吉德雷村，建立了一所新的农村师范学校。在这一时期，教师的工资提升也得到了教育部的重视。教师承担新一代人的教育和整个民族的启蒙工作，他们被看作社会上最受尊重的人和领导者。土耳其共和国议会通过多项法令，要求使学校教师获得合适的工资和得到额外的服务费。

为了训练小学视导员和中学教师，以及在新的教育结构中进行教育研究，安卡拉建立了加齐师范学院。诸多有才干的学生开始被送到国外，尤其是去欧洲国家和美国学习。

除外，土耳其公共教育部注意避免中央集权的教育制度，并给予外国学校更多的自治权。1924 年起，不仅取消了外国学校的监督和控制，而且取消了学校中的宗教宣传。

在杜威访问土耳其并对土耳其教育改革提出许多建议后，土耳其在学校世俗化和公共教育方面取得了许多进步。杜威的报告以及他的教育思想对土耳其共和国的教育产生了很大影响，为土耳其教育在 20 世纪 20 年代以后的发展提供了活力。在《在土耳其的外国学校》一文中，杜威指出："如果它们不管其宗教信仰如何，而使其主要任务是发现和教育土耳其青年男女，那么，这些土耳其青年男女就能够成为有智慧的土耳其未来社会的领导人。"[①]

在新的土耳其共和国成立之初，尤其是公共教育部教育与训练司的埃里西吉尔（Mehmet Emin Erisirgil）对实用主义哲学很有兴趣。与埃里西吉尔共同起草初等教育计划的巴斯曼（Anvi Basman）翻译出版了杜威的一些教育著作，其中有：《学校与社会》（1924）、《民主主义与教育》（1928）、《教育中的道德原理》（1934）、《明日之学校》（1938）等。这些译著的出版推动了杜威实用主义教育思想在土耳其的传播和影响。

在杜威的建议下，土耳其教育当局加强了与外国教育家的联系。20世纪二三十年代，应邀来土耳其指导工作的就有德国、比利时、瑞士和美国的教育家。其中，比利时教育家拜斯（O. Buyse）1927年考察了技术教育、瑞士教育家马尔切（A. Malche）考察了大学教育等。被邀请到土耳其帮助改进教育制度的外国教育家不只杜威一个人，但是，杜威对土耳其教育的影响却是具体的。作为一位教育哲学家，杜威通过他的实用主义教育思想影响了土耳其教育的发展。埃里西吉尔曾与巴斯曼一起准备了初等教育教学大纲。在这份教学大纲的序言部分，埃里西吉尔提出在土耳其教育中应用实用主义方法。与此同时，他根据实用主义方法为中学准备了科学课本。1946年，有土耳其教育学者指出："今天土耳其的教育组织的目的和性质表明，它在某种程度上遵从了杜威的一些建议。"[②]

1952年，土耳其教育部又再版了杜威《关于土耳其教育的报告和建议》。20世纪60年代，又有两本杜威著作在土耳其翻译出版：《自由与文化》（1962）、《经验与教育》（1966）。这也表明土耳其在第二次世界大战后对杜威实用主义教育思想仍保持着兴趣。

[①] John Dewey, *Foreign Schools in Turkey. // Collected Works of John Dewey*, The Middle Works, Vol. 15, Carbondale: Southern Illinois University Press, 1983: 149.

[②] William W. Brickman（ed.）*John Dewey's Impressions of Soviet Russia and the Revolutionary World Mexico-China-Turkey.* "Preface". 1964: 15.

（二）杜威实用主义教育思想在墨西哥

1917 年《墨西哥新宪法》颁布以及 1921 年公共教育部建立后，墨西哥的教育发展遵循了民族、民主和科学的教育方针。正是在这个过程中，杜威于 1926 年应邀到墨西哥进行访问与讲演。因此，"在 20 世纪 20 年代，墨西哥的课程几乎整个受到莫宁赛德高地（Morningside Heights）[①] 的那位大师的影响"[②]。

1. 杜威访问前的墨西哥教育

墨西哥是拉丁美洲的一个文明古国。1821 年，墨西哥宣布独立，结束了西班牙殖民者的统治。此后，欧洲国家的教育思想和教育制度在墨西哥得到了传播。1869 年，墨西哥总统胡亚雷斯（B. P. Juarez）颁布《教育组织法》，宣布教育归属国家领导，并要求建立一个统一的世俗教育制度。1870 年 1 月，他颁布义务教育法令，实施义务的初等教育。这些举措推动了墨西哥世俗教育和义务教育的发展。与其他拉丁美洲国家相比，"墨西哥是拉美教育史上第一个以法律形式确定实施免费普及小学教育的国家"[③]。

1910—1917 年资产阶级革命在墨西哥取得胜利后，1917 年颁布的《墨西哥新宪法》确立了墨西哥的教育方针。其中规定教育"应努力使所有人的能力得到和谐的发展"[④]；同时规定教育是世俗的、民主的和人本主义的，实行免费义务的初等教育制度。1921 年，墨西哥政府建立了公共教育部。为了发展墨西哥教育，其"职责是根据国家的发展目标和总统的决策，制定教育方针

---

① 莫宁赛德高地，纽约市一地名，哥伦比亚大学师范学院的所在地.

② William W. Brickman（ed.）*John Dewey's Impressions of Soviet Russia and the Revolutionary World Mexico-China-Turkey.* "Preface". 1964：16.

③ 曾昭耀.战后拉丁美洲教育研究［M］.南昌：江西教育出版社，1994：15.

④ 波斯特莱斯维特.最新世界教育百科全书［M］.郑军，王金波，编译.石家庄：河北教育出版社，1991：405.

政策和教育发展计划，负责协调全国各地和各级各类教育的发展"①。公共教育部长由总统任命，任期 6 年。

1923 年通过的《教育基础条例》，对民众教育的重要性给予了强调。在公共教育部长、墨西哥国立大学（1929 年后改名为墨西哥国立自治大学）校长瓦斯孔塞洛斯（J. Vasconcelos）的领导下，墨西哥除开办农村学校和农村师范学校外，还创办了文化讲习团。1923 年 10 月，文化讲习团运动创始人、公共教育部官员麦德林（R. Medellin）组织了包括他的助手拉米雷兹（R. Ramirez）和其他五位教师的第一个文化讲习团。文化讲习团的主要任务是，在农村和边远地区加强农村小学教师的培训，帮助农村开展扫盲工作，并指导农村发展经济和传播文化。它在一个地区一般用三个月时间进行集中教学。由于文化讲习团以灵活方式培训教师，因此，在墨西哥受到了普遍的欢迎。据统计，文化讲习团在 1923 年创办后很快就发展为 100 多个，并拥有 1000 多名教师。②

早在 19 世纪后半期，为了解决教师缺乏的问题，拉美各国都开始聘请外国教师并选送学生出国学习。墨西哥聘请了德国和瑞士的教育家开办师范学校。其中有瓜拉拉哈拉师范学校（1881）、普埃布拉师范学校（1881）、哈拉帕师范学校（1886）、墨西哥城师范学校（男校，1887；女校，1889）等。这些师范学校培养出许多墨西哥的教师甚至著名的教育家。随着外国教育家的到来，墨西哥与其他拉美国家一样开始盛行实证主义教育思想。1896 年，墨西哥的国立预科学校就以实证主义教育为指导进行了课程改革。

20 世纪初，随着社会和经济的发展，墨西哥和其他拉美国家的一些教育家提出教育上也应进行相应的变革，并对 19 世纪以来形成的传统教育理论和方法进行了批判。欧洲和美国的教育革新思想，特别是杜威的实用主义教育思

① 曾昭耀，黄慕洁.当今墨西哥教育概况［M］.郑州：河南教育出版社，1994：19.
② 曾昭耀.战后拉丁美洲教育研究［M］.南昌：江西教育出版社，1994：19.

想开始在墨西哥和其他拉美国家流行，并产生了很大的影响。例如，墨西哥
1908 年颁布的法令规定，农村学校应开设农业实践课，学生在校内农田里种
植蔬菜和花卉以及饲养动物等。有的教育家甚至建议把课堂设在户外，没有固
定的时间表和课本，不规定教学大纲和计划，学校应设有农田、果园、工厂和
操场，让儿童通过亲身实验和观察来学习知识。①

墨西哥资产阶级革命后，各种激进派势力都试图通过改革教育来改造墨
西哥社会，并依据不同的教育思想尝试各种教育。20 世纪 20 年代，墨西哥的
教育改革和发展主要以杜威实用主义教育思想为依据。美国教育史学家布里克
曼指出，墨西哥教育界 "对杜威教育思想的兴趣是由第一次世界大战后墨西
哥政体、社会和生活的改革而引起的"②。从 1922 年起担任墨西哥公共教育部
秘书的萨恩斯（M. Saenz），在 1921 年获得美国哥伦比亚大学教育学硕士学位
后曾在纽约的林肯学校工作过。萨恩斯对于杜威实用主义教育思想在墨西哥的
传播也起了一定的作用。他在芝加哥大学的一次讲演中说："在任何地方我都
没有见过比墨西哥这些农村学校更好的社会化学校范例。"③

2. 杜威的墨西哥之行

通过杜威学生的传播以及杜威教育著作西班牙文本的翻译出版，杜威实
用主义教育思想已为墨西哥教育学者所熟知。美国教育史学家布里克曼指出：
"对杜威教育思想的兴趣，无疑是由于第一次大战后墨西哥政府、社会和生活
等方面的改革。"④1926 年夏天，杜威和夫人应邀访问墨西哥。⑤ 在墨西哥访问

---

① 曾昭耀.战后拉丁美洲教育研究［M］.南昌：江西教育出版社，1994：17.

② William W. Brickman（ed.）*John Dewey's Impressions of Soviet Russia and the Revolutionary World Mexico-China-Turkey*. "Preface". 1964：16.

③ William W. Brickman（ed.）*John Dewey's Impressions of Soviet Russia and the Revolutionary World Mexico-China-Turkey*. 1964：124.

④ A. Harry Passon. *Dewey's Influnce on the World Education*. Teachers College Record, Spring 1982.

⑤ 杜威夫人艾丽丝·奇普曼后来因病提早离开墨西哥.

期间，杜威除在教育问题上为墨西哥教育当局提供咨询外，还于 7 月 5 日到 8 月 21 日在墨西哥城的墨西哥国立大学暑期学校，为超过 500 名学生作了题为"论高等教育问题和当代哲学思想"的系列演讲。

杜威访问墨西哥时，正是卡勒斯（Plutarco E. Calles）总统执政时期。卡勒斯 1924 年就任墨西哥总统，强有力地推行了革命计划。尽管遭到保守力量的反对，但他坚持取消大的土地庄园、提倡劳动权利、扩展和改革教育、限制外国工商业主的权利以及严格限制天主教会在墨西哥的力量和活动。卡勒斯总统在他早期的政治宣言中，把他的计划概括为两个政策：一是经济自由，二是公共教育发展。

虽然在墨西哥访问和讲演的时间并不长，但通过对墨西哥的访问，杜威仔细观察了当时的墨西哥社会。在访问墨西哥之后，杜威从 1926 年 8 月至 1927 年 3 月在《新共和》杂志上发表了 4 篇有关墨西哥印象的文章，表达了他对墨西哥国家生活中正在发生的变化的看法。这 4 篇文章是《墨西哥的教会和政府》《墨西哥的教育复兴》《选自一个墨西哥人的笔记》《帝国主义是寄生的》。除论述墨西哥的社会生活变化外，杜威还集中论述了当时墨西哥的教育改革和发展，尤其是《墨西哥的教育复兴》一文。

其一是墨西哥教育的世俗化。卡勒斯总统积极领导反对天主教会的斗争，同时积极推进自 19 世纪后半期就在墨西哥开始的教育世俗化的步伐。杜威指出："1926 年 7 月 3 日，卡勒斯总统签署了一系列法令……实现初等教育世俗化，无论在公立学校还是在私立学校。"[①] 但是，墨西哥的革命还没有实现。

其二是墨西哥公共教育的发展。曾是一位农村学校教师的卡勒斯总统把他的计划概括成经济自由和公共教育发展两项政策。从实际来看，墨西哥公共教育的发展主要表现在联邦的、州的和城市的三类学校的设立、中学的改革和

[①] William W. Brickman（ed.）*John Dewey's Impressions of Soviet Russia and the Revolutionary World Mexico-China-Turkey*. 1964：113-114.

发展、联邦师范学校的建立、墨西哥国立大学的欣欣向荣以及农村学校的发展等方面。但杜威明确指出："最有趣和最重要的教育发展是农村学校。当然，它指的是为土著的印第安人提供的学校……对于墨西哥来说，农村学校不仅是一次革命，而且从一些方面看来是在世界上任何地区所进行的最重要的社会实验之一。它标志着把占人口百分之八十的印第安人结合到社会整体中的一种认真的和系统的尝试。"[1]尽管遇到教师缺乏的困难，但在杜威访问墨西哥时，已有2600所农村学校，其中1000所是1925年开办的，墨西哥公共教育部计划到1927年增加2000所。农村学校一般开设阅读、书写、计算、西班牙语会话、历史、音乐、实用设计、农业教育等。

其三是墨西哥师资训练的创新。杜威指出，对于当时墨西哥师资训练来说，最令人感兴趣的创新形式是文化讲习团，称之为"流动的师范学校"。在杜威访问墨西哥时，已有6个文化讲习团服务于2572所农村学校，在2916位教师中有2327人进入文化讲习团接受训练。1926年成立的文化讲习团司（Bureau of Culture Mission）尽可能给所有农村学校提供小型图书馆，其"目的就是使每一所农村学校成为它的地区新生活中心……在那里开办夜校，使白天工作的年轻男女受到教育"[2]。

其四是学校教学方法的革新。墨西哥的学生长期使用传统的学习方法，教材与学生的经验分离，记忆是他们的唯一依靠。学生毕业时往往没有活力，也很少有独立的责任。在第一次世界大战后，墨西哥学校对教学方法开始革新，而且确实已有了不少变化。尽管教学方法改革的实践还没有达到理想的程度，而且并不是在所有地方都实施得很好，但杜威指出："我相信，墨西哥今天最耀眼之处就是它的教育行动。那就是：有活力，生气勃勃。有奉献精神，

---

① William W. Brickman（ed.）*John Dewey's Impressions of Soviet Russia and the Revolutionary World Mexico-China-Turkey*. 1964：121-122.

② William W. Brickman（ed.）*John Dewey's Impressions of Soviet Russia and the Revolutionary World Mexico-China-Turkey*. 1964：127.

把当代最好的理论付诸实践的渴望,最主要的是动手做的愿望。"[①]此外,由于墨西哥与美国在地域上的近邻关系,因而墨西哥很自然地出现了美国化的现象,越来越多的墨西哥年轻人被送到美国读书。

杜威还特别指出,在墨西哥教育发展中所展现的学校活动与社区生活紧密结合的那种精神,远远超出世界上任何其他国家的教育运动。他写道:"'落后的'国家在教育上会有更大的机会;当它们在学校道路上开始前进时,很少会遇到传统和习俗的阻碍……我应该承认,我从未发现很多证据支持这一信念……但是,印第安人农村学校的精神和目的与墨西哥师范学校一样恢复了我的信念。"[②]

1937年4月10—17日,年已78岁的杜威又一次去墨西哥,但此行并不是教育考察,而是作为"控诉莫斯科对托洛斯基审判的调查委员会"主席,参加并主持在墨西哥城举行的被流放在墨西哥的托洛斯基案意见听证会。

第四节　杜威实用主义教育思想在日本

从明治维新时期起,在西方文化和教育思想大规模传入日本的过程中,杜威的哲学和教育思想引起了日本学者的兴趣。由于杜威著作在日本的翻译出版以及日本学者研究杜威哲学和教育思想的成果的发表,加上杜威1919年初亲自到日本访问讲学和新教育运动在日本的发展,使得自19世纪80年代末传

---

① [美]杜威.墨西哥的教育复兴.//杜威全集·晚期著作第2卷[M].张奇峰,等译.上海:华东师范大学出版社,2015:167.

② William W. Brickman(ed.)*John Dewey's Impressions of Soviet Russia and the Revolutionary World Mexico-China-Turkey*. 1964:124.

入日本的杜威实用主义教育思想在 20 世纪二三十年代产生了更大的影响。尽管从 20 世纪 40 年代起到第二次世界大战结束前这一时期，军国主义和极端民族主义阻碍了杜威教育学说在日本的影响，但在第二次世界大战结束后，杜威实用主义教育思想研究在日本迅速得到恢复。人们对杜威的哲学和教育思想的兴趣是如此之大，以至于日本学者把它称为 "杜威勃兴"（Dewey Boom）。1962 年，日本教育学者田村关治（Tamura Kanji）在《杜威教育思想的当代意义》（*The Present Day Significance of Dewey's Educational Thought*）一文中指出："没有一个人能否认杜威在过去的 18 年里对日本教育思想的重要影响。其影响超过了任何其他教育思想家的影响。"① 自二战后至今，在日本教育学者的研究中，杜威教育思想研究仍然是一个重要方面，其中 1957 年创建的日本杜威学会起着组织和推动作用。

（一）杜威实用主义教育思想在日本的早期传播

在明治初期，明治政府除了在政治、经济和军事等方面的改革外，还进行了教育的改革，广泛引进和吸收欧美各国的教育制度和教育思想。在这样的背景下，英国哲学家穆勒（J. S. Mill）和斯宾塞的思想在当时日本学术界占据了主导地位，其中斯宾塞的哲学在日本特别流行。当时 "斯宾塞在日本的魅力之一，就是因为他的思想对社会问题作了比较科学的解释"②。

由于斯宾塞等人的功利主义哲学和教育思想与当时日本的国情不合，日本稍后转而学习德国，引入德国教育家赫尔巴特的教育学说。1887 年应邀在东京帝国大学任教的德国教授豪斯克奈希特（E. Hausknecht）就是把赫尔巴特

① ［日］田村关治.杜威教育思想的当代意义［N］.教育学术新闻，1962-9-26.
② ［日］永井道雄.近代化与教育［M］.王振宇，张葆春，译.长春：吉林人民出版社，1984：131.

教育学说介绍到日本的第一个人。在聘请德国教育家到日本来任教的同时，日本政府专门派遣大量公费留学生赴德国大学特别是耶拿大学学习。这些留学生学成回国后大都在高等师范学校任教或教育界工作，翻译赫尔巴特著作或撰写有关赫尔巴特的论著，宣传赫尔巴特教育学说，推进赫尔巴特运动在日本的发展。当时在学校教师中，五段教学法成为风行一时的东西。因此，"从1892年到1902年，是日本的赫尔巴特主义的黄金时期"[①]。

日本在明治初期自由地吸取西方思想，他们很快注意到其他西方国家尤其是美国教育思想的新发展。当时日本有13本教育杂志，其中9本是在1898年至1904年7年中创刊的，促使了新的教育思想在日本的传播。在19世纪末20世纪初，杜威仅仅是一位崭露头角的美国哲学家和教育家，但他的名字出现在日本出版物上的时间要更早一些。1888年，在美国哲学研究方面的一位日本先驱者元良右二郎（Motora Yujiro）在《宇宙》这份学术刊物上发表了一篇有关杜威心理学的文章，使得杜威的名字第一次出现在日本的刊物上。此后，对杜威哲学和教育学说的介绍与研究一直在继续。

日本的一些早期杜威研究学者，诸如元良右二郎、中岛力藏（Nakajima Rikizo）、成濑仁藏（Naruse Jinzo）等人，推动了杜威实用主义教育思想在日本的早期传播。随着詹姆士和杜威名字的出现，美国的哲学在日本引起了越来越多的注意。元良右二郎1879年赴美国波士顿大学留学。他回日本后，先后担任东京帝国大学和东京高等师范学校的教授。他于1888年在《宇宙》杂志上发表的《美国心理学近况》一文，是日本正式刊物第一次介绍杜威学说。他还撰写了介绍詹姆士思想的文章，并于1902年翻译出版了詹姆士的《心理学原理》一书。1902年，元良右二郎发起成立了日本儿童研究协会（Japan Child Study Association）。中岛力藏是另一位在20世纪前介绍杜威的学者。他曾在美国耶鲁大学留学，1890年回日本后，先后在东京文理大学和东京帝国

---

① ［日］唐泽富太郎（KarasawaTomitaro）. 日本教育史［M］. 日文版. 1951：131–132.

大学任教。在东京帝国大学时，中岛力藏在教学中不时与学生一起讨论杜威的早期著作《伦理学理论批判纲要》（*Outlines of A Critical Theory of Ethics*，1900）。1900 年，他把杜威的这本著作翻译出版。这是杜威著作的第一个日文本。后来，中岛力藏主持翻译杜威和塔夫茨合著的《伦理学》（*Ethics*），并于1912 年在东京出版。另一位早期的杜威研究学者是在 1900 年创办东京女子大学的成濑仁藏。他于 1890 年赴美国安多弗神学院和由霍尔担任校长的克拉克大学留学，其间有机会接触杜威的学说，并收集了杜威的一些著作。成濑二藏仔细阅读杜威的著作，并试图理解书中的一些重要段落。回日本后，在一次演说中，他说到自己对杜威的教育理论很感兴趣。成濑仁藏还对文部省的一些官员介绍杜威以及实用主义教育思想。1912 年，他在美国纽约会见杜威，并送给杜威一份礼物。

在 20 世纪初，杜威的一些哲学和教育著作在日本被翻译出版。其中，《学校与社会》1901 年由上野阳一（Ueno Yoichi）翻译出版。4 年后，即 1905 年，出现了《学校与社会》的另一个日文译本[①]，这是由马场一郎（Baba Koreichiro）在成濑仁藏的鼓励下翻译出版的。杜威与麦克莱伦（J. A. Mclellan）合著的《数的心理学及其在算术教学法上的应用》（*The Psychology of Number and Its Application to Methods of Teaching*）一书 1902 年由西山己太郎（Nishiyama Kitaro）翻译出版。1918 年，田制佐重（Tasei Saju）翻译出版了《民主主义与教育》一书的简略日文译本。

在 1919 年杜威访问日本前，对杜威实用主义教育思想在日本的传播起重要作用的还有田中王堂（Tanaka Odo）、帆足理一部（Hoashi Riichiro）等人，"他们都曾受到杜威思想的很大影响"[②]。田中王堂1889年赴美国留学，先在几

---

① 杜威的《学校与社会》一书日文译本共有5个版本，除1901和1905年两个版本外，还有1923年、1935年和1950年三个版本。

② Victor Nobuo Kobayash. *John Dewey in Japanese Educational Thought*. Michigan，Ann Arbor：University of Michigan Press，1964：31.

所美国学院里学习，最后在芝加哥大学学习并在那里听过杜威的课程。回日本后，他先后在东京高等工业学校和早稻田大学任教。田中王堂向同事和学生介绍了杜威和詹姆士的哲学学说。在讨论社会问题时，他持有与杜威相近的观点。他还像杜威一样批判新康德主义。在田中王堂的影响下，他的学生也对杜威的哲学和教育学说产生了兴趣。例如，赤松芳郎（Akamatsu Yasura）赴美国留学时，曾想在哥伦比亚大学听杜威的课程，但遗憾的是杜威恰好在中国访问讲学。由于田中王堂的鼓励，东京帝国大学的教授福迫安兵卫（Fukusaku Yasubimi）在美国时曾跟随杜威学习。帆足理一郎也是一位重要的日本早期的杜威研究学者。在日本他第一个承认杜威的思想，并表现出对实用主义的深刻的见识。1901 年从东京法律学校毕业后，他曾赴美国南加利福尼亚大学留学，后在芝加哥大学攻读博士学位。尽管那时杜威已辞职去哥伦比亚大学，但他的影响仍在。在那里，帆足理一郎跟随杜威的门徒穆尔学习，激起了对杜威思想的热情，持续一生；在《现代哲学》课程中穆尔介绍了刚出版不久的杜威著作《民主主义与教育》，使他产生了立即把这本书翻译成日文的想法。帆足理一郎后来称自己是"杜威门徒的门徒"[1]。1918 年获得博士学位回国后，他在早稻田大学任教，第二年翻译出版了《民主主义与教育》的日文译本。但是，由于当时日本国内已顾忌使用"民主主义"一辞，因此书名用的是著作的副题《教育哲学导论》。帆足理一郎的译本是《民主主义与教育》的第一个完整的日文本。由于田中王堂和帆足理一郎的努力，因此早稻田大学作为实用主义的中心而闻名。包括田中一堂、帆足理一郎以及田制佐重在内的早期的杜威研究学者，被称为早稻田小组（Waseda Group）。

在杜威实用主义教育思想早期传播和影响下，一些日本教育学者创办了实验学校，例如，1907 年及川平治（Oikawa Heiji）创办的明石小学校、1912年西山哲次（Nishiyama Tetsuji）创办的帝国小学校、中村春二（Nakamura

---

① Victor Nobuo Kobayash. *John Dewey in Japanese Educational Thought*. 1964：31.

Haruji）创办的成蹊实务学校、1917 年泽柳政太郎（Sawayanagi Masatoro）创办的成城小学校等。在这些实验学校中，教师重视儿童的个人特点和自由发展，强调自我学习的课程和从做中学，采用小班教学的形式。其中，帝国小学校成为后来在日本建立的许多进步学校的典范。此外，由政府建立的四所高等师范学校，即东京高等师范学校、东京女子高等师范学校、广岛高等师范学校、奈良女子高等师范学校的附属小学也成为当时日本进步教育和实用主义教育的重要中心。

（二）杜威的日本之行

1918 至 1919 学年末，杜威在加利福尼亚大学讲课临近结束时，打算去日本旅行。尽管直到 1918 年 10 月 8 日杜威还没有受到日本政府的正式邀请，他还是在做去日本的准备，因为这样的旅行也许一生只有一次。在同年 12 月 9 日给友人莱文森（S. O. Levinson）的信中，杜威曾就赴日本的计划作了这样的解释："我和夫人已经决定……对我们来说，这个机会难得。所以，我们派人去拿护照，并预定了 1 月 22 日赴日本的船票。"① 当杜威有可能访问日本的消息传到东京时，东京帝国大学立即制定了邀请他去讲演的计划。

在推进杜威到日本访问和讲演的过程中，日本工业银行副总裁小野荣二郎（Ono Eijiro）博士起了极其重要的作用。小野请求当时日本财政界和慈善界的重要人物涉泽荣一（Shibusawa Eiichi）对杜威访问日本提供经济资助，并得到他的同意。于是，东京帝国大学最终给杜威发出了邀请信。事实上，"杜威在安阿伯就认识了小野博士。当时小野是密歇根大学政治经济系的学生。后来，小野博士在日本的银行界担任了一个高级职位。杜威搬到纽约之后，他在那里做生意，他们又恢复了从前的友谊。小野博士与东京帝国大学的一位

---

① Dewey to Salmon O. Levinson, 9 December 1918. Butler Library.

教授一起，筹划邀请杜威在1918至1919学年的休假期间到东京帝国大学去讲演"①。

1919年1月22日，杜威夫妇乘坐"春秋丸"号客轮离开旧金山赴日本。经过两个半星期的航程，杜威夫妇于2月9日上午抵达横滨港，第一次踏上日本的土地。小野博士、东京帝国大学校方代表姊崎弘（Anezaki Masaharu）以及哲学系教授友枝孝彦（Tomoeda Takahiko）到码头迎接，除外还有新闻记者、摄影记者和欢迎的人群。在码头上举行的简短欢迎仪式上，杜威说，他和夫人一起来到日本感到很高兴，计划在日本待三个月，并希望能有机会参观日本中小学。杜威夫妇在帝国饭店住了一周后，应邀住到新渡户稻造（Nitobe Inazo）家里。"在日本讲学期间，新渡户一家热情地给杜威夫妇提供了他们自己的设备齐全的住宅。"②杜威夫人在给孩子的信中也谈到了他们的满意心情："我们的住宅在一个有漂亮的街道花园的山坡上……洋李不久就将开花，在三月份将是山茶花……我们站在山坡就能看到那令人惊讶的富士山……我们有一套极舒适的房间……在我们四周都是关于日本的书籍……因而我们从未有片刻空闲。"③

在与东京帝国大学哲学系的教授商议后，杜威选定他在日本讲演的题目是《现代哲学的地位——有关哲学改造的一些问题》（*The Position of Philosophy at the Present: Problems of Philosophic Reconstruction*）。这个系列讲座包括8次讲演，安排在周二和周五下午，从1919年2月25日（周二）开始，到3月21日（周五）结束。讲演时间和内容的具体安排如下。

2月25日（周二）：《关于哲学含义的一些有争论的概念》（*Conflicting Ideas as to the Meaning*）；

---

① ［美］简·杜威.杜威传（修订版）［M］.单中惠，编译.合肥：安徽教育出版社，2009：40.
② ［美］简·杜威.杜威传（修订版）［M］.单中惠，编译.合肥：安徽教育出版社，2009：40.
③ John Dewey and Alice Dewey. *Letters from China and Japan*. edited by Evelyn Dewey. New York：E. P. Dutton & Co.，1920：20-21.

2月28日（周五）:《思辨的知识与行动的知识》(*Knowledge as Contemplative and Active*);

3月4日（周二）:《哲学改造的社会原因》(*Social Causes of Philosophic Reconstruction*);

3月7日（周五）:《现代科学与哲学改造》(*Modern Science and Philosophic Reconstruction*);

3月11日（周二）:《关于经验和理性的已变的概念》(*The Changed Conception of Experience and Reason*);

3月14日（周五）:《影响逻辑的改造》(*The Reconstruction as Affecting Logic*);

3月18日（周二）:《影响道德和教育的改造》(*the Reconstruction as Affecting Ethics and Education*);

3月21日（周五）:《影响社会哲学的改造》(*The Reconstruction as Affecting Social Philosophy*)。

讲演安排在东京帝国大学法学系大楼的一间大教室。杜威的声望以及公开讲演的方式在第一次讲演时吸引了听讲者大约1000人，大部分是东京以及东京附近师范学校、学院和大学的教授和学生。杜威为每一次讲演准备了讲演提纲，并附有简短的阅读书目提供给准备进一步研究的听讲者。在前三次讲演时，听讲者人数还是令人高兴的。杜威在3月5日给孩子的信中这样写道："我已作了三次讲演。日本人是一个有耐心的民族；出席讲演的听讲者仍然很多，也许有500人。"[①] 但是，由于讲演时没有翻译，随着讲演的继续，听讲者逐渐减少；到最后一次时，听讲者已不足100人。

尽管杜威很少使用"实用主义"或"工具主义"这样的词语，但在东京帝国大学的讲演反映了他的哲学倾向。因此，当这些讲演1920年以《哲学的

---

① John Dewey and Alice Dewey. *Letters from China and Japan*. 1920: 52.

改造》为题汇集成书在美国出版时，评论者欢呼它是杜威对自己的哲学所作的一个极好的概述。

因为那些年长的哲学家受德国哲学的影响，所以，杜威对他们只有很小的吸引力。一些曾在美国听过他课程的人以及通过阅读他的著作而对他的哲学感兴趣的人，成为杜威在日本的追随者，早稻田小组的成员是杜威哲学和教育学说的积极拥护者。田中王堂曾仿效杜威，极力主张哲学应该抛弃它的学术方式而关注人类社会事物；帆足理一郎 1929 年翻译出版了《哲学的改造》的日文译本；田制佐重 1920 年和 1923 年分别翻译出版了《明日之学校》《学校与社会》的日文译本，反映了他对杜威实用主义教育思想的兴趣。

一些日本大学生也利用杜威访问他们国家的机会与他会见。东京帝国大学学生永野芳夫（Nagano Yoshio）就是其中的一位。他后来成为日本最多产和最有影响的杜威研究学者之一，也是 1957 年成立的日本杜威学会（John Dewey Society of Japan）的发起人之一和第一任主席。冈部矢太郎（Okabe Yataro）经叔父的介绍与杜威会见，杜威在会见中指出日本最大的需要是有更多的教育心理学著作，这促使冈部矢太郎转向教育心理学研究，后成为日本教育心理学领域的一个杰出的权威。曾担任过东京大学、圣保罗大学以及国际基督教大学教授的冈部矢太郎表示："与杜威的会见是他的一生中的一个转折点。"[1] 通过杜威的访问，杜威的哲学尤其是教育哲学在日本有了一些忠实的追随者。他们对第二次世界大战后美军占领时期日本教育制度沿着杜威教育哲学所建议的路线起了重要的作用。

除东京帝国大学，杜威还被邀请去东京其他一些学校作讲演。在成濑仁藏的东京女子大学讲演的题目是《哲学、宗教和教育的新趋势》（*New Tendencies in Philosophy, Religion, and Education*）。杜威夫妇在参观东京女子大学时，对它附属的姬城小学校和幼儿园印象尤为深刻。他们发现，那里的儿

---

① Victor Nobuo Kobayash. *John Dewey in Japanese Educational Thought*. 1964：41.

童对艺术工作特别感兴趣。杜威在给孩子的信中描述了这一情况："在那里儿童具有很多的自由，替代模仿和没有个性的表现——似乎可以这样说——我从未看见过在绘画和其他手工劳动中有如此多的变化和如此少的相似，更不要说它的质量比我们的平均水平高很多。儿童处在看不见的纪律之下，但他们既愉快又高兴。他们并不在意访问者，我想这是出乎意料之外的，因为我希望看到他们所有人起立和鞠躬。"[①] 杜威还分别对早稻田大学的师生以及东京 500 多位小学教师作过讲演。

在结束东京帝国大学的讲演之后，杜威夫妇离开东京去京都和大阪访问。在那里，杜威对中小学教师以及大学师生作讲演。每次讲演后，他们在当地市政官员和大学的官员的宴会上都受到了热情的款待。

在日本访问和讲演期间，杜威夫妇还参观了一些中小学。杜威看到不少中小学采用"从做中学"的方式，但是，他也发现对崇尚天皇的重要性过分强调，以及学校教师在忠君爱国上是最狂热的。

除了忙于准备和作讲演外，杜威夫妇在日本访问的大约三个月里获得了各方面经验。在学术界之外，日本的社会和政治生活也引起了杜威的注意。杜威发现，自由主义在日本得到了传播，其发源地是大学，甚至在长期以来被看作保守主义和反动主义堡垒的帝国大学里也聚集着一些自由思想家。不仅教师，而且大学生也逐渐受到激进思想的影响。帝国大学的一群学生出版了一本题为《民主》的自由刊物。实际上，杜威注意到像《改造》《新社会》那样刊名的杂志，几乎每个月都有创刊的。尽管日本国内军国主义和极端民族主义十分严重，但在第一次世界大战后，日本的国际交往日益增多，国内民主运动不断高涨，因此，杜威在《日本的自由主义》（*Liberalism in Japan*）一文中写道："自由主义在这里出现，将会拥有眼下受过大学教育的一代人……除非世

---

① John Dewey and Alice Dewey. *Letters from China and Japan*. 1920：28.

界公开大规模地背弃民主，否则日本将会坚定地趋于民主的方向。"①杜威夫妇参观了博物馆、剧院、庙宇和神殿等，还喜欢像普通人一样逛街。杜威在街上特别注意了那些身穿鲜艳亮丽的和服的儿童，这给他留下深刻的印象。

杜威很清楚他在日本并不受欢迎。因此，尽管当时日本政府对杜威的访问公开表示欢迎，总理大臣原聪（Hara Satoshi）还宣布打算授予杜威"旭日东升勋章"，以表彰杜威作为学者促进了美国和日本之间的友好关系。但是，杜威拒绝接受日本政府授予的勋章。

由于杜威访问日本的时间只有大约三个月，再加上当时日本的国情，因此他在日本的影响是很有限的。但是，在第二次世界大战后，杜威这次对日本的访问和讲演变得重要了，有的杜威研究学者认为杜威的访问是日本的"杜威运动"历史上的一个里程碑。

对日本的访问和讲演活动，对杜威本人也产生了深刻的影响。简·杜威指出，对杜威的社会和政治观点的发展来说，在日本的访问像在中国的访问一样，也是最有影响的。②

（三）20世纪二三十年代杜威实用主义教育思想在日本的发展

在杜威对日本的访问和讲演活动后，由于日本早期的杜威研究学者和一些年轻的杜威研究学者的努力，再加上民主和自由思想在知识分子中更加流行、民主运动和工人运动的兴起以及正在日本高涨的进步教育和新教育运动，使得杜威实用主义教育思想在 20 世纪二三十年代的日本得到了进一步的传播，并对日本教育思想保持着影响。

---

① John Dewy. *Liberalism in Japan.* // Jo Ann Boydston. *The Collected Works of John Dewey, The Middle Works* Vol. 11. 1982：173.

② ［美］简·杜威.杜威传（修订版）［M］.单中惠，编译.合肥：安徽教育出版社，2009：40.

帆足理一郎 1921 年出版了《哲学导论》(*Introduction to Philosophy*) 一书，对实用主义哲学作了进一步的论述。该书后来重印多次，成为这一时期日本的一本畅销著作。作为日本教育的一个活跃的批判者，帆足理一郎 1929 年又出版了《论教育的改造》(*On the Reconstruction of Education*)，清楚地表明了杜威实用主义教育思想对他的影响。帆足理一郎运用杜威的原理对学校进行批判，要求对目标太狭窄和忽视学生个人发展的日本学校进行改革，并建议采用在美国已使用的设计教学法或道尔顿计划。此外，田制佐重 1920 年翻译出版的《明日之学校》[①]，使日本学者和教师了解了许多美国的进步学校。

在早稻田小组的影响下，一些年轻的学者也激起了对杜威学说研究的热情，标志着新一代杜威研究学者的崛起。特别是在国外学习过的年轻学者回日本后，他们的教学、撰述，努力介绍西方的思想，也有助于杜威在日本的学术地位的提高。在日本新一代杜威研究学者中，上田正二 (Uyeda Seizi) 是最重要的人物之一。虽然他没有到国外学习过，但对杜威的研究却产生了浓厚的兴趣。1928 年上田正二毕业于早稻田大学教育系，后成为西方哲学领域的研究生，在早稻田大学任教前曾担任《理想》杂志的编辑。1935 年，他翻译出版了杜威的《确定性的寻求》一书；第二次世界大战后，又翻译出版了《我们如何思维》。上田正二还撰写了一些关于杜威的著作和文章，并翻译出版美国哲学家和教育家胡克的著作。永野芳夫也是日本新一代杜威研究学者中的一位重要人物。1917 年，当他还是东京高等师范学校的学生时，通过阅读《民主主义与教育》一书而激起了对杜威学说研究的热情。1923 年，他在东京帝国大学所撰写的毕业论文就是对康德和杜威思想的比较。在吉田诚一 (Yoshida Seiichi) 和友枝孝彦教授的鼓励下，永野芳夫很快就撰写了关于杜威的书评和文章，但由于第二次世界大战开始而无法公开发表。随着关于杜威的文章的

---

① 山下德治 (Yamashita Tokuji) 1939 年又翻译出版了《明日之学校》的另一个日文译本.

发表以及 30 多本著作的出版，他所撰写的关于杜威的著作也许超过世界上其他人。20 世纪 30 年代在东京帝国大学任教的大岛正德（Oshima Masanori）对研究杜威学说也很有兴趣，并撰写了一些关于杜威的文章和著作。他积极参与世界教育协会联盟（World Federation of Education Association）的活动，并负责安排 1937 年在东京召开的两年一次的年会。后来，他撰写了《民主与我们民族的特性》（*Democracy and Our National Character*）一书并于 1948 年出版。大岛正德在 20 世纪 20 年代初的教学活动使他的学生广池利三郎（Hiroike Risaburo）第一次接触了美国实用主义。毕业后，广池利三郎要求大岛正德举行讨论美国哲学新思潮的非正式聚会。大岛正德同意每周三晚上在他家里举行这样的聚会，参加者除广池利三郎外，还有永野芳夫、大春彦（Otsuki Haruhiko）等。他们所讨论的第一本著作就是杜威的《实验逻辑论文集》。正是在这些聚会上，广池利三郎确定了对杜威研究的志向。

在 20 世纪二三十年代的日本，还应该提及的杜威研究学者有宫原诚一（Miyahara Seiichi）、清水几多郎（Shimizu Ikutaro）等人。宫原诚一也是通过阅读《民主主义与教育》一书而研究杜威的。早在中学期间，他就在一个书店发现了帆足理一郎翻译的杜威著作。1935 年从东京帝国大学毕业时，他所撰写的毕业论文是《约翰·杜威的教育原理》（*Principles of Education by John Dewey*）。1940 年，他翻译了《学校与社会》，但因为杜威的著作在当时已被认为起破坏作用而未能出版，这份译稿最终被警察没收并毁掉。清水几多郎起初是学习德国和法国哲学的，但在 1935 年由于研究青少年问题转而研究美国心理学，这种兴趣激起了他对杜威和实用主义研究的热情。1936 年，他翻译出版了《对哲学恢复的需要》（*The Need for a Recovery of Philosophy*）。1938 年，他翻译出版了《人性与行为》（*Human Nature and Conduct*），此外还撰写了关于杜威的文章。

在第一次世界大战后，作为一种世界范围运动的进步教育运动在日本产生了更大的影响。在日本对进步教育运动的看法上，杜威的思想起了重要的作用。早在 20 世纪初，一些日本教育学者就出版了介绍新教育的著作。例如，新教育提倡者谷木富（Tanimoto Tomeri）1906 年对教师的一些讲演后来以《新教育讲演集》（Lectures on the New Education）为题汇编成书出版。随后，他撰写了《新教育的教育学系统纲要》（Systematic Outline of the Pedagogy of the New Education），不仅强调鼓励儿童个人的发展、注重与日常生活相联系的实际科目以及从重视智力发展转向重视情感发展，而且介绍了英国新教育家雷迪（C. Reddie）的阿博茨霍尔姆学校、德国新教育家利茨（H. Lietz）的乡村教育之家、法国新教育家德摩林（E. Demolins）的罗歇斯学校等新学校。谷木富熟悉杜威的《学校与社会》，也参观过杜威的芝加哥大学实验学校。他后来成为日本进步教育运动的领导人，并对诸如及川平治、西山哲次和木下竹次（Kinoshita Takeji）这样的一些学者起了激励作用。在新教育和进步教育传入日本的过程中，瑞典教育家爱伦·凯（Ellen Key）的《儿童的世纪》（The Century of the Child）、美国教育家帕克的《关于教育学的谈话》和《关于教学的谈话》相继在日本翻译出版。新教育和进步教育思想在日本的传播，不仅促使日本教育学者和学校教师的教育观念的革新，而且为杜威实用主义教育思想在 20 世纪二三十年代日本的发展提供了有利的条件。

随着杜威在日本的访问和讲学活动，一些美国进步教育家的教育理论和方法传入日本。1923 年，泽柳政太郎在他的成诚小学校里首先采用美国教育家柏克赫斯特的道尔顿制。在征得柏克赫斯特同意后，泽柳政太郎的助手长田新（Osada Arata）翻译出版了柏克赫斯特的《道尔顿制教育》（Education on the Dalton Plan）。1924 年，柏克赫斯特本人应成诚小学校邀请访问日本，在各地讲演并帮助实施道尔顿制。由于成城小学校采用道尔顿制和柏克赫斯特的访日，使得道尔顿制更加流行，并成为在日本被广泛使用的教育方法。在 1922 年至 1935 年期间，日本共出版了 15 本关于道尔顿制的著作。此外，东京帝国大学的入泽宗寿（Irisawa Soju）是杜威的学生、克伯屈的设计教学法的支持者。20 年代初，他在神奈川县创办了一所小学校实施设计教学法。1920

年至 1930 年担任东京女子高等师范学校附属小学校长的北译种一（Kitazawa Taneichi）也接受设计教学法的观点。由于西元三十二（Nishimoto Mitoji）这位哥伦比亚大学师范学院毕业生的努力，1927 年 5 月至 6 月克伯屈访问了日本，并到各处讲演，吸引了众多听讲者。他的许多讲演由西元三十二翻译成日文刊登在《大阪朝日》上。由西元三十二翻译的克伯屈著作《为了一种正在变化的文明的教育》（*Education for a Changing Civilization*）和《教学方法原理》日文译本分别于 1927 年和 1928 年出版，克伯屈为《教学方法原理》日文译本撰写了前言。克伯屈对日本的访问以及他的著作在日本的出版，使得更多的日本教育学者熟悉设计教学法，并对克伯屈的观点产生了极大的兴趣。在第二次世界大战前，《教学方法原理》一书在日本已销售出 3000 本，约有 122 所学校采用设计教学法。[①] 日本教育学者和学校教师之所以对道尔顿制和设计教学法如此感兴趣，正如有的日本教育学者所指出的："这是由杜威思想所激起的。"[②] 但是，道尔顿制和设计教学法在日本的流行，反过来进一步推进杜威实用主义教育思想在日本的传播和影响。克伯屈并不否认他的观点与杜威思想的联系，称杜威是他的灵感的源泉。在日本的讲演中，他还明确地说："毫无疑问，我受到了约翰·杜威很大的影响。"[③] 日本教育研究学会（Japanese Society for the Study of Education）1934 年编的《当前新教育的调查》（*Survey of the Current New Education*）一书也指出，克伯屈在美国甚至被说成是"第二个约翰·杜威"（Second John Dewey）[④]。此外，文纳特卡制的创立者美国教育家华虚朋 1930 年也应邀到日本访问过。

　　这一时期，在杜威实用主义教育思想以及新教育和进步教育的影响下，日本的教育学者创办了一些新的实验学校。例如，1924 年野口援太郎（Noguchi

---

① Victor Nobuo Kobayash. *John Dewey in Japanese Educational Thought*. 1964：93-94.

② Victor Nobuo Kobayash. *John Dewey in Japanese Educational Thought*. 1964：90.

③ Victor Nobuo Kobayash. *John Dewey in Japanese Educational Thought*. 1964：93.

④ 日本教育研究学会. 当前新教育的调查［M］. 日文版，1934：220.

Entaro）创办的儿童村小学校、1924 年赤井米吉（Akai Yonekichi）创办的明星学园等。其中，儿童村小学校成为日本儿童中心主义教育的典型。据统计，当时日本几乎有一半以上的小学校正在尝试应用进步教育和实用主义教育的一些原理。[1] 在这些学校中，教师摒弃死记硬背的方法，鼓励儿童提问并参加讨论，更多地尊重儿童的权利。

杜威的哲学和教育学说在这一时期受到日本教育家的广泛的研究，但对杜威的兴趣集中在教育方面。参加 1926 年第六届国际哲学大会的日本代表团团长在他的报告中指出，在日本，教育家对杜威和实用主义最感兴趣。[2] 为了宣传杜威实用主义教育思想，一些日本教育家出版了《杜威教育理论研究》《杜威教育思想基本原理》等。其中，永野芳夫著的《杜威教育理论研究》[3] 是在日本出版的关于论述杜威教育思想的第一本著作，自 1920 年 10 月出版后，到 1926 年 5 月已重印了 17 次。

这一时期的日本教育家在吸取欧美教育思想和总结本国教育经验的基础上，提出了许多新的教育主张。最突出的是日本学术协会（Japan Academic Association）1921 年 8 月 1 日在东京举行的"八大教育主张系列讲演会"，听讲者多达 2000 人，影响甚大。其中有：樋口长市（Higuchi Nagaichi）的"自学教育论"、河野清丸（Kawano Kiyomaru）的"自动教育论"、手塚岸卫（Tetsuke Kishie）的"自由教育论"、千叶命吉（Chiba Meikichi）的"一切冲动皆满足论"、毛诅风（Inage Kinshichi）的"创造教育论"、及川平治的"活动教育论"、小原国芳（Obara Kuniyoshi）的"全人教育论"、片上伸（Katagami Shin）的"文艺教育论"。在这八位教育家中，小原国芳、千叶

---

[1] Victor Nobuo Kobayash. *John Dewey in Japanese Educational Thought*. 1964：71.

[2] Edgar Brightman（ed.）. *Proceedings of the sixth International Congress of Philosophy*，New York，1927：677.

[3] 永野芳夫著的《杜威教育理论研究》一书的中文译本由林科棠译述，1924 年由商务印书馆出版，书名为《杜威教育学说之研究》。

命吉、及川平治、手塚岸卫等一些教育家实际上是杜威实用主义教育思想的拥护者，并把它应用于学校实践。例如，千叶命吉于 1921 年翻译出版了杜威的《哲学的改造》，1922 年曾在美国纽约与杜威见面。又如，杜威生前得知他在《明日之学校》一书提出的教育主张已在日本的实践中开花结果也兴奋不已，并决定亲自访问小原国芳的玉川学园，但终因为年事已高而未能如愿。①

由于日本国内军国主义日趋猖狂和法西斯统治不断加剧，以及政府像对公立学校一样加大对私立学校的控制，加之及川平治、河野清丸、野口援太郎、木下竹次等一些杜威研究学者或新教育和进步教育提倡者的退休，从 20 世纪 30 年代末起，杜威实用主义教育思想在日本的发展趋于低潮。据统计，在第二次世界大战前，翻译出版杜威著作 21 本、杜威文章 9 篇，出版关于论述杜威的著作 12 本、发表关于论述杜威的文章 31 篇；② 但是在第二次世界大战期间，仅出版关于论述杜威的著作 1 本、发表关于论述杜威的文章 1 篇。③

（四）第二次世界大战后杜威实用主义教育思想在日本的勃兴

第二次世界大战结束后，由于采用了非军事化和民主化的措施，人民民主革命运动在日本得以兴起和发展。日本在进行社会政治和经济改革的同时，也开始进行教育改革。这是继明治维新时期第一次教育改革后的又一次教育改革，在日本教育史上史称"第二次教育改革"。

---

① 吴光威. 小原国芳和他的教育思想. // [日] 小原国芳. 小原国芳教育论著选（上卷）[M]. 由其民，等译. 北京：人民教育出版社，1993：8.

② 在31篇关于杜威的文章中，有28篇是1917年以后发表的. // Victor Nobuo Kobayash. *John Dewey in Japanese Educational Thought*. 1964：49.

③ Victor Nobuo Kobayash. *John Dewey in Japanese Educational Thought*. "附录二". 1964：171.

对于许多日本教育家来说，这意味着再一次传播杜威教育思想并研究进步教育原理和方法。二战前致力于杜威研究的一些教育学者，例如，永野芳夫、帆足理一郎、上田正二、清水几多郎以及稍年轻一些的官原诚一等，重新出版了杜威著作的日文本和关于论述杜威的著作。这些研究学者在二战后所发表的文章中都明确指出，杜威是位民主教育的哲学家。在二战后对新的教育哲学的研究中，许多日本教育家转向对杜威的研究。这些日本的杜威研究学者，特别是帆足理一郎，在第二次世界大战后的"杜威勃兴"中起了积极推动的作用。作为杜威著作在日本的翻译权所有者，帆足理一郎鼓励他的同事把杜威的主要著作介绍到日本来。1952 年，他出版了《民主主义与教育》的日文修订译本；1959 年，还翻译出版《经验与教育》，以纪念杜威诞辰 100 周年；1962 年，又翻译出版了杜威和塔夫茨合著的《伦理学》修订版的日文译本。

在杜威去世前，帆足理一郎与杜威保持了密切的联系。1951 年，杜威在给帆足理一郎的信中写道，他准备再一次去日本会见帆足理一郎，但是，杜威因在夏威夷逗留时生病而只好取消这次旅行。1952 年 6 月 1 日杜威去世，帆足理一郎 6 月 3 日就在《朝日新闻》上发表一篇"杜威略传"，称赞"杜威不仅是一位美国哲学家，而且是一位伟大的世界哲学家"[1]。美军占领时期日本的文部大臣森户（Morito Tatsuo）也在一篇文章中指出，在二战后学校制度的改革中，许多战前的进步教育和实用主义教育的支持者再一次变得活跃起来。[2]

在二战后日本的第二次教育改革中，许多日本教育家积极参与美军占领时期教育制度改革计划，这促使他们中的很多人去研究杜威，因为他们认为杜威是重要的美国教育哲学家。其中有京都大学的坂二雄（Ajisaka Tsugio）、广

---

[1] Victor Nobuo Kobayash. *John Dewey in Japanese Educational Thought*. 1964：40.

[2] Morito Tatsuo. *Education Reform and its problems in Postwar Japan*. International Review of Education，1955（1）：342.

岛大学的松浦鹤造（Matsuura Tsuruzo）和正司雅子（Shoji Masako）、东京教育大学大浦建（Oura Takeshi）、名古屋大学的田浦武夫（Taura Takeo）、大阪经济学院的回昌民（Meguri Masatami）以及神户外交学院的武田一荣（Takeda Kazue）等。这些教育家继续对杜威教育哲学进行研究。一些日本教育学者认为，二战后初期日本的教育改革在一些方面促进了杜威的教育哲学。1961 年，武田一荣在他的文章中指出："日本教育思想界努力从理论上和实际上去研究作为其教育制度基础的教育学，特别是杜威的理论，因为杜威提供的基本和首要的原理正是一些美国教育潮流所基于的原理。"[1]

为了探讨二战后日本教育改革的方针政策，美国派出了一个由伊利诺伊州立大学校长斯托达德（G. D. Stoddard）担任团长的教育使节团，共 27 人。与杜威关系比较密切的康茨、坎德尔、史密斯（T. V. Smith）等一些教育家也是其成员。在以东京帝国大学校南原繁（Nafuchi Eda）为委员长的日本教育家委员会以及美国占领军司令部民间情报教育局的协助下，美国教育使节团在调查研究基础上，于 1946 年 3 月提出了一份报告书。从美国教育使节代表团报告书的七个要点来看，其中所提到的尊重学生的个性发展，培养民主社会的成员；给予教师和学生最大限度的自由；在教育方法上打破划一主义，重视儿童的经验等，反映了一种个人主义、自由主义的教育哲学。这份报告书所建议的内容，在二战后日本的教育改革实践中都被采纳了，并具体体现在 1947 年 3 月公布的《教育基本法》《学校教育法》上。日本教育界的很多人士认为，美军占领时期日本的教育方针政策不仅基于进步教育，而且源于杜威实用主义教育思想。日本教育哲学家、杜威评论家稻富荣一（Inatomi Eiichi）指出，在美军占领时期只有杜威的理论得到传播，因为参与制定教育计划的大多数美国教育家是追随杜威的。[2]曾参与二战后日本教育改革计划的美国教育家安德森（R.

---

① Victor Nobuo Kobayash. *John Dewey in Japanese Educational Thought*. 1964：116.

② Victor Nobuo Kobayash. *John Dewey in Japanese Educational Thought*. 1964：118.

S. Anderson）写道："自由主义的教育哲学，例如，在 20 世纪 20 年代颇为流行的约翰·杜威实用主义教育思想，在美军占领时期受到日本和美国两国教育家的广泛欢迎和追随。"[1] 以上皆表明杜威实用主义教育思想在第二次世界大战后日本的勃兴。

随着对杜威哲学和教育学说研究的热情重新被激起，"杜威勃兴"在 20 世纪 50 年代初达到顶峰。在日本，无论教育家，还是学校教师，都对杜威给予了前所未有的关注。杜威研究学者此时大多在大学任教，例如，官原诚一是东京大学教授、大春彦是横滨大学教授、上田正二是早稻田大学教授、武田一良是清御茶水大学教授等，从而影响了一大批年轻的大学生，激发了他们对杜威研究的兴趣。据统计，在第二次世界大战后，从 1945 年至 1959 年，日本大学本科生毕业论文论述杜威的有 268 篇，其中神奈川大学 119 篇，居于首位。[2] 二战后日本的"杜威勃兴"使得关于杜威的著作出版的数量大大超过了战前。据统计，翻译出版的杜威著作日文译本 21 本，出版关于论述杜威的著作 58 本，发表关于论述杜威的文章 254 篇。[3] 翻译出版的杜威著作主要有：1948 年翻译出版的《自由与文化》，1950 年原田实（Harada Minoru）翻译出版的《经验与教育》、帆足理一郎翻译出版的《学校与社会》以及上田正二翻译出版的《我们如何思维》，1951 年田宫孝志（Tomiya Takashi）翻译出版的《人性与行为》等。其中《经验与教育》《我们如何思维》是第一次在日本翻译出版。日本教育学者撰写的关于论述杜威的著作主要有：1946 年永野芳夫著的《杜威教育学总论》（*General Introduction to Dewey's Pedagogy*）；1957 年砂泽清二

---

① Ronald S. Anderson. *Japan: Three Epochs of Modern Education*. // Bulletin No. 11 U. S. Department of Health，Education and Welfare，Washington，D. C. 1959：30.

② Victor Nobuo Kobayash. *John Dewey in Japanese Educational Thought*. "Appendix III". 1964：172.

③ Victor Nobuo Kobayash. *John Dewey in Japanese Educational Thought*. "Appendix II". 1964：171.

（Sunazawa Kiyoji）编的《杜威教育思想研究》（*A Study of Dewey's Educational Thought*）；1959 年水野恒吉（Mizuno Tsunekichi）著的《杜威教育思想研究指南》（*Guide to Research on Dewey's Educational thought*）；1962 年松浦鹤造著的《杜威的进步学校原理》（*Principles of Dewey's Progressive School*），等等。其中，《杜威教育学总论》一书在出版后的两年内已重印 16 次。曾参与二战后日本教育改革工作的美国哥伦比亚大学师范学院米尔（A. Miel）博士回忆道，她在工作中并没有直接或正式考虑杜威教育思想，但是人们在有必要时会向她了解杜威的著作；她得到的印象是杜威不仅为许多日本教育家所熟悉，而且为他们所钦佩。[①]

为了推动杜威研究在日本的发展，包括大学教授和教育界人士在内的杜威研究学者于 1957 年创建了日本杜威学会，由永野芳夫担任学会主席。杜威的遗孀罗伯特·杜威（Roberta Dewey）应邀出席日本杜威学会的成立典礼，并致辞祝贺。到 1962 年时，该学会成员已有 137 人，代表了日本的多所重要的大学和学院。其中，既有老一辈日本的杜威研究学者，也有新一代日本的杜威研究学者；既有教授，也有研究生。日本杜威学会每年举行大会，截至 2015 年 10 月已举办了 59 届；它还于 1960 年创办了会刊《简报》，截至 2015 年 10 月已发办了 5 期。迄今为止，日本杜威学会编撰出版了 3 本论文集：《杜威教育理论诸问题：纪念杜威诞辰 100 周年》（1959）、《杜威研究：杜威访日 50 周年论文集》（1969）、《日本的杜威研究与 21 世纪的课题：日本杜威学会成立 50 周年纪念论文集》（2010）[②]。

在日本，《民主主义与教育》是杜威教育著作中传播最广泛的一本著作。除田制佐重（1918）、帆足理一郎（1919）翻译了《民主主义与教育》外，河

---

① Victor Nobuo Kobayash. *John Dewey in Japanese Educational Thought*. 1964：125.

②［日］梶井一晓. 日本关于杜威研究的特征和课题：如何批判地吸收杜威的思想. // 涂诗万.《民主主义与教育》：百年传播与当代审视［M］. 北京：教育科学出版社，2016：98-99.

村望（1961）、松野安男（1975）、金丸弘幸（1984）在二战后也分别翻译了这本著作。

除日本杜威学会，在日本经常举行杜威哲学和教育学说研讨会的还有其他学术团体。例如，日本教育研究学会、教育哲学学会（The Philosophy of Education Society）民主教育协会（The Institute for Democratic Education）、日本美国哲学研究协会（The Japanese Association for the Study of American Philosophy ）等。

在第二次世界大战后，许多美国教育学者继续访问日本，并对各种不同的团体作关于杜威以及美国哲学和教育的讲演，这有助于日本的学者继续保持对杜威研究的兴趣。在这些美国教育学者中，有胡克、柯蒂（M. Curti）、福伊尔（L. Feure）、科克（A. Koch）、戈欣（J. D. Goheen）等。1959 年，美国杜威学会（The John Dewey Society of America）主席赫尔菲什曾作为富尔布顿特学者到日本作讲演，他讲演后的第二年就以《趋于一种民主教育》（*Toward a Democratic Education*）为书名在日本出版。

当杜威在世的时候，他的一些日本学生，例如，坂二雄、正司雅子和上田正一等，在访问美国时曾与杜威会见。在杜威 1952 年去世后，日本的杜威研究学者去美国时继续拜访杜威夫人以及克伯屈教授。

令人感到惊讶的是，当杜威实用主义教育思想因进步教育运动的衰落而在 20 世纪 50 年代中期的美国受到指责和批判时，日本教育学者对杜威研究的兴趣没有减弱反而被重新激起。日本杜威学会主席永野芳夫在 1957 至 1958 年访问美国后的报告中写道，在日本对杜威的兴趣比在美国更大更认真；但他建议日本学者要完整地和正确地理解杜威。[①]

1978 年，时任日本教育学会会长大田尧（Daita Gyo）主编出版了《战后日本教育史》，其中写道，美国教育使节团报告书所阐述的观点的 "背景是自

[①] Victor Nobuo Kobayash. *John Dewey in Japanese Educational Thought*. 1964：144.

本世纪初以来，由杜威完成，成为美国现代教育主流的'新教育'思想，同时还有后盾，即在大萧条后美国社会的'危机'意识支配下发展起来的美国培养民主主义市民的教育思想。可以认为，报告书的教育哲学中所体现的儿童中心主义的实用主义教育思想，以及新政的理想主义这两个方面，如实地反映了第二次世界大战时的这种美国教育思想"①。

（五）20世纪80年代以来日本的杜威实用主义教育思想研究

20世纪80年代以来，杜威实用主义教育思想仍然是日本教育学者研究的一个重要方面。② 就其研究成果来说，首先是前面提及的日本杜威学会编撰出版的第三本论文集《日本的杜威研究与21世纪的课题：日本杜威学会成立50周年纪念论文集》（2010），对日本百年来的杜威哲学和教育思想研究进行了回顾。该论文集具体包括：第一部《杜威哲学在日本的发展与评价》，第二部《杜威的教育理论与实践》。

其次应该提及的是，日本杜威研究学者杉浦宏主编出版了两本主要的论文集：一本是《日本的战后教育与杜威》（1998），探讨了杜威教育思想对二战后日本教育的影响；另一本是《现代杜威思想的再评价》（2003），尝试从多个方面对杜威思想重新理解。

在杜威教育研究上，很有日本特色的一个研究方向是"教师教育改革和杜威"。在21世纪日本教师教育改革的潮流中，越来越多的教育学者求助于杜威，从杜威那里寻找启发。例如，日本杜威学会第53届（2009）和第54届大会（2010）都以"教师教育与杜威"为研讨主题。

----

① ［日］大田尧.战后日本教育史［M］.王智新，译.北京：教育科学出版社，1993：50-51.
② 梶井一晓.日本关于杜威研究的特征和课题：如何批判地吸收杜威的思想.// 涂诗万.《民主主义与教育》：百年传播与当代审视［M］.北京：教育科学出版社，2016：98-99.

第五节　杜威实用主义教育思想在中国

作为一位具有世界性声誉的教育家，杜威曾对世界上许多国家的教育产生了影响，但是他的"最大影响在中国"①。由于杜威亲自来中国访问和讲学，再加上他在哥伦比亚大学任教时的学生胡适、陶行知、陈鹤琴等人的宣传，使得实用主义教育思想在 20 世纪前半期的中国成为一种传播极广的教育思想，其影响超过了任何一种西方教育思想。胡适在《杜威先生与中国》一文中写道："自从中国与西洋文化接触以来，没有一个外国学者在中国思想界的影响有杜威这样大。"② 我国杜威研究学者吴俊升教授在增订《杜威教授年谱》中强调指出："中国教育所受到外国学者影响之广泛和深远，以杜威为第一人。杜威所给予外国教育影响之巨大，也以中国为第一国。"③ 美国教育学者施瓦茨（B. Schwartz）指出，在"20 世纪中国的学术史上，约翰·杜威与现代中国之间的交往是最吸引人的事件之一"④。总之，在西方著名学者中最熟悉中国的人当首推杜威，中国学者最熟悉的以及对中国教育影响领域最广、程度最深和时间最长的西方学者也当首推杜威。自我国改革开放以来，杜威与实用主义教

---

① Thomas Berry. *Dewey's Influence in China*. // John Blewett. *John Dewey: His Thought and Influence*. New York：Fordham University Press，1960：214.

② 葛懋春，李兴芝.胡适哲学思想资料选（上）［M］.上海：华东师范大学出版社，1981：181.

③ 滕大春.杜威和他的《民主主义与教育》.//［美］杜威.民主主义与教育［M］.王承绪，译.北京：人民教育出版社，1990：39.

④ Barry Keenan. *The Dewey Experiment in China*. Massachusetts Cambridge：Harvard University Press，1977："Preface".

育思想得到了重新评价和研究深化。

（一）实用主义教育思想在杜威访华前的传播

早在民国初年，一些中国学者就提倡科学和民主。实际上"从 1915 年起，赛先生和德先生的口号在那些自由改革家中间已颇为流行"[①]。正是在科学和民主的口号下，西方的各种思想被介绍到中国。一些西方哲学著作，特别是孔德、达尔文、赫胥黎的著作，为实用主义哲学和教育思想在中国的传播作了准备。

在领导资产阶级旧民主主义革命的过程中，以孙中山先生为代表的资产阶级革命派提出了在中国发展资本主义的主张。中华民国临时政府成立后，第一任教育总长蔡元培主持制定并颁布了改革教育的法令，建立新学制并采取了一系列措施，对封建社会的教育进行了改造。这标志着传统的封建教育在形式上的终结，也标志着中国教育近代化的开始。

毛泽东在《论人民民主专政》一文中明确指出："自从 1840 年鸦片战争失败那时起，先进的中国人，经过千辛万苦，向西方国家寻找真理。"[②] 在文化和教育上，也是如此。对于当时中国教育界的人士来说，如何解决在教育近代化过程中出现的新问题，如何根据中国社会的特点有选择地学习和吸收西方有益的教育思想，如何把西方先进的教育体制和思想与中国的教育实践结合起来，是他们努力思考和试图解决的问题。在《美国与中国的教育》（*America and Chinese Education*）一文中，杜威写道，年轻的中国人"需要西方的知识和方法，并能够独立地运用这些知识和方法去发展中国，而不是什么东西都复

---

① Barry Keenan. *The Dewey Experiment in China*. 1977：49. 引文中"赛先生"指科学，"德先生"指民主.

② 毛泽东选集·第四卷［M］. 北京：人民出版社，1960：1474.

制其他国家"①。正是在这样的背景下，中国的一些知识分子去美国留学，想从西方寻找救国救民的真理。批判传统学校教育的杜威实用主义教育思想对于教育界那些怀着教育救国主观愿望的知识分子是富有吸引力的。正如杜威所指出的："在其他地方，人们还没有如此经常地听到像今天中国青年的代表人物的口中所说的观点，即教育是改造中国的唯一方法。"②

近现代中国教育家王国维在西方教育理论的传入过程中曾起了很大的作用。1901 年 5 月在上海创刊的《教育世界》由他担任主编，较为系统地评价与传播西方教育理论和教育制度，在当时中国教育界对西方教育理论的研究上起先锋作用。这本在中国开教育专业刊物之先河的杂志，在创刊之初以译文为主，介绍日本、欧美各国的教育理论以及教育的历史和现状，几乎包括世界教育发展史上的各种教育理论流派。王国维曾指出："吾国教育尚在幼年时代，罕有窥斯界之真面者。与其武断之议论，不如直译外籍，供人采样，尚不至贻误后来。"③ 在后期，《教育世界》刊载了大量编撰和评论外国教育理论和制度的文章，其中有很多篇出自王国维之手。虽然《教育世界》于 1908 年 1 月停刊，共发行 166 期，但作为一份发行量和影响巨大的教育刊物，对传播西方教育理论和制度以及中国教育的现代化作出了很大的贡献。

于 1909 年创刊的《教育杂志》是近现代中国教育界又一重要教育专业刊物。这本杂志一直发行到 1948 年，对西方教育理论和制度，尤其是美国教育制度和杜威实用主义教育思想在中国的传播起了重要的作用。

20 世纪以后，特别是民国以后，在中国传播的西方教育理论中，杜威实用主义教育思想是一种重要的教育理论。主张学习与传播当时先进的西方科学

---

① John Dewy. *America and Chinese Education.* // Jo Ann Boydston. *The Collected Works of John Dewey, The Middle Works* Vol. 13. 1983：230.

② John Dewy. *America and Chinese Education.* // Jo Ann Boydston. *The Collected Works of John Dewey, The Middle Works* Vol. 13. 1983：230.

③ 陈鸿祥. 王国维年谱［M］. 济南：齐鲁书社，1991：65.

文化和教育理论的蔡元培 1912 年 2 月发表了《对于新教育之意见》一文，评述了西方的实利主义教育，成为在中国最早介绍实用主义教育思想的人。蔡元培指出："实利主义教育以人民生计为普通教育之中坚。其主张最力者，至以普通学术，悉寓于树艺、烹饪、缝纫及金、木土工之中。此其说创于美洲，而近亦盛于欧陆……实利主义之教育，因亦当务之急者也……今日美洲之杜威派，则纯持实利主义者也。"①

1913 年 7 月，近现代教育家黄炎培在《教育杂志》第 5 卷第 7 号上发表了《学校教育采用实用主义之商榷》一文。在这篇文章中，他批判当时的学校教育脱离实际和脱离生活，主张学校教育采用实用主义，"打破平面的教育，而为立体的教育……改文字的教育，而为实物的教育"。"此种教育，在欧美不仅著为学说，且见诸实行……今观吾国教育界之现象，虽谓此主义为唯一之对病良药，可也"②。黄炎培不仅从理论上论证了教育与生活、学校与社会的联系及其必要性和可能性，而且结合当时中国的普通教育和实业教育情况具体提出了采用实用主义的方案。在这篇文章发表后，他相继撰写了有关实用主义教育的论著，例如，《实用主义产出之第一年》《实用主义产出之第二年》《实用主义产出之第三年》以及《小学校实用主义表解》《实用主义小学教育法》等。《学校教育采用实用主义之商榷》一文发表后，曾在当时中国教育界引起了强烈的反响和热烈的讨论。黄炎培提出的学校教育采用实用主义的主张，较大推动了实用主义教育思想在中国的传播。

蔡元培、黄炎培提出中国的学校教育要采用实用主义教育的想法，实际上是在学习和吸取西方教育理论的基础上，试图从理论上清除封建教育影响，解决教育近代化过程中出现的新问题。这不仅反映了当时中国经济的发展对教育改革的迫切要求，也与当时的科学和民主思潮以及教育救国思想的流行有着

① 高平叔.蔡元培教育论著选［M］.北京：人民教育出版社，1991：2-5.
② 中华职业教育社.黄炎培教育文选［M］.上海：上海教育出版社，1985：18.

密切的联系。

此后，中国教育界对实用主义教育的兴趣渐增，很多教育学者和人士对实用主义教育思想竞相研究。在 1916 年至 1918 年的《教育杂志》上，连续刊载了介绍杜威教育学说的文章，例如，署名天民的《杜威氏之教育哲学》《杜威氏明日之学校》等。在《新教育杂志》1919 年 1 卷 2 期上，也发表了一些文章，例如，沈恩孚的《杜威教育主义》、郑宗海的《杜威氏之教育主义》等，较系统地论述了杜威的教育理论。在杜威访华前夕，实用主义教育思想在近代中国已成为一种有影响的教育思想。

为了迎接杜威来中国访问，胡适、陶行知做了诸多准备工作。1919 年 3 月 31 日，陶行知在《时报》的《教育周刊》第 6 号上发表《介绍杜威先生的教育学说》一文，简要介绍了杜威的生平和著作。他指出："杜威先生，是当今的大哲学家，也是当今的大教育家……杜威先生素来所主张的，是要拿平民主义做教育目的，实验主义做教学方法。这次来……必定与我们教育的基本改革上有密切关系。"[①]1919 年 4 月，赶在杜威来华访问和讲演之前，创刊不久的《新教育》杂志特地出了"杜威专号"（1 卷 3 期），刊登了杜威的照片和"杜威先生传略"以及胡适的《杜威哲学的根本观念》《杜威的教育哲学》、蒋梦麟的《杜威之伦理学》、刘经庶的《杜威之伦理学》等。胡适还应邀请杜威来华的团体的要求，就实用主义运动作了四次讲演，除讲述皮尔斯和詹姆士外，特别着重讲述杜威。甚至在杜威在中国第一次正式讲演的前一天，即 5 月 2 日晚上，胡适还对 1000 多名听讲者作了一次关于实用主义的讲演。这些文章和讲演，激起了人们对杜威来华访问和讲演的热情及对实用主义哲学和教育思想的兴趣。

---

① 华中师范学院教育科学研究所. 陶行知全集·第1卷［M］. 长沙：湖南教育出版社，1984：102.

（二）杜威的中国之行

杜威夫妇原来并不想延长在远东地区逗留的时间，但1919年初接到来自中国的邀请信之后，就改变了想法。

当时，北京大学、南京高等师范学校、江苏教育会、浙江教育会和尚志学会等五个教育团体邀请他来中国讲学。后来，赴欧洲考察教育的郭秉文在路过日本时，又专门拜会杜威表达了这个愿望，杜威当时"一口答应"[①]，足见他对中国之行的迫切心情。杜威在征得哥伦比亚大学校方同意续假后，高兴地接受了这个邀请。胡适回忆道："当蒋梦麟和我这一群杜威的学生听说他在日本讲学时，我们商请北京大学、南京高等师范、江苏教育会和……尚志学会筹集基金邀请杜威来华讲学，并负担全部费用。"[②]

1919年4月28日，杜威偕夫人奇普曼一行乘坐"熊野丸"号客轮离开日本前往中国。据1919年5月1日上海《民国日报》的报道，杜威夫妇4月30日下午抵达上海。北京大学代表胡适、江苏教育会代表蒋梦麟、南京高等师范学校的代表陶行知以及欢迎的人群在码头上欢迎杜威夫妇的到来。杜威的女儿露西是1919年7月加入杜威的中国之行的。

对于杜威来说，在中国的早期日子里，最高兴的一天是5月12日与孙中山先生的见面。对哲学颇有兴趣的孙中山感兴趣于思想与行动的关系，因此，在与杜威见面时就讨论了这个问题。杜威曾这样回忆道："那天傍晚，与前总统孙中山先生在一起感到很高兴。"[③]

杜威在江苏教育会（讲演题目《平民主义的教育》，5月3日）、浙江教

---

① 陶行知. 杜威将来华讲学——致胡适. 1919年3月31日. // ［美］简·杜威. 杜威传（修订版）［M］. 单中惠，编译. 合肥：安徽教育出版社，2009：350.

② 胡适口述. 胡适的自传［M］. // 葛懋春，李兴芝. 胡适哲学思想资料选（下）［M］. 上海：华东师范大学出版社，1981：110.

③ George Dykhuizen. *The Life and Mind of John Dewey*. 1973：195-196.

育会（讲演题目《平民教育之真谛》，5 月 7 日）以及南京高等师范学校（5月 18—21 日、24—26 日）讲演时，分别由蒋梦麟、郑宗海、陶行知担任翻译。每次讲演时，出席的听讲者非常踊跃，几乎座无虚席。

1919 年 5 月 31 日，杜威夫妇抵达北京。抵达北京后，杜威看到"五四运动"在 6 月初达到了新高潮的景象。6 月 8 日、10 日、12 日，杜威开始了他在北京的第一次讲演，题目是《美国之民治的发展》。据 1919 年 6 月 9 日、11 日、13 日北京《晨报》的报道：在这三次讲演时，听讲者的人数一次比一次多，甚至有的听讲者站在会场两旁通道上。此后一个时期，杜威主要在北京大学及其他学校作讲演，讲演题目有《现代教育的趋势》《学问的新问题》《社会哲学与政治哲学》《教育哲学》《伦理讲演》《思想之派别》《思维术》《现代的二个哲学家》等。在北京期间，杜威曾分别于 1919 年 10 月 6 日至 14 日、12 月 24 日至 1920 年 1 月中旬赴山西太原和山东济南访问与讲演。杜威在北京、太原和济南讲演时，均由胡适担任翻译。据统计，杜威的北京的讲演包括："现代教育趋势" 3 讲，"社会哲学和政治哲学" 16 讲，"教育哲学" 16 讲，"伦理学" 15 讲，"思想派别" 8 讲，"美国的民治发展" 3 讲，"现代的三位哲学家（詹姆士、柏格森、罗素）" 3 讲。后来，胡适在《杜威在中国》一文中回忆道："杜威当时总是用他自己的打字机事先把每一篇讲演的提纲打出来，把副张交给他的口译者，让他在讲演和翻译以前研究这些提纲并且想出合适的中国词句。杜威在每次讲演以后都把提纲交给那些经过挑选的记录人员，以便他们能够在印刷以前核对他们的报道内容。"[1]

1920 年 4 月起，杜威开始在南京高等师范学校讲演，由刘伯明担任翻译。4 月 22 日，哥伦比亚大学校方复电允许杜威续假一年。据统计，杜威在南京高等师范学校的讲演包括"教育哲学" 10 讲，"哲学史" 10 讲，"实验科学" 3

---

[1] 胡适. 杜威在中国. // [美]简·杜威. 杜威传（修订版）[M]. 单中惠，编译. 合肥：安徽教育出版社，2009：383-384.

讲。除外，还在南京其他单位作讲演，其中讲演题目有：《近代教育之趋势》《普通教育》《教育者之天职》等。从5月18日至27日，杜威又赴镇江、扬州、常州等地作讲演，由郭秉文、陶行知和刘伯明轮流担任翻译。

同年5月30日，杜威一行再次抵达上海，黄炎培、沈恩孚、刘汝梅等教育界人士到车站表示欢迎。在上海期间，杜威曾先后应邀赴上海第二师范学校、中华职业教育社、圣约翰大学、上海同济学校、南洋公学、沪江大学、上海青年会、浦东中学、中华职业学校等处作讲演，讲演题目有《职业教育之精义》《职业教育与劳动问题》《科学与人生》《新人生观》《国家与学生》《社会进化》《公民教育》《普通教育与职业教育之关系》等。

此后，杜威赴杭州（6月10日—14日）以及徐州（6月17—19日）、无锡（6月21日—26日）、苏州（6月27日—6月底）访问。

同年10月25日，杜威夫妇抵达长沙。在长沙期间（10月25日—11月2日），杜威曾先后在长沙遵道会、长沙第一师范学校、雅礼大学等处作讲演，分别由刘树梅、曾约农担任翻译，讲演题目有《现代哲学》《学生自治》《教员是领袖或指导员》《科学与近世文化之关系》等。其间，杜威夫妇参加了湖南教育会、在长沙工作的北大同学、湖南省总商会等八团体、湖南省议会、湖南报界联合会分别举行的欢迎会。离开长沙后，杜威又赴湖北汉口讲演4天。

1921年4月，应厦门大学校长郑芝圆的邀请，杜威夫妇赴福建省访问和讲演。在福州期间，各界邀请杜威讲演者甚多。其中，对福州市中小学教师的4次讲演，分别是《学习中的自动性》《习惯与思想》《自然环境和社会环境与人类生活的关系》《教育与实业》；对学院教师的讲演是《自动与民治》；对省立师范学校学生的讲演是《教育者为社会的领袖》；对福建教育会成员的讲演是《美国教育团体对美国社会的影响》；对私立法政学校师生的讲演是《民主政治的要素》；对福建青年会成员的讲演是《教育与国家之间的关系》；对福建尚友堂成员的讲演是《民治的意义》。在厦门时，杜威为厦门大学师生作了题为《大学的旨趣》的讲演。

结束在福建省的活动后，杜威赴广东省访问和讲演。4月28日，杜威一行抵达广州。杜威先后在广州国立师范学校、广东教育会、女子高等师范学校等处作讲演，讲演题目有《自动道德之原因》《学校与社会》《教授青年的教育原理》等。

在离华回国前两个月里，杜威主要在北京作讲演。1921年6月30日中午，北京大学、北京高等师范学校、尚志学会等团体为杜威夫妇及女儿设宴饯行，参加者约80人。席间，胡适、梁启超、范源濂等人致辞，杜威夫妇及女儿也分别讲了话。据7月1日北京《晨报》报道，杜威在讲话中希望中国的青年与年长的人，既要有渴望容纳新思想的精神，又要有实行新思想的精神。

1921年7月11日上午，在北京高师王卓然的陪同下，杜威携夫人和女儿一起离开北京赴山东访问讲演和游历。在济南的6次讲演题目是：《教育者的工作》《教育之社会要素》《学校科目与社会之关系》《学校的行政和组织与社会之关系》《教育之心理要素》《学校与社会的关系》等。

8月2日①，杜威夫妇一行从青岛乘坐"西京丸"号客轮离开中国去往日本神户，结束了对中国的访问讲学。8月19日，他们从日本横滨乘船回美国。杜威的中国之行共计2年3个月又3天，从1919年4月30日开始到1921年8月2日结束。

杜威在中国的访问讲学，足迹遍及奉天（今辽宁）、直隶（今河北）、山西、山东、江苏、浙江、湖南、湖北、江西、福建、广东11个省和北京、上海、天津3个城市，作了200多次讲演。他女儿露西后来回忆说，由于听讲者十分踊跃，杜威在"那些省城里的讲演都被安排在最大的会场里，那是必要的"②。他女儿简·杜威在《约翰·杜威》中也写道："听他讲演的，不仅有学生和教师，而且还有其他知识阶层的代表。这些地方的报纸也充分报道了杜

---

① 王剑."杜威中国之行"若干史实考释［J］.教育史研究，2002（3）.

② George Dykhuizen. *The Life and Mind of John Dewey*. 1973：199.

威的讲演活动。在许多情况下，杜威所作的讲演都由一位速记员记录下来，然后发表在一些广泛发行的小册子上。"① 在 1919 年 11 月 12 日给美国教育家沃特（William A. Wirt）的信中，杜威这样写道："在中国的所有讲演中，我强调建立在最先进的教育思想和西方世界教育实践基础上的教育开始的可能性，通过运用正确的教育方法，他们的教育将会很快超越我们。"② 杜威的中国之行为他的大量相关著作提供了刺激。之后，杜威对中国事务表现出持续的关心。

在杜威抵达中国后第五天，即 5 月 4 日，在北京爆发了举世闻名的"五四运动"。杜威夫妇对"五四运动"产生了浓厚的兴趣。伊夫琳·杜威在 1920 年编的《寄自中国和日本的信件》（Letters From China and Japan）的"序言"中指出，杜威夫妇"原定计划 1919 年夏天就要回国的。但是，为争取统一、独立和民主而发动的斗争正在中国展开；这一斗争吸引了他们，从而使他们改变了回国的计划"③。除了北京大学等教育团体以及胡适、蒋梦麟等人的极力挽留外，"五四运动"的爆发无疑也是杜威决定在短期访问后继续留在中国的重要原因。

1919 年 10 月 20 日，是正在中国访问的杜威的六十岁生日，北京大学校长蔡元培特地为杜威举行了生日晚餐会。在晚餐会上，他致辞："我所最先感想的，就是博士与孔子同一生日……博士的哲学，用 19 世纪的科学作根据，用孔德的实证哲学、达尔文的进化论、詹美士的实用主义递演而成的，我们敢认为西洋新文明的代表。"④ 他还说："我觉得孔子的理想与杜威的学说有很相同的点。这就是东西文明要媒合的证据了。但媒合的方法，必先要领得西洋科

---

① ［美］简·杜威.杜威传（修订版）［M］.单中惠，编译.合肥：安徽教育出版社，2009：41.

② John Dewey to William A. Wirt, Beijing, 12 November, 1919. Butler Library.

③ John Dewey and Alice Dewey. *Letters from China and Japan.* "Preface". 1920: vi.

④ 蔡元培.杜威六十岁生日晚餐会演说词.//［美］简·杜威.杜威传（修订版）［M］.单中惠，编译.合肥：安徽教育出版社，2009：395.引文中的"詹美士"，今译"詹姆士"。

学的精神，然后用他来整理中国的旧学说，才能发生一种新义。"①1920年10月17日，北京大学举行典礼授予杜威名誉博士学位。在这次典礼上，蔡元培称杜威为"西方的孔子"②，在场的人对此报以热烈的掌声，杜威后来说这给他留下了深刻的印象。③

当杜威来华访问的资助者和从前的学生在上海第一次见到他时，都希望他能在讲演中谈论教育改革。实际上，杜威后来在中国各地所作的讲演的内容是非常广的，概括起来，讲演的内容主要是现代科学、民主、教育及其相互之间的密切联系。讲演的基本观点大多出自《学校与社会》《儿童与课程》《民主主义与教育》以及在日本东京帝国大学的讲演稿（即后来《哲学的改造》）等著作。从杜威在中国的讲演题目来看，有关教育方面的讲演为数最多。在中国的两年多时间里，杜威与新教育共进社及其成员保持了密切的联系。

全国各地报纸对杜威的访问和讲演活动作了充分的报道。《新教育》杂志1920年第3期出了"杜威专号"；《平民教育》杂志也出了"欢迎杜威博士专号"。杜威在中国的讲演被译成中文，随即或以整篇或以概要的形式发表在中国的哲学和教育杂志上。"几乎全国主要的杂志都刊登杜威讲演的中文本。"④胡适曾把《每周评论》第26、27号编辑成"杜威讲演录"专辑。有些讲演后被汇编成书出版，例如，1919年10月由江苏省立第二师范学校新学社编辑出版的《杜威在华演讲集》、1920年8月由北京晨报社编辑出版的《杜威五大讲演》、1921年由上海泰东图书公司出版的《杜威三大讲演》、1922年由商务印书馆出版的《平民主义与教育》、1935年4月由上海大新书局出版的《教育哲学》（收集杜威在华22次讲演）等。其中，《杜威五大讲演》

---

① 杜威六十岁生日晚餐会演说词. // ［美］简·杜威. 杜威传（修订版）［M］. 单中惠，编译. 合肥：安徽教育出版社，2009：396.

② George Dykhuizen. *The Life and Mind of John Dewey*. 1973：197.

③ Barry Keenan. *The Dewey Experiment in China*. 1977：10.

④ Barry Keenan. *The Dewey Experiment in China*. 1977：30.

一书在出版后的两年中，共计印刷 14 次。由于杜威没有留下讲演的英文原稿，因此，直到 1973 年英文译本 *"John Dewey: Lectures in China, 1919—1920"* [①] 出版后，美国教育学者及西方教育界才了解杜威在这个讲演的具体内容。

由于北京大学等教育团体的安排以及杜威学生的帮助，杜威在中国的访问和讲演活动确实是成功的。在杜威离开中国前一个月，在纽约发行的《中国学生月刊》(*Chinese Students Monthly*)上刊登了这样一篇文章，其中写道："杜威先生在中国的行程是非常成功的。从他抵达中国到现在，所到之处都受到了热烈的欢迎。一些银行家和编辑经常去他的住处拜访；一些教师和学生则集聚在他的教室里。一些社团竞相接待他，听他的讲演；一些报纸竞相翻译并刊登他的最新言论。他的发言和讲演被竞相阅读，他的传记被精心撰写。人们认真地评论他的哲学，并毫不费力地记住他的名字。" [②] 美国历史学家基南 (B. Keenan)也指出："约翰·杜威在中国受到了极为热烈的欢迎。杜威个人对改革和进步的赞同以及他作为一个现代教育哲学的权威，使他引起了很多听讲者的兴趣。" [③]

与此同时，中国之行也给杜威留下了深刻的印象。简·杜威在《约翰·杜威传》一书中写道："不管杜威对中国的影响如何，杜威在中国的访问对他自己也具有深刻的和持久的影响。杜威不仅对同他密切交往的那些学者，而且对中国人民，表示了深切的同情和由衷的敬佩。中国仍是杜威所深切关心的国家，仅次于他自己的国家。……杜威从美国到中国，环境的变化如此之大，以致对他的学术上的热情起了复兴的作用。" [④] 1967 年，大约在杜威访问中国 46 年后，曾参加过杜威的中国之行的露西·杜威回忆说："中国人民是极为友好

---

①《约翰·杜威：在中国的讲演，1919—1920》一书由克洛普顿（Robert Clopton）和吴俊升（Tsuin-chen Ou）编译，夏威夷大学出版社1973年英文版。

② Barry Keenan. *The Dewey Experiment in China*. 1977：34.

③ Barry Keenan. *The Dewey Experiment in China*. 1977：10.

④［美］简·杜威.杜威传（修订版）［M］.单中惠，编译.合肥：安徽教育出版社，2009：42.

的，他们给以无微不至的关怀和十分大方。在中国的这两年是我一生中最丰富多彩和令人愉快的，对我的父母来说也有同样的感觉。"① 对于中国之行，杜威在 1920 年 1 月 13 日写给哥伦比亚大学哲学系主任科斯（John J. Coss）的信中写道："这是一次绝对超值的体验，与其说学习到了什么新鲜事物，不如说获得了崭新的看待事物的视角与见识。西方的任何事物在这里都会变得完全不同，如同年轻人的重生，世界未来的希望指日可待。"②

在 1921 年 6 月 30 日北京五团体公饯会上，杜威在他的致辞中表达了希望将来再能到北京来的愿望。1946 年初，杜威又收到蒋梦麟发来的再一次邀请，他非常兴奋。因此，他在同年 2 月 9 日给他的学生本特利教授的信中写道："我已经接受官方邀请去中国 6 周，最有可能是在［今年］4 月，作为中国政府大学教育发展的咨询者。我想，这是最值得高兴的。25 年前，我曾在中国有过一段愉悦的时光。在我去世之前，没有比我再次见到中国和我的中国朋友更喜欢的事情了。"③ 后来，他又给美国医生学院的休斯顿医生写信："当我在中国的时候，我就有这样的体验，我很想有机会再看一次中国，哪怕是非常短的时间，这比我知道的任何事情都值得。……无论如何，这件事使我转向积极的治疗。"④ 但很遗憾，杜威第二次访华并没有成行。

（三）师承于杜威的近现代中国教育家

在中国访问和讲演时，杜威与一些中国学者和知识分子交往密切。美国塞顿·霍尔大学教授培里在《杜威对中国的影响》（*Dewey's Influence in*

---

① George Dykhuizen. *The Life and Mind of John Dewey*. 1973：200.

② John Dewey to John J. Coss，13 January，1920. Butler Library. // George Dykhuizen. *The Life and Mind of John Dewey*. 1973：205.

③ John Dewey to Arthur F. Bentley，9 Febraury，1946. Butler Library.

④ John Dewey to W. R. Houston，16 March，1946. Butler Library.

China）一文中指出："在访问中国期间，杜威自己同中国知识分子之间在学术思想上的交往程度确实是令人惊讶的。"①

从 1904 年起，杜威在哥伦比亚大学哲学系和师范学院任教，一直到 1930 年退休。对于杜威来说，这是他一生的重要时期。美国学者基南在《杜威在中国的实验》（The Dewy's Experiment in China）开篇明确指出："作为世界上实用主义哲学和教育的最重要的倡导者，在第一次世界大战时，杜威在他的多产的生涯中达到了顶峰。"② 由于杜威与美国教育界和心理学界的其他一些著名学者，例如，孟禄、克伯屈、坎德尔等，都在哥伦比亚大学师范学院任教，哥伦比亚大学在哲学和教育理论方面不仅成为美国具有很大影响的一所著名大学，而且成为在世界上享有盛名的大学，吸引了国内外众多青年前去学习。

正是在这种背景下，胡适、陶行知、陈鹤琴以及蒋梦麟、郭秉文等作为赴美国留学的青年学生先后进入了哥伦比亚大学。在那里，他们受到了杜威的思想方法和实用主义教育思想的影响。这些后来致力于中国教育改革的学者，"在美国进步主义思想的中心哥伦比亚大学学习，并在其生平的某点上自认是他的大师约翰·杜威的追随者"③。特别是胡适，他最终选择实用主义为自己的思想信仰，正是由于杜威的影响。

胡适、陶行知、陈鹤琴都师承杜威，是近代中国新教育运动的推动者，但是他们在思想方法或教育观点上从杜威那里受到的影响程度并不一样。陶行知和陈鹤琴对杜威实用主义教育思想并不是照抄照搬。他们在一定程度上吸取了杜威学说中的合理因素，但如果从他们各具特色的教育思想形成看，可以说是他们对杜威学说进行改造的过程。陶行知反对传统的中国封建教育，从杜威

---

① George Dykhuizen. *The Life and Mind of John Dewey*. 1973：224.

② Barry Keenan. *The Dewey Experiment in China*. 1977：9.

③［美］布朗.中国教育中的美国进步主义：陶行知个案.// 许美德，巴斯蒂，等.中外比较教育史［M］.上海：上海人民出版社，1990：184.

实用主义教育思想中吸取合理因素，并在长期的平民教育、农村教育和普及教育的实践活动中，试图对杜威的学说和理论加以改造，形成了生活教育理论，体现了人民大众的新民主主义教育的方向。正是在教育实践活动中，陶行知发现杜威的教育学说和理论行不通，这不能不引起他的深思和反思，经过在实践活动中对真理的不懈追求，办起了适合中国国情和为中国人民需要的教育。美国现代中国学的奠基人、哈佛大学教授费正清（J. K. Fairbank）在《陶行知与杜威》一文中指出："杜威博士的最有创造力的学生是陶行知……陶行知是杜威的学生，但他正视中国的问题，则超越了杜威。"[1] 陶行知的学生张劲夫先生也指出，陶行知"早期确实受过杜威的影响，但他回到中国之后，尤其是到了人民群众中以后，就逐渐改变了观点……到了后期，他……在教育思想上已形成了自己的独特观点"[2]。陈鹤琴从批判传统的中国封建教育出发，吸收了杜威实用主义教育思想中在他看来是合理的和有用的东西，并结合中国的教育进行了改造和实验，试图使教育理论科学化和中国化。

　　胡适积极地介绍杜威的实用主义，并对近代中国反封建的文化运动起了重要的作用。他注意将实用主义教育思想与中国传统文化教育中的某些精华结合起来，并进行中国化教育道路的探索。但是，胡适选择的却是一条与陶行知和陈鹤琴不同的道路，其教育改革探索仅仅停留在学术研讨上。前哈佛大学东亚研究中心主任、哈佛大学教授孔飞力（Philp A. Kuhn）在《陶行知：一位教育改革家》一文中指出："陶行知和胡适是同时从美国回来的留学生，两人都深受杜威实用主义普通学校观点的影响。然而在起始阶段，陶行知的事业和胡适……便存在着分歧。"[3]

---

① ［美］费正清.陶行知与杜威.// 许美德，巴斯蒂，等.中外比较教育史［M］.1990：397.

② 张劲夫.追忆伟大的人民教育家陶行知先生.// 中国陶行知研究会.陶行知教育思想研究文集［M］.北京：人民教育出版社，1985：17.

③ ［美］孔飞力.陶行知：一位教育改革家.// 周洪宇.陶行知研究在海外［M］.北京：人民教育出版社，1991：48-49.

1. 胡适

作为一名留美学生，胡适从 1915 年 9 月至 1917 年 6 月在哥伦比亚大学学习。在考取留美官费生之后，胡适于 1910 年 9 月赴美留学，在康奈尔大学农学院学习，后转入文理学院改习文科。由于对实用主义的兴趣，1915 年 9 月他由康奈尔大学转入哥伦比亚大学哲学系师从杜威，在那里学习了两年。胡适选修了杜威主讲的两门课程：伦理学之流派和社会政治学。杜威曾是胡适撰写博士学位论文的导师。[①] 杜威对于胡适具有很大的吸引力，他的著作也是胡适所盛赞的。胡适明确地说："杜威教授当然更是对我有终身影响的学者之一。"[②] 杜威的哲学成为"我的生活思想的第一个向导，成了我自己的哲学基础"[③]。1917 年 6 月，胡适结束在美国哥伦比亚大学的留学生活回国，在北京大学任教。美国学者格里德（J. B. Grieder）在《胡适与中国的文艺复兴》（*Hu Shi and the Renaissance in China*）一书中指出，胡适"他公开宣称自己是杜威的信徒。在这个时期，他是一群最早受到杜威影响的年轻中国学生中的一员，他们在教育上和哲学上都受到了杜威的影响，但是回到中国之后，他却成了中国最著名的杜威思想的宣传推广者"[④]。在"五四运动"时期，胡适发表了很多介绍实用主义的文章，成为杜威实用主义哲学和教育思想在中国最有力的传播者之一。

在批判传统学校教育的基础上，胡适首先强调教育和生活的联系，指出教育必须与实际生活需要密切配合，从宽广的生活中摄取教育的素养；还强调学校和社会的联系，指出学校必须照顾到实际生活的需要，注意学校课程的实

---

① 胡适口述. 胡适的自传［M］.// 葛懋春，李兴芝. 胡适哲学思想资料选（下）［M］. 上海：华东师范大学出版社，1981：114.

② 胡适口述. 胡适的自传［M］.// 葛懋春，李兴芝. 胡适哲学思想资料选（下）［M］. 上海：华东师范大学出版社，1981：103.

③［美］格里德. 胡适与中国的文艺复兴［M］. 鲁奇，译. 南京：江苏人民出版社，1989：46.

④［美］格里德. 胡适与中国的文艺复兴［M］. 鲁奇，译. 南京：江苏人民出版社，1989：46.

用。其次，他推崇实用主义方法论，在治学方法上提出"十字真言"（大胆的假设，小心的求证），培养学生创造的智慧和创造的思想力。还有，他主张教育以儿童为中心，学校教育过程中应该依循儿童的生理和心理特点，使他们学会运用工具；教师应该与儿童打成一片，帮助他们养成良好的学习习惯。

2. 陶行知

从 1915 年 9 月至 1917 年 8 月，陶行知在哥伦比亚大学学习。1914 年 8 月，陶行知自金陵大学毕业后被保送赴美留学。他先进入伊利诺伊大学攻读政治系城市行政学专业。当时担任教育行政学课程的考夫曼（L. D. Coffman）教授是受到杜威实用主义教育思想影响很大的一位教授。在考夫曼等教授的影响下，陶行知于 1915 年 9 月 27 日转入哥伦比亚大学师范学院学习。在哥伦比亚大学师范学院学习期间，陶行知以教育行政学为基础，选听了杜威的"学校与社会"、克伯屈的"教育哲学"、孟禄的"教育史"、坎德尔的"各国学校制度的社会基础"等课程。其中，对陶行知"影响最大的是杜威教授的讲课和教程"[1]。因此，陶行知后来自称为杜威的"受业弟子"[2]。他"对杜威的教育思想十分感兴趣，并把它介绍到中国来"[3]。1917 年 8 月，已取得申请博士学位的论文写作资格的陶行知回国，在南京高等师范学校教育科任教。"当杜威访问南京时，陶行知作为主人和翻译，这或许是陶行知同杜威理论最持久的一次直接正式接触……"[4]自《新教育》创刊后，陶行知便在其专栏中宣称支持进步主义，后又担任该杂志的编辑。

在批判传统学校教育的基础上，陶行知首先提出了"生活即教育"，强

---

① ［日］阿部洋.哥伦比亚大学留学时代的陶行知［J］.河南教育学院学报，1989（4）.

② ［日］斋腾秋男."生活教育"理论形成的过程.//周洪宇.陶行知研究在海外［M］.北京：人民教育出版社，1991：270.

③ Barry Keenan. *The Dewey Experiment in China*. 1977：82.

④ ［美］布朗.中国教育中的美国进步主义：陶行知个案.//许美德，巴斯蒂，等.中外比较教育史［M］.1990：194.

调教育要通过生活才能发出力量而成为真正的教育，指出生活教育的特点是：生活的、行动的、大众的、前进的、世界的和有历史联系的；还提出了"社会即学校"，强调学校必须与社会生活发展的需要相适应、学校必须通过社会生活实践才能提供有效的教育。其次，他主张"教学做合一"，强调"教"和"学"都必须以"做"（生活）为中心，以促进儿童手脑并用的发展。还有，他提出"先生创造学生，学生创造先生"，强调教师应该了解儿童和理解儿童，根据儿童的生理和心理特点去引导他们，以进一步把儿童的创造力解放出来。

陶行知回国后积极推动"生活教育"实践。杜威在 1944 年 6 月 10 日致陶行知的信中如此写道：我很高兴地从朱智贤那里得到你的消息，"我也非常高兴地知道你健康状况良好，教育工作也在继续进行，即便在非常困难的情况还在进行"[①]。1946 年 7 月 25 日陶行知因脑溢血去世时，杜威在他的致唁电中赞扬陶行知为中国教育作出了巨大贡献。

3. 陈鹤琴

陈鹤琴从 1917 年 9 月至 1919 年 6 月在哥伦比亚大学学习。1914 年 8 月，陈鹤琴结束清华学校的学业，与陶行知同船赴美留学。起初，陈鹤琴先在约翰斯·霍普金斯大学学习。1917 年 9 月，陈鹤琴转入哥伦比亚大学师范学院学习研究生课程，专攻教育与心理。这时，胡适和陶行知已先后离开哥伦比亚大学。在哥伦比亚大学师范学院学习期间，陈鹤琴选听了孟禄的"教育史"、克伯屈的"教育哲学"、桑代克的"实验教育心理学"等课程。其中，杜威的学生克伯屈教授的课程给陈鹤琴留下了深刻的印象，并使他在思想上受到很大的影响。陈鹤琴后来回忆道，克伯屈"所用的教法是独出心裁而能刺激思想的方法。他不用注入式的讲演法，他用启发式的问答法"[②]。1918 年 6 月获得教育硕士学位后，陈鹤琴想转入心理系攻读博士学位，后因申请延长留学期限的

---

① John Dewey to Tao Hsing-chih, 6 October, 1944. Butler Library.
② 陈鹤琴. 陈鹤琴全集（第6卷）[M]. 南京：江苏教育出版社，1991：593.

回函没有及时收到，于 1919 年 8 月回国。回国后，他在南京高等师范学校教育科任教，成为陶行知的同事，并共倡新教育和改革旧教育。

在批判传统学校教育的基础上，陈鹤琴首先提出"活教育"，强调将儿童放在适当的环境里去发展他们的生活，去学习、去求知识、去求技能、去做人。其次，他强调活动课程和做中学，把大自然、大社会看成活教材，倡导包括健康活动、社会活动、科学活动、艺术活动、文艺活动的"五指活动"，并在做中求进步。另外，他主张"一切为儿童，一切为教育"，加强对儿童心理的研究，不仅把儿童的心理特征归纳为包括好动心、模仿心、好奇心和游戏心的"四心"，并要求教师正确地看待儿童，积极促进儿童的自主发展。

作为杜威的学生，胡适、陶行知、陈鹤琴以及蒋梦麟、郭秉文等应该是他早期的中国留学生。因为从杜威教育书信中发现，杜威还应该有晚期的中国留学生，比如段康城、樊星南等。在 1949 年间，杜威曾多次写信给樊星南。在致杰克·C. 兰姆的信中，杜威曾如此提及樊星南："总的来说，我认为他是我教过的学生中最聪明、最独立、最有理解力和批判性的一个。"[1] 樊星南自哥伦比亚大学师范学院获得博士学位后，先后在内勃拉斯加大学等院校任教。我国改革开放后，樊星南教授 1980 年曾应邀在华东师范大学作"现代西方教育思想流派"系列讲座。从学术视野来看，杜威晚期的中国留学生研究尚是一个空白。

（四）五四时期中国的马克思主义者与杜威

马克思主义与杜威的实用主义在理论上有着原则的区别；但是，在"五四运动"时期，杜威的实用主义哲学和教育思想引起了包括陈独秀、李大钊、瞿秋白以及毛泽东在内的中国的马克思主义者的兴趣。他们对杜威的实用

---

[1] John Dewey to Jack C. Lamb，16 August. Butler Library.

主义并没有采取全盘否定的态度，甚至有过肯定的表示。

1. 陈独秀、李大钊、瞿秋白与杜威

陈独秀对杜威实用主义哲学和教育思想的某些观点表示了肯定。1919 年 4 月，胡适在《新青年》第 6 卷第 4 号上发表了《实验主义》一文，比较系统而集中地对各派实用主义的基本观点作了介绍，在当时中国的知识分子中产生了很大的影响。对此，陈独秀在《新青年》第 7 卷第 1 号上撰文表示赞赏，写道："我们相信尊重自然的实验主义。"[①]1920 年 11 月 1 日，陈炯明被孙中山任命为广东省长兼粤军总司令后，即聘陈独秀为广东省教育委员会委员长兼大学预科校长。在杜威 1921 年 4 月间赴广东访问和讲演时，他是杜威在广州讲演活动的主持人。

瞿秋白对于杜威实用主义在中国的传入也表示了某种态度的肯定。在《实验主义与革命哲学》一文中，瞿秋白写道："中国五四前后，有实验主义出现，实在不是偶然的。中国宗法社会因受到国际资本主义的侵蚀而动摇，要求一种新的宇宙观和人生观，才能适应中国所处的新环境——实验主义哲学，刚刚用它的积极方面来满足这种需要。"[②]在对实用主义（实验主义）进行批判的同时，瞿秋白指出它在中国的传入符合当时中国的现实需要。

李大钊对传入中国的杜威实用主义也提出了自己的看法。1919 年 7 月，当胡适在他主编的《每周评论》第 31 号上发表《多研究些问题，少谈些主义》一文后，李大钊和胡适之间展开了关于"问题与主义"的著名论战。这场论战是马克思主义与实用主义对立的表现。李大钊明确指出，问题和主义是分不开的，但同时指出他的观点与胡适"完全相同，有的稍有差异"[③]。

---

① 孟湘砥.毛泽东教育思想探源［M］.长沙：湖南教育出版社，1993：127.

②［美］杜威.新旧个人主义：杜威文选［M］.孙有中，译.上海：上海社会科学院出版社，1997："代序".

③［美］杜威.新旧个人主义：杜威文选［M］.孙有中，译.上海：上海社会科学院出版社，1997："代序".

2. 青年毛泽东与杜威

通过胡适发表的文章以及杜威在中国的讲演活动，青年时期的毛泽东了解了实用主义。对于当时思想尚未定型和渴望吸收新思想的毛泽东来讲，在"五四运动"前后传入中国的包括杜威实用主义在内的新思潮和新文化引起了他的极大兴趣。1919 年 7 月 14 日在《湘江评论》创刊号刊登的"创刊宣言"中列举近代思想各个领域的新思潮时，毛泽东就指出"见于教育方面，为平民教育主义"，"见于思想方面，为实验主义"。[①] 在胡适《多研究些问题，少谈些主义》一文的影响下，毛泽东曾经想组织一个"问题研究会"，并拟定和印发了《问题研究会章程》。1919 年 10 月 23 日，这份章程刊登在《北京大学月刊》第 467 号上。这份章程着重说明："提出问题之研究，应以学理为依据，研究各种问题之先，须特别研究各种有关的主义"；"问题不论大小，只要有比较广泛的普遍性，即可提出来研究，需要做实地调查的，必做实地的调查。"[②] 整个章程共 12 条，列出了包括中国和世界的政治、经济、社会、劳动、教育、国际形势等方面大小问题 71 个。其中，教育问题为最多，共列出了 17 个问题。例如，第一个问题是"教育普及问题"，第九个问题是"废止考试问题"，第十七个问题是"杜威教育学说如何实施问题"，等等。从这份章程中，尤其是教育问题，可以清楚地看到毛泽东当时对胡适以及杜威实用主义教育思想的赞同态度。但是，毛泽东后来放弃了成立问题研究会的想法。

"五四运动"发生后不久，新文化运动的浪潮也席卷了湖南省并首先冲击了湖南省教育界。由省教育会会长、长沙楚怡小学校长陈夙荒以及朱利凡、徐特立等人发起，于 1919 年 6 月 15 日正式成立了健学会。这是当时湖南教育界许多不满军阀张敬尧统治的人士组织的一个进步学术团体。陈夙荒在健学会成立时致辞说："健学会的组织在于采取正确健全的学说，而为彻底的研究。"

① 陈桂生.现代中国的教育魂 [M].沈阳：辽宁教育出版社，1993：456.
② 李锐.毛泽东同志的初期革命活动 [M].北京：中国青年出版社，1957：108.

该会的会则规定:"本会由同志组合,以输入世界新思潮,共同研究,择要传播为宗旨。""传播的方法主要是讲演,分定时和临时两种,定期的每周于星期天上午举行。"① 当时,新民学会的一些会员也参加了这个团体的活动。自健学会成立后,每周一次邀请教育界和新闻界的人士做讲演,每次参加听讲的人都很踊跃。在第四次讲演会上,陈夙荒主讲了《杜威的教育主义可以采用吗?》。对健学会的成立和活动毛泽东是赞成的,并尽力给以相助。1919 年 7 月 2 日,在《湘江评论》临时增刊第 1 号上,毛泽东发表了题为《健学会之成立及进行》的文章,指出这个团体的成立是"空谷的足音,我们正应拍掌欢迎,希望它可能做'改造湖南'的张本"②。同时,在对健学会学术活动进行综述时,毛泽东还明确指出,在健学会讲演"采用杜威的教育主义"等问题"可谓能得其要"③。

为领导驱逐军阀张敬尧运动,毛泽东 1920 年 2 月第二次来到北京。在北京期间,除积极钻研有关俄国革命和马克思的书籍外,他还仔细阅读了包括杜威、罗素在内的各家哲学著作。同年 6 月 7 日,在给黎锦熙先生的信中,毛泽东介绍了自己的学习计划,其中写道:"近来国内到处发了丛书热,不管它动机内容怎样,总于我这种'知识荒'的人多少有些益处。"④ 哲学从"'现代三大哲学家'起,渐次进入各家"⑤,这里毛泽东所提及的现代三大哲学家就是指柏格森、罗素、杜威。

1920 年 7 月,毛泽东回到湖南开展广泛的革命活动。在此期间,他联系教育界、新闻界、工商界的一些知名人士共同发起创办了文化书社,以推动新文化运动和传播新思想、新文化。7 月 31 日,毛泽东在长沙报纸上刊登的《发

---

① 中国青年出版社,编.光辉的五四[M].北京:中国青年出版社,1959:74-75.
② 李锐.毛泽东同志的早期革命活动[M].长沙:湖南人民出版社,1980:232.
③ 陈桂生.现代中国的教育魂[M].沈阳:辽宁教育出版社,1993:456.
④ 李锐.毛泽东同志的早期革命活动[M].长沙:湖南人民出版社,1980:302.
⑤ 孟湘砥.毛泽东教育思想探源[M].长沙:湖南教育出版社,1993:139.

起文化书社的缘起》一文中写道:"没有新文化,由于没有新思想;没有新思潮,由于没有新研究;没有新研究,由于没有新材料。湖南人现在脑子肌荒,实在过于肚子肌荒,青年人尤其嗷嗷待哺。文化书社愿以最快的速度、最简便的方法,介绍中外各种新杂志,以充青年及前进的湖南研究的材料。"[1] 文化书社成立后,全省很多知识青年、革命工人和各界进步人士都与它有联系。最初,文化书社经销的图书 200 种,杂志 40 多种,报纸数种。在所经销的图书中,就有《杜威在华教育讲演录》《杜威五大讲演》《现代新教育的趋势》《美国民治的发展》等。毛泽东在为文化书社所拟写的售书广告中,将《杜威五大讲演》与《马克思资本论入门》《达尔文物中原始》《社会主义史》等书共同列为重要的图书向读者推荐。

为了推动湖南湘潭教育的革新和发展,1920 年 7 月 27 日,毛泽东发起并正式成立了湘潭教育促进会。1920 年 7 月 31 日,他在所起草的《湘潭教育促进会宣言》中指出:"自世界思潮日趋转变,吾国新文化运动,随之而起。文字革新,思想解放,全国风传,进行甚速。美博士杜威东来,其新出之教育学说,颇有研究之价值。"[2] 这份宣言后来在 8 月 3 日、4 日湖南《大公报》上公开发表。

早在上海期间(1920 年 5 月),毛泽东就参加过由黄炎培代表江苏省教育会主持的杜威讲演会。1920 年 10 月,湖南省教育学会为了使教育界人士以及学校师生更好地了解世界各国的新思潮,促进学界的进步,便邀请杜威、罗素等人到湖南讲学。因为恰好在湖南讲演,杜威与罗素在中国后第一次在长沙见面。杜威在长沙讲演时,毛泽东曾应湖南《大公报》之约,以特聘记录员身份出席讲演会并担任了记录工作。这使毛泽东有机会与杜威首次面对面地接触。

---

① 李锐.毛泽东同志的初期革命活动［M］.北京:中国青年出版社,1957:137.

② 孟湘砥.毛泽东教育思想探源［M］.长沙:湖南教育出版社,1993:142.

在探索改造中国的真理的过程中，青年毛泽东从当时传播新思想、新文化的《新青年》和《每周评论》上，既吸取了马克思主义思想的养料，也受到了杜威实用主义思想的影响。对于杜威实用主义哲学和教育思想，他曾表示赞同。在毛泽东第二次到北京后，他进一步在理论上进行思考和探索。他在给友人周世钊的信中写道："老实说，现在我于种种主义，种种学说，都还没有得到一个明了的概念。想从译本及时贤所作的报章杂志将中外古今学说刺取精华，使他们各构成一个明了的概念。"[①] 正是在这样的思考和探索中，毛泽东接受了马克思主义，最终成为一个马克思主义者。他后来回忆说："在我第二次游北京期间，我读了许多关于俄国革命的书。我热烈地搜寻一切那时能找到的中文的共产主义文献。使我对马克思主义建立起完全的信仰，接受了马克思主义唯物史观的正确理论。从此以后，从没有动摇。"[②]

（五）杜威实用主义教育思想在近现代中国的影响

杜威实用主义哲学和教育思想曾对中国产生过很大的影响。"五四运动"前后，杜威已成为在中国有重要影响的西方哲学家和教育家。随着杜威到中国访问和讲演，其学说在中国思想界和教育界的影响更大。实用主义（或称实验主义）被翻译介绍到中国来，成为一种最重要的思潮。在杜威访华前后，介绍过杜威实用主义哲学和教育思想的中国学者，主要有蔡元培、黄炎培、胡适、蒋梦麟、郭秉文、张伯苓、陶行知、刘伯明、陈鹤琴、廖世永、孟宪承、郑宗海、朱经农、俞子夷、郑晓沧、姜琦、庄祥宣、金海观、常道直、崔载阳、吴俊升等。他们在《教育部公报》《新教育》《教育杂志》《中华教育界》《教育潮》等刊物，以及北京《晨报》、上海《时事新报》《上海民国时报》

---

① 孟湘砥.毛泽东教育思想探源［M］.长沙：湖南教育出版社，1993：196.

② 李锐.毛泽东同志的初期革命活动［M］.北京：中国青年出版社，1957：119.

的副刊上发表的文章，在一定程度上推动了杜威实用主义哲学和教育思想在当时中国的传播。"到 1919 年 6 月，仅江苏、浙江两省，就雨后春笋般地出现了近 200 种期刊……杜威在华期间，这些流行的刊物转载了杜威的讲演，并把它们传播到中国的每一个学术中心。"①

当杜威来到中国访问时，中美两国学术上交流的高潮正在形成。对于杜威提出的各种观点，中国哲学界和教育界的人士总是仔细倾听并予以认真思考。英国哲学家罗素这样评论杜威："很自然，他对美国人有最强的动人力量，而且很自然地几乎同样得到中国和墨西哥之类国家中进步分子们的赏识。"②杜威实用主义教育思想成为那些渴望革新教育的中国教育家的一种改革工具。

随着人们对杜威实用主义教育思想兴趣的增加，杜威的很多教育和哲学著作相继在中国出版。其中主要有：朱经农和潘梓年合译的《明日之学校》（商务印书馆 1923 年版）、邹恩润翻译的《民主主义与教育》（商务印书馆 1929 年版）、许崇清翻译的《哲学之改造》（商务印书馆 1933 年版）、刘伯明翻译的《思维术》（上海中华书局 1929 年版）、张岱年和傅继良合译的《教育科学之源泉》（天津人文书局 1932 年版）、刘衡如翻译的《学校与社会》（上海中华书局 1935 年版）、李培囿翻译的《经验与教育》（上海正中书局 1946 年版）、董时光译述的《今日的教育》（商务印书馆 1946 年版）等。

当杜威抵达中国时，学生胡适、蒋梦麟、陶行知、郭秉文等人早已是中国著名的年轻教授和教育家。担任南京高等师范学校校长的郭秉文曾是哥伦比亚大学师范学院的中国第一位博士生。1922 年，南京高等师范学校的一位教授曾这样说："有一些拒绝政治仕途的知名人士，他们把自己的整个精力转向学术界和教育界。就在那时，杜威博士来到我国宣传他的理论，告诉我们新教育是什么以及新教育应该采取的什么方法，于是，整个国家的教育思想经历

① Barry Keenan. *The Dewey Experiment in China*. Cambridge, Massachusetts: Harvard University Press, 1977: 22.
②［英］罗素.西方哲学史（下卷）［M］.马元德，译.北京：商务印书馆，1976：386-387.

了一种变化，这就是新教育运动。"① 一些试图革新教育的教育界人士组织了社团，例如，新教育共进社（后为中华教育改进社）、平民教育社等，成为试图按杜威的教育理论和方法革新中国教育的主要力量，在杜威实用主义教育思想的传播中起了重要的作用。

就哲学和教育两方面来看，杜威在中国影响最大的是在教育方面。在杜威来中国访问和讲演之前，从日本传入的以赫尔巴特为代表的德国教育思想和制度在近代中国教育中占有统治地位。然而，由于杜威来华讲演以及他的弟子和信奉者的广泛宣传，杜威实用主义教育思想在当时中国成为一种传播极广的教育思想，其影响超过其他任何一种教育思想。1922 年，在《教育杂志》第 14 卷第 9 号（"现代教育思潮号"）上，有一篇署名黄公觉的文章介绍最近教育思潮的趋势，并强调指出："我们讨论各种教育思潮，总要提及杜威的学说，并且他的论调最为浅显平妥；所以我们若是要研究现代的教育思潮，最好先从杜威的学说入手。"②

在这一时期，克伯屈的设计教学法和柏克赫斯特的道尔顿制、华虚朋的文纳特卡制等在美国进步教育运动中出现的各种新教学法相继被介绍到中国。后来，柏克赫斯特、克伯屈、华虚朋本人先后于 1925 年 7 月、1927 年 3 月、1931 年 2 月访问中国，宣传他们的教育理论和方法。但是对当时中国中小学教育实践的影响，尤以设计教学法和道尔顿制为最大。

就设计教学法的传入来讲，从 1919 年秋天起，由俞子夷主持的南京高等师范学校附小的实验正式试行设计教学法；此后，江苏省第一师范附小也开始进行设计教学法和实验。1921 年，第七届全国教育联合会还提出《推行小学校设计教学法案》，推动了设计教学法在中国教育界尤其是在小学教育界的传播和实验。一些教育界人士认为，从杜威的教育学说推演出来的设计教学法确

① Barry Keenan. *The Dewey Experiment in China*. 1977：65.

② 周谷平.近代西方教育理论在中国的传播［M］.广州：广东教育出版社，1996：146.

是一种最符合教育原理并符合教育实际的方法。俞子夷专门记录了当时出版的有关设计教学法的13本著作[①]，具体有：《初等小学校设计教学法辑要》（康绍言等编译，1912）、《设计式的教学法》（孙世庆，1912）、《设计教学法试验实况》（沈百英，1912）、《新著设计教学法》（赵宗预，2012）、《初等教育设计教学法》（沈有乾，1913）、《试验设计教学法》（芮佳瑞，2013）、《设计教学法》（薛天汉，2013）、《低年级设计教学法》（王砥平，2013）、《设计教育大全》（林本等，2013）、《马克马利设计教学法》（杨廉，2013）、《设计教学法试验的经过》（江苏第一女子师范附小，2014）、《设计教学实施报告》（江苏第五师范附小，2014）、《设计教学法的理论和实验》（俞子夷，2014）。

就道尔顿制的传入来讲，1922年秋天，舒新城首先在他主持的吴淞中学试行道尔顿制，同年11月，《教育杂志》还出了"道尔顿制专号"。舒新城于1924年出版了《道尔顿制研究集》《道尔顿制讨论集》等书。1923年，第九届全国教育联合会提出《新制中学及师范学校宜研究试行道尔顿制案》，推动了在中国教育界尤其是在中学教育界试行道尔顿制。在1923年至1929年间，中国有8个省市中小学试行道尔顿制。文纳特卡制最早由许崇清介绍于中山大学教育研究所所主办的《教育研究》杂志上。1931年2月，华虚朋本人来华时，上海各学术教育机构召开了欢迎会，蔡元培出席了欢迎会并致辞；《儿童教育》第3卷第5期推出了"文纳特卡制专号"。后来，厦门大学实验小学就文纳特卡制进行了实验。杜威的一些学生在北京、南京、上海、苏州等地，还根据杜威教育学说开办了一些实验学校，杜威对于这些实验学校也很感兴趣，其中南京高等师范学校的实验学校被命名为"杜威学校"。

1915年后，改革学制即"壬子学制"的呼声日趋高涨。由湖南省教育会首先提出动议，要求改革学制。第五届全国教育联合会在1919年10月的年会

---

① 俞子夷.读了十二本设计教法专书的书后.// 董远骞，施毓英.俞子夷教育论著选［M］.北京：人民教育出版社，1991：122-125.

上开始讨论修改学制问题。由于杜威来华访问和讲演，美国的"六三三"学制也被介绍到中国来。经过反复讨论和比较，在1922年9月召开的全国学制会议上，讨论由全国教育联合会提出的学制草案，最后通过了"学制系统改革案"。会后，教育部希望全国教育联合会能再对学制改革方案进行讨论。同年10月，第八届全国教育联合会的年会在济南召开。胡适参加这次年会，并积极参与了学制草案和审查会的讨论，在其中起了重要的作用。这次年会通过的学制改革方案决定采用"六三三"学制。最后，在全国教育联合会和全国学制会议的两个决议案的基础上，1922年11月1日颁布了正式施行的新学制，即"壬戌学制"。1922年颁布的新学制除规定整个学校系统采用美国的"六三三"学制外，还规定废除教育宗旨而代之以七项标准：一是适应社会进化之需要，二是发挥平民教育精神，三是谋个性之发展，四是注意国民经济力，五是注意生活教育，六是使教育易于普及教育，七是多留各地方伸缩余地。从这七项标准中不难看出，新学制受到杜威实用主义教育思想影响。

在新学制颁布后的第二年，由全国教育联合会所属的新学制课程标准起草委员所拟定《新学制课程标准纲要》公布。尽管纲要并未经政府正式颁布，但全国各地基本上按照此纲要中的规定而实施。整个纲要强调开设选科以利于学生的兴趣和能力，主张增设大量符合实际生活所需要的科目，要求课程和教学富有弹性以给学生选择的自主权，从而克服了传统学校课程的弊病，促使学校课程与社会生活和儿童个性更好地结合。与以杜威实用主义教育思想为理论基础的活动课程或经验课程相对照，新学制课程标准纲要与新学制一样，也受到了杜威实用主义教育思想的影响。与新学制课程标准相配套的教材，自然地强调儿童本位，注重儿童的兴趣和需要。例如，语文教材的总原则就是："从儿童生活上着想，根据儿童之生活需要编订教材，形式上则注重儿童化，内容则适合儿童经验。"[①]

---

① 周谷平.近代西方教育理论在中国的传播［M］.1996：230.

　　在杜威访华回国后 10 年，即 1931 年，应中国政府的邀请，由德国、英国、法国、波兰等欧洲国家组成的国际联盟教育考察团来华考察。在《国际联盟教育考察团报告书》中，考察团批评了当时中国教育中存在的肤浅的美国化倾向，指出对中国教育影响最大的是美国，中国不但抄袭美国的教育学，并盲目欢迎美国教育的一切新花样。由于杜威实用主义教育思想在 20 世纪前半期美国教育界占有主导的地位，因此，尽管这份报告书没有指明"美国的教育学"是什么，但已清楚地表明杜威实用主义教育思想对中国的影响之大。胡适在杜威来华访问后 37 年一次题为《杜威在中国》的讲演中指出："杜威在 1921 年离开中国。1922 年 10 月，全国教育联合会在济南开会，对于国民学校的制度与课程经过一番严密的讨论以后，加以彻底的修正。1922 年新学制第四条规定：'儿童是教育的中心，儿童个性的发展，在创立学制时，应予以特别的注意。嗣后，中等和高等学校，必须实行选科制。所有的小学，留级与升级必须实行弹性制。'1923 年的新小学课程和 1929 年的修正课程也都是着重于'儿童是学校的中心'这个观点。从这些地方，我们很容易看出杜威的教育哲学对于中国教育的影响。"[①]

　　尽管在杜威离华回国后，人们对杜威实用主义教育思想的热情有所减弱，但它在近代中国教育界的影响是持久的。美国学者基南指出："尽管 1919 年的某些有利条件，但杜威的思想对中国改革者的影响是短暂的……然而在专业的教育家中，他的思想的影响却是持久的。"[②]美国杜威研究知名学者戴克休在《约翰·杜威的生平与精神》（*The Life and Mind of John Dewey*）一书中指出："杜威对中国教育思想和实际的影响，很多既被记录下来又被持续下来。杜威在中国的访问和他的关于教育的讲演无疑加强了那些人的努力；那些人在杜威来华前一些年就已传播他的思想，并把他的思想运用于中国的学校中。在杜威

---

　　① 葛懋春，李兴芝.胡适哲学思想资料选（上）[M].上海：华东师范大学出版社，1981：560.

　　② Barry Keenan. *The Dewey Experiment in China*. 1977："Preface".

访华后，那些人更加努力去指出杜威的教育哲学在中国是占一种统治地位的教育思想。"①

　　杜威实用主义哲学和教育思想在"五四运动"时期传入中国后能产生如此广泛而重要的影响，是有一些原因的。其一，杜威从前的学生和信奉者对杜威及他的实用主义哲学和教育思想的广泛宣传和介绍，为它在中国的传播提供了有利条件和作好必要的准备。其二，杜威本人亲自来中国访问和讲演，历时两年多，足迹遍及 14 个省市，其访问时间之长、访问地区之广，在来华访问的西方教育家中是前无先例的。这无疑激起了人们对实用主义哲学和教育思想的兴趣，并推动了它的广泛传播。其三，作为当时世界上一种很有影响的教育新思潮，以批判传统教育理论为目标的杜威实用主义教育思想为当时正在试图革新教育的中国教育界人士以及学校师生提供了必要的理论根据，因而具有很大的感召力。其四，也许更重要的是，杜威实用主义哲学和教育思想标榜以科学与民主精神为核心，正与"五四运动"时期所提倡的科学与民主的潮流相一致，因而杜威实用主义哲学和教育思想受到了先进知识分子和新文化运动的各界人士的普遍欢迎，杜威本人在中国各地讲演时甚至引起了某种轰动性的反响。

（六）20世纪80年代以来杜威实用主义教育思想的重新评价和研究深化

　　在中华人民共和国成立以后的教育界，杜威与实用主义教育思想始终是一个绕不开的话题，如何看待杜威教育思想甚至具有方向标的性质。中华人民共和国成立初期，由于当时的政治形势，杜威教育思想受到了十分严厉的批判。在之后相当长的一个时期里，杜威教育思想受到了普遍的冷落，对杜威教育思想的研究成为一个学术禁区。但是，在我国改革开放后，我国教育学界从

---

① George Dykhuizen. *The Life and Mind of John Dewey*. 1973：204.

20 世纪 80 年代初起对杜威教育思想开始了重新评价，并进行了实事求是的理性思考。而且，随着我国改革开放的不断深入，杜威实用主义教育思想研究得到了深化。应该说，正是我国改革开放，推进了杜威教育思想的重新评价和研究深化。从杜威实用主义教育思想受到批判和冷落转为对杜威实用主义教育思想的重新评价和研究深化。

1. 对杜威实用主义教育思想重新评价的开始

经过近三十年的沉寂，我国教育学界在改革开放后对杜威实用主义教育思想的研究进入了一个新的阶段，其特征是开始对杜威实用主义教育思想进行重新评价。在以实事求是的精神重新评价杜威教育思想的过程中，不仅杜威教育思想研究成果开始增多，而且人民教育出版社组织翻译出版了杜威教育著作，还有大批研究生也开始关注杜威教育思想研究。

（1）对杜威实用主义教育思想重新评价的第一枪

从历史文献资料中可以看到，在中华人民共和国成立初期，杜威实用主义教育思想在我国教育学界曾受到了众多不实的批判，诸如陈鹤琴等一批著名教育学者也不得不违心地进行"自我批判"，杜威哲学和教育的研究成了禁区。就拿杜威来华访学来讲，应中国五个教育团体的邀请，杜威于 1919 年 4 月 30 日下午抵达上海开始他的中国之行，没想到在他抵达中国后几天就爆发了"五四运动"，于是他向哥伦比亚大学校方续假延长了在中国的时间，一直待到 1921 年 8 月 2 日从青岛离开中国。杜威的这种续假延长做法，在当时被批判为他蓄意要破坏"五四运动"。现在看来，当时对杜威的这种批判显然不是实事求是的。

我国改革开放后不久，在杜威实用主义教育思想重新评价上打响第一枪的是我国著名教育史学家、华东师范大学教授赵祥麟。1980 年，他首先提出重新评价杜威教育思想，在《华东师范大学学报》1980 年第 2 期上发表了《重新评价杜威实用主义教育思想》一文。该文从"哲学和教育理论""经验、教学与教学方法""课程与教材""学校与社会""杜威与进步教育运动""杜威对中国的影响"六个方面对杜威教育思想进行了重新评价。应该说,这篇文章的发表是杜威实用主义教育思想研究在我国走出禁区的标志性事件。从时间上看,赵祥麟教授 1980 年提出重新评价杜威教育思想,比我国哲学界学者 1987 年提出重新评价杜威实用主义哲学思想要早。特别值得注意的是,他在《重新评价杜威实用主义教育思想》一文的最后写了一段发人深省的话:"只要旧学校里空洞的形式主义存在下去,杜威的教育理论将依旧保持生命力,并继续起作用。"[1] 这段话曾经被我国众多教育学者在他们的论文或研究中引用过,还被刊印在人民教育出版社 2008 年出版的五卷本《杜威教育文集》的扉页上。在发表第一篇文章之后不久,赵祥麟教授又在《教育研究》(1980 年第 5 期)上发表了《评杜威实用主义教育思想》一文,其中明确指出,在原来对杜威教育思想的批判中,"有些批判却缺少科学根据,如认为杜威是'遗传决定论'者。有些批判是以政治斗争代替学术讨论和批判,如认为杜威于 1919 年五四运动前夕到中国,是怀着不可告人的目的,是'预谋'破坏这个运动的"[2]。

由于那时候是我国改革开放之初,限于思想认识和资料缺乏等,因此,我国教育界对杜威实用主义教育思想的研究还没有很好的开展。但是,赵祥麟教授率先提出对杜威教育思想进行重新评价的学术观点在我国教育界产生了很大的影响,不仅引领了我国教育学者对杜威教育思想实事求是的理性思考,而且推动了我国教育学者对杜威教育思想的深入研究。1982 年 5 月,在陕西师范大学举行的全国教育史第二届年会上,杜威教育思想研究被列为该年会的三大议题之一。这表明,我国教育学者对杜威实用主义教育思想的认识已有所改变,并努力在杜威教育思想研究上提出新的学术观点。应该说,这是自我国改革开放之后杜威实用主义教育思想研究的一个小高潮。

---

① 赵祥麟.重新评价杜威实用主义教育思想[J].华东师范大学学报(哲社版),1980(2).
② 赵祥麟.评杜威实用主义教育思想[J].教育研究,1980(5).

（2）杜威实用主义教育思想研究成果开始增多

随着改革开放的深入和学术思想的解放，在 20 世纪 80 年代我国教育学者研究杜威实用主义教育思想的论著开始增多。

就 20 世纪 80 年代在期刊上发表的有关杜威教育思想研究的文章来看，主要有：黎洁华的《杜威在华活动年表》（《华东师范大学学报（教科版）》1985 年第 1、2、3 期），马骥雄的《试论杜威的育人观》（《华东师范大学学报（教科版）》1989 年第 2 期），刘新科的《杜威教育思想再认识》（《教育史研究》1989 年第 2 期），张勇的《杜威教育理论中辩证法之我见》（《教育研究》1989 年第 2 期），等等。

就 20 世纪 80 年代出版的有关杜威教育的著作来看，主要是一些在杜威实用主义教育思想研究上起着基础性和建设性作用的著作。但毫无疑问，这些著作的出版对我国的杜威教育思想研究提供了必不可少的重要资料，因而推动了杜威教育思想研究的开展。具体有：赵祥麟、王承绪编译的《杜威教育论著选》（华东师范大学出版社 1981 年版），单中惠编译的《杜威传》（安徽教育出版社 1987 年版），王承绪、赵祥麟等译的《杜威学校》（华东师范大学出版社 1991 年版），等等。

（3）人教社组织翻译出版杜威教育著作

尽管在 20 世纪二三十年代，我国教育学者曾翻译出版过一些杜威教育著作，但因为旧的版本查找不便，所以在一定程度上不利于我国改革开放后的杜威教育思想研究。为了给教育学者提供杜威教育著作的中文本，在 20 世纪 90 年代初期，人民教育出版社组织学者翻译出版了杜威的教育著作。其中有：王承绪译的《民主主义与教育》（1990 年版），姜文闵译的《我们怎样思维·经验与教育》（1991 年版），以及赵祥麟、任钟印、吴志宏合译的《学校与社会·明日之学校》（1994 年版）等。应该说，这些杜威教育著作出版后，不仅成为我国教育学者在杜威实用主义教育思想研究中必读的著作，而且从文本资料上为推进杜威实用主义教育思想研究提供了有利的条件。

（4）研究生开始关注杜威实用主义教育思想研究

随着我国研究生教育的发展，在20世纪90年代，外国教育史领域的研究生也开始关注杜威实用主义教育思想研究，把杜威实用主义教育思想研究作为博士学位或硕士学位论文的选题方向。这里，仅以博士学位论文为例。1994年，北京师范大学博士生褚宏启提交的博士学位论文是我国改革开放后第一篇以杜威教育思想为研究主题的博士学位论文。这篇博士学位论文于1998年在湖南教育出版社出版，书名为《杜威教育思想引论》。在该书的"导言"中，作者强调："'教育即生活''教育即生长''教育即经验改造'三个命题是杜威教育理论的核心命题，构成杜威教育理论的基本支架。"在该书的"自序"中，作者还这样指出："杜威在中国大陆的遭遇很有戏剧性，起落无常，这本身就是一个很值得探讨的社会和文化现象。"[①]

2. 对杜威实用主义教育思想研究的明显深化

进入21世纪后，我国教育界对杜威实用主义教育思想研究明显深化，不仅杜威教育思想研究的成果更加多样，而且杜威教育思想研究的博士学位论文增多，这在某种程度上也反映了我国改革开放以来教育科学领域的发展。更值得注意的是，《杜威全集》38卷中文本的出版，为我国学界的杜威研究深化提供了十分有利的条件。在《民主主义与教育》一书出版100周年和杜威访华100周年之际，我国改革开放后的杜威实用主义教育思想研究又出现了一个新的高潮。

（1）21世纪初期的杜威实用主义教育思想研究

一是杜威教育思想研究被列入全国教育科学规划。在全国教育科学"九五"规划中，杜威实用主义教育思想研究被列为教育部重点课题，这表明杜威实用主义教育思想研究开始得到了国家的资助。由于杜威学术活动的时间长和范围广，以及杜威教育理论体系的庞大，因此，该课题承担者华东师范大

---

① 褚宏启. 杜威教育思想引论［M］. "自序". 1998：5.

学单中惠教授通过在英国赫尔大学教育学院、加拿大不列颠哥伦比亚大学教育学院进修学习，进一步收集资料和对大量相关著作的阅读，以及多年的系统深入思考，最后完成了该课题研究。2002 年 7 月，人民教育出版社出版了该课题研究的成果《现代教育的探索》。该书对杜威实用主义教育思想进行了较为全面而深入的阐释。该书出版后，被誉为一部在丰富的文献资料的基础上"全面研究杜威教育思想体系的佳作"[1]；还被誉为"近二十年杜威教育思想研究的代表作"[2]。该书先后获得了上海市第八届教育科学研究成果（教育理论创新类）一等奖（2005）和第四届中国高校人文社会科学优秀成果二等奖（2006）。

二是多种有关杜威教育的文本的出版。在这些有关杜威教育的文本中，既有杜威在华教育讲演的文本，例如，由袁刚、孙家祥、任丙强合编的《明治主义与现代社会——杜威在华教育讲演集》（北京大学出版社出版 2004 年版），单中惠和王凤玉副教授合编的《杜威在华教育讲演》（教育科学出版社2007 年版），周洪宇、陈竞蓉合编的《民主主义与教育——杜威在华演讲录》（安徽教育出版社 2013 年版）等；还有杜威教育著作选文本，例如，《我的教育信条——杜威论教育》（上海人民出版社 2013 年版），《我的教育信条》（华东师范大学出版社 2015 年版）等。当然，由刘放桐教授主编、复旦大学哲学系组译的中文本《杜威全集》38 卷的出版（华东师范大学出版社 2010—2017 年版），对更全面、更深入地研究和阐释杜威实用主义教育思想起了极大的作用。

三是有关杜威教育思想研究的博士学位论文增多，中小学教师也对阅读杜威教育著作产生兴趣。21 世纪以来，有更多的博士生把杜威实用主义教育思想研究作为他们博士学位论文的选题方向，其研究范围和论文数量明显超过前一个时期。与此同时，随着我国基础教育改革的深入，不少中小学教师在新课改中开始对杜威教育思想产生了兴趣，他们企望从杜威教育思想中汲取现

---

① 诸惠芳.重新解读杜威——《现代教育的探索》评介［J］.课程·教材·教法，2003（2）.

② 张斌贤，刘云杉.杜威教育思想在中国——纪念杜威来华讲学100周年［C］.北京：北京大学出版社，2019：208.

代教育智慧。有些地区还出现了杜威教育学习共同体。

（2）2016年以来的杜威实用主义教育思想研究

一是围绕纪念《民主主义与教育》一书出版100周年（1916—2016）的杜威教育思想研究。我国教育学者对杜威《民主主义与教育》这本著作颇为熟悉，它也是我国高等院校教育专业学生必读的一本教育经典著作。"自1921年至今，此书在中国已有《平民主义与教育》《民本主义与教育》《民主主义与教育》《民主与教育》等八个中文译本和一个维吾尔文译本。"[①] 在《民主主义与教育》一书出版100周年之际，一些大学教师举行了纪念性质的小型研讨会。此外，诸多教育学者还撰写论著从多个视角对杜威的这本巨著进行了论述。其中，教育科学出版社2016年12月出版了由河南师范大学副教授涂诗万主编的《〈民主主义与教育〉百年传播与当代审视》一书。

二是围绕纪念杜威访华100周年的杜威教育思想研究。2019年是杜威访华100周年，也是杜威诞辰160周年。值此之际，我国学者也举行了纪念性的学术研讨会。由中华教育改进社、北京师范大学教育历史与文化研究院、哥伦比亚大学全球中心（北京）共同发起了纪念杜威来华100周年系列活动。其中包括："杜威与中国教育家群体"（2019年1月20日）、"杜威与中国学校教育"（2019年3月23日）、"杜威与中国教育高端学术会议"（2019年4月28日）。在"杜威与中国教育高端学术会议"上，《杜威全集》中文本主编、复旦大学哲学系刘放桐教授作了题为《对杜威来华访问的多重解读：纪念杜

---

① 涂诗万.《民主主义与教育》百年传播与当代审视［M］.北京：教育科学出版社，2016：7. 具体包括（按时间排列）：常道直译的《平民主义与教育》（商务印书馆，1922）；邹恩润译的《民本主义与教育》（商务印书馆，1928）；林宝山等合译的《民主主义与教育》（五南图书出版公司，1989）；王承绪译的《民主主义与教育》（人民教育出版社，1990）；林玉体译的《民主与教育》（1996）；薛洵译的《民主与教育》（译林出版社，2006）；俞吾金等合译的《民主与教育》（《杜威全集·中期著作第九卷》，华东师范大学出版社，2012）；陶志琼译的《民主主义与教育》（中国轻工业出版社，2014）；以及阿杜瓦依提·买提尼亚孜合译的《民主主义与教育》维吾尔文本（2011）.

威访华一百周年》的主旨发言；华东师范大学教育学系单中惠教授作了题为《杜威在华教育讲演的缘起、思想精粹及特点——纪念西方教育大师杜威来华100周年》的主旨发言。与会的高等院校教师和中小学教师提交了近四十篇文章，并分别在会上作了发言。对于此次高端学术会议，新华网、人民网、未来网、中国社科网、光明网分别进行了报道。同年6月22—23日，在池州学院召开的安徽省教育学会教育史专业委员会第十五届学术年会上，也把"杜威来华讲学100周年纪念"列为了年会的一个重要议题。

为了纪念杜威来华100周年，我国一些教育杂志和报刊也开设了纪念专栏。据不完全统计，《华东师范大学学报（教科版）》2019年第2期开设了"向杜威致敬：纪念杜威访华100周年"专栏；《新京报·书评周刊》2019年4月6日用了12个版面的7个版面刊登纪念杜威的专题文章；《教育史研究》2019年第2期专门刊载两篇纪念杜威来华100周年的相关文章；《宁波大学学报（教科版）》2019年第4期开设了"百年回望杜威"专题；《河北师范大学学报（教科版）》2019年第5期开设了"杜威来华100周年专题"；《大学教育科学》2019年第5期的"教育史苑"开设专栏，集中刊载4篇有关杜威的家庭、夫人孩子、学术人生轶事及杜威教育的文章。

北京大学出版社2019年4月出版了由北京师范大学张斌贤教授和北京大学刘云杉教授主编的《杜威教育思想在中国——纪念杜威来华讲学100周年》一书。在该书的"序言"中，张斌贤教授强调，对于中国现代教育来说，"无可否认的是，在所有这些教育思想中，杜威教育思想影响的时间之长、范围之广、程度之深，是其他任何教育思想都难以相比的"[①]。

3. 杜威实用主义教育思想研究是一个永恒主题

杜威实用主义教育思想既是教育学术研究的一个重要领域，又对当下我国教育改革和发展具有重要价值。因为杜威所探讨的那些教育问题，不仅没有

---

① 张斌贤，刘云杉.杜威教育思想在中国——纪念杜威来华讲学100周年［C］.北京：北京大学出版社，2019："序言"1.

在现实中消失，而且值得继续进行思考。通过更深入的思考和分析，人们可以从杜威教育思想中寻觅到更多的智慧。

杜威教育思想研究是一个永恒主题，那是因为杜威教育思想具有永恒价值。尽管我国改革开放以来杜威实用主义教育思想得到了重新评价和研究深化，对杜威教育思想有了更为理性的思考和认识，有关杜威教育思想研究的论著及文章日渐增多，杜威教育思想研究也取得了比改革开放前更多的成果，但应该看到，我国的杜威教育思想研究仍然需要在此基础上继续深化，不断提升研究的水平。在这个继续深化过程中，我国教育学者首先要有更正确的思想认识，其次要有更科学的研究方法。正如我国杜威研究著名学者、《杜威全集》中文本主编复旦大学刘放桐教授所指出的："我们应当看到，以往的研究和批判都受到当时特殊的历史条件的限制，谁也难于摆脱这种限制，我们不能因前人未能摆脱旧的思维方式的束缚而去苛责别人。历史是一面镜子，认识和研究这种历史制约性本身就具有重要意义。正因为如此，我们在重新研究杜威时，不仅要用马克思主义的观点，在西方哲学现代化转型的大背景下，重新研究杜威本人的著作，而且要用这样的观点来总结前人的研究，从中吸取教训。"[①] 为了防止杜威实用主义教育思想研究上的"庸俗化""重复化""雷同化"现象，我国教育学者应该努力把新视角、新发现、新观点、新方法作为未来的杜威教育思想研究深化的关注重点。

事实充分表明，没有我国改革开放，我国教育学界就没有对杜威实用主义教育思想的重新评价，也就没有对杜威实用主义教育思想的研究深化。当然，对杜威实用主义教育思想的重新评价和研究深化，并不是言必称杜威，也不应该是言必称杜威。可以相信，随着我国改革开放的深入，杜威实用主义教育思想研究必将在继续深化中获得更多的成果和提升更高的水平，并从杜威教育思想中汲取现代教育的智慧。

---

① 陈思和. 实用主义之我见——杜威在中国 [M]."序"（刘放桐）. 南昌：江西高校出版社，2009：9-10.

结　语

　　美国教育家约翰·杜威在他漫长的 93 年人生道路上，先是学习哲学，然后从哲学转向教育，并基于哲学、心理学和教育学结合的视角，在理论和实践结合的基础上建构了实用主义教育思想体系。综观杜威其人，他的学术生涯是启发性的，他的职业精神是奉献的，他对社会生活的变迁是敏感的，他对传统教育的批判是深刻的，他对进步教育的态度是热情的，他的理论基础是广泛的，他的教育著作是浩繁的，他的教育思想体系是庞大的，他对美国乃至世界教育的影响是巨大的。综观杜威的整个教育学术人生，他的知识渊博，他的思维敏锐，他的观点新颖，他的批判睿智，他的志向坚毅，他的著述不辍，无不彰显着这位伟大教育家身上的诸多特质。作为一位西方教育思想大师，杜威无疑是当之无愧的，也是任何西方教育家都无法媲美的。

　　第一，伟大的哲学家和教育家杜威也是一位伟大的教师。

　　杜威在哲学和教育上是一个完全献身的改革者，他总是十分忙碌地授课、演讲、创作并参与社会活动。他最初是研究哲学的，曾被誉为"体现美国精神的哲学家"；尽管他后来研究教育，但最重要的是他在教育中把哲学理论和教育理论结合起来，并在教育实践中得到了具体的应用。也许，杜威应该被称为"哲学教育家"或"教育哲学家"。"经验""民主""教育""探究""儿童""发展""反思""行动"这些词，成为他终生的关键词汇。在 1949 年 9 月 18 日给美国教育哲学教授罗思曼（R. Rothman）的信中，年已九十高龄的杜威甚至这样写道："看起来，我的哲学思想在从事教育的人中比我在哲学领域的同事有更广泛的认知。我确认，在最广泛的感知中所有的哲学基本意识都与教育有关。"① 对于杜威来说，他确实为教育奉献了他的一生，人们还经常称他为"美国教育家的领袖"。仅仅在 1931 年至 1932 年间，他就不下十次针对美国教育问题发表文章或进行演讲。因此，杜威在 1937 年的《调查委员会首次陈述》（*Introductory Statement of the Commission of Inquiry*）中坦诚地说道："我把毕生的精力都献给了教育事业，我把教育看作为社会利益而进行的公众启蒙。"②

当杜威 1930 年 6 月 30 日从哥伦比亚大学退休时，他结束了 40 余年的大学教学生涯。早在 1922 年 8 月 27 日的《纽约世界报》上，美国记者伍德（C. W. Wood）在他的杜威访谈报道中就这样写道："他是一位百分之百的教师。……他所关心的是：任何特定的学生的头脑是否都保持活力，并且情况良好……更重要的是，有没有什么令人害怕的东西阻碍它发展成为一个有用的头脑？"③ 后来，在 1949 年 10 月纽约庆贺杜威九十岁生日宴会上，哥伦比亚大学前代理校长法肯索尔（Frank D. Fackenthal）在他的贺辞中也说："可以肯定的是，人们在杜威的身上可以找到在重新研究教育原理和实践的过程中一位伟大的教师的品质。"④ 虽然杜威的教学方式并不是所有学生所喜好的，但他确信教师可以训练学生更好地思考，因而很多学生还是认为听杜威的课就是参与真正的思考。事实上，他所培养的学生克伯屈、胡克、拉特纳、穆尔等后来成为美国著名的哲学家和教育家；他所培养的中国学生陶行知、胡适、陈鹤琴、蒋

---

① John Dewey to Robert Rothman，18 September，1949. Butler Library.

②［美］杜威. 调查委员会首次陈述. 杜威全集·晚期著作第11卷［M］. 朱志方，等译. 上海：华东师范大学出版社，2015：240.

③［美］杜威全集·中期著作第13卷［M］. 赵协真，译. 上海：华东师范大学出版社，2012：370.

④［美］法肯索尔. 哥伦比亚大学对杜威表示祝贺. //［美］简·杜威. 杜威传（修订版）［M］. 单中惠，编译. 合肥：安徽教育出版社，2009：406.

梦麟等回国后成为近现代中国的著名教育家；他所培养的其他国家学生回国后也成为各自国家教育的中坚力量。因此，在杜威自己的学术人生中，相比"哲学家"和"教育家"的称呼，他确实更喜欢"教师"这一称呼。1937年2月22日，在路易斯安那州新奥尔良市举行的全国教育协会校长部年会上，杜威在接受校长部终身名誉会员证书的致辞中就满怀深情地说："我做了一辈子的执业教师。我不仅接受，而且满怀感激之情地接受这项荣誉，接受对我也许做过的事情的大度慷慨承认。这是一个象征、一个标志，标志着我的教师职业得到认同，标志着广大教师为了这个职业而并肩战斗。为了［教师］这个职业，我们全都奉献一生。按我的判断，这是全人类最高贵的职业。"①

第二，实用主义教育思想是杜威教育综合性研究的标志。

杜威的学术批判是全面的，它包括了哲学、教育学、心理学、逻辑学、伦理学、美学、社会与政治哲学、认识论、探究论、方法论以及宗教哲学等领域。他的哲学研究涉及了人类经验的所有层面：艺术、知识、教育、道德、政治、科学和宗教等。在教育领域，基于思维方式和行动方式的结合，杜威认真思考和深入探究了教育哲学、民主教育、心智经验、儿童发展、学校改革、兴趣努力、课程教学、知行结合、学习思维、创造批判、道德品格、职业教育、教师职业等诸多方面，从而在综合性研究中建构了实用主义教育思想体系。在《经验与教育》一书的"前言"中，杜威这样写道："一种相对完善的教育理论表现为：它能够揭示出社会生活中的各种现实争端的起因，并在比较与鉴别各种争论派别的实践和思想的基础上，超越所有派别的各种具体主张，构建出一种更深刻、更具包容性的实践方针。"② 为此，美国心理学家詹姆士认为杜威拥有最广阔的学术视野。杜威一生始终在勤奋工作，直到他1952年6月1日

---

①［美］杜威全集·晚期著作第11卷［M］. 朱志方，等译. 上海：华东师范大学出版社，2015：418.

② John Dewey. *Experience and Education*. "Preface". New York：Collier Books，1963：5.

去世前几个月他还在那架旧的打字机前工作，因此，他有着比他同龄人更多的时间在学术上不断发展，在诸多方面都卓有建树。在他跨越四分之三世纪的学术生涯中，对于不断涌现出来的种种教育主题，杜威写下了数以百万计的文字，给世人留下了珍贵的教育文献。杜威的教育著作在世界上很多国家得到了翻译出版，并通过他对日本、中国、土耳其、墨西哥以及苏联的访问，推动了实用主义教育思想更为广泛的传播。

无论杜威出版的教育著作，例如，早期教育著作《学校与社会》《儿童与课程》，中期教育著作《教育中的道德原理》《教育中的兴趣努力》《明日之学校》《民主主义与教育》，晚期教育著作《教育科学的资源》《我们如何思维——再论反思性思维与教育过程的关系》《经验与教育》；还是杜威发表的数量更多的教育论文和讲演，其所涉及的方面和范围是极其广泛的。可以说，自杜威去世之后，在世界上已很难有像他那样对教育领域的诸多问题进行综合性研究的教育家。有的美国学者曾有这样的设想[①]：面对"系统的哲学家""科学的心理学家"以及"实验的教育家"这三个头衔，杜威会更喜欢哪一个？事实上，由于杜威不是仅仅就教育谈论教育，而是在哲学、心理学和教育学相结合的更宽泛的理论基础上建构了实用主义教育思想体系，因此他完全有资格获得这三个头衔。

第三，杜威精心思考并描述了理想的教育、学校和教师。

在1949年10月纽约庆贺杜威90岁生日宴会上，哥伦比亚大学哲学教授埃德曼（Irwin Edman）在他的贺辞中说："杜威始终平静地强调，理想是人类潜能的一种投射反映。"[②]确实，仔细研读杜威的教育著作，可以清楚地看到，实用主义教育思想具有理想主义的特点。通过对传统教育的批判和对现代教

[①]［美］杜威全集·早期著作第1卷［M］.张国清，等译.上海：华东师范大学出版社，2010：1.

[②]［美］埃德曼.杜威对艺术的贡献.//［美］简·杜威.杜威传（修订版）［M］.单中惠，编译.合肥：安徽教育出版社，2009：418.

育的探索，杜威始终追求着教育的真谛。什么是理想的教育？什么是理想的学校？什么是理想的教师？这些都是杜威毕生进行理论思考和实践探究的问题。在他的教育著作中，杜威精心描述了理想的教育、理想的学校、理想的教师。当然，在杜威看来，任何真正的理想都有赖于对现实存在的意义的认识。因此，对于杜威当时所批判的美国学校教育情况，他不仅通过不断思考而有了更深刻的认识，而且他也早就有了个人的体验。无疑，这是杜威得以描述自己教育理想的基础。正如美国德克萨斯农工大学哲学教授麦克德谟特（John J McDermott）所指出的："约翰·杜威兴趣广泛，真心地将思维方式和行动方式融合在一起，这是他的生活和思想的显著特征，在这些教育论文中，我们很清楚地看到，杜威的观点是在于数十年阅读、思考、旅行、对话并使用公共经验中获得的。"①应该说，杜威的学术人生对所有企望成为理想教育者的人是有启迪的。

应该看到，要实现杜威所描述的这种教育理想并不是一件容易的事情。因为它不仅对社会和学校教育环境、特别是学校教育环境提出了很高的要求，而且对儿童和教师尤其是对教师提出了很高的要求，在教育现实中，这些要求往往又是很难实现的，特别是在传统教育观念还根深蒂固以及学校教师理念还需要革新的情况下，杜威实用主义教育思想不仅不可能转化为既定的实践形式，甚至还有可能引起观念和方法上的许多争议。特别应该看到，教育上的很多问题，诸如教育与生长、学习者与学习内容、知与行、儿童与教师等，实际上都是难题。美国历史学教授罗伯特·威斯布鲁克（Robert B. Westbrook）在《杜威与美国民主》一书中这样指出，面对这些难题，杜威"一直试图把自己定位于介于以儿童为中心和以教师为中心的教育、以学习者为中心和以内容为

---

① ［美］杜威全集·晚期著作第11卷［M］. 朱志方，等译. 上海：华东师范大学出版社，2015："导言" 6.

中心的教育之间的一种立场"①。因此。有的美国教育学者认为,杜威在教育上最重要的贡献之一便是试图调和进步主义者和传统主义者两者之间的矛盾。实际上,早在近现代中国访问期间,杜威就在他的讲演中说过:"旧文化的如何保存、新文化的如何启发、新旧两方面怎样调和,是教育上的一个大问题。"②对于教育来说,这种调和确实是一个难题,其解决的关键就是"融合"。然而,在某种意义上,"融合"正是教育领域的哥德巴赫猜想。或许杜威自己也认识到这一点,所以,尽管他支持进步教育,但他又一直强调进步教育是一种最难正确运用的教育。美国教育家伯杰(M. I. Berger)讲得就很直白:"不管杜威的教育学说是多么好,若不是教育家们具有丰富的才能训练以及理想的教育设施,它根本不能得到广泛推行。"③我国杜威教育研究学者吴俊升教授也指出:"杜威在教育上,似乎悬着一种太高的理想,不易圆满实现。要实现其理想,必须具备若干先决条件。在这些先决条件之中,首先需要的为合适的教师。"④美国教育家珀金森(H. J. Perkinson)在《美国教育思想两百年》(*Two Hundred Years of American Educational Thought*)一书中甚至指出:"杜威的教育哲学所描述的一种学校从未存在过,也许从未能存在过。要实现这样的学校,就要有极好的教师和极好的学生。"⑤应该说,珀金森所说的这段话显然是富有哲理的。

① [美]罗伯特·威斯布鲁克.杜威与美国民主[M].王红欣,译.北京:北京大学出版社,2010:532.

② [美]杜威.关于教育性质和学校教育的教育哲学.// 王凤玉,单中惠.杜威在华教育讲演集[M].济南:山东教育出版社,2024:164-165.

③ M. I. Berger. *John Dewey and Progressive Education Today*. // Joe R Burnett. *Whatever Happened to John Dewey*. Teachers College Record,Columbia University,Summer 1979.

④ 吴俊升.杜威教育思想的再评论.// 吴俊升.教育与文化论文集[M].台北:商务印书馆,1972:301.

⑤ Henry J. Perkinson. *Two Hundred Years of American Educational Thought*[M]. New York:Mckay,1976:215.

第四，杜威教育思想的重要性在于反对教育上形式主义。

杜威建构的实用主义教育思想之所以对美国教育乃至世界教育产生重要影响，就在于它的永恒价值。其主要表现在：在学校变革上，强调社会生活的变化必然会对学校教育产生重要的影响并提出新的要求，而学校变革也必须跟随着社会生活的变化而变化并反映社会生活的变化。在教育目标上，强调学生发展是学校生活的理想所在，学生发展既包括内部条件，指儿童未成熟的状态（即潜力），也包括外部条件，指环境尤其是社会环境。在课程教材上，强调心理化趋向的课程教材应该是统一的、有兴趣的、社会性的和符合儿童心理发展顺序的。在教学活动上，强调"如何做"和"如何思维"，充分体现学与做的结合，即知与行的结合，刺激与指导学生学会思维和学会获得知识的方法。在教育过程上，强调师生相互合作，学生是其中的积极参与者，教师是其中的领导者、组织者和指导者。因此，对于杜威与实用主义教育思想，美国教育家威廉·巴格莱（William C. Bagley）指出："杜威不仅仅是杰出的哲学家，而且我们相信，他对教育理论的贡献也是自裴斯泰洛齐、福禄培尔、赫尔巴特那一代教育家以来最为重要的。"[1]

必须认识到，与呆板僵化的经院式的传统教育相比，具有活力的杜威实用主义教育思想的根本意义就在于反对教育上的形式主义。虽然人们在教育现实中容易对此忽略，但值得注意的是，很多中外教育家在他们的论著中都强调了这一点。吴俊升教授强调指出："在教育史里，杜威继承了一种长远的教育改革运动。……杜威便是 20 世纪中继承并发扬光大这一运动的大师。他在这一运动中，批判和校正了传统教育中的学究主义、形式主义和严格主义，而在现代学校中引发了更多的生气、更多的自由和更多的实际经验。"[2] 美国教育

① ［美］杜威.杜威全集·中期著作第8卷［M］.何克勇，译.上海：华东师范大学出版社，2012：369.

② 吴俊升.杜威教育思想的再评价［J］.新亚书院学术年刊，1960（2）.

家布鲁纳在《杜威教育哲学之我见》一文中明确指出："杜威对直接经验和社会活动的重要意义的强调是对空洞无物的形式主义教育的一种不言而喻的批判。"① 英国教育家彼得斯（R. S. Perters）在《重新思考约翰·杜威》（*John Dewey Reconsidered*，1977）一书中也指出："杜威对仍在学校中继续存在的形式主义的反对是贴切的。"② 因此，对于教育者来说，在教育改革中最值得警惕的就是教育上的形式主义。我国教育史学家赵祥麟教授甚至早在1980年就指出："只要旧学校里空洞的形式主义存在下去，杜威的教育理论将依旧保持生命力，并继续起作用。"③

第五，杜威教育著作体现了强烈的批判和自我批判精神。

在整个教育学术生涯中，富于批判精神的杜威对传统教育进行了尖锐的批判，这实际上是他构建实用主义教育思想的出发点。在早期，他就开始了自己的批判活动。尽管人们对杜威有所误解或批评，但事实上，他既强烈地反对传统教育，又在某些方面肯定传统教育；他既热情地支持进步教育，又在某些方面批评进步教育。应该说，杜威教育著作中所体现的批判精神，正说明他具有一位思想家最重要的特质，即思想家的眼光。这可以从杜威的教育著作尤其是他的后期教育著作中清楚地看到。在《创造与批判》中，他就强调指出："创造与批判者是一对伙伴。"④ 因此，在某种意义上，杜威构建的实用主义教育思想正是他在教育理论和实践上进行创造与批判的成果。

但更重要的是，应该看到杜威在学术研究中也具有自我批判精神。在他生前和死后，有很多人给予了赞扬，也有不少人进行了批判，这正表明他构建

---

① [美]布鲁纳.杜威教育哲学之我见[J].伟俊，钟会，译.外国教育研究，1985（4）.

② Richard S. Perters. *John Dewey Reconsidered*. London：Routhedge & Kengan Paul，1977：121.

③ 赵祥麟.重新评价实用主义教育思想[J].华东师范大学学报（哲社版），1980（2）.

④ [美]杜威.创造与批判.// 杜威.杜威教育经典文选[M].朱镜人，编译.济南：山东教育出版社，2024：324.

的实用主义教育思想既有很多创新之处，但也有一些不足之处。对此，杜威本人具有清醒的自我认识。特别是从他的晚期教育著作中，可以看到他的教育思想是不断反思而趋于成熟的。在 1938 年 2 月国际教育荣誉学会的年度系列讲座之前，该学会执行委员会主席麦克拉肯（T. C. McCraken）等人曾与杜威进行了面谈，在面谈中杜威同意在他的演讲中将针对当时的社会问题和趋势，并对他自己的教育哲学进行批判。英国分析教育哲学家谢夫勒（Israel Seheffler）在《教育的语言》（*The Language of Education*）一书中就写道："约翰·杜威……的论述系统，谨慎而得当，很快便被转化成美国教育中新进步主义倾向的响亮口号。杜威自己也批判对他理念的诸种不当运用。"[1] 正是这种自我批判精神，使得杜威的教育思想不断趋于成熟。在 1952 年 6 月 4 日杜威的葬礼上，杜威一生的挚友、威斯康星大学荣誉哲学教授奥托（Max C. Otto）在他的悼词中很形象地说道："杜威的哲学就像一个登山者在攀登时总是望得更远，一旦他登上一座山峰后，又会期望着另一座更高的山峰，永无止境。"[2] 对于富有自我批判精神的杜威，美国教育家伯杰（M. I. Berger）在他的《杜威与今日的进步教育》（*John Dewey and Progressive Education Today*）一文中甚至不无幽默地指出："杜威的学说是需要修改和改变的。如果杜威复活的话，那他无疑将是第一个批判他自己学说的人。"[3]

第六，有世界影响的教育家杜威最大的教育影响在中国。

杜威通过他的教育著作在世界各国的翻译出版，以及到一些国家访问讲演，他的思想被广泛认知并实践，最后成为一位具有世界影响的教育家，但他最大的教育影响在中国。

---

[1]［英］理查德·普林. 约翰·杜威［M］."前言". 吴建，张韵菲，译. 哈尔滨：黑龙江教育出版社，2016：10.

[2] George Dykhuizen. *The Life and Mind of John Dewey*. 1973：233.

[3] M. I. Berger. *John Dewey and Progressive Education Today*. // W. W. Brickman and S. Lehre. *John Dewey: Master Educator*. 1961：131.

　　当杜威来到中国时，中美两国学术和教育交流的最高潮即将到来。从1919 年 5 月到 1921 年 7 月的两年多时间，他在中国各地作教育讲座和讲演，参加教育会议和访问各类学校，产生了广泛而多样的影响。毫无疑问，杜威的中国之行极大推动了之前在中国即已开始的对杜威教育观点的传播，以及渐渐应用于中国的学校教育之中。在他访华结束后，他的教育思想已成为当时中国最重要的教育思想之一。美国知名学者施瓦茨（Benjamin I. Schwartz）这样写道："杜威与现代中国的交往，是 20 世纪中国知识界历史中最为迷人的插曲之一。"[1] 美国哲学家培里（Thomas Berry）更是明确指出："杜威在中国的最大影响正像他在美国一样，是在教育方面。……他在政治上和哲学思想上的影响是一个更大趋向的一个部分，而在教育上的影响是独创的、决定性的和持久的。不仅在中国，而且在世界范围内，如果任何一个人在 20 世纪内对全世界的教育计划像杜威有那么广泛的影响，那是难以置信的。……它的最大的影响是在中国。"[2]

　　与中国的交往也对杜威本人产生了内在的影响。对于杜威来说，中国之行使他的梦想成真。在中国期间，他始终怀着极大的热情、带着敏锐的眼光对中国社会及中国教育进行了观察和思考。最重要的且最有意义的是，杜威在《像中国人那样思考》一文中阐述了他在中国之行中形成的真知灼见："对于中国人的生活哲学的理解，不仅对明智地处理与中国有关的问题来说是至关重要的，而且对其他国家来说也有巨大的价值。并不仅仅是中国，而且是整个世界都处在变幻与动荡之中。心理学家们谈到'投射'，自己被激怒的人总是去惹别人。这条原则可以应用于社会心理。各个国家如今正在把他们的麻烦和不安'投射'到中国身上，结果很容易导致鲁莽和有欠考虑的行为。……说中

---

① Barry Keenan. *The Dewey Experiment in China*. Foreword by B. I. Schwartz. Cambridge：Harvard University Press，1977：V.

② Thomas Berry. *Dewey's Influence in China*. // John Blewett. *John Dewey: His Thought and Influence*. 1960：223.

国的那些困难突然变成世界和平与繁荣的威胁，这并不是事实。说西方国家处于把自己的麻烦聚集起来向中国倾泻的危险之中，这才是事实。"① 然而，使杜威感到十分遗憾的是，在各种思想的变化如此迅速的中国，许多西方国家并没有作出努力去跟上这种变化的脚步。

此外，中国之行也深刻地影响了杜威的学术事业。杜威女儿简·杜威在她的《约翰·杜威传》中就指出："杜威从美国到中国，环境的变化如此之大，以致对他的学术上的热情起了复兴的作用。"② 杜威在 1920 年 11 月 7 日给哥伦比亚大学哲学系主任科斯的信中还这样写道，去中国访问旅行，"这是我所做过的最感兴趣的和在智力上最有益的事情"③。因此，当杜威 1921 年 8 月初离开中国时，他在感情上是十分留恋的，总想以后有机会能够再一次访问中国。杜威自己也没有想到，在 25 年之后，即 1946 年初，他又收到时任国会秘书的蒋梦麟先生再一次邀请他访华，这使他感到非常兴奋。但十分遗憾的是，因为身体的原因，杜威的第二次中国之行最后未能成行。对杜威个人来说，他既失去了再一次与中国交往的机会，也失去了再一次在中国学习的机会。

第七，未来的教育思想在前进中不能绕过杜威教育思想。

当人们现在思考杜威实用主义教育思想时，其不仅仅是对美国教育有益的教育财富，而且也是对世界上其他国家教育有益的教育财富。在杜威教育著作中所蕴含的深邃智慧以及所体现的非凡洞察力，为整个世界的教育学者和学校教师所仰望，并融入了他们的教育思想和教育活动。正如《杜威全集》主编、美国南伊利诺伊大学卡邦代尔分校杜威研究中心前主任博伊兹顿在《杜威全集》的"总序"中所指出的："杜威的思想在很大程度上已经超越了国

---

① ［美］杜威. 像中国人那样思考. // 杜威全集·中期著作第13卷 ［M］. 赵协真，译. 上海：华东师范大学出版社，2012：198.

② ［美］简·杜威. 杜威传（修订版）［M］. 单中惠，编译. 合肥：安徽教育出版社，2009：42.

③ John Dewey to John J. Coss, 15 November, 1920. Butler Library.

界，并对整个 20 世纪具有影响。"[1]

虽然杜威与实用主义教育思想曾经处于被误解和指责的低谷，但在那种很不正常的喧闹之后，人们开始了更为理性的评价。因此，从 20 世纪 70 年代起，杜威的哲学和教育思想在世界学术领域开始得到了复兴。实际上，胡适早在杜威去世时就说过："杜威先生虽去，他的影响永远存在，将来还要开更加灿烂的花，结更丰富的果。"[2] 英国哲学家瑞安（Alan Ryan）在他的《死亡与重生》一书的末章中对此写得很有趣："杜威这位哲学家兼令人敬重的教育家，只是暂时离去，他会重新回归人们的视线，继续影响我们的生活。"[3] 当人们所面临的任务是教育 21 世纪的"新"人，得到复兴的杜威教育思想显然与其有着极大的相关性。当然，杜威实用主义教育思想之所以重要，既在于它的永恒价值，也在于它的现实意义。因为，"尽管杜威与我们生活在不同时代，但他所探讨的那些问题在现实的教育中并没有消失，后人完全可以在杜威探讨的基础上对那些教育问题进行更深入的思考和更理性的分析"[4]。正是在这个意义上，杜威实用主义教育思想并没有过时。

对当下我国教育改革和发展，杜威教育思想也仍然具有重要的启迪意义。对于教育学术研究来说，杜威实用主义思想研究既是一个重要领域，又是一个永恒主题。只要愿意的话，人们就可以不断地从杜威教育著作中受益于他的教导。在面对现实教育的一些问题和困境时，我们确实可以从杜威实用主义教育思想中寻求智慧，并当作照亮我们未来教育道路的睿智之灯。当然，在教育学者和学校教师阅读与理解杜威实用主义教育思想的过程中，也许会继续产生一些争议，也许会不接受某些观点，但他们肯定都会觉得杜威教育思想是有激励

---

① [美]杜威全集·早期著作第1卷 [M].张国清，等译.上海：华东师范大学出版社，2010：1.

② 欧阳哲生.胡适文集（2）[M].北京：北京大学出版社，1998：280.

③ [英]理查德·普林.约翰·杜威 [M].2016：197.

④ 张圣华，单中惠.我们为什么需要补读杜威 [N].中国教育报，2007-3-1.

作用的和借鉴意义的。在如何对待杜威与实用主义教育思想的问题上，美国教育学者罗思（Robert J. Roth）在他的《约翰·杜威与自我实现》(*John Dewey and Self-Realization*)一书中说得十分精辟："未来的思想必定会超过杜威……可是很难想象，它在前进中怎么能够不通过杜威"①。

---

① Robert J. Roth. *John Dewey and Self-Realization* [M]. New Jersey：Prentice-Hall Inc.，"Preface"，1962.

主要参考文献

一、中文

［1］［美］约翰·杜威. 杜威全集，早期著作第 1—5 卷. 刘放桐，主编. 上海：华东师范大学出版社，2010.

［2］［美］约翰·杜威. 杜威全集，中期著作第 1—15 卷. 刘放桐，主编. 上海：华东师范大学出版社，2012.

［3］［美］约翰·杜威. 杜威全集，晚期著作第 1—17 卷. 刘放桐，主编. 上海：华东师范大学出版社，2015.

［4］［美］约翰·杜威. 杜威全集，补遗卷. 刘放桐，主编. 上海：华东师范大学出版社，2017.

［5］［美］约翰·杜威. 民主主义与教育. 王承绪，译. 北京：人民教育出版社，1990.

［6］［美］约翰·杜威. 学校与社会·明日之学校. 赵祥麟，等译. 北京：人民教育出版社，1994.

［7］［美］约翰·杜威. 我们怎样思维·经验与教育. 姜文闵，译. 北京：人民教育出版社，1991.

［8］［美］约翰·杜威. 思维与教学. 孟宪承，译. 上海：商务印书馆，1936.

［9］［美］约翰·杜威.人的问题.傅统先，邱椿，译.上海：上海人民出版社，1965.

［10］［美］约翰·杜威.哲学的改造（修订版）.许崇清，译.北京：商务印书馆，1958.

［11］［美］约翰·杜威.经验与自然.傅统先，译.北京：商务印书馆，1960.

［12］［美］约翰·杜威.今日的教育.董时光，译述.上海：商务印书馆，1946.

［13］［美］约翰·杜威.教育哲学.刘伯明，译.上海：大新书局，1935.

［14］［美］约翰·杜威.杜威五大讲演.胡适，译.合肥：安徽教育出版社，1999.

［15］［美］约翰·杜威.教育科学之源泉.张岱年，傅继良，译.上海：人文书店，1932.

［16］［美］约翰·杜威.杜威教育论著选.赵祥麟，王承绪，编译.上海：华东师范大学出版社，1981.

［17］［美］约翰·杜威.杜威在华教育讲演.单中惠，王凤玉，编.上海：华东师范大学出版社，2016.

［18］［美］约翰·杜威.新旧个人主义：杜威文选.孙有中，译.上海：上海社会科学院出版社，1997.

［19］［美］梅休，爱德华兹.杜威学校.王承绪，赵祥麟，等，译.上海：华东师范大学出版社，1991.

［20］［美］简·杜威.杜威传.单中惠，编译.合肥：安徽教育出版社，1987.

［21］［美］简·杜威.杜威传（修订版）.单中惠，编译.合肥：安徽教育出版社，2009.

［22］［美］罗伯特·威斯布鲁克.杜威与美国民主.王红欣，译.北京：

北京大学出版社，2010.

[23]［美］拉里·希克曼.阅读杜威：为后现代做的阐释.徐陶，等译.北京：北京大学出版社，2010.

[24]［美］詹姆士·坎贝尔.理解杜威：自然与协作的智慧.杨柳新，译.北京：北京大学出版社，2010.

[25]［美］拉里·希克曼.永远年轻的杜威——希克曼教授讲杜威.王成兵，主编.北京：中国政法大学出版社，2015.

[26]［美］罗伯特·B.塔利斯.杜威.彭国华，译.北京：中华书局，2014.

[27]［英］理查德·普林.约翰·杜威.吴建，张韵菲，译.哈尔滨：黑龙江教育出版社，2016.

[28]［美］杰伊·马丁.教育人生：约翰·杜威传.杨光富，等译.上海：华东师范大学出版社，2020.

[29]［美］L.迪安·韦布.美国教育史：一场伟大的美国实验.陈露茜，李朝阳，译.合肥：安徽教育出版社，2010.

[30]［美］韦恩·厄本，杰宁斯·瓦格纳.美国教育：一部历史档案.周晟，谢爱磊，译.北京：中国人民大学出版社，2009.

[31]［美］理查德·D.范斯科德.美国教育基础——社会展望.北京师范大学外国教育研究所译.北京：教育科学出版社，1984.

[32]［美］A.C.奥恩斯坦.美国教育学基础.刘付忱，等译.北京：人民教育出版社，1984.

[33]［美］詹姆士.实用主义.陈羽纶，孙瑞禾，译.北京：商务印书馆，1981.

[34]［美］詹姆士.彻底的经验主义.庞景仁，译.上海：上海人民出版社，2006.

[35]［美］鲍尔斯，金蒂斯.美国：经济生活与教育改革.王佩雄，译.

上海：上海教育出版社，1990.

［36］［美］巴格莱．教育与新人．袁桂林，译．北京：人民教育出版社，1996.

［37］［美］克雷明．学校的变革．单中惠，马晓斌，译．济南：山东教育出版社，2013.

［38］［美］沙伊恩．近百年美国经济史．彭建松，等译．北京：中国社会科学出版社，1983.

［39］［美］菲特，里斯．美国经济史．司徒淳，等译．沈阳：辽宁人民出版社，1981.

［40］［美］林克，卡顿．一九〇〇年以来的美国史．刘绪贻，等译．北京：中国社会科学出版社，1983.

［41］［美］康马杰．美国精神．南木，等译．北京：光明日报社，1988.

［42］［美］M. 怀特．分析的时代．林任之，等译．北京：商务印书馆，1964.

［43］［美］威尔斯．实用主义．葛力，等译．北京：三联书店，1955.

［44］［美］艾耶尔．二十世纪哲学．李步楼，等译．上海：上海译文出版社，1987.

［45］［美］白恩斯，白劳纳．当代资产阶级教育哲学．瞿菊农，译．北京：人民教育出版社，1964.

［46］［美］舒尔茨．现代心理学史．杨立能，等译．北京：人民教育出版社，1982.

［47］［美］波林．实验心理学史．高觉敷，译．北京：商务印书馆，1981.

［48］［美］詹姆士．心理学原理（选译）．唐钺，译．北京：商务印书馆，1963.

［49］［美］墨菲．近代心理学历史导引．林方，王景和，译．北京：商务印书馆，1980.

［50］［美］劳伦斯.现代教育的起源和发展.纪晓林，译.北京：北京语言学院出版社，1992.

［51］［美］范斯科德.美国教育基础——社会展望.北京师范大学外国教育研究所，译.北京：教育科学出版社，1984.

［52］［美］梅逊.西方当代教育理论.陆有铨，译.北京：文化教育出版社，1984.

［53］［美］柯布.新教育的原则及实际.崔载阳，译.上海；中华书局，1933.

［54］［美］格里德.胡适与中国的文艺复兴.鲁奇，译.南京：江苏人民出版社，1989.

［55］［英］赫胥黎.科学与教育.单中惠，等译.北京：人民教育出版社，1990.

［56］［英］罗素.西方哲学史（下卷）.马元德，译.北京：商务印书馆，1976.

［57］［英］博伊德，埃德蒙·金.西方教育史.任宝祥，吴元训，主译.北京：人民教育出版社，1985.

［58］［英］沛西·能.教育原理.王承绪，赵端英，译.北京：人民教育出版社，1992.

［59］［德］黑格尔.哲学史讲演录.王太庆，译.北京：商务印书馆，1959.

［60］［德］赫尔巴特.普通教育学·教育学讲授纲要.李其龙，译.北京：人民教育出版社，1989.

［61］［德］凯兴斯泰纳.凯兴斯泰纳教育论著选.郑来卿，译.北京：人民教育出版社，1993.

［62］［苏］克鲁普斯卡雅.克鲁普斯卡雅教育文选（两卷本）.卫道治，译.北京：.人民教育出版社，1987.

［63］［苏］康斯坦丁诺夫.等著.苏联教育史.吴式颖,等译.北京:商务印书馆,1996.

［64］［苏］麦丁斯基.世界教育史.叶文雄,译.北京:五十年代出版社,1953.

［65］［瑞士］皮亚杰.教育科学与儿童心理学.傅统先,译.北京:文化教育出版社,1981.

［66］［澳］康内尔.二十世纪世界教育史.张法琨,等译.北京:人民教育出版社,1990.

［67］［加拿大］许美德,巴斯蒂.中外比较教育史.上海:上海人民出版社,1990.

［68］［摩洛哥］扎古尔·摩西.世界著名教育思想家(1—4).北京:中国对外翻译出版公司,1994.

［69］［日］永井道雄.近代化与教育.王振宇,张葆春,译.长春:吉林人民出版社,1984.

［70］［日］大田尧.战后日本教育史.王智新,译.北京:教育科学出版社,1993.

［71］［日］小原国芳.小原国芳教育论著选.上卷.由其民,等译.北京:人民教育出版社,1993.

［72］邹铁军.实用主义大师——杜威.长春:吉林教育出版社,1990.

［73］郭小平.杜威.北京:开明出版社,1997.

［74］戴伟芬.杜威画传.济南:山东教育出版社,2018.

［75］涂诗万.《民主主义与教育》:百年传播与当代审视.北京:教育科学出版社,2016.

［76］张斌贤,刘云杉.杜威教育思想在中国——纪念杜威来华讲学100周年.北京:北京大学出版社,2019.

［77］中国科学院哲学研究所.现代美国哲学.北京:商务印书馆,1963.

［78］滕大春，主编.外国教育通史：第5卷.济南：山东教育出版社，2005.

［79］汝信.外国著名哲学家评传：第8卷.济南：山东人民出版社，1985.

［80］赵祥麟.外国教育家评传：第2卷.上海：上海教育出版社，2003.

［81］赵祥麟.外国现代教育史.上海：华东师范大学出版社，1987.

［82］陈友松.当代西方教育哲学.北京：教育科学出版社，1982.

［83］现代外国哲学编辑组.现代外国哲学：第10辑.北京：人民出版社，1987.

［84］姜义华，主编.胡适学术文集·教育.北京：中华书局，1998.

［85］葛懋春，李兴芝.胡适哲学思想资料选（上）（下）.上海：华东师范大学出版社，1981.

［86］黄安年.美国的崛起.北京：中国社会科学出版社，1992.

［87］黄绍湘.美国教育通史简编.北京：人民出版社，1979.

［88］杨生茂，林静芬.美国史论文选.天津：天津人民出版社，1983.

［89］李剑鸣.大转折的年代——美国进步主义运动研究.天津：天津教育出版社，1992.

［90］刘放桐.现代西方哲学.北京：人民出版社，1981.

［91］陈亚军.哲学的改造.北京：中国社会科学出版社，1998.

［92］瞿葆奎.曹孚教育论稿.上海：华东师范大学出版社，1989.

［93］瞿葆奎.教育学文集·教育目的.北京：人民教育出版社，1989.

［94］瞿葆奎.教育学文集·美国教育改革.北京：人民教育出版社，1990.

［95］瞿葆奎.教育学文集·苏联教育改革.北京：人民教育出版社，1993.

［96］褚宏启.杜威教育思想引论.长沙：湖南教育出版社，1998.

［97］唐钺.西方心理学史大纲.北京：北京大学出版社，1982.

［98］车文博.西方心理学史.杭州：浙江教育出版社，1982.

［99］高觉敷.西方近代心理学史.北京：人民教育出版社，1982.

［100］杨 清.现代心理学主要派别.沈阳：辽宁人民出版社，1986.

［101］张述祖.西方心理学家文选.北京：人民教育出版社，1983.

［102］李汉松.西方心理学史.北京：北京师范大学出版社，1988.

［103］张焕庭.西方资产阶级教育论著选.北京：人民教育出版社，1979.

［104］张斌贤.社会转型与教育变革.长沙：湖南教育出版社，1998.

［105］康绍言，薛志鸿，编译.设计教学法辑要.上海：商务印书馆，1923.

［106］王承绪，赵祥麟.西方现代教育论著选.北京：人民教育出版社，1980.

［107］吴俊升.教育与文化论文集.台北：商务印书馆，1972.

［108］胡适.胡适文存.上海：亚东图书馆，1930.

［109］中国教育史研究会.杜威赫尔巴特教育思想研究.济南：山东教育出版社，1985.

［110］舒新城.现代教育方法.上海：商务印书馆，1930.

［111］曾昭耀.战后拉丁美洲教育研究.南昌：江西教育出版社，1994.

［112］曾昭耀，黄慕洁.当今墨西哥教育概况.郑州：河南教育出版社，1994.

［113］王桂.日本教育史.长春：吉林教育出版社，1987.

［114］高平叔.蔡元培教育论著选.北京：人民教育出版社，1991.

［115］中华职业教育社.黄炎培教育文选.上海：上海教育出版社，1985.

［116］华中师范学院教育科学研究所.陶行知全集（六卷本）.长沙：湖南教育出版社，1984—1985.

［117］中国陶行知研究会.陶行知教育思想研究文集.北京：人民教育出

版社，1985.

［118］中央教育科学研究所 . 陶行知教育文选 . 北京：教育科学出版社，1981.

［119］周洪宇 . 陶行知研究在海外 . 北京：人民教育出版社，1991.

［120］胡适 . 胡适留学日记 . 上海：商务印书馆，1947.

［121］中国社会科学院近代史研究所 . 胡适往来书信集 . 北京：中华书局，1979—1980.

［122］北京市教育科学研究所 . 陈鹤琴全集（六卷本）. 南京：江苏教育出版社，1987—1992.

［123］北京市教育科学研究所 . 陈鹤琴教育文集（两卷本）. 北京：北京出版社，1985.

［124］孟湘砥 . 毛泽东教育思想探源 . 长沙：湖南教育出版社，1993.

［125］陈桂生 . 现代中国的教育魂 . 沈阳：辽宁教育出版社，1993.

［126］李锐 . 毛泽东同志的初期革命活动 . 北京：中国青年出版社，1957.

［127］周谷平 . 近代西方教育理论在中国的传播 . 广州：广东教育出版社，1996.

［128］［美］布鲁纳 . 杜威教育哲学之我见 . 伟俊，钟会，译 . 外国教育研究，1985（4）.

［129］［日］阿部洋 . 哥伦比亚大学留学时代的陶行知 . 王冬桦，等译 . 河南教育学院学报，1989（4）.

［130］赵祥麟 . 重新评价实用主义教育思想 . 华东师范大学学报（哲社版），1980（2）.

二、英文

［1］Adams，John.，The Herbartian Psychology Applied to Education，

Boston: D. C. Heathe & Co., 1897.

[2] Baker, Melvin C., Foundations of John Dewey's Educational Theory, New York: Atherton Press, 1966.

[3] Blewett, John., John Dewey: His Thought and Influence, New York: Fordham University Press, 1960.

[4] Bode, Boyd H., Modern Educational Theory, New York: The Macmillan Company, 1927.

[5] Bode, Boyd H., Progressive Education at the Crossroads, New York: Newson & Company, 1938.

[6] Bourne, Randolph S., The Gray Schools, New York: Houghton Mifflin, 1916.

[7] Bowen, James., A History of Western Education, London: Methuen & Co. Ltd., 1981.

[8] Boydston, Jo Ann (ed.) , The Collected Works of John Dewey, 1882—1953, Carbondale: Southern Illinois University Press, 1991.

[9] Brickman, William W. (ed.) , John Dewey's Impressions of Soviet Russia and the Revolutionary World Mexico-China-Turkey, New York: Bureau Publications, Teachers College, Columbia University, 1964.

[10] Brickman, William W. and Lehrer, Stanley (eds.) , John Dewey: Master Educator, New York: Atherton, 1961.

[11] Brubacher, John S. and Rudy, W., Higher Education in Transition; A History of American Colleges and Universities, 1636—1976, New York: Harper & Row Publishers, 1976.

[12] Burke, Tom., Dewey's New Logic, Chicago: The University of Chicago Press, 1994.

[13] Butts, R. Freeman., Public Education in the United States, New

York: Holt, Rinehart and Winston, 1987.

[14] Cohen, Sol., Education in the United States: A Documentary History, New York: Raudom House, 1974.

[15] Compayre, Jules G., Herbart and Education by Instruction, Paris: Delplane, 1904.

[16] Connell, William F., A History of Education in the Twentieth Century-World, New York: Columbia University, Teachers College Press, 1980.

[17] Counts, George S., Dare the School Build a New Social Order? New York: Arno Press, 1969.

[18] Cremin, Lawrence A., David A. Shannon and Mary E. Townsend, A History of Teachers College, New York: Columbia University, Columbia University Press, 1954.

[19] Cremin, Lawrence A., American Education: The Metropolitan Experience, 1876—1980, New York: Harper Torch Book, 1988.

[20] Curtis, S. J., History of Education in Great Britain, London: University Tutorial Press, 1967.

[21] De Garmo, Charles., Herbart and the Herbartians, London: Heinemann, 1895.

[22] DePencier, Ida B., The History of the Laboratory School, The University of Chicago, Chicago: Quadrangle Books, 1967.

[23] De Vane, William Clyde., Higher Education in Twentieth Century America, Cambridge: Harvard University Press, 1965.

[24] Dewey, John., The John Dewey Report, The Ministry of Education, Ankara, Turkey, 1960.

[25] Dewey, John., Essays in Experiment Logic, Chicago, 1916.

[26] Dewey, John. and Dewey, Alice., Letters from China and Japan,

edited by Evelyn Dewey, New York: E. P. Dutton & Co., 1920.

［27］Dunkel, Harold B., Herbart and Herbartianism, Chicago: The University of Chicago Press, 1970.

［28］Dworkin, Martin S. (ed.), Dewy on Education, New York: Teachers College, Columbia University, 1959

［29］Dykhuizen, George., The Life and Mind of John Dewey, Carbondale: Southern Illinois University Press, 1973.

［30］Ebby Frederick., The Development of Modern Education, New York: Prentice-hall, 1934.

［31］Findlay, Josef J., Principles of Class Teaching, London: Macmillan, 1902.

［32］Garrison, Jim. (ed.), The New Scholarship on Dewey, Dordrecht, Boston: Kluwer Academic Publishers, 1995.

［33］Goodspeed, Thomas W., A History of the University of Chicago: The First Quarter-Century, Chicago: University of Chicago Press, 1916.

［34］Heffron, Ida C., Francis Wayland Parker, Los Angeles: Ivan Deach, Jr., Publisher, 1934.

［35］Hendley, Brian P., Dewey, Russell, Whitehead: Philosophers as Educators, Carbondale: Southern Illinois University Press, 1986.

［36］Holmes, Henry W., John Dewey: The Man and His Philosophy, Cambridge: Harvard University Press, 1930.

［37］Horne, Herman H., the Democratic Philosophy of Education, New York: The Macmillan Company, 1932.

［38］Hook, Sidney (ed.), John Dewey, New York University Press, New York, 1950.

［39］Hutchins, Robert M., The Conflict in Education in a Democratic

Society, New York: Harper & Brothers, 1953.

[40] Jervis, Kathe. and Montag, Carol. Progressive Education for the 1990's Transforming Practice, New York: Columbia University, Teachers College Press, 1991.

[41] Johnson, Marrietta P., Thirty Years with an Idea, New York: Columbia University, Teachers College Press, 1939.

[42] Judges, A. V., Education and Philosophic Mind, London: The University of London Press, 1957.

[43] Keean, Barry., The Dewey Experiment in China, Cambridge, Massachusetts: Harvard University Press, 1977.

[44] Kilpatrick, William., Foundations of Method, New York: The Macmillan Company, 1925.

[45] Kobayashi, Victor Nobuo., John Dewey in Japanese Educational Thought, Ann Arbor: Michigan, University of Michigan Press, 1964

[46] Laidler, Harry W. (ed.), John Dewey at Ninety, New York: League for Industrial Democracy, 1950.

[47] Levine, Barbara. (ed.), Works about John Dewey, 1886—1995, Carbondale: Southern Illinois University Press, 1996.

[48] Lawson, Douglas E. and Lean, Arthur E. (ed.), John Dewey and The World View, Carbondale: Southern Illinois University Press, 1964.

[49] Meyer, Adolphe E., An Educational History of the American People, New York: McGraw-Hill Book Co., 1957.

[50] Meyer, Adolphe E., The Development of Education in the Twentieth Century, Englewood Cliff, New York: Prentice-Hall, 1962.

[51] Meyer, Adolphe E., Grandmaster of Educational Thought, New York: McGraw-Hill Book Co., 1975.

[52] Naumberg, Margrette., The Child and the World, Harcoart, New York: Brace and Co., 1928.

[53] Parker, Francis W., Talks on Pedagogies, New York: E. L. Kellogg, 1894.

[54] Parkhurst, Helen., Education on the Dalton Plan, New York: E. P. Button, 1923.

[55] Passon, A. Harry., Dewey's Influence on the World Education, Teachers College Record, Spring 1982.

[56] Perkinson, Henry J., Two Hundred Years of American Educational Thought, New York: Mckay, 1976.

[57] Peters, Richard S., John Dewey Reconsidered, London: Routhedge & Kengan Paul, 1977.

[58] Peterson, Forrest H., John Dewey's Reconstruction in Philosophy, New York: Philosophical Library, 1987.

[59] Rockefeller, Steven C., John Dewey Religions Faith and Democratic Humanism, New York: Columbia University Press, 1991.

[60] Roth, Robert J., John Dewey and Self-Realization, New Jersey: Prentice-Hall, Inc., 1962.

[61] Rudolph, Frederick., the American College and University: A History, New York: Vintage Books, 1962.

[62] Rusk, Robert R. and Scotland, James., Doctrines of the Great Educators, London: The Macmillan Press Ltd., 1979.

[63] Ryan, W. C., Studies in Early Graduated Education, New York: Carnegie Foundation for the Advancement of Teaching, 1939.

[64] Shapiro, Michael S., Child's Garden: The Kindergarten Movement from Froebel to Dewey, Pennsylvania: The Pennsylvania State University Press,

1983.

[65] Schilpp, Paul A. (ed.), The Philosophy of John Dewey, Menasha, Wisconsin: George Banta Publishing Company, 1951.

[66] Tenenbaum, Samuel., William Heard Kilpatrick: Trail Blazer in Education, New York: Harper & Brothers Publishers, 1951.

[67] Veysey, Lawrence R., The Emergence of the American University, Chicago: The University of Chicago Press, 1965.

[68] Walz, John A., German Influence in American Education and Culture, New York: Carl Schurtz Memorial Foundation, Inc., 1936.

[69] Westbrook, Robert B., John Dewey and American Democracy, Ithaca, New York: Cornel University Press, 1991.

[70] Wirth, Arthur G., John Dewey as Educator, His Design for Work in Education, New York: John Wiley & Sons, Inc., 1966.

三、俄文

[1] ф. ф. Королев, Очерки по истории советской школы и педагогики (1917-1920), Москва, 1958.

[2] ф. ф. Королев, В. З. Смирнов, Очерки по истории советской школы и педагогики (1921-1931), Москва, 1961.

[3] С. Т. Шацкий. Шацкий избраные педагогические Произведения. Москва, 1964.

[4] Н. К. Гончаров, А. В. Луначарский О Нардном образований, Москва, 1958.